Wilhelm J. Wagner
GESCHICHTE ŒSTERREICHS

Wilhelm J. Wagner

GESCHICHTE OESTERREICHS

Daten

Fakten

Karten

Bibliografische Information Der Deutschen Bibliothek
Die Deutsche Bibliothek verzeichnet diese Publikation in der Deutschen
Nationalbibliografie; detaillierte bibliografische Daten sind im Internet
über http://dnb.ddb.de abrufbar.

© 2002 by
Niederösterreichisches Pressehaus
Druck- und Verlagsgesellschaft mbH
NP BUCHVERLAG
St. Pölten – Wien – Linz

www.np-buch.at
verlag@np-buch.at

Alle Rechte vorbehalten.

Satz, Layout und Grafik: Team Wagner, Grünbach am Schneeberg
Umschlaggestaltung: verlagsbüro wien

Gesamtherstellung:
Niederösterreichisches Pressehaus
Druck- und Verlagsgesellschaft mbH
A-3100 St. Pölten, Gutenbergstraße 12

INHALT

8 Die Geschichte Österreichs – Wann beginnt sie, und wo?

8 - 57 Urgeschichte – Urzeit bis 150 vor Christus
- 10 »On the Origin of Species« – 1859
- 12 Vom »Australopithecus« zum Homo erectus – vor 3,75 Mio. bis vor 35 000 Jahren
- 14 Die Eroberung der Alten Welt – vor 1,5 Millionen Jahren
- 16 Neandertaler und Gegenwartsmensch – vor 500 000 bis 30 000 Jahren
- 18 Der Neandertaler in Österreich – vor 400 000 bis 10 000 Jahren
- 20 Der Eiszeitmensch – vor 30 000 bis 10 000 Jahren
- 22 Der Mensch am Beginn der Warmzeit – vor 10 000 bis 5 000 Jahren
- 24 Erste keramische Gegenstände – 7000 bis 3900 v. Chr.
- 26 Kupfer – 5500 bis 2200 v. Chr.
- 28 Die Badener Kultur – 4000 bis 2200 v. Chr.
- 30 Die Pfahlbausiedler – 3900 bis 2200 v. Chr.
- 32 Bronze verändert die Gesellschaft – 2200 bis 1200 v. Chr.
- 34 Hügel- und Urnengräber – 16. Jh. bis 8. Jh. v. Chr.
- 36 Eine Theorie führt ins Abseits
- 38 Kein Urvolk, aber eine Ursprache
- 40 Eisen und Salz – 800 bis 400 v. Chr.
- 42 Der prähistorische Salzbergbau – 800 bis 400 v. Chr.
- 44 Die Hallstattkultur – 800 bis 450 v. Chr.
- 46 Die Kelten kommen – 1200 bis 15 v. Chr.
- 48 Die Kelten im Alpenraum – 500 bis 15 v. Chr.
- 50 Expansion und Konsolidierung – 4. bis 2. Jh. v. Chr.
- 52 Das »Regnum Noricum« – 186 bis 170 v. Chr.
- 54 Zwischen Germanen und Römern – 171 bis 15 v. Chr.
- 56 Keltisches Brauchtum heute

58 - 83 Die »Austria romana« – 113 v. Chr. bis Ende des 6. Jahrhunderts
- 58 Die Römer an der Donau
- 60 Unter römischer Herrschaft – 113 v. Chr. bis 45 n. Chr.
- 62 Die römische Gesellschaft – 1. bis 3. Jahrhundert
- 64 Norisches Eisen – 2. Jh. v. Chr. bis 5. Jh. n. Chr.
- 66 Römerstraßen in Österreich – 15 v. Chr. bis 2. Jahrhundert n. Chr.
- 68 Römisches Leben – 1. bis 4. Jahrhundert
- 70 Der Markomannensturm – 150 bis 180
- 72 Der Niedergang des Römischen Reiches – 180 bis 395
- 74 Die ersten Christen in den Alpen – 1. bis 5. Jahrhundert
- 76 Der »Hunnensturm« – 307 bis Mitte 5. Jahrhundert
- 78 Das »Nibelungenlied«
- 80 Severin, der »Apostel« Noricums – 456 bis 482
- 82 Niemandsland – 488 bis 507

84 - 111 Staatliche Anfänge – 6. bis 10. Jahrhundert
- 84 Grundzüge der Entwicklung
- 86 Zwischen Ostgotischem Reich und Byzanz – 505 bis 567
- 88 Slawen und Baiern an der Donau – 4. Jahrhundert bis 555
- 90 Die Awaren und das Reich des Samo – 558 bis 660
- 92 Ziel: Italien – 534 bis 610
- 94 Herren und Sklaven, Baiern und Romanen – 8. Jahrhundert
- 96 Separatist und Wohltäter der Kirche – 741 bis 794
- 98 Der Krieg gegen die Awaren – 788 bis 795
- 100 Die zweite Missionierung Österreichs – 7. bis 8. Jahrhundert
- 102 Neues staatliches Eigenleben – 795 bis 9. Jahrhundert
- 104 Ein »Großmährisches Reich« – 814 bis 881
- 106 Die Magyaren – 906 bis 955
- 108 Entscheidung auf dem Lechfeld – 955
- 110 Das »Awarenland« wird eine Mark – 955 bis 976

112 - 153 Die Babenberger – 976 bis 1273
- 112 Die Wachau: Die Keimzelle Österreichs
- 114 Markgraf Leopold I. – 976 bis 996
- 116 Die Babenbergermark wächst – 996 bis 1018
- 118 Markgrafschaft Ostarrichi – 1018 bis 1055

INHALT

- 120 Österreich zwischen König und Papst - 1055 bis 1094
- 122 Leopold III., der Heilige - 1095 bis 1143
- 124 Heinrich II., Jasomirgott - 1136 bis 1147
- 126 Österreich wird Herzogtum - 1147 bis 1177
- 128 Konzentration und Zersplitterung - 10./11. Jahrhundert
- 130 Die Steiermark fällt an Österreich - 1177 bis 1194
- 132 Friede und Wohlstand unter Leopold VI. - 12. bis Anfang 13. Jh.
- 134 Festigung des Landesfürstentums - 13. Jahrhundert
- 136 Herzog Friedrich II., der Streitbare - 1230 bis 1235
- 138 Wien, eine reichsunmittelbare Stadt - 1235 bis 1254
- 140 Das Ende der Babenberger - 1241 bis 1246
- 142 Von Bayern erschlossen - 10. bis 13. Jahrhundert
- 144 Die dritte, bayerische Kolonisation - 10. bis 13. Jahrhundert
- 146 Rebellische Vasallen - 11. bis 13. Jahrhundert
- 148 Romanische Baukunst in Österreich - 10. bis 13. Jahrhundert
- 150 Orden und Klöster, Siedlungen und Fluren - 10. bis 13. Jahrhundert
- 152 Städte und Bürger - 10. bis 13. Jahrhundert

154 - 281 ÖSTERREICH UNTER DEN HABSBURGERN - 1273 BIS 1918
- 154 Rudolf von Habsburg: König aus Verlegenheit
- 156 Nachfolgekämpfe um das babenbergische Erbe - 1246 bis 1288
- 158 Přemysl Ottokar II., König von Böhmen - 1251 bis 1278
- 160 Das Ende König Ottokars - 1278 bis 1291
- 162 Herzog Albrecht I. von Habsburg - 1278 bis 1290
- 164 Widerstand gegen Albrecht I. - 1290 bis 1295
- 166 Albrechts I. Leistungen für Österreich - 1296 bis 1308
- 168 Friedrich III., der Schöne - 1299 bis 1330
- 170 Kärnten kommt an Österreich - 1330 bis 1358
- 172 Das Land Tirol - 1253 bis 1284
- 174 Das »Privilegium maius« - 1331 bis 1359
- 176 Rudolf IV., der Stifter - 1359 bis 1369
- 178 Ein Zwist im Hause Habsburg - 1365 bis 1439
- 180 Judenpogrom - 1230 bis 1421
- 182 Jagd auf »Ketzer« - 13. bis 15. Jahrhundert
- 184 Die Hussitenbewegung - 14. und 15. Jahrhundert
- 186 Die Kaiserkrone für einen Habsburger - 1440 bis 1477
- 188 Tirol wird eine Einheit - 1468 bis 1496
- 190 Matthias I. Corvinus - 1459 bis 1490
- 192 Maximilian I. - 1486 bis 1493
- 194 Karl V. - 1508 bis 1558
- 196 Die gescheiterte Reformation - Erste Hälfte des 16. Jahrhunderts
- 198 Die Bauernkriege - 15. bis 17. Jahrhundert
- 200 Blutgericht und osmanische Bedrohung - 1515 bis 1529
- 202 Der zweite Prager Fenstersturz - 1526 bis 1618
- 204 Ein langer Krieg beginnt - 1618 bis 1625
- 206 Ein Krieg bis zur Erschöpfung - 1625 bis 1648
- 208 Der Westfälische Friede - 1648
- 210 Hexenwesen und Inquisition - 15. bis 17. Jahrhundert
- 212 Habsburgs Kampf an drei Fronten - 1654 bis 1681
- 214 Die Osmanen vor Wien - 1683
- 216 Der spanische Erbfolgekrieg - 1699/1700 bis 1714
- 218 Maria Theresia behauptet sich - 1712 bis 1763
- 220 Die Reformen Maria Theresias - 1745 bis 1787
- 222 Joseph II., der »Erzsakristan« - 1765 bis 1789
- 224 Joseph II., der verhasste Kaiser - 1787 bis 1790
- 226 Leopold II. - 1789/90 bis 1791
- 228 Krieg mit dem revolutionären Frankreich - 1792 bis 1793
- 230 Der »Reichsdeputationshauptschluss« - 1795 bis 1803
- 232 Das Ende des »Heiligen Römischen Reiches« - 1804 bis 1809
- 234 Der Tiroler Freiheitskampf - 1809 bis 1823
- 236 Napoleons Niedergang - 1809 bis 1813
- 238 Der Wiener Kongress - 1813 bis 1814/15
- 240 Biedermeier und Vormärz - 1815 bis 1848
- 242 Liberaler Westen, konservativer Osten - 1818 bis 1834

INHALT

	244	**Die Revolution marschiert** – 1835 bis 1848
	246	**Kampf um mehr Freiheit** – 1848
	248	**Die Revolutionäre kapitulieren** – 1848
	250	**Blutgericht in Ungarn** – 1849
	252	**Der Neoabsolutismus** – 1848 bis 1853
	254	**Der Niedergang des Hauses Habsburg** – 1854 bis 1859
	256	**Italien und die Folgen** – 1859 bis 1866
	258	**Königgrätz** – 1866
	260	**Ausgleich mit Ungarn** – 1867
	262	**Aufbruch der Massen** – 1867 bis 1918
	264	**Korruption und Wirtschaftsegoismus** – 1867 bis 1914
	266	**Von Feindbildern belastet** – 1. Hälfte des 19. Jahrhunderts bis 1914
	268	**Das Nationalitätenproblem** – 1867 bis 1914
	270	**Pulverfass Balkan** – 1878 bis 1913
	272	**Die Bündnispolitik** – 1873 bis 1909
	274	**Die Schüsse von Sarajevo** – 1914 bis 1915
	276	**Krieg, Not und Friedenssuche** – 1916 bis 1917
	278	**Hunger und Streik** – 1916 bis 1918
	280	**Die Monarchie zerbricht** – 1918
282 – 329		**DIE REPUBLIK ÖSTERREICH** – 1918 BIS 2002
	282	**Auf der Suche nach der Demokratie**
	284	**Blutiger Auftakt** – 1918
	286	**Ein Diktatfriede** – 1918 bis 1919
	288	**Kampf um das Burgenland** – 1918 bis 1921
	290	**Schwieriger Beginn** – 1918 bis 1922
	292	**Militante Massen** – 1919 bis 1925
	294	**Schattendorf und Justizpalastbrand** – 1926 bis 1927
	296	**Heimwehr: Gefahr für den Staat** – 1928 bis 1930
	298	**Auf autoritärem Weg** – 1931 bis 1933
	300	**Das Ende der demokratischen Republik** – 1932 bis 1933
	302	**Antidemokratischer Terror** – 1933 bis 1934
	304	**Schüsse auf Arbeiter** – 1934
	306	**DER STÄNDESTAAT**
	306	**Hitlers Griff nach Österreich** – 1934 bis 1938
	308	**Ein Requiem für Österreich** – 1938
	310	**ÖSTERREICH IM DRITTEN REICH**
	310	**Hass und Mord als Programm** – 1938
	312	**Unmenschliche Jahre** – 1938 bis 1945
	314	**Bomben auf die »Ostmark«** – 1938 bis 1945
	316	**Das Ende an der Donau und in den Alpen** – 1945
	318	**DIE ZWEITE REPUBLIK**
	318	**Die Geburt eines neuen Österreich** – 1945
	320	**Ein Bekenntnis zu Österreich** – 1945
	322	**Wirtschaftshilfe für den Wiederaufbau** – 1945 bis 1948
	324	„**Österreich ist frei!**" – 1949 bis 1955
	326	**Internationale Anerkennung** – 1956 bis 1970
	328	**Wandel der Zeiten** – 1972 bis 2002
	330	PERSONEN- UND SACHVERZEICHNIS
	336	BILDNACHWEIS

Die Geschichte Österreichs

Urzeit bis 150 vor Christus

Die wichtigsten Eckdaten

300 000 - 25 000	Erste Spuren des Menschen auf österreichischem Gebiet (Höhlenfunde).
150 000 - 80 000	Höhenstationen (Mixnitz, Tauplitz) und Tieflandstationen (Gudenushöhle).
um 40 000	Homo sapiens in außeralpinem Bereich (Donau-, Kamptal, Weinviertel).
10 000 - 5 000	Ende der letzten Eiszeit. Funde von Limberg, Horn, Kamegg.
5 000 - 2 500	Jäger und Sammler werden Bauern, Langhäuser in Ständerbauweise.
um 4 500	Eigenständige donauländische Kultur (Linear- und bemaltkeramische Kultur).
3 900 - 2 200	Kupferzeit. Pfahlbauten, der Mann vom Hauslabjoch (»Ötzi«).
2 500 - 1800	Wanderungen indoeuropäischer Völker. Nordische (Badener Gruppe, Mondseegruppe) und westeuropäische Kultur gelangen nach Mitteleuropa (Michelsberger- und Glockenbecherkultur).
2 300 - 1 200	Frühe und mittlere Bronzezeit. Hügelgräberfeld von Pitten.
1 200 - 800	Späte Bronzezeit, starkes Bevölkerungswachstum (Urnenfelderkultur).
800 - 400	Ältere Eisenzeit (Hallstattzeit).
400 - Christi Geburt	Jüngere Eisenzeit (La-Tène-Zeit), keltische Stämme siedeln im österreichischen Raum.
150 v. Chr.	Durchdringung der Ostalpenländer mit römischem Gedankengut und römischer Kultur; Regnum Noricum.

Wann beginnt sie – und wo?

Die Venus von Willendorf, eines der bekanntesten Fundstücke aus der Urzeit, etwa 25 000 Jahre alt.

Den genauen Zeitpunkt des Beginns ihrer Geschichte festzulegen, ist für die meisten Staaten problematisch. So haben zum Beispiel die deutschen Historiker ihre liebe Not, die »Stunde null« der Geschichte Deutschlands zu fixieren, zu widersprüchlich sind ihre Ansichten.

Imanuel Geiss meint: *„Deutsche Geschichte setzt 911 ein"*, mit dem Aussterben des karolingischen Herrschergeschlechts und der Spaltung ihres Reiches. Dem kann sein Kollege Johannes Fried nicht zustimmen. Am Anfang der Geschichte Deutschlands stünde der 7. 8. 936, die Krönung Ottos I. des Grossen, zum König. Frieds Ansicht aber teilt Jürgen Mirow nicht: *„... es geht nicht in erster Linie um die politischen Entscheidungen und Handlungen, Schlachten und Verträge"*, sagt Mirow, sondern *„um die Geschichte des Volkes als Ganzem"*.

Um wieviel schwieriger ist es, den Beginn der »österreichischen Geschichte« zu bestimmen, war sie doch über Jahrhunderte hinweg aufs Engste mit der deutschen verbunden. Davon wollte zwar das offizielle Österreich 1955 nichts wissen, aber es nahm dennoch die Schlacht auf dem – bayerischen – Lechfeld zum Anlass, um eines tausendjährigen Bestehens zu gedenken. Und es wiederholte die Millenniumsfeier 1996, weil eine Urkunde vom 1. 11. 996 die Gründung einer babenbergischen Mark an der Donau belegt, aus der das spätere Österreich hervorging. Dass dieses Datum vermutlich 1002 hinzugefügt und daher das Dokument rückdatiert wurde, störte nicht.

Betrachtet man die Geschichte Österreichs als einen Teil der Menschheitsgeschichte, erübrigen sich alle eher verkrampften Versuche, ihren Anfang festzulegen. Dann beginnt sie einfach dort, wo vermutlich das erste menschliche Wesen auftrat: in Afrika.

Urgeschichte 1859

DIE MODERNE THEORIE DER ABSTAMMUNG DES MENSCHEN

Der deutsche Naturphilosoph Ernst Haeckel stellte in Anlehnung an Charles Darwins Evolutionstheorie 1867 einen Stammbaum des Menschen auf, der mit einem Protoplasmaklumpen beginnt und mit einem modernen Papuanesen endet. Irrtümer und Fantastisches sind hier eng verquickt, dennoch sind die Gedankengänge an sich richtig. Haeckel zählte zu den eifrigsten Verfechtern der Hypothesen Darwins.

»On the Origin of Species«

Am Donnerstag, dem 24. 11. 1859, erschien in London das Buch »On the Origin of Species« des englischen Naturforschers CHARLES ROBERT DARWIN (1809 bis 1882). Darwin vertritt darin die Ansicht, dass alle Geschöpfe dieser Erde ohne das Zutun einer überirdischen Macht, nur aus sich selbst heraus, entstanden seien, und widersprach damit der bisherigen Lehrmeinung, die alles Leben auf Gottes Willen und Ratschluss zurückführte.

Noch am Tag des Erscheinens ist die Auflage von 1 250 Exemplaren verkauft. Das Publikum ist begierig, von Darwins Hypothese über den Ursprung der Arten, vor allem des Menschen, mehr zu erfahren. Obwohl er diesem nur einen Satz – und den am Ende des Buches – widmet – „Licht wird auch fallen auf den Menschen und seine Geschichte" –, entstand das Missverständnis, dass der Mensch vom Affen abstamme. Die Fehlinterpretation leiteten Zeitgenossen Darwins aus seiner Behauptung ab, dass jedes Tier mehrere Entwicklungsstadien durchmacht. Die Ähnlichkeit der Menschenaffen mit der menschlichen Spezies verleitete deshalb zur Ansicht, dass am Beginn der Entwicklung des Menschen der Affe gestanden haben müsse.

Obwohl Darwin diese Aussage nie traf, stand er im Kreuzfeuer heftiger Kritik von Fachwelt und Kirche. Mehr noch: Die irrige Meinung bildete über ein Jahrhundert die Basis, von der die anthropologische Forschung ausging. Bis in die 70er Jahre des 20. Jh.s suchten die Wissenschafter jenes »missing-link«, das Mensch und Affe verbinden soll. Mittlerweile hegt man die Ansicht, dass es dieses nicht gibt.

STICHWORT

Die Evolution des Menschen

Bis zum 18. Jh. zog die Naturwissenschaft die biblische Schöpfungsgeschichte nicht in Zweifel. So berechnete der englische Erzbischof JAMES USSHER aus Angaben in der Bibel das Datum der Erschaffung der Erde und legte sie auf das Jahr 4004 v. Chr. fest, ohne auf die Kritik der Fachwelt zu stoßen.

Auch in Österreich setzten zaghafte Versuche ein, das Alter der Menschheit zu bestimmen. Der Anthropologe F. MÜLLER berechnete das Alter der Menschheit am Beispiel der Hamiten und Semiten, wie er schreibt, und stützte sich dabei auf absolut sichere Daten aus der altägyptischen Geschichte. Müller meint in seinem Bericht, dass 9 000 bis 10 000 Jahre „den Zeitraum bezeichnen, innerhalb dessen die Völker der mittelländischen Rasse bis zum Anfang unserer Zeitrechnung aus dem Zustand thierischer Rohheit zu der Höhe menschlicher Gesithung sich empor gearbeitet haben." Daraus folgerte er, dass man „die Entwicklung des Menschen ... nach Zehntausenden von Jahren" veranschlagen müsse.

Darwins Forschungsergebnis, dass 1. die Merkmale der Lebewesen einem ständigen Wandel unterlägen (Evolutionstheorie), 2. nur der Beste den Kampf ums Dasein gewinne (Ausleseprinzip) und 3. der Menschenaffe als nächster Verwandte des Menschen zu gelten habe (Abstammungslehre), zerstörte begreiflicherweise ein philosophisches Weltbild.

Doch die Naturforscher entdeckten immer mehr menschliche Fossilien, die Darwins Theorie bestätigten. Sie rekonstruierten die Entwicklungsgeschichte der Hominiden und entwarfen Stammbäume. Viele ihrer Vermutungen erwiesen sich als Fehlinterpretation, aber schließlich reifte die Ansicht, dass der Homo sapiens ein vorläufig letztes Glied einer Kette von Arten darstellt, die vor vier Millionen Jahren auftrat. Manche seiner Vorgänger endeten im Nirgendwo, vermischten sich mit anderen Hominiden oder starben einfach aus. Sicher ist, dass jede andere Menschenart länger existierte als der Gegenwartsmensch: ihn gibt es erst seit 100 000 Jahren.

URGESCHICHTE — VOR 3,75 MILLIONEN BIS VOR 35 000 JAHREN

Die Paläoanthropologie ist die Wissenschaft vom fossilen Menschen und eine Disziplin der biologischen Anthropologie. Sie untersucht die Prozesse der Menschwerdung in Zusammenhang mit Raum und Zeit. Da der Paläoanthropologie nur bruchstückhafte und nur spärliche fossile Überreste früher Menschen zur Forschung zur Verfügung stehen, sind alle ihre wissenschaftlichen Ergebnisse Hypothesen.

So viele Meinungen es gibt, so viele Modelle und Stammbäume des Menschen wurden bisher entwickelt. Insgesamt verwirrten sie die Vorstellung von der Herkunft des Menschen mehr, als sie zur Klärung beitrugen. Vor allem, weil unter den Wissenschaftern lange Zeit Uneinigkeit herrschte, wie fossile Funde einzuordnen wären und wann von neuen Arten oder Gattungen zu sprechen sei.

Die Diskussion teilte schließlich die Paläoanthropologen in zwei Lager: die »splitters« oder »Spalter« erkannten in jedem Fund eine neue Gattung oder Art und billigten ihr einen neuen Platz im Stammbaum zu. Die »lumpers« oder »Zusammenfasser« dagegen sahen in morphologischen Abweichungen nur eine Variante innerhalb einer Art.

Durch die wachsende Zahl von Funden geriet die Arbeit der »splitters« in ein unüberschaubaren Chaos, und ihr Stammbaum des Menschen verästelte sich in zahllosen Seitenlinien, die keine Zusammenhänge mehr erkennen ließen.

Hingegen reduzierten die »lumpers« die menschliche Spezies auf zwei Hauptgruppen, den Australopithecus und den Homo. Diese Vereinfachung aber prägte das Bild des sich allmählich aufrichtenden Homo sapiens und täuscht eine geradlinig verlaufende Entwicklung vor.

Tatsächlich verlief aber die Menschwerdung wesentlich komplizierter. Sie teilte und verästelte sich in Nebenlinien, die manchmal plötzlich enden und die Frage offen lassen, ob sie nicht durch einen Fund eine Fortsetzung erfahren.

Um **1960** ermöglichten neue Untersuchungsmethoden biochemische Vergleiche zwischen verschiedenen Primaten. Das Ergebnis überraschte: Immunologische und DNA-Analysen sowie Proteinsequenzierungen ergaben eine enge Verwandtschaft zwischen Schimpansen, Gorillas und Menschen, hingegen stehen Orang-Utans und andere Affenarten dem Menschen fern. Die Wissenschafter vermuteten daher, dass sich die Proteinstruktur und die DNA lebender Organismen in langen, aber regelmäßigen Zeitabständen verändern. Kennt man die Unterschiede der Proteine oder Teile ihres Genoms – das ist die Summe aller Gene und genetischen Signale der Zellen, die das Erbgut bestimmen – von zwei Arten, lassen sich die Zeiträume errechnen, über welche sie gemeinsame Vorfahren besaßen. Diese »molekulare Uhr« verriet nun, dass Mensch und Schimpanse vor **sieben bis fünf Millionen Jahren** ihre eigenen Wege gingen. Vorher bildeten sie eine so genannte taxonomische Hominoidea-Gruppe, gewissermaßen eine gemeinsame Familie von Mensch und Menschenaffe, die vor etwa **20 Millionen Jahren** entstand. Damals lebten in Ostafrika etwa zehn verschiedene Arten von Menschenaffen, von denen Anthropologen **1933** ein beinahe vollständiges Skelett fanden. Sie gaben ihm den Namen »Proconsul«. Zähne, Kiefer und Knochen der Extremitäten glichen denen des Menschen jedoch so wenig, dass die Wissenschafter keine Verwandtschaft erkannten. Der um **1985** entdeckte »Afropithecus« steht dem Homo sapiens schon näher, ebenso der »Kenyapithecus«. Er ist wahrscheinlich der letzte gemeinsame Vorfahre des Menschenaffen und des frühen Menschen und lebte vor **14 Millionen Jahren**. Der zur gleichen Zeit in Europa auftretende »Dryopithecus«, der in Süd- und Westasien vorkommende »Sivapithecus« und der in China beheimatete »Lufengpithecus« lassen keine Vergleiche zu Hominiden zu.

Im Sommer **2002** entdeckten Forscher am mittelafrikanischen Tschadsee einen Schädel, von dem sie behaupten, er werde das anthropologische Wissen auf den Kopf stellen. Der »Sahelanthropus tchadensis« soll **sieben bis sechs Millionen Jahre** alt sein.

Der Stammbaum stellt einen möglichen Verlauf der Hominidenevolution dar. Der Australopithecus ghari wurde erst vor kurzem entdeckt, seine Einordnung ist noch fraglich.

Vom »Australopithecus« zum Homo erectus

Die Fußabdrücke von Laetoli, in der südlichen Serengeti, die ein bereits aufrecht gehender Urahn des Menschen vor **3,75 bis 3,5 Millionen Jahren** im Schlick eines Bachbettes hinterließ, der Schädelknochen eines vor **3,3 bis 2,9 Millionen Jahren** lebenden Mannes aus Hadar in Eritrea, des »Australopithecus afarensis«, und die **3 bis 2,5 Millionen Jahre** alten Fossilien von Sterkfontein und Makapansgat sind Höhepunkte in der Suche nach hominidalen Überresten. Ein anderer Fund aus Hadar erregte sogar weltweites Aufsehen: das beinahe zu zwei Dritteln erhaltene Skelett eines weiblichen Wesens, dem die Entdecker den Namen »Lucy« gaben. Lucy maß einen Meter, besaß lange Arme, kurze Beine und eine menschenaffenähnliche Brust, sie ging aufrecht und lebte in einem Familienverband.

Alle diese Fossilien reihen die Wissenschafter in die Gruppe der Vormenschen oder Prähominiden und nennen sie »Australopithecinen«, denn ihre Merkmale weisen sie weder den Affen noch den Menschen zu.

Vor etwa **2,5 Millionen Jahren** spaltete sich die Linie der Australopithecinen. Eine robustere Art entstand, die den Namen Parathropicine führt. Etwa zur gleichen Zeit erscheint der erste Vertreter der Gattung Mensch, der Homo habilis, der »geschickte« Mensch. Er versteht es, gezielt und seines Wollens bewusst, einfache Werkzeuge und Arbeitsgeräte zu erzeugen.

Den Fossilfunden nach zu schließen, erfolgte die Entwicklung der Menschheit bis vor **zwei Millionen Jahren** in Afrika. Erst danach erscheint der erste Mensch in anderen Gegenden der Alten Welt.

Am Beginn des Pleistozäns macht sich der Homo erectus, der »aufgerichtete« Mensch, daran, die Erde zu erobern. Der niederländische Militärarzt und Anatom **Eugène Dubois** entdeckte die Reste eines ersten so genannten Pithecanthropus 1890/91 bei Trinil auf Java. Diese Hominiden gelangten in einer Kaltzeit, als die Ozeane Niedrigwasser verzeichneten, über eine Landbrücke auf die hinterindische Inselwelt. Rein rechnerisch könnte der Homo erectus die Erde relativ rasch in Besitz genommen haben: Legte er jährlich eine Strecke von etwa 50 km zurück, so erreichte er Hinterindien und die Insel Java schon nach 15 000 Jahren.

War Homo habilis zur Herstellung vielfältiger Werkzeuge noch nicht befähigt – sein technisches Verständnis kam während mehrerer hunderttausend Jahre nicht über das Behauen eines Faustkeils hinaus, dafür entdeckte er aber vor **500 000 Jahren** den Gebrauch des Feuers und verstand sich vor Kälte zu schützen –, so übte sich der Homo erectus bereits in der Anfertigung vielseitig verwendbarer Arbeitsgeräte.

Etwa **700 000 bis 400 000 Jahre** vor unserer Zeit traten erstmals Vertreter einer Gattung Mensch auf, die wegen ihres größeren Schädelvolumens und anderer fortgeschritten ausgebildeter anatomischer Merkmale nicht mehr zu den Erectinen zählen.

Auch diese archaische Homo-sapiens-Population entstand in Afrika, wanderte nach Europa und – vor **300 000 Jahren** – Ostasien. Zu ihr zählt der Neandertaler, der bis vor etwa **35 000 Jahren** in unseren Breiten lebte.

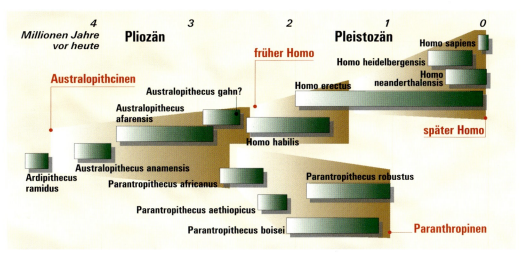

URGESCHICHTE

VOR 1,5 MILLIONEN JAHREN

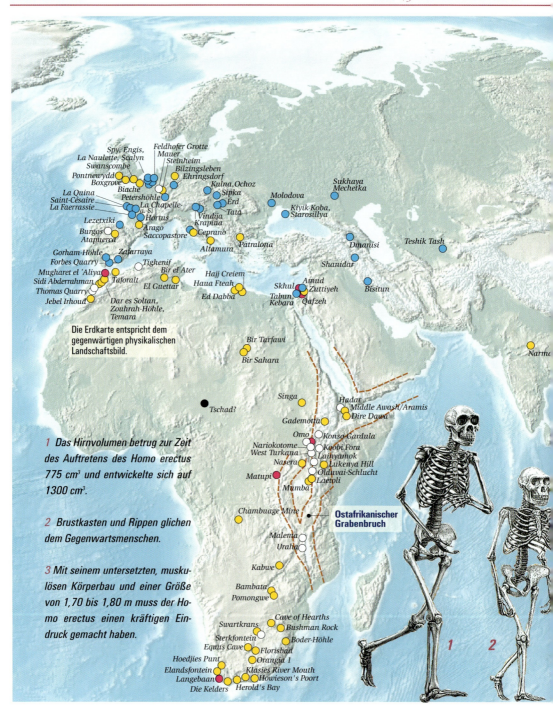

1 Das Hirnvolumen betrug zur Zeit des Auftretens des Homo erectus 775 cm³ und entwickelte sich auf 1300 cm³.

2 Brustkasten und Rippen glichen dem Gegenwartsmenschen.

3 Mit seinem untersetzten, muskulösen Körperbau und einer Größe von 1,70 bis 1,80 m muss der Homo erectus einen kräftigen Eindruck gemacht haben.

Ein dichtes Fundnetz von Relikten früher Menschen verteilt sich über Europa, das Afrika entlang dem Grabenbruch, Indonesien und China.

DIE EROBERUNG DER ALTEN WELT

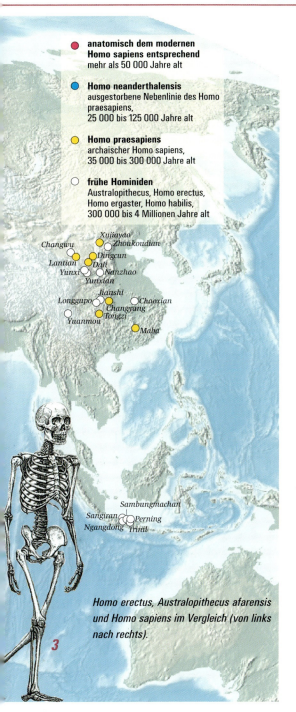

- **anatomisch dem modernen Homo sapiens entsprechend**
  mehr als 50 000 Jahre alt
- **Homo neanderthalensis**
  ausgestorbene Nebenlinie des Homo praesapiens,
  25 000 bis 125 000 Jahre alt
- **Homo praesapiens**
  archaischer Homo sapiens,
  35 000 bis 300 000 Jahre alt
- **frühe Hominiden**
  Australopithecus, Homo erectus, Homo ergaster, Homo habilis,
  300 000 bis 4 Millionen Jahre alt

Homo erectus, Australopithecus afarensis und Homo sapiens im Vergleich (von links nach rechts).

Zwei konträre Hypothesen ringen darum, die Herkunft des Menschen oder, wie der Biologe EDWARD O. WILSON **meint, des** *„brabbelnden Affen"* **zu erklären: das »multiregionale Modell« und die »Out-of-Africa«-Theorie.**

Die beiden Meinungen nennen sich nach der geografischen bzw. der genetischen Herkunft des Hominiden. Das »multiregionale« oder »polyphyletische Modell« (MRM) und das »monogenetische« oder »Out-of-Africa«-Modell (OOA) verbindet nur eine einzige Gemeinsamkeit: sie beschäftigen sich nur mit dem vermeintlichen Vorfahren des modernen Menschen, des Homo erectus. An der Tatsache, dass er sich vor **1,5 Millionen Jahren** von Afrika aus über die Alte Welt ausbreitete, über den Vorderen Orient nach Europa, Mittel- und Südasien bis nach Neuguinea kam, rüttelt keiner der Vertreter der beiden Theorien. Zu viele Fossilfunde belegen die Wanderung des urzeitlichen Menschen. Die Kontroverse der beiden wissenschaftlichen Lager beginnt mit der weiteren Verbreitung der Gattung Homo.

Die MRM-Anhänger vertreten die Ansicht, dass die Gattung Homo nach der Inbesitznahme der Alten Welt, je nach dem Grad ihrer Sesshaftigkeit, lokal begrenzte »Gründerpopulationen« bildete, aus denen regional unterschiedliche Abkömmlinge hervorgingen. Auf diese Weise konnte sich in Europa der Neandertaler entwickeln. Das Gedankenmodell ist geeignet, die heute bestehenden anatomischen Unterschiede der einzelnen Menschenrassen zu erklären. Etwa die stärker vorstehende Nase der Europäer, das flachere Gesicht der Asiaten und andere charakteristische Merkmale.

Dieses »polyphyletische Modell« lehnen die OOA-Verfechter ab. Sie halten an der Theorie fest, dass die Wurzel der Menschheit ausschließlich in Afrika zu suchen sei. Der Fund eines **sieben bis sechs Millionen Jahre** alten menschlichen Schädels – vermutlich des ältesten überhaupt – im Bereich des Tschadsees scheint nun die »Out-of-Africa«-Theorie zu festigen.

In der norddeutschen Hafenstadt Bremen überstand unbeschadet ein Baudenkmal das Kampfgeschehen des Zweiten Weltkriegs. An die Martinikirche gelehnt, nennt sich ein unscheinbares Gebäude das »Neander-Haus«. Hier verbrachte der calvinistische Pastor **JOACHIM NEANDER** – er verfasste das bekannte Kirchenlied »Lobet den Herrn!« – um **1679/80** seine letzten Lebensjahre. Neander war **1674** Rektor am Gymnasium in Düsseldorf und wohnte in einem nahe gelegenen Tal. In der abgeschiedenen Landschaft war sein Haus das einzige, deshalb benannte man das Tal nach ihm: Neandertal.

In diesem Neandertal, in der Feldhofer Grotte, fanden **1856** Steinbrucharbeiter eigenartig aussehende Knochen. Man hielt sie für die Überreste eines Höhlenbären. Der Realschullehrer **JOHANN CARL FUHLROTT** aus Elberfeld holte, um sicher zu gehen, medizinische Atteste ein und löste eine Sensation aus: die grobschlächtigen Knochen der Gliedmaßen, die flache Schädeldecke mit der fliehenden Stirn, die kräftigen Augenbrauenwülste und das stark gewölbte Hinterhaupt stammten von einem Menschen. Damit gab sich Fuhlrott nicht zufrieden, er schrieb die Fragmente einer Menschenart aus einer frühen Entwicklungsstufe zu, drei Jahre bevor Darwin seine Evolutionstheorie der Öffentlichkeit vorstellte.

Fuhlrott sah sich wie später Darwin heftigen Protesten ausgesetzt, und es mangelte nicht an Erklärungsversuchen über das Zustandekommen der missgebildeten Knochen. Der Bonner Anatom **F. J. C. MAYER** sah in ihnen die fossilen Reste eines verkrüppelten mongolischen Kosaken, der während der napoleonischen Kriege aus dem russischen Heer desertiert sei und im Höhlenversteck starb. Der Berliner Pathologe **RUDOLF VIRCHOW**, zu seiner Zeit eine Kapazität in seinem Fach, diagnostizierte gleich mehrere Krankheitsbilder: so stellte er eine Kindheitsrachitis fest, Spuren von Schlägen auf Stirn und Schädel und eine altersbedingte Arthritis deformans. Seine Diagnose entschied die Diskussion um die Knochen aus dem Neandertal: Was nicht sein darf, konnte es nicht geben. Es lief dem wachsenden nationalen Empfinden der Deutschen zuwider, dass ein kretinhafter, wenn auch frühzeitlicher Mensch möglicherweise ihr Urahn hätte sein können. Die Feststellung des berühmten Virchow rettete das hehre Bild des Deutschtums und entzog für Jahrzehnte der anthropologischen Forschung und Diskussion in Deutschland den Boden.

Von Darwins Evolutionstheorie angeregt, untersuchte **1863** der irische Geologe **WILLIAM KING** abermals die Skelettteile aus der Feldhofer Grotte. Er kam zum Urteil, dass sie die Überreste einer ausgestorbenen Homo-Gattung gewesen seien, die er Homo neanderthalensis nannte. Im Neandertaler sah King einen Vorfahren des modernen Menschen, eine Theorie, der die Wissenschaft länger als ein Jahrhundert Anerkennung zollte. Erst in den 90er Jahren des vergangenen Jahrhunderts regten sich Zweifel und führten zu harten Kontroversen zwischen Anhängern der »Out-of-Africa-Theorie« und den »Multiregionalisten«. Um den Streit zu beenden, untersuchte **1997** der deutsche Genetiker **MATTHIAS KRINGS** die mitochondriale DNA eines 1,4 cm dicken und 3,5 g schweren Knochengewebes aus dem Oberarm des Fuhlrott'schen Neandertalers. Krings kamen die günstigen Klimaverhältnisse in der ehemaligen Feldhofer Grotte zugute, die winzige Reste organischen Materials enthalten hatten und einen Vergleich zum Gegenwartsmenschen zuließen. Krings konstatierte: Homo neanderthalensis und Homo sapiens besaßen **vor 500 000 Jahren** einen gemeinsamen Urahn, aber der Mensch von heute hat nichts mit dem »Düsseldorfer« gemein. Die OOA-Anhänger durften jubeln.

Bisher konnten weltweit etwa 300 Fundstellen mit Überresten des Neandertalers registriert werden. Die meisten liegen in Europa, die übrigen in Afrika, im Vorderen Orient und in Ostasien. Auch auf österreichischem Gebiet wird er vorgekommen sein, obwohl die Bestätigung fehlt, man fand von ihm noch kein fossiles Relikt.

Neandertaler und Gegenwartsmensch

Anders in Spanien, im mittleren Deutschland und im östlichen Mitteleuropa, hier ist er durch Funde gut belegt. Besonders aber in Südwestfrankreich, in der sonnigen Hügellandschaft der Dordogne, wo im Jahr **1860** Altertumsforscher – so nannte man die Archäologen damals – unzählige Steinwerkzeuge und **1908** auch fossilierte menschliche Überreste entdeckten. Sie stammten von zwei verschiedenen Gattungen des Menschen, die hier zu unterschiedlichen Zeiten lebten: vor etwa **80 000 Jahren** der Neandertaler und vor **30 000 Jahren** der Cro-Magnon-Mensch, der im Gegensatz zum Neandertaler bereits ein Vorläufer des Homo sapiens war.

Aus welchen Gründen aber der Neandertaler verschwand und dem Neumenschen Platz machte, bleibt ein Rätsel der Vergangenheit.

Neueste Erkenntnisse weisen dem frühen Menschen eine respektable Intelligenz zu: Er verstand das Feuer als Licht- und Wärmequelle zu nutzen, und er setzte verfeinerte Techniken zur Herstellung von Arbeitsgeräten und Werkzeugen ein, er errichtete, allen klimatischen Widerwärtigkeiten zum Trotz, im Hochgebirge Jagdstationen – so in der Ramesch-Bärenhöhle im Toten Gebirge –, und er fing das Mammut und das Wollhaarnashorn in ausgeklügelten Fallen. Kein Wunder, denn das Hirnvolumen nahm zwischen seinem ersten Auftreten vor 500 000 und dem Verschwinden vor 30 000 Jahren um Beträchtliches zu: mit 1 500 cm³ übertraf es sogar das des heutigen Menschen.

Freilich, die damit einhergehende Vergrößerung der Gesichtsfläche bei gleich bleibend flacher Stirn und fliehendem Kinn verlieh dem 160 cm großen Hominiden ein primitives Aussehen. Dafür konnte er sich dank einer Veränderung der Gaumenpartien artikulieren und in einfacher Sprache mit Artgenossen Erfahrungen austauschen.

Die Verbreitung von frühen Erectinen und von Neandertalern in Europa.

Vom Homo neanderthalensis fand man in Österreich zwar noch keine fossilen Knochen, es zeugen aber andere Spuren von seiner urzeitlichen Anwesenheit. Neben so genannten Handspitzen, die er wie Steinäxte verwendete, hinterließ er eine Unmenge von Schabern. Da sie jenen aus der französischen Grotte Le Moustier gleichen, ordnen sie die Paläontologen dieser Gerätekultur zu, des Moustérien, einer mittelsteinzeitlichen Kultur **vor 400 000 und 40 000 Jahren**.

Die ältesten Funde des urzeitlichen Menschen in Österreich gehören jedoch dem Clactonien-Kulturkreis an und sind nach letzten Untersuchungen etwa **250 000 Jahre** alt. Man entdeckte sie in der Repolusthöhle bei Peggau in der Steiermark.

D as Clactonien bezog seinen Namen von Clacton-on-Sea, einem Nordseebad im englischen County Sussex. Hier fand man zahlreiche, in die frühe Altsteinzeit zu datierende Steinabschläge, die in der nach dem Ort benannten Clactonien-Technik hergestellt worden waren. Auch die Bewohner der Repolusthöhle bedienten sich dieser Technik, indem sie durch Behauen eines Steinrohlings kurze, dafür breite Steinsplitter abschlugen.

Die 35 m tiefe Höhle erwies sich für die Prähistoriker des Steiermärkischen Landesmuseums als wahre Fundgrube, als sie 1948 und 1966 ihren Inhalt einer genauen Untersuchung unterzogen. Den Höhlenboden bildeten zwei mit Feuerstellen, Breitklingen, Schabern und Fäusteln durchsetzte übereinander liegende Kulturschichten.

Der untere Horizont enthielt Fossilien von zahllosen Höhlenbären, der obere zu 69 % von Steinböcken. Am Ende der Höhle lagen in einem 10 m tiefen Schacht Tierknochen und -schädel, zum Teil in aufgebrochenem Zustand. Hier befand sich ein Abfalldepot für Speisereste, was darauf schließen lässt, dass die Höhle dem Neandertaler als dauernde Unterkunft diente. Zu den Fundgegenständen zählt auch ein durchbohrter Wolfszahn, den ein Jäger vermutlich als Amulett oder Schmuckstück um den Hals getragen hat.

Jüngeren Datums sind die Funde aus der Gudenushöhle im Kleinen Kremstal im Waldviertel. Die 22 m lange und ursprünglich etwa 0,9 m hohe Durchgangshöhle untersuchten am 27. September 1883 die Heimatforscher Ferdinand Brun, Pater Leopold Hacker und Oberlehrer Walter Werner. Schicht um Schicht gruben die Altertumsforscher ab, bis sie auf den gewachsenen Fels stießen und die Höhle eine Höhe von 2,5 m erreichte.

Im Abtragungsmaterial fanden sie mehr als 1 200, überwiegend 90 000 Jahre alte Steinwerkzeuge sowie Arbeitsgeräte aus Knochen und Geweih, darunter Nadeln, Pfrieme, Speerspitzen und einen gelochten Zierstab. Die Höhle bot dem Neandertaler eine ideale Unterkunft: Der Sonne zugewandt, lag sie, von steilen Felsmauern geschützt, über einem Fluss, der das ganze Jahr über Wasser führte und Tiere zur Tränke anlockte. Vor dem Höhleneingang befand sich eine flache Terrasse, auf der der Homo neanderthalensis seine Steinwerkzeuge und Arbeitsgeräte anfertigte, wie eine große Halde aus Abschlagsplittern beweist.

Rund 75 000 Jahre später war die Höhle noch immer bewohnt, nun allerdings bereits vom modernen Menschen. Dieser verstand es bereits vor etwa **15 000 Jahren** Kunstwerke zu gestalten, wie jenes aus einem Adlerknochen, in den er einen Rentierkopf gravierte.

Aus der Zeit von **64 000 bis 31 000** stammen Funde, die in der 1 950 m über dem Meeresspiegel gelegenen Ramesch-Höhle im Toten Gebirge ergraben wurden. Das Fundgut fiel dürftig aus: einige Steingeräte, die der Neandertaler zum Abhäuten erlegter Tiere verwendet und die er achtlos liegen gelassen hatte, waren die einzige Bestätigung seiner Anwesenheit. Sie beweisen aber, dass er dem Wild bis ins Hochgebirge folgte und Jagdstationen errichtete. Vermutlich haben ihm die etwas höheren Temperaturen zwischen zwei Kaltphasen der Würmeiszeit den Gang ins Gebirge erleichtert.

18 *Österreich gliederte sich im Jungpaläolithikum in zwei große Kulturräume: in die Bergwelt, in der während zwischeneiszeitlicher Warmphasen die Jäger in Höhlen Jagdstationen einrichteten, und in die Steppen- und Lösslandschaften, in denen sie in den Kaltphasen ihre Behausungen errichteten.*

DER NEANDERTALER IN ÖSTERREICH

Die Zeit zwischen **300 000 und 40 000 Jahren** war eine für den erectinen und sapienten Menschen wichtige Übergangsphase. Eine ganze Reihe physischer Veränderungen formten die Hominiden um und befähigten sie zu technischen Leistungen, die ihre Vorgänger noch nicht erbringen konnten. Die Ursache war ein Wachsen des Hirnvolumens von 1 000 cm³ auf 1 400 cm³. Zugleich wurden Körperbau und Gesichtsform dem Gegenwartsmenschen immer ähnlicher. Aus dieser für die Entwicklung des Menschen wichtigen Zeit berichten nur wenige Fossilien. Aber viele Werkzeugfunde lassen bereits zwei Gerätekulturkreise erkennen, deren Grenzen von West nach Ost quer durch Europa und Mittelasien verlaufen. Die ältere, südliche Kultur, die Faustkeil-Tradition des Acheuléen – benannt nach Saint-Acheul in Nordfrankreich –, umfasste auch ganz Afrika, von wo sie sich ausgebreitet hatte. Nördlich davon schloss die Steinspan- oder Spalter-Technik des Clactonien an.

Eine bedeutsame Erfindung gelang dem Steinzeitmenschen vor rund **1,5 Millionen Jahren**: Er schlug einen Stein so auf einen anderen, dass dieser eine scharfe Kante bildete. Auf diese Weise entstand ein gerundeter »Faustkeil«, den die Wissenschaft »Hackmesser« nennt, obwohl von »Hacken« oder »Messer« noch keine Rede sein kann.

An dieser Werkzeugtechnik änderte sich bis vor **200 000 Jahren** nichts, in Europa tritt erst vor **100 000 Jahren** ein Wandel zum Fortschritt ein: Der Mensch lernte, vorausschauend und mit Vorstellungskraft aus Rohstoffen Arbeitsgeräte zu formen und spezielle Schaber und Spitzen aus Steinsplittern zu produzieren, bis er vor etwa **40 000 Jahren** merkte, dass sich auch Tierknochen und Geweih für die Anfertigung allerlei nützlicher Gerätschaften eigneten. Er stellte Nadeln her und fügte mit Tiersehnen Felle zu Decken und Kleidungsstücken zusammen. Vor etwa **15 000 Jahren** schnitzte er Harpunen und Angelhaken, fing damit Krebse und Fische.

Vor etwa **40 000 bis 10 000 Jahren** fegte ein eiskalter Wind über die österreichische Landschaft. Eine Eiszeit begrub große Teile des Landes unter einer mächtigen Gletscherdecke und ließ nur den Osten und einen schmalen Streifen Landes südlich der Donau frei. Hier kämpfte der Neandertaler gegen die Härten des Klimas und stellte sich einer neuen Herausforderung: eine bislang unbekannte Menschengattung wanderte zu und machte ihm das karge Land streitig, der Homo sapiens sapiens, der moderne Mensch. Dem geistig überlegenen Konkurrenten unterlag der Neandertaler schließlich, er verschwand, ehe die Eiszeit ihren Höhepunkt erreicht hatte.

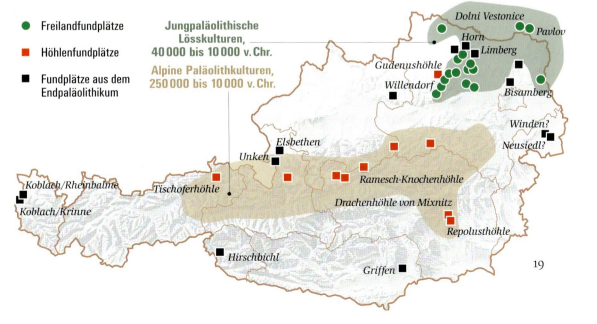

Auch der neue Zuwanderer lebte vom Jagen und Sammeln, doch seine Arbeitsgeräte, die er in den Lössgebieten Niederösterreichs hinterließ, sind von hoher Qualität. Kunstvoll bearbeitete Feuersteinklingen traten an die Stelle von Faustkeil und groben Klingen, geometrisch-abstrakte Muster und Ornamente zierten neuartige Jagdwaffen und Geräte aus Geweih oder Knochen. Künstlerische Fähigkeiten stellte er auch in Südfrankreich und in den Pyrenäen in Höhlenmalereien unter Beweis, und er fertigte weibliche Plastiken an, von denen Niederösterreich gleich drei vorweisen kann. Eine davon, die »Venus von Willendorf« in der Wachau, gelangte wegen ihrer kunstvollen Ausführung zu Weltruhm. Ein unbekannter Künstler hatte sie vor **25 000 Jahren** aus weichen Kalkstein, dem Oolith geformt.

Auch die »Venus II« stammt aus Willendorf. Sie ist aus einem 23 cm großen Elfenbeinstück eines Mammutzahns geschnitzt und einfacher gearbeitet. Nur grobe Kerben deuten Augen, Hals, Brüste und Becken an, als ob sie nur die späteren Formen skizzieren sollten.

Genau zum 80-Jahr-Jubiläum der Auffindung der »Venus von Willendorf« wurde die dritte Statuette entdeckt. Die Archäologin CHRISTINE NEUGEBAUER-MARESCH fand sie **1988** auf dem Galgenberg bei Stratzing nördlich von Krems während einer Grabungskampagne. Die Halbplastik aus grünlichem, stark glänzendem Schiefer zeigt einen gestreckten Körper und eine voll plastisch bearbeitete Vorderseite in der Größe von 7,2 cm und einem Gewicht von 10,8 g. Das Figürchen – dessen erhobener linker Arm auf religiös-kultische Widmung deutet – ist etwa **30 000 Jahre** alt und wird daher dem Aurignacien zugerechnet. Es zählt somit zu den ältesten Darstellungen menschlicher Gestalt überhaupt.

Welchen Stellenwert die kunstvoll gefertigten weiblichen Figuren im Leben des Eiszeitmenschen einnahmen, ist unbekannt. Auch die Fundorte – zumeist bei Feuerstellen – liefern keine schlüssigen Erklärungen. Hinweise könnten Grabstellen aus jener Zeit liefern, aber sie fehlen in Österreich. Das einzige Skelett, das möglicherweise aus dem Jungpaläolithikum stammte, warfen Bauarbeiter **1914** im Mießlingtal bei Spitz an der Donau aus abergläubischer Furcht in den Strom und ging für immer verloren.

In einigen besonders hoch gelegenen Höhlen konnten Archäologen und Speläologen die zumindest zeitweilige Anwesenheit erster moderner Menschen feststellen. Zu ihnen zählen die 2 005 m hoch gelegene Salzofenhöhle im Toten Gebirge, die Schlenkenhöhle bei Hallein und die Rieseneishöhle im Dachsteinmassiv. Auch andere alpine Jagdstationen suchte der eiszeitliche Jäger oft auf. In der Drachenhöhle bei Mixnitz in der Steiermark hatte er einen Dauersiedlungsplatz angelegt, der wegen der Nähe einer Quelle besondere Vorteile bot. Das bestätigen aufgefundene Werkzeuge und Arbeitsgeräte aus Bein oder Stein und ein künstlich durchbohrter Bärenknochen, der manche Wissenschafter verleitete, von einem »Höhlenbärenkult« zu sprechen.

Zu den wichtigsten jagdbaren Tieren des Jungpaläolithikums zählte zweifellos außer dem Elch und Rentier das Mammut. Der Mensch befand sich zwar noch auf dem Niveau des »höheren« Jägertums, der aneignenden, noch nicht produzierenden Wirtschaftsform, er verstand es aber schon, Vorräte anzulegen. Dafür waren die 4 t Fleisch, Fell und Knochen eines erlegten Mammuts bestens geeignet. Die Jagd auf dieses Tier gestaltete sich allerdings schwierig, denn Fell, Lederhaut und Speckschicht boten Schutz vor Speeren, Feuersteinklingen und Harpunen aus Knochen. Aber mit List und Einfallsreichtum blieben die Eiszeitjäger dennoch erfolgreich: Sie hoben an Tränken oder auf Pfaden, die von den Tieren häufig benutzt wurden, Fallgruben aus und erschlugen das darin gefangene Großwild mit Felsbrocken.

An Krems und Kamp gab es von Tieren häufig benutzte Wasserstellen. In ihrer Nähe ließ sich auch der Mensch nieder, wie viele Funde von Artefakten,

Mammuts waren für die eiszeitlichen Jäger eine vielseitig verwendbare Rohstoffquelle.

Der Eiszeitmensch

Feuerstellen- und Siedlungshorizonten bestätigen. Erlegte Tiere wurden noch an Ort und Stelle verspeist, denn eine Lagerhaltung war noch nicht möglich.

Das Fehlen natürlicher Höhlen oder Abri – Felsüberhänge, die Schutz vor Wetterunbilden boten – zwang den Eiszeitmenschen, geeignete Unterkünfte für längere Aufenthalte zu schaffen. Allmählich verstand er es, mit dem Fell des Großwildes und mit Mammutknochen zeltähnliche Behausungen zu errichten. Das dünnstämmige Holz der in der tundraähnlichen Landschaft vorkommenden verkrüppelten Bäume eignete sich dafür nicht. Spuren solcher Siedlungen konnten in den Pollauer Bergen, in Mähren gefunden und rekonstruiert werden, ebenso in Langmannersdorf und in Langenlois.

An den langen, kalten Winterabenden werden die Eiszeitmenschen vermutlich auch ihren künstlerischen Fähigkeiten nachgegangen sein. Außer weiblichen Kleinplastiken stellten sie erstmals Musikinstrumente her: Schwirrhölzer aus flachen, lanzettartigen Knochen, die sie an einer Sehne befestigten, rasch über dem Kopf schwangen und dadurch surrende Töne erzeugten, oder Flöten aus Knochen, in die sie Löcher bohrten und auf denen sie – ähnlich wie auf einer Flöte – spielten. Ob die Instrumente zur Vertreibung vermeintlicher Geister oder schon der Unterhaltung dienten, ist unbekannt, so wie die Frage offen bleibt, ob die weiblichen Figuren kultische Zwecke erfüllten.

Hintergrund
Knochen von »Riesen«

Der Name »Mammut« ist sibirisch und bedeutet »Erdentier«. Im gefrorenen Boden der sibirischen Tundra fand man unzählige der bis zu 4 m hohen und 5 m langen Tiere. In den letzten 250 Jahren nicht weniger als 40 000 Stück, die 400 t des begehrten Elfenbeins lieferten. ISBRAND IDES, ein Gesandter am Zarenhof PETERS DES GROSSEN, führte 1704 den Begriff »Mammut« in die Literatur ein, doch Mammutknochen kannte man schon zur Zeit ALEXANDERS DES GROSSEN, im 4. Jh. v. Chr.

Von Überresten eines Mammuts berichtet der Historiograph WOLFGANG LAZIUS, der 1541 eine Professur an der medizinischen Fakultät der Wiener Universität inne hatte. In seiner »Vienna Austriae«, der ältesten Stadtgeschichte Wiens, erzählt er von der Entdeckung der Gebeine zweier Riesen, in denen er Gog und Magog vermutete. Diese in der biblischen Apokalypse auftretenden Gestalten sollen in der Endzeit der Menschheit, von Satan angeführt, Jerusalem vernichten. Ob die Knochen der beiden Riesen jene sind, die bis ins frühe 19. Jh. am Hauptportal des Wiener Stephansdoms hingen, und das deshalb »Riesentor« genannt wird, ist nicht gewiss. Aber es werden dort wohl Mammutgebeine zu besichtigen gewesen sein. Denn in der Sammlung des Geologischen Instituts in Wien wird der Oberschenkel eines Mammuts aufbewahrt, dessen künstlich abgeflachten Seiten die Jahreszahl 1443 bzw. die Symbolbuchstaben Friedrichs III., AEIOU, tragen. Da 1443 das Fundament für den Nordturm des Stephansdoms ausgehoben wurde, ist es denkbar, dass dieser Knochen aus einer der Baugruben stammt.

Die Forschung rätsel noch immer über die auslösenden Faktoren der großen Eiszeiten, die Geschichte und Kultur der Menschheit so sehr veränderten. War die Eiszeit für die im österreichischen Raum lebenden Menschen von beispielloser Härte geprägt, so brachte der Wechsel von der Kalt- zur Warmperiode neue Probleme: die bisher jagdbaren Großtiere starben aus oder folgten dem sich zurückziehenden Eis nach.

Nach den letzten wissenschaftlichen Erkenntnissen vollzog sich der Klimawechsel von der Kaltzeit zur Warmphase relativ rasch. Innerhalb weniger Jahrhunderte verschwanden Ren und Mammut, die vom Menschen am häufigsten gejagten Tiere. Wälder eroberten die moos- und flechtenbedeckte Steppenlandschaft, und Pflanzen aus dem Mittelmeerraum und dem Balkan drangen nach Mitteleuropa vor. Auf den Lößböden wuchsen Kiefer- und Birkenwälder, vor rund 7 500 Jahren kam die Eiche dazu, später Linde, Ulme, Esche und Ahorn. Die Tanne wanderte von Italien ein, die Fichte von den Karpaten. Während eines Wärmeoptimums in der Mitte des **6. Jahrtausends** lag die Waldgrenze in 2 000 m Seehöhe.

Der Mensch musste mit den neuen Gegebenheiten fertig werden. Früchte und Beeren, Wildobst und Pilze, Kleingetier, vor allem aber Fisch und andere essbare Wassertiere bildeten für die nächste Zeit die Nahrungsgrundlage. Deshalb legte der Mensch seine Siedlungsplätze auf waldfreien Sandbänken in Flussläufen oder im Bereich flacher Seeufer an, wo er mit formenreichen und bereits spezialisierten Harpunen und Angelhaken aus Horn oder Bein dem Fischfang nachgehen konnte.

Allmählich wanderte bisher unbekanntes Wild ein: Rot-, Stein- und Schwarzwild, der Bär und Kleingetier, für deren Jagd der Mensch neue Methoden und Arbeitsgeräte entwickeln musste. Die bisher verwendeten nur wenige Millimeter großen, aus Feuerstein hergestellten Klingen versah er mit Holzgriffen oder Knochenschäften, um sie besser handhaben zu können. Mit solchen messerartigen Geräten häutete und zerteilte er die erlegten Tiere.

Im Hochgebirge, über der Waldgrenze, zeigten sich Gämsen, Steinböcke und Murmeltiere, auch ihnen stellten die nacheiszeitlichen Jäger nach, wie die Funde von Jagdgeräten auf dem Looser Sattel bei Schwaz und auf dem 2 300 m hohen Tuxer Joch beweisen.

Auch bediente er sich bereits des Pfeils und Bogens; das zeigen die Felsbilder in den spanischen Pyrenäen, die Künstler in der mittleren Steinzeit angefertigt haben. Aber der damalige Jäger bediente sich auch eines neuen Begleiters, des Hundes, der sich als Abfallfresser dem Menschen genähert hatte und der ihn wegen seiner guten Jagd- und Wacheigenschaften domestizierte.

Als noch Rentiere und Mammuts im wiederkehrenden Rhythmus nach Norden oder nach Süden wanderten, musste der Mensch mit ihnen mitziehen. Die Tiere, die nun den frei gewordenen Lebensraum besetzten, waren allesamt standortfest und das ganze Jahr über zu jagen. Jetzt konnte der postglaziale Mensch Dauersiedlungen errichten, das Nomadentum gehörte der Vergangenheit an. Er hob flache Mulden aus und stellte seine Hütte aus Geäst, Rinde und Gras darüber und sparte Zeit, die früher für das Auf- und Abbauen der Zelte notwendig war. Sie widmete er Erfindungen und künstlerischen Arbeiten – und dem Nachdenken über Leben und Tod.

Im **9. Jahrtausend** bahnte sich an Euphrat und Tigris ein epochaler Wandel an: Die frühen Jäger und Sammler wurden zu Bauern und Viehzüchtern. Zwar vergingen bis zum planmäßigen Anbau von Feldfrüchten und der Domestizierung von Tieren – zunächst Schafe und Ziegen, dann Schweine und Rinder – noch einige Jahrtausende, doch die »landwirtschaftliche« oder »neolithische« Revolution war nicht mehr aufzuhalten.

Laut biblischem Bericht lag der »Garten Eden« im Zweistromland. Der paradiesische Zustand – von gelegentlichen Plagen durch Heuschreckenschwärme und Hungersnöte abgesehen – währte so lange, als

Im 7. Jahrtausend v. Chr. erreichten aus dem Vorderen Orient die ersten Bauernkulturen das östliche Europa.

Der Mensch am Beginn der Warmzeit

Nahrungsmittelproduktion und Bevölkerungswachstum einander die Waage hielten. Die relativ sichere Ernährungslage führte allerdings zu einer Überbevölkerung, und die Balance auf dem Nahrungsmittelsektor ging verloren.

Teile des überwiegend bäuerlichen Volkes wanderten nach Südrussland ab oder über den Balkan nach Mittel- und Osteuropa oder über Nordafrika auf die Iberische Halbinsel. Ihre Kenntnisse über Ackerbau, Viehzucht und sonstige technische Errungenschaften nahmen sie mit.

Der große Wandel von der jagenden und sammelnden oder aneignenden zur »produzierenden« Gesellschaft vollzog sich in Mitteleuropa zwischen **5500 und 4750 v. Chr.** Die Ureinwohner wurden sesshaft und gingen – begünstigt durch klimatische und landschaftliche Bedingungen – zur Landwirtschaft über.

Als am Ende der Kaltzeit die riesigen Eismassen schmolzen und die gewaltigen Flüsse der Alpentäler ungeheure Wassermassen hinaus ins Vorland schütteten, überfluteten sie gleichzeitig weite Flächen. Dabei lagerten sie Unmengen an Geröll, Schotter und Sand ab, ein Vorgang, der 2 000 bis 3 000 Jahre anhielt. Danach trat eine Normalisierung ein, ein gemäßigtes Klima regelte das Wachstum und den Rückgang der Gletscher, und die Wasserführung der Gewässer stabilisierte sich, sodass überschwemmte Flächen wieder trockenfielen und feinen Sedimentsand freigaben. Ihn bliesen Wind und Sturm fort und lagerten ihn vorwiegend auf südgeneigten Geländerippen zu mehreren Meter hohen Schichten ab. Lösslandschaften entstanden, die heute Teilen der Wachau, dem Weinviertel und dem nördlichen Burgenland ihr charakteristisches Aussehen verleihen.

Auf diesen fruchtbaren Böden siedelte der Mensch. Was ihm aber fehlte, war Holz, denn auf dem sandigen Untergrund kümmerten Bäume und Sträucher und taugten nur als Heizmaterial.

Lern- und wissbegierig drang der Mensch in die Wälder des Flachlandes vor, das kein Löss bedeckte, und begann mit der Rodungsarbeit. Das gewonnene Holz ersetzte ihm die früher verwendeten Mammutknochen, mit denen er seine Zelte errichtet hatte. Dafür eignete sich Holz nur bedingtermaßen, für den Bau von Hütten aber erwies es sich als ausgezeichnetes Material, und so erfand der Mensch die Pfostenbauweise. Aus Astwerk flocht er Außenwände, die er mit dem Lehm der Lössböden verklebte und die Wind und Wetter abhielten.

Um die länglichen Hütten, die jeweils einer ganzen Sippe Unterschlupf gewährten, grub der Mensch mit Steinhacken oder Grabstöcken den Boden auf und setzte Einkorn-, Emmer-, Zwergweizensämlinge und die sechszeilige Gerste. Er hatte die Selbstaussaat reifer Gräser und des wilden Weizens beobachtet und ahmte nun diesen Vorgang der Natur nach.

Es dauerte weitere 3 000 Jahre, bis Ackerbau und Viehzucht vom »fruchtbaren Halbmond« des Zwischenstromlandes Europa erreichten, domestizierte Rinder, Ziegen, Schweine und Schafe in Gattern und auf Waldweiden standen und neben Korn auch Erbsen, Mohn, Linsen und Lein auf den Feldern reiften.

Etwa um **5400 v. Chr.** endete dieser Prozess, die »stille Revolution«, wie ihn der australische Prähistoriker **Gordon Childe** nennt.

Ein Experiment des Menschen im **7. Jahrtausend** in Vorderasien stellt vermutlich den ersten bewusst durchgeführten chemischen Prozess dar, der eine praktische Anwendung im Alltag findet: der Entzug von Wasser aus einem anorganischen Material und die Magerung desselben durch Beimengung organischer Stoffe ermöglicht die Herstellung von Keramiken und in der Folge von Töpfen, Tassen, Krügen und anderen nützlichen Gegenständen.

Möglicherweise übten sich jungsteinzeitliche Menschen zunächst in der Herstellung von Figuren oder Ziergegenständen, ehe sie den praktischen Wert der Erfindung des Tonbrennens erkannten und sie Gefäße mit Hilfe eines Kürbisses oder Korbes aus der feuchten Lehmmasse drückten. Fortschrittlicher war die »Spiralwulsttechnik«, bei der Tonwürste das Gefäß aufbauten.

Es dauerte Jahrtausende, bis die nächste wichtige Erfindung zur Anwendung kam: ab **3500 v. Chr.** erlaubte die Töpferscheibe die rasche Herstellung von allerlei Tonwaren in großen Mengen. Zur gleichen Zeit begann man mit Brennöfen zu experimentieren. Zuerst in Bodengruben, später in speziell errichteten Töpferöfen gelang es, eine immer besser werdende Tonqualität herzustellen. Das noch feuchte und formbare Objekt wurde durch Lagerung in der Sonne vorgetrocknet, danach konnte das gehärtete Tongefäß entweder im offenen Feuer bei einer Temperatur von mindestens 450° C oder im Ofen zwischen 800 und 1 000° C gebrannt werden.

Der Fortschritt war unverkennbar: In Keramikgefäßen konnten nicht nur Speisen gekocht werden, sie dienten auch der Lagerung fester, flüssiger oder halbflüssiger Nahrungsmittel, von Ölen, Fetten und von Saat- oder Erntegut.

Ein neuer Beruf entstand, der sich ausschließlich der Keramikherstellung und dem Handel mit diesem Produkt widmete. Er leitete eine bisher nicht bekannte berufsspezifisch-soziale Schichtung der menschlichen Gesellschaft ein.

Dem Gebrauch von Tonwaren waren praktisch keine Grenzen gesetzt. Im Alltag verwendete der neolithische Mensch wenig gegliederte und kaum verzierte Gefäße aus grobkörnigem Ton. Zu repräsentativen Anlässen zeigte er gerne fein gearbeitete, mehrfarbig bemalte Keramiken vor. Kulturkreise entstanden, die sich nach Form und Verzierung der produzierten Objekte unterschieden. Ab **4500 v. Chr.** gliedern sie Europa in drei große Bereiche. Österreich lag in der donauländischen Zone, die zwei Grundformen charakterisieren: die »lineare« und die »bemalte« Keramik, nach einem in Ungarn liegenden Fundort auch »Lengyelkomplex« genannt. Die Lengyelkultur breitete sich im Mittelneolithikum zwischen **4750 und 3900 v. Chr.** vom mittleren Donauraum ausgehend

Erste keramische Gegenstände

bis Mittelpolen, Bayern, Mitteldeutschland und ins Save-Drau-Gebiet aus. Allerdings lässt die gezeigte kulturelle Einheit nicht auf eine ethnische Geschlossenheit der Völker schließen.

Die morphologisch uneinheitliche Bevölkerung kennzeichnet nur ein graziler Körperbau und die Durchschnittsgröße von etwa 1,60 m. Unbestritten aber nahmen die Träger der Lengyelkultur bereits eine hohe Kulturstufe ein. Nieder- und Oberösterreich und das Burgenland erfreuen sich einer großen Zahl von Einzelfundplätzen der Lengyelkultur, geschlossene Fundgebiete liegen nur im Traisental, im Wald- und im Weinviertel.

Im Jungpaläolithikum werden aus Ton gefertigte Frauenplastiken zahlreicher. Die Künstler scheinen die in der Steinzeit fußenden typischen Venus-Merkmale übernommen zu haben: stilisierte Köpfe, Arme und Beine und breite Becken. Dieses »Idol« bezeichnete die ältere Forschung als »Magna Mater« und wies ihr eine häusliche Schutz- oder eine Fruchtbarkeitsfunktion zu, eine Interpretation, der sich die heutige Wissenschaft nicht mehr anschließt.

Rätsel geben auch die Tonmodelle auf, die Hausformen darstellen. Waren sie Behausungen für fiktive Hausgeister – wie sie gegenwärtige Naturvölker gebrauchen – oder Kinderspielzeug? Sie liefern jedenfalls ein authentisches Abbild damaliger Hüttenkonstruktion, somit besteht wenigstens hier Klarheit: Die Häuser trugen ein Satteldach, an deren Giebelbalken ein Unheil abwehrender (apotropäischer) Tierschädel befestigt war. Tierschädel und -skelette fanden Archäologen auch in den Fundamentgruben der Hütten und folgern daraus Opfer- oder Sühnegaben der Erbauer an überirdische Wesen.

Funde der frühesten Linearbandkeramik konnten im mittleren und nördlichen Burgenland sowie im nördlichen Niederösterreich festgestellt werden. Im alpinen Bereich fehlen sie. Im 5. Jahrtausend breitete sich die Ackerbaukultur über den voralpinen Raum aus und zog in die Tal- und Beckenlandschaften Salzburgs, Steiermarks und Kärntens ein. Die Bemaltkeramische Kultur des Östlichen Mittelneolithikums – 5. bis 4. Jahrtausend – erfasste, zeitlich verzögert, das westliche Alpenvorland. Im 4. Jahrtausend eroberte der Kulturkomplex schließlich die Alpentäler. In der mittleren Kupferzeit dominierte die Mondseekultur.

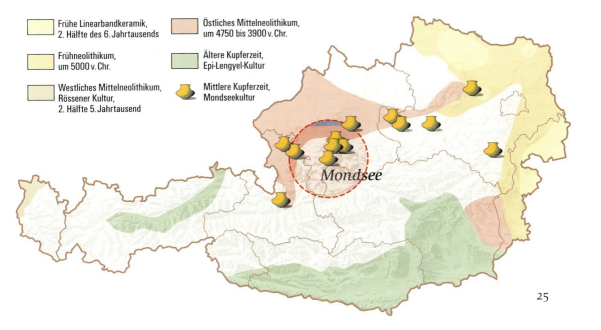

Als eine Fundgrube mittelneolithischer Lebensart erwies sich der »Schanzboden«, ein bewaldeter Ausläufer des 420 m hohen Heidberges bei Falkenstein im Weinviertel. 1975 genauer untersucht, konnte hier die älteste Wallburg Mitteleuropas ergraben werden. Sie misst im Durchmesser 400 m und fiel, optimal geschützt, nach drei Seiten steil zur Ebene ab. Fünf Wälle und Gräben – die nicht vor, sondern hinter den Erdwällen lagen – schützten die Siedlung, die aus großen, zweiräumigen Pfostenhäusern mit Wänden aus Flechtwerk bestand und an deren Schmalseiten kleine, überdachte Vorräume angebaut waren. Andere, kleinere Pfostenbauten standen abseits, leicht im Boden eingetieft. Sie dienten entweder als Vorratsräume oder als Stallungen.

U m **4500 v. Chr.** errichtet, musste die weithin sichtbare Höhensiedlung einen tiefen Eindruck hinterlassen haben. Ungeklärt ist, warum die mit großem Aufwand angelegte Wallanlage kurz nach ihrer Erbauung zum Teil wieder planiert und eine kleinere, ebenfalls durch Erdwälle geschützte Siedlung mit 115 bis 120 m Durchmesser errichtet wurde.

Rätsel geben auch bei Strögen, Mühlbach am Manhartsberg, Kamegg und Glaubendorf liegende Kreiswallanlagen auf. Sie sind nur aus der Luft durch die Bodenverfärbung erkennbar. Um die Mitte des **20. Jh.s** entdeckten sie Archäologen, als sie mit Unterstützung der österreichischen Luftwaffe den Osten Österreichs auf der Suche nach Bodendenkmalen abflogen. Bald entdeckten sie weitere der geheimnisvollen Anlagen, mittlerweile wuchs die Zahl der in Niederösterreich festgestellten Rondelle auf 38. Ihre Verbreitung reicht aber über Nieder- und Oberösterreich hinaus, bis nach Bayern, Böhmen, Mähren und in die Slowakei. Charakteristisch ist ihr Aufbau, der stets gleich ist: Ein bis drei kreisrunde Wälle und Gräben mit einem Durchmesser zwischen 45 und 145 m und bis zu 10 m breiten und 6 m tiefen Spitzgräben umgeben eine Innenfläche, zu der nach den vier Himmelsrichtungen orientierte Zugänge führen. Die Ränder der Innenfläche, auf der so gut wie keine Siedlungsspuren feststellbar sind, umgaben Zäune aus Holzpalisaden. Dass die Anlagen als Weideflächen dienten, ist wohl nicht anzunehmen, der Arbeitsaufwand wäre zu groß gewesen. Aber möglicherweise stellten die Kreisgrabenanlagen Observatorien dar, denn die Eingänge hatten die Erbauer genau nach der vor 5 000 Jahren aktuellen Präzession der Erdachse berechnet. Auch kultischen Opferhandlungen könnten sie gedient haben, darauf deuten bestimmte Anzeichen. Im Kreisgraben von Friebritz, nordwestlich von Asparn an der Zaya, befinden sich mehrere Bestattungen, darunter ein an den Händen gefesselter Mann, der unter einer jungen Frau lag. Beide waren durch Pfeilschüsse getötet worden. Unklarheit herrscht auch über das »Schädelnest« von Poigen. Es enthielt die Köpfe eines Mannes, dreier Frauen und eines Kindes. Auch diese Art der Bestattung ist ungewöhnlich, begrub man doch Verstorbene im Allgemeinen in Hockerstellung.

Die »stille Revolution«, die im Neolithikum vor sich ging und in der nomadisierende Jäger und Sammler zu sesshaften Bauern und Handwerkern wurden, leitete einen Wandel in der Gesellschaftsstruktur ein, die immer klarere Profile annahm. Im Spätneolithikum, der Kupferzeit, entstanden weitere soziale Gruppen: Händler, Krieger und auf den Bergbau spezialisierte Berufe, wie Prospektoren, Bergknappen, Zimmerleute und Fuhrwerker.

Wieder war der Vordere Orient Ursprungsort für neue technologische Neuheiten.

Im **8. Jahrtausend** wurde im anatolisch-kaukasischen Raum Kupfererz gewonnen, **6000 v. Chr.** ermöglichte die Entdeckung des Schmelz- und Reduktionsprozesses eine bessere Verarbeitung des Metalls, damit konnten um **5000 v. Chr.** erste Kupfergegenstände geformt werden: Beile, Speer- und Pfeilspitzen. Der Stein als Rohstoff für Arbeitsgeräte und Werkzeuge hatte ausgedient.

KUPFER

Als sich die Kupferlager erschöpften, suchten Prospektoren nach neuen. Sie schwärmten über den mediterranen Raum und den Balkan aus und gelangten nach Mittel- und Westeuropa. Dabei knüpften sie zwischen den Siedlungsräumen Handelsbeziehungen und verbreiteten ihre bergbaulichen Kenntnisse. Zwischen dem **5. und 4. Jahrtausend** war man auf dem Balkan so weit, Kupfer zu verarbeiten. Noch verwendeten die neolithischen Schmiede nur reines Kupfer, aber die gegossenen und getriebenen Objekte fanden kaum Anklang, da das Material zu weich war und sich zur Herstellung von Werkzeugen und Arbeitsgeräten nicht eignete.

Mit allerlei technischen Tricks versuchte man dennoch, das leicht zu verarbeitende Material nutzbringend zu verwenden. So trug jener »Mann vom Hauslabjoch« – nach seinem Auffindungsort, den Ötztaler Alpen, besser unter dem Namen »Ötzi« bekannt – ein gut erhaltenes Steinbeil mit sich, das ein Kupfermantel umgab. Das Kupfer einhielt nur geringfügige Verunreinigungen – 0,2 % Arsen und 0,1 % Silber – also Beimengungen, wie sie im naturbelassenen Kupfer vorkommen. Um die technischen Eigenschaften von Kupfer durch einen 5- bis 20 %igen Zusatz von Zinn zur härteren Bronze zu verbessern, waren »Ötzi« und seine Zeitgenossen noch nicht imstande. Der »Mann vom Hauslabjoch« lag über 5 300 Jahre im Gletschereis, erst die gegenwärtige klimatische Warmphase gab ihn frei. Auf dem Weg nach Norden starb er in 3 210 m Höhe, bei der Überquerung des Alpenhauptkammes, vermutlich eines gewaltsamen Todes.

Die ältesten Kupfergegenstände Österreichs stammen aus dem **4. Jahrtausend**, waren im Karpatenbecken erzeugt und von Händlern importiert worden: kleine Perlen, die in einem Kindergrab bei Bisamberg gefunden wurden, Spiralen und Beile, die ein Hirtenjunge 1864 in einem Depot bei Stollhof an der Hohen Wand entdeckte. Der Stollhofer Fund ist auch aus anderem Grund bemerkenswert: Er enthielt zwei durchlochte kreisrunde Scheiben aus getriebenem Goldblech. Diese 10,6 bzw. 13,8 cm großen Plättchen sind die ersten Schmuckstücke aus Gold, die in Österreich gefunden wurden. Solchen Zierrat trugen um **4000 v. Chr.** Frauen auf dem Balkan. Der östliche Alpenraum stand demnach bereits in engen Handelsbeziehungen zum Balkan.

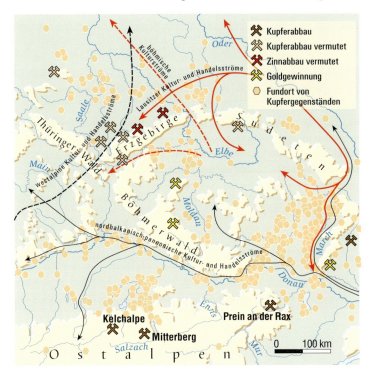

Kupfer wurde erstmals im 8. Jahrhundert – im Mesolithikum – im Vorderen Orient verarbeitet. In das 6. Jahrhundert fiel die Entdeckung des Schmelz- und Reduktionsprozesses von Kupfererz, im 4. Jharhundert wurden zum ersten Mal aus dem Metall Gegenstände geformt. In der Hauptsache stellten die frühen Schmiede Pfeil- und Speerspitzen, seltener Beile her, denn das Kupfer war wegen der weichen Eigenschaft wenig strapazierfähig. Mitteleuropäisches Zentrum des Kupferbergbaus war Mitterberg am Hochkönig, wo in der Hochblüte des Abbaus bis zu 1 000 Bergleute arbeiteten.

In der späten Jungsteinzeit lassen sich in Österreich vier große Kulturkomplexe unterscheiden: im Westen die Rössener und Altheimer Elemente, im Norden die Mondseegruppe, im Süden die Pölshalsgruppe und im Nordosten und Osten die Badener Gruppe.

Westlich von Baden bei Wien liegt abseits des Helenentals die Königshöhle. Am Eingang 5 m hoch und etwa 11 m breit, misst sie im Inneren etwa 130 m². **1875** und auch später verlockte sie Heimatforscher, nach Altertümern zu graben, insgeheim aber hofften sie, verborgene Schätze zu entdecken.

Was zutage trat, war eine *„ungeheuer mächtige Aschenansammlung"* und *„ein gewaltiges Scherbenchaos"*, heißt es im Fundbericht. Die Menge an Keramiken war so beeindruckend, dass die Archäologen einen ganzen Kulturkomplex nach Baden benannten, denn die Königshöhle war nur ein Siedlungsplatz von vielen, die von **3300 bis 2800 v. Chr.** im südlichen Wienerwald existierten.

Vom Gemeindeberg und Simonsberg in Wien über den Anninger bis zum Hausstein bei Grünbach reihten sich die Höhensiedlungen. Westlich des Wienerwaldes siedelten die Träger der Badener Kultur überwiegend im Traisental. Auf dem Grasberg bei Ossarn lag eine Siedlung von 750 m Länge. Bei Grabungen kamen Unmengen von Tongeschirr zum Vorschein. Die in Gruben gefundenen, auf ihrem Ausguss ruhenden Gefäße und menschlichen Gebeine regten zu Spekulationen an. Der Archäologe **Joseph Bayer**, der sie **1927/28** ergrub, sprach von einer *„Kannibalenmahlzeit"*. Tatsächlich weisen die Langknochen und Rippen einer Frau und von zwei Kindern – zwei und acht Jahre alt – Schnittspuren auf.

Die Bestattung eines Rumpfes ohne Schädel, das Fehlen von Extremitäten oder die Beisetzung nur des Kopfes oder einzelner Knochen ist in der Tat keine Seltenheit. In einer freigelegten spätneolithischen Siedlungsgrube in Lichtenwörth bei Wiener Neustadt lagen Skelettteile von drei Erwachsenen und fünf Kindern. *„Ein Teil der Menschen befand sich zum Zeitpunkt der Zerteilung der Körper noch im Fleischverband, sodass diese kurz nach dem Tod stattfand oder überhaupt erst zum Tod führte"*, berichtet der Prähistoriker **Johannes-Wolfgang Neugebauer**.

Da die Zerstückelung außerhalb der Gruben erfolgte, schließt Neugebauer auf eine kultische Anthro-

Hintergrund
Kinderarbeit im ältesten Bergwerk

Unweit von Mauer in Wien, nahe dem Gasthof »Zur Schießstätte«, liegt in einem aufgelassenen Kalksteinbruch auf der Antonshöhe Österreichs ältester Bergbau. **4000 v. Chr.** durchstießen hier Prospektoren eine in die Juraklippen schräg einfallende Hornsteinschicht und trieben in einer Tiefe von 8 bis 11 m kurze untertägige Strecken vor, um Radiolarit zu gewinnen. Dieses rötlich patinierte Gestein eignet sich wegen seiner Sprödigkeit gut für die Herstellung von Klingen, Spitzen und Kratzern. Der Umfang des Abbaus und die in den verstürzten Stollen gefundenen Werkzeuge aus Stein und Knochen sowie Tongefäße lassen auf eine rege Betriebsamkeit schließen. Eine schaurige Überraschung erwartete die Archäologen, als sie in den verfüllten Strecken auf sechs Gräber stießen, die überwiegend Kinderskelette enthielten. Die Vermutung liegt nahe, dass in den engen Stollen Kinder das gebrochene Material zutage schaffen mussten und durch tragische Umstände – Unfall, Verletzung oder Entkräftung – zu Tode kamen und hier bestattet wurden.

Ähnliche Feuersteinbergbaue aus der gleichen Zeit liegen am Nord- und Osthang des Roten Berges in Wien-Hietzing und am Flohberg bei Lainz.

Die Badener Kultur

Hintergrund

Schädeloperation vor 5 000 Jahren

Die Menschen der Badener Kultur verfügten über erstaunliche Fähigkeiten. Im **April 1984** wurde im burgenländischen Zillingtal aus einem Grab ein Skelett geborgen, dessen Schädel ein kreisrundes, künstlich hergestelltes Loch aufwies.

Diese vor **5 000 Jahren** durchgeführte Trepanation ist die älteste in Österreich nachweisbare chirurgische Schädelöffnung, sie wird der Badener Kultur zugerechnet

Der Eingriff erfolgte an einem 35 bis 45 Jahre alten Mann mit Hilfe einer scharfen Klinge aus Feuerstein. Nach Durchtrennen und Zurückklappen der Kopfhaut wurde eine 9 cm² große Fläche des Schädeldaches so lange abgeschabt, bis eine kleine Öffnung das darunter liegende Gehirn freilegte. Die Vernarbung der Trepanationsränder zeigt, dass der Mann die Operation überlebte.

Aus dem neolithischen Europa sind 500 trepanierte Schädel bekannt. Gründe für den medizinischen Eingriff mögen Heilungsversuche bei unerträglichen Kopf- oder Zahnschmerzen gewesen sein, auch rituelle Motive sind nicht auszuschließen.

pophagie, also auf Kannibalismus. Den Nachweis kann die Archäologie mangels eindeutiger Beweise allerdings nicht erbringen.

Aber Neugebauer rekonstruierte eine andere, ebenfalls ungewöhnliche Beisetzung, die Doppelbrandbestattung von Sitzenberg: Ein 30-jähriger Mann und eine 18-jährige Frau waren in linksseitiger Hockerlage auf einem Scheiterhaufen verbrannt worden. Die verkohlten Skelette sanken anatomisch richtig in eine Grube, in die vor dem Zuschütten ein Krug und Feuersteinspitzen gelegt worden waren. Über die Ausdehnung der damaligen Kulturkreise geben Vergleiche der Grabbeigaben – in der Regel Tongeschirr – Aufschluss. Zum Beispiel zeigen Tassen und Töpfe der Badener Kultur Einflüsse aus dem Karpatenraum, dem Balkan und dem nördlichen Mitteleuropa. Westösterreich befand sich dagen im **4. Jahrtausend** im Einzugsbereich der Michelsbergerkultur, die bei Karlsruhe ihr Zentrum hatte, und der Pfyner Kultur, die vom Schweizer Kanton Thurgau ausging. In Tirol und Teilen Salzburgs zeigt sich die Altheimer Kultur von Bayern. Hingegen waren die Pölshals- und die Mondseekultur relativ eigenständig. Die Mondseekultur fällt durch die besondere Siedlungsform der Pfahlbauten auf.

In der mittleren und späten Kupferzeit kam aus den eurasischen Steppen über Osteuropa eine andere Art der Kultur in den österreichischen Raum, die auf kriegerische Zeiten schließen lässt: die »Streitaxtkultur«. Kunstvoll aus Stein oder Kupfer gearbeitet, dienten die länglichen, schmalen Waffen – sie waren, den relativ häufigen Funden nach zu schließen, in Oberösterreich verbreitet – als Rang- oder Statussymbole hoch stehender Krieger.

Schädel aus Zillingtal, mit deutlich sichtbarer Trepanation, aus der Badener Kultur.

URGESCHICHTE

3900 BIS 2200 V. CHR.

An den Ufern der oberösterreichischen Salzkammergutseen konnten im 19. Jh. zahlreiche Pfahlbaureste aus dem 3. Jahrtausend v. Chr. entdeckt werden (oben). – Im Laufe der Pfahlbauforschung änderten sich die Theorien über die Lage der Pfahlbauten (rechts).

F. Keller aus Zürich stellt sich Pfahlbausiedlungen auf einer gemeinsamen Plattform im offenen Wasser vor.

1854

H. Reinerth aus Tübingen verlegt die Bauten a Seeufer, sie stehen nur bei Hochwasser im Se

1922

O. Paret aus Stuttgart bezeichnet die Pfahlba als »romantischen Irrtum«.

1942

Neben ebenerdigen Ufersiedlungen gab es au Pfahlbausiedlungen, die in Überschwemmung zonen lagen oder von Inseln aus in den See vorgebaut wurden.

1980

STICHWORT

Mondseekultur

Prähistorische Archäologen benutzen zur Feststellung der Ausdehnung von Kulturgruppen keramische Typeninventare, Bestattungsarten, Schmuck- und Geräteformen. Anhand der Keramiken aus den Pfahlbaudörfern des Mond- und Attersees konnten sie die Grenze der Kulturgruppe »Mondsee« festlegen. Demnach befand sich das Hauptsiedlungsgebiet im Bereich der beiden genannten oberösterreichischen Seen, in den Tälern von Enns und Traun und im Hausruck. Kleinere Siedlungsareale lagen weit ab bei Bischofshofen, in der Stadt Salzburg, in Ossam und am Hausstein in Grünbach am Schneeberg.

Die Leitkeramiken fallen durch besonders schön gearbeitete Kreis- und Dreiecksmuster sowie weiße Einlegearbeiten, so genannte Inkrustationen, auf. Die Kultur war relativ langlebig, sie dauerte von der späten Jungsteinzeit – oder Kupferzeit – bis zur mittleren Bronzezeit, also von **3000 bis 1500 v. Chr.**

Die Analyse der Keramiken ergab fünf typologische Formengruppen, von denen die ersten drei der Jungsteinzeit angehören und drei Entwicklungsphasen zeigen. Die Formengruppen vier und fünf sind bronzezeitlich zu bewerten und bilden – nach ihrem Hauptverbreitungsgebiet – die Atterseegruppe. Zwischen beiden Komplexen stellten die Archäologen eine 500 Jahre dauernde Unterbrechung in der Kontinuität der Pfahlbausiedlungsweise fest. Die Gründe dafür sind unbekannt.

Die Pfahlbausiedler

Im späten Neolithikum wohnte der Mensch in lang gestreckten rechteckigen, in Pfostenbauweise errichteten Hütten. Zwei Räume gliederten den Bau, und ein niedriger Eingang führte an der schmalen Nordseite ins Innere. Die Gehöfte lagen in Gruppen auf Plateaus, Bergkuppen oder auf inselartigen Erhebungen in den Tälern. Entlang von Salzach, Inn und Rhein rückten sie allmählich in die Alpentäler vor. Streufunde im Hochgebirge deuten auf Saumpfade, die der neolithische Mensch bereits nutzte. Unklar hingegen ist, warum er geradezu siedlungsfeindliches, unwirtliches Gelände aufsuchte, um dort unter erheblichen Schwierigkeiten seine Hütten zu errichten: die Pfahlbauten an den oberösterreichischen Alpenseen.

Die Erforschung eines der rätselhaftesten Unterfangen frühzeitlicher Siedlungsweise, die Anlage ganzer Dörfer auf Pfählen, bot bis in die Gegenwart Stoff für zum Teil hitzig geführte wissenschaftliche Debatten.

Die Pfahlbauforschung nahm in der Schweiz ihren Ausgang. **1548** berichtete ein Schweizer Chronist zum ersten Mal von Pfahlbauresten, dass bei Arbon und Rorschach *„starke und breyte pfalment und maalzeichen starker gebeuwen"* auf dem Grund des Bodensees zu erkennen seien. **Vadian**, Bürgermeister in St. Gallen und Rektor an der Wiener Universität, deutete die Pfahlflächen *„im glaslauteren und stillen Wasser"* als alte Siedlungsreste – damit war die Angelegenheit plausibel erklärt.

Im **19. Jh.** rückten die Pfahlbaureste erneut ins Licht des Interesses. Niedrigwasser ließ die Holzpfosten im Zürich-, Bieler und in anderen Schweizer Seen zum Vorschein kommen. Sie regten den Altertumsforscher **Ferdinand Keller** zu neuen Überlegungen an. Unter dem Einfluss französischer Reisender, die über Pfahlbausiedlungen auf West-Neuguinea berichteten, kam er zu dem Schluss, dass auch die Pfahlbauten in den Alpenseen ähnlich ausgesehen haben müssten. **1854** erklärte er die Pfahlbauweise: Die in den Seegrund getriebenen Pfähle ragten ursprünglich wenige Fuß über den Wasserspiegel und bildeten *„mit waagrecht liegenden Balken und Brettern bedeckt [...] ein festes Gerüst"*, um *„einen Unterbau für die darauf zu erbauenden Wohnungen"* abzugeben.

Das ließ ein Geschichtsprofessor aus Neuenburg nicht gelten, er behauptete schlichtweg, die Pfahlbauten seien uralten Datums und wären Warenlager der Phönizier gewesen.

Das wollte nun doch niemand so recht glauben, hingegen fanden Kellers Ausführungen Anerkennung und Eingang in die wissenschaftliche Literatur. Das fiktive Bild vom alpenländischen Eingeborenen, der im Einbaum die glasklaren Fluten teilte, um zum heimischen Herd seiner strohgedeckten Hütte inmitten eines tiefgründigen Sees zu gelangen, entsprach ganz den nach Idyllen suchenden, romantischen Vorstellungen des **19. Jh.s**. Das Klischee passte einfach zu schön in die Romane von **J. F. Cooper** (»Der Wildtöter«, **1841**) oder – gegen Ende des **19. Jh.s** – in die Erzählungen **Karl Mays** und zu der von ihm verbreiteten Schablone vom »edlen Wilden«.

Um **2960 v. Chr.** errichteten neolithische Siedler erste Behausungen auf den feuchten Strandplatten des Mondsees. Höhere Temperaturen und geringere Niederschlagsmengen während vieler Jahrzehnte hatten den Wasserspiegel der Alpenseen deutlich gesenkt. Die spätneolithischen Menschen trieben Holzpfosten in den schlammigen Boden und verbanden sie durch Unterzüge. Auf diese Roste legten sie Fußböden, errichteten Wände aus Flechtwerk und stülpten ein schilf- oder rindengedecktes Firstdach darüber. Zapfen und Dübel hielten die Hölzer zusammen. Allerdings mussten die tragenden Pfosten nach wenigen Jahren erneuert werden, deshalb ragen so viele Pfähle, manchmal 25 pro m^2, aus dem Seegrund.

Um **2000 v. Chr.** zogen es die Pfahlbausiedler vor, ihre Heimstätten zu verlassen und in neue, am Seeufer errichtete zu ziehen. Hier rodeten sie die dichten, urwüchsigen Wälder bis ins Hinterland, sie waren eigentlich die ersten Kolonisten des Salzkammerguts.

Die Entdeckung der Bronze durch die Anreicherung von Kupfer mit 5 bis 20 % Anteilen Zinn veränderte die menschliche Gesellschaft abermals. Zu Recht nennen die Historiker – in der klassischen Dreiteilung der Frühgeschichte der Menschheit – die Epoche zwischen Stein- und Eisenzeit nach diesem Metall. An ihrem Ende, **1200 v. Chr.**, **haben sich neue spezialisierte Berufe etabliert, gliedert sich die Gesellschaft bereits in eine mit Führungsaufgaben beschäftigte Oberschicht, eine vermögende Mittelschicht und in die Masse der Unbemittelten.**

Ansätze dieser Veränderung zeigten sich bereits, als Kupfer in größeren Mengen abgebaut und verarbeitet wurde.

Die vielseitig verwendbare Bronze verdrängte den bisherigen Werkstoff Stein innerhalb kurzer Zeit. Ihre Herstellung löste gleichzeitig einen Boom auf Kupfer und Zinn aus, der die bekannten Lagerstätten rasch erschöpfte. Erfahrene Prospektoren vom Balkan begaben sich auf die Suche nach neuen und entdeckten sie um **1800 v. Chr.** in einer geologischen Gesteinsformation, die den nördlichen Rand der Zentralalpen begleitet, in der Grauwackenzone.

In Prein an der Rax und auf der Kelchalpe bei Kitzbühel lagen schier unerschöpfliche Kupfermengen. Die Lagerstätten am Mitterberg bei Mühlbach am Hochkönig waren die ergiebigsten. Etwa 200 prähistorische Schmelzplätze kartierten hier die Archäologen. Sie schätzen, dass zwischen **1800 und 600 v. Chr.** bis zu 1 000 Knappen rund 20 000 t reines Kupfer aus diesem Vorkommen abbauten.

Die Kupferförderung war gefahrvoll und schwierig. Gewiss verloren viele Knappen bei der Förderung ihr Leben, dennoch holten sie das Erz führende Gestein am Mitterberg mit Hilfe der »Feuersetzmethode« noch aus einer Tiefe von 120 m. Durch Erhitzen des Gesteins mittels brennender Holzstöße und rasches Abkühlen mit Wasser lockerten sie den Fels und trieben so Stollen in den Berg vor. Fahlerze ließen sie außer Acht, für ihre Verhüttung fehlte noch die technische Voraussetzung.

Das geförderte Gestein wurde mit Klopf- und Reibesteinen in unmittelbarer Nähe des Mundloches zerkleinert, der Gesteinsgrus mit Sieben in Wasserbottiche gesenkt (»Strauchsiebsetzen«), um durch Schwenken in Holztrögen (»Sichern«) das spezifisch schwerere Erz von den leichteren nicht metallischen Stoffen zu trennen.

Langwierig war der Schmelzprozess zur Gewinnung des kostbaren Rohstoffs. Um den im Erz enthaltenen Schwefel zu entfernen, rösteten die Bergleute den Kupferkies in flachen Röstbetten. Das nun schwefelfreie Rösterz erhielt einen Zusatz aus Quarz, Spat – so genannten Möller – und Holzkohle, und wurde in einem Ofen geschmolzen. In diesem Prozess vermischten sich noch enthaltene Verunreinigungen mit

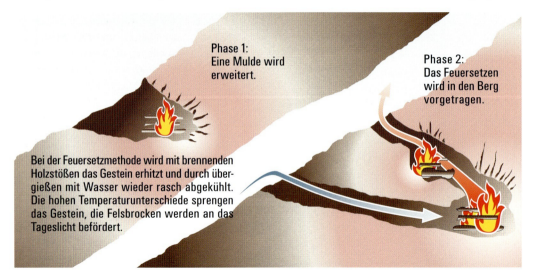

Phase 1: Eine Mulde wird erweitert.

Phase 2: Das Feuersetzen wird in den Berg vorgetragen.

Bei der Feuersetzmethode wird mit brennenden Holzstößen das Gestein erhitzt und durch übergießen mit Wasser wieder rasch abgekühlt. Die hohen Temperaturunterschiede sprengen das Gestein, die Felsbrocken werden an das Tageslicht befördert.

Bronze verändert die Gesellschaft

der Schlacke. Dieser »Kupferstein« wies jedoch schon beachtliche Reinheit auf, dennoch setzte man den Röst- und Schmelzprozess fort, bis als Ergebnis 90 %ig reines Kupfer vorlag.

Der Bergbau am Mitterberg wurde – mit kurzzeitigen Unterbrechungen – erst **1976** stillgelegt.

Im Nahbereich der großen Kupferbergbaue veränderten sich alle Lebensbereiche der Menschen. Auch die Bauern waren davon betroffen. Der Bergbau benötigte für damalige Zeiten viele Arbeitskräfte, die mit Nahrungsmitteln versorgt werden mussten. Der Bauer war angehalten, dafür aufzukommen. Er produzierte daher mehr, als er bisher für den Eigenbedarf brauchte. Diese Mehrproduktion erforderte eine technische Weiterentwicklung des Pfluges und anderer landwirtschaftlicher Arbeitsgeräte, aber auch den Einsatz des Rindes als Zugtier. Die Tierbestände mussten vergrößert und neue Weideflächen erschlossen werden. Mit dem erhöhten Bedarf an Nahrungsmitteln war auch die Lagerhaltung aufs Engste verbunden, deshalb stieg die Nachfrage nach keramischen Vorratsbehältern. So kurbelte der Bergbau alle wichtigen Wirtschaftszweige an: der Alpenraum erlebte seine erste wirtschaftliche Blüte.

Die Auswirkungen des Bergbaus auf die Gesellschaft waren noch weitreichender als auf die Wirtschaft. Denn mit der Gewinnung von Kupfererz und seiner Verhüttung war es nicht getan, es bedurfte auch der Vermittlung zwischen Produktion, Vertrieb und Verkauf. Daher mussten transporttaugliche Wege angelegt werden, eigene Sicherheitsorgane hatten für den Schutz der gelagerten Kupferbarren zu sorgen, die einen beträchtlichen Wert darstellten, die Versorgung der Knappen mit allem Lebensnotwendigen war zu organisieren usw. Diesen umfangreichen Aufgabenbereich bewältigte ein Management, dem die Angesehensten und Fähigsten angehörten.

Erstmals führte eine fortschreitende Arbeitsteilung und Rollenfixierung zu einer scharf konturierten gesellschaftlichen Differenzierung. Der Bergbau erzwang daher schon in seiner Entstehungszeit neue und besondere Formen sozialen Zusammenlebens.

Die Siedlungen der Bronzezeit dokumentieren diese Entwicklung. Bestimmte Häusergruppen liegen abseits der Mehrzahl der übrigen Wohnbauten und lassen auf hochstehende Persönlichkeiten schließen. Die gesellschaftliche Hierarchie spiegelt sich auch in der Bestattung der Toten wider: Verstorbene der niederen Klasse bekamen keine oder nur minderwertige Grabbeigaben mit; Angehörige von Berufsgruppen – Händler, Handwerker, Krieger – bestattete man mit Attributen ihrer Zunft; die Gräber der Wohlhabenden stattete man mit kostbaren Beigaben aus. Aber allen Grablegen gemeinsam ist eine bestimmte Ordnung in der Lage der Toten. In den Hocker- und Hügelgräbern Westösterreichs liegen die Männer auf der linken Seite und haben den Kopf nach Norden gerichtet, die Frauen liegen auf der rechten Seite, und ihr Kopf zeigt nach Süden. Der Blick beider ist gegen Osten gerichtet. Anders im Bereich der »Wieselburger Kultur«, hier nehmen die Toten eine West-Ost-Lage ein. Bisher unbekannt waren Baumsärge, die nun erstmals verwendet werden, und gegen Ende der frühen Bronzezeit kommen grob behauene Stelen auf, so in Franzhausen und Gemeinlebarn.

Der Handel mit Bronze erschloss neue Märkte, die im Gegenzug Salz, Bernstein, Pelze und Felle anboten. Über die Handelsrouten lief ein reger Waren- und Informationsaustausch. Berichte vom Wohlstand mediterraner Regionen erreichten das nördliche Europa und weckten das Verlangen, in seinen Genuss zu kommen. Manch ein Stamm machte sich auf den Weg in den verheißungsvollen Süden.

Die Züge verliefen nur selten friedlich. Die Sesshaften fürchteten um ihren Besitz und stellten sich gegen die vermeintlichen oder tatsächlichen Eindringlinge. Die Nachfrage nach Waffen stieg, und dies wirkte sich nicht nur auf eine erhöhte Produktion aus, sondern beflügelte auch die Fantasie der Waffenschmiede: eine bisher nicht gekannte Vielfalt an Lanzen, Dolchen, Keulen, Streitäxten, Kampfbeilen und anderen wehrhaften Gegenständen kam auf den Markt.

Etwa um **1600 v. Chr.** erschien das erste Schwert, die Ruhe in Europa war dahin.

An einer Erzförderstelle von durchschnittlicher Größe waren bis zu 180 Männer tätig. 40 Knappen, 60 Holzfäller für die Zimmerung der Stollen und Schächte, 20 Hilfskräfte, die das Erz führende Gestein zum Rösten und Verhütten vorbereiteten, und 30, die an den Öfen arbeiteten. Weitere 30 Männer betätigten sich als Träger, Wächter und Treiber der Ochsenkarren, die das gewonnene Kupfer ins Tal brachten.

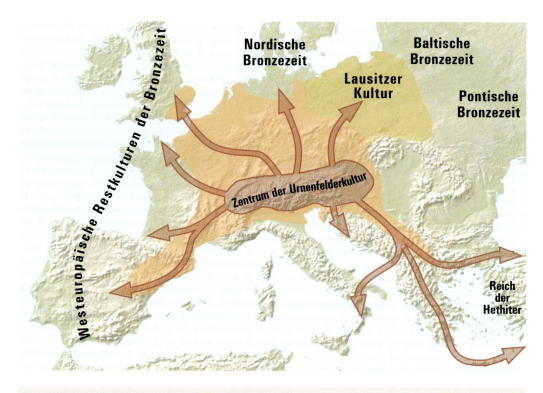

HINTERGRUND
Die Nekropole von Pitten

Seit **1967** wurden am Südostende des Marktes Pitten bei Wiener Neustadt über 220 urgeschichtliche Gräber freigelegt. Vom Schwemmmaterial des gleichnamigen Flusses mehrmals überdeckt, konnten die Archäologen drei übereinanderliegende, relativ gut erhaltene und kaum beraubte bronzezeitliche Gräberfelder und einen frühmittelalterlichen Friedhof mit etwa 130 Körperbestattungen feststellen. Der älteste Friedhof stammt aus dem Beginn der mittleren Bronzezeit um **1600 v. Chr.** Die Toten waren körperbestattet. Auch ein Baumsarg konnte entdeckt werden. Das zweite Gräberfeld bestand vorwiegend aus Hügelgräbern und ist 100 Jahre jünger. Die Brandbestattung erfreute sich bereits großer Beliebtheit. Dabei zeigte sich auch die Mischform einer Körper- und einer Brandbestattung in einer gemeinsamen Grablege. Die Toten wurden vor Ort verbrannt und über ihrer Asche Hügel aus Erde oder übereinander geschichteten Steinen errichtet. Die reichlichen Beigaben – prächtig verzierte Diademe mit Nackenstützen und malteserkreuzähnliche Schmuckscheiben – lassen auf die Wohlhabenheit der Toten und Lebenden schließen. Dies gilt auch für das dritte Gräberfeld aus der späten Bronzezeit. Der Kupferbergbau nahe von Pitten stand in Hochblüte und bescherte der Bevölkerung Reichtum. Beinahe alle Erdhügel dieser Generation werden durch eine Steinumwallung geschützt, manche verbergen im Inneren eine zylindrische Steinkammer, zu der eine Türöffnung führt.

Hügel- und Urnengräber

Zwischen 1600 und 1350 v. Chr. pflegten die Menschen ihre Toten auf verschiedene Weise zu bestatten. Vom Rheinland bis zu den Karpaten bettete man die Toten unter künstlich aufgeschütteten Hügeln zur letzten Ruhe. Doch die von den Prähistorikern »Hügelgräberkultur« genannte Sitte war in diesem Bereich nicht überall verbreitet, und auch sonst herrschte keine Einheitlichkeit im Begräbniskult. Die Toten wurden zum Teil verbrannt, zum Teil als ganze Körper bestattet, ins Grab bekamen sie entweder Keramiken mit oder Geräte aus Bronze. Beide Materialien sind Schlüssel zur Klassifizierung und zeitlichen Einordnung der in die frühe und mittlere Bronzezeit fallenden Besiedlung Österreichs.

Österreich hat Anteil an drei Gruppen der Hügelgräberkultur: im Westen an der süddeutschen, im Norden an der sudeto-danubischen und im äußersten Osten an der karpatischen Einheit. Bei allen dreien ist die Buckelverzierung für Tassen, Krüge, Amphoren oder Schüsseln üblich, sie alle tragen die typischen plastischen, höckerartigen Erhebungen. Ihr einziger Unterschied liegt in der Menge der Beigaben in den Gräbern: In der karpatischen Gruppe findet sich der Krug am häufigsten, in der sudeto-danubischen die Tasse.

Schwieriger wird die Differenzierung bei den Bronzegegenständen, sie sehen in allen drei Kultureinheiten gleich aus, werden im Laufe der Zeit vielgestaltiger und nehmen mitunter Formen an, die kaum mehr eine praktische Verwendung erlaubten. So Gewandnadeln, die bereits so groß und schwer waren, dass sie nur noch als Schmuck getragen werden konnten.

Beinahe ein Jahrhundert hielten die Historiker die Gegend der Lausitz für den Ursprungsort der Urnenfelderkultur. Die archäologische Forschung der letzten Jahrzehnte aber bewies, dass sich diese Zivilisation vom Alpenraum und seiner engeren Umgebung über Europa ausbreitete.

Diese künstlerische Entwicklung deutet im Verein mit anderen Anzeichen darauf hin, dass die mittlere Bronzezeit im mitteleuropäischen Raum relativ friedlich verlief. Die Kommunikation innerhalb der einzelnen Kulturregionen verlief ungetrübt, große Wehranlagen fehlen, Gräberfelder wurden kontinuierlich belegt. Umso erstaunlicher ist die rasante Weiterentwicklung von Waffen, die möglicherweise auf verbesserte Guss- und Schmiedetechniken zurückzuführen ist. Der in der frühen Bronzezeit noch ausschließlich verwendete Dolch wird durch Langdolche und Schwerter unterschiedlichster Gestalt ergänzt. Auch sie werden – ähnlich wie die Hügelgräberkultur – aus dem südöstlichen Europa vom minoisch-mykenischen Kulturkomplex der Ägäis beeinflusst.

Zu den eindrucksvollsten Fundplätzen der mittleren Bronzezeit zählt die Nekropole von Pitten aus dem **16. Jh. v. Chr.**

An der Wende des **14. zum 13. Jh. v. Chr.**, zur Spätbronzezeit, kam die Beisetzung der Toten in Urnen auf. Nach ihr trägt diese Epoche den Namen Urnenfelderkultur. *„Die Urnenfelderzeit war einer der blühendsten Abschnitte der mitteleuropäischen Urgeschichte, in der die bronzezeitliche Entwicklung gipfelte und die Eisenzeit vorbereitet wurde"*, stellt der Prähistoriker **Otto Hans Urban** fest.

Friedliche Zeiten herrschten, die Bevölkerung nahm bei relativ günstigen klimatischen Verhältnissen zu, die Siedlungsdichte wuchs, und viele Kulturregionen pflegten untereinander rege wirtschaftliche Kontakte. Um **1200 v. Chr.** kam jedoch Unruhe auf. Im östlichen Mittelmeerraum mussten sich die ägyptischen Pharaonen fremder Eindringlinge erwehren, die, vermutlich aus dem Donau-Balkan-Raum kommend, über Griechenland und Kreta den Nil erreichten. Die Erschütterungen im Nahen Osten berührten auch Europa und unterbrachen so manche Handelsbeziehung. Die Urnenfelderkultur, die – Nordeuropa ausgenommen – beinahe den ganzen Kontinent erfasst hatte, schrumpfte auf ihr mitteleuropäisches Kerngebiet, bis sie im Laufe des **8. Jh.s v. Chr.** in der Hallstattkultur aufging.

Stichwort

»Indogermanen«

Paläolinguisten und Prähistoriker unterlagen über 200 Jahre einem Irrtum. Sie gingen von der Überlegung aus, dass nur ein Volk Träger einer Sprache sein könne.

Nachdem WILLIAM JONES 1786 Wesensgleichheiten zwischen der altindischen Hochsprache Sanskrit und vielen europäischen Sprachen entdeckt hatte, vermutete er, dass sie eine gemeinsame Wurzel gehabt haben könnten, eine Ursprache, die einst von einem Volk gesprochen wurde. Der Brite THOMAS YOUNG nannte 1823 diese Ursprache »Indoeuropäisch«. Im deutschen Sprachraum verwendete dagegen 1823 der Linguist J. KLAPROTH den Begriff »Indogermanisch«, der erst Ende der 60er Jahre des 20. Jh.s auf »Indoeuropäisch« geändert wurde. Noch in der ersten Hälfte des 19. Jh.s begannen die Sprachforscher mit der Suche nach dem fiktiven Urvolk, das einst indogermanisch gesprochen hatte.

Ein Volk wird gesucht

Durch die Rekonstruktion der wichtigsten Sprachen Europas und des Mittleren Ostens versuchten die Paläolinguisten, das Ursprungsgebiet, das Alltagsleben, die technischen Errungenschaften und Sozialstrukturen des vermuteten »indogermanischen« bzw. »indoeuropäischen« Volkes zu ergründen. Ihre Forschungen ergaben, dass es in Großfamilien vaterrechtlich organisiert gewesen sein musste, einen Gott verehrte, der allmächtig die Spitze einer göttlichen Hierarchie anführte, eine Unterschicht einer Herrenklasse diente, die Kriege führte.

Herrschte unter den Sprachforschern so weit Übereinstimmung, so teilte sich ihre Meinung in der Frage nach der »Urheimat« des fiktiven Volkes. Zwei Theorien standen einander gegenüber: Nach der »Osttheorie« waren Vieh züchtende »Indoeuropäer« aus den südrussischen oder mittelasiatischen Steppen im Okzident eingewandert und hatten der alteuropäischen Bevölkerung ihre Kultur aufgedrängt. Die Anhänger der »Nordtheorie« hingegen ließen ein Ackerbau treibendes Urvolk aus Skandinavien nach Südosteuropa und Vorderasien eindringen. Dieser Meinung hingen besonders deutschnational gesinnte Sprachforscher an, die alsbald durch Prähistoriker Unterstützung fanden. So behauptete der Berliner Altertumsforscher GUSTAV KOSSINNA 1895, das »indogermanische« Ursprungsgebiet könne ausschließlich nur in Südskandinavien und Norddeutschland gelegen haben. Unter den deutschsprachigen Prähistorikern begann ein Forscherwettlauf um die Entdeckung der indogermanischen Stammheimat. Der Wiener Prähistoriker MATTHÄUS MUCH scheute sich nicht, 1902 Kossinnas Theorie als eigenes Forschungsergebnis zu veröffentlichen. Kossinna protestierte zwar heftig, aber erfolglos.

Basis einer Rassenideologie

Was beide und ihre Fachkollegen nicht wissen konnten, war, dass sie mit ihrer scheinbar wissenschaftlichen Beweisführung einem der schlimmsten Verbrechen der Menschheitsgeschichte Vorschub leisteten: der irrationalen Rasseforschung der Nationalsozialisten. Sie bemächtigten sich der Theorien, um ihrer Rassenideologie vom germanischen Herrenvolk und der Minderwertigkeit anderer Völker, insbesondere des jüdischen, den »wissenschaftlichen« Unterbau zu geben, *"... mit allen Mitteln des Zwanges und der Propaganda, von den Hoch- und Mittelschulen angefangen bis in die Volksschulen hinein"*, berichtet rückschauend der Paläolinguist WILHELM SCHMIDT 1949. Im »Geschichtsbuch für die deutsche Jugend«, das 1942 in Wien erschien, ist zu lesen: *"... aus dem einen Indogermanenvolk wurden*

Eine Theorie führt ins Abseits

verschiedene Völker: die indogermanischen Völker". Im Geiste jener Zeit ergehen sich die Buchautoren **Kumsteller-Haacke-Schneider**: *"... wer konnte den Indogermanen noch widerstehen! Schon genügte ihnen selbst der ganze deutsche Raum nicht mehr; nach allen Seiten fluteten ihre Scharen darüber hinaus in die lockende, weite Ferne. Schrecken kam über die Völker von ganz Europa und halb Asien."* Bedenkenlos schrieben sie alle großen Errungenschaften höchster Zivilisation den »Nordleuten« zu: *"Licht war aus dem Norden über Europa hervorgekommen. Bauwerke entstanden von strahlender Schönheit, Bildwerke und Dichtungen, wie man sie bisher niemals erträumt hatte."* Aus dem indogermanischen Giebelhaus sei der griechische Tempel entstanden, nordischer Sportsgeist hätte die Olympischen Spiele der Griechen geschaffen, die indischen Götter seien blauäugig und blond.

Die Absicht der Nationalsozialisten lag auf der Hand, erklärt Wilhelm Schmidt: *"Stammen die Indogermanen, von denen nach nazistischer Lehre alle höhere Kultur auf der ganzen Erde herkommt, vom Norden und der dortigen nordischen Rasse, dann ist diese die eigentliche Kraftquelle für alle diese Hochleistungen. Sie ist dann höchste Edelrasse, die die Pflicht zu ihrer Vollentwicklung hat und das Recht auf die unterwürfigen Dienste aller anderen Völker und Rassen. In welchen Formen und bis zu welchem Umfang dieses »Recht« ausgeübt und diese »Pflicht« erfüllt wurden, hat die Welt [...] mit Grauen erlebt."*

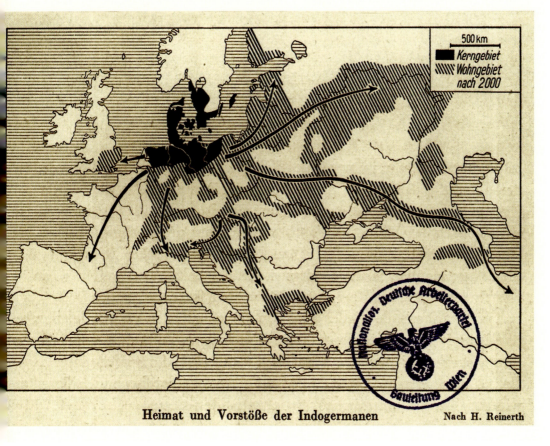

NS-Ideologen wandelten den fiktiven Begriff Indogermanen zu einem realen »indogermanischen Volk«, das die europäische Hochkultur verbreitete. Karte aus einem Schulbuch für die Jugend, Wien 1942.

Hintergrund

»Indoeuropäer«

Zwischen den beiden Weltkriegen lehnte die Mehrheit der österreichischen Paläolinguisten die »Nordtheorie« ihrer Kollegen Kossinna und Much ab. Sie vertraten die »Osttheorie«, bis der »Anschluss« Österreichs an das Deutsche Reich ein Umdenken als opportun erscheinen ließ.

Auch der Wiener Prähistoriker RICHARD PITTIONI wandte sich 1938 der »Nordtheorie« zu und zeichnete „*das Bild von einer sich in der Lausitz, einem Gebiet zwischen Sachsen, Brandenburg und Schlesien, entwickelnden Urnenfelderkultur*", wie der Prähistoriker JOHANNES-WOLFGANG NEUGEBAUER 1990 ausführt. In der »Zeitschrift für keltische Philologie und Volksforschung« vertritt Pittioni 1941 die These: „*Im Sinne aller bisher durchgeführten chronologischen Untersuchungen ist die Lausitzer Kultur die älteste Untergruppe der Urnenfelderkultur und damit als Kern der ganzen Urnenfelderwanderung anzusprechen.*" Aus der Lausitz hätte nach Meinung Pittionis im 13. Jh. v. Chr. eine Abwanderung dort lebender Stämme begonnen. Durch das Zusammentreffen ihrer Kultur mit jener der sesshaften Bevölkerung in den verschiedensten Teilen Europas wären zwischen dem 12. und 11. Jh. v. Chr. lokale Urnenfelderkulturen entstanden.

Pittioni vermutete auch, dass alle Urnenfeldergruppen einer völkischen Gemeinschaft mit einer einheitlichen Sprache angehörten, nicht zuletzt, weil es Gemeinsamkeiten bei den archäologischen Funden gibt. Zum Beispiel entdeckte man immer wiederkehrende Gefäßtypen, wie kugelige Gefäße mit zylindrischem Hals, doppelkonische Gefäße und bestimmte Schalen und Tassen. In der Folge versuchte Pittioni, das »Urnenfelder-Volkstum« mit Hilfe eines historisch überlieferten Begriffes konkret zu bestimmen: Er verband mit den Urnenfelderwanderungen eine Indogermanisierung weiter Teile Europas. ... Auch glaubte er, dass die Urnenfelderkultur bereits mit einer konkreten Einzelsprache, nämlich dem Illyrischen, in Verbindung gebracht werden könne, und spricht in diesem Zusammenhang von »Proto-Illyrern«, erklärt Johannes-Wolfgang Neugebauer.

Mitte der 60er Jahre des 20. Jh.s wehte ein frischer Wind in der indogermanischen Forschung.

So erklärt 1954 der deutsche Prähistoriker ALFONS NEHRING in den »Würzburger Universitätsreden«: „*... man darf sich das indogermanische Urvolk nicht als Volk im modernen Sinne mit staatlicher Organisation vorstellen, sondern nur als eine Anzahl von Stämmen oder Stammesgruppen, die durch im Wesentlichen gleiche Sprachen verbunden waren.*"

Ein Umdenken setzt ein

Archäologische Grabungen in Osteuropa hatten zu neuen Erkenntnissen geführt. So zum Beispiel, dass die Urnenbestattung bereits in der späten Jungsteinzeit in West-Pannonien üblich war und sich von hier aus in der mittleren Bronzezeit nach Schlesien, Polen, Österreich, Bayern, Mähren und Böhmen ausgebreitet hatte. Die »Osttheorie« erhielt neuen Auftrieb, vor allem durch die Forschungen der litauischen Archäologin MARIJA GIMBUTAS. Sie sucht die Ursachen des Niedergangs des »Alten Europa« in der Indoeuropäisierung durch Protoindoeuropäer, die »Kurgan-Leute«. Diese wären aus Südrussland gekommen und hätten die europäischen Ureinwohner im Laufe von zwei Jahrtausenden kulturell überformt bzw. »indoeuropäisiert«.

COLIN RENFREW von der Universität Cambridge lehnt diese Theorie ab: „*Heutzutage sehen viele Archäologen die Schnurkeramik-Gräber als Monumente einer sesshaften Gesellschaft*", führt er aus, „*in denen Mitglieder einer aufkommenden Aristokratie zusammen mit Prestigeobjekten beigesetzt wurden.*" Man solle nicht von der gleichen Keramik auf ein

KEIN URVOLK, ABER EINE URSPRACHE

gleiches Volk und eine gleiche Sprache schließen, sagt Renfrew, sondern das »indoeuropäische Problem« über seine sozialen, wirtschaftlichen und demographischen Prozesse, die mit einer Änderung der Sprache einhergingen, lösen. Renfrew vermutet eine fortwährende Erneuerung der indoeuropäischen Sprache nicht auf kriegerischem, sondern auf friedlichem Weg durch die Verbreitung des Ackerbaus aus Anatolien und dem »fruchtbaren Halbmond« mit den Zentren Çatal Hüyük, Jericho und Ali Kosh. *„So gesehen erscheint die gesamte europäische Vorgeschichte als eine Abfolge stetiger Wandlungen und evolutionärer Anpassungen auf einer gemeinsamen früh-indoeuropäischen Grundlage"* und nicht als Folge der Ankunft irgendwelcher »Indoeuropäer«, meint Renfrew.

Die Archäologin Marija Gimbutas verglich Beigaben von Gräbern an der unteren Wolga mit jenen im Donauraum und anderen Gegenden Europas und stellte erstaunliche Gemeinsamkeiten fest. Sie kam daher zu dem Schluss, dass etwa ab 4400 v. Chr. Völker aus der eurasischen Steppe in mehreren Wellen nach Europa gelangten und die hier verbreiteten Kulturen verdrängten oder überformten. Sie nennt diese Völker nach den Großgräbern, in denen sich ihre Elite bestatten ließ, Kurgan-Leute. Kurgan bedeutet im Türkischen und Russischen so viel wie Grab.

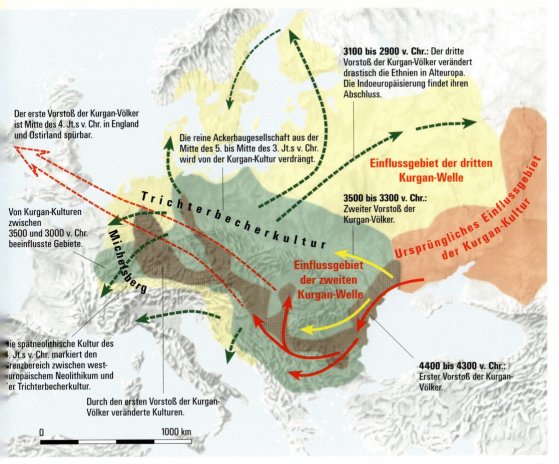

Um **1500 v. Chr.** entdeckten die Hethiter eine Technologie, die abermals die Welt verändern sollte: Sie schmolzen und schmiedeten Eisen. Ihre Erfahrungen erreichten um **1000 v. Chr.** den Balkan und die Apenninenhalbinsel. Hier nahm sich das innovative und begabte Volk der Etrusker der neuen Technik an; es besaß auf der Insel Elba reiche Eisenerzvorkommen und verhüttete das Erz auf dem nahen Festland bei Populonia. Von hier wurden Eisenbarren oder fertige Produkte nach Mittel- und Osteuropa gehandelt.

Eisen ist härter und fester als Bronze. Es eignet sich bestens zur Herstellung von Waffen und schweren landwirtschaftlichen Geräten. Zwar ist der Herstellungsprozess langwierig – Eisenerz muss erst gebrochen, zerkleinert, im Holzkohlenfeuer ausgeglüht und danach durch Hämmern entschlackt werden –, dafür ist es als Raseneisenerz weit verbreitet und leicht abbaubar.

Es entstanden viele kleine, bäuerliche Verhüttungs- und Schmiedeplätze, die den Eigenbedarf deckten und für eine lokale Versorgung aufkamen. Das bedeutete den Niedergang des Kupferbergbaus. Schlagartig sank die Nachfrage nach Kupfer und Bronze. Der Bergbau auf der Kelchalpe stellte den Betrieb ein, der am Mitterberg stagnierte. Ganze Regionen verarmten. Dafür nahmen jene Gegenden einen wirtschaftlichen Aufschwung, die über qualitativ gute Eisenerzlagerstätten verfügten: Kärnten, Steiermark und Slowenien zum Beispiel, oder wo Salz abgebaut wurde, so in Hallstatt und Dürrnberg-Hallein.

Fernab dieses Geschehens vollzog sich eine Entwicklung, die auch den Alpenraum mit einbeziehen sollte: Griechenland expandierte in den westlichen Mittelmeerraum und begann mit der Kolonisation der südfranzösischen und süditalienischen Küste. Über ein weit gespanntes Handelsnetz gelangten griechische Waren, griechische Lebensart, Ästhetik und Kunst nach West- und Mitteleuropa. Die mediterrane Lebensart verdrängte schließlich ab der **Mitte des 8. Jh.s** die bodenständige Urnenfelderkultur. Der Ort, der durch den Reichtum an Beigaben in mehr als 2 000 Gräbern am deutlichsten den kulturellen Wandel veranschaulicht, gab dem neuen Zeitabschnitt den Namen: Hallstatt.

Zur gleichen Zeit fiel der Nahe Osten in Trümmer. Chaldäer, Meder, Assyrer, Lyder, Babylonier und Perser kämpften um die Vorherrschaft. Auch Südosteuropa, den Auseinandersetzungen am nächsten, bekam die Unruhen zu spüren. Kimmerier und Skythen, zwei einander befehdende nomadische Reitervölker, brachen aus der pontisch-südrussischen Ebene hervor und erreichten über den Kaukasus und Anatolien den Karpatenraum und die ungarische Tiefebene. Um der drohenden Gefahr zu begegnen, schlossen sich in Ostösterreich etwa 160 bäuerliche Siedlungen zu größeren Gemeinschaften zusammen und stellten sich unter den Schutz von Potentaten. Die neuen Herren errichteten auf exponierten Höhen Wehranlagen mit Siedlungen, Handwerkervierteln, einem zentralen Marktplatz und palastähnlichen, dreischiffigen Hallengebäuden, die der Hofhaltung des Herrschers dienten. Erdwälle und tiefe Gräben schützten die Anlagen vor feindlichen Übergriffen. In sicherer Lage herrschte in diesen Höhensiedlungen ein beinahe »höfisches« Treiben, wie kunstvoll gestaltete, zeitgenössische Trinkgefäße zeigen: Kämpfer, Akrobaten und Tänzer zeigen vor Persönlichkeiten ihr Können, »heilige Hochzeiten«, wie Prähistoriker die ins Metall getriebenen pornografischen Abbildungen umschreiben, geben Einblick in sittliche Verhaltensweisen. Die Gefäße, so genannte Situlen, waren von den Herrschenden in selbstdarstellerischer Absicht bei griechisch-etruskischen Künstlern in Auftrag gegeben worden. Der Stil erfreute sich großer Beliebtheit und fand nun im gesamten Alpenraum rasche Verbreitung.

Österreich besitzt die zwei ältesten Salzbergbaue der Welt: Hallstatt im oberösterreichischen Salzkammergut und Dürrnberg bei Hallein in Salzburg. Noch um **750 v. Chr.** stiegen hier Knappen in den Berg ein, um das kostbare Salz aus der Tiefe zu holen.

Eisen und Salz

Manch einer von ihnen kam nicht wieder. So fand man drei Bergleute – **1577** und **1616** am Dürrnberg und **1734** in Hallstatt – in mumifiziertem Zustand wieder, das Salz, das sie umfloss, hatte sie konserviert. Pietätvoll ging die Nachwelt mit diesen »Alten Männern« damals nicht um.

Der Chronist **Franz Dückher von Haslau** notiert **1666**: *„Anno 1573 [richtig 1577] hat man aus dem Dürnberg in dem Saltzberg 6 300 Schuch tieff auß einem gantzen harten Saltzstein ein vollkommen Mann mit Fleisch, Haut und Haar, so 9 Spannen lang gewesen, außgehauen, so etwa vor langer Zeit allda verfallen gewesen. Er ist an Haut und Fleisch gelb, wie ein geselchter Stockfisch gewesen, und im haissen Sommer etlich Wochen lang bey der Kirchen gelegen, eher er zu faulen angefangen."*

Der am **28. 11. 1577** aufgefundene »Alte Mann« vom Dürrnberg fand schließlich außerhalb der Kirchhofmauer seine letzte Ruhestätte. Da die *„Verschüttung vor etlich hundert Jar und gar in der Haydenschaft"* erfolgt sein müsse, lautet ein Bericht des Halleiner Pflegeverwalters **Hans Schützing**, blieb ihm ein kirchliches Begräbnis verwehrt, war er doch offensichtlich kein Christ gewesen. Auch von den anderen »Alten Männern« verlieren sich die Spuren in historischer Zeit. Nur der bayerische Heimatdichter **Ludwig Ganghofer** gedenkt ihrer **1905** in seinem Roman »Der Mann im Salz«.

Dennoch weiß man so gut wie alles über den frühen Bergmann, da er Werkzeuge, Kienspäne, Steigbäume, Fell- und Textilreste, Wetzsteine, Tragtaschen aus Leder, Fellmützen in der Form von Tellerkappen und Zipfelmützen an seinem Arbeitsplatz im »Heidengebirge« hinterlassen hat. Angesichts des einfachen »Gezähes« (Werkzeug) aus Holz, Stein und Bronze (am Dürrnberg aus Eisen) erbrachte der prähistorische Hüttenmann beachtliche Leistungen: Allein 40 Monate benötigte er, um eine 30 bis 65 m dicke Schicht eiszeitlichen Moränenschotters und ausgelaugten Tons zu durchschlagen, um an das begehrte Salz-Ton-Gips-Gemisch des »Haselgebirges« heranzukommen. Endlich im Salz, schaffte der Hauer im »söhligen« (waagrechten) Vortrieb nur einen Meter im Monat. Mit Holzschaufeln fasste ein Träger das »Hauwerk« (losgebrochenes Gestein) in lederne Tragsäcke und trug es an den Tag, pro Jahr etwa 2 000 kg, eine Menge, die mit einem Salzanteil von 40 bis 70 % den Bedarf von rund 1 000 Familien für ein Jahr deckte. Stießen die Bergleute auf eine der eher seltenen reinen Salzadern (»Kernsalz«), so bedienten sie sich einer eigenen Abbautechnik. Mit Hilfe so genannter Lappenpickel schrämmten sie zu zweit in neun Stunden ein handtiefes, 125 x 115 cm großes, herzförmiges Stück aus dem Gang. Die Technik war schwierig anzuwenden, aber rationell. Zuerst schlug der Hauer eine senkrechte Furche in das Salzgestein und dann herzförmig um diese herum zwei weitere. Die zwischen diesen Schlitzen stehen gebliebenen ovalen Teile löste er mit wuchtigen Hieben und erhielt so ein Steinsalzstück der gewünschten Größe. Die Salzbrocken – etwa 45 kg – trug er in holzversteiften Tragsäcken aus Rindsfell und Leder aus der Grube. In Hälften geteilt, gingen diese griffigen Brocken direkt in den Handel.

Hallstatt und Hallein – beide Orte leiten ihren Namen vom angelsächsisch/griechischen »hal«, das heißt Salz, ab – versorgten weite Teile Mitteleuropas mit dem begehrten Mineral, dessen konservierende Eigenschaft für die Lagerung von Fisch und Fleisch bereits unverzichtbar war.

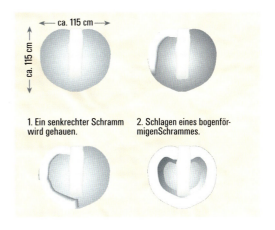

1. Ein senkrechter Schramm wird gehauen.

2. Schlagen eines bogenförmigen Schrammes.

Ein außerordentlicher Zufall hat im Stügerwerk von Hallstatt einen prähistorischen »Werkshimmel« erhalten, der die Abbautechnik der frühen Knappen zeigt: An der Decke eines prähistorischen Grubenteils widerstanden die Schrämmspuren von sechzehn Abbaufiguren dem Bergdruck und einer Soleflutung.

URGESCHICHTE

800 BIS 400 V. CHR.

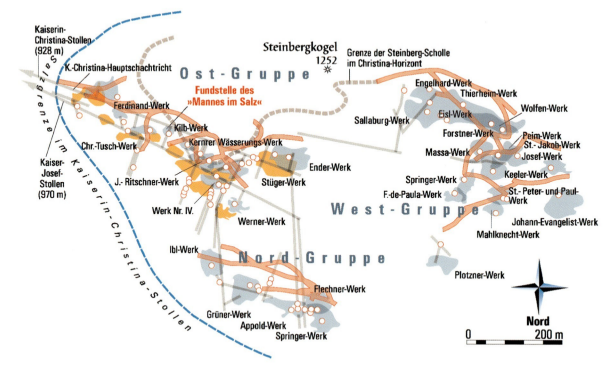

Das unscheinbare Küchengerät – ein stark verkrusteter Kochlöffel –, das der Grabungsleiter in Hallstatt, FRITZ ECKART BARTH, in einer der prähistorischen Gruben fand, regte ihn zu weiteren Untersuchungen an: Barth widmete sein Augenmerk den Nahrungsmitteln, die der frühe Bergmann zu sich genommen hatte. Es waren Lammkeulen, Sau- und Gamshaxen, Lamm- oder Sauschwaferl, Ochsenschlepp und Schweinsrippen, Rollgerste, Saubohnen, Erbsen und Eintopfgerichte, wie sie heute noch in den Ostalpen als »Ritschert« bekannt sind.

Unter den Hinterlassenschaften des »Alten Mannes« befanden sich auch eigenartige flache, dunkelbraune, nestartige Gebilde. Der Prähistoriker FRIEDRICH MORTON fand sie im Salz abgekommener Stollen und erkannte sie als »Koprolithen«: „Die Nester sind nichts anderes als die Exkremente der damaligen Grubenarbeiter ...".

Der versteinerte Kot verriet Details des vorgeschichtlichen Speisezettels. Er enthielt Saubohnen, Kolbenhirse, Gerste, Äpfel, Kirschen und zerriebene Getreidespelzen; zusammen mit Fleisch und Milch ernährten sich die Dürrnberger und Hallstätter Knappen durchaus gesund. Noch war raffinierter Zucker unbekannt und Karies entsprechend selten (um 20 %). Dafür blieb das Kauen der Getreidespelzen nicht ohne Auswirkung: Die in den Oberhautzellen des Korns enthaltenen winzigen, harten Kieselkörner schliffen mit der Zeit den Zahnschmelz bis zum Zahnmark ab. Die Bergleute müssen unter starken Zahnschmerzen gelitten haben. Welche Behandlungsmethoden sie dagegen anwendeten, ist nicht bekannt.

Hingegen lässt sich manches über die Versorgung von Verletzungen sagen. So haben sich im Salz der prähistorischen Gänge des Hallstätter »Heidengebirges«

42 Die prähistorischen Gruben sind bis auf wenige Reste dem Bergdruck gewichen. Aber die im Salz konservierten Relikte ermöglichten die Rekonstruktion des Stollensystems. Der Fachmann für historischen Bergbau, O. Schauberger, berechnete die Länge der Gänge in Hallstatt mit 4 100 m;

Der prähistorische Salzbergbau

Büschel zusammengebundener Pestwurzblätter erhalten, was darauf hindeutet, dass die Knappen die blutstillende Wirkung der Pflanze kannten und mit ihr Wunden kurierten. Sie hatten also an den Arbeitsstätten für eine erste Hilfe vorgesorgt. Pestwurz hilft auch bei Wurmerkrankungen. Die Mediziner untersuchten Stuhlproben des »Alten Mannes« und fanden in sechzehn von neunzehn Tests ungewöhnlich viele Eier des Peitschen- und Spulwurms.

Diese Darmparasiten gedeihen vorwiegend im Klima der Tropen und Subtropen. Die »Mitteilungen der Österreichischen Sanitätsverwaltung Wien« berichten 1966, dass 29,9 % der in Österreich aufgenommenen, aus Anatolien angereisten Bauarbeiter über Wurmbefall klagten und Träger von Parasiten waren, die in Österreich als ausgestorben galten. Ähnliches stellen 1973 die »Mitteilungen der Anthropologischen Gesellschaft Wien« fest: In Mitteleuropa ist die Bevölkerung *„im allgemeinen heute nur in sehr geringem Maße von Spulwurm und Peitschenwurm befallen, aber zum Beispiel Gastarbeiter aus südlichen Gegenden weisen zum Teil exorbitant hohe Befallsraten auf"*. Aus dem Vergleich der Befunde der prähistorischen Koprolithen mit heutigen Verhältnissen zogen die Mediziner Rückschlüsse auf die Herkunft der Bergleute im urgeschichtlichen Hallstatt. Sie kamen zur Erkenntnis, dass mit großer Wahrscheinlichkeit ein Transfer von Parasitenerkrankungen durch südostalpine und mediterrane Saisonarbeiter – aus der Steiermark, Kärnten, Slowenien und Friaul – in prähistorischer Zeit nach den Salzbergbauen in Hallstatt und Hallein stattgefunden hat.

Trotz der relativ gesunden Ernährung starben die Hallstatt-Leute früh, sie wurden im Durchschnitt nicht älter als 26,3 Jahre. Eine der Ursachen des frühen Todes war die hohe Unfallrate während der Arbeit; Blutverlust oder Blutvergiftung nach schweren Verletzungen führte meist zum Tod.

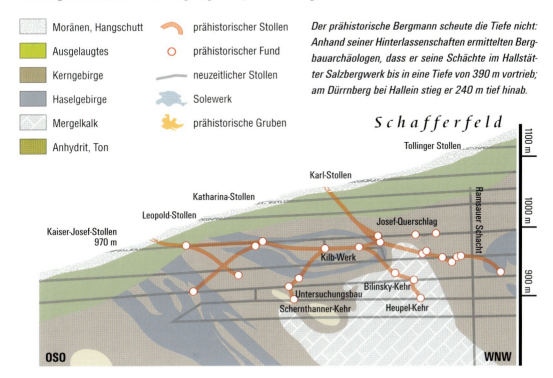

Der prähistorische Bergmann scheute die Tiefe nicht: Anhand seiner Hinterlassenschaften ermittelten Bergbauarchäologen, dass er seine Schächte im Hallstätter Salzbergwerk bis in eine Tiefe von 390 m vortrieb; am Dürrnberg bei Hallein stieg er 240 m tief hinab.

Nach dem Niedergang des Kupferbergbaus blieb Salzburg davor bewahrt, zur Bedeutungslosigkeit abzusinken, wie etwa die Kelchalpe und ihr Nordtiroler Hinterland. Die reichen Salzvorkommen von Hallstatt und Dürrnberg-Hallein bescherten der Region neuen Wohlstand und wirtschaftliche Blüte. Das »weiße Gold« erforderte mehr noch als im Kupfererzbergbau eine Spezialisierung der Arbeitsbereiche und gliederte die Bevölkerung noch deutlicher in unterschiedliche Berufs- und Sozialgruppen.

Seit der **1. Hälfte des 19. Jh.s** konnten in Hallstatt und Dürrnberg mehr als 3 000 urgeschichtliche Gräber freigelegt und wissenschaftlich ausgewertet werden. Die erste fachlich korrekte Ausgrabungskampagne führte der von **1832 bis 1864** in Hallstatt als Salinenverwalter tätige **Johann Georg Ramsauer** durch, viele Jahre bevor der deutsche Archäologe **Heinrich Schliemann** die Ruinenhügel von Troja untersuchte. Von **November 1846** bis zu seiner Pensionierung **1864** erforschte Ramsauer das vermutlich reichste Gräberfeld der Welt, protokollierte 980 Bestattungsplätze und ließ von jedem einzelnen Grab durch **Isidor Engl** ein genaues Aquarell anfertigen. Kaiserliche und königliche Hoheiten besuchten ihn, nahmen gelegentlich Grabkostbarkeiten als Geschenke entgegen und drückten Dank und Anerkennung in wohlmeinenden Schreiben und durch Ordensverleihungen aus. Finanzielle Unterstützung gab es keine, der gering besoldete Ramsauer, Vater von 24 Kindern, trug die Kosten der Grabungsarbeiten aus eigener Tasche.

Ursprünglich zur Abgrenzung eines bestimmten Zeitraums gedacht, umschreibt heute der Begriff »Hallstattkultur« deren räumliche Ausdehnung in der Zeit zwischen **750 und 450 v. Chr.** Dabei unterscheiden die Archäologen auf Grund deutlicher Differenzierungen im Kulturgut einen Ost- und einen Westkreis, eine Tatsache, die bereits Ramsauer vermerkte. Ihm war die Existenz zweier grundverschiedener Begräbnisarten aufgefallen: 45 % der untersuchten Gräber enthielten Brandbestattungen, 55 % unversehrte Skelette. Für das ausgewogene, gleichzeitige Auftreten zweier unterschiedlicher Grablegungen sucht die Wissenschaft noch nach plausiblen Erklärungen.

Der Prähistoriker **Karl Kromer** meinte über den Weg einer Wertung der Grabbeigaben eine Antwort zu finden. Seine Untersuchungen ergaben eine gewisse soziale Ordnung in der Anlage des Gräberfeldes. So enthalten die im Zentrum des Friedhofs befindlichen, zahlenmäßig überwiegenden Grabstätten wenige oder gar keine Beigaben. Sie dürften daher armen Gesellschaftsschichten – Knappen, Trägern, Waldarbeitern, Zimmerleuten – gehört haben. Hingegen liegen an den Flanken des Friedhofs mit Luxusgegenständen reich ausgestattete Gräber. In ihnen vermutet Kromer die letzte Ruhestätte für Manager, Organisationsfachleute und wohlhabende Salzhändler. Beide Gräberfelder umgibt ein äußerer Gräberring, dessen Gräber sind zu 26 % mit Schwertern aus der Zeit zwischen **800 bis 600 v. Chr.** und Dolchen aus **600 bis 500 v. Chr.** sowie 73 % aller erhalten gebliebenen Bronzegegenständen ausgestattet. Kromer sieht darin eine Dreiklassengesellschaft, die sich aus 1. einer Krieger- und Adelsschicht zusammensetzte, die zwar zahlenmäßig stetig zunahm, gleichzeitig aber verarmte – so wich das teure Schwert dem minderwertigen »Antennendolch«; 2. einer Verwalter- und Händlerclique, deren Reichtum gleich blieb, und 3. der Mehrzahl der im Bergbau und in Dienstleistungsberufen Tätigen.

In der geschlechtsspezifischen Analyse überwiegen die Männergräber jene der Frauen im Verhältnis 3:1, und nur 7,5 % der Grabstätten beherbergten Kinder. Auch für diese Unausgewogenheit fehlt jede Erklärung.

Kromers Grabungsbericht von **1958** wurde durch die Untersuchungen, die zwischen **1990 und 1992** der Prähistoriker **Frank Roy Hodson** an 860 Grabkomplexen vornahm, im Prinzip bestätigt. Hodson differenziert die soziale Stufung allerdings noch schärfer. Anhand der Beigaben unterscheidet er vier

Die Hallstattkultur

Klassen, sowohl bei den Gräbern von Männern als auch von Frauen.

Die unterste Stufe eines Männergrabes enthält keine Beigaben. Der nächst höheren sind Lanzenspitzen und Rollenkopf- oder Mehrkopfnadeln beigegeben. Die Nadeln hielten die Kleidung des Verstorbenen zusammen. Die Gräber der dritten Stufe beinhalten entweder ein Schwert oder eine Phalere – das ist eine auf der Brust zu tragende Auszeichnung für kriegerische Leistungen – oder Bronzegefäße. Die hier beigesetzten Männer trugen einen Dolch, von dem meist der Haken, mit dem er am Gürtel befestigt war, erhalten geblieben war. In den Männergräbern der jüngeren Hallstattzeit und der wertvollsten Ausstattung fanden Archäologen Dolche, Schulterbeile, Lanzenpaare und Ärmchenbeile. Diese gleichen den »fasces« der Römer – einem Beil im Rutenbündel –, das schon die Etrusker als Symbol für Gewalt über Leben und Tod verwendeten.

Im Gegensatz zu den Männergräbern enthalten die weiblichen Grablegen der Hallstätter Nekropole auch in der niedersten Stufe Beigaben, so Fibeln und Armreifen. Die nächst höhere Klasse charakterisieren Halsketten und Bronzegürtel, die lokale, urnenfelderzeitliche, osteuropäische oder italische Einflüsse zeigen. Vermögende weibliche Tote der älteren Hallstattzeit bekamen Haarnadeln und Anhänger mit Klapperblechen ins Jenseits mit.

Ein Grab des 6. Jh.s v. Chr. enthält eine 75 cm lange, mit Bronzeblech beschlagene, über die rechte Schulter zu tragende Schärpe. Frauengräber der höchsten Stufe wurden mit Goldbeigaben – zum Beispiel mit einem goldbeschlagenen Gürtel –, zahlreichen Gefäßen aus Bronze, Fibeln, Klapperblechen und Pferdefigürchen ausgestattet. Eine weibliche Grablege zeigt sogar eine Rinderplastik. Vereinzelte Doppelbestattungen ließen früher die Spekulation aufkommen, dass die Frau – ähnlich der in Indien noch im 20. Jh. üblichen Witwenverbrennung – gezwungen wurde, dem Mann ins Grab nachzufolgen.

Die Zurschaustellung gewonnenen Reichtums drückte sich auch in mächtigen Erdhügeln aus, die sich über Grabkammern aus Holz und Stein wölbten. In ihnen fand ein vierrädriger Wagen Platz und viele szenarisch aufgebaute Bronzegefäße von bis zu 11 hl Inhalt sowie Schmuck aus Bronze, Gold und Silber, die um den Toten herum gelagert wurden.

Schlicht ausgestattet hingegen sind die Gräber in Ostösterreich. Hier fehlen Wagenbeigaben. Ob der mächtigste Grabhügel der Hallstattzeit, der Tumulus von Großmugl bei Stockerau, einen Wagen enthält, ist ungewiss. Der 16 m hohe, 55 m breite, kreisrunde »Mugl« (Hügel) – der Legende nach die Grabstätte Attilas – wurde bisher noch nicht untersucht.

Die Berichte von sagenhaften Schatzfunden in südrussischen Skythengräbern weckten um die Mitte des 19. Jh.s auch in Österreich das Interesse an Tumuli.

Der Jurist **Matthäus Much** suchte als einer der ersten Archäologen Niederösterreich nach künstlichen Erhebungen ab und erklärte alle entdeckten – auch mittelalterliche Hausberge – zu urzeitlichen Grabhügeln, die in germanischer Vorzeit auch als kultische Opferplätze dienten.

Der Historiker **Moritz von Hoernes** korrigierte ihn zwar 1892: *„Mit altgermanischem Volksleben in römischer oder vorrömischer Zeit dürfen die Hausberge Niederösterreichs demnach nicht ohneweiters in Verbindung gebracht werden"*, doch Muchs Theorien hielten sich bis in die 40er Jahre des 20. Jh.s.

Die Grabungsergebnisse von Hallstatt in der 1. Hälfte des 19. Jahrhunderts wurden aufwendig dokumentiert.

Etwa um **1200 v. Chr.** etablierten sich Ur-Italiker und Veneter in den Ostalpen, Makedonier, Thraker und frühillyrische Stämme auf dem Balkan, Italiker und Etrusker auf dem Apennin. Die Zeit der Ackerbau und Viehzucht treibenden Stämme währte etwa bis zum **7. Jh.** Danach gerieten sie in den Einzugsbereich der nomadisierenden, an der nördlichen und östlichen Schwarzmeerküste beheimateten Steppenvölker der Skythen und Kimmerier, die, nach Westen und Süden expandierend, bis an die Weichsel einerseits und über das Karpatenbecken nach Oberitalien andererseits vordrangen und die Existenz der einheimischen Bevölkerung bedrohten.

Dieser Gefahr versuchte sie durch die Errichtung von bis zu 50 ha großen, von Erdwällen, Palisaden und Gräben geschützten Befestigungsanlagen auf schwer zugänglichen Inselbergen oder Höhenrücken zu begegnen. In Böheimkirchen, Thunau am Kamp, auf dem Oberleiser Berg und in Stillfried an der March konnten solche Festungen ausgemacht werden.

Der griechische Geograf HEKATAIOS VON MILET berichtet um **500 v. Chr.** von der griechischen Kolonialstadt Massilia – das heutige Marseille –, dass sie „unterhalb der Keltike", des Keltenlandes, liege. Der griechische Geschichtsschreiber HERODOT erzählt um **450 v. Chr.**, dass die Donau in keltischem Land entspringe. Im **3. Jh. v. Chr.** weiß APOLLONIOS VON RHODOS, dass man die Rhône aufwärts fahren und stürmische Seen überqueren müsse, um die Kelten zu erreichen. Sonst waren die Nachrichten dürftig, den ganz auf ihren Lebensraum konzentrierten Griechen blieb daher verborgen, dass nördlich der Alpen „eine der eindrucksvollsten und reichsten Kulturen der europäischen Vorgeschichte" zur Blüte gelangte, wie der deutsche Prähistoriker MARTIN KUCKENBURG meint. Die dürftige Berichterstattung und viele Unklarheiten über Herkunft und Leben der Kelten trugen diesen bis Mitte des **20. Jh.s** den Namen »das Volk, das aus dem Dunkeln kam«, ein. Die um **1970** einsetzende intensive Forschung und das durch europaweit veranstaltete Großausstellungen geweckte öffentliche Interesse erhellten die bis dahin mystifizierte Geschichte der keltischen Völker und Stämme.

1846 wurde in der Erforschung des keltischen Volkes ein erster Schritt gesetzt. Im Halltal westlich von Hallstatt legten Arbeiter beim Wegebau ein Grab mit einem Skelett und einigen Beigaben aus Bronze frei. Es war nur eines von etwa 3 000 weitgehend unberührten Gräbern, die zwischen **1300 bis 100 v. Chr.** angelegt worden waren.

Den Namen von Hallstatt übertrugen die Altertumsforscher zunächst auf den gesamten Kulturkomplex der älteren Stufe der mittel- und westeuropäischen Eisenzeit **(von 800/750 bis 450 v. Chr.)**. Er umfasste das Gebiet zwischen Frankreich und Save. Erst spätere Detailuntersuchungen stellten Unterschiede an den Fundobjekten fest, die eine Unterteilung der Hallstattkultur in einen West- und einen Ostkreis notwendig machten. Zwei verschiedene Völkerschaften hatten diese kulturellen Differenzierungen verursacht: im Westkreis die frühen Kelten, im Ostkreis die illyrischen Völker der Eisenzeit. Unklar bleibt die Abgrenzung der Kreise.

Die Analyse des archäologischen Fundmaterials aus den Gräbern erlaubte einen weiteren Rückschluss. Noch während der Urnenfelderzeit hatten um **ca. 1200 v. Chr.** Zuwanderer die alteuropäischen Kulturen durch ihre eigene Kultur verdrängt. Diese Zeit gliedern drei große Epochen: die mit der späten Bronze- und frühen Hallstattzeit zusammenfallende Urnenfelderzeit von **1200 bis 750 v. Chr.**, die in Hallstatt- und La-Tène-Zeit unterteilte Ältere Eisenzeit von **750 bis 450 v. Chr.** und die eigentliche La-Tène- bzw. Jüngere Eisenzeit von **450 bis 15 v. Chr.**

Die Berichte antiker Schreiber und die Beigaben in keltischen Gräbern ermöglichen eine gute Vorstellung von Aussehen, Alter, Kleidung und Lebensweise der Kelten. Die Männer – etwa 170 cm groß – und die Frauen – um 10 cm kleiner – erreichten ein Alter von

DIE KELTEN KOMMEN

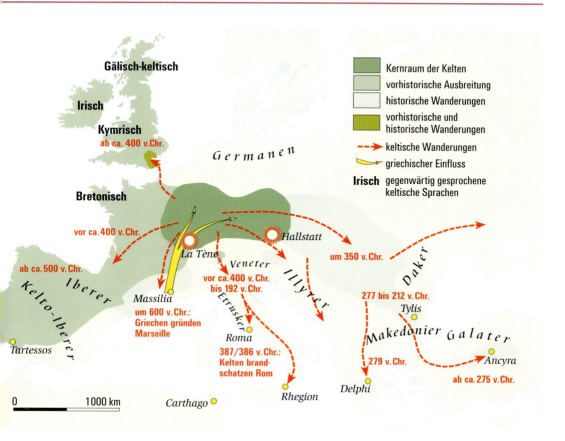

durchschnittlich 40 bzw. 35 Jahren. Sie kleideten sich auffallend, die Männer in Hosen, die Frauen mit farbigen, geblümten Röcken, über die sie im Winter dicke gestreifte, im Sommer leichte, bunt gewürfelte Mäntel trugen. Großen Wert legte die keltische Frau auf Schmuck, im Besonderen auf Bernstein- und Hüftketten, Ohrgehänge, Hals-, Arm-, Finger- und Fußringe, Haar- und kunstvolle Gewandnadeln aus unterschiedlichen Materialien, Finger- und Zehennägel waren lackiert.

Was der Schmuck für die Frau, bedeutete die Bewaffnung für den keltischen Krieger. Er trug Schild, Brustpanzer, Langschwert, Dolch, Speer und Lanze, sie dienten sowohl dem Angriff als auch der Verteidigung. Helme aus Leder fielen im **5. Jh.** durch eine spitze Kegelform auf, im **4. und 3. Jh.** wurden sie durch kugelförmige Eisenhelme ersetzt. Neben dem gemeinen Soldaten nahm der Krieger auf einem zweirädrigen Streitwagen im Kampf eine wichtige Rolle ein. **JULIUS CAESAR** berichtet von ungewöhnlichen akrobatischen Leistungen, die keltische Streitwagenlenker vollbrachten: *"... sie parieren die Pferde im vollen Lauf, selbst auf ziemlich steilen Hängen, machen kurze Wendungen, laufen auf der Deichsel hin und her, stellen sich auf das Joch und sind von da aus rasch wieder im Wagen."* Keltische Krieger kämpften meist nackt und färbten das Kopfhaar mit weißer Kalkmilch. In der Schlacht griffen sie ihre Gegner blitzschnell und scheinbar ungeordnet an. Dem besiegten Feind schlug der Kelte den Kopf ab und nagelte ihn als Trophäe an die Außenwand seines Hauses, oder er bewahrte ihn in einem Schrein auf.

In großen Wanderungen und Eroberungszügen zwischen dem 5. und 3. Jahrhundert v. Chr. brachten die Kelten einen Großteil Europas unter ihren Einfluss. Einen Einheitsstaat zu errichten, gelang den keltischen Stämmen nicht, da ihnen eine Zentralgewalt fehlte. Es verband sie nur die gemeinsame Sprache, Kultur und Religion.

Die Entstehung eines Volkes ist ein kompliziertes und komplexes, von ökonomischen, sozialen, politischen und ethnologischen Vorgängen begleitetes Ereignis, das mit archäologischer Beweisführung allein kaum zu erfassen ist. So wird wohl auch der Ursprung der Kelten in Zukunft ein Geheimnis bleiben. So viel allerdings steht fest: Die Kelten waren aus heutiger Sicht kein »Volk«, sondern eine große Bevölkerungsgruppe, die zwar ihre eigene Sprache besaß, sich aber in viele Stämme – die gentes – und Völker – die populi – gliederte und in Gauen – den pagi – lebte.

Schriftliche Überlieferungen oder Graffiti sind kaum erhalten, und die wenigen entdeckten stammen überwiegend aus den Jahrhunderten um Christi Geburt.

Gehöfte und Weiler errichteten keltische Bauern und Viehzüchter bevorzugt auf Hügeln oder sanften Hängen oberhalb von Gewässern. Die rechteckigen, zwischen 40 und 120 m² großen Häuser hatten lehmverschmierte Holzwände, deren Pfosten das stroh- oder schilfgedeckte Dach trugen. Doch auch massive Blockbauten waren nicht selten. Die Häuser standen um einen palisadenumzäunten Platz mit zwei großen Gebäuden, den Wohnhäusern des Dorfältesten, vielleicht des obersten Priesters. Eine Hierarchie gliederte die Stammesgesellschaft, deren Spitze eine »adelige« Führungsschicht einnahm, die zusammen mit der Priesterkaste der »Druiden« das Geschick der Gemeinschaft bestimmte.

Am Ende des **3. Jh.s** konsolidierten sich die keltischen Stämme. Geld bestimmte Handel und Tausch, das Handwerk nahm den Stand eines selbstständigen Erwerbszweiges ein. Eine neue Zivilisation, die der großen Städte, der Oppida, entstand.

„Mit dieser Struktur", erklärt der Historiker **Rupert Gebhard**, *„steht die keltische Gesellschaft an der Schwelle zur Staatsbildung. Wesentliche Merkmale sind vorhanden: öffentliche Bauten in den Städten, fortgeschrittene Arbeitsteilung oder Geldwirtschaft."*

Es fehlt nur noch die Schrift, ohne die eine effiziente Verwaltung nicht funktioniert.

Frühe keltische Kunstwerke ermöglichen es, **1959** das Heimatgebiet der Kelten zwischen Marne, Saar, Mosel und Rhein, in der Hunsrück-Eifel-Region, zu lokalisieren. Dieses Gebiet verließen keltische Stämme im **6. Jh. v. Chr.** vermutlich wegen Überbevölkerung oder materieller Lockungen, denn sie pflegten seit mehreren Jahrhunderten über das Rhônetal rege Handelsbeziehungen zu den griechischen Kolonien in Ligurien und über die Westalpenpässe zu den Etruskern in Mittelitalien. Den künstlerisch-technischen Fortschritt mediterraner Völker und ihre Lebenskultur kannten daher die Kelten, und manche der südländischen Errungenschaften fand in ihrem Herrschaftsbereich Aufnahme. So erbauten griechische Architekten keltische Wehrbauten aus luftgetrockneten Ziegeln. Die Henneburg in Baden-Württemberg ist dafür ein Beispiel.

Auch südländische Luxusgüter, wie teure Ton- und Bronzevasen, Stoffe, Wein, Öl, Gewürze, bildeten keine Seltenheit an keltischen Höfen. Und eine praktische Neuerung fand Eingang im keltischen Gewerbe, die Töpferscheibe. Um **450 v. Chr.** lässt sie sich zum ersten Mal im keltischen Kulturbereich nachweisen, am Dürrnberg bei Hallein.

Durch Kontakte zu graeco-etruskischen und kimmerisch-skythischen Kulturregionen angeregt, schufen keltische Handwerker und Künstler eine eigene Stilrichtung, die sich rasch über große Teile Europas verbreitete und die Hallstattkultur ablöste. Nach einem Fundort in der Westschweiz »La-Tène-Kultur« genannt, bezog der neue Stil Anregungen aus bisher unbekannten mythologischen Vorstellungen. Masken und Fratzen dominieren, fantastische Tier- und Menschengestalten zieren Kunst- und Gebrauchsgegenstände, geheimnisvolle Zirkelmotive deuten auf Kenntnisse der Geometrie und der Astronomie, obwohl die Kunstrichtung den Empfindungen einer ausgesprochen kriegerischen Gesellschaft unterlag.

Die etwa von **450 bis 15 v. Chr.** bestehende »La-Tène-Kultur« hatte am Dürrnberg ihr Zentrum. Ge-

Die Kelten im Alpenraum

stützt auf eine durch den krisensicheren Salzbergbau florierende Wirtschaft, konnte sich auch die Kultur gut entwickeln. Dazu kam die Lage an einem stark frequentierten Handelsweg, der den rauen Norden mit dem lebensfrohen mediterranen Süden verband. Nach Dürrnberg zog es daher viele Menschen, da sie hier Arbeit und gute Lebensbedingungen vorfanden. Hunderte von Begräbnisplätzen bestätigen eine hohe Siedlungsdichte, und reiche Grabbeigaben geben Auskunft über den Wohlstand der Gesellschaft zwischen **500 und 400 v. Chr.**

Die ältesten Gräber gehören dem Osthallstattkreis von **550 v. Chr.** an, den ab dem **6. Jh. v. Chr.** die Kulturströmung der Kelten ablöst. Keltische Lebensformen begeisterten besonders die einheimischen Frauen, die der neuen Mode huldigten und sich nach keltischer Art Goldringe ins Haar flochten. Mitteleuropa befand sich wieder im Aufbruch.

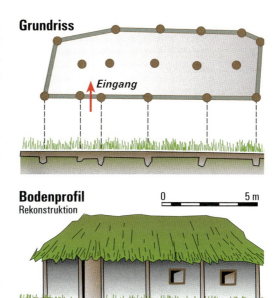

Hausrekonstruktion von 600 v. Chr. aus Kleßheim bei Salzburg (oben). – Auf dem Boden der Urnenfelderkultur entwickelte sich die Hallstattkultur. Während sie im Westen unter den starken Einfluss mediterraner Stadtkulturen geriet, wirkte im Osten die Urnenfelderkultur länger nach. Zwei Kultukreise entstanden: der Westhallstattkreis mit seinem geistigen Zentrum La-Tène – in der heutigen Schweiz – und der Osthallstattkulturkreis mit Hallstatt.

URGESCHICHTE

4. BIS 2. JH. V. CHR.

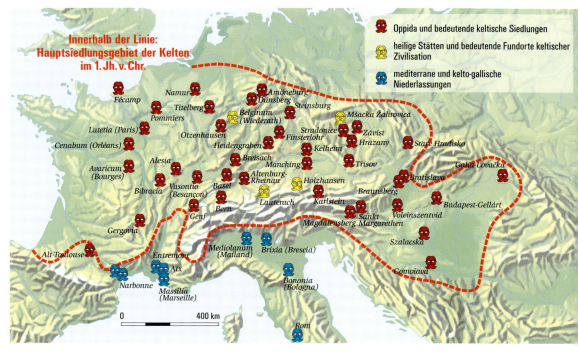

Im Gegensatz zu früheren Lehrmeinungen eroberten die keltischen Stämme den Alpenraum nicht mit Gewalt. Ihre Invasion erfolgte friedlich. Ihre Errungenschaften – allgemein als La-Tène-Kultur bezeichnet – lösten die Hallstattkultur innerhalb von etwa zwei Generationen ab, nur in Handwerkstraditionen oder in inneralpinen, abgeschiedenen Regionen hielt sie sich länger. Entlegene Täler begünstigten den Fortbestand alter Kulturen, verhinderten aber nicht ihre Vermengung mit modernen kulturellen Neuerungen, sodass eigene Kulturkreise entstanden. Die Tiroler »Fritzens-Sanzeno-Kultur«, die bis 15 v. Chr. andauerte, ist ein Beispiel. In diesem Kulturkomplex pflegte man eine dem Etruskischen nahe stehende Schrift, die Keramiken schmückten eigene Muster, und die Bevölkerung betete zu einer weiblichen Gottheit, möglicherweise zur Göttin Raetia, der Patronin der in den Tiroler Bergen lebenden gleichnamigen Stämme.

50 *Das Hauptsiedlungsgebiet der Kelten im 1. Jahrhundert v. Chr. (oben). – Kimmerier und Skythen, zwei Völker aus den Steppen nördlich des Schwarzen Meeres, brachten das Schwert aus Eisen und neuartige Formen der Bestattung an den Ostalpenrand (links).*

Expansion und Konsolidierung

Im **4. Jh. v. Chr.** änderte sich das soziale Gefüge der Gesellschaft in Mitteleuropa. Anstelle hallstattzeitlicher Herren und Fürsten zechten nun vornehme Krieger auf befestigten Höfen, so auf dem Ramsaukopf am Dürrnberg. Bei ihren gerade nicht seltenen Gelagen tranken sie den Wein nicht so wie früher aus Eimern, sondern nach keltischer Sitte aus großen runden Bronzekesseln. Als Stichwaffe verwendeten sie das keltische Langschwert, vornehme Krieger nannten einen pferdebespannten, zweirädrigen Streitwagen ihr Eigen.

Dagegen hausten Knechte, Handwerker, Bauern und Sklaven wie bisher in kleinen Hütten mit einfachem, strohgedecktem Firstdach. Dennoch verflachten die sozialen Unterschiede, die Gesellschaft wirkte ausgeglichener als in der Hallstattzeit. Das offenbaren Gräber, die nur noch wenige Beigaben enthalten: *„.... ein Fingerring aus Gold oder ein Armring aus Silber waren das Höchste an Luxus und modischem Zugeständnis"*, meint der Prähistoriker LUDWIG PAULI 1980. Das Kriegertum gab in der Gesellschaft den Ton an, auch das entnimmt man den Grabbeigaben, männliche Verstorbene werden mit Lanze, Schild, Schwert und anderen wehrhaften Gegenständen begraben. Im Laufe des **2. Jh.s v. Chr.** gibt man den Toten nur noch unbrauchbar gemachte Waffen mit. Offenbar wollte man vermeiden, dass sich Grabräuber der wertvollen Waffen bemächtigten, oder sie waren einfach zu kostbar, um sie im Grab verrotten zu lassen. Nun kam auch die Urnenbestattung wieder in Mode.

Im **3. Jh. v. Chr.** mussten die expansionsfreudigen Kelten – die Griechen nannten sie Galater, die Römer Gallier – erste Rückschläge hinnehmen. Um **220 v. Chr.** verdrängten die aufstrebenden Römer sie aus Oberitalien, und auf dem Balkan wichen sie vor Thrakern zurück.

Die heimkehrenden Kelten brachten aber allerlei in der Fremde gemachte Erfahrung mit. Im **2. Jh. v. Chr.** errichteten sie – nach mediterranem Vorbild – auf geschützten Höhen stadtartige, befestigte und bis zu 300 ha große Niederlassungen. In diesen so genannten Oppida nahm der König seinen Sitz, hier regierte der Adelsrat.

Darüber hinaus waren die Oppida Zentren der keltischen Kultur, die nun auch über eine eigene Schrift verfügte: *„Nicht nur die kurzen Inschriften auf Münzen geben uns Hinweise darauf, sondern auch bruchstückhaft erhaltene Rähmchen von Schreibtafeln, Schreibgriffel und einfache Ritzzeichen auf Tongefäßen"*, erklärt der Prähistoriker OTTO H. URBAN.

Oppida lagen auf dem Kahlenberg bei Wien und auf dem Oberleiser Berg. Das bekannteste Oppidum aber trägt der Magdalensberg in Kärnten.

Ein Fürstengrab mit Grabkammer im Schnitt. Im Schuschenwald bei Siegendorf im Burgenland wurde ein ähnliches Grab, das eines Kriegers aus der späten Bronzezeit, rekonstruiert. Der größte Grabhügel, der von Großmugl, ist bislang auf seinen Inhalt noch nicht untersucht worden.

Am Ende des 2. Jh.s v. Chr. waren im Ostalpenraum alle Voraussetzungen für eine Staatsbildung durch keltische Stämme gegeben: städtische Siedlungen, Machtzentren, Handelsplätze und -verbindungen, sichere Wege, Münzwesen, ausreichende Ernährung durch landwirtschaftliche Produktion, Schriftkenntnis und eine einheitliche Sprache. Die Gründung des Römischen Reiches im Süden und die Bedrohung durch germanische Stämme im Norden beschleunigten den Zusammenschluss der Kelten in den Ostalpen und förderten die Gründung eines staatsähnlichen Gebildes.

Den ersten geografischen Bericht über die Gegend, die heute Österreich einnimmt, verfasste der römische Reiseschriftsteller GAIUS PLINIUS SECUNDUS: *„Hinter den Karnern und Japygen, da, wo der große Ister [= Donau] fließt, grenzen die Raeter an die Noriker"*, schreibt er **70 n. Chr.**

Plinius berichtet von einem Land, das 85 Jahre zuvor, **15 v. Chr.**, seine Selbstständigkeit verloren hatte und nun den Rang einer römischen Provinz einnahm. Was blieb, war sein Name: Noricum. Er soll im vorkeltischen, alpin-illyrisch-venetischen Sprachschatz der Urbevölkerung wurzeln. Der Linguist E. KRANZMAYER deutet den Begriff »Noricum« als Treffpunkt Befreundeter, von Männern (»ner«, »nor« = Mann). Anders der Historiker E. J. GÖRLICH: Er verweist auf die keltisch-gälische Verwandtschaft des Wortes: »nor« = Ost, »rig« = Reich, »Noricum« = Ostreich. Damit wäre auch die Bedeutungskontinuität zur ersten urkundlichen Erwähnung Österreichs im Jahr **996**, »Ostarrîchi«, erwiesen.

Plinius Secundus erwähnt in seinem Bericht auch das Volk der Karner, das neben den Tauriskern wohnt. Die Ableitung dieser beiden Bezeichnungen scheint gesichert: Die Karner nannten sich nach dem Bergland ihrer Heimat, keltisch-bretonisch »kern« = Gipfel. Daraus entstand im Frühmittelalter die Landbezeichnung »Karantanien«, aus dem sich »Kärnten« ableitet.

Hingegen nannten sich die Taurisker nach dem Stier (lat. taurus) und nicht nach den »Tauern«. Dieser Name ist slawischen Ursprungs und erscheint im Deutschen **1434** zum ersten Mal.

Noch vor Plinius Secundus gewährt um Christi Geburt der römische Geschichtsschreiber TITUS LIVIUS Einblicke in ein bedeutsames historisches Ereignis, das von österreichischem Boden seinen Ausgang nahm. **186 v. Chr.** brachen etwa 20 000 bis 25 000 Kelten, unter ihnen 12 000 Wehrfähige, wegen Überbevölkerung aus dem heutigen Kärnten auf und zogen *„... durch die Engpässe eines zuvor unbekannten Weges"* ins italische Isonzo-Tal.

Roms beste Legionen standen zu diesem Zeitpunkt in Ligurien und Makedonien, und man erinnerte sich noch an den verheerenden Einfall keltischer Stämme von **387 v. Chr.** Der Senat entsandte daher eine Delegation nach Noricum, um zu erkunden, ob eine neue Invasion bevorstünde. Der Ältestenrat der norischen Kelten beruhigte, die Abwanderung wäre eine Ausnahmeerscheinung gewesen, und der römische Senat gab sich zufrieden. Während überall sonst das republikanische Rom expansiv vorging und den gesamten Mittelmeerraum in seinen Herrschaftsbereich brachte, traf es keine Anstalten, Noricum zu besetzen. Doch drei Jahre später, **183 v. Chr.**, drohte es Noricum plötzlich mit scharfen Konsequenzen, sollten seine Stämme abermals römisches Hoheitsgebiet ver-

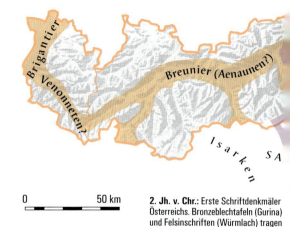

2. Jh. v. Chr.: Erste Schriftdenkmäler Österreichs. Bronzeblechtafeln (Gurina) und Felsinschriften (Würmlach) tragen altvenetische Schriftzeichen.

52 *Das Königreich Noricum vor der Besetzung durch die Römer.*

Das »Regnum Noricum«

letzen. Um die Demarche zu unterstreichen, trieb es die keltischen Einwanderer aus ihrem Oppidum in Oberitalien nach Kärnten zurück.

Die Drohung missachtend, wagten **179 v. Chr.** abermals etwa 3 000 waffenfähige Kelten aus materielle Not den Gang über die Alpen. Der Senat ließ die Anführer internieren und ihre Stammesgefolgschaft ausweisen. Die norische Adelsrepublik geriet nun in eine innenpolitische Krise, die zur Ablösung des Ältestenrates und um **170 v. Chr.** zur Machtübernahme durch König **Cincibilus** führte. Er ist der älteste schriftlich überlieferte Herrscher auf österreichischem Boden und sein Königreich das erste staatliche Gebilde auf österreichischem Gebiet.

Cincibilus handelte entschlossen, er vereinte im Ostalpenraum zwölf keltische Stämme, stellte sie unter die Führung des stärksten Stammes, der »Norici«, und übernahm mit seinem Bruder die Herrschaft. Nur die in Vorarlberg lebenden Brigantier hielten sich dem »Regnum Noricum«, dem norischen Königreich, fern.

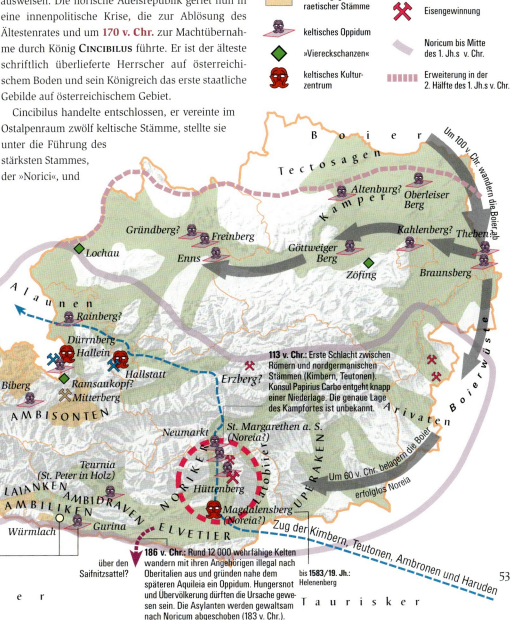

Siedlungsgebiet illyrischer Stämme
Siedlungsgebiet raetischer Stämme
keltisches Oppidum
»Viereckschanzen«
keltisches Kulturzentrum
Salzbergbau
Kupferbergbau
Eisengewinnung
Noricum bis Mitte des 1. Jh.s v. Chr.
Erweiterung in der 2. Hälfte des 1. Jh.s v. Chr.

113 v. Chr.: Erste Schlacht zwischen Römern und nordgermanischen Stämmen (Kimbern, Teutonen). Konsul Papirius Carbo entgeht knapp einer Niederlage. Die genaue Lage des Kampfortes ist unbekannt.

186 v. Chr.: Rund 12 000 wehrfähige Kelten wandern mit ihren Angehörigen illegal nach Oberitalien aus und gründen nahe dem späteren Aquileia ein Oppidum. Hungersnot und Übervölkerung dürften die Ursache gewesen sein. Die Asylanten werden gewaltsam nach Noricum abgeschoben (183 v. Chr.).

bis **1583/19. Jh.:** Helenenberg

Die innenpolitische Konsolidierung Noricums erfolgte zu einem Zeitpunkt, als das noch von einem Ältestenrat regierte Land Gefahr lief, durch den römischen Konsul C. CASSIUS LONGINUS gebrandschatzt und geplündert zu werden. Dieser befand sich **171 v. Chr.** mit seinen Truppen auf dem Rückmarsch von der makedonischen Front und hatte die von Karnern, Istrern und Japoden bewohnten Gegenden südlich von Noricum überfallen. Ein Jahr später, **170 v. Chr.**, übernahmen CINCIBILUS und sein Bruder die Macht in Noricum. Solcherart gestärkt, konnte Noricum für die von Longinus geschädigten Nachbarvölker Partei ergreifen und vor dem römischen Senat Klage gegen ihn erheben. Rom entsandte daraufhin eine dreiköpfige Delegation zu den Karnern, Istrern und Japoden und eine hochrangige zweiköpfige zu König CINCIBILUS und dessen Bruder. Das war der erste diplomatische Kontakt zwischen Noricum und den Römern, der schriftlichen Niederschlag fand.

Die Gastgeschenke der römischen Gesandten an Cincibilus konnten sich sehen lassen: zwei goldene Torques – gedrehte metallische Halsringe – im Gewicht von 1 750 Gramm, fünf silberne Prunkgefäße, zwei Pferde mit Phaleren und eine Kampfausrüstung. Außerdem durften die norischen Kelten von den Römern Pferde kaufen, ein Privileg, das bisher keinem Volk eingeräumt worden war. Die Noriker konnten nun ihre eigene Pferdezucht aufziehen.

Cincibilus und sein Bruder waren nicht die einzigen Könige im Ostalpenraum. LIVIUS berichtet **169 v. Chr.** vom Keltenkönig BALANOS, der Rom Hilfstruppen für den Krieg gegen Makedonien angeboten hatte, die der Senat aber ablehnte. Danach reißen die Berichte über Noricum ab. Erst zwischen **150 und 120 v. Chr.** sorgte ein Ereignis in Rom für helle Aufregung: Norische Taurisker hatten ergiebige Goldlagerstätten entdeckt. STRABON verschweigt die Lage der Mine, obwohl sie noch zu seiner Zeit ausgebeutet wurde, und bis heute rätseln die Archäologen über den Fundort, der Golderz in der Größe von Saubohnen enthalten haben soll.

Bis zum letzten Viertel des **2. Jh.s v. Chr.** zeigten die Römer kein sonderliches politisches Interesse an den Gebieten nördlich der Alpen. Deshalb schenkten sie einem Vorgang kein besonderes Augenmerk, der um **120/115** an der dänischen Nordseeküste seinen Ausgang nahm und in der Folge die Existenz Italiens aufs Schlimmste bedrohte.

Katastrophale Sturmfluten hatten Jütland schwer in Mitleidenschaft gezogen und einen Großteil der dort lebenden Kimmerier genötigt, die verwüstete Heimat zu verlassen. Gemeinsam mit dem Stamm der Ambronen und Teutonen zogen sie über den Herzynischen Wald (heute Böhmerwald) nach Süden, wurden aber von den wehrhaften Boiern nach Slawonien abgedrängt. Entlang der Drau bewegte sich der Germanenzug flussaufwärts und gelangte im Jahr **113 v. Chr.** nach Noricum. Rom beauftragte seinen Konsul PAPIRIUS CARBO, die Alpenpässe vor den Anrückenden zu sichern. Aus der Gier, Beute zu machen, trat Carbo, eigenmächtig handelnd, den teutonisch-kimmerischen Stämmen auf norischem Boden entgegen. Diese versicherten, friedlich nach Westen ziehen zu wollen, doch Carbo lockte sie in einen Hinterhalt, um sie zu vernichten. Er hatte nicht mit dem Kampfesmut der Germanen gerechnet, die seine Krieger an den Rand einer Niederlage brachten. Ein schweres Unwetter rettete sie, die Germanen brachen den Kampf ab. Noreia, der Hauptort Noricums, ging damals in Flammen auf.

Die kimmerisch-teutonische Wanderung hatte bereits vor dem Zwischenfall in Noricum die mitteleuropäischen Völker in Turbulenzen versetzt. Aus Böhmen waren Stämme der Boier unter ihrem Anführer KRITASIROS in die Gegend von Preßburg-Hainburg und die Donau abwärts bis zur Theiß gewandert. Hier stießen sie auf den Dakerkönig BUREBISTAN, der die Boier bis Ödenburg-Steinamanger verfolgte, sie dort um **40 v. Chr.** einholte und

ZWISCHEN GERMANEN UND RÖMERN

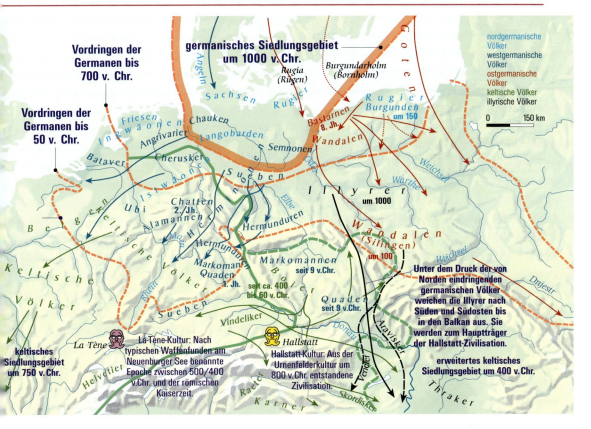

niedermetzelte. Noch bis vor wenigen Jahrhunderten nannte man diesen Landstrich südlich des Neusiedlersees die »Boierwüste«.

Als um **35 v. Chr.** mit dem Tod Burebistans das Daker-Reich zerfiel, stießen die Noriker ostwärts vor und erweiterten ihren Herrschaftsbereich bis Kamp, March und Plattensee.

Im Übrigen gaben sich die norischen Könige friedlich. Eine ausgewogene Neutralitätspolitik zwischen rivalisierenden germanischen Stämmen im Norden und dem expansiven römischen Einheitsstaat im Süden sicherte ihrem Land den Frieden, und als germanische Übergriffe überhand nahmen, verheiratete König **Voccio** seine Schwester mit dem einflussreichen Suebenfürsten **Ariovist**.

Der dauerhafte Frieden in Noricum förderte Handel, Gewerbe und Fernverkehr. Auf dem Magdalensberg in Kärnten entstand ein neues Verwaltungs- und Wirtschaftszentrum, das, einer **1949** aufgefundenen Inschrift zufolge, Virunum hieß und unter römischer Herrschaft zur römischen Provinzialhauptstadt aufstieg. Italische Kaufleute boten hier ihre Waren an, als Gegenleistung durften sich norische Kaufleute in der **181 v. Chr.** gegründeten adriatischen Hafenstadt Aquileia niederlassen.

Im Jahre **15 v. Chr.** griff die römische Expansionspolitik dann doch über die Alpen. Kaiser **Augustus** entsandte Hilfstruppen, um Noricum zu besetzen, schon längst hatten es südländische Kultur und Geisteshaltung durchdrungen. Nur die salzburgischen Ambisonten leisteten kurzfristig Widerstand. Den Kelten Noricums blieb **16. v. Chr.** das gallische Schicksal erspart, von römischen Legionären vertrieben, umgesiedelt oder in Stücke gehauen zu werden.

Kontinuierlich dehnten die germanischen Völker ihren Herrschaftsbereich nach Süden aus. Rom wusste, dass die Konfrontation mit ihnen unvermeidlich war, es versuchte daher, seine Staatsgrenze an naturgegebenen Grenzen anzulegen, zunächst am Rhein.

Hintergrund
Keltische Götter, keltische Mystik

Gebildet und auf allen Wissensgebieten unterrichtet waren bei den Kelten nur die Priester, die Druiden. Sie führten, um das Geheimnis ihres Wissens vor Uneingeweihten zu wahren, keine schriftlichen Aufzeichnungen, sondern gaben ihr Wissen nur mündlich an sorgfältig ausgewählte Priesterkandidaten weiter.

Die Kelten verehrten unter allen Bäumen die Eiche besonders. Manche Sprachforscher führen deshalb das Wort »Druide« auf »dru«, die Eiche, zurück und meinen, dass »uid« so viel wie »Wissen« bedeuten könnte. Eichenhaine galten den Kelten als heilige Orte. Hier befragten die Druiden das Orakel und brachten ihren etwa 400 Göttern Opfer dar. Drei von ihnen standen an der Spitze der göttlichen Hierarchie: Teutates, Esus und Taranis. Ein vorchristliches steinernes Wasserbecken in der Kirche auf dem Magdalensberg in Kärnten zeigt drei stark verwitterte, kopfartige Skulpturen, sie stellen möglicherweise diese göttliche Dreiheit dar.

Der oberste Gott Teutates wurde nachweislich auf dem Georgenberg – ursprünglich hieß er Tutatio – bei Wels verehrt. Sein Abbild als Gott Latobius gibt ein Steinrelief im steirischen Schloss Seggau wieder. Teutates bedeutet »starker Vater«; das englische »Dad(dy)« rührt von ihm, ebenso das steirische »Dadde« für Vater. Als Attribute sind ihm Drache und Widder zugeordnet. Ihm opferte man Menschen: *„Einem zum Opfer Geweihten stoßen sie das Schwert in den Rücken und wahrsagen aus den Zuckungen"*, berichtet Strabo.

Esus führt den Elefanten und das Sonnenrad als Symbole. Am »Heidentor« in Petronell in Niederösterreich sind Fragmente eines Reliefs erhalten, die sie zeigen. Auf dem Grabstein des Taul, einem Kelten, der um **20 n. Chr.** starb und auf dem Magdalensberg begraben liegt, prangt eine Rosette neben einer Mondsichel und Sternen. Das Sonnenrad in Form einer sechsblättrigen Rosette ist heute noch ein beliebtes Motiv in der traditionsverhafteten Volkskunst und Holzschnitzerei und an bäuerlichen Holztoren und -türen vielfach zu sehen. Eine ideale Verbindung von realer Sonne und ihrem Rosettensymbol ist an der Traufseite des Schüttkastens vom Eggerwirt im lungauischen St. Michael zu sehen: Das sechsblättrige Sonnenrad, **1640** gemalt, gestaltet den Mittelpunkt einer Sonnenuhr.

Geheimnisvolle Mistel

Gott Esus wird manchmal beim Mistelschneiden gezeigt. Dieser Pflanze sprachen die Kelten magische Kräfte zu. Aus den Blättern und Früchten brauten sie allerlei Heilmittel und Stimulanzien. Heute noch hängen in manchen bäuerlichen Regionen Österreichs Mistelzweige an der Haustüre, sie sollen Unheil abwenden. Mittlerweile nimmt sich die alternative Krebstherapie der Mistel an und gewinnt aus ihr Extrakte zur Bekämpfung bestimmter Tumore. Misteln durften nur Druiden schneiden. Dazu verwendeten sie eine auf einer langen Holzstange befestigte vergoldete Sichel. Das Christentum übernahm die keltische Sichel: Der Krummstab der Bischöfe und Päpste ist ihr nachgebildet. Esus ist ein grausamer Gott; die ihm geweihten Opfer waren mit Händen und Füßen an zwei zurückgebundene junge Bäume gefesselt, deren Stämme, einmal losgelassen, die Todgeweihten in Stücke zerrissen.

Dem Taranis – der dritten keltischen Gottheit – diente der Stier. Auf ihn ist möglicherweise die Bezeichnung »Stierwascher« zurückzuführen, die im Mittelalter und in der frühen Neuzeit die Bewohner Salzburgs scherzhafterweise trugen. Salzburg war, ähnlich wie Kärnten, ein Zentrum ostalpinen Keltentums, und in Kuchl wurden noch im **5. Jh. n. Chr.** heimlich Opfer nach keltischem Ritual dargebracht.

Keltisches Brauchtum heute

Auch die Orgel der über einer keltischen Kultstätte errichteten Georgskirche auf dem Festungsberg heißt im Volksmund der »Salzburger« oder der »brüllende Stier«.

Keltisches Brauchtum

Keltischen Ursprungs ist weiters der in Kärnten gepflogene »Vierbergelauf«, der vom Magdalensberg über den Ulrichs-, Veits- und Lorenziberg wieder zurückführt und der **1612** erstmals in den »Annales Carinthiae« genannt wird. Alljährlich versammeln sich am zweiten Freitag nach Ostern, dem »Dreinagelfreitag«, am Magdalensberg Wallfahrer, die um Schlag Mitternacht loseilen und von Berg zu Berg hasten. Noch am gleichen Tag müssen sie die 50 km lange Wegstrecke zurückgelegt haben und am Ausgangspunkt eintreffen. Auf allen vier Bergen befanden sich keltische Kultstätten. Auf dem Ulrichsberg konnten Archäologen das Heiligtum der Isis Noreia, der Patronin des Stammes der Noriker, feststellen. Von ihr existieren in Kärnten noch fünf überlebensgroße Statuen, denen in der Zeit der Christianisierung allerdings die Köpfe abgeschlagen wurden.

Die kultischen Eichenhaine der Kelten waren viereckig. Dies verleitete Historiker dazu, von »Viereck-« oder »Keltenschanzen« zu sprechen. Bayern besitzt etwa 200 derartige Anlagen, von denen 10 % erforscht sind. In Österreich sind nur wenige bekannt, die auch kaum erforscht sind.

Vom Magdalensberg hingegen liegen detaillierte Berichte vor: *„Genau an der Stelle des großen Tempels auf dem Magdalensberg machte man nämlich drei Kultgruben und ein Mauerwerk ausfindig"*, berichtet der Keltenforscher Rudolf Reiser, mit Resten von Tieropfern, so Geflügel, Wildschwein, Bär. Einer der Schächte enthielt einen Trinkbecher, der aus dem Schädeldach eines etwa 30-jährigen, um **70 v. Chr.** geborenen Mannes angefertigt war.

Menschenköpfen kam im kultischen Leben der Kelten eine besondere Bedeutung zu. Im Schädel vermuteten sie den Sitz des Lebens und übernatürlicher Kräfte. Köpfe getöteter Feinde spießten sie auf Lanzen, nagelten sie an die Haustür oder verzierten sie mit Masken aus Gold und Silber. Kopfreliefs an den Außenmauern früher Kirchen oder alter ländlicher Wohnbauten – das Volk bezeichnet sie zumeist als »Türkenköpfe« – haben ihren Ursprung in der keltischen Mystik.

Keltischer Kult erhielt sich an vielen Orten und in vielen Varianten. Im kärntnerischen Wabelsdorf verehrte man den »Genius Cucullatus«, eine spannengroße Gottheit mit Kapuzenmantel. Aus »Cucullatus« wurde die »Gugl«, ein unter dem Kinn zusammengebundenes Kopftuch, das die ländliche weibliche Bevölkerung heute noch trägt. Der Gott selbst mutierte im Laufe der Zeit zum hilfreichen, manchmal auch boshaften Zwerg der Märchen- und Sagenwelt, zum Gartenzwerg oder zum Sandmännchen. Bezeichnenderweise nennt man dieses in Tirol den »kleinen Noriker«.

Nach der Unterwerfung der Kelten belegte Rom die Priesterkaste der Druiden mit einem Predigtverbot. Die in religiösen Angelegenheiten sonst so toleranten Römer ließen Zuwiderhandelnde erbarmungslos hinrichten. Sie fürchteten die suggestive Macht der geheimnisvollen »Wissenden«, deren magische Kraft bis heute nichts von ihrer Faszination verloren hat.

Das ungeheuer vielfältige Symbolgut der Kelten wirkt bis in die heutigen Tage: So genannte Sonnentore sind auf dem Lande an Haustüren und Einfahrten häufig zu sehen. Das Tor des Wirtschaftshofes des Stiftes Heiligenkreuz zeigt neben dem Sonnensymbol im Torgiebel auch christliche Symbole. Die Torfelder vereinigen das Kreuz und den Kreis der Sonne mit einem dahinter liegenden Strahlenkranz.

Die »Austria romana« — 113 v. Chr. bis Ende des 6. Jahrhunderts

Die wichtigsten Eckdaten

113 v. Chr	Schlacht von Noreia zwischen Römern und Germanen.
16 v. Chr.	Besetzung Noricums und Unterwerfung Raetiens durch Augustus.
166/67-180	Markomannenkriege. Germanen dringen bis zur Poebene vor.
3. Jh.	Anfänge des Christentums im österreichischen Raum.
304	Christenverfolgung unter Diokletian, Martyrium des hl. Florian in Lauriacum/Enns.
308	Vierkaisertreffen in Carnuntum.
313	Kaiser Konstantin erlässt Mailänder Edikt: Christentum wird Staatsreligion.
380	Rom überlässt Pannonien ostgotisch-alanisch-hunnischen Föderaten als Siedlungsgebiet.
453	Hunnenkönig Attila stirbt (445–453), sein Reich löst sich auf, Ostgoten in Pannonien.
um 460	Hl. Severin in Ufernoricum.
473	Ostgoten ziehen aus Pannonien ab.
476	Odoaker Regent des weströmischen Reiches.
488	Romanische Bevölkerung Ufernoricums zieht nach Italien ab.
nach 500	Langobarden an March und Donau.
6. Jh.	Baiern und Slawen im österreichischen Raum.

Das ursprünglich 22 m hohe Heidentor – jetzt nur noch 15 m hoch – in Carnuntum ist eines der imposantesten Zeugnisse römischer Anwesenheit in Österreich: Es wurde um 354 errichtet und soll ein Triumphalmonument für Kaiser Constantius II. gewesen sein.

Die Römer an der Donau

Die römische Kultur entwickelte sich etwa zur gleichen Zeit wie die Hallstattkultur. Ihre Ausbreitung folgte den geografischen Leitlinien, die sie vorfanden: die eine vereinnahmte das westliche, mittlere und östliche Europa, die andere stellte die Apenninenhalbinsel unter seinen Einfluss und schließlich den gesamten Mittelmeerraum. Mit dem Aufstieg Roms setzt die Geschichtswissenschaft eine Zäsur: Es findet der Übertritt von der Vorgeschichte in die eigentliche Geschichte statt, die zum ersten Mal in schriftlicher Form von sich Zeugnis abgibt.

Die Unterwerfung Österreichs durch die Römer geschah friedlich. Sie wurde nicht einmal von Legionärstruppen vollzogen, sondern nur von Auxilarien, also Hilfseinheiten, das Land war längst schon von römischem Gedankengut und Wirtschaftsleben durchdrungen. Nur in Salzburg und in Raetien – dem heutigen Landstrich zwischen der Schweiz und Tirol – leisteten die einheimischen Völker erbitterten Widerstand.

Die Römerzeit in Österreich gliedert sich in drei Abschnitte. Der erste dauerte von Augustus bis zu den Markomannenkriegen **170 n. Chr.**, danach folgte die Zeit, in der Diokletian versuchte den Zusammenbruch des Imperiums zu verhindern. Um 400 stand der Niedergang des Weltreiches fest. Der dritte Abschnitt währte etwa 100 Jahre und war vom Rückzug gekennzeichnet. Er stand unter dem Zeichen der Völkerwanderung, die ganz Europa in einen Strudel von Chaos und Wirrnis zerrte. Der österreichische Raum war davon besonders betroffen: Wieder bestimmte die Topografie die historischen Abläufe. Alpen und Donau gaben die Richtung vor, ebenso Rheintal und Alpenostrand. An dieser Wegkreuzung entstand aus einem Niemandsland Österreich.

Die Schlacht von Noreia **113 v. Chr.** bannte zwar fürs Erste die Gefahr eines germanischen Einfalls in Italien, doch die Römer mussten auch in Zukunft damit rechnen, nordischen Völkern auf unliebsame Weise zu begegnen. Die militärische Bindung an verschiedenen Fronten im Mittelmeerraum und innenpolitische Auseinandersetzungen verhinderten aber ein Ausgreifen über die Alpen hinweg nach Norden; dieser Raum konnte also vorerst nicht gesichert werden. So verließ sich der Senat in Rom auf die Treue des »Regnum Noricum«, dem er den Rang eines Bundesgenossen des Römischen Reiches zuerkannte. Die nächsten hundert Jahre stand daher der illyro-keltische Ostalpenraum und sein Vorland im Zeichen einer friedlichen Durchdringung durch römische Kultur und Geisteshaltung.

Unter dem ersten römischen Kaiser, dem jungen OCTAVIANUS AUGUSTUS **(30 bis 14 n. Chr.)**, änderte Rom seine weltpolitische Zielsetzung: Jetzt lenkte es sein Augenmerk auf das Europa jenseits der Alpen und des Rheins.

Im Jahre **15 v. Chr.** eroberten die beiden Stiefsöhne des Augustus, TIBERIUS und DRUSUS, in schweren Kämpfen Nordtirol, Vorarlberg, die Ostschweiz und das südliche Bayern. In einer Seeschlacht auf dem Bodensee – die vermutlich von Lindau aus geführt wurde – und im heute bayerischen Manching fielen die Entscheidungen: Die nördlich der Alpen wohnenden Kelten mussten sich den Römern unterwerfen.

Ein Jahr zuvor hatten römische Auxiliartruppen (= Hilfstruppen) das keltische Königreich Noricum besetzt, zur prokuratorischen Provinz erklärt und einem römischen Statthalter unterstellt. Keiner der keltischen Stämme – die Ambisonten im salzburgischen Pinzgau ausgenommen – griff zu den Waffen, Noricum fügte sich, ohne Widerstand zu leisten.

Die Besetzung erfolgte zeitgleich mit der Festigung der Macht der germanischen Markomannen und Quaden im böhmischen Raum, dem keltischen Boiohaemum. Die Markomannen waren zwischen **8 und 6 v. Chr.** aus der Maingegend zugewandert. Ihr Anführer, König MARBOD – in Rom militärisch erzogen und daher mit römischer Organisation vertraut –, stellte eine straff geführte Armee auf, die erste aus unterschiedlichen germanischen Völkern bestehende. Er unterwarf die in Böhmen ansässigen Boier, Rugier und Semnonen, zum Römischen Reich allerdings hielt Marbod Abstand, er respektierte das Imperium.

Noricum stellte im strategischen Konzept des Kaisers Augustus das Teilstück eines groß angelegten Umfassungsmanövers dar: Über das Rheinland einerseits und über Noricum andererseits sollte ein Zangenangriff Germanien in römischen Besitz bringen. Dazu musste der Riegel, den Markomannen und Quaden in Böhmen bildeten, durchbrochen werden. Der in Raetien erprobte Tiberius nahm sich der Aufgabe an und setzte **6 n. Chr.** mit 60 000 Mann bei Carnuntum über die Donau. Doch fünf Tagesmärsche vor dem Treffen mit Marbod brach er den Feldzug ab. In Pannonien und Dalmatien hatten sich kelto-illyrische Stämme erhoben, die Tiberius niederwerfen musste.

Drei Jahre dauerte der verlustreiche Kleinkrieg, bis **9 n. Chr.** Rom seine pannonische Provinz wieder fest in seiner Hand hatte. Dieses Jahr war gleichzeitig ein schicksalhaftes für das Imperium, denn der Sieg im pannonischen Tiefland wog wenig, im Vergleich zu der Niederlage, das es zwischen Rhein und Weser erlitt: Im Teutoburger Wald vernichteten germanische Partisanen drei Legionen, drei Reitergeschwader und sechs Kohorten; in den erbittert geführten Kämpfen verloren 20 000 römische Soldaten ihr Leben. Damit war die Nordumfassung Germaniens missglückt, und Rom gab hier weitere Eroberungsabsichten auf.

10 n. Chr. erhielt Pannonien den Status einer römischen Provinz, der das Wiener Becken und der Alpenostrand angegliedert wurden. Das auf diese Weise verkleinerte ehemalige »Regnum Noricum« verharrte noch bis **45 n. Chr.** im Status eines halbfreien Protektorats, erst danach erhielt es den Rang einer römischen Provinz. Die Aufwertung hatte strategische

UNTER RÖMISCHER HERRSCHAFT

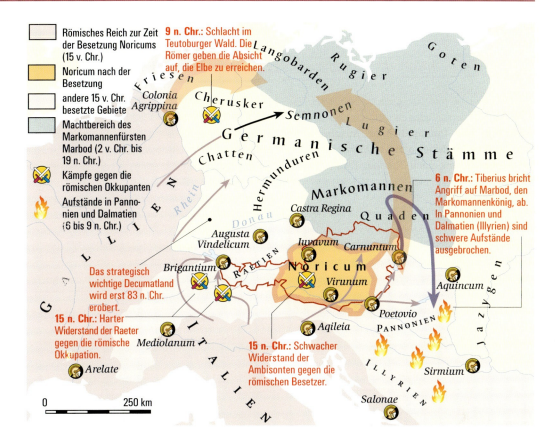

Noricum erfüllte im Römischen Reich primär strategische Aufgaben: als Aufmarschgebiet für Eroberungszüge und als Vorfeld gegen einfallende feindliche Völker.

Gründe: nördlich der Donau schwärmten immer häufiger germanische Stämme, von denen eine latente Gefahr ausging. Noricum übernahm zwei Aufgaben: es diente als Bastion für römische Offensivschläge und als Vorfeld, um germanische Attacken aufzufangen. In aller Eile wurde deshalb der so genannte norische Limes errichtet, eine Folge von Legionslagern, Kastellen, Wachttürmen, Flottenstützpunkten und Signalstationen, der das Südufer des Donaustroms sicherte. Auf österreichischem Gebiet bildeten Carnuntum und Vindobona wichtige Stützpunkte. Hier lagen unter Kaiser Trajan – von **98 bis 117** – die Legionen XIV und X.

Die Donau war zur natürlichen Reichs- und Volkstumsgrenze geworden. An ihren Ufern standen sich zwei politische Interessen gegenüber, das römische und das germanische. Beide verfolgten aber das gleiche Ziel: Expansion. Die Germanen drängten in den Süden, die Römer nach Norden, zu den »natürlichen« Grenzen von Elbe und Oder. Wollten die einen dem kargen, rauen Norden mit witterungsabhängigen Ernten entkommen, strebten die anderen aus staatspolitischen und strategischen Gründen danach, die Grenzen des Reiches abzurunden. Beider Wege führten über Noricum, das Tor, das sie – in Erfüllung ihrer Absichten – durchschreiten mussten.

Die »Austria romana« — 1. bis 3. Jahrhundert

Ein Großteil der Bevölkerung Noricums, Raetiens und Pannoniens kam noch im 1. Jh. n. Chr. in den Vollbesitz der römischen Staatsbürgerschaft. Dennoch ging die Romanisierung der keltischen und illyrischen Bevölkerung nur langsam vor sich, die tolerante Politik Roms rührte nicht an ihren Traditionen, Religion, Sprache, Brauchtum und Sitten blieben unberührt. Nur die Verwaltung wurde dem römischen Vorbild angepasst.

Erst die Verlagerung der großen Siedlungen von den schützenden Höhen in das Flachland und die Gründung neuer Städte – den »civitates« – bewirkten eine stärkere Durchdringung der Einheimischen mit der südländischen Lebensart. Fremde aus anderen Provinzen und auch die Bevölkerung aus den ländlichen Gebieten zogen zu, allmählich lösten sich die alten Stammesbindungen und -einteilungen auf.

Das heutige Österreich war bis zum **2. Jh.** auf die zwei prokuratorischen – durch Statthalter verwaltete – Provinzen Raetien und Noricum sowie auf die legatorische – durch Militärs verwaltete – Provinz Pannonien aufgeteilt. Es umfasste elf Stadtbezirke, die aus einer Stadt und deren Umland bestanden. Wirtschaftlich bedeutende oder strategisch wichtige Siedlungen erhielten durch den Kaiser das Stadtrecht und wurden im römischen Sinne zu autonomen Munizipien erhoben. Dieser Rang stellte die Stadtbevölkerung den Bürgern der Stadt Rom gleich und legte ihnen die gleichen Pflichten auf. Die städtebaulichen Strukturen glichen im Wesentlichen Rom: Rechteckige Baublöcke säumten gerade Straßenzüge, der Typ des Porticushauses – ein Ziegel- und Steinbau mit Hypokaustenheizung und Bädern – überwog alle anderen Bauten. Im Stadtzentrum lag das Forum, ein rechteckiger Marktplatz, um den sich die öffentlichen Gebäude gruppierten. Thermenanlagen und ein Amphitheater ergänzten die öffentlichen Einrichtungen.

Die Blütezeit der neuen Munizipien fiel in das **1. und frühe 2. Jh.**, als sie das Privileg der Selbstverwaltung besaßen und unter der Regierung eines Zwei- bzw. Viermännerkollegiums standen. Die Mitglieder dieses Kollegiums gehörten den städtischen Dekurionen, später den »curiales« an, deren Position durch ihr Vermögen, im Besonderen durch ihren Grundbesitz, bestimmt wurde. Denn das städtische Spitzenamt war ehrenamtlich, nur eine Würde, die dem Träger beträchtliche Kosten bereitete. Sie waren verpflichtet, für die Errichtung oder die Erhaltung der öffentlichen Gebäude aufzukommen. So finanzierte der Dekurio **C. Domitius Zmaragdus** in Carnuntum das Amphitheater aus eigener Tasche.

Dieses so genannte leiturgische System funktionierte, solange das Reich in wirtschaftlicher Blüte stand, die Inhaber öffentlicher Ämter gesellschaftliche und politische Aufstiegsmöglichkeiten vorfanden, die ihnen neue Einnahmequellen erschlossen.

Die römische Gesellschaft

Das Auftreten von Seuchen, die Einfälle von Barbaren und innere Unruhen zehrten aber ab dem **2. und 3. Jh.** an der Wirtschaftskraft des Staates, sodass die Mitgliedschaft im »ordo decurionum« für erblich erklärt werden musste, um die leiturgischen Leistungen für das Volk zu erhalten. Auf den Rang der »ordo decurionum« folgten die reich gewordenen Freigelassenen. Diese »liberti« konnten zwar keine Dekurios werden, wohl aber Priester des kaiserlichen Staatskultes. Auch diese Position war für den Träger mit Kosten verbunden, doch winkten dem »libertus« ein gesellschaftlicher Prestigegewinn, und seine nach der Freilassung geborenen Kinder galten als römische Vollbürger: Sie standen über den Stadt- und Nichtbürgern, Freien und Sklaven, der »plebs urbana«. Diese gehörten, sofern sie bestimmte Berufe ausübten, besonderen Handwerkervereinen an, den »collegia« oder, wenn sie zur jugendlichen Altersschicht zählten, der »collegia iuvenum«, die religiöse Aufgaben und die Wehrertüchtigung wahrzunehmen hatte.

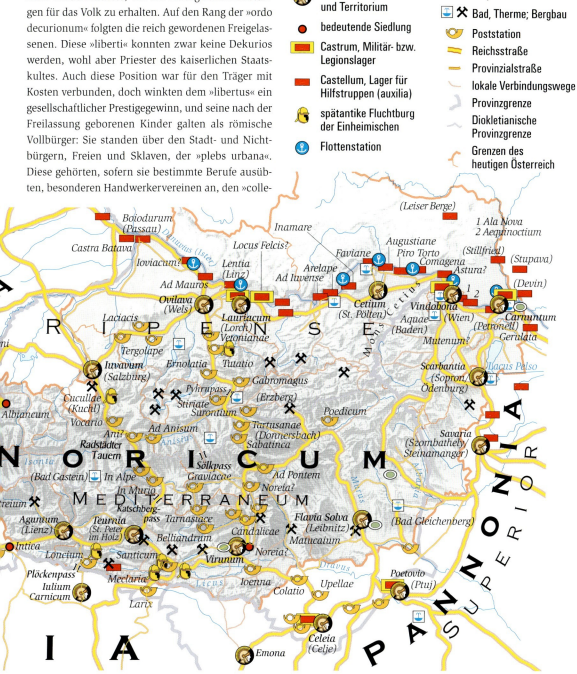

Der römische Poet Publius Ovidius Naso, **kurz** Ovid, **war um Christi Geburt voll des Lobes: Nichts sei** *„härter als Eisen, das norisches Feuer geschmolzen",* **schwärmte er und meinte das »Ferrum Noricum«, das »norische Eisen«. Dieses kannte man in Rom schon, bevor es das »Regnum Noricum« besetzte. Eine Kärntner Sage erzählt sogar, Christus sei mit Eisennägeln aus Hüttenberg ans Kreuz geschlagen worden. Ein freilich höchst zweifelhafter Ruf für die Qualität des norischen Eisens.**

Im antiken Rom bildeten die Sklaven die unterste Schicht der Gesellschaft. Über sie konnte ihr Besitzer nach Belieben verfügen und sie sogar töten. Dieses Tötungsrecht schaffte Kaiser Hadrian **121** ab, seit Sklaven Mangelware geworden waren – die Eroberungskriege brachten nur noch wenige ein – und sie die Philosophen der stoischen Richtung als Menschen bezeichneten. In der späten Kaiserzeit verlor die Sklaverei in Noricum und Pannonien an Bedeutung: Viele Unfreie vertraten ihre Herren in den Handelsniederlassungen nördlich der Alpen, während diese im klimatisch begünstigten Italien verblieben.

Die »Constitutio Antoniniana« von **212** erkannte allen freien Einwohnern des Römischen Reiches das Bürgerrecht zu. Sie brachte allerdings keine allgemeine Besserstellung, sie vergrößerte vielmehr die weitgehend rechtlose Unterschicht der »humiliores« und erweiterte die soziale Kluft zu den wenigen bevorrechteten »honestiores«.

Eine krasse Benachteiligung erfuhren die zwar freien, aber besitzlosen Nichtbürger auf dem Lande, die »peregrini«. Sie bewirtschafteten im Familienverband kleine Güter, trugen die Hauptlast des kostenintensiven, hochmilitarisierten Staates und hatten keinen Schutz vor den Übergriffen durch Militärs oder Steuereintreibern und vor den Einfällen von Barbaren oder Überfällen durch Banditen zu erwarten.

Diese Rechtlosen bildeten das große Menschenreservoir, aus dem eine neue, aus dem Orient kommende Erlösungsreligion ihre treuesten Gläubigen noch zur Zeit des Verbots bezog: das Christentum.

Der Eintritt Noricums in den großen römischen Markt, **15 v. Chr.**, mit seinem gewaltigen Bedarf an Eisenprodukten, führte den norischen Eisenerzbergbau zur Hochblüte, hier entstand die »Waffenschmiede« des Reiches. Der Abbau der Brauneisensteinlagerstätten in Hüttenberg, Lölling und Mosinz wurde vorangetrieben und die Organisation des gesamten Bergbaus dem römischen Vorbild angeglichen: Eine eigene »lex ferraria« regelte den Hüttenbetrieb der nun verstaatlichten Bergwerke, das »Regal« oder wirtschaftliche Hoheitsrecht ging an die Finanzverwaltung über, die sich durch kaiserliche Beamte, die »procuratores metallorum«, vertreten ließ. Sie hafteten dem Staat gegenüber für die jährlich festgelegte Ertragssteuer, das »vectigal«. Da diese wegen des chronischen Geldmangels des Imperiums ständig zunahm, sahen sich die Staatsdiener bald nicht mehr imstande, ihren Verpflichtungen nachzukommen, sie verpachteten die Gruben an Private, die »conductores ferrariarum Noricarum«, die das volle Risiko des Betriebes zu übernehmen und die Pachtsumme in voller Höhe zu entrichten hatten.

Die römische Zentralregierung vermied allerdings Zwangsmaßnahmen, besonders bei Wirtschaftszweigen, die dem Staat lebensnotwendig erschienen. Diesen gewährte sie sogar Privilegien. So war den Pächtern erlaubt, Gruben, die länger als sechs Monate stilllagen, in Besitz zu nehmen. Weiters durften sie Anteile von Bergbaubetrieben besitzen und bestimmte Verhüttungsarbeiten zum persönlichen Vorteil betreiben. Wie in der Landwirtschaft führten auch im Bergbau Familienverbände den Betrieb, Zusammenschlüsse mehrerer Gewerke waren eher selten. Der Staat gewährte außerdem Sonderleistungen, stellte öffentliche Bäder und Schulen zur Verfügung und trug für die Belieferung mit lebenswichtigen Gütern Sorge. Eigene kaiserliche Beamte beobachteten die Handelsgeschäfte und griffen ein, wenn Kaufleute die Bergleute übervorteilen wollten. Gleichzeitig kontrollierten sie Quantität und Qualität der Eisenproduktion.

Norisches Eisen

Ab dem Ende des **2. Jh.s** stand ein Generalpächter, der »conductor ferrariarum Noricarum Pannonicarum Dalmatarum«, an der Spitze aller jetzt organisatorisch vereinigten Eisenbergwerke Noricums, Pannoniens und Dalmatiens. Im **4. Jh.** kamen auch jene Illyriens hinzu. Der Generalpächter, die Verwaltungsbeamten und alle Mitarbeiter hafteten nun mit ihrem Vermögen für die zu entrichtenden Steuern. Von diesen bald überfordert, verpachteten sie die Bergbaue an Kleinpächter. Doch auch sie konnten den Pachtzins und die Steuern nicht leisten und gerieten in eine ausweglose Situation: Da nur schuldenfreie Betriebe verkauft werden durften, waren sie auf Lebenszeit an ihre Produktionsstätten gebunden. Mit dieser Zwangsverordnung versuchte der Staat die Abwanderung von Spezialisten zu verhindern und eine Steigerung der Produktion zu erreichen. Dennoch verließen viele Pächter – ungeachtet der angedrohten Strafen – ihre Arbeitsstätten und verschwanden in der Anonymität der Städte oder verdingten sich als Hilfsarbeiter bei Großgrundbesitzern. Die staatliche Verwaltung ergriff scharfe Maßnahmen. Sie verbot Schiffseignern, Eisenfachleute zu befördern, ordnete **332** an, flüchtige Erzgrubenpächter wie Sklaven zu behandeln, und wandelte das Erbrecht, Bergbaue an Nachkommen weitergeben zu dürfen, in eine Erbpflicht um. Damit band man ganze Familien an Gruben, Hütten- und Schürfplätze. Mit ähnlichen Druckmitteln sollten auch die Bauern von der Landflucht abgehalten werden.

Um **430/31** waren die Lebensumstände für die norische Provinzialbevölkerung unerträglich geworden, sie revoltierte. **Aetius**, der oberste römische Heermeister, schlug den Aufstand nieder. Die Grubenpächter mussten die Tätigkeit unter Verlust von Privilegien wieder aufnehmen. Manch einer wird den Zusammenbruch des Römischen Reiches **476** willkommen geheißen haben, denn seine Lage konnte unter den neuen germanischen Herrren nicht schlechter sein.

Stichwort
Die Gewinnung norischen Eisens

Die ersten norischen Schmelzöfen entdeckten Archäologen unter dem römischen Tempel auf dem Magdalensberg: *»… auf einer eingetieften Schichte rotbraunen Lehms lag, noch von Steinen eingefasst, der hart gebrannte, mit einem Mundloch versehene Mantel des zusammengestürzten Ofens, darunter angebackene Schlacke«*, berichtet **August Obermayer**. Mit dem Fortschreiten der Grabungsarbeiten legten die Forscher allein in der Umgebung des Forums weitere fünfzehn derartige Öfen frei. Die Anlagen, so genannte Rennöfen, waren bereits von moderner Bauart und erhielten über Blasbälge und Düsen die notwendige Sauerstoffzufuhr. Ältere Öfen nutzten, an Berghängen gelegen, die aufwärts streichenden Winde zur Glutentwicklung.

Die Hüttentechnik war denkbar einfach. Das abgebaute Eisenerz – eine Eisen-Sauerstoff-Verbindung – »befreiten« die Bergleute im Reduktionsverfahren vom Sauerstoff durch Beifügung von Kohlenstoff, in Form von Holzkohle, und unter Feuereinwirkung in Schachtöfen. Die entstandene Schlacke rann unten weg, daher der Name »Rennofen«.

Später gelang es den norischen Kelten, kohlenstoffreiches, daduch härteres und elastischeres Eisen, eigentlich Stahl, zu schmieden. Durch längeres, etwa 10-stündiges Aufheizen erhöhte sich die Temperatur im Inneren des Ofens auf etwa 1 420° C, das dabei rasch schmelzende Eisen nahm Kohlenstoff auf und floss zu Boden. Hier verlor es den Kohlenstoff wieder. Die Kunst des Hüttenmannes, eine qualitätvolle »Luppe« zu bekommen, bestand darin, den Schmelzfluss zum richtigen Zeitpunkt zu unterbrechen, um den Kohlenstoffgehalt hoch zu halten. Durch rechtzeitiges »Ziehen« der Luppe erzeugten die Noriker auf direktem Weg richtigen Stahl.

Welch hohes Ansehen norischer Stahl zur Zeitwende besaß, ist daraus zu ersehen, dass ein in Aquileia arbeitender Schmied namens **Lucius Herennius** Messer erzeugte, die bis nach Siebenbürgen gelangten, wie ein **1970** gemachter Fund bestätigt.

Die »Austria romana« — 15 v. Chr. bis 2. Jahrhundert n. Chr.

Die Römer, Meister im Straßenbau, errichteten bis zum Höhepunkt ihrer imperialen Macht ein Fernstraßennetz von 100 000 km Länge. Diese weitsichtig geplante, bedeutendste technische Leistung der Römer gründete auf dem »Zwölftafelgesetz« von 451/450 v. Chr. Die Verordnung verpflichtete die einzelnen Kommunen, ihre Siedlungen mit acht bis sechzehn Fuß breiten, befestigten Wegen zu verbinden.

Nur die Errichtung und Erhaltung der Reichsstraßen, der »viae publicae«, war Aufgabe des Staates. Über sie verlegte er bevorzugt seine Truppen von einem Ende seines großen Reiches zum anderen. *„Alle Wege führen nach Rom"*, **lautet ein geflügeltes Sprichwort noch heute. Es geht auf Kaiser** Augustus **zurück, der als Symbol römischer Straßenbaukunst auf dem Forum Romanum einen überdimensionierten, vergoldeten Meilenstein aufstellen ließ.**

Unmittelbar nach der Besetzung des Ostalpenraums errichteten römische Ingenieure neue Wege und Straßen. Neun Fernverkehrswege verbanden Oberitalien über den bis dahin gemiedenen Alpenhauptkamm, die »montes horridi«, mit dem Alpenvorland. Großzügig konzipiert, überwanden nun erstmals von Pferden oder Ochsen gezogene Karren die »schrecklichen Berge« über Julierpass, Kleinen St. Bernhard, Brenner, Felber Tauern, Hohe Tauern und Radstädter Tauern.

Den Straßenbau hatten die Römer bis ins Detail organisiert: Geometer legten die Trassenführung fest und zogen Begrenzungsgräben. Zu Hand- und Spanndiensten verpflichtete Anrainer entfernten dazwischen liegendes Erdreich, und Bautrupps des Heeres vollendeten den Bau.

Im Allgemeinen vermieden die Ingenieure die Errichtung von Serpentinen, Brücken und Tunnels, sie nahmen eher steile Geländeanstiege in Kauf und schlugen die Wege in den felsigen Untergrund, wie sie heute noch zu erkennen sind.

Meilensteine entlang den Straßen erleichterten die Orientierung, die eingravierten Inschriften gaben Auskunft über Straßenerbauer, Provinzstatthalter und die Entfernung bis zur nächsten Raststation. Eine römische Meile zählte 1 000 Doppelschritte, das entspricht 1,4 km. Etwa 150 dieser Meilensteine sind in Österreich noch erhalten, sie werden in Museen aufbewahrt oder stehen noch an den Stellen, wo sie errichtet wurden.

Der Ausbau des Straßennetzes erhöhte ungemein die Mobilität. Post- und Reisekutschen legten im Schnitt 50 römische Meilen – etwa 74 km – pro Tag zurück. Eigene Stationen sorgten für den Tausch ermüdeter Pferde gegen frische. Um die Stallungen gruppierten sich Verwaltungsgebäude, Wirts- und Rasthäuser, Zoll- und Mautstationen, und allmählich entstanden Siedlungen.

Die Kontrolle der Staatsstraßen in republikanischer Zeit oblag einem Viermänner-Ausschuss, der »Quattuorviri viarum curandarum«, die Verwaltung besorgten Offiziere oder Beamte. In der Kaiserzeit übernahmen sie die gesamte Straßenorganisation, und jedes Teilstück stand unter Aufsicht eines »Procurators«.

Dank des Straßennetzes herrschte zwischen den Provinzen reger Handelsverkehr. Das italische Mutterland lieferte mediterrane Luxusgüter, feines Tuch, Seide, Keramik, Wein, Öl und Gewürze. Aus dem gallischen Westen kamen schöne Gläser, aus Germanien Häute, Felle, Honig, Bernstein und Wachs. Pannoniens Produkte aus Ackerbau und Viehzucht ergänzten die raetisch-norische Almwirtschaft. Noricums Reichtum lag im Boden: Salz, Kupfer, Blei, Marmor, das Gold und Silber der Tauern und besonders Eisen waren begehrte Rohstoffe.

Über die Straßen kam Wohlstand ins Land, allerdings nur, solange der Frieden währte und der Warenaustausch ungestört vor sich gehen konnte.

167 war die friedliche Zeit, die »Pax romana«, vorbei: germanische Stämme stürmten über die Donau bis Aquileia. Es dauerte Jahre, bis die Verwüstungen beseitigt waren.

Römerstrassen in Österreich

Kaiser SEPTIMIUS SEVERUS und seine Söhne ließen zwischen **193 und 200** die Straßen renovieren, die Tauernstrecke von Teurnia nach Iuvavum verbessern und die Limesstraße zwischen Carnuntum und Vindobona durch die X. Legion erneuern, MAXIMINUS THRAX und DECIUS gaben den Auftrag zum Bau der Via Decia zwischen Brigantium und Veldidena – das heutige Bregenz und Wilten bei Innsbruck. Aus Kostengründen erlahmte später der Straßenbau. Ob IULIUS APOSTATA Erneuerungen vornahm, wie die Inschrift auf einem Meilenstein bei Iuvavum/Salzburg glauben machen will, oder sie nur der Huldigung diente, ist ungewiss.

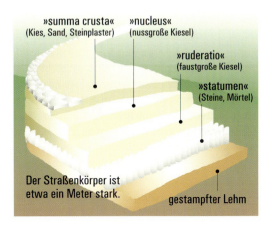

Stichwort
Die Tabula Peutingeriana

Im Römischen Weltreich lotsten Reise- und Kurshandbücher, so genannte Itinerarien, und schematische Landkarten den Reisenden von Ort zu Ort. Das bekannteste Beispiel einer römischen Straßenkarte ist die »Tabula Peutingeriana«, die sich **1507** im Besitz des Wiener Humanisten und Hofbibliothekars CONRAD CELTIS befand, der sie zwischen **1465** und **1547** dem Augsburger Ratsschreiber KONRAD PEUTINGER vermachte. Von ihm übertrug sich der Name auf die Tafel. 1720 erwarb Prinz EUGEN VON SAVOYEN das Werk aus dem Nachlass Kaiser KARLS VI. und übergab es der kaiserlichen Hofbibliothek.

Die 6,82 m lange und 34 cm breite Pergamentrolle soll **250 n. Chr.** von einem im **1. Jh.** entstandenen Original abgezeichnet worden sein. Andere Angaben sprechen davon, dass sie erst im **11. oder 12. Jh.** nach einer Originalkarte aus **435** kopiert wurde. **1863** musste die Tabula restauriert werden, dazu wurde sie in elf Teile zerlegt; die Segmente III und IV zeigen das Gebiet des heutigen Österreich.

Die Projektion der Tabula Peutingeriana ist so gequetscht, dass das gesamte Römische Weltreich auf ihr Platz findet. Die Straßenlinien, die von Rom ausgehen, verlaufen zueinander parallel, enden im Osten in Antiochia und im Westen in Quades, dem heutigen Cádiz. Die Karte enthält 3 300 Stationen, 600 Orte, 500 Stadtsymbole sowie zahlreiche Entfernungsangaben. Rom, Konstantinopel, Antiochia und acht weitere Orte mit öffentlichen Bädern sind hervorgehoben, der Reisende sollte nach beschwerlicher Fahrt rasch Annehmlichkeiten auffinden können.

Römische Badeanstalten boten dem Besucher eine Fülle von Entspannungsmöglichkeiten: Heißluftkammern, Warmwasser- und Dampfbäder, Gymnastik- und Schwimmbecken, Massage- und Ruheräume, Sportplätze und Wandelgänge. In Säulenhallen konnte man bei Vorträgen und Lesungen geistige Erbauung suchen – oder Geschäfte abschließen.

Manches österreichische Kurbad verdankt seinen Ursprung römischen Geologen, die die schwefel- und eisenhältigen Quellen erschlossen.

Untrennbar mit den Bädern verbunden waren Wasserzufuhr und Kanalisation. Vindobona erhielt sein Trinkwasser über eine 12 km lange Leitung aus der Gegend von Brunn am Gebirge, Carnuntum versorgten drei Wasserstränge von respektablem Ausmaß: Ihre Breite von 80 cm und Höhe von 1,80 m ist bewundernswert.

Querschnitt durch eine römische Straße. In Österreich sind Spuren römischer Straßen bei Villach, am Gaberlpass, am Großglockner, am Pass Lueg, bei Sarling und im Dunkelsteinerwald noch erkennbar.

Die »Austria romana«

Die fruchtbarsten Ackerbaugebiete im römischen Österreich lagen – ähnlich wie heute – im Flachgau, im Salzkammergut, im Hügelland südlich der Donau, im südlichen Wiener Becken, im nördlichen Burgenland sowie in der Ost- und Südsteiermark. Mühl-, Wald- und Weinviertel gehörten nicht zum römischen Herrschaftsbereich.

Zu den gängigen Ackerbauprodukten Noricums gehörten Weizen, Dinkel, Hafer, Roggen, Gerste, Rüben und Bohnen. Hohen Stellenwert nahmen auch Butter, Milch, Rinder- und Ziegenzucht ein. Hornvieh wurde auch auf Almen gehalten, wie Funde römerzeitlicher Kuhglocken bei Hallein und auf der Oberalm bestätigen. Der römische Schriftsteller GAIUS PLINIUS SECUNDUS – er lebte von **23/24 bis 79** – schildert die Rinder des Alpenraums zwar als kleinwüchsig, doch bemerkenswert hinsichtlich ihrer Milch- und Arbeitsleistung. Ausgezeichneter Qualität erfreuten sich die Käseprodukte: sie wurden sogar am kaiserlichen Hof geschätzt, wie aus einer Nachricht aus dem **2. Jh.** verlautet. Das Volk kam nicht in ihren Genuss: norischer Käse war zu teuer.

Ähnlich klein wie die Rinder scheinen auch die Pferde gewesen zu sein, die möglicherweise Vorläufer der späteren »Pinzgauer« waren, in ihren robusten und zähen Eigenschaften glichen sie jedenfalls einander. Einer in Kärnten vorkommenden Pferderasse setzten die Römer sogar ein Denkmal: Auf dem römischen Kapitol trägt ein »Noriker« den Kaiser, Feldherrn und Philosophen MARC AUREL.

Westpannonien erfreute sich – im Gegensatz zu Noricum – besserer klimatischer und landschaftlicher Bedingungen. Bei ausgeglicheneren und milderen Temperaturen legten die Bauern sortenreichere Feldkulturen an. Sie pflegten den Weinbau, der allerdings nach der Besetzung der Alpenländer von den Römern verboten wurde, er gefährdete den Weinexport aus dem Mittelmeerraum. Das Wiener Heurigenlied, das Kaiser MARCUS AURELIUS PROBUS **(232 bis 282)** hochleben lässt, weil er angeblich in Wien den Weinbau einführte, ist daher eine Mär. Sein Verdienst aber ist es, im **3. Jh.** das Anbauverbot aufgehoben und, als Förderer der Landwirtschaft, das Militär in Britannien, Gallien, Spanien und Pannonien angewiesen zu haben, Weingärten anzulegen.

Landschaft und das Angebot des vorhandenen natürlichen Baumaterials bestimmten die Bauart ländlicher Gebäude. In Waldgebieten herrschten einräumige Blockhäuser aus Holz vor, in den waldarmen Regionen Fachwerkbauten – so genannte Ständerbauten – aus Trockenmauern und Holzträgerarmierungen. Wohngruben mit ovalem oder rundem Grundriss aus dem Neolithikum überdauerten die vielen Jahrhunderte bis in die römische Zeit. Alle diese von den Kelten übernommenen Bauweisen wurden allmählich durch Ziegelbauten ersetzt – eine Errungenschaft der Römer.

Aus heutiger Sicht sind die von Archäologen freigelegten Grundrisse ehemaliger Gutshöfe, den »Villae rusticae«, noch immer beeindruckend. Rustikale, villenartige, nach italischem Vorbild errichtete Gebäude gab es in Österreich schon im **1. Jh.** Im salzburgischen Flachgau, am Leithagebirge und am Neusiedler See konnten einige Objekte freigelegt werden, die sich ihrer Anlage nach in Peristyl-, Porticus-, Eckrisalit- und Mittelkorridorbauten unterscheiden lassen. Zum Teil luxuriös mit prachtvollen Bodenmosaiken, geräumigen Badeanlagen, Hypokaustheizungen, Wandmalereien, großen Apsiden- und Empfangssälen ausgestattet, entsprachen sie den feudalen Palästen vermögender und hoch gestellter italischer Persönlichkeiten. Die Villa von Loig bei Salzburg, aus der das beeindruckende Theseusmosaik im Wiener Kunsthistorischen Museum stammt, hatte ein Ausmaß von 170 mal 170 Meter. Die Peristylvilla von Allersdorf in Kärnten umfasste 10 000 m^2.

Dieser Luxus endete im **4. Jh.**, als sich die Germaneneinfälle häuften und die wohlhabenden Familien entweder nach Italien abzogen oder Schutz in Kastellen oder schwer zugänglichen Bergregionen suchten. Auf Anhöhen entstanden Fluchtsiedlungen,

Römisches Leben

die nur noch den einfachsten Bedürfnissen Rechnung trugen, so am Kirchbichl bei Aguntum/Lienz oder in Teurnia/St. Peter in Holz.

Die raetisch-norisch-pannonische Bevölkerung besaß vor der Besetzung ihrer Länder durch die Römer ein hohes Maß an religiöser Eigenständigkeit. Daran änderte sich wenig, als der Ostalpenraum dem Imperium Romanum angeschlossen wurde: Rom duldete alle Religionsformen, solange sie staatliche Grundgesetze nicht gefährdeten. Es verpflichtete die Bevölkerung lediglich zur Verehrung der Staatsgötter Jupiter, Juno, Minerva und zur Einhaltung des Kaiserkultes, einer Opfergabe für regierende und für verstorbene Kaiser.

Möglichen Konflikten mit andersgläubigen Bevölkerungsteilen wich Rom aus: es setzte die einheimischen Götter mit den römischen gleich. **Jupiter** war auch **Zeus**, **Juno** war **Hera**, **Minerva** war **Athene** usw. Dieses System, das sich nach der Unterwerfung Griechenlands bewährt hatte, fand auf alle im Reich aufgenommenen fremden Völker und deren Götterwelten Anwendung.

Mit der Ausweitung des Römischen Reiches füllte sich das römische Pantheon allmählich mit fremdländischen Gottheiten und nahm unüberschaubare Ausmaße an. So zeigt ein römischer Altar aus Gerling in Oberösterreich den blitztragenden **Jupiter Optimus Maximus** auf einer Seite, den keltischen Wettergott **Taranis** auf der anderen. Oder der Statthalter in Noricum setzte die keltische Landespatronin **Noreia** mit **Isis**, der altägyptischen Hauptgöttin, gleich.

Die ostalpine Bevölkerung folgte jedoch nicht allen Empfehlungen Roms. Die göttliche Trias von Jupiter-Juno-Minerva wurde als kultischer Rummel abgelehnt. Daran änderte auch die Erweiterung der kapitolinischen Dreiheit zur Vierheit, durch Hinzufügen des keltischen Gottes Taranis bzw. **Silvanus**, nichts.

Um bei allen Reichsangehörigen durch eine einheitliche Götterwelt ein Zusammengehörigkeitsgefühl zu erzeugen, hoben die Machthaber im **1. Jh. v. Chr.** den Kaiser auf ein göttliches Podest und ließen ihn durch eine eigene Priesterschaft verehren.

Bis zum **3. Jh.** stieg der Imperator bis zur obersten Huldigungsstufe empor und genoss nun göttliche Verehrung. Er nannte sich Divus, seine Gemahlin Diva, also Vergöttlichter und Vergöttlichte. Staats- und Regierungsform hatten den Zustand eines theologisch fundierten Absolutismus erreicht.

Die gerühmte römische religiöse Toleranz endete nun: wer dem Kaiser nicht opferte, beging ein Staatsverbrechen und wurde mit dem Tode bestraft. Die monotheistischen Juden und Christen bangten um ihr Leben. Sie zogen sich aus der Gesellschaft zurück und gerieten dadurch erst recht in den Verdacht, Umstürzler zu sein.

Aber der staatliche Zwang, den Kaiser als göttliche Erscheinung anzuerkennen, bewirkte noch anderes: Die römische Intelligenz begann allmählich über den Sinn des Lebens, des Todes und die Problematik von Schuld und Sühne nachzudenken. Ihre philosophischen Überlegungen mündeten in einer einhelligen Ablehnung der römischen Kulthandlungen, denen sie jede Ernsthaftigkeit absprachen.

Der Suche nach der Sinnhaftigkeit des Lebens kamen die Mysterienreligionen des Orients – der Kult des **Mithras**, des **Jupiter Dolichenus**, der **Kybele**, des **Attis** und anderer – entgegen. Militär, Händler und importierte Sklaven sorgten für eine weite Verbreitung dieser Glaubensvorstellungen. Ab dem **2. Jh.** erfassten sie rasch große Teile der Gesellschaft und reiften im **3. Jh.** zur Hochblüte, als »Not beten lehrte«, wie der römische Historiker **Titus Livius** um die Zeitwende bemerkte, denn im **3. Jh.** herrschten im Römischen Reich Krisenstimmung, politisches Chaos und sittliche Orientierungslosigkeit.

Dem römischen Götterdiktat fügten sich die Einheimischen der Ostalpenländer nicht. Keltische Götter, Kulte und Mysterien überdauerten die römischen, sie begegnen uns heute noch in Flur- und Landschaftsnamen, in Märchen und Sagen, in christlich-sakralen Handlungen. Frau Holle, Maibaum, salige Frauen, Parzival, Kultfeuer, Rosengärten, Perchtenlaufen u. a. wurzeln im keltischen Glauben, während vom römischen so gut wie nichts auf unsere Tage kam.

Über eineinhalb Jahrhunderte sicherten die von Kaiser AUGUSTUS initiierten Rechtsnormen und ethischen Grundwerte dem Römischen Reich eine beispiellose Friedensordnung, seiner Bevölkerung ein gutes Auskommen und Wohlstand. Ab der Mitte des **2. Jh.s** neigte sich die »Pax romana«, der »römische Frieden«, dem Ende zu. Um **150** nahte Unheil aus dem nördlichen Europa: Überschwemmungskatastrophen an der Ostseeküste, Hungersnöte und Überbevölkerung nötigten die germanischen Ostgoten, ihre Weideplätze zu verlassen. Auf dem Weg zum Schwarzen Meer vertrieben sie alle anderen Völkerschaften, einige von ihnen baten um Aufnahme im Römischen Reich. Doch sein Recht erlaubte kein Asyl für fremde Völker.

D ie Asyl Suchenden zogen sich unverrichteter Dinge zurück, aber die militärische Schwäche der Römer war ihnen nicht entgangen: die Truppen an der Donaugrenze waren ausgedünnt, Rom hatte drei Legionen vom Rhein und der Donau an die armenisch-kappadokische Front zur Abwehr der Parther verlegen müssen. Kaiser **MARC AUREL**, seit der Thronbesteigung **161** zu ständigen Abwehrkämpfen einfallender Feinde gezwungen, ging zur Gegenoffensive über und plante einen Präventivschlag gegen die im böhmischen Raum lebenden Markomannen und Quaden. Doch mit den aus dem Vorderen Orient heimkehrenden Legionären kam die Pest ins Land und dezimierte seine Truppen. Markomannen, Quaden und Sueben sowie die aus dem Iran stammenden Sarmaten und Jazygen erkannten die Krise in der römischen Abwehr und griffen an. **166/67** setzten 6 000 Krieger bei Brigetio – westlich von Budapest – über die Donau. Der Alarmeinsatz römischer Kavallerie wehrte die Offensive zwar ab, doch der Ruf *„Germani ante portas!"* verbreitete sich im Imperium wie ein Lauffeuer.

Marc Aurel sammelte alle verfügbaren Kräfte und bezog in Sirmium, dem heutigen Sremska Mitrovica, Winterquartier. Im **Frühjahr 170** wollte er losschlagen. Da kamen ihm Markomannen und Quaden zuvor: Bei Carnuntum überrannten sie den Limes und stießen wuchtig bis Aquileia und Verona vor. Marc Aurel *„ließ Gladiatoren bewaffnen, die man Gehorsame nennt. Ebenso machte er Räuber in Dalmatien und Dardanien zu Soldaten"*, berichten die »Scriptores historiae Augustae« und lassen die verzweifelte Lage der Römer ahnen.

Marc Aurel stoppte die markomannischen Invasoren in Oberitalien und warf sie zurück. Unter den erschlagenen Feinden fand er nicht nur bewaffnete germanische Frauen, sondern auch viele desertierte römische Soldaten.

Im **Herbst 170** standen die Römer wieder an der Donau, die Quaden schlossen einen Sonderfrieden, den Markomannen drohte **172** eine Strafexpedition. Im Weinviertel kam es zur Schlacht, die beinahe in einer Katastrophe für die Römer endete: Vom Feind eingekreist, sahen sich die Legionäre in der sommerlichen Hitze dem Zusammenbruch nahe. Ein unerwarteter Wolkenbruch rettete sie vor der Niederlage. Auf dem Pfaffenberg bei Deutsch-Altenburg dankten sie ihrem Wettergott Jupiter für das »Regenwunder«

Marc Aurel, letzter Adoptivkaiser des Römischen Imperiums, verbrachte einige Jahre in Carnuntum.

Der Markomannensturm

vom **11. 6. 172** mit der Errichtung eines Monuments und eines Opferaltars. Marc Aurel bezog in Carnuntum Quartier. Seine erschöpften Truppen benötigten eine Ruhepause, Waffen und Gerät bedurften der Überholung. Doch während er seine »Philosophischen Betrachtungen« schrieb, schmiedete er schon Pläne, wie Böhmen, Mähren und Teile des heutigen Ungarn, aufgeteilt in die neuen Provinzen »Marcomannia« und »Sarmatia«, dem Imperium einzuverleiben wären. Der Tod kam ihm zuvor, in Bononia, bei Sirmium an der Save, erlag er am **17. 3. 180** vermutlich der Pest.

170 überqueren die germanischen Markomannen die Donau, durchstoßen den Limes und dringen bis in die Po-Ebene vor.

Die »Austria romana« — 180 bis 395

Marc Aurel konnte das römische Heer noch über Böhmen und Mähren bis Galizien führen, sich Nordungarn botmäßig machen, und doch: mit seinem Tod erloschen alle Wunschvorstellungen, die Grenze des Imperiums doch noch an die Elbe verlegen zu können. Sohn Commodus geriet nicht nach seinem Vater, er genoss die Freuden des Lebens und zog es vor, **180** alle Feldzüge abzubrechen. Vergessen war die Rache an den Markomannen und der Krieg, den Rom über 14 Jahre lang gegen sie hat führen müssen. Commodus begnügte sich mit der Entsiedelung eines 15 km breiten Niemandslandes nördlich der Donau durch die germanischen Stämme.

Kaum befähigt, ein Imperium wie das römische zu führen, starb **Marcus Aurelius Commodus Antonius** eines makabren Todes: Er, der sich als Herkules gefiel, wurde während eines Schaukampfes von einem Gladiator in der Arena erwürgt.

Nicht nur das ungewöhnliche und unwürdige Ende des Commodus kündigte das Ende des Imperium Romanum an, wirtschaftliche und innenpolitische Krisen sowie moralische und ethische Orientierungslosigkeit rüttelten an den Grundfesten des Reiches. In bunter Folge übernahmen nach dem Tod des Commodus Soldatenkaiser die Macht. Von ihren Legionären auf den Schild gehoben und oft durch Mord beseitigt, bestiegen innerhalb von 92 Jahren, zwischen **193 und 285**, nicht weniger als 38 Caesaren – Mit- und Gegenkaiser nicht eingerechnet – den Thron.

Einer der wenigen Soldatenkaiser, die eines natürlichen Todes im Bett starben, war **Septimius Severus**, von Abstammung vermutlich ein Berber aus Leptis Magna in Libyen. An vielen Fronten zu Ehren gekommen, übernahm er **191** in Carnuntum das Oberkommando der XIV. Legion »Gemina«. Von seinen Soldaten geliebt, riefen sie ihn zum Kaiser aus, zum Dank erhob er das Legionslager zur »colonia«, einer obersten Provinzhauptstadt. Septimius Severus schätzte die Armee über alles und gedachte ihrer noch auf dem Sterbebett: *„Vertragt euch, macht die Soldaten reich, alles andere verachtet!"*, mahnte er seine Söhne, die willig seinem Ratschlag folgten.

Die Legionäre erhielten Privilegien, viele wurden Großgrundbesitzer oder Landpächter. Die gut gemeinte Bevorzugung wirkte sich aber negativ auf die Substanz des Heeres aus, denn die plötzliche Ausdünnung der Stammkader musste ersetzt werden, und zwar durch fremdländische Freiwillige. Manche Kavallerie-Einheiten bestanden dann nur noch aus germanischen Vasallenstämmen, germanische Adlige stiegen sogar in höchste Militärränge auf und beeinflussten nachhaltig die Politik der Kaiser. Ihre Kontakte zu germanischen Stämmen jenseits von Donau und Rhein lieferten diesen Informationen über die bedenklichen Zustände im Römischen Reich. Alamannen und Juthungen brachen **213** über den raetischen Limes, sengend und mordend erreichten sie Oberitalien. Brigantium/Bregenz fiel ihnen **259/60** zum Opfer, ebenso Aguntum/Lienz. Mit größten Anstrengungen stellten die Kaiser **Aurelian** und **Probus** die römische Vormacht wieder her.

Enthauptung von Markomannen; eine Darstellung auf der Marcussäule in Rom.

Der Niedergang des Römischen Reiches

Am **20. November 284** erhob die römische Orientarmee ihren Befehlshaber **Diokletian** zum Augustus. Ab **285** Herrscher über das gesamte Imperium, ernannte er seinen Kampfgefährten **Maximianus Daia** zum Caesar und **286** zum Augustus im Westteil des Reiches.

Als Unterregenten und designierte Nachfolger für sich und Maximian ernannte er **293 Constantius I.** und **Galerius** zu Caesaren. In dieser Viererherrschaft (Tetrarchie) behielt aber Diokletian die oberste Leitung. Um Usurpationen zu erschweren, gliederte er die Provinzen in zwölf Diözesen und trennte die zivile Verwaltung von der militärischen. Das heutige Österreich, ursprünglich auf drei Provinzen verteilt, hatte nun Anteil an sechs.

305 dankte Diokletian wegen Krankheit ab. Die sich anbahnenden Thronstreitigkeiten veranlassten ihn aber, in die Politik zurückzukehren und seine Nachfolge zu regeln. Dazu berief er **307/308** die Thronanwärter Galerius, **Licinius**, Constantius I. und Maximianus Daia zu einem Kaisertreffen nach Carnuntum. Sein Versuch, die rivalisierenden Thronprätendenten im Interesse des Reichsfriedens zu einer Übereinkunft zu bewegen, scheiterten. Diokletians Bemühungen, den Niedergang des Imperium Romanum zu verhindern, waren vergebens. Im Jahre **395** zerbrach es in einen West- und einen Ostteil, jeder ging seines Weges. Die damals festgelegte Grenze auf dem Balkan entspricht im Wesentlichen der heutigen zwischen Bosnien-Herzegowina und Serbien.

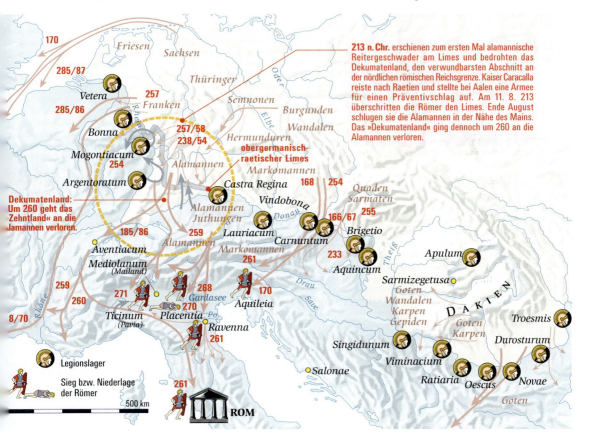

Ab dem 2. Jahrhundert stand das Römischen Reich unter dem Druck zunehmender Raub- und Eroberungszüge germanischer Völker.

Von den vielen aus dem Nahen Osten nach Mitteleuropa gekommenen orientalischen Lehren genoss der Mithraskult in den norisch-pannonischen Provinzen die höchste Anerkennung. Die hohe Bedeutung des Sonnengottes unterstreicht die Errichtung eines ihm geweihten Altars anlässlich des Kaisertreffens **307/308**. Zum anderen brachten kaiserliche Beamte, Sklaven und Freigelassene den Mithraskult über Aquileia ins mittlere Kärnten nach Virunum auf dem Zollfeld, dem bedeutendsten Verwaltungszentrum des südlichen Noricum.

MITHRAS, Gott des Lichtes, der Sonne, erfreute sich bereits **1400 v. Chr.** großer Verehrung durch die Perser. Die erstaunliche Ähnlichkeit seines Ritus mit der Lehre des Christentums erschien den Christen *„als eine teuflische Nachahmung der eigenen Religion"*, wie der Religionshistoriker RUDOLF NOLL feststellt, obwohl das zeitliche Auftreten das Gegenteil beweist. Weihwasser, Taufe, Auferstehung, Jüngstes Gericht, die Unsterblichkeit der Seele, die Sonntagsruhe, der 25. Dezember als Tag der Geburt Gottes sind Elemente des persischen Mithraskultes und nicht christlicher Glaubensvorstellungen.

Große Beliebtheit genossen in Noricum auch JUPITER DOLICHENUS und JUNO REGINA, Universalgott und Erdmutter, ihnen huldigten Militärs und Bürger, aber keine Sklaven oder Freigelassenen.

KYBELE und ATTIS, die phrygische Mutter- und Fruchtbarkeitsgöttin oder »Magna Mater« und ihr Sohn, sind Mittelpunkt eines orgiastischen Kastrations- und Tieropferritus, der aber nicht an die Beliebtheit der Mithrasverehrung heranreichte.

„Der Mithraskult ... erlangte die größte Bedeutung unter all den morgenländischen Lehren und das Ringen zwischen ihm und dem Christentum war außerordentlich heftig, so dass es zeitweilig ungewiss schien, wer von beiden den Sieg davontragen würde", hält Rudolf Noll in einer Studie fest. Tatsächlich stand die christliche Kirche unter starkem Zugzwang, als sie im **3. und 4. Jh.** in den römisch-österreichischen Provinzen auf die vielgestaltigen Orientkulte traf. Aber sie meisterte die Herausforderung mit erstaunlich einfacher Symbolik: Dem aus einer Mischung vieler Götter entstandenen Sonnengott Mithras stellte sie Christus, den Mensch gewordenen Sohn Gottes, gegenüber. Bis zum Ende des **4. Jh.s** hatte das Christentum die heidnischen Religionen im gesamten Römischen Reich verdrängt.

Zeugnisse über die Anfänge des Christentums im Donau-Alpen-Raum sind spärlich. Das gab Anlass zu Legendenbildungen. Zum Beispiel soll das »Regenwunder« von christlichen Soldaten, die im römischen Heer dienten, erfleht worden sein; das Unwetter hatte die in der Hitze schmachtenden Legionäre während des Gefechts gegen die Markomannen am **11. 6. 172** im niederösterreichischen Weinviertel vor der dro-

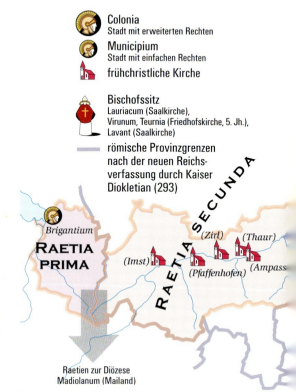

Die bisher entdeckten Reste sakraler Bauten aus frühchristlicher Zeit.

Die ersten Christen in den Alpen

henden Niederlage bewahrt. Römische Berichterstatter hingegen führten das »Wunder« auf ihren Wettergott Jupiter zurück und dankten ihm durch die Errichtung eines Weihetempels auf dem Pfaffenberg bei Bad Deutsch-Altenburg.

Das früheste Zeugnis über die Anwesenheit von Christen im österreichischem Raum stellt ein **1893** auf dem römischen Friedhof von Wels gefundener, 55 mal 33 cm großer Grabstein aus grünem Chloritschiefer dar, der aus dem **4. Jh.** stammt und dessen Inschrift in ungelenkem Hexameter vom Schmerz eines Ehemannes über den frühen Tod seiner Frau berichtet: *„...Hier liegt im Grabe geborgen die gläubige Christin Ursa, 38 Jahre alt ..."*

Weitere verlässliche Nachrichten über Christen in der raetisch-norisch-pannonischen Region stammen vom Beginn des **4. Jh.s**, der Zeit der dritten Christenverfolgung, unter Kaiser **Diokletian**.

Die Verfolgung erreichte **303/304** die Ostalpen. In Lorch entdeckten Archäologen die Gebeine von einunddreißig Hingerichteten. Von ihnen ist ein Name überliefert: **Florianus**.

Florianus lebte als pensionierter Kanzleivorstand und bekennender Christ in Aelium Cetium, im heutigen St. Pölten. Er stellte sich während der diokletianischen Christenverfolgung freiwillig, obgleich er wusste, dass er mit seinem Bekenntnis das Leben verwirkt hatte. **Aquilinus**, der Statthalter von Ufernoricum, ließ ihn am **4. 5. 304** in der Enns ertränken.

Galerius, Schwiegersohn und Nachfolger Diokletians, erließ am **30. 4. 311** ein »Toleranzedikt«, das die Christenverfolgungen beendete, und **Flavius Valerius Constantinus I.** garntierte nach seiner Thronbesteigung in der »Mailänder Konvention« **(313)** den Christen völlige Glaubensfreiheit. **324** erhob er das Bekenntnis sogar zur Staatsreligion.

Nach dem Kaisertreffen von 307 verkam Carnuntum zu einem *„öden Drecksnest"*, wie AMMIANUS MARCELLINUS, ein Begleitoffizier Kaiser VALENTINIANS I., während einer Inspektionsreise 375 notierte. Im selben Jahr vernichtete 1 000 km weiter östlich das asiatische Reitervolk der Hunnen das Reich der Ostgoten am Schwarzen Meer. Nur ein Jahr später standen sie an der unteren Donau und trieben die Westgoten über den Strom ins Römische Reich. Beim Versuch, diese 378 aufzuhalten, unterlag Kaiser VALENS vor Adrianopel. Das Tor zum Imperium stand offen, die Westgoten zogen über Attika und Dalmatien nach Italien, die Hunnen stürmten ins Karpatenbecken, Goten, Alanen, Vandalen, Markomannen, Quaden vor sich hertreibend.

Um 400 ging Carnuntum in Flammen auf, ebenso Vindobona/Wien, Flavia Solva/Wagna, Lauriacum/Lorch, Iuvavum/Salzburg und viele andere einst blühende norische und pannonische Städte, Siedlungen und Gehöfte. Rom, in Machtkämpfe verstrickt, beachtete die Vorgänge nördlich der Alpen nicht mehr. In Lugdunum/Lyon fiel AUGUSTUS FLAVIUS GRATIANUS 383 der mordenden Hand des Thronräubers MAXIMUS zum Opfer. Doch statt gegen die kaiserliche Residenz in Mailand zu marschieren, stachelte Maximus die germanischen Juthungen auf, in Raetien einzufallen. Damit lenkte er die italische Armee, die unter dem Befehl des fränkischen »Heiden« BAUTO stand, von sich ab und band sie nördlich der Alpen. Von militärischem Schutz entblößt und Maximus ausgeliefert, wagte die Kaiserinwitwe JUSTINA, eine arianische Christin, einen Verzweiflungsschritt: Sie holte die hunnischen Reiter ins Land. Quer durch Pannonien und Noricum zogen die asiatischen Reiter im Frühjahr 384 gegen Westen, vernichteten die Juthungen und kehrten, reich belohnt, in ihr Hauptlager in der ungarischen Tiefebene zurück. Von hier unternahmen sie ihre Beutezüge oder ließen sich friedliches Verhalten durch Ost- und Westrom bezahlen. 433 überließ ihnen Rom das ohnehin schon verloren gegangene Pannonien.

Unter der Führung des Brüderpaars BLEDA und ATTILA erreichten die Hunnen um 440/441 den Höhepunkt der Macht. Ihr Reich erstreckte sich vom mittleren Rhein bis zum Kaukasus und von Polen bis zur Donau. 445 ermordete der ehrgeizige Attila seinen Bruder Bleda und herrschte nun allein über eine Vielzahl hunnischer und germanischer Stämme.

Attila, »Väterchen« – so nannten ihn seine gotischen Untertanen, sein wahrer hunnischer Name ist unbekannt –, war keineswegs jener blutrünstige Despot oder eine »Geißel Gottes«, als den ihn die Historiker bis in die jüngste Vergangenheit darstellten. Sie hatten kritiklos die Berichte römischer und hellenischer Geschichtsschreiber übernommen, die dem Erzfeind aus einsichtigen Gründen nichts Gutes

Das Reich des Syagrius. Syagrius, der letzte Statthalter Galliens, behauptet nach dem Sturz des weströmischen Kaisertums durch Odoaker (476) die römische Provinz Gallien als sein eigenes Reich. Der Frankenkönig Chlodwig besiegt ihn 486 bei Soissons. Der Widerstand der letzten Römer in Gallien bricht zusammen.

Der Hunneneinfall in Europa löste eine wahre Völkerwanderung aus.

Der »Hunnensturm«

nachsagten. Attila war ein Feldherr und Staatsmann seiner Zeit, nicht besser oder schlechter als römische, und wie diese von Machtgier besessen. Er fühlte sich keineswegs als »Barbar« und sah sich darin bestätigt, als die weströmische Prinzessin **Honoria**, Schwester **Valentinians III. (425 bis 455)**, ihm die Heirat anbot, sollte er sie gegen ihren Bruder unterstützen. Attila willigte ein, als Mitgift forderte er Gallien, im Wesentlichen das heutige Frankreich.

451 brach er mit 100 000 Mann auf, um es seinem Reich anzugliedern. Attila zog entlang der Donau quer durch Noricum und über Raetien bis nach Troyes. Auf den Katalaunischen Feldern traf er auf den weströmischen Feldherrn **Flavius Aetius**, im Krieg gegen die Burgunder **436/37** noch ein Verbündeter, nun Anführer einer antihunnischen Koalition, eines europäischen »Völker«-Heeres aus Römern, Westgoten, Alanen, Burgundern und Franken.

Die Schlacht endete mit einem Abbruch und dem Rückzug beider Heere, aus der Heirat mit Honoria wurde nichts, Attila musste den Traum vom Besitz der gallischen Mitgift aufgeben. Zwei Jahre später, **453**, fand Attila ein für ihn untypisches Ende: Er starb, nach der Trauung mit der germanischen Prinzessin **Ildico**, im Hochzeitsbett an einem Blutsturz.

Das ganz auf die Person des Hunnenfürsten ausgerichtete Reich zerfiel nach seinem Tod. Sein Volk verschwand, manche Historiker sehen es in den Protobulgaren aufgehen.

In Italien dauerte das Chaos an. Die Kaiser kamen und gingen, die nördlich der Alpen gelegenen verwüsteten Landstriche blieben sich selbst überlassen. Ab Mitte des **5. Jh.s** brach jede staatliche Ordnung zusammen. Reste von Verteidigung und Verwaltung existierten nur mehr in größeren befestigten Orten, in denen Soldaten noch bezahlt werden konnten.

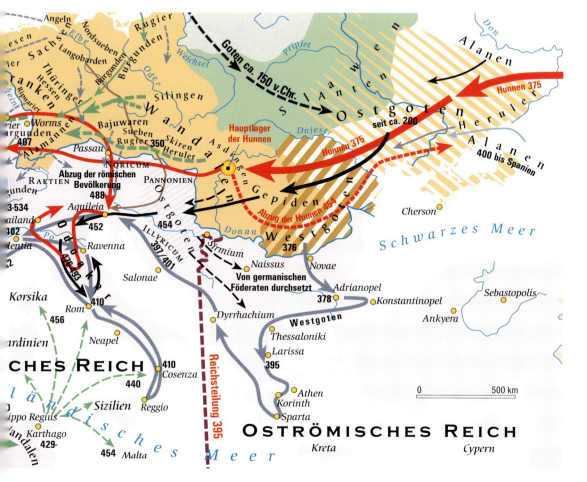

STICHWORT
Das »Nibelungenlied«

"Uns ist in alten maeren wunders vil geseit / von helden lobebaeren, von grozer arebeit, / von vreude und hochgezîten, von weinen und von klagen, / von küener recken strîten muget ir nu wunder hoeren sagen." Diese Worte leiten das »Nibelungenlied« in der Fassung aus dem 13. Jh. ein.

Die Ursprünge des Epos reichen bis in die Zeit der großen europäischen Erschütterungen, die der Zusammenbruch des Römischen Reiches, der Einfall des asiatischen Reitervolkes der Hunnen und die von ihnen ausgelöste Völkerwanderung verursacht hatten. Das war gleichzeitig die Epoche der ersten burgundischen Reichsgründung am Rhein und der zweiten an der Rhône, des Eintritts der Merowinger in die Geschichte und der fränkischen Reichsgründung, die bald halb Europa umfasste.

Damals entstanden Heldenlieder und Sagen, die, an Fürstenhöfen gerne gehört, von außerordentlichen Ereignissen oder von Heldentaten des eigenen, jungen Volkes in grauer Vorzeit berichteten.

Vergessen und wiederbelebt

Auf diesen Epen des **5. und 6. Jh.s** baut das »Nibelungenlied« auf. Von Generation zu Generation mündlich weitergegeben, wurde es schließlich von einem aus der Gegend von Passau stammenden, unbekannten Dichter **um 1200** niedergeschrieben. Inzwischen waren 600 Jahre vergangen, und Europa hatte sich mehrmals gewandelt. Vielen Einflüssen war der Inhalt des Liedes ausgesetzt gewesen, zuletzt dem des staufischen Rittertums.

Mit dem Ende des Rittertums erlosch das Interesse an Heldenliedern. Das »Nibelungenlied« geriet in Vergessenheit, bis es **1755** vom Lindauer Arzt JACOB HERMANN OBEREIT (* 1725, † 1798) wieder entdeckt und zwei Jahre später von J. J. BODMER zum Teil und **1782** durch CHRISTOPH HEINRICH MÜLLER (* 1740, † 1807) vollständig veröffentlicht wurde. Die Romantik und ihre verklärende Sicht des Mittelalters bemächtigten sich des »Nibelungenliedes« und vermittelten der »deutschen« Nation *"ein Bild ihres alten Ruhmes, ihrer alten Würde und Freiheit im Spiegel ihrer Vorzeit"*, wie es FRIEDRICH SCHLEGEL formulierte.

Später geriet das »Nibelungenlied« immer mehr in das Fahrwasser ideologisierender Deutungen und zum Hauptwerk deutscher Nationalliteratur, bis man es als Hohes Lied der bedingungslosen Gefolgschaftstreue missbrauchte. Dies geschah keineswegs in der Zeit des Nationalsozialismus, sondern schon **1909**, als BERNHARD FÜRST VON BÜLOW, von **Oktober 1900 bis Oktober 1909** deutscher Reichskanzler, am **29. 3. 1909** im Reichstag den Begriff »Nibelungentreue« prägte, um das Verhältnis des Deutschen Reiches zum Bündnispartner Österreich-Ungarn, das wegen der Annexion Bosniens **1908** ins Schussfeld internationaler Kritik geraten war, zu umschreiben. Mit dem Ausbruch des Ersten Weltkrieges **1914** wandelte sich die »Nibelungentreue« zum häufig verwendeten Begriff im Sinne unbedingter Treue und Hingabe an eine Führerpersönlichkeit.

Grosse Beliebtheit

Das »Nibelungenlied« erfreute sich großer Beliebtheit. 35 Handschriften aus dem **13. bis zum frühen 16. Jh.** zeugen davon. Sie gliedern sich in die »Nôt-Fassung«, vertreten durch die Handschrift A oder Hohenems-Münchener Handschrift mit 2 316 Strophen und der Handschrift B oder St. Gallener Handschrift mit 2 376 Strophen, und der »Liet-Fassung«, vertreten durch die Handschrift C, der Hohenems-Laßbergischen oder Donaueschinger Handschrift, mit 2 442 Strophen.

Das »Nibelungenlied«

Inhalt des aus **1200** stammenden Epos ist das Werben eines jugendlichen Helden namens **Siegfried** um die Hand von **Kriemhild**, der schönen Schwester der Burgundenkönige **Gunther**, **Gernot** und **Giselher**. Dies war an die Bedingung geknüpft, **Brünhild**, die Königin von Island, als Frau für Gunther zu gewinnen. Dank einer unsichtbar machenden Tarnkappe erfüllt Siegfried die Auflage. Als Brünhild in einem Streitgespräch mit Kriemhild erfährt, dass Siegfried und nicht Gunther sie bezwungen habe, will sie Rache an Siegfried nehmen. Kriemhild beauftragt **Hagen**, den Onkel und Waffenmeister der burgundischen Könige, ihren Mann zu schützen, und verrät ihm Siegfrieds einzige verwundbare Stelle, auf die er besonders achten möge. Brünhild aber kann Hagen für sich gewinnen und überredet ihn, Siegfried zu töten. Kriemhild, der Hagen in unersättlicher Gier auch ihren Schatz, den »Nibelungenhort«, raubt, um ihn im Rhein zu versenken, schwört Rache. Der Augenblick dazu kommt, als Markgraf **Rüdiger von Bechelaren** für den Hunnenkönig **Etzel** um ihre Hand anhält. Kriemhild willigt ein, und sie veranstaltet auf der Burg ihres Gemahls in Ungarn ein Fest, zu dem sie ihre Brüder einlädt. In einem von ihr angezettelten Saalkampf fallen alle Helden bis auf Gunther und Hagen, die **Dietrich von Bern** – er lebt als Verbannter Burgunds am Hofe Etzels – festnimmt. Kriemhild fordert sie zur Herausgabe des geraubten Hortes auf. Als ihr dies verweigert wird, lässt sie Gunther töten und schlägt eigenhändig Hagen den Kopf ab. Das empfindet Dietrichs Waffenmeister **Hildebrandt** als Verletzung des Ehrenkodex, der noch nicht Verurteilten Schutz gewährt, und er schlägt Kriemhild das Haupt ab.

Vielfältige Bearbeitung

Stofflich gliedert sich das in 39 »Aventiuren« erzählte »Nibelungenlied« in ursprünglich zwei eigenständige Teile: die Siegfried-Brünhild-Kriemhild-Handlung und den Untergang der Burgunden. Für den ersten Teil gibt es kaum historische Fakten. Am ehesten kann man noch Ereignisse aus der merowingischen Geschichte des **6. Jh.s** in Betracht ziehen, sofern mythische und märchenhafte Verfremdungen unbeachtet bleiben.

Dem zweiten Teil liegen historische Begebenheiten zugrunde: Die Vernichtung der Burgunden unter **Gundahar** am Mittelrhein durch die mit dem weströmischen Feldherrn **Aetius** verbündeten Hunnen, **436,** und der Tod des mit der Germanin **Ildico** frisch vermählten **Attila**, **452**, in der Hochzeitsnacht, geben plausible historische Hintergründe ab.

Der Stoff des »Nibelungenliedes« erfuhr in der deutschen Literatur vielfältige Bearbeitungen. Eine frühe Variante ist das »Lied von Hürnen Seyfried«, das die Vorlage für das Volksbuch lieferte. Nach der Wiederentdeckung des Liedes bevorzugten die Poeten die dramatische Interpretation. **Friedrich de la Motte Fouqués** Trilogie »Der Held des Nordens«, von **1808-10**, die sich an die nordische Fassung der Völsunga saga und der Snorra-Edda hält, ist eine der ersten dramatischen Bearbeitungen. An seine Deutung lehnt sich **Richard Wagners** von **1848 bis 1852** entstandene musikdramatische Tetralogie »Der Ring des Nibelungen« an, mit der Betonung des nordischen Elements.

In der Gegenwart wird der Stoff des »Nibelungenliedes« mehr in Romanform wiedergegeben, so von **Joachim Fernau**, »Disteln für Hagen«, 1966, und **Jürgen Lodemann**, »Der Mord«, 1995. Eine poetische Nacherzählung für Kinder schuf **Franz Fühmann** in »Das Nibelungenlied«, 1971. Einzelne Episoden und Motive thematisierten in Erzählgedichten **Ludwig Uhland**, **Felix Dahn** und **Agnes Miegel**.

Dem Trend der Zeit folgend verwertet auch die Tourismusbranche die Nibelungensage für sich: Sie kreierte werbewirksam eine »Nibelungenstraße«, die von Worms über Passau und entlang der Donau zur »Etzelburg« im ungarischen Gran – heute Esztergom – führt. Dass die »Nibelungen« diesen Weg nie gingen, spielt keine Rolle, wichtig ist, dass der Mythos weiterlebt.

Für Noricum begann im **5. Jh. eine dramatische Zeit: Das Römische Reich brach zusammen, die staatlichen Organisationen lösten sich auf, die Bevölkerung blieb sich überlassen. In dieser Zeit bewährte sich die Kirche, die stellvertretend für den Staat dessen Aufgaben übernahm. Der führende Mann an ihrer Spitze war der vermutlich aus dem Oströmischen Reich stammende Mönch Severin, der »Apostel« Noricums, wie man ihn wegen seiner Verdienste um die Provinz später nannte. Über sein Leben berichtet die »Vita Severini«, die wegen ihrer Fülle von Angaben über die damalige wirre Zeit ein einzigartiges Dokument über den Untergang der römischen Zivilisation nördlich der Alpen darstellt. Severins Schüler EUGIPPIUS schrieb die Vita. Sie beginnt mit dem Auftritt des Mönchs im norisch-pannonischen Grenzraum.**

Severins Herkunft ist ungeklärt. Möglicherweise entstammte er dem römischen Adel, vielleicht war er sogar jener Praetor FLAVIUS SEVERINUS, der in Pannonien das Amt eines Konsuls ausübte. Die Vita berichtet nur, dass Severin aus dem Orient zureiste, und dass er Noricum um **456**, wenige Jahre nach ATTILAS Tod, erreichte. Er soll bescheiden und tolerant gewesen sein und nicht als Missionar, sondern als Diplomat gewirkt haben.

In Favianis – vielleicht das heutige Mautern – errichtete Severin sein Stammkloster. An einer ehemals frequentierten Drehscheibe des Handels und Verkehrs trafen noch immer Kaufleute, Fuhrwerker, Pilger und Mönche ein, das Leben, wenn auch gefährlich geworden, ging schließlich weiter. Sie trugen Severin aus allen Ecken und Enden des niederbrechenden Reiches und der aufstrebenden germanischen Völker die neuesten Nachrichten zu. Als begabter und mit Weitsicht ausgestatteter Analytiker verstand er es, politische Entwicklungen abzuschätzen. So fiel es ihm gewiss nicht schwer, ODOAKER, dem Sohn des germanischen Skirenkönigs EDIKO, die Herrschaft über Italien zu prophezeien. Odoaker stieg tatsächlich zum Offizier der kaiserlich-römischen Leibgarde auf, führte **476** eine Meuterei ostgermanischer Söldner an und entthronte den weströmischen Kaiser ROMULUS AUGUSTULUS. Die römische Kaisertradition im Westteil des Imperiums war damit zu Ende, Odoaker nahm den Titel eines »Patricius« und »Magister militum« an und verlegte seine Residenz nach Ravenna.

Severins politische Analysen brachten ihm den Ruf eines Sehers ein. Er blieb aber einfacher Mönch, spendete Trost, erteilte Ratschläge und heilte Kranke. Um seine soziale und kirchliche Arbeit finanziell abzusichern, führte er eine Kirchensteuer ein, der als niedere Tätigkeit eingestuften Feldarbeit – die nur Sklaven oder Freigelassene ausübten – verlieh er mehr Ansehen. Severin schlichtete unparteiisch Streitigkeiten, erreichte mit diplomatischem Geschick die Freilassung Gefangener und verstand es, die am nördlichen Donauufer lebenden Rugier von Raubzügen abzuhalten. Romanen und Germanen schenkten ihm allmählich ihr Vertrauen.

Der ostgermanische Stamm der Rugier hatte sich nach Auflösung des Hunnenreiches im Weinviertel und im östlichen Waldviertel niedergelassen. Ihr »Kremser« Reich bestand zwischen **454/55 und 487/88**. Ihre Urheimat lag vermutlich auf der Ostseeinsel Rügen, von der sie ihren Namen hatten. Ursprünglich Rom zugeneigt, schlug ihr Verhalten mit dem Abzug der Ostgoten aus Pannonien, **473**, um. König FELETHEUS, durch römische Oppositionelle beeinflusst, kündigte die Freundschaft zum italischen Reich und besetzte das norische Alpenvorland zwischen Wienerwald und den Strengbergen. Sein Ziel war Lauriacum/Lorch. Von der Stadt stand zwar nur mehr das Legionslager, aber – an der Ennsmündung gelegen – sie besaß dank ihrer Hafenanlagen und der Schild- und Waffenfabriken noch hohe strategische Bedeutung. Allerdings war die Stadt von Flüchtlingen überfüllt, und eine Evakuierung erwies sich als unmöglich. Deshalb wagte Severin einen riskanten Schritt. Als sich das Heer des Feletheus Enns näherte, sammelte er die Flüchtlinge und zog mit ihnen den

Severin, der »Apostel« Noricums

Rugiern entgegen. Bei Ybbs oder Amstetten überantwortete er seine Schützlinge dem König. Überrascht von so viel Vertrauen, nahm dieser sie auf und wies ihnen bei Mautern und im Tullnerfeld neues Siedlungsland zu.

Nachdem Odoaker 476 in Italien die Macht übernommen hatte, unterstellte er sich formell dem oströmischen Kaiser ZENO, in Wirklichkeit aber unterstützte er den Feldherrn ILLUS, einen byzantinischen Oppositionellen. Zeno setzte allerdings dem verräterischen Treiben ein Ende, er veranlasste die Rugier, Italien und Odoaker anzugreifen. Doch innerhalb der rugischen Königsfamilie herrschte Uneinigkeit: Feletheus' Sohn FRIDERICH erschlug den Onkel, der auf der Seite Odoakers stand und Odoaker nahm Rache.

Am 15. 11. oder am 18. 12. 487 stellte er die Rugier auf dem Tullnerfeld zum Kampf und siegte. Feletheus und seine Frau GISO wurden enthauptet, ihr Sohn Friderich entkam, seinen Restaurationsversuch im folgenden Jahr verhinderten Odoakers Bruder HENNULF und der Feldherr COMES PIERIUS. Die römischen Provinzialen aus Lauriacum wurden nach Italien evakuiert.

Bereits seit dem 3. Jh. fielen Juthungen und Alamannen im Westen des heutigen Österreich nach Belieben ein und verdrängten die romanische Bevölkerung nach Süden. Ein ähnliches Schicksal sah Severin auch auf Noricum zukommen, das sich nicht mehr verteidigen konnte: die Limesanlagen waren verfallen, und die Soldaten erhielten keinen Sold mehr. Severin riet der romanischen Bevölkerung, sich in Lauriacum zu sammeln und ins sicherere Italien abzuziehen. Den Treck konnte er nicht mehr anführen, er starb am 8. 1. 482 in Favianis.

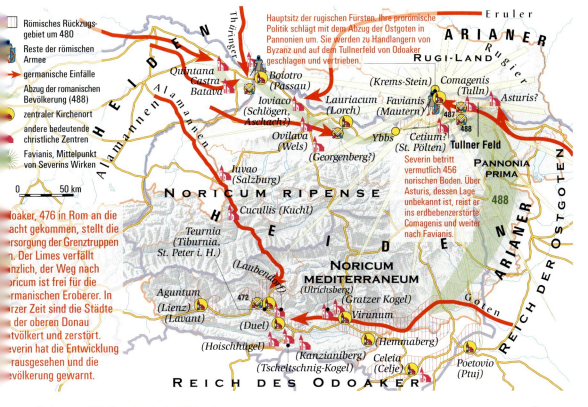

Noricum zur Zeit Severins, im 5. Jahrhundert.

ODOAKER trat nach der Schlacht mit den Rugiern 487 im Frühjahr 488 den Rückzug an. Gleichzeitig befahl er die Evakuierung Noricums. Endlose Kolonnen romanischer Einwohner machten sich auf den Weg nach Süden, die Gebeine ihres Beschützers SEVERIN, der 482 gestorben war, seinem letzten Wunsch gemäß mit sich führend. Severin fand in Lucullanum, nahe bei Neapel, seine letzte Ruhestätte.

Der Kondukt hatte symbolhaften Charakter: Nach 500 Jahren der Herrschaft verließ Rom das Ufer an der Donau und zog sich über die Alpen zurück. Es sollte weitere 500 Jahre dauern, bis sich die Lage im preisgegebenen raetisch-norisch-pannonischen Raum gefestigt hatte und neue Staatsgebilde entstanden.

Die Rugier herrschten in Niederösterreich nur eine Generation lang, ihr Name jedoch lebte fort: Die Gegend um Krems nannte man noch im späten 8. Jh. »Rugi-Land«, die Kamptal-Slawen des 10. Jh.s hießen – obwohl sie nichts mit dem germanischen Stamm zu tun hatten – »Rugier«. Die Siedlungskontinuität blieb also gewahrt.

Ähnliches gilt für die in Salzburg, in Binnennoricum und in Tirol lebende romanische Bevölkerung, die nicht nach Italien abwanderte. Noch im 9. Jh. erwähnten Dokumente romanische Bauern im Traungau, in Glurns war Romanisch bis ins 14. Jh. Gerichtssprache. Viele Ortsbezeichnungen mit »wal« oder »walchen« erinnern noch heute an romanische Ursprünge, und in den Alpentälern spricht die Bevölkerung von »Walschen«, wenn sie Italiener meint. Planmäßig geräumt wurde nur das Gebiet Ufernoricums zwischen Wienerwald und der Traun. Es waren in erster Linie Vermögende, die das Land verließen, die Minderbemittelten blieben.

Bald nach der Aufgabe Noricums durch Odoaker griff der Ostgotenherrscher THEODERICH, Heermeister des byzantinischen Kaisers ZENO, Italien an. In der Schlacht bei Verona unterlag Odoaker 489 den Ostgoten. Doch der Kampf um Italien setzte sich noch weitere dreieinhalb Jahre fort. 493 endete er in einer als Versöhnung gedachten Feier in Ravenna der Residenz Odoakers: Vor den Augen der Festgäste erstach Theoderich seinen Widerpart.

Die Bluttat findet in Geschichtsbüchern kaum Erwähnung, denn sie verträgt sich schlecht mit dem Beinamen, den die Nachwelt Theoderich gab: sie nennt ihn den – »Großen«.

Nicht an der verbrecherischen Tat misst man den 22-jährigen neuen Regenten, sondern an der Fähigkeit, wie er das italische Reich reorganisierte. Er fügte die Nordprovinzen wieder eng an das italische Kernland und Noricum gab er die Funktion, Vorfeld gegen feindliche Eindringlinge zu sein, zurück. Die Einwohner Noricums und des raetischen Vorarlbergs erhielten den Status von Provinzialen, die Breonen Tirols den von Föderaten.

Wie Pannonien und Noricum sah sich auch das heutige Westösterreich – Raetien – einem steigenden Druck germanischer Völker ausgesetzt. Der 84 n. Chr. zwischen dem Oberlauf der Donau und dem mittleren Teilstück des Rheins aus Stein und Holzpalisaden errichtete Limes brach 234 zum ersten Mal. Die anstürmenden alamannischen Stämme konnten zwar abgewehrt werden, doch um 259/60 überrannten sie erneut die Grenze und drangen bis Mailand vor. Bregenz übernahm nun die militärische Sicherung des Rheintales, unter ständiger Bedrohung durch die kampffreudigen Lentienser; ihr Name lebt im heutigen Linzgau weiter. DIOKLETIAN eroberte das Bregenzer Vorland wieder zurück und sicherte es so stark, dass bis zur Mitte des 5. Jh.s kein weiterer Einbruch feindlicher Kräfte mehr gelang.

Dann allerdings griffen die Alamannen erneut zu den Waffen und überfielen das Frankenreich CHLODWIGS I., allerdings mit wenig Erfolg: 496 unterlagen sie bei Zülpich und verloren ihr ganzes Siedlungsland zwischen Main und Neckar. 506 erhoben sich die Alamannen abermals, wieder mussten sie eine Niederlage hinnehmen, doch nun verfolgte sie Chlodwig bis tief in das alamannische Kernland, sodass Ostgo-

NIEMANDSLAND

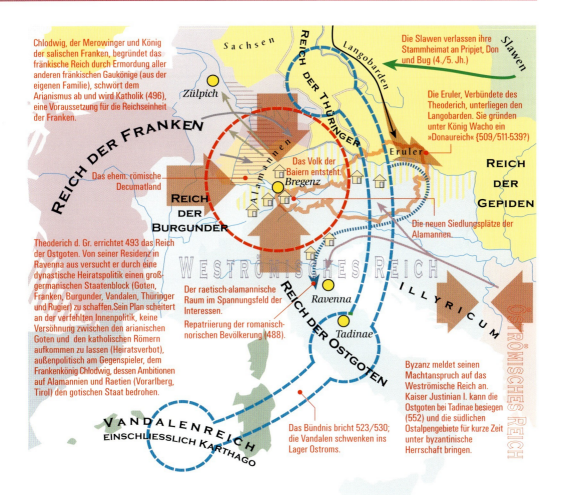

tenkönig Theoderich bereits fürchten musste, in den Konflikt eingebunden zu werden.

Theoderich, bisher kein Freund der Alamannen, zog Nutzen aus der Flucht der geschlagenen Alamannen, er öffnete ihnen die Grenze und wies ihnen Siedlungsland im heutigen Vorarlberg zu. Sie kultivierten die verödeten Täler und trugen wesentlich zur Sicherung der Grenze bei.

Während sich im Westen die Lage entspannte, rückte im nordöstlichen Österreich der Stamm der Eruler, auch Heruler genannt, aus Böhmen in das von den Rugiern verlassene Land ein. An der March errichteten sie um **488** ihr Machtzentrum. Ihnen eilte ein schlechter Ruf voraus: Um **480** hatten sie Iovia-cum/Aschach überfallen, die Bewohner verschleppt und den Priester ihren heidnischen Göttern geopfert.

„*Die Eruler, habsüchtig und hochmütig, machten sich auch die Langobarden, die Christen waren, zinspflichtig*", berichtet der byzantinische Geschichtsschreiber **PROKOPIUS** im **6. Jh.** Um **500** ließ sich ein weiteres germanisches Volk auf später österreichischem Boden nieder: die Langobarden.

Dass sich die politische Lage in Europa nach Hunnensturm, Völkerwanderung und Zusammenbruch des Römischen Reiches stabilisierte, war starken Herrscherpersönlichkeiten zu danken: dem Merowinger Chlodwig, dem Ostgoten Theoderich und Justinian I., der das Oströmische Reich regierte.

Staatliche Anfänge — 6. bis 10. Jahrhundert

Die wichtigsten Eckdaten

547/48	Westpannonien von Langobarden besetzt.
568	Awaren übernehmen Pannonien.
um 568	Awaren und Slawen an der Enns.
623 - 659	Reich des Samo.
695/96	der hl. Rupert gründet Kloster St. Peter in Salzburg.
vor 748	Herzog Odilo gründet Kloster Mondsee.
748 - 788 (?)	Tassilo III., Herzog von Bayern.
768 - 814	Herrschaft Karls des Großen.
um 772	Tassilo III. schlägt Aufstand karantanischer Slawen nieder.
774	Virgildom in Salzburg geweiht.
777	Tassilo III. gründet Kloster Kremsmünster.
788	Tassilo III. zu lebenslanger Klosterhaft verurteilt. Todesjahr unbekannt.
791/803	Awarenfeldzüge Karls des Großen.
798	Salzburg wird Erzbistum.
25. 12. 800	Krönung Karls des Großen zum Kaiser durch den Papst in Rom.
803	Karolingische Mark (»Avaria«) zwischen Enns und Drau.
811	Die Grenzen zwischen den Diözesen Salzburg und Aquileia werden festgelegt. Missionierung Pannoniens durch Salzburg.
28. 1. 814	Karl der Große stirbt in der Paflz zu Aachen.
814 - 840	Auf Karl dem Großen folgt Ludwig der Fromme.
843	Das Fankenreich wird geteilt (Vertrag von Verdun). Der österreichische Raum liegt im Einflussbereich des ostfränkischen Reiches.
863	Die byzantinischen Apostel Cyrill und Method missionieren in Böhmen und in Mähren.
871/72	Bayern erleiden bei Preßburg eine schwere Niederlagen gegen Mährer.
881	Bayern und Magyaren kämpfen bei Wien (erste Nennung).
884 - 906	»Großmährisches Reich«.
um 890	Landnahme der Magyaren.
10. 8. 955	Schlacht auf dem Lechfeld.

Am 10. 8. 955 fiel auf dem Lechfeld bei Augsburg eine Entscheidung, die Österreichs Zukunft bestimmte: König Otto I. besiegte die Magyaren, die bisher Mitteleuropa mit

GRUNDZÜGE DER ENTWICKLUNG

Rund fünfhundert Jahre herrschte Rom über einen Großteil des heutigen Österreich. Trotzdem erfolgte keine dauerhafte Romanisierung. Das ist auf zwei Gründe zurückzuführen: Erstens hatte das Imperium kein Interesse, jenseits der »montes horridi« – der Alpen – mehr zu investieren, als unbedingt notwendig war, um Nutzen daraus zu ziehen; und zweitens vernichteten die Völker, die in das von Rom preisgegebene Land eindrangen, die römischen kulturellen und staatlichen Errungenschaften.

An Raetien, Noricum und Pannonien – zum Niemandsland herabgesunken – konnte sich jeder bedienen, der über ausreichende Kräfte verfügte, um die Konkurrenz aus dem Feld zu schlagen.

Österreich wurde zum Tummelplatz und Durchzugsland unterschiedlicher Stämme und Völkerschaften. Selbst die kirchliche Organisation, die im chaotischen 5. Jh. der Bevölkerung noch Rückhalt gegeben hatte, wich nun zurück. Einen letzten Versuch, die Entwicklungen aufzuhalten, unternahm Aquileia, aber auch diese kirchliche Hochburg musste ihre letzten Bastionen – die Täler entlang der norischen Drau und des raetischen Eisacks – aufgeben, als sie selbst in den Strudel italischer Wirren geriet.

Der Zusammenbruch des Imperium Romanum hatte aber auch zur Folge, dass in Westeuropa eine neue politische Macht zur Blüte kam. Sie wurde von den Franken getragen, die schon in römischer Zeit, im 4. und 5. Jh., kräftige Lebenszeichen von sich gegeben hatten. Machtvoll nach Osten ausgreifend, stießen sie in Noricum auf Awaren und Slawen. Der Sieger aus dieser Begegnung wird schließlich das Geschick und die Zukunft dieses später österreichischen Raumes bestimmen.

Plünderungszügen heimgesucht hatten. Er schuf damit die Voraussetzung, um an der Donau, im Bereich der Wachau, eine Mark zu gründen: die Babenbergermark.

Staatliche Anfänge — 505 bis 567

Um **500** zeigte sich an der Westgrenze des erulischen Stammesgebietes, im ehemaligen »Rugi-Land«, ein neues germanisches Volk, die Langobarden. Sie kamen aus Skandinavien und überschritten, als die Weideplätze knapp wurden, **505** die Donau und besetzten das Tullner Becken. Die im Marchfeld siedelnden Eruler sahen sich bedroht und planten, durch einen Präventivschlag der drohenden Umklammerung zuvorzukommen. Das Vorhaben schlug fehl: um **508** unterlagen sie, verloren die Heimat und König Rodulf. Die Überlebenden flohen in die verlassenen Ruinen der Rugier im Waldviertel oder gingen im befreundeten Ostgotenreich ins Asyl.

Dem Sieger in dieser Schlacht, Tato, war kein Glück beschert. Um **510** ermordete ihn sein Neffe Wacho. An der Spitze der Langobarden erwies sich Wacho als umsichtiger und überlegter Staatsmann, der während seiner Regierung bis **540** das Reich vom südböhmischen Herrschaftszentrum über Ostösterreich bis nach Pannonien erweiterte. Zum Ostgotenkönig Theoderich jenseits der Donau hielt er Abstand. Theoderich hatte durch die Vermählung seiner Nichte Amalaberga mit dem thüringischen Herzog Herminafried ein Bündnis geschaffen, das Wacho gefährlich werden konnte. Ziel des Paktes war aber, Theoderich gegen den mächtigen Frankenkönig Chlodwig I. zu stärken.

Herminafried wieder zog aus der Ehe den Nutzen, in Theoderich eine außenpolitische Stütze gegenüber den ihn umgebenden Slawen, Sachsen und profränkisch orientierten Langobarden zu finden. Das Bündnis hielt bis zum Tod Theoderichs, **526**. Es hatte sich so wirksam erwiesen, dass keine nennenswerten Konflikte mit Nachbarvölkern aufgetreten waren.

Diese Ausgewogenheit der Kräfte kam einer Gruppe von Stämmen zugute, die zwischen den Flüssen Iller und Enns lebte. In diesem friedlichen, fruchtbaren Winkel, fernab der Politik, entwickelte sich das kraftvolle Volk der Baiern.

Mit Theoderichs Tod zerfiel dessen Reich, und der Ostalpenraum wurde wieder Interessenobjekt verschiedener Mächte. So bemühte sich das Oströmische Reich um seine Kontrolle, um von Norden her Italien in seinen Machtbereich zu zwingen, mit dem Ziel, ein gesamtrömisches Reich wieder herzustellen. Allerdings blockierte auf halbem Wege im Karpatenbecken das Volk der Gepiden den oströmischen Vorstoß. Byzanz versuchte daher, die im böhmisch-niederösterreichischen Raum ansässigen Langobarden für sich zu gewinnen.

Der Langobardenkönig Wacho hatte jedoch **512** die Gepidenprinzessin Austrigusa-Ostrogotho geheiratet, um sich gegen den ostgotisch-thüringischen Block abzusichern. Byzanz konnte daher Wacho nur ein halbherzig gegebenes, föderates Abkommen abringen, das ihn zu nichts verpflichtete.

Wacho wahrte seine neutrale Haltung gegenüber den großen Mächten bis zu seinem Tod, **540**. Seinem Nachfolger Audoin **(540/47 bis 560/61)** fehlte dieses diplomatische Geschick, er war nicht mehr Herr des langobardischen Schicksals.

545 fiel Venetien an den Merowingerkönig Theudebert. Der expansionslüsterne fränkische Herrscher stand plötzlich an der Grenze Pannoniens und drohte Byzanz mit scharfen Tönen. Sie mussten auch Audoin – zwar nur ein Föderat Ostroms – beunruhigen. Aus seiner Sorge, mit Theudebert in Konflikt zu geraten, schlug Byzanz Kapital: es überließ ihm „*die Stadt Noricum sowie die Befestigungen Pannoniens*", so die Quellen, „*und viele andere Plätze*", darunter auch gotisch-pannonisches Gebiet. Damit waren die Langobarden zu festen und von byzantinischer Wehrkraft abhängigen Verbündeten des oströmischen Kaisers geworden und – zu Todfeinden der Franken. Hinter der scheinbaren Großzügigkeit Ostroms in der Landvergabe an die Langobarden stand ein Ereignis, das Byzanz unerwartet traf: Die Gepiden hatten ihren Födus gebrochen und das oströmische Sirmium/Belgrad überfallen.

Byzanz forderte nun die Langobarden auf, ihm beizustehen. **552** standen diese gleich an zwei Fronten, zum einen griffen sie die ostgotische Hauptstadt

ZWISCHEN OSTGOTISCHEM REICH UND BYZANZ

Ravenna an, zum anderen die abtrünnigen Gepiden. Ostrom verhielt sich einstweilen abwartend. Auf sich gestellt, behaupteten sich die Langobarden auch ohne byzantinische Unterstützung, doch das bedenkliche Verhalten Ostroms hatte die Langobarden vorsichtig gemacht.

Als sie daher **567** im Auftrag von Byzanz abermals in den Krieg gegen die Gepiden zogen, sah sich Audoins Nachfolger, **ALBOIN (560/61 bis 568/72)**, nach einem zuverlässigeren Verbündeten um. Er fand ihn in **BAIAN**, dem Khagan des asiatischen Reitervolks der Awaren.

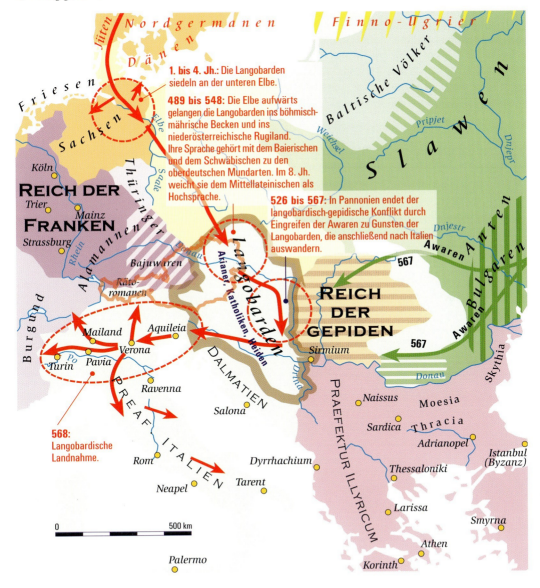

Das Langobardenreich an der Donau im 6. Jahrhundert.

Im 4. und 5. Jh. brachen slawische Stämme aus ihrer Heimat an Don, Bug, Pripjet und Dnjepr auf und zogen gegen Westen. Im Vorfeld der Karpaten teilten sie sich in zwei Gruppen, die eine wanderte nach Böhmen, Mähren und in die Slowakei, die andere über den Balkan zur nördlichen Adria. Das Karpatenbecken blieb ihnen verwehrt, hier lagen die Stämme der Langobarden, Gepiden und Awaren – später der Magyaren oder Ungarn – sie verhinderten einen Zusammenschluss der slawischen Völker und – für die Zukunft – die Entwicklung eines ostmitteleuropäischen, slawischen Großreiches.

Sie nannten sich selbst »Slawen«, d. h. »die des Wortes Mächtigen«, die Germanen hingegen bezeichneten sie als »nemetzki«, die »Stummen«, da sie deren Sprache nicht verstanden. »Nemetzki« steht im Russischen für »die Deutschen«.

Bedrängt vom asiatischen Reitervolk der Awaren, erreichten erstmals im **6. Jh.** slawische Stämme den Südosten Österreichs. Sie wanderten entlang den sumpfigen Tälern von Drau, Gail und Mur aufwärts und kamen bis ins östliche Oberösterreich, ins Wiener Becken und in das Alpenvorland.

An der Donau, zwischen Traun- und Marchmündung, stießen sie auf ihre aus Böhmen und Mähren südwärts ziehenden Stammesverwandten. In den kaum besiedelten Tal- und Beckenlandschaften ließen sie sich nieder. Viel erhalten gebliebenes slawisches Namensgut bezeugt ihre Anwesenheit.

Es waren in ärmlichen Verhältnissen lebende, kleinbäuerliche, friedlich gesinnte Menschen, denen Luxus fremd war. Der einzige Schmuck der Frauen bestand aus Glasperlen, Ohrringen aus Bronzedraht, Bommelohrgehängen und Band- und Schildchenfingerringen aus gepresstem Bronzeblech. Nicht minder bescheiden gaben sich die Männer. Ihr Trachtenzubehör bestand aus eisernen, selten bronzenen Gürtelschnallen und ab und zu einer großen Glasperle, die sie wie ein Amulett am Gürtel befestigten.

Charakteristisch für alle war der Besitz eines Messers. Männer trugen es an der rechten Hüfte, die Frauen in der linken Achsel, auf Höhe der Brust. Die Messer, vor allem die Griffplattenmesser der Frauen mit ihrem langen, verzierten Beingriff, dienten weniger dem täglichen Gebrauch oder der Verteidigung als dem dekorativen Aufputz.

Diese erste bäuerliche Kolonisation störten bis zum Ende des **6. Jh.s** keine äußeren Mächte. Danach kam es zu ersten kriegerischen Auseinandersetzungen: Awarische Reiterkrieger drangen immer öfter von Osten her in die Alpentäler ein, während von Westen baierische Stämme heranrückten. Eine neue Konfrontation zeichnete sich ab.

Die Herkunft des baierischen Volkes versuchen über dreißig Thesen zu ergründen. Fest steht, *„dass der Baiernname wohl mit Boiohaemum (Böhmen) zu tun hat, dass sie* **551** *bei* **JORDANES** *erstmals genannt werden und dass sich im Gebiet des westlichen Ufernoricum und der Raetia II hier vor dem Auftreten der Baiern Alamannen, Thüringer, verschiedene germanische Stammessplitter und wohl auch angesiedelte ohne feste ethnische Bindung (Laeten) sowie Romanen tummelten"*, vermerkt der Sozialhistoriker **ERNST BRUCKMÜLLER**.

88 *Die baierisch-slawische Grenze im Alpenraum zwischen dem 4. und 6. Jahrhundert*

Slawen und Baiern an der Donau

Der Baiernstamm gehörte vermutlich dem elbgermanischen Kulturkreis an, doch entscheidend für die Stammesbildung war der Entschluss römischer Militärs um **400**, neue Söldner aus der Gegend von Pilsen, heute Přeštovice, anzuwerben. Man nannte sie »Baio-va-rii«, woraus sich das Wort »Bajuwaren« bildete, die »Männer aus Baia« also, aus Böhmen.

Dies scheint die Fundsituation zu bestätigen: Im **5. Jh.** verschwanden plötzlich die einfachen, handgearbeiteten, für die »Baio-va-rii« typischen Keramikformen in Böhmen und tauchten schlagartig an der Altmühl, der Naab und am Regen wieder auf. Ob tatsächlich der gesamte Stamm der »Baio-va-rii« die Heimat verlassen und sich an der Donau nahe der großen Kastelle von Sorviodurum/Straubing, Castra Regina/Regensburg, Abusina/Eining und Vallatum/Manching niedergelassen hat, ist ungeklärt.

Eine friedliche Zeit im Windschatten ostgotisch-thüringischer Bündnispolitik förderte das Zusammenwachsen baierischer und ansässiger Sippen. **555** kam das künftige Baiernland an das Frankenreich, in dem die Merowinger regierten. Sie übergaben die Führung der baierischen Stämme dem vermutlich burgundischen Herzogsgeschlecht der Agilolfinger, eine Entscheidung, die dem merowingischen Königshaus in Zukunft allerdings Schwierigkeiten bereitete.

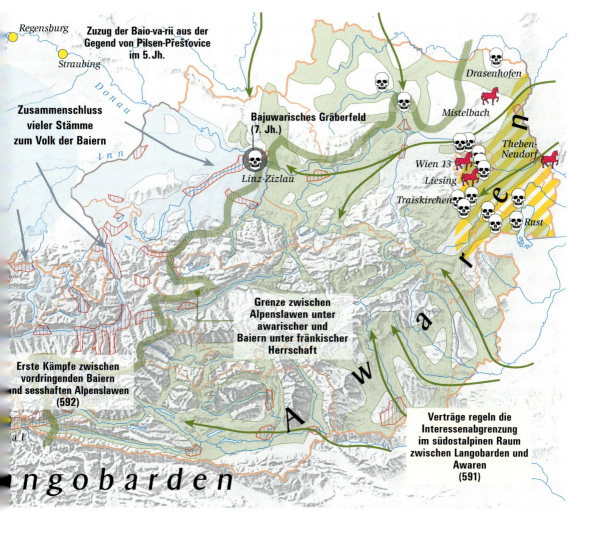

Staatliche Anfänge 558 bis 660

Im Jahr **558** standen etwa 20 000 awarische Krieger in der Steppe nördlich des Kaukasus. Sie erwarteten die Rückkehr ihrer Gesandten aus Konstantinopel, die dort um Land für ihr Volk vorgefühlt hatten. Kaiser Justinian zeigte sich bereit, sie aufzunehmen. Das kleinräumige Gebiet zwischen Save, Donau und Fruška Gora wies er ihnen zu, mit der Bedingung, dass ihre Krieger im oströmischen Heer dienten. Die Awaren lehnten ab. Ihre militärische Handlungsfähigkeit wollten sie wegen eines schmalen Landstrichs, der noch dazu im Spannungsfeld von Ostgoten, Langobarden, Gepiden und Byzantinern lag, nicht aufgeben.

Sie zogen daher weiter, den Karpatenbogen nordwärts entlang, bis zur oberen Elbe: Hier trat ihnen der austrasische Frankenkönig Sigibert I. entgegen und zwang sie **561/62** in offener Feldschlacht zur Umkehr.

Den Awarenkriegern eilte der Ruf der Grausamkeit und Unbesiegbarkeit voraus. Neuartige Waffen und die ungewöhnliche Kampftaktik, scheinbar chaotisch aus allen Richtungen auf kleinen, schnellen Pferden über den Feind herzufallen, versetzten ihre Gegner in Angst und Schrecken. Helmbewehrt, durch Ringpanzerhemden geschützt, standen die Reiter aufrecht in eisernen Steigbügeln und schossen mit kurzen, symmetrischen Reflexbögen Pfeile ab, die schwere Eisenspitzen trugen, blitzschnell, treffsicherer und weiter als ihre Gegner.

Von der Elbe zurückkehrend, gelangten die Awaren ins Karpatenbecken. Hier trafen sie auf die Langobarden, die ihren Krieg gegen die Gepiden vorbereiteten und einen zuverlässigen Partner suchten. Sie unterbreiteten den Awaren ein Angebot: Sollten sie gemeinsam die Gepiden besiegen, würden die Awaren das Land behalten dürfen, während die Langobarden weiterzögen. **567** besiegten die Langobarden die Gepiden, ehe awarische Schützen den ersten Bogenschuss abgegeben hatten. Dennoch hielten sich die Langobarden an ihr Abkommen. Ein Jahr später machten sie sich auf den Weg nach Italien. Mit ihrem Abzug endete die Herrschaft der Germanen im ungarischen Tiefland.

Wie schon den Hunnen, bot das Karpatenbecken auch den Awaren und ihren großen Pferdeherden einen idealen Lebensraum. Von hier aus unterwarfen die awarischen Krieger benachbarte Völker, belagerten – freilich erfolglos – Byzanz und dehnten ihren Machtbereich während des **7. Jh.s** bis Aquileia, Osttirol, zur Traun und Thüringen aus. Ihr Vordringen nach Böhmen und Mähren stieß allerdings auf ernsthaften Widerstand. Die Unterwerfung der slawischen Stämme dauerte nur kurz. Unter der tatkräftigen Führung eines fränkischen Kaufmanns und Waffenhändlers namens Samo erhoben sie sich und vertrieben die Awaren, Samo wählten sie zum König.

Er ist der Gründer des ersten slawischen Reiches, das vermutlich von der mittleren Elbe bis Krain reichte, Dunaj/Wien soll die Hauptstadt gewesen sein. Das aufstrebende Slawenreich kam allerdings dem benachbarten Frankenkönig Dagobert ungelegen. Er sah sich nach Partnern um, die ihn im Kampf gegen Samo unterstützen wollten. So entsandte er eine Delegation nach Byzanz, die **630** mit einem »ewigen« Bündnis zurückkehrte, und auch mit dem Herzog der Friauler Langobarden brachte er eine Allianz zustande. Wieder blieben die Byzantiner untätig, während der Langobardendux im Gailtaler Gebiet des südlichen Österreich erfolgreich gegen Samos Slawen vorging. Kein Erfolg war hingegen Dagoberts Hauptheer beschieden, das vergeblich die böhmische Slawenfestung Wogastisburc belagerte. Wo dieser slawische Stützpunkt lag, darüber rätselten lange die Historiker, aber er wird wohl kaum mehr genau zu lokalisieren sein. Manche vermuten ihn im nordböhmischen Kaaden, andere in Burk bei Forchheim in Oberfranken. Mangelnde Einsatzbereitschaft der fränkischen Soldaten und der austrasischen Großen soll für die Niederlage der Franken verantwortlich gewesen sein, berichten die Chroniken. Die Tapferkeit des Gegners anzuerkennen fällt allemal schwer.

Die Awaren und das Reich des Samo

Das fehlgeschlagene Unternehmen stärkte jedenfalls das Selbstbewusstsein der Slawen, sodass sich **Dervan**, der Herzog der Sorben, aus der fränkischen Abhängigkeit löste und sich Samo anschloss. Nun kehren die Slawen den Spieß um und fielen in Thüringen und einigen anderen fränkischen Gebieten ein. Dagobert war gezwungen, den Sachsen den Tribut zu erlassen, wollte er nicht auch sie noch verlieren. Dies wirkte sich wieder auf Thüringen aus, das sich von Dagobert lossagte. Damit war die Teilung des fränkischen Regnum vollzogen.

Samo regierte 35 Jahre, bis er **660** starb. Mit seinem Tod zerfiel sein Reich, und ein Machtvakuum entstand, in dem sich eine Reihe slawischer Völkerschaften bilden und eine eigenständige Entwicklung nehmen konnte.

Samo, ein fränkischer Kaufmann und Waffenhändler, war der erste König der Westslawen und Gründer des ersten slawischen Reiches. Seine Hauptstadt soll Wien gewesen sein. Nach den Untersuchungen tschechischer Historiker erstreckte sich das »Reich des Samo« vom Erzgebirge bis zur Krain und bildete einen Puffer zwischen den Franken im Westen, den Awaren im Osten und den Langobarden im Süden. Unter Samos Führung konnte sich das slawische Reich aber durchaus gegenüber den benachbarten Mächten behaupten: Den eindringenden Franken unter ihrem König Dagobert bereiteten die böhmisch-mährischen Slawen bei Wogstisburc eine schwere Niederlage, den Awaren, die ihren Machtbereich auf Böhmen und Mähren ausdehnen wollten, leisteten sie mit einer ausgeklügelten Guerillataktik erfolgreich Widerstand, sodass diese ihre Eroberungsabsichten aufgeben mussten, und mit den Langobarden verständigten sie sich zu einem Bündnis, das ihre Südgrenze sicherte (Karte). – Der so genannte Goldschatz des Hunnenkönigs Attila, der im Kunsthistorischen Museum in Wien aufbewahrt wird, ist in Wirklichkeit awarischer Herkunft. Eines der 23 Goldgefäße zeigt einen awarischen Fürsten (unten rechts).

Stichwort
Die Baiern

Die agilolfingischen Herzöge (in alt- und unmittelbar nachrömischer Zeit als Dux bezeichnet) verfolgten vom Beginn ihrer Herrschaft an ein Ziel: die fränkische Oberhoheit abzuschütteln. Der erste bekannte Dux der Baiern, GARIBALD I., heiratete WALDERADA, die jüngere Tochter des Langobardenkönigs WACHO, und begründete damit in Baiern eine starke antifränkische Opposition. Erst KARL DEM GROSSEN gelang es 250 Jahre später, sie zu zerschlagen, ohne den separatistischen Geist der Bajuwaren auslöschen zu können. Die Baiern verstehen sich bis heute als eigenständiges Volk und nennen ihr Land selbstbewusst »Freistaat Bayern«.

Die Quellen erwähnen um **555 bis 592** einen Garibald als ersten Dux der Baiern. Seine Nachkommen tragen den Geschlechternamen Agilolfinger. Garibald tritt in der Geschichte wenige Jahrzehnte nach der Expansionspolitik des fränkischen Merowingerkönigs THEUDEBERT **(534 bis 548)** auf. Er nahm den gesamten süddeutsch-österreichischen Raum in Besitz und konnte dem oströmischen Kaiser JUSTINIAN berichten: *„Von der Donau und der Grenze Pannoniens erstreckt sich unsere Macht unter der Obhut Gottes bis an die Küste des Ozeans."*

BÜNDNISSE DURCH EHESCHLÜSSE

Die Expansionsstrategien verliefen jetzt genau umgekehrt als unter Roms Zeiten: Auf die römischen nordgerichteten folgten jetzt die germanisch-fränkischen südorientierten. Die fränkischen, durch Quellen belegten Absichten hatten unmissverständlich eine starke Einflussnahme auf die alten Bistümer im Ostalpenraum bis zur Grenze der Kirchenprovinz Aquileia zum Ziel. Und trachteten nach einem Bündnis mit den noch in Niederösterreich und Pannonien lebenden Langobarden, um Italien zu unterwerfen. Im Kampf um Rom mischten nun auch die Bajuwaren mit.

Am Beginn jeder Auseinandersetzung stand die Suche nach geeigneten bündnisfähigen Partnern. Heiraten waren die beliebteste Form, Pakte zu besiegeln. Schon die anti-ostgotische Allianz festigte der Frankenkönig THEUDEBERT um **537** durch seine Heirat mit WISGARDA, der älteren Tochter des Langobardenkönigs WACHO, und zur Vertiefung ließ er seinen Sohn und Nachfolger THEUDEBALD die jüngere Tochter Wachos, WALDERADA, heiraten. Zwei Jahre später, **539**, zog das fränkische Heer gegen Italien, erfolglos freilich, denn der Ostgotenkönig TEJA behauptete sich.

Jahre später, **547/48**, nahmen die Langobarden ostgotisch-pannonisches Gebiet in Besitz. Die Tat blieb ungesühnt, denn das Ostgotische Reich war mit innenpolitischen Wirren beschäftigt. Nach dem Tod Tejas **552** fiel **554** abermals ein fränkisch-alamannisches Truppenkontingent in Italien ein. Wieder wurde es abgewiesen, diesmal durch den byzantinischen Feldherrn NARSES, der die Ansprüche Ostroms auf Italien verteidigte.

Theudebald starb **555**, und sein Onkel CHLOTAR I. heiratete die Witwe Walderada. Gleichzeitig gab Chlotar seine Tochter CHLODOSUINTHA dem langobardischen König ALBOIN zur Frau. Es ist das erste Mal, dass sich nun der Papst in weltliche Dinge mischte, er rügte die Ehe Chlotars mit Walderada wegen zu naher Verwandtschaft und löste sie. Um die Verbindung zu den Langobarden nicht abreißen zu lassen, gab Chlotar seine Exfrau *„einem der Seinen"*, dem Baierndux Garibald, berichten die Quellen. Das Bündnis blieb aufrecht. Nach dem erfolgreichen Feldzug gegen die Gepiden **567** verlegten die Langobarden **568** ihr Königreich von der Donau und Drau in die Poebene. Von hier aus brachen sie zu Raubzügen auf und plünderten bis Südfrankreich.

ZIEL: ITALIEN

Für solche Gewalttaten scheinen die Langobarden nicht geeignet gewesen zu sein, sie erlitten mehrere schwere Niederlagen. Demoralisiert, wählten sie **547**, nach dem Tod ihres Königs, keinen neuen, sie folgten nur noch ihren Herzögen. Einer der fähigsten war EWIN VON TRIENT. Garibald I. wurde auf ihn aufmerksam, und er gab ihm – **575** oder **578** – seine Tochter zur Frau. Hier wird bereits ein Interesse sichtbar, das Bayern bis in die Neuzeit verfolgte: die Verbindung über Tirol nach Oberitalien. Die Agilolfinger ließen noch anderes durchblicken: das Bestreben, eine vom Frankenreich unabhängige Außenpolitik betreiben zu wollen.

Diese stand nun tatsächlich im Widerspruch mit der fränkischen, die von Ostrom gegen bares Geld beeinflusst wurde: Auf byzantinisches Geheiß zogen die Franken gegen die Langobarden in Italien ins Feld. Der Angriff erfolgte über die Churrätischen Pässe und zog das Tiroler Etschland von Meran bis Trient in Mitleidenschaft. Bei der Salurner Klause konnte Ewin die Angreifer zurückwerfen. Ob diese Auseinandersetzung vor oder nach der Heirat Ewins mit Garibalds Tochter stattfand, ist nicht zu klären.

KAMPF GEGEN DIE LANGOBARDEN

584 marschierten die Franken abermals gegen die Langobarden. Diese hatten mittlerweile AUTHARI auf den Königsthron gehoben, der die Eindringlinge wieder abwehren konnte. Auch der nächste fränkische Vorstoß, **588**, misslang, Dux Garibald I. hatte die langobardische Partei ergriffen und den fränkischen Heerbann abgelehnt.

Am **15. 5. 589** fand vor den Toren Veronas ein Fest statt, das die Franken als Provokation empfinden mussten: GARIBALDS I. Tochter, THEODELINDE, vermählte sich mit dem König der Langobarden. Die Antwort ließ nicht lange auf sich warten. Schon im folgenden Jahr stießen wieder fränkische Truppen über Churrätien ins Etschtal vor, doch der Angriff verlor sich der Poebene, und nun bewies Dux Ewin von Trient erstaunliches diplomatisches Talent: Er vermittelte **591** den Frieden zwischen den Franken, dem eigenen Volk und den Baiern, deren Fahnenflucht von **588** aber noch geahndet werden sollte. Bis **591** blieben das rätische Bistum Säben und das obere Eisacktal nach Italien ausgerichtet, die Quellen berichten, dass Bischof INGENUINUS Säben im Metropolitanverband von Aquileia vertrat. **592** änderte sich die Zugehörigkeit.

In diesem Jahr wurde in Baiern Garibald I. vom fränkischen König CHILDEBERT II. abberufen und an dessen Stelle TASSILO I. zum Herzog ernannt. Tassilo macht durch eine spektakuläre Aktion von sich reden: An der Spitze eines baierischen Aufgebots überfiel er mit Erfolg **592** die im Pustertal ansässigen Slawen. Drei Jahre später, **595**, wiederholten die Baiern die Kommandoaktion und erlebten eine böse Überraschung, sie sahen sich plötzlich dem awarischen Khagan und seinen Reitern gegenüber. Die Schutzherren der Slawen hatten sich nicht, wie angenommen, nach Singidunum, dem heutigen Belgrad, zurückgezogen. In diesem Gefecht verloren die Baiern 2 000 Mann.

Ein Jahr danach, **596**, fielen die Awaren, die geraume Zeit stillgehalten hatten, in Thüringen ein und erpressten hohe Tribute für einen friedlichen Abzug. Um **610** waren die Slawen Südtirols und des südlichen Österreich abermals Ziel baierischer Raubzüge. Herzog GARIBALD II., der Sohn Tassilos I., führte seine Männer durch das Pustertal bis nach Aguntum/Lavant. Doch die Beute bereitete ihnen keine Freude, die Slawen holten sich zurück, was ihnen geraubt worden war. Das ändert nichts an der Tatsache, dass das Tiroler Romanenland südlich des Brenners mit dem Bischofssitz Säben seit dem von Ewin vermittelten Frieden bereits baierisch war. Allerdings bewirkten die Niederlagen von **595** und **610** eine Kompromissbereitschaft auf baierischer Seite: Garibald II. verständigte sich mit den Slawen und Awaren auf eine Interessengrenze, die quer durch den Ostalpenraum führte und Franken und Baiern von Awaren und Slawen trennte.

Die awarische Epoche hatte sich dem Ende zugeneigt. Mit der Gründung des Reiches des SAMO 623 und der Niederlage vor Konstantinopel 626 verloren die Awaren Einfluss und Macht. West- und Alpenslawen und auch bulgarische Stämme fielen ab, daran änderten auch die Rachefeldzüge der Awaren nichts, die 631/32 bulgarische Flüchtlinge nach Westen in den Untergang trieben. Bereits auf fränkisch-baierischem Boden, gab der Frankenkönig DAGOBERT I. (623 bis 639) Befehl, die etwa 9 000 Asyl Suchenden vermutlich in Pulgarn nördlich von Linz zu ermorden. Er zog die Bluttat einer Auseinandersetzung mit den Awaren vor. Nur wenige Bulgaren entkamen, unter ihnen Fürst ALCIOCUS. Über alpenslawisches Territorium, das WALLUCUS beaufsichtigte, gelangten die Bulgaren zu den Langobarden und fanden in Benevent Aufnahme.

Herzog THEODO regierte von 770/80 bis 717/18 und gab der herzoglichen Macht neue Qualität. Der »dux« wandelte sich zum »princeps«, zum »Ersten«, zum »Fürsten«. Er betrieb gewissermaßen eine aktive Außenpolitik offensiven Charakters. Er ließ beispielsweise die Grenze zu den Awaren - sie verlief entlang der Enns - befestigen und trat offen und ohne zu zaudern für die Langobarden in Italien ein. Er ergriff Partei, wenn langobardische Interessen auf dem Spiel standen, und gewährte ihnen in Zeiten der Gefahr Asyl. Innenpolitisch ließ er sich wenig von seinen fränkischen Herren beeinflussen; so teilte er das Herzogtum unter seinen Söhnen auf, übergab THEOBERT den salzburgischen und GRIMOALD den freisingischen Teil, ohne sie zu fragen. Theodo ist auch der erste baierische Herzog, den kirchliche Quellen Baierns im 8. Jh. nennen - mit guten Gründen.

Theodo gilt als großer Wohltäter der baierischen Kirche. Nicht weniger als vier Missionare mit bischöflichem Status holte er ins Land: EMMERAM, ERHARD, RUPERT und CORBINIAN. Das trug ihm zwar die Kritik des fränkischen Königshauses ein, aber beim Versuch, Baiern eine eigene Bistumsorganisation zu geben, konnte er sich des Wohlwollens des Papstes erfreuen. 715/16 zog er als erster baierischer Herzog nach Rom und gewann den Pontifex für seinen Plan. Papst GREGOR II. erteilte konkrete Anweisungen, eine baierische Herzogskirche einzurichten. Dass dieses Vorhaben nicht verwirklicht wurde, war vermutlich auf fränkische Interventionen zurückzuführen. Die Grundstruktur des Kirchenkonzepts blieb jedenfalls erhalten.

Die Absicht, klare kirchliche Strukturen zu schaffen, hatte Hintergründe, die nicht nur in den Selbstständigkeitsbestrebungen der Baiern wurzelten. Das Land benötigte, seit GARIBALD I. den Anstoß zu einem umfassenden Siedlungswerk gegeben hatte, eine Kirchenorganisation. Denn der erste Baierndux verfolgte nicht nur eine eigenwillige Außenpolitik, sondern sicherte seine Macht auch durch innenpolitische Maßnahmen. Er regte eine durchgehende Besiedlung Altbaierns an und veranlasste – um die Mitte des 6. Jh.s - baierische Sippenverbände, die noch vorhandene römische Flureinteilung zu übernehmen und Höfe, Weiler und Dörfer zu gründen. Parallel dazu erweiterte Garibald I. seinen herzoglichen Besitz vor allem im Donaubereich und sicherte so die wirtschaftliche Unabhängigkeit vom fränkischen Königshaus.

Bis zum 8. Jh. konnte sich - ohne auf Widerstand zu stoßen - das baierische Herrschaftsgebiet entlang der alten römischen Heerstraße südlich der Donau bis zur Enns ausdehnen. Jenseits des Flusses begann das Awarenland, dessen Grenze seit etwa 610 quer über die Alpen bis Osttirol verlief. Im Mühlviertel errichteten die baierischen Kolonisten nur wenige und auch nur inselartige Stützpunkte. Auch hier bildete ein Fluss die Besitztumsgrenze: Östlich der Großen Rodl siedelten die Slawen.

Die Situation im Alpenvorland war anders. Die hier noch anwesenden Romanen gehörten zum Herzogtum Baiern. Sie gliederten sich in die als »nobiles« bezeichneten wohlhabenden Grundbesitzerfamilien

Zeugen der Romanisierung: Die Walch-Orte in Österreich.

Herren und Sklaven, Baiern und Romanen

und die »Romani tributales«, eine Land bebauende Unterschicht, die weniger eine ethnische als eine soziale Klasse darstellte. Diese Unterscheidung förderte ein Gefühl, das im »Kasseler Glossar« einen charakterisierenden Niederschlag fand: *„Dumm sind die Welschen, gescheit sind die Baiern"*, heißt es dort. Dagegen entwickelten die in den westlichen Alpengegenden lebenden Romanen ein deutlich höheres und bis ins **9. Jh.** anhaltendes ethnisches Selbstbewusstsein, das sie die baierischen Zuwanderer auch spüren ließen.

Die Rekolonisation erforderte eine neue verwaltungsräumliche Gliederung. Sie erfolgte in »pagi«, so viel wie Gaue, das »bewohnter Ort« bedeutet. Regau, Lengau, Thalgau, Pongau, Pinzgau, Flachgau gehen auf diese Einteilung zurück. Verwaltet wurden die Gaue von Adligen, die dem Herzog unterstanden.

Das übrige Volk setzte sich aus Freien, den »liberi«, den Freigelassenen oder »liberti« und Sklaven, »servi«, zusammen. Freigelassene und Sklaven arbeiteten in der Landwirtschaft unter dem Schutz des Hausherrn. Gemeinsam lebten sie auf einem Hof, der das Wohnhaus, einen Backofen, Vorratsgebäude, eine Scheune und einen Stall umfasste. Zäune um den Hof markierten den Friedensbereich, dessen Verletzung streng geahndet wurde.

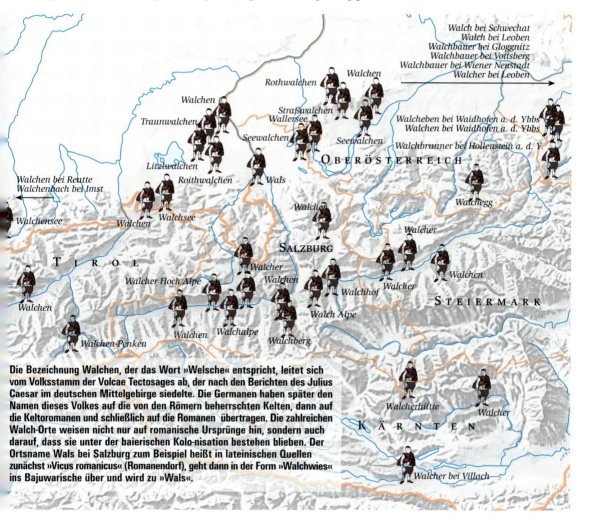

Die Bezeichnung Walchen, der das Wort »Welsche« entspricht, leitet sich vom Volksstamm der Volcae Tectosages ab, der nach den Berichten des Julius Caesar im deutschen Mittelgebirge siedelte. Die Germanen haben später den Namen dieses Volkes auf die von den Römern beherrschten Kelten, dann auf die Keltoromanen und schließlich auf die Romanen übertragen. Die zahlreichen Walch-Orte weisen nicht nur auf romanische Ursprünge hin, sondern auch darauf, dass sie unter der baierischen Kolonisation bestehen blieben. Der Ortsname Wals bei Salzburg zum Beispiel heißt in lateinischen Quellen zunächst »Vicus romanicus« (Romanendorf), geht dann in der Form »Walchwies« ins Bajuwarische über und wird zu »Wals«.

PORTRAIT

Baiernherzog Tassilo III.

Der für die Kolonisation eines großen Teils von Österreich bedeutendste und gleichzeitig mächtigste Baiernherzog, TASSILO III. (741 bis 788/94), war der hartnäckigste Separatist der insgesamt elf agilolfingischen Regenten. Im Alter von sieben Jahren trat er 748 die Nachfolge seines Vaters ODILO an.

Mit 15 Jahren, 756, leistete er seinem fränkischen und königlichen Onkel Pippin dem Kurzen die Heeresgefolgschaft und erreichte, dass der ihn aus der Vormundschaft entließ. Tassilo musste 757 allerdings unzählige Eide schwören, Pippin und seinen Söhnen Karlmann und Karl (I.) – dem späteren »Großen« – auf ewig treu zu dienen. In einer Gelöbnisfeier hatte Tassilo über den Gebeinen von fünf fränkischen Heiligen endlose Treueformeln zu rezitieren. Die Reliquien der Heiligen waren extra aus allen Himmelsrichtungen nach Compiègne, dem Ort der Zeremonie, gebracht worden.

Tassilo III. ließ sich von dem makabren Schauspiel nicht beeindrucken. Als er es für notwendig erachtete, brach er alle Eidesformeln, so 763, als er, zum Kriegszug gegen den aquitanischen Prinzipat aufgefordert, Krankheit vortäuschte und den Heerbann verließ. Ein todeswürdiges Verbrechen. Nur ein ungewöhnlich strenger Winter und eine Hungerkatastrophe bewahrten ihn vor Sanktionen. Die Anklage wegen des begangenen Verbrechens holte ihn dennoch ein – 25 Jahre später.

Tassilo III. begann seine Herrschaft mit klarem Konzept: Er war bereit, die Kirche zu unterstützen, wenn sie ihm Schutz vor der fränkischen Obrigkeit bot. Als Vorleistung berief er gleich drei Synoden ein, in Aschheim 757 (?), in Neuching 14. 10. 771 und in Dingolfing 776/77. Er führte den Vorsitz und nannte sich »Fürst und Herr«. Der Dank der Kirche blieb nicht aus. 771/72 vermittelte der Fuldaer Abt STURMI einen Freundschaftsvertrag zwischen Tassilo und Pippin. Doch Tassilos Interesse galt Italien und den Langobarden. Seine Heirat mit einer Tochter ihres Königs DESIDERIUS bedeutete gleichzeitig ein Bündnis mit dem wehrhaften Volk. Einen weiteren Erfolg verzeichnete Tassilo zu Pfingsten 772: Papst HADRIAN I. salbte und taufte Sohn THEODO in Rom.

Im gleichen Jahr erhoben sich die Slawen in Karantanien gegen die baierischen Herren. Diese hatten sie wie Sklaven gehalten und ihnen Unmenschliches an Arbeit abverlangt. Tassilo III. eilte herbei und warf den Aufstand nieder. Das wenig rühmliche Vorgehen feierten die Chronisten als große Tat und Tassilo als den neuen Konstantin den Großen. Das konnte KARL I. – seit 771 fränkischer König – nicht gleichgültig sein, ab da betrachtete er seinen Vetter als gefährlichen Konkurrenten.

KARL GEGEN TASSILO

Karl I. folgte Tassilos Spuren: Wie dieser heiratete auch er eine langobardische Prinzessin und buhlte um die Gunst des Papstes. Der Pontifex litt unter der Angst, die Langobarden könnten ihn vertreiben, daher fiel es ihm nicht schwer, vom baierischen Herzog Tassilo zum mächtigen Frankenkönig Karl zu schwenken, der sich auch sofort – mit päpstlichem Einverständnis – von seiner langobardischen Frau lossagte und sie zurück nach Pavia schickte. Deutlicher hätte das Zeichen nicht sein können: Karl I. beabsichtigte die Eroberung des Langobardenreiches. 773/74 marschierte er gegen Desiderius. Tassilo, der die Gunst des Papstes verloren hatte, war unentschlossen, er nahm weder am Kriegszug Karls teil, noch eilte er dem Schwiegervater zu Hilfe. Am 5. 6. 774 musste Tassilo III. Karl als König anerkennen und verlor dadurch auch die Stütze durch die Langobarden.

Separatist und Wohltäter der Kirche

Der Baiernherzog verstand es auch sonst nicht, Erfolge innenpolitisch umzusetzen. Die Opposition in den eigenen Reihen wuchs, Teile des baierischen Adels und der Kirche konspirierten mit Karl, in der Hoffnung, in der Hierarchie aufzusteigen. Vergessen waren Tassilos ruhmreiche Taten, seine Stiftung von rund 40 Klöstern, die er zusätzlich mit Gütern reichlich ausgestattet hatte. Allein dem Hochstift Salzburg stellte er 17 Herrenhöfe, 1 613 Höfe und weitere 162 Höfe als Lehensgüter zur Verfügung.

Während des ersten Dezenniums der Regentschaft Karls verhielt sich Tassilo III. ungewöhnlich zurückhaltend. Er anerkannte den militärischen Oberbefehl des Frankenkönigs, wiederholte in Worms den Treueeid von **757** und stellte **778** den Heerbann im Feldzug gegen das Kalifat in Spanien. Er unternahm alles, um einer Konfrontation auszuweichen; Karl dagegen tat alles dafür und forderte Tassilo auf, die ererbte langobardische Mitgift in Form von Ländereien herauszugeben. **784** war der Schlagabtausch zwischen Franken und Baiern unvermeidlich geworden. Die Niederwerfung der Sachsen, mit der sich Karl beschäftigen musste, rettete vermutlich Tassilo noch einmal, dafür standen **787** gleich drei Heeresgruppen zum Angriff auf ihn bereit.

Zum Tod verurteilt

Tassilo merkte die Aussichtslosigkeit des Widerstandes und begab *„sich dem König als Vasall in die Hände, erstattet ihm das von König Pippin übertragene Herzogtum zurück, erneuert den Eid, stellt zwölf auserlesene Geiseln und seinen Sohn Theodo als dreizehnten"*, so die Reichsannalen.

Ob er die Awaren um Beistand gegen Karl bat, wie Zeitgenossen behaupteten, ist nicht erwiesen. **788**, ein Jahr nach Tassilos Bußgang nach Worms, verurteilte ihn das Reichsgericht in Ingelsheim zum Tode: wegen Verlassen des Heerbanns (»harlisz«) gegen die Aquitanier vor 25 Jahren.

Karl zeigte sich gnädig und wandelte die Todesstrafe in lebenslange Haft um. Dem letzten Wunsch Tassilos, ihm das Haupt nicht kahl zu scheren, entsprach das Gericht. Im Mittelalter kennzeichnete man Unfreie durch Scheren des Haupthaares; die Bezeichnung »G'scherter« ist heute noch für Landbewohner üblich. Tassilo und seine Familie verschwanden hinter Klostermauern, den Staatsgefängnissen von damals. Karl I. hatte sich einer ganzen unliebsam gewordenen Sippe entledigt.

794 trat der entmachtete und verurteilte Herzog in Frankfurt noch ein Mal vor die Schranken des Gerichts: zum formellen Verzicht auf Baiern.

„Tassilo, zuerst Herzog, dann König, am Ende Mönch. Gestorben am 11. Dezember" lautet eine Inschrift an der Außenmauer der Stiftskirche in Mattsee. Das Todesjahr verrät die Gedenktafel nicht. Dieses sollte der Nachwelt vorenthalten bleiben. In Lorch am Rhein fand Tassilo III. die ewige Ruhe.

Eines der größten Verdienste Tassilos war die Gründung des Klosters von Kremsmünster, **777**. Die Legende berichtet, er habe es an jener Stelle errichten lassen, an der sein Sohn Gunther von einem Eber während der Jagd getötet wurde. Die Schenkungsurkunde vermerkt andere Beweggründe: *„Ich, Tassilo, Herzog von Baiern, habe im dreißigsten Jahr meiner Regierung erwogen, vom Besitz, dessen mich der Herr gewürdigt hat, Gott selbst wieder etwas darzubringen …"*

Tassilo spendete dem Kloster seinen Brautkelch, ein kostbares Dokument bajuwarisch-langobardischer Verbundenheit: Neben seinem Namen ist auch der seiner Frau Liutpirc, Tochter des Langobardenkönigs Desiderius, eingraviert. Der Kelch, eine Salzburger Arbeit aus der Zeit zwischen **764 und 768**, dient den Mönchen von Kremsmünster heute noch als Urne bei der Abtwahl.

Sie gedenken auch des höchst eigenwilligen Gründers ihres Klosters alljährlich am **11. Dezember** mit einem feierlichen Requiem, das der österreichische Dichter Adalbert Stifter ein *„Freudenfest am Trauertag"* nannte.

Staatliche Anfänge — 788 bis 795

Schritt für Schritt hatte der fränkische König Karl I. seine Widersacher beseitigt. 774 nahm er den Langobardenkönig Desiderius gefangen und verbannte ihn ins Frankenreich. 776 schlug er den Aufstand des friulanischen Fürsten Hrodgaud nieder. 782 hielt er das sächsische Blutgericht von Verden ab, 788 schickte er Tassilo III. hinter die Klostermauern. Bayern wurde seiner Herrschaft unterstellt, das nun auf ganzer Linie an das Reich der Awaren grenzte.

Kein Hahn krähte mehr in Bayern nach Tassilo III., als er hinter Klostermauern verschwand. Hingegen griffen in Krain und an der niederösterreichischen Donau die Awaren zu den Waffen und erweckten dadurch den Eindruck, mit Tassilo III. im Bündnis gestanden zu haben und ihm jetzt zu Hilfe eilen zu wollen. Doch vor Verona, auf dem Ybbsfeld bei Amstetten und auf dem Tullnerfeld mussten sie Niederlagen hinnehmen.

Von den Ereignissen alarmiert, reiste König Karl noch **788** nach Regensburg, in die bayerische Hauptstadt, um die Grenzen Bayerns zu fixieren, *„wie sie mit des Herrn Schutz sicher gegen die bereits genannten Awaren sein könnten"*, so die »Annales regni Francorum«. Es ist denkbar, dass er sich mit dem Gedanken trug, sie an den Wienerwald vorzuverlegen.

Die Awaren beobachteten misstrauisch die Konferenz; nicht zu Unrecht, wie sich erweisen sollte. Denn eine nach Worms an den Königshof entsandte Delegation zur Klärung strittiger Grenzfragen kehrte unverrichteter Dinge zurück. Die Enns blieb der »limes certus«, die »natürliche Grenze«. – Nach dem Zusammenbruch des Dritten Reiches **1945** war sie wieder eine Grenze, die West und Ost bis **1955** trennte.

Der Misserfolg in der Pfalz beunruhigte die Awaren. In aller Eile errichteten sie am südlichen Kamp und am Kumenberg im Wienerwald Verteidigungsanlagen aus Palisaden, Holzverschalungen und Hecken. Für einige Jahre berührten sich Europa und Asien mitten in Niederösterreich.

Die Awaren, zum guten Teil bereits Bauern und Viehzüchter, siedelten östlich der Thermenlinie. Zwischen dieser und der Enns lebten Slawen, die ihnen zwar als Vasallen untertan waren, aber keine Heeresdienste leisteten. Im **Sommer 791** rief Karl die Stammesfürsten der Bayern, Sachsen, Friesen und Thüringer nach Regensburg. Er eröffnete ihnen, einen Kreuzzug gegen die Awaren führen zu wollen, deshalb hätten sie dem Heerbann zu folgen.

Mit zwei Heeresgruppen nahm er den Feldzug auf: Eine Nordarmee, die unter dem Befehl seines Sohnes Pippin und des friulanischen Markgrafen Erich stand, ging am linken Donauufer vor, Karl selbst marschierte mit der Südarmee entlang der alten Römerstraße bis Lorch, für Nachschub sorgte eine bayerische Donauflottille. Am **5. 9. 791** setzten sich die Truppen in Richtung Osten in Bewegung.

In Lorch schlug man ein Lager auf. Hohe Würdenträger des Frankenreiches trafen ein: Karls Schwager, der Bayernpräfekt Gerold I., die Bischöfe Atto von Freising und Arno von Salzburg und der Kämmerer Meginfried. Kostbare Zeit verstrich, bis das Fuß- und Reitervolk endlich am **20. 9. 791** ins Awarenland vorstieß. Die verlorenen Tage und Wochen ließen sich nicht mehr aufholen: der Feind war geflohen, die Verteidigungsanlagen waren verlassen.

Als Karls Heer Mitte Oktober die Raabmündung erreichte, hatte sich noch immer kein einziger awarischer Reiter gezeigt. Karls Soldaten, enttäuscht darüber, statt der erhofften reichen Beute nur armselige Hütten, Höfe, Scheunen und Ställe der slawischen Bauern vorzufinden, zerstörten in sinnloser Wut alles, was sie auf ihrem Weg antrafen.

Nach 52 Tagen kehrte Karl um, der Winter drohte, und 90 % der Pferde hatte eine Seuche dahingerafft.

Mitte November **791** residierte der Frankenkönig wieder in Regensburg. Unzufrieden mit dem Ausgang des Feldzuges, der die von den awarischen Reitern ausgehende Gefahr nicht gebannt hatte.

Doch auch die Gegenseite befand sich in einer Krise. Auseinandersetzungen unter den Awarenfürsten hatten zum Bürgerkrieg geführt, in dem der

DER KRIEG GEGEN DIE AWAREN

Khagan und sein Widersacher (»Jugur«) fielen. Das awarische Zerwürfnis kam Erich, dem in Karls Diensten stehenden friaulischen Herzog, zustatten. Er erteilte **795** dem erfahrenen, ihm untertanen slawischen Heerführer **WOJNIMIR** den Auftrag, ins awarische Reichszentrum vorzudringen und den Reichsschatz der Awaren zu rauben. Die Kommandoaktion gelang: Im so genannten Hring, dem awarischen Hauptquartier, erbeutete Wojnimir die in Jahrhunderten angehäuften Reichtümer des Reitervolkes. Auf fünfzehn jeweils von vier Ochsen gezogenen Karren schaffte er den Schatz der Awaren nach Aachen.

Der danach aufflammende awarische Widerstand hatte keine Auswirkungen mehr auf die chaotische, von rivalisierenden Kämpfen beherrschte Gesamtlage des Khaganreiches, es ging dem Ende entgegen.

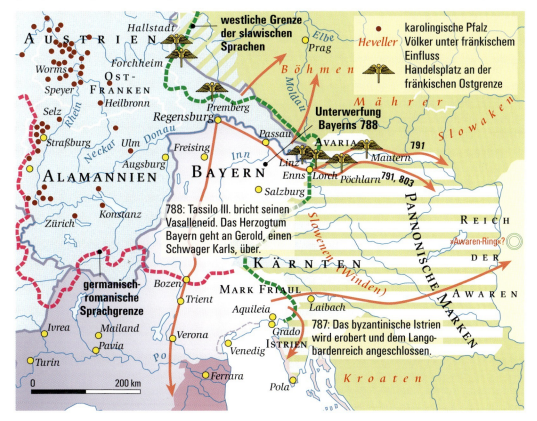

Der Begriff »Hring« (daraus »Ring«) gab der Wissenschaft lange Zeit Rätsel auf. Bis ins 19. Jh. vertrauten die Historiker den Berichten eines Mönches in St. Gallen, der Mitte des 9. Jh.s über awarische Befestigungen von gigantischen Ausmaßen erzählt hatte. Neun aus Erde, Steinen und Holz errichtete Wälle, jeder 20 Fuß hoch, sollten demnach das Zentrum mit den angesammelten Schätzen schützen.
Der Historiker Peter Csendes verstand als »Hring« das gesamte Kernland der Awaren, das im Donau-Theiß-Tiefland lag. Heute bezeichnet man damit, nach dem Historiker Walter Pohl, „eine feste, kreisförmig angelegte Palastsiedlung aus Zelten und Holzbauten".

In der Zeit der Völkerwanderung gab es im ostalpin-pannonischen Raum so gut wie keine staatliche oder kirchliche Organisation. Die zur Zeit der »Austria romana« regen geistigen Kontakte mit den missionarischen Zentren Mailand, Aquileia und Sirmium existierten nicht mehr. Heidnische oder arianische Baiern und Slawen ergriffen von den Ostalpen Besitz und wehrten sich standhaft gegen die im **8. Jh.** allmählich wieder einsetzende Missionstätigkeit der römischen Kirche. Doch diesmal erfolgte die Christianisierung nicht aus dem Süden, sondern aus dem Westen: Iro-schottische Bischöfe und Wanderpriester kamen mit glühendem missionarischem Eifer und fränkischer Unterstützung und versuchten, Mitteleuropa wieder in den Schoß der römischen Kirche zurückzuführen. Rom gab ihnen allerdings in der ersten Phase ihrer Missionstätigkeit keine Hilfe.

Erst BONIFATIUS besuchte den Pontifex und erhielt **738/39** die Erlaubnis, der baierischen Kirche eine Diözesanverfassung und eine hierarchische Ordnung zu geben. Neben dem antiken Bistum Säben in Südtirol war Baiern nun in vier weitere Bistümer eingeteilt: Regensburg, Freising, Passau und Salzburg.

Dem kirchlichen Salzburg war bereits im **7. Jh.** durch die Agilolfinger besondere Förderung zuteil geworden. Herzog THEODO holte den aus königlichem Geschlecht stammenden Rheinländer und Bischof von Worms, RUPERT, eigentlich HRUODPERT, und hieß ihn Land für die Errichtung eines Bischofssitzes aussuchen. Am Wallersee erbaute Rupert eine Kirche, zog dann doch das zerstörte römische Iuvavum/Salzburg als neue Residenz vor. Im Schutze der »oberen Burg« errichtete er **696** St. Peter, das älteste Kloster des deutschsprachigen Raumes. Möglicherweise ist der Bischofssitz von den Agilolfingern bereits als Zentrum für die kommende Slawenmission ausersehen worden. St. Peter und das ebenfalls von Rupert gegründete und von seiner Nichte ERENTRUDIS als Äbtissin geleitete Nonnberger Frauenkloster erhielten eine reiche wirtschaftliche Ausstattung.

TASSILO III., einer der hartnäckigsten Separatisten im Frankenreich, erteilte **767** den Auftrag zum Bau einer agilolfingischen Gründungskirche, größer als die merowingische in St. Denis. Sie sollte seine Krönungs- und Grabeskirche werden. VIRGIL, den Bischof von Salzburg, bestimmte er zum Bauherrn.

Missionsarbeit leistete St. Peter ab **711/12**. Über die Außenstelle der »Maximilianszelle« in Bischofshofen erfolgte die Missionierung der Slawen im Pongau.

Vor der großen Aufgabe der Ostbekehrung stand Salzburg **741/43**, als der Fürst der slawischen Karantanen, BORUTH, die Baiern um Hilfe gegen die Awaren bat. Herzog ODILO verjagte diese, und die karantanischen Slawen waren nun baierischen und fränkischen Herren tributpflichtig. Ab **757** wurden in Maria Saal (Virunum), St. Peter in Holz (Teurnia) und am Pölshalsplateau (Ad Undrimas) Missionskirchen errichtet und von diesen Zentren aus Karantanen zwangsmissioniert. **769** erhoben sie sich, die Lebensumstände waren unerträglich geworden. Hals über Kopf mussten die Salzburger Missionare fliehen. Der eben zum baierischen Herzog ernannte Tassilo III. eilte herbei, warf **772** die Revolte nieder und sicherte dadurch den Verbleib Karantaniens beim baierischen Herzogtum.

Virgil, zugleich Abt von St. Peter, gab sich kompromisslos, bis zu seinem Tod **784** veranlasste er noch weitere sechs christliche Missionierungen, um den slawischen Selbstbehauptungswillen zu brechen.

Die Missionsleistung Salzburgs in Karantanien wurde allgemein überbewertet. Die detailgetreue Schilderung der »Conversio Bagoariorum et Carantanorum«, der Bekehrungsgeschichte der Bayern und Karantanen, die der Salzburger Erzbischof ADALWIN vor **870** anfertigen ließ, täuscht über die Wirklichkeit hinweg. Doch das Salzburger Weißbuch war verpflichtet, die eigenen Leistungen hervorzuheben, ging es doch um weitere Missionsaufgaben, diesmal in Pannonien. Deshalb werden weder der im byzan-

DIE ZWEITE MISSIONIERUNG ÖSTERREICHS

tinischen Auftrag missionierende **METHOD** noch Aquileia, Innichen oder Freising erwähnt. Auch das dem **HL. TIBURTIUS** geweihte älteste Kloster Kärntens, Molzbichl, scheint in der »Conversio« nicht auf.

Molzbichl, sein Name leitet sich von »Munstiure« (= Münster) ab, dürfte um **722**, kurz nach Tassilos Sieg über die Karantanen, von Mönchen des Klosters Pfaffmünster bei Straubing in Bayern gegründet worden sein. Vermutlich brachten die Mönche die Überreste des hl. Tiburtius mit, denn bei Renovierungsarbeiten am Altar fanden Restauratoren **1886** „*eine verfaulte Schachtel und neben den mutmaßlichen Reliquien eine Menge kleiner Gebeine*", berichtet das Pfarrarchiv Molzbichl. Die Grabungen von **1985/87** legten im Garten der Pfarrkirche die Grundmauern eines großen, mehrräumigen Gebäudes frei, dessen Ost-West-Ausrichtung und die Zusammensetzung des Mörtels auf einen Bau des **8. Jh.s** schließen lassen.

Im **10. Jh.** wurde das Kloster aufgegeben. Ein Friedhof aus späterer Zeit liegt über den Mauerresten. Die Ausmaße des Kirchenbaus mit 20 m Seitenlänge waren beachtlich, das Kloster zählte mit Sicherheit zu den größten frühmittelalterlichen Gotteshäusern Österreichs.

Auch andere agilolfingische Klöster leisteten wertvolle Missionsarbeit: Mondsee **(748)**, Kremsmünster **(777)**, Mattsee **(783)**, Innichen **(769)** und St. Pölten **(769)** waren Stützpunkte, von denen aus die Kirche ihren Einzug in die österreichischen Länder hielt und Vorarbeit leistete für eine staatliche Entwicklung.

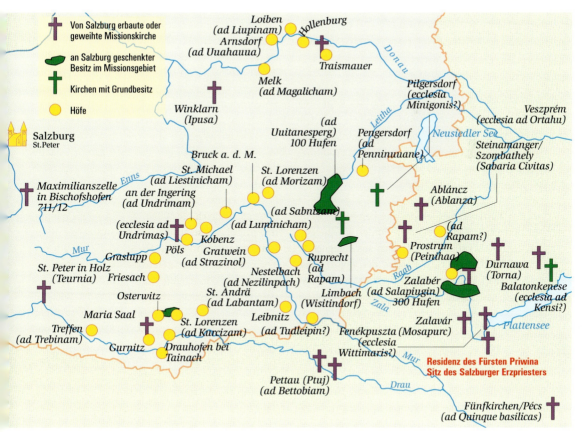

Salzburg missionierte Kärnten und Westpannonien.

Staatliche Anfänge — 795 bis 9. Jahrhundert

Nach dem Tod des allmächtigen Khagan brach das Awarenreich zusammen. 795 erschienen Gesandte des „Tudun, *der im Volk und Reich der Awaren große Macht besaß"*, **und boten** Karl I. **die Unterwerfung ihres Herrn samt dessen Land und Leute an. Karl I. nahm im Frühjahr 796 in Aachen die Unterwerfung an. Unterdessen begaben sich die im Karpatenbecken verbliebenen Awaren auf den Rückzug nach Osten, einige Stämme siedelten mit Einwilligung Karls I. 808 im Bereich von Carnuntum und Szombathely/Steinamanger.**

Karl, diplomatisch und in 53 Kriegszügen militärisch erfolgreich wie kaum ein Herrscher zuvor, wurde Weihnachten 800 in Rom von Papst Leo III. zum Kaiser gekrönt und erhielt den Beinamen »der Große«. Nach dem Awarenfeldzug erstreckte sich sein Einflussbereich bis zur Theiß im ungarischen Tiefland. Die Grenze an der Enns blieb aber weiterhin aufrecht und trennte das fränkische Bayern von der slawisch besiedelten »Avaria«. *„Diese weiten Räume hingegen in den Siedlungsverband einzubeziehen, gelang nicht"*, urteilt der Historiker Peter Csendes. Zollämter überwachten den Warenverkehr, den das »Diedenhofener Capitulare« von 805 festschrieb. Es richtete sich vor allem gegen den schwunghaften Waffenhandel, der alsbald über die Grenze hinweg einsetzte: *„Die Kaufleute sollen keine Waffen und Brustpanzer verkaufen, sollten sie solche zum Verkauf bei sich führen, soll ihnen ihre ganze Ware weggenommen werden; sie wird dann so aufgeteilt, dass die Hälfte an unseren Königshof abgeliefert wird, die andere Hälfte erhalten unsere Sendboten und jener, der die verbotene Ware bei den Kaufleuten entdeckt hat."*

Die Sorge, mit den hochspezialisierten Waffen könnten Gegner des karolingischen Reiches unterstützt werden, war nicht unberechtigt. 680 hatte sich am Schwarzen Meer das bulgarische Volk niedergelassen. Stetig erweiterte es seinen Machtbereich, drang 827 in den Karpatenraum ein und bedrängte die fränkischen Garnisonen im ungarischen Tiefland so sehr, dass sie aufgegeben werden mussten.

Der »Avaria« und dem Land westlich der Enns kam zur Sicherung der Ostgrenze des karolingischen Reiches plötzlich erhöhte Bedeutung zu: Karl der Große erhob sie zu »Marken«. Diesen Regionen, die das karolingische Reich in besonders gefährdeten Grenzabschnitten absicherten, stand ein mit Sondervollmachten ausgestatteter Graf vor. Er bestimmte über Grenzschutz, Heerbann, Verwaltung und Rechtsprechung in der Mark und war dem Kaiser direkt unterstellt. Militärisch besonders gut gesichert, erfüllten die Marken zwei Aufgaben: sie waren Bollwerk gegenüber feindlichen Angriffen und Aufmarschraum für expansives Vorgehen zugleich.

Soweit das heutige Österreich nicht zu Alamannien oder Bayern gehörte, teilten zwei Marken das Land: die Mark »Friaul« und die »Awarische oder Pannonische Mark«. Der immer wieder zitierte Begriff »Ostmark« ist für diesen Zeitraum nicht dokumentiert, sondern *„eine moderne Sprachschöpfung der Historiker"*, sagt Alfons Lhotsky.

Auf diese Weise von der bayerischen Verwaltung losgelöst, entwickelte sich auf österreichischem Boden staatliches Eigenleben. Karl der Große unterstützte es durch Schenkungen an Kirche und Adel und förderte damit indirekt die Errichtung neuer Siedlungen. Ab dem 9. Jh. überwog die Zahl bayerischer Siedlungen die der slawischen, mit Ausnahme in den Regionen nördlich der Donau.

Die vorderhand noch lockere Bindung an das fränkische Reich im 8. und 9. Jh. bestimmte dennoch Österreichs Zukunft: Es wird allmählich politisch und kulturell – vor allem durch die Missionstätigkeit der Kirche – ein Teil des deutschen Sprachraums und der westlichen Kultur.

Das aus mehreren Territorien bestehende ostfränkische Reich machte um die Wende des 9. zum 10. Jh.s einen entscheidenden Wandel durch: Es entstehen erste Herzogtümer, wodurch der erste Schritt zu einem deutschen Feudalstaat getan war.

Neues staatliches Eigenleben

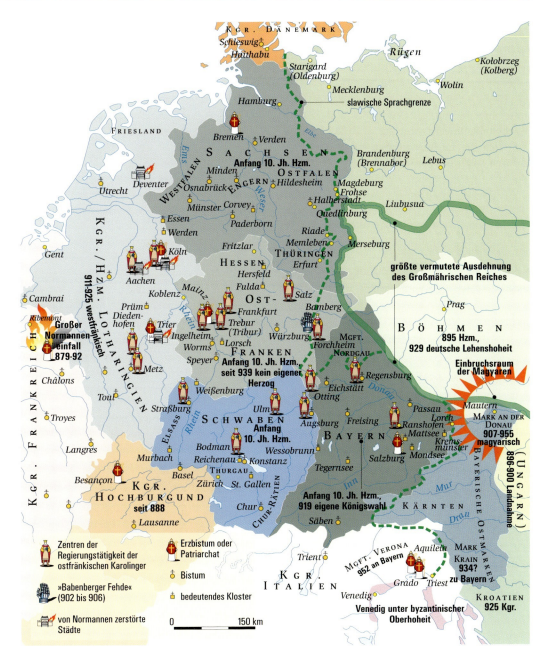

Unter dem Druck der Normannen, die an den Nord- und Ostseeküsten des ostfränkischen Reiches wüteten, und der ständigen Bedrohung durch magyarische Raubzüge an der Südostflanke bildete sich allmählich ein lockerer deutscher Territorialstaat aus einzelnen Fürstentümern. Österreich wird in ihm noch einige Jahrhunderte keine Rolle spielen.

KARLS Tod im Jahre 814 stürzte das Reich in eine schwere Existenzkrise. Der Zwist der Nachfolger schwächte die fränkische Macht und regte die slawischen Nachbarn an, die karolingische Vorherrschaft abzuschütteln. An der Save rebellierte mit bulgarischer Rückendeckung der Slawenfürst Herzog LIUDEWIT (819 bis 823), dem LUDWIG DER DEUTSCHE – seit 843 König der Ostfranken – erst 853 die verloren gegangenen Gebiete durch viele Kleinkriege wieder abringen konnte. Während Ludwig der Deutsche im Südosten seines Reiches gebunden war, entstand nur wenige hundert Kilometer weiter nördlich ein Reich, das die Historiker das »großmährische« nennen. Dieser von MOJMÍR 820 gegründete, nach dem Reich des SAMO zweite slawische Staat nahm eine deutlich antifränkische Haltung ein.

Das oppositionelle Verhalten der seit 822 in lockerer Abhängigkeit zum Ostfränkischen Reich stehenden mährischen Herzöge und ihre Ablehnung der ostfränkischen Mission nahm Ludwig der Deutsche zum Anlass, um 846 ins mährische Zentrum zu marschieren und Mojmír durch RASTISLAW zu ersetzen. Aber auch Rastislaw verwehrte den Bayern die Missionstätigkeit. Stattdessen bat er Byzanz um politischen und monastischen Beistand. Noch verband die Christenheit ein einheitlicher Glaube – das Schisma erfolgte erst 1054 – und doch gab es bereits einen gravierenden, die Liturgie betreffenden Unterschied: Byzanz erlaubte seinen Völkern die Anwendung der Landessprache, Rom bestand hingegen auf Latein.

Die Chance, den Einflussbereich bis nach Mitteleuropa auszuweiten, ergriff der oströmische Kaiser MICHAEL III. und sandte 864 zwei Missionare, die Brüder METHOD und KYRILL aus Saloniki, nach Mähren. Sie übersetzten die Bibel in die slawische Landessprache und schrieben sie in einer neuen Schrift, der Glagolica, nieder. Diese setzte sich allerdings nicht durch, sodass Kyrills Schüler eine neue Schrift erfanden, die sie ihrem Meister zu Ehren »kyrillisch« nannten. Beide Apostel handelten im tiefen Glauben an das Evangelium; dass sie für politische Zwecke missbraucht wurden, merkten sie nicht. Method, eben zum Bischof von Sirmium ernannt, reiste daher, nicht ahnend, Spielball politischer Machenschaften zu sein, nach Rom, um formell den päpstlichen Auftrag zur Missionstätigkeit zu empfangen. Der Papst erteilte ihn gerne, auch er sah in Method ein Werkzeug, dem ostfränkischen Ausgreifen entgegenzuwirken. Auf der Fahrt von Rom nach Mähren musste Method durch Salzburg. Hier erwartete ihn bereits der Salzburger Kirchenfürst ADALWIN. Er nahm den missionarischen Glaubensbruder fest und warf ihn für die nächsten drei Jahre (870 bis 873) in das Gefängnis von Regensburg. Angeblich eine reine Vorsichtsmaßnahme, hatte doch 870 Fürst SWATOPLUK in Mähren seinen Vetter Rastislaw gestürzt und ihn den Ostfranken ausgeliefert. Swatopluk unterwarf sich Ludwig, und die Bayern durften ihre Mission aufnehmen.

Das Problem, in Mähren eine orthodox-byzantinische Kirche vorzufinden, lösten die bayerischen Missionare auf ihre Weise: Nach dem Tod Methods 885 jagten sie die altslawischen Priester über die Grenze nach Bulgarien. Zur gleichen Zeit erließ der Papst ein Edikt, das die lateinische Liturgie im Gottesdienst vorschrieb. Damit war die katholische Kirche im slawischen Sprachraum in einen westlichen, römischen und einen östlichen, orthodoxen, nach Byzanz, später nach Kiew und ab 1453 nach Moskau orientierten Teil gespalten.

Ludwig der Deutsche starb 876. Sein Enkel ARNULF, Herzog von Kärnten, übernahm sein Amt und gliederte die »österreichisch«-karolingischen Marken in eine »Mark an der Donau« und ein »Herzogtum Karantanien-Pannonien«.

Arnulf ist der letzte zum Kaiser gekrönte Karolinger. Seine Herrschaft stand bereits im Schatten neuer Gefahren: Nach Hunnen und Awaren drängten Magyaren ins Abendland. In der Donau-Theiß-Ebene suchten die »Söhne Árpáds«, wie sie sich nach ihrem

EIN »GROSSMÄHRISCHES REICH«

Anführer nannten, eine Bleibe. „Ad Weniam", bei Wien, trafen sie **881** auf den Widerstand bayerischer Kolonisten. Es ist dies nach Jahrzehnten das erste Mal, dass Wien wieder genannt wurde.

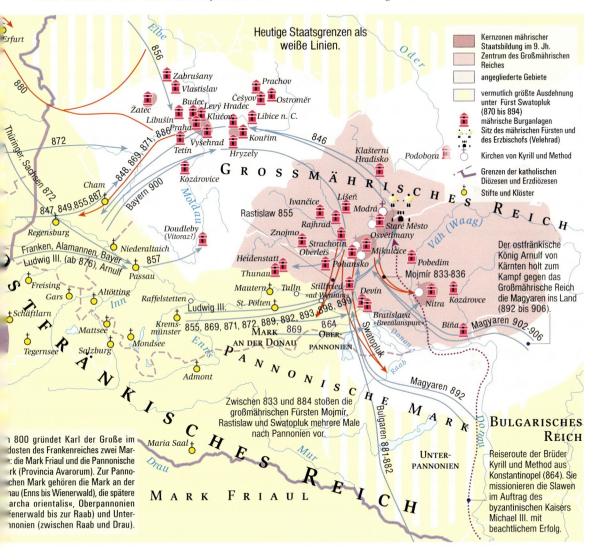

Obwohl seit 822 in einem lockeren Abhängigkeitsverhältnis zum Ostfränkischen Reich stehend, wahrten die mährischen Herzöge einen hohen Grad an Unabhängigkeit. Dies gelang ihnen durch taktisches Geschick, indem sie sich der Missionierung durch Franken versperrten und statt ihrer die byzantinischen Slawenapostel Cyril und Method ins Land holten. Während Method gegen den heftigen Widerstand des Erzbistums Salzburg eine slawische Kirchenprovinz zu gründen versuchte, fassten die mährischen Herzöge die Slawen politisch zusammen und schufen das »Großmährische Reich«

Die ostfränkischen Maßnahmen zur Sicherung der neuen Mark an der Donau erwiesen sich als unzureichend. Die aus dem Osten einfallenden Magyaren mordeten und brandschatzten bis in die Gegend von Linz, sodass sich König **Arnulf** gezwungen sah, die Bedrohung zunächst diplomatisch zu lösen: Er warb die Magyaren als Verbündete an und lenkte ihre Kampflust auf Großmähren. Das Reich zerbrach früher als erwartet, und so bestand die magyarische Gefahr für Bayern und die Donaumark weiter.

906 erreichte den bayerischen Markgrafen **Luitpold** der Hilferuf mährisch-pannonischer Slawen. Er möge sie vor den Übergriffen der Magyaren schützen, baten sie. Luitpold zog mit starkem bayerischem Aufgebot gegen die raubeslustigen asiatischen Reiter, doch ihrer Kampftaktik der blitzschnellen Attacken hatten die Bayern nichts entgegenzustellen.

Sie unterlagen am **4. 7. 907** *„ad Brezalanspurc"*, heute Bratislava (Preßburg), und die donauländischen Marken gingen verloren. Damit endete die karolingische Herrschaft in Österreich, und die Enns war wieder die Grenze zwischen Ost und West.

Ungeachtet der magyarischen Landnahme verließen die bayerischen Siedler ihre Scholle nicht. Von den neuen Herren kamen keine weiteren Repressalien, Landbau, Verkehr und Handel verliefen ungestört, wie es die vor **906** verfasste »Zollordnung von Raffelstetten« über die Abgaben des bilateralen Warenverkehrs festlegte. Nicht weniger als einundvierzig Edelleute unter dem Vorsitz von Markgraf **Arbo** hatten die Verordnung unterschrieben, die den Güteraustausch von Salz, Honig, Wachs, Vieh und Menschen regelte: *„... wollen sie jedoch Knechte und Pferde verkaufen, so zahlen sie von einer Magd ein Drittel Schilling, ebenso von einem Hengst, von einem Knecht einundeinhalb Pfennig, desgleichen von einer Stute ..."*

Während die Magyaren ihre Raubzüge über halb Europa ausdehnten, blieben bayerisch verwaltete Landstriche weitgehend verschont. Bayern und Magyaren pflegten erstaunlich gute nachbarschaftliche Beziehungen. Bayerische Adlige heirateten magyarische Fürstentöchter, in Ungnade gefallene bayerische Herzöge flohen vor ostfränkischen Strafaktionen ins pannonische Exil.

Wie Hunnen und Awaren eilte auch den Magyaren der Ruf, unbezwingbar zu sein, voraus. Der Erfolg, den die zwei alamannischen Grafenbrüder **Erchanger** und **Berthold** und der Linzgauer Graf **Udalrich 913** gegen die Magyaren am Inn errangen, zeigte aber, dass auch sie geschlagen werden konnten. Tatsächlich brachte **933** der Ostfrankenkönig **Heinrich I.** dem Reitervolk an der Unstrut eine vernichtende Niederlage bei, in der sie 30 000 Mann verloren haben sollen. Die Niederlage wiederholte sich **943** bei Wels. Nun fühlte sich Herzog **Heinrich von Bayern** stark genug, mit einem bayerisch-karantanischen Heerbann ins ungarische Tiefland vorzustoßen. Ob dieser Zug in kriegerischer Absicht erfolgte, wird heute bezweifelt, denn im Reich tobten zwischen König **Otto I.** und seinen Verwandten Machtkämpfe um den Thron, und es gibt Anzeichen, dass Heinrich in Pannonien nicht Krieg führen, sondern die Magyaren zu einem Bündnis bewegen wollte, um die deutsche Königskrone zu erlangen.

Das Ostfränkische Reich war keineswegs so geeint, wie die Geschichtsschreibung – national beeinflusst – lange Zeit glauben machen wollte. Der Eindruck entstand, als am **7. 8. 936** in der Marienkapelle in der Pfalz zu Aachen Otto, den man später den Großen nannte, gekrönt wurde. Beim anschließenden Krönungsmahl erwarteten ihn die vier Herzöge des Reiches: **Giselbert von Lothringien**, **Hermann von Schwaben**, **Eberhard von Franken** und **Arnulf von Bayern**. *„Eine grundlegende Handlung für die deutsche Nation"* nennt der Historiker **Leopold von Ranke** im **19. Jh.** den großen Tag von Aachen, demonstrierten doch die Herzöge durch ihr geschlossenes Auftreten, dass sie die Verantwortung für das Königreich in Zukunft gemeinsam tragen wollten.

Die Magyaren

Diese zur Schau gestellte Eintracht löste sich in nichts auf, als Ottos innenpolitisches Programm bekannt wurde, mit dem er auf Kosten der Eigeninteressen der Herzöge und Adligen die königliche Gewalt stärken wollte.

Dagegen rebellierten die Fürsten. **953** brach der Aufstand in Bayern aus, dem sich Schwaben und Lotharingien anschlossen. Arnulf nahm Kontakte zu den Magyaren auf – und sie kamen, die Heerführer BULCSU und LÉL führten sie an. Quer durch Süddeutschland zogen sie bis Worms, wo sie KONRAD VON LOTHARINGIEN mit allen Ehren einholte. Ruhmvoll und mit reicher Beute kehrten sie über Burgund und Italien ins Karpatenbecken zurück. **954** wurden sie wieder gerufen. Doch als sie ein Jahr später wieder nach Bayern kamen, trafen sie zu ihrer Überraschung auf eine politisch veränderte Situation – nun waren sie Eindringlinge, denen man den Kampf ansagte.

Das Reich zur Zeit Ottos I.

In erstaunlich kurzer Zeit schlug König Otto I. **die Revolte gegen ihn nieder. Noch ehe das ungarische Heer im Sommer** 955 **eingetroffen war, mussten sich alle aufständischen Herzog- und Fürstentümer unterwerfen. Die Enttäuschung für die magyarischen Anführer** Bulcsu **und** Lél **muss daher groß gewesen sein, als man sie diesmal nicht mit allen Ehren empfing und durch das Land geleitete. Sie zogen bis Schwaben und hielten vor Augsburg. An der reichen, nur gering befestigten Handels- und Bischofsstadt wollten sie sich schadlos halten. Sie rechneten nicht mit dem verbissenen Opfermut der Bewohner, die von Bischof** Ulrich **angeführt wurden.**

Den Nimbus der Unbesiegbarkeit besaßen die Magyaren nicht mehr, seit König Heinrich I., der Vorgänger Ottos I., sie 933 bei Riade/Rietheburg an der Unstrut geschlagen hatte. Noch etwas zeigte sich nach diesem mit hohen Verlusten erstrittenen Sieg: In großen Teilen des Reiches kam erstmals ein Gefühl von Zusammengehörigkeit auf. Daher ist es nicht verfehlt, in Heinrich I. den Begründer eines »Ersten Deutschen Reiches« zu sehen.

Nun marschierte ein aus mehreren deutschen Stämmen bestehendes Reichsheer auf, um Augsburg zu entsetzen. Bayern stellte drei, Schwaben zwei Abteilungen, die Franken und Böhmen je eine. Den fünften Verband, der aus den erfahrensten Kriegern bestand, führte König Otto I. persönlich. Etwa 10 000 Streiter nahmen den Kampf mit den Magyaren auf. Diese verbuchten den ersten Erfolg: Sie gingen über den Lech, griffen das Feldlager des Königs an, schlugen den Tross aus böhmischen Hilfstruppen in die Flucht und machten viel Beute und zahlreiche Gefangene. Auch das schwäbische Kontingent musste fliehen. Erst das Eingreifen Konrads des Roten, vor Jahren noch Haupt der königlichen Opposition, rettete mit seinen Franken das Heer Ottos aus kritischer Lage. Nach erbittert geführtem Kampf durchbrachen die deutschen Ritter die Front der Magyaren und schlugen sie in die Flucht.

Die Rache der Sieger entlud sich grausam an den Unterlegenen. Unerbittlich wurden sie verfolgt und auf der Flucht gnadenlos niedergemacht. Die Heerführer Bulcsu und Lél henkte man schimpflich, obwohl die Rechtsprechung diesen Tod nur Verbrechern zudachte und beide getaufte Christen waren. Nur wenige Ungarn entkamen in ihre Heimat, die Legende berichtet von sieben, in Anspielung an die Stämme, die im magyarischen Heer kämpften. Als prominentestes Opfer an Ottos Seite fiel Konrad der Rote, der die Wende des Kampfes herbeigeführt hatte.

Die Schlacht auf dem Lechfeld vom 10. 8. 955 ist ein Markstein der europäischen Geschichte. Die Früchte des deutschen Sieges erntete allerdings die römische Kirche, denn der als Auseinandersetzung zwischen Christen und Heiden propagierte Kampf war nichts anderes als ein Kräftemessen zwischen der westlich-römischen und der östlich-byzantinischen Kirche. Auf dem Lechfeld entschied sich der Machtbereich der beiden rivalisierenden Konfessionen: Byzanz verlor Böhmen, Mähren und Pannonien, Rom gewann sie. Abermals waren Weichen für die Zukunft gestellt.

Nach dem Sieg wurde König Otto I. als der Große, der »pater patriae«, umjubelt, im ganzen Land läuteten die Kirchenglocken. In Rom krönte ihn 962 der 25-jährige Papst Johannes XII. zum römischen Kaiser. Die Krone ist möglicherweise die in der Wiener Schatzkammer mit anderen Reichsinsignien aufbewahrte. Zu ihnen zählt auch die »heilige« Lanze, die Otto I. in der Lechfeldschlacht vor sich hertrug.

Entscheidung auf dem Lechfeld

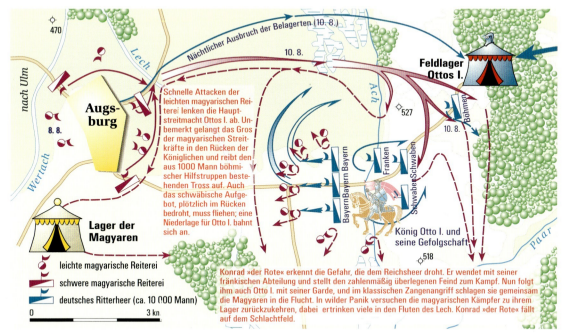

Um 1960 versuchten tschechische Militärhistoriker, die Schlacht auf dem Lechfeld zu rekonstruieren. Das Ergebnis ihres Sandkastenspiels könnte der Realität sehr nahe kommen (oben). – Ein symbolisches Zeichen für den Kampf des Christentums gegen die Heiden in der Lechfeldschlacht war die hl. Lanze, eine im 8. Jh. angefertigte Flügellanze, die einen Nagel vom Kreuz Christi tragen soll und die Otto I. vor sich hertrug (links).

STICHWORT

Das »Heilige Römische Reich«

Kaiser OTTO I., der Große, zeigte eine ausgeprägte Vorliebe für Italien. Nahezu zehn Jahre verbrachte er im Süden und regierte von dort sein Reich. Besessen von der Vision, Rom zur deutschen Hauptstadt zu machen, schuf er die Grundlage für ein seltsames staatliches Gebilde, das »Sacrum Imperium«, das national denkende Historiker ab dem 16. Jh., noch intensiver im 19. Jh., zum »Heiligen Römischen Reich deutscher Nation« idealisierten.

Das »Heilige Römische Reich« – es war weder ein Reich noch römisch, schon gar nicht heilig – wandelte sich allmählich zum »Deutschen Reich« mit seiner wechselvollen Geschichte. Einer anfänglich expansiv nach Osten und Süden drängenden Periode folgte die Zeit teilstaatlicher Machtkämpfe und ab dem 14. Jh. der Zerfall in eine eigensüchtige Kleinstaaterei.

Im Laufe der Jahrhunderte beanspruchte das irreale »heilige römische« Staatengefüge sehr reale juridische, verwaltungstechnische und militärische Kompetenzen, es mangelte auch nicht an guten Absichten, vor allem durch MAXIMILIAN I., sie dem Reich zu geben, sie scheiterten aber an den partikularistischen Interessen der Fürsten.

Mit der Geschichte Österreichs ist das »Heilige Reich« aufs Engste verbunden. Über viele Generationen stellte das habsburgische Herrscherhaus das Oberhaupt, bis FRANZ II. (I.) unter französischer Bedrohung die Reichskrone zurücklegte (1806).

Staatliche Anfänge — 955 bis 976

In den ersten Jahren nach der Schlacht geschah nichts Entscheidendes. In Bayern regte sich neuerlich Widerstand gegen OTTO DEN GROSSEN, auch die Magyaren waren nicht schlagartig sesshaft geworden, wie die Geschichtsschreibung glauben machen will. Sie gingen wie ehedem auf Beutezüge, allerdings in kleinerem Stil – ungarische Historiker nennen sie beschönigend »Abenteuerfahrten« –, bis Fürst VAIK sie verbot. Vaik ließ sich 996 auf den Namen STEPHAN taufen und erhielt 1001 vom Papst die Königskrone. Die »Stephanskrone« ist seither das Nationalsymbol Ungarns, das Land selbst ein »Apostolisches Königreich«.

Die innerstaatlichen Auseinandersetzungen in der ersten Hälfte des 10. Jh.s und die Kämpfe mit den Magyaren, die ihren Abschluss 955 auf dem Lechfeld fanden, erschöpften die Kräfte des Reiches so sehr, dass es auf einen Vorstoß in die »Avaria« verzichten musste. Ein Regensburger Chronist berichtet von Seuchen, die 956 ausbrachen und viele Menschen dahinrafften, und eine Salzburger Chronik meldete für das gleiche Jahr: *„Friede war und großer Hunger herrschte."*

Noch im Jahr der Lechfeldschlacht starb der bayerische Herzog HEINRICH; seine Witwe JUDITH verwaltete das *„Herzogtum und die Grenzzone"* für ihren gemeinsamen vierjährigen Sohn, der den Namen des Vaters trug.

Otto der Große besuchte Bayern erst wieder 959. In Regensburg scheint er überlegt zu haben, wie die östlichen Grenzgebiete verwaltet werden könnten, und es ist denkbar, dass er dem Burggrafen der Stadt und Schwager Judiths, BURCHARD, das Mandat für das Ostland übertragen hat. Genannt wird Burchard aber erst 972 durch Bischof PILGRIM VON PASSAU.

Pilgrim war emsig darauf bedacht, den Osten der Missionstätigkeit seines Bistums Passau zu erhalten. Dagegen hatte der königliche Hof Einwände, das Misstrauen gegenüber Bayern nach den vorangegangenen Konflikten war nicht geschwunden. Als daher zu Ostern 973 eine Abordnung GÉZAS, des Vaters König Stephans von Ungarn, nach Quedlinburg, dem Sitz Ottos des Großen, kam, nahm der Kaiser dies zum Anlass, die Erzdiözese Gran zu gründen und ihr das gesamte magyarische Gebiet zu überantworten. Gleichzeitig schuf Otto das Bistum Prag und unterstellte es Mainz. Pilgrim von Passau hatte das Nachsehen, und mit ihm Erzbischof FRIEDRICH VON SALZBURG, ein Onkel Pilgrims.

Otto der Große, deutscher König und römischer Kaiser, Rechtsnachfolger des fränkischen Imperiums KARLS DES GROSSEN, starb am 7. 5. 973 im Dorf Memleben, unweit von Riade, dem Ort, an dem sein Vater, HEINRICH I., den Magyaren 933 eine Niederlage zugefügt hatte.

Kaum war Otto der Große verstorben und sein Sohn OTTO II. an der Macht, brachen 974 die Konflikte mit dem mittlerweile zum Herzog erhobenen Heinrich von Bayern erneut aus. Zankapfel waren Böhmen und Polen, auf die Heinrich Einfluss nehmen wollte. Eine aufgedeckte Verschwörung gab dem Kaiser Anlass, Heinrich – dem man den Beinamen »der Zänker« gab – durch Otto von Schwaben zu ersetzen.

Auch ein Gefolgsmann des Zänkers verlor Amt und Würden: Burchard, Markgraf der Mark an der Donau, die in Dokumenten noch immer »Avaria«, das »Awarenland«, hieß. Burchards Verwaltungssitz lag in Pöchlarn, in Wieselburg hielt er zumeist Hof. In der dortigen Pfarrkirche blieb – von Kunsthistorikern lange Zeit unentdeckt – Österreichs ältestes Bauwerk aus karolingisch-ottonischer Zeit erhalten: ein oktogonaler Sakralraum. Die Ennsburg, einst mit Hainburg zur Abwehr der Awaren errichtet, sowie die Burg von Steyr hatten Burchard als »feste« Sitze gedient. Zum einfachen Grafen degradiert, kam Burchard während kaiserlicher Eroberungszüge an der neapolitanischen Küste ums Leben. Mit jenem Graf RÜDIGER VON BECHELAREN des Nibelungenliedes ist Burchard nicht ident. Dieser war möglicherweise ein Vorgänger – ein bayerischer Emigrant, – der um 920 in magyarischen Diensten die damalige Hofmark Pöchlarn verwaltete.

Das »Awarenland« wird eine Mark

Nach der Entmachtung Heinrichs des Zänkers büßte Bayern schwer für sein rebellisches Verhalten. Es verlor neben Kärnten, Verona, Friaul und Istrien auch die »Avaria« am **21. 7. 976** an Graf **Luitpold** – in moderner Form **Leopold I.** – aus dem bayerisch-fränkischen Adelsgeschlecht der Popponen.

Der spätere Babenbergerbiograf Bischof **Otto von Freising**, Sohn des Babenbergers **Leopold III.**, fand offenbar an dem Namen keinen Gefallen, er nannte das Geschlecht, das ein Vierteljahrtausend die Geschicke der Mark an der Donau bestimmen sollte, »Babenberger«. Als diese stehen sie am Beginn der Geschichte des österreichischen Staates.

948 ernannte Kaiser Otto I. seinen Bruder Heinrich I. zum Herzog von Bayern. Unter ihm erlangte Bayern seine größte Ausdehnung, als 952 die Markgrafentümer Istrien, Aquileia, Verona und Trient angegliedert wurden. Das Aufbegehren des bayerischen Adels gegen Kaiser Otto II. führte aber zum Niedergang Bayerns, das 976 Kärnten und die Babenbergermark verlor.

Stichwort

Marken

Marken (ahd. marchia »Grenze«, mit dem lat. margo, »Rand«, verwandt) fielen als erobertes oder herrenloses Land den Reichsgütern des Königs zu, der sie an verdienstvolle Adelsgeschlechter als Lehen weitergab. In mehrere Grafschaften unterteilt, unterstanden sie einem von ihm ernannten Markgrafen, der Sonderrechte – hohe Gerichtsbarkeit, Bann- und Polizeigewalt und militärischen Oberbefehl – besaß. Obwohl nicht erblich, übernahm in der Regel der leibliche Nachfolger das Amt des verstorbenen Markgrafen. Bußgelder, Grafschaftssteuern und das Marchfutter – eine Haferabgabe für das Reiteraufgebot – bildeten die Einkünfte. Außerdem waren die Untertanen der Mark beim »Burgwerk«, dem Bau und dem Unterhalt von Festigungsanlagen, robotpflichtig.

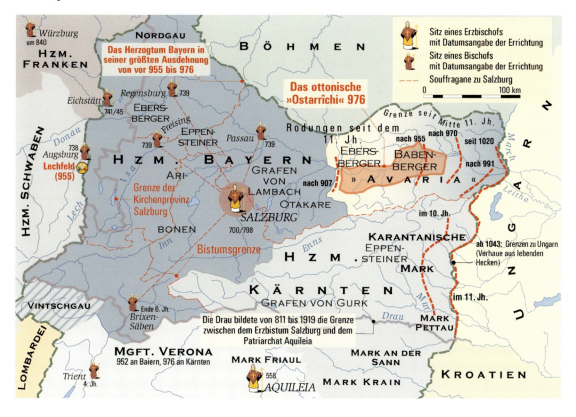

DIE BABENBERGER — 976 BIS 1273

DIE WICHTIGSTEN ECKDATEN

976	Kaiser Otto II. belehnt Leopold I. mit der Markgrafschaft zwischen Enns und Traisen.
1. 11. 996	Erste Erwähnung des Namens »Ostarrîchi«.
1043	Heilige Hemma gründet Kloster Gurk.
1074	Erzbischof Gebhard gründet Stift Admont.
1081	Im Investiturstreit stellt sich Markgraf Leopold II. auf die Seite des Papstes.
12. 5. 1082	Markgraf Leopold II. unterliegt bei Mailberg dem Böhmenherzog Wratislaw II. Dieser wird König von Böhmen.
12. 11. 1095	Leopold III., der Heilige, wird Markgraf.
1106	Leopold III. heiratet Agnes, die Tochter Kaiser Heinrichs IV.
um 1113	Klosterneuburg wird Residenz.
1114	Grundsteinlegung der Stiftskirche Klosterneuburg.
1133	Gründung von Heiligenkreuz.
31. 12. 1137	Gründung von Stift Zwettl.
1139	Markgraf Leopold IV., Herzog von Bayern.
18. 10. 1141	Heinrich II. Jasomirgott Nachfolger.
1148	Heinrich II. Jasomirgott heiratet Theodora Komnenos, die Nichte des byzantinischen Kaisers.
8. 9. 1156	»Privilegium Minus«. Bayern wird aufgegeben, dafür wird die Mark Österreich Herzogtum.
1180	Steiermark selbstständiges Herzogtum.
1181/1198	Salzburger Dom wird neu gebaut.
17. 8. 1186	»Georgenberger Handfeste« unterzeichnet.
1192	Mit dem Tod Otakars IV. fällt die Steiermark an die Babenberger.
21. 12. 1192	Richard I. Löwenherz wird festgenommen.
1192	Gründung von Wiener Neustadt.
1212	Stadtrecht für Enns.
28. 7. 1230	Friedrich II., der Streitbare, Regent.
15. 6. 1246	Friedrich II., der Streitbare, der letzte Babenberg, fällt gegen die Ungarn.
1251/52	Přemysl Ottokar II. von Böhmen besetzt die babenbergischen Länder.
1269	Kärnten und Krain fallen an Ottokar II.
1273	Rudolf I. von Habsburg, deutscher König.

Die Wachau: Die Keimzelle Österreichs

Blick von der Ruine Aggstein, im Herzen der Wachau, nach Westen, donauaufwärts.

Zwischen Melk und Krems erstreckt sich eines der schönsten Durchbruchstäler der Donau, die Wachau. Auf 30 km folgt hier der Strom einer tektonischen Bruchlinie und zerschneidet die Gneis- und Granitbarriere des Böhmischen Massivs, das südlich der Donau im Dunkelsteinerwald ausklingt. Wer diese Engstelle beherrschte, kontrollierte den Handelsverkehr auf der Donau und besaß ein Ausfallstor in die fruchtbaren Ebenen der östlichen Tiefländer. Dennoch schenkten die deutsche Könige bis zur Errichtung der Herzogtümer Österreich (1156) und Steiermark (1180) diesem Landstrich im südöstlichen Winkel des Reiches wenig Beachtung. Nach dem erfolglosen Verlauf des Feldzugs KARLS DES GROSSEN 791 gegen die Awaren in der ungarischen Tiefebene blieb das Land östlich der Enns dem Gutdünken bayerischer Herzöge und der missionarischen Tätigkeit der Kirche in Bayern überlassen. Beide brachten mittels bayerisch-fränkischer Kolonisten die von Slawen dünn besiedelten Räume allmählich unter ihre Kontrolle. Urkunden über Schenkungen oder Belehnungen fehlen daher bis zum 9. Jh.

Der Name »Wahowa« (Wachau) erscheint erstmals 823 in einem Dokument, in dem LUDWIG I., DER FROMME (814 bis 840), eine Güterschenkung seines Vaters, Karls des Großen, an das Bistum Passau bestätigt. Darin wird das Gebiet zwischen Spitz und St. Michael am linken Donauufer als »Wahowa« bezeichnet. Der Name wurzelt vermutlich im germanischen Wort »wáh« oder »wanh« – so viel wie »krumm« –, hat mit »Wache« also nichts gemein.

LEOPOLD I., seit **21. 7. 976** Markgraf an der Donau, war bereits begütert, als ihn OTTO II. mit Landstrichen belehnte, die heute Teilen der südlichen Wachau und daran angrenzenden Gebieten entsprechen. Mit dem Kärntner Adelsgeschlecht der Eppensteiner verschwägert, nannte Leopold die Grafschaft des unteren Donaugaus (Straubing-Deggendorf), des Traungaus und den später erworbenen Sundergau an der oberen Isar sein Eigen. Die Stammburg Babenberch soll in Bamberg oder bei Fulda, zwischen Spessart und Thüringer Wald, gelegen haben. Vielleicht stammte er tatsächlich aus dem Geschlecht der Popponen.

Es sind primär strategische Überlegungen, die das siedlungsarme Gebiet, das Leopold I. übernahm, für den König wichtig machten: Es deckte den Donaulauf an seiner verwundbarsten Stelle, beim Strudengau und in der Wachau. In diesen von Stromschnellen behinderten Engstellen waren Schiffe und Boote eine leichte Beute möglicher Regime- oder Reichsgegner. Zudem befanden sich hier die Einfallspforten nach Osten in die fruchtbaren Gegenden des Tullner und Wiener Beckens.

Leopold I. verlegte **984** seinen Sitz nach dem bereits **831** urkundlich erwähnten Medilica, dem heutigen Melk, und begann mit der Rekolonisation des verarmten Landes, dessen 25 000 bis 30 000 Einwohner noch in den Steinruinen aus der Römerzeit hausten. Er holte bayerische, fränkische und sächsische Siedler ins Land, und das Bistum Passau organisierte den Kirchenbau in St. Pölten, Krems, Herzogenburg und Tulln. Das dem HL. HIPPOLYT geweihte Kloster zu St. Pölten ist das älteste der Mark. Leopold I. konnte jetzt die Ostgrenze seiner Herrschaft an den Wienerwald verlegen.

Markgraf Leopold I. – mit RICHEZA, einer Enkelin OTTOS DES GROSSEN, verheiratet – stand am Beginn der 270 Jahre dauernden Herrschaft der Popponen-Babenberger in Österreich. Ihn ereilte ein tragisches Ende: Während eines Turniers in Würzburg **994** traf ihn als unbeteiligten Zuschauer ein verirrter Pfeil. In Würzburg fand er seine letzte Ruhestätte und nicht in der Melker Stiftskirche, wie man bisher meinte.

Ein unscheinbares, vergilbtes, fleckiges Dokument gibt kund: König OTTO III., seit **983** auf dem Thron des Reiches – ein Asket von schönem Wuchs, hoher Bildung und majestätischer Würde –, schenkte am **1. 11. 996** zu Bruchsal dem Bischof des Bistums Freising, GOTTSCHALK, Land. Nicht übermäßig viel, gerade nur einen Hof zu Niuvanhova, heute Neuhofen an der Ybbs, und dreißig Königshufen, das sind rund 1 000 ha samt Zubehör. Diese Urkunde verzeichnet zum ersten Mal den Namen Österreich, und zwar in der vom Volk genannten Form: Ostarrîchi. Die Wurzeln des Wortes sind unklar. Der Historiker ERNST JOSEPH GÖRLICH stellte einen Zusammenhang zwischen »Ostarrîchi« und »Noricum« her: „*Im keltisch-schottischen Gälisch heißt noch heute »noir« Ost und »righ« König, Königtum.*"

Damit wäre die Siedlungskontinuität über die wirren Zeiten der Völkerwanderung hinweg in unserem Raum bestätigt. Zu dieser Zeit lenkte bereits Leopolds Sohn, HEINRICH I., die Geschicke der Mark Ostarrîchi. Während das durch verheerende Völkerzüge noch immer stark in Mitleidenschaft gezogene, dünn besiedelte Land an der Donau unter Herrschaft eines Markgrafen den wirtschaftlichen Anschluss an das westlich-fortschrittliche Bayern suchte, sah sich Kärnten bereits in der Blüte seiner Eigenständigkeit. **976** aus der lehensrechtlichen Bindung mit Bayern gelöst, wurde es Herzogtum, das älteste auf österreichischem Boden.

Ein steinerner Zeuge aus jenen Tagen steht nördlich von Klagenfurt auf dem Zollfeld: der aus römischen Bauwerkresten errichtete »Herzogstuhl«, ein Doppelthron, auf dessen östlichem Sitz der Pfalzgraf, auf dem westlichen der Herzog die Huldigung der Stände entgegengenommen und Recht gesprochen haben; zum letzten Mal am **12. 9. 1651**. Das Herzogtum umfasste das heutige Kärnten mit Osttirol, die Kärntner Mark an der Mur in der Steiermark und die Herrschaft Pitten im südöstlichen Niederösterreich. Seine Wirtschaftskraft garantierte Reichtum, Macht

MARKGRAF LEOPOLD I.

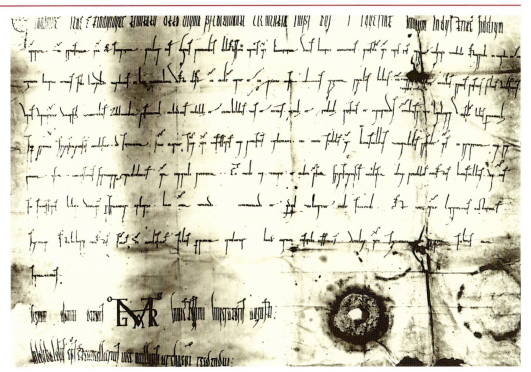

und politischen Einfluss. Daher belehnte der König meist Günstlinge mit der begehrten Herzogswürde, die darüber hinaus noch den Anreiz hatte, mit dem Erzamt des Reichsjägermeisters verbunden zu sein, und diesem Würdenträger standen Tür und Tor zum Reichsfürstentum offen.

Stichwort

Die Babenberger

»Babenberger« nannten sich die Popponen selbst nie, den Namen gab ihnen Bischof OTTO VON FREISING im **12. Jh.** – Otto war Sohn des Babenberger-Markgrafen LEOPOLD III., wurde, 14-jährig, Dompropst zu Klosterneuburg, stieg zum Abt des Zisterzienserklosters Morimond in Frankreich auf und übernahm mit 23 Jahren, **1137**, das Bischofsamt im bayerischen Freising. Die von ihm verfassten Chroniken trugen dazu bei, dass in den Geschichtsbüchern bis ins **20. Jh.** das Bild vom »blutrünstigen magyarischen Heidenvolk« lebendig blieb.

Auch die Beinamen der »Babenberger« sind Zutaten späterer Zeit. LADISLAUS SUNTHAYM, Domherr zu Wien, mühte sich **1491** mit einer Auftragsarbeit des Stiftes Klosterneuburg, die Geschichte des „löblichen Fürsten und des Landes Altherkommen und Regierung" zu schreiben. Zum Wohlgefallen des Auftraggebers verlieh er den Babenberger Markgrafen Attribute, die ihre Tugenden ins rechte Licht rücken sollten. So wurde LUITPOLD oder LEOPOLD I. zum »Erlauchten«, weil Sunthaym in den Annalen nicht sehr viel über ihn ermitteln konnte.

Die ersten drei Zeilen der »Ostarrîchi«-Urkunde Ottos III. besagen, dass der König am 1. 11. 996 dem Freisinger Bischof Gottschalk einen Hof zu Neuhofen geschenkt hat.

Die Babenberger — 996 bis 1018

Unter Markgraf HEINRICH I., der von **994 bis 1018** sein Land in Melk verwaltete, wurde am **1. 11. 996** die Mark an der Donau zum ersten Mal als »Österreich« bezeichnet: *„In regione vulgari vocabulo Ostarrîchi dicta"* oder *„in dem Lande, welches im Volksmunde Österreich genannt wird"*.

Von diesem schmalen Landstrich aus begann sich der österreichische Staat zu entwickeln. Sein künftiges Schicksal zeigte sich schon in den ersten Jahren der Existenz: Zum einen drängte die kleine Mark auf Vergrößerung des Herrschaftsbereiches, die natürlich auf Kosten der Nachbarn ging, zum anderen geriet sie selbst in deren Interessensphären. Die Zukunft musste daher entscheiden, ob sich dieses kleine Land behaupten konnte, es im Verband eines großen, wenn auch in sich durch zahllose Einzelinteressen zersplitterten Reiches verblieb, zur Selbstständigkeit fand oder von mächtigen Nachbarn einvernahmt wurde. Es lag von der Stunde der Gründung an bei seinen Regenten und deren diplomatischen und militärischen Fähigkeiten, die Lebens- und Überlebensmöglichkeit ihres Landes unter Beweis zu stellen.

Im Jahr **1002** starb Kaiser OTTO III., und sein Vetter, der bayerische Herzog HEINRICH II., Sohn des in Ungnade gefallenen HEINRICHS DES ZÄNKERS, bestieg den Königsthron. Im **Februar 1004** wurde er zum römischen Kaiser gekrönt. Sein Augenmerk richtete sich vornehmlich gegen Osten, nach Polen, Böhmen und Ungarn. Damals lag die böhmisch-mährische Grenze zu Ostarrîchi am Wagram des Tullner Beckens und des Marchfeldes, die zu Ungarn auf der Höhe des Wienerwaldes.

Gefahr für das Reich ging vom polnischen Herzog BOLESLAW I. CHROBRY aus. Innen- und außenpolitisch durch den Papst gestärkt, der die Errichtung eines eigenen, vom Reich unabhängigen Erzbistums in Gnesen erlaubt hatte, nutzte Boleslaw I. Sicherheitslücken an der deutschen Ostgrenze und Thronwirren in Böhmen, um sein Reich auszuweiten. Die Ablehnung der deutschen königlichen Lehenshoheit und die Besetzung Prags **1003** unter Verletzung bayerischer Ansprüche sowie seine großpolnische Reichskonzeption, die ein Großslawisches Reich unter Polens Führung anstrebte, stehen am Beginn eines vierzehn Jahre dauernden Kriegs mit Heinrich II. Auch Ostarrîchi war von der Auseinandersetzung betroffen. **1015** und **1017** führte Markgraf Heinrich I. ein bayerisch-böhmisches Aufgebot gegen den Polenherzog, war erfolgreich und erntete dafür Anerkennung: THIETMAR VON MERSEBURG lobte Markgraf Heinrich I. als *„tapferen Kriegsmann"*.

1029 brachten innere Kämpfe das polnische Herrschaftsgefüge zum Einsturz. Das Machtvakuum nützend, gliederte der böhmische Herzog BŘETISLAW – vom deutschen König Heinrich II. favorisiert – kurzzeitig polnisch gewordene Gebiete seinem Herzogtum wieder an, der Südgrenze zu Ostarrîchi schenkte er keine Beachtung. Markgraf Heinrich I. erkannte die Gunst des Augenblicks und schob die Grenze Ostarrîchis an die Thaya vor.

Der Zustrom neuer Siedler in die Mark an der Donau dauerte an und wurde durch königliche Schenkungen an die Kirche gefördert. Passau erhielt **1007** an der Enns- und Erlamündung Güter, Salzburg rundete an Perschling und Traisen zwischen **991** und **1022** seinen Besitz ab.

Die Zeiten waren unruhig, und so hielt man **1012** oder **1017** den irischen Pilger KOLOMAN, Sohn eines Keltenfürsten, bei Stockerau für einen ungarischen Spion, da er eine fremdartige Kleidung trug und man seine Sprache nicht verstand. Nach grausamer Folter wurde er gehenkt. Da sich aber am Ort seines Todes wundersame Dinge ereigneten, entstand bald ein Koloman-Kult, und der Märtyrer wurde als Patron Österreichs **(bis 1663)** verehrt.

Markgraf Heinrich I. starb unerwartet am **23. 6. 1018**, und Bruder ADALBERT – früher fälschlicherweise als Sohn bezeichnet, von OTTO VON FREISING aber glaubhaft korrigiert – erhielt das Lehen Ostarrîchi zugesprochen.

DIE BABENBERGERMARK WÄCHST

Niuvanhova – Neuhofen – liegt in einem großen Waldgebiet am Südrand jenes Landstrichs, den Leopod I. am 21. 7. 976 zur Verwaltung übernommen hat. Es ist nur ein schmaler Streifen Landes entlang der Donau, der nach der Schlacht auf dem Lechfeld zum Grenzschutzbezirk ernannt wird. Offiziell heißt die Gegend noch immer »Avaria«, das Awarenland, und es sind ausschließlich strategische Überlegungen, die das siedlungsarme Gebiet ohne wirtschaftlichen Anreiz oder materielle Güter wichtig machen: Es deckt den Donaulauf an seiner verwundbarsten Stelle, dem Strudengau und der Wachau. In diesen Engen sind Transport- und Nachschubkähne wehrlose Objekte, die von den überhängenden Felsen mühelos angegriffen werden können. Leopold I. holt bayerische, fränkische und sächsische Siedler ins Land. Das Bistum Passau organisiert den Kirchenbau, das Kloster zu St. Pölten – dem hl. Hippolyt geweiht – ist das älteste der Mark. Zug um Zug verlegen er und seine Nachfolger die Ostgrenze an den Wienerwald und weiter und sichern sie durch Befestigungen. Um 1030 wird die March Grenzfluss und blieb es bis heute. Geschickte Politik dehnt die Babenbergermark immer weiter aus, während Bayern und Kärnten an Bedeutung und Macht verlieren.

Die Babenberger

1018 bis 1055

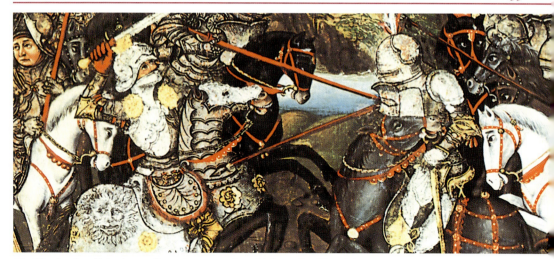

Die Künstler des »Babenberger Stammbaums« malten Adalbert, den Siegreichen (im Bild rechts) im Kampf mit den Ungarn. Wegen seiner schweren arthritischen Erkrankung hat er aber wohl nie aktiv an einer Schlacht teilgenommen.

Auch unter ADALBERT, dem „*vogt in Ôsterlant*", wie ihn der mittelhochdeutsche Dichter JANS ENIKEL am Ende des 13. Jh.s nennt, griff die neue Mark Ostarrîchi nach Osten und Norden aus. Dies berichtet die babenbergische Genealogie aus dem Ende des 12. Jh.s. Demnach entrissen Adalbert und Sohn LEOPOLD die »Marchia orientalis« den Ungarn vollends. Sie mussten allerdings behutsam vorgehen, denn GISELA, die Schwester Kaiser HEINRICHS II., war mit König STEPHAN VON UNGARN verheiratet. Doch der Kaiser selbst förderte die Besitzergreifung, indem er der Kirche Land schenkte, die fränkisch-bayerische Kolonisten ansiedelte. Um 1020 erhielt das Kloster Tegernsee fünf Königshufen „*juxta flumen Svechant*", jenseits der Schwechat; zur gleichen Zeit bekam das Erzstift Salzburg sechs Königshufen an der Quelle der Warmen Fischa bei Fischau, an der Grenze Ostarrîchis zur Karantanischen Mark, geschenkt. Viel Land war das nicht, denn eine Königshufe bestand aus einem Gehöft mit einem Areal von 7 bis 10 ha. Die Landnahme schritt kontinuierlich fort und erreichte 1030/31 vorübergehend die Flüsse Thaya, March und Leitha, endgültig dann 1043.

Adalbert regierte umsichtig und gewissenhaft in seiner Residenz, die er, nach der Erweiterung seiner Mark gegen Osten, von Melk nach Tulln verlegte. Welche Gründe um 1026/27 zur Entfremdung zwischen ihm und Kaiser KONRAD II. führten, ist nicht bekannt. Tatsache ist, dass Konrad in die Innenpolitik der Mark eingriff und auf einer Reichsversammlung 1027 feststellen ließ, welche Rechte das Reich in Bayern und in Ostarrîchi habe, im Besonderen an den »civitates«, den Reichsfesten und Burgen. Möglicherweise wollte Konrad II. den Ungarnkönig Stephan beruhigen, der das Vordringen bayerischer Siedler an seiner Westgrenze mit Sorge betrachtete. In einer Präventivaktion fiel Stephan schließlich doch in die Mark Ostarrîchi ein. Der von Konrad II. geführte Gegenschlag endete im Sommer 1030 im weitläufigen Schilfgürtel des Neusiedler Sees in einem Fiasko. Das durch Hunger ermattete Heer Konrads musste sich zurückziehen und fiel vor Wien lauernden Ungarn in die Hände. Ein Friedensschluss sprach den Grenzstreifen im Osten der Mark Ostarrîchi, zwischen Fischa und Leitha, den Ungarn zu.

Adalbert hatte am Reichsfeldzug nicht teilgenommen. Das trug ihm den Ruf der Feigheit ein – eine

Markgrafschaft Ostarrîchi

Verleumdung, wie sich **1968** herausstellte, als Mediziner die im Stift Melk bestatteten babenbergischen Markgrafen untersuchten und die Diagnose erstellten, dass Adalbert an einer schweren chronischen Gelenksentzündung gelitten haben musste, die ihm eine normale Fortbewegung unmöglich machte.

SUNTHAYM nennt den Babenberger zwar den »Siegreichen«, doch Adalbert beteiligte sich wahrscheinlich nie aktiv an Kämpfen.

Markgraf Adalbert errang dennoch die Gunst König Konrads II. Als Mitglied des Gerichts im Bamberger Hochverratsprozess erkannte er den amtierenden Kärntner Herzog ADALBERO VON EPPENSTEIN wegen Aufwiegelei für schuldig. Adalbero, der nach eigener Aussage nur wegen der andauernden Einmischung des Königs in seine Amtsgeschäfte protestiert haben will, ging in die Verbannung. Adalbert schenkte der König **1035** fünfzig Hufen beim slawischen Dorf Bobsowa, dem heutigen Berndorf.

Als König Konrad II. am **4. 6. 1039** starb, trat sein Sohn, HEINRICH III., das Erbe an. Seit **1028** war er König, und er war auch Herzog von Bayern, deshalb interessierte ihn das Geschehen im Osten besonders. Daher unterstützte er Adalbert und seine Söhne bei der Festigung der Grenzen an Thaya, March und Leitha. Er gewährte auch Hilfe, als Ostarrîchi der ungarischen Raubzüge nur schwer Herr wurde.

So drang im **Februar 1042** der ungarische König ABA **(1041 bis 1044)** mit zwei Heerhaufen entlang der Donau nach Westen vor. Die von Aba geführte Südarmee verwüstete das Land bis zur Traisen und kehrte über Tulln mit reicher Beute heim. Die ungarische Nordarmee aber traf im Marchfeld auf Adalberts Sohn Leopold, der sie vernichtend schlug.

Heinrich III. nutzte die vom Babenberger geschaffene günstige Ausgangslage für einen offensiven Vorstoß und verfolgte die geschwächten Ungarn bis Gran und erreichte in einem zweiten Waffengang **1043** die Raab. Nun mussten die Ungarn die im Frieden von **1030** zugesprochenen Gebiete an Fischa und Leitha wieder herausgeben. Die innenpolitischen Wirren, die daraufhin in Ungarn ausbrachen und abermals Ostarrîchi bedrohten, führten zur Errichtung einer Böhmischen und Ungarischen Mark. Die Überfälle auf Ostarrîchi blieben zwar jetzt aus, dafür wurde die Karantanische Mark heimgesucht.

Am **26. 5. 1055** starb Markgraf Adalbert von Ostarrîchi. Sein Sohn ERNST erhielt das Lehen.

STICHWORT

Melk an der Donau

Am Eingang des Donauengtales der Wachau liegt das **831** namentlich als »medilica« genannte Melk. Auf der Tabula Peutingeriana ist an seiner Stelle das Kastell »Namare« eingezeichnet. Der slawische Name »Melk« stand vor **800** für den Fluss, der von »Marchia«, der Grenze, abgeleitet wird. In der Nähe liegt der Ort Winden, auch hier siedelten Slawen, wie der Name verrät.

Die Bedeutung Melks als Zentrum eines dem König unterstehenden Zoll- und Burgbezirks reicht bis ins **9. Jh.** zurück. In der 2. Hälfte des **10. Jh.s** saßen auf der Melker Burg die SIGHARDINGER. Danach nahm Graf SIZO (bisher irrig Gizo) die Burg in Besitz, der sie aber wegen des Aufstands des bayerischen Herzogs HEINRICH DES ZÄNKERS, dem er diente, **975** an Markgraf LEOPOLD I. verlor. Dieser residierte nun hier an Reiches Statt.

Die Grafen von FORMBACH-RATELNBERG gründeten vermutlich **985** das Stift. Um **990** bemühte sich das Erzbistum Salzburg, ihre in die karolingische Zeit reichenden Besitzrechte wieder zu erneuern. Dabei wird Melk in einer gefälschten Urkunde als »civitas« genannt, also als wehrhafte Siedlung. **1089** kamen Benediktiner aus dem oberösterreichischen Kloster Lambach nach Melk, und das Stift wurde Mittelpunkt der religiösen Bewegung in Ostarrîchi.

Markgraf ERNST war ein Mann von athletischem Wuchs und mit 1,80 m von überdurchschnittlicher Größe. Als Sohn von Markgraf ADALBERT und dessen erster Frau GLISMOND, der Schwester des Bischofs MEINWERK VON PADERBORN in Sachsen, zeigte er zu diesem norddeutschen Herzogtum stärkere Bindungen als zu Ostarrîchi. So vermählte er sich in zweiter Ehe mit ADELHEID, einer Tochter des sächsischen Markgrafen DEDI II. VON MEISSEN, und er fiel auch in Sachsen, bei Homburg an der Unstrut, 1075, im Kampf gegen Aufständische. Seine Gebeine ruhen, wie die aller Babenberger, die bis 1095 starben, im Stift Melk. 1968 unterzogen Pathologen die Skelette einer medizinischen Untersuchung.

Diese ergab, dass die Verletzungen, die Ernst erlitten hatte, von vier tödlichen Verwundungen stammten: Eine Streitaxt durchschlug das linksseitige Schädeldach oberhalb des Jochbogens, ein Schwerthieb traf ebenfalls den Kopf, der Schlag eines Streitkolbens zertrümmerte ihm den Oberarmknochen, und ein weiterer Schwertstreich durchtrennte glatt den Schenkelhalsknochen. Der Babenberger Biograf SUNTHAYM gab Ernst den Beinamen »der Tapfere«.

Das Verdienst des Markgrafen Ernst war die Vereinigung Ostarrîchis mit der 1043 errichteten Böhmischen Mark und der Ungarischen oder Neumark zu einer Grafschaft, wie 1055 die Belehnungsurkunde von HEINRICH III. die Mark nun bezeichnet, und die Ansiedlung ungarischer Gefangener in der Böhmischen Mark 1060/55, mit der er den für die weitere Staatswerdung Österreichs wichtigen Akt beschleunigte.

Einige ungarische Ortsnamen südlich von Laa an der Thaya haben sich bis heute erhalten und geben Kunde von damals: so Schoderle, Gaubitsch, Fallbach oder Ungerdorf. Damit fand im Wesentlichen der Siedlungsausbau des Weinviertels in der 2. Hälfte des 11. Jh.s seinen Abschluss.

Den Nachfolger von Ernst, Sohn LEOPOLD II., genannt der Schöne – er regierte von 1075 bis 1095 –, erwartete eine konfliktreiche Zeit. Der Streit des deutschen Königs mit dem Papst wegen Investitur, Zölibat und Simonie mündete 1076 in einen offenen Kampf.

Nach karolingischer Tradition hatte bisher der König in den von ihm beherrschten Ländern die Bischöfe bestellt und sie wie Reichsbeamte belehnt. Papst GREGOR VII., der sich als Reinkarnation des HL. PETRUS verstand, forderte nun nicht nur die Ernennungsvollmachten zurück, sondern auch die bedingungslose Unterordnung des Königs bzw. Kaisers unter die Herrschaft der Kirche, also seiner. Um seinem Diktat Gewicht zu verleihen, berief Gregor VII. 1075 eine Synode ein, die mehrere Verbote erließ: die Laieninvestitur, d. i. die Einsetzung von Personen in geistliche Positionen durch weltliche Mächte, die Simonie, also die Möglichkeit des Kaufs kirchlicher Ämter, und die Heirat von Priestern. König HEINRICH IV. wies diese plötzlichen Eingriffe in die bestehende Rechtsordnung des Reiches zurück, die seit 800, der Wahl Karls des Großen zum Kaiser, praktiziert wurde; Heinrich setzte nach traditionellem Recht den Pontifex ab. Gregor VII. antwortete mit dem Kirchenbann, das hieß, Fürsten und Untertanen mussten sich vom König lossagen, wollten sie nicht gleichfalls exkommuniziert werden.

Markgraf Leopold II. stand – im Gegensatz zu einigen anderen Reichsfürsten – treu zum König. Doch die Anhänger des Papstes – Bischof ALTMANN VON PASSAU, Erzbischof GEBHART VON SALZBURG und Leopolds Frau, ITHA VON FORMBACH-RATHELNBERG, nötigten ihn, die Seite zu wechseln. König Heinrich griff zu den Waffen, und Leopold musste ihm 1078 das Treuegelöbnis wiederholen. Nach zwei Jahren ergriff der Markgraf abermals die Partei des Papstes und verlor nun das Lehen an den Böhmenherzog WRATISLAW II. Dieser zog mit Söldnern des königstreuen Regensburger Bischofs OTTO gegen Österreich. Bei Mailberg im nördlichen Weinviertel kam es am 12. 5. 1082 zum Kampf, Leopold II. und sein Bauernheer unterlagen. Auf Burg Gars suchte er Zuflucht.

ÖSTERREICH ZWISCHEN KÖNIG UND PAPST

Nochmals leistete er den Vasalleneid und erhielt tatsächlich das Markgrafenamt zurück. Aber auch Wratislaw ging nicht leer aus: Heinrich IV. krönte ihn zum König von Böhmen. Markgraf Leopold II. starb auf Burg Gars **1094**.

Um die Mitte des 11. Jahrhunderts erreichte die Mark Ostarrîchi die auch heute gültigen Grenzen von Thaya und March (oben). – Markgraf Ernst starb am Schwerthieb, der ihm das Jochbein spaltete (rechts).

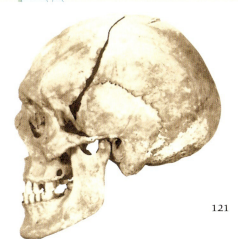

Als LEOPOLD III. (1095 bis 1136) nach dem Tod seines Vaters 1095 mit der Markgrafschaft von Österreich belehnt wurde, zählte er 19 Jahre. Überdurchschnittlich intelligent und klug taktierend, schaffte er es innerhalb kurzer Zeit, in die höchste Gesellschaft des salisch-staufischen Kaiserhauses aufzusteigen. Dabei kam ihm der Konflikt zwischen Kaiser HEINRICH IV. und dessen gleichnamigem Sohn gelegen. 1104 rebellierte dieser gegen den Vater, und Kaiser Heinrich IV. holte seinen Vasallen Leopold III. ins Land. Am Fluss Regen in Bayern sollte die Auseinandersetzung stattfinden. Doch Leopold III. brach sein Treuegelöbnis, entschied sich gegen den Kaiser, und dieser musste abtreten. HEINRICH V. dankte dem Babenberger den *„unmenschlichen und unerhörten Verrat"* – wie Bischof OTTO VON FREISING, der Chronist der Babenberger und zugleich Sohn Leopolds III., schreibt –, indem er ihm seine Schwester AGNES, die Witwe des Schwabenherzogs FRIEDRICH VON STAUFEN, zur Gemahlin gab. Als die Salier 1125 ausstarben, stand Leopold III. an der Spitze der Anwärter für den Königsthron, er lehnte allerdings die Wahl ab.

Agnes war die zweite Frau Leopolds III. Über die erste ist nichts mehr in Erfahrung zu bringen, ihr Name wurde aus allen Annalen und Chroniken von pflichteifrigen Mönchen gelöscht, zum Teil, wie in der Klosterneuburger Handschrift »Chronicon pii marchionis«, nur oberflächlich weggeschabt. Die Söhne aus dieser Ehe, ADALBERT und FRIEDRICH, traten daher auch politisch nicht in Erscheinung. Mit Agnes an der Seite – die Legende dichtet ihr an, einen verlorenen Schleier nach neun Jahren wieder gefunden und an der Fundstätte das Stift Klosterneuburg gegründet zu haben – änderte sich schlagartig der Regierungsstil Leopolds III. Agnes war ungemein vermögend, und Leopold III. konnte dank ihrer Mitgift als der große Förderer der Kirche auftreten und ihr sogar Ländereien und Gebäude zurückgeben, die seine Vorgänger unter zweifelhaften Umständen von ihr erworben hatten. Überreich beschenkte Leopold kirchliche Institutionen, wandelte 1133 das 1107 gegründete Kollegiatsstift Klosterneuburg in ein Augustiner-Chorherren-Stift um, gründete 1134 das Zisterzienserstift Heiligenkreuz und 1136 das Benediktinerstift Kleinmariazell im Wienerwald. Er erwarb sich dadurch den Ruf, überaus fromm und mildtätig zu sein. Die Macht des Papstes respektierend, gab er Stift Melk und Klosterneuburg in dessen besondere Obhut. 1485 von Papst INNOZENZ VIII. heilig gesprochen, wurde er am 19. 10. 1663 von Kaiser LEOPOLD I. offiziell zum Schutzheiligen Österreichs ernannt und verdrängte als Landespatron von Niederösterreich den bis dahin verehrten irischen Märtyrer Koloman. Seitdem gilt der 15. November in Niederösterreich als Ehrentag des HL. LEOPOLD.

Zweifellos trug Leopolds Parteiwechsel im Vater-Sohn-Konflikt des deutschen Herrscherhauses zur Befriedung des kaiserlich-päpstlichen Investiturstreites bei: Heinrich V. beendete ihn auf Vermittlung Leopolds mit der Unterzeichnung des Wormser Konkordats von 1122.

Leopolds Ehe mit der um vier Jahre älteren Agnes verlief harmonisch. Zu den aus ihrer ersten Ehe stammenden zwei Söhnen gebar sie Leopold weitere acht Söhne sowie zehn Töchter. Klug, gebildet und selbstbewusst, nahm sie am politischen Leben ebenso teil wie an der künstlerischen Ausgestaltung des im Bau befindlichen Stiftes Klosterneuburg, und sie unterstützte Leopold III. tatkräftig bei der Bildung eines Landesbewusstseins. Sie vermittelte ihm das Gefühl, mehr als nur ein Beamter des deutschen Königs zu sein. Die erstmalige Erwähnung eines österreichischen Landrechts, des »ius illius terrae«, bestätigt die Weiterentwicklung der landesfürstlichen Gewalt unter Leopold. In Krems errichtete der Markgraf vermutlich 1130 die erste Münzstätte Österreichs, die ihre finanzielle Deckung aus den Erträgen der Donaumaut bezog; der »Kremser Pfennig« erfreute sich auf dem uneinheitlichen Geldmarkt bald großer Beliebtheit.

LEOPOLD III., DER HEILIGE

Der jähe Tod Leopolds III. unterbricht die kontinuierliche Entwicklung Österreichs zu einem eigenständigen Staat nicht: Seine Nachfolger erweisen sich als mindestens ebenso klug und beharrlich in der Erreichung dieses Zieles.

Unter der 41 Jahre langen Herrschaft Leopolds nahm Österreich eine ruhige wirtschaftliche und politische Entwicklung. Die Ausbildung eines landesherrlichen Kirchenrechts und die Zusammenlegung gräflicher und herrschaftlicher Rechte förderten die staatliche Einigung.

Leopolds Tod am **15. 11. 1136** war tragisch und mysteriös zugleich. Während einer Jagd traf ihn ein Wurfspeer im Gesicht und tötete ihn. Der Täter wurde nie ermittelt. Ein Sohn aus erster Ehe soll Rache geübt haben dafür, dass er Leopolds Nachfolge antreten konnte, erzählen Gerüchte.

Witwe Agnes führte für ein halbes Jahr souverän die Regierungsgeschäfte, bis Sohn **LEOPOLD IV.** das Erbe antrat. Agnes, für damalige Zeiten eine außergewöhnliche Frau, starb **1143** im Alter von 70 Jahren.

LEOPOLDS III. drittem Sohn, LEOPOLD IV., waren nur knappe fünf Jahre des Regierens – von **1136 bis 1141** – gegönnt. SUNTHAYM nennt ihn den »Freigebigen«, doch dieses Urteil trifft nicht zu.

Im Gegensatz zu seinem Vater hielt Leopold IV. den Familienbesitz zusammen, versuchte ihn sogar durch Einziehung deutscher Güter in Österreich zu vergrößern und tätigte Stiftungen nur um seines guten Rufes willen. Er betrieb eine friedliche Außenpolitik, knüpfte durch die Heirat mit der Tochter des Böhmenherzogs SOBIESLAW verwandtschaftliche Bande zum nördlichen Nachbarn und pflegte zum König von Ungarn, BÉLA II., gute Beziehungen.

Unvermittelt geriet die Mark Österreich im Frühjahr **1138** in politische Turbulenzen, die vom Reich ausgingen. Auf der Rückreise von Italien war im tirolerischen Reutte der deutsche König und römische Kaiser LOTHAR VON SACHSEN-SUPPLINBURG verstorben. Noch befand sich der Kondukt auf dem Weg nach Bayern, da entflammte bereits der Kampf um die Nachfolge. Die beiden mächtigsten Adelsgeschlechter des Reiches – Welfen und Staufer – rangen um die Krone und ließen das Reich für nahezu 100 Jahre nicht zur Ruhe kommen. Auch Österreich geriet in den Strudel der Auseinandersetzungen, denn Leopold IV. war ein Halbbruder des Staufers KONRAD III., der tatsächlich die Mehrzahl der deutschen Fürsten für sich gewinnen konnte. HEINRICH DER STOLZE aus dem Geschlecht der Welfen, Herrscher über Sachsen und Bayern, aber beanspruchte den Königsthron für sich und rebellierte gegen den König.

Der rechtmäßig gewählte Konrad entzog ihm hierauf das bayerische Lehen und übergab es Leopold IV. Über *„die glänzendste und am höchsten geachtete Würde im Reich"*, wie Zeitgenossen diese Auszeichnung erklären, wurde Leopold IV. nicht recht froh. Die Welfenpartei versperrte ihm mit Waffen den Weg zur Regensburger Residenz. Auch in der Regensburger Festung selbst lauerten Gefahren auf den Babenberger, er entging einer durch OTTO VON WITTELSBACH angezettelten Verschwörung nur dadurch, dass er die Stadt in Brand stecken ließ und im Chaos floh. Die Heimat erreichte er dennoch nicht, er starb **1141** im bayerischen Altaich.

Der ältere Bruder und Nachfolger, HEINRICH II. – er lebte von **1114 bis 1177** –, zählt zu den ganz Großen des Babenbergerstammes. Chronist Sunthaym gab ihm den Beinamen »Jasomirgott«, weil – so die Legende – Heinrich seine staatspolitischen Entscheidungen regelmäßig mit einem *„Ja, so mir Gott helfe!"* bekräftigt haben soll. Historiker allerdings vermuten die Verballhornung eines nicht mehr näher zu identifizierenden arabischen Wortes »jasomirgo« aus **1147**, als Heinrich am 2. Kreuzzug ins Heilige Land teilnahm, um sich von der Exkommunikation zu befreien, die ihm nach einem Streit mit dem Regensburger Bischof auferlegt worden war.

Mit Bayern verband er auch sonst schlechte Erfahrungen. Die Heirat mit der abgesetzten welfischen Herzogin von Bayern, Tochter des verstorbenen Kaisers Heinrich III. und Witwe Heinrichs des Stolzen, GERTRUD, brachte keine Vorteile, sondern nur eine erbitterte Gegnerin an seine Seite. Sie starb **1143**.

Auch der Feldzug gegen die Ungarn **1146** trug ihm nur eine schwere Niederlage ein. So begab sich Heinrich II. **1147** auf den Kreuzzug. Er folgte den Spuren seiner Großmutter, ITHA VON FORMBACH-RATHELNBERG, die **1099** im Heer WILHELMS IX. VON AQUITANIEN und Herzogs WELF VON BAYERN im ersten österreichischen Kreuzfahrerkontingent mitzog und bis nach Eregli kam. Dort verlor sich am **15. 9. 1101** die Spur der wagemutigen, 55-jährigen Fürstin.

Auf dem Zug in den Orient befand sich Heinrich Jasomirgott in illustrer Gesellschaft: sein Halbbruder OTTO, Bischof von Freising, der deutsche König Konrad III., dessen späterer Nachfolger FRIEDRICH I., BARBAROSSA, und andere.

Bei Dorylaion endete der Marsch nach Jerusalem. Sultan MASUD I. stellte die Kreuzritter zum Kampf

HEINRICH II., JASOMIRGOTT

Otto von Freising, um 1112 bis 1158, war der fünfte Sohn Leopolds III., des Heiligen. Sein Vater machte ihn noch als Schüler zum Propst von Klosterneuburg und schickte ihn zum Studium nach Paris. Um 1140 wurde er Bischof von Freising. Otto war der erste große Geschichtsschreiber des Mittelalters.

Heinrich II. Jasomirgott kam nach dem Tod seines kinderlosen Bruders, Leopold IV., 1141 zur Regierung. Durch die Heirat mit der Kaisertochter Gertrud, der Witwe nach Herzog Heinrich dem Stolzen, wurde er Herzog von Bayern. Auf Bayern musste er zwar 1156 verzichten, dafür erlangte er die Umwandlung Österreichs in ein Herzogtum.

und jagte sie in die Flucht. Heinrich floh nach Konstantinopel. Am Hof des byzantinischen Kaisers **Manuel I.** lernte er dessen 15-jährige Nichte **Theodora Komnenos** kennen und vermählte sich hier zum zweiten Mal. Ob strategische, gegen Ungarn gerichtete Überlegungen ihn dazu bewogen hatten, ist denkbar, geriet doch der nicht ungefährliche Nachbar zwischen die Fronten. Sicher aber stärkte die Heirat Heinrichs Stellung in Deutschland, hier hatte er als Herzog von Bayern einen schweren Stand.

Die luxusverwöhnte byzantinische Prinzessin und nunmehrige Gemahlin eines babenbergischen Markgrafen, der sein bayerisches Herzogtum nur unter Lebensgefahr besuchen konnte, musste unter den ungewohnten Umständen psychisch schwer gelitten haben. Die Burg zu Klosterneuburg war zudem keine standesgemäße Bleibe, so drängte THEODORA aus der Klosterneuburger Enge hinaus und bezog mit ihrem Tross aus byzantinischen Händlern, Kauf- und Dienstleuten in Wien Quartier. Wohl oder übel folgte ihr Heinrich. Die babenbergische Residenz wurde seit der Herrschaft des Geschlechts nun bereits zum sechsten Mal verlegt. Nach Pöchlarn, Melk, Tulln, Gars am Kamp und Klosterneuburg wählte man jetzt Wien zum Sitz des Regenten.

Die Wahl war gut. Die Stadt, verkehrsgünstig gelegen, bot uneingeschränkte Entfaltungsmöglichkeiten. In der Tat war der Zuzug byzantinisch-griechischer Kaufleute so groß, dass die Stadt zeitweilig sogar Vindopolis hieß. Die noch heute beachtliche griechische Kolonie geht auf Theodora zurück, die ihre Landsleute nachkommen hieß.

Naturgemäß verbreiteten die Zureisenden ihre griechisch-oströmischen Sitten; so soll Theodora für die Verbreitung des griechischen Wiegenlieds *„Haidu o mu paidiu"* („Schlaf wohl, mein Kindchen"), aus dem das bekannte *„Eia, popeia"* wurde, gesorgt haben. Mit ihrer Begleitung zogen nahöstliche Kultur und Wissenschaft in Österreich ein. Die »arabischen« Zahlen – die in Wahrheit aus Indien stammen – lösten die römischen ab, morgenländische Erzählungen, wie »Tausendundeine Nacht«, eroberten Wien. In den österreichischen Klöstern werden byzantinische Handschriften aufbewahrt, die den regen geistigen Gedankenaustausch zwischen den beiden Kulturkreisen bestätigen. Die Namen der Heiligen GEORG, THEODOR, SEBASTIAN, ANDREAS und MARGARETHE wurden üblich, viele Babenberger heirateten in der Folge griechisch-byzantinische Prinzessinnen.

Als KONRAD III. 1152 starb, verlor HEINRICH II. eine ihm wohlgesinnte Stütze im Reich. Mit FRIEDRICH I., BARBAROSSA, dem »Rotbart«, Nachfolger Konrads, verband Heinrich wenig, trotz der gemeinsamen Teilnahme am Kreuzzug. Eine tiefe Abneigung lag zwischen beiden, die der Babenberger offen zur Schau trug, indem er bei keinem der Hoftage Barbarossas erschien und dadurch den König schwer brüskierte. Dieser rächte sich, entzog Heinrich II. die bayerische Herzogswürde und übertrug sie HEINRICH DEM LÖWEN, einem Welfen.

Mag sein, dass Jasomirgotts eheliche Verbindung zum einflussreichen byzantinischen Kaiserhaus König Barbarossa zum Einlenken bewog. Auf dem Reichstag zu Regensburg von 1156 kam jedenfalls ein versöhnliches Gespräch zustande, bei dem Barbarossa für die Rückgabe Bayerns die Mark Österreich zum Herzogtum erhob.

Damit war Österreich dem König direkt unterstellt und von Bayern gelöst. Eine weitere Vereinbarung erlaubte die weibliche Erbfolge der Herzogswürde. Weiters konnten der Herzog und seine Frau bei Kinderlosigkeit dem Kaiser einen Nachfolger vorschlagen, und die Gerichtsbarkeit war nur mehr an die Zustimmung des österreichischen Herzogs gebunden. Das Vertragswerk, das »Privilegium minus«, vom 17. 9. 1156 stand am Beginn der Selbstständigkeit Österreichs.

Heinrich II. nützte die zugesprochenen Freiheiten und trat im nach wie vor andauernden Investiturstreit zwischen Kaiser und Papst auf die Seite der Kirche. Barbarossa sah sich nun genötigt, 1175 den böhmischen Herzog SOBIESLAW II. zu mobilisieren. Offizieller Anlass waren Grenzverletzungen, Heinrich II. Jasomirgott durch Rodungsarbeiten an der Grenzen zu Böhmen und Mähren begangen haben soll. 60 000 Mann, darunter Russen und Sachsen, zogen gegen Wien. Im Herbst 1176 stellte Heinrich die Eindringlinge im Weinviertel, wehrte sie ab und verfolgte sie bis Znaim. Im gleichen Jahr ereilte den Babenberger aber das Schicksal; bei Melk brach er mit seinem Pferd durch die morschen Bohlen einer Brücke und zog sich

ÖSTERREICH WIRD HERZOGTUM

einen Oberschenkelhalsbruch zu, der zu Wundbrand und Blutvergiftung führte. Heinrich II. Jasomirgott starb am **13. 1. 1177** im Alter von 63 Jahren. In der von ihm gegründeten Schottenkirche irischer Benediktiner zu Wien wurde er beigesetzt.

Österreich im 12. Jahrhundert nahm etwa ein Sechstel der gegenwärtigen Fläche ein, die Bevölkerung kann nicht annähernd geschätzt werden. Aber Urkunden ermöglichen die Berechnung der ungefähren Zahl der Städte. Um 1200 gab es demnach auf heutigem Bundesgebiet 23 Orte mit Stadtrecht. Das älteste stammt vom 24. 4. 1212. Es wurde von Leopold VI., Herzog von Steier (Steiermark), der Stadt Enns verliehen. Der im Wappenschild dargestellte, Feuer speiende Drache war aus dem steirischen Landeswappen übernommen worden.

Die Babenberger waren mittlerweile vermögend geworden. Um 1125 wird das »ius illius terrae«, also ein Landrecht, erwähnt, und um 1136 trägt das Herrschaftsgebiet Leopolds schon die Bezeichnung »principatus«. Die Babenberger kauften Länder und Städte und setzten so einen bedeutsamen Schritt zur Landesbildung.

Die Babenberger — 10./11. Jahrhundert

Im Hochmittelalter fiel die Entscheidung über die zukünftige Entwicklung der großen Mächte im westlichen und mittleren Europa. Während in Frankreich und England die Gewalt des Königs durch die ligische Treue – die Bindung an einen Herrn –, den Untertaneneid und den Rückfall erledigter Lehen an die Krone eine Stärkung erfuhr, wurde die zentrale Machtfunktion des deutschen Königs durch die Lehensgesetze Konrads I., 1037, und Lothars III., 1136, geschwächt. Sie gestanden den Vasallen die Erblichkeit und Unentziehbarkeit ihrer Lehen zu, nötigten den König zur Weiterverleihung eines erledigten weltlichen Fürstenlehens innerhalb eines Jahres und vergrö-

Konzentration und Zersplitterung

Unter der Regierung König Friedrichs I., Barbarossa, 1152 bis 1190, stellte das Reich die bedeutendste Macht Europas dar. Aber sie schwand fortwährend, trotz aller Bemühungen, sie zu erhalten. Der Kampf zwischen den beiden mächtigsten deutschen Fürstenhäusern – den Staufern und Welfen – um die Krone, der Investiturstreit mit dem Papst, das nach Eigenständigkeit strebende oberitalienische Stadtbürgertum und der Separatismus der Bayern unterhöhlten die innere Festigkeit des Reiches seit Jahrzehnten.

Zur gleichen Zeit schufen Frankreich und England auf der Basis einer breiten Hausmacht neue Dynastien und bildeten starke Zentralgewalten aus. Das Reich geriet allmählich unter doppelten Druck: außenpolitisch durch aufstrebende Nachbarn, zu denen auch Schweden und Polen gehörten, und innenpolitisch durch die Zersplitterung in unzählige Einzelfürstentümer, die separatistische Ziele verfolgten.

Diese Gefahr territorialer Auflösung wurde Realität, als der Welfe Heinrich der Löwe (* um 1129, † 6. 8. 1195), Herzog von Sachsen und Bayern, dem König die Heereshilfe verweigerte und Landfriedensbruch beging, weil er dem Halberstädter Bischof Udalrich einige Kirchenlehen vorenthielt. Vor den Reichstag zitiert, erschien Heinrich der Löwe nicht, er wurde daher am 13. 4. 1180 seiner Lehen für verlustig erklärt: Sachsen ging zur Hälfte an das Kölner Erzstift und an Bernhard von Askanien. Die Wittelsbacher erwarben Bayern.

Was Barbarossa verhindern wollte – die Zerstückelung des Reiches –, trat nun ein. Der föderale Status der einzelnen Länder, der damals begründet wurde, beherrscht bis heute den politischen Alltag Deutschlands.

ßerten den allodialen Besitz, da Reichslehen wegen des Fehlens eines Lehensregisters zu freiem Eigentum erklärt werden konnten. Der zunehmenden Zentralisierung Englands und Frankreichs stand eine feudale Zersplitterung des Reiches gegenüber. Im politischen Windschatten dieser Ereignisse entstand Österreich.

Der Nachfolger Heinrichs II. Jasomirgott, **Herzog Leopold V. (1177 bis 1194), erhielt von Sunthaym den schmeichelhaften Beinamen »der Tugendhafte«. Eine glänzende Rittergestalt war Leopold allemal und geschäftstüchtig obendrein. Zielstrebig erweiterte er den Familienbesitz und zog adelige Güter ein, wenn die Rechtslage des Erbes nicht eindeutig war.**

Sein Augenmerk hielt er aber auf die benachbarte Markgrafschaft Steiermark gerichtet, die 1160 noch »Carinthia« hieß. Es bestand die Möglichkeit, sie zu erwerben, denn der kinderlose Landesfürst Otakar IV. aus dem bayerischen Grafengeschlecht der Traungauer litt an Elefantiasis und wusste um seinen nahen Tod.

Im Reich herrschte nach wie vor Unruhe, die Verleihung der Herzogswürde an Heinrich den Löwen durch Barbarossa erwies sich mehr und mehr als Fehlentscheidung. Der Welfe, maßlos und nur auf die eigenen Interessen bedacht, verweigerte die Heerfolge im Reichskrieg gegen Italien und beging schließlich Landfriedensbruch. Im November **1178** erhoben die deutschen Fürsten Anklage gegen ihn, auf dem Fürstentag von Würzburg **1180** wurde er der Herzogtümer Sachsen und Bayern für verlustig erklärt. Im Fürstengericht wirkte Leopold V. mit. Loyal auf der Seite Barbarossas, ergriff er gegen Heinrich den Löwen Partei und erhielt als königliches Dankeschön das westliche Mühlviertel. Wie die Mark Österreich wurde nun auch die Steiermark aus der bayerischen Lehenshoheit gelöst und ein eigenes Herzogtum. Es hieß nun offiziell »terra ducis Stiriae«, nach Steyr, der Residenz der Traungauer Adligen.

Leopold V. war aufgefordert und wie alle anderen Fürsten angehalten, an einem Kreuzzug teilzunehmen. Er verstand es, sich so lange davor zu drücken, bis ihm der Papst mit Exkommunikation drohte. Nun erst bequemte er sich und schlug sich bei Akkon tapfer, musste aber mit ansehen, wie der verbündete englische König Richard I. Löwenherz die babenbergische Fahne von einem eroberten Festungsturm riss. Damit hatte sich Richard Löwenherz den babenbergischen Herzog zum Feind gemacht. So die Legende.

Auf der Rückreise erlitt der englische König vor Venedig Schiffbruch und versuchte, auf dem Landweg die Heimat zu erreichen. Als Kaufmann verkleidet, wählte er den Weg über Österreich und hoffte, unerkannt bis zu seinen welfischen Verwandten in Sachsen zu kommen. Der groß gewachsene Mann mit hochmütigem Benehmen und fremder Sprache fiel aber auf: in »Erpurch prope Viennam«, dem damaligen Wiener Vorort Erdberg, wurde er erkannt und am **21./22. 12. 1192** festgenommen.

Herzog Leopold V. übergab den Gefangenen seinem Ministerialen Hadmar II. von Kuenring, der ihn auf der Burg Dürnstein festsetzte. Pflichtgemäß berichtete Leopold V. König **Heinrich VI.** von der Festnahme. Beide waren einer Meinung, die Freilassung Richards müsse viel Geld einbringen, mochte auch Papst Coelestin III. wüten und sich über den Bruch des „Gottesfriedens" empören – Kreuzfahrer genossen den besonderen Schutz der Kirche.

Aber die Lockung des Geldes war stärker, so nahm Leopold V. den Kirchenbann willig auf sich. Und in der Tat, die Summe Geldes, die er England abpresste, konnte sich sehen lassen: 100 000 Mark in Silber nach Kölner Gewicht – oder nach heutiger Kaufkraft rund 1,82 Mrd. Euro – war den Engländern ihr König wert. Und während sie Kirchensilber einschmolzen, eine Sondersteuer einhoben, wertvollen Zierrat von öffentlichen Gebäuden abmontierten, feierte Löwenherz auf Dürnstein turbulente Feste.

Der römisch-deutsche Kaiser Heinrich VI. aber dachte nicht daran, vom erpressten Geld etwas an Leopold V. abzutreten. Dieser wieder ließ im Gegenzug Löwenherz nicht frei. Nach langen Verhandlungen einigten sich Kaiser und Herzog. Der Babenberger erhielt die Hälfte des Lösegeldes, und Richard I. ging am **4. 2. 1194** frei. Mit den englischen Steuergeldern finanzierte Heinrich VI. seine Kriege in Italien, Leopold V. erweiterte Wien, befestigte Städte, errichtete eine Münzstätte, stützte die Währung des

Jahrzehntelang standen sich Österreich und Steiermark feindselig gegenüber. Die »Georgenberger Handfeste« beendete den Zwist der beiden Herzogtümer.

Die Steiermark fällt an Österreich

Wiener Pfennigs, der die Kremser Prägung ablöste, und baute das **1192** gegründete Neustadt weiter aus.

Seine für Österreich bedeutendste Entscheidung traf Leopold V. am **17. 8. 1186**. Gemeinsam mit dem Herzog der Steiermark, Otakar IV., unterzeichnete er auf dessen Burg auf dem Georgenberg bei Enns die »Georgenberger Handfeste«. Der Erbvertrag übertrug im Falle des Todes Otakars alle steirischen Herrschaftsrechte auf Leopold. Der Erbfall trat **1192** ein.

Das Schicksal wollte es, dass zwei Jahre später und zwei Tage nach dem Weihnachtsfest des Jahres **1194**, Leopold V. während eines Turniers in Graz vom Pferd stürzte und sich den Fußknöchel brach. Die Amputation des Beines half nicht, und der um sein Seelenheil besorgte Leopold gelobte, den Rest des englischen Lösegeldes – 4 000 Silbermark – zurückzuerstatten, sollte die auf ihm lastende Exkommunikation genommen werden. Der anwesende Erzbischof **Adalbert von Salzburg** hob den Kirchenfluch auf, und Leopold, 37-jährig, konnte ruhigen Gewissens am **31. 12. 1194** in die Seligkeit eingehen. Die 4 000 Mark wurden freilich nie zurückgezahlt.

Herzog Leopold V. konnte noch kurz vor seinem Tod die Nachfolge regeln. An die Bedingungen der »Georgenberger Handfeste«, die für beide Herzogtümer, Österreich und Steiermark, einen *„gemeinsamen Fürsten"* vorsahen, hielt er sich nicht. Er fürchtete Zwistigkeiten zwischen seinen Söhnen und teilte daher das Territorium: Friedrich I., der »Katholische«, erhielt Österreich, Leopold VI. die Steiermark zugewiesen. Friedrich regierte nur knapp dreieinhalb Jahre, er starb am 16. 4. 1198 auf dem Kreuzzug ins Heilige Land in Italien an der Ruhr. Sein Bruder Leopold VI., von Sunthaym der »Glorreiche« genannt, vereinigte wieder beide Herzogtümer und verwaltete sie die nächsten 32 Jahre. Es war eine friedliche, von Wohlstand und kultureller Blüte gesegnete Epoche.

L eopolds besondere Gunst galt der Stadt Wien, die er nach Kräften förderte. Bereits vor 1208 verlieh er ihr das Stadtrecht und nach Enns (22. 4. 1212) am 18. 10. 1221 ein neues, erweitertes, das der Stadtverwaltung erlaubte, die Polizei-, Markt- und Handelsordnung, Verfassung, Verwaltung und das Privat- und Strafrecht zu regeln. In die Jahre 1212 bis 1220 fällt auch der Neubau einer Herzogsburg im Bereich des Schweizerhofes der heutigen Hofburg. Der so genannte Leopoldinische Trakt erinnert an Herzog Leopold VI.

Das in Wien damals ausgeübte Strafrecht vermittelt einen tiefen Einblick in das mittelalterliche Leben. Die ersten 25 Punkte behandeln eingehend die strafrechtlichen Bestimmungen, die sich nach dem biblischen Gesetz *„Aug' um Auge"* richten. So musste ein Bürger *„Glied um Glied"* büßen, sollte er das Bußgeld für Verletzungen nicht aufbringen können, die er einem anderen zugefügt hatte. Verabreichte Ohrfeigen waren mit je 5 Talenten an den Insultierten und an den Richter zu sühnen, Possenreißer und Dirnen zahlten dafür nur 60 Pfennig Strafe. Auf *„Schändung oder Raub einer ehrsamen Frau oder Jungfrau"* stand das Gottesurteil der Feuerprobe: Der Verdächtige musste ein Stück glühendes Eisen mit bloßen Händen vom Taufstein bis zum Hochaltar tragen oder, in ein wächsernes Hemd gehüllt, unverletzt durch Feuer schreiten. Bestand er die Feuertaufe nicht oder zog er es vor, zu fliehen, so verfiel er der Todesstrafe. Auf Meineid oder Gotteslästerung stand das Abschneiden der Zunge. Auch das Tragen eines *„Stechmessers"* innerhalb der Stadtmauern war strafbar, es kostete 10 Talente Bußgeld oder sogar die ganze Hand.

Für die Wirtschaftskraft Wiens von besonderer Bedeutung waren jene Bestimmungen, die die Stadt zum Stapelplatz erklärten: Ausländische Kaufleute waren gezwungen, ihre Waren *„niederzulegen"* und an Wiener Händler zu verkaufen. Davon war vor allem der Gütertransit vom Reich nach Ungarn betroffen, und das brachte viel Geld ein.

Stärker als das Handelsgeschäft entwickelte sich das Gewerbe. Seit 1208 genossen Handwerker und Gewerbetreibende Sonderrechte, die nun auch viele Auswärtige anlockten. Hochangesehen waren die »Flandrenser«, Tuchfärber aus Flandern, die, mit besonderen Privilegien ausgestattet und Wiener Bürgern gleichgestellt, neben den so genannten Münzern zur wirtschaftlich führenden Gesellschaftsschicht gehörten. Eine eigene Wiener Münzstätte war seit 1184 eingerichtet und wurde von der Organisation der Münzhausgenossen betrieben. Der Wiener Pfennig wurde zum beliebtesten Zahlungsmittel im oberen Donauraum.

Die Wiener Wirtschaftsblüte zog Waffen- und Goldschmiede an, Schneider und Kürschner ließen sich nieder, ebenso Seidenspinner, Lederer und Lodenwirker. Die Baubranche boomte, innerhalb kurzer Zeit wurde die Stadt zum dritten Mal erweitert. In der Ausdehnung entsprach sie etwa dem heutigen ersten Bezirk, sie umfasste rund 1 000 Häuser, in denen 20 000 Menschen lebten. Für ihr Seelenheil sorgten 21 Kirchen und Kapellen.

An der Spitze der Stadtverwaltung stand der oberste Stadtrichter, der von 24 Stadträten unterstützt

FRIEDE UND WOHLSTAND UNTER LEOPOLD VI.

STICHWORT

Rot-Weiß-Rot

Die Legende hat die Entstehung der rot-weiß-roten Staatsfarben in die Zeit der Kreuzzüge verlegt, um den Farben zusätzliche sakrale Bedeutung zu verleihen. So berichtet die Legende, Leopolds weißer Mantel war vom vergossenen Blut getöteter »Muselmanen« derart bedeckt, dass nur unter dem Gürtel ein Streifen Stoff weiß geblieben war.

Tatsache ist, dass bis heute die Herkunft der Staatsfarben ungeklärt ist. Ein Bindenschild auf Schloss Wildberg im Waldviertel galt lange Zeit als Ursprung des österreichischen Wappens, bis archäologische Untersuchungen ergaben, dass der Schild ursprünglich Rot-Gelb-Rot gefärbt war. Neueste Überlegungen weisen in die Richtung von Byzanz zu den am Kaiserhof gepflegenen oströmischen Hoheitsfarben.

Der von Propst Jakob Paperl (1485 bis 1509) in Auftrag gegebene Stammbaum der Babenberger zeigt unter anderem Kaiser Heinrich VI. bei der Übergabe der rot-weiß-roten Fahne an Herzog Leopold V., nach der Einnahme der Festung Akkon. Der vor dem Kaiser kniende Leopold hält in der rechten Hand ein Kreuz, das aus dem Holz jenes Kreuzes gefertigt sein soll, an das Christus genagelt wurde. Dieses Kreuz schenkte Leopold V. dem Stift Heiligenkreuz; es wird bis heute dort aufbewahrt und verehrt. Hinter dem Kaiser stehen der König von Frankreich, Philipp II., und Richard Löwenherz von England. Beide werden durch ihre Wappen kenntlich gemacht. Die Burg im Hintergrund – im mitteleuropäischen Baustil wiedergegeben – soll vermutlich die Akkon darstellen. Der Festakt hat keinen historischen Bezug.

wurde – in Enns waren es sechs. Weitere 100 Abgeordnete aus verschiedenen Stadtgebieten stellten Urkunden aus, vorwiegend bei Liegenschaftsgeschäften, die Mehrzahl der Bevölkerung waren Analphabeten. Die Verleihung des Richteramtes oblag dem Landesherrn. Es war ein einträgliches Geschäft, das ihm in Wien jährlich rund 1 000, in Linz 600, in Hainburg 500, in Enns 200 Pfund Silber einbrachte. In die Zeit Leopolds VI., des Glorreichen, fiel auch die Fertigstellung des von **Heinrich II. Jasomirgott** begonnenen Baus des Stephansdomes. Mit diesem monumentalen Gotteshaus beabsichtigte der Babenberger, die Zustimmung des Papstes für die Errichtung einer eigenen Diözese zu gewinnen, die das Doppelherzogtum auch in der Kirchenpolitik aufwerten würde. Der Pontifex zeigte sich diesem Wunsch nicht abgeneigt, doch der Passauer Bischof **Mangold**, zu dessen Diözese Österreich gehörte, hintertrieb das Vorhaben. Auch der Plan des Herzogs, ein steirisches Bistum zu errichten, scheiterte. Erzbischof **Eberhard II.** von Salzburg kam ihm zuvor und gründete **1218** das Bistum Seckau und **1225** das Bistum Lavant, die ihm unterstellt blieben. Leopold VI. fügte sich als guter Christ.

LEOPOLD VI. **nahm sehr aktiv an den ersten organisierten Verfolgungen religiös anders denkender Gemeinschaften in Europa und im Nahen Osten teil. Die Kreuzzüge ins Heilige Land zwischen 1217 und 1218 gemeinsam mit König ANDREAS von Ungarn brachten ihn bis Akkon bei Jerusalem und Damiette in Ägypten. Gegen die »heidnischen« Muselmanen ging er unerbittlich vor, seine Waffentaten werden von Chronisten rühmlich erwähnt. Genauso unbarmherzig verfolgte er die in Österreich und in Südfrankreich um sich greifende Ketzerbewegung der Katharer und Waldenser.**

In erster Linie war Leopold VI. jedoch Geschäftsmann. Und um seine Einkünfte jederzeit kontrollieren zu können, richtete er ein eigenes »Hubamt« ein, das den Familienbesitz in Urbaren genau registrierte. Sein Einkommen belief sich im Jahr auf durchschnittlich 60 000 Silbermark. Nur der Böhmenkönig verdiente mit 100 000 Silbermark mehr als Leopold VI.

Der »glorreiche« Leopold legte sein Geld gut an. Er kaufte Land und ganze Städte: Ottensheim, Wels, Lambach, Freistadt, Raabs, Waxenberg, selbst Linz mit seiner Umgebung bis nach Passau nannte er sein Eigen. Dadurch kam das Landesfürstentum in den Besitz der wichtigen Handelsverbindung nach Böhmen.

Mitunter beschleunigte er das Wachstum des Landesfürstentums durch Enteignungen oder Einziehung der Herrschaften. 1229 setzte er sich durch Kauf der erledigten Lehen der Grafen von Andechs in Krain fest. Damit gab er eine neue Expansionsrichtung vor, die sich der Adria zuwendete. Ob dieses Ausgreifen mit dem Vorstoß des böhmischen Königs PŘEMYSL OTTOKAR I. von 1226 in Zusammenhang stand, ist ungewiss. Der Einfall böhmischer Truppen, den Leopold VI. mit Hilfe des Adelsgeschlechts der Kuenringer abwehrte, war vordergründig auf eine Verletzung der Ehre des böhmischen Königs zurückzuführen, dem der Babenberger seine Tochter Margarethe zur Frau versprochen hatte, sie aber dann 1225 mit dem zum deutschen König gewählten HEINRICH VII. (1220 bis 1235), dem Sohn FRIEDRICHS II. VON HOHENSTAUFEN (1215 bis 1250, ab 1220 Kaiser), vermählte und damit die Beziehungen zum staufischen Herrscherhaus festigte.

Ein gewiefter Geschäftsmann, aber auch neutraler Vermittler war Leopold VI. allemal, und das anerkannten die europäischen Fürstenhäuser. So konnte er den Streit zwischen Schwiegersohn FRIEDRICH II., einem »Freidenker«, und GREGOR IX., dem erzkonservativen Papst, für kurze Zeit schlichten. Während dieser Vermittlungsmission starb Leopold VI. – vermutlich an der Ruhr – am 28. 7. 1230 im italienischen San Germano. Seine Gebeine ruhen in dem von ihm gegründeten Zisterzienserstift Lilienfeld.

Der Minnesänger Walther von der Vogelweide (unten) fand am Hofe Leopolds VI. (rechts oben), am „Hof ze Wienne", stets willkommene Aufnahme.

Festigung des Landesfürstentums

Hintergrund

Kultur- und Geistesleben

Österreich war zur Zeit **Leopolds VI.** im deutschen Sprachraum führend in der geistigen Kultur. Der Wiener Hof – Leopold residierte in der von ihm um **1220** errichteten Herzogsburg im Bereich der heutigen Wiener Hofburg – wurde zum Mittelpunkt ritterlich-höfischen Lebens, von dem viele Anregungen für künstlerische und literarische Werke ausgingen. Zu den bisherigen Trägern der geistigen Kultur, den Mönchen, gesellten sich nun adelige Ritter, so genannte hochfreie und edelfreie Herren, im Gegensatz zu den Rittern aus niederem Stand.

Bayerischen Hochstiften und Klöstern kam ursprünglich die Rolle zu, ein Kultur- und Geisteslebens zu pflegen. Sie besaßen im **11. Jh.** in Österreich umfangreiche Besitzungen und Rechte, die zum Teil in die karolingische Zeit zurückreichten. Von diesen kirchlichen Zentren kamen Mönche ins Land, die neues geistiges Gut mitbrachten. Die kirchliche Reformbewegung, die vom burgundischen Benediktinerkloster Cluny ausging und über das oberlothringische Reformkloster Gorze nach Österreich kam, frischte neben Liturgie und monastischem Leben auch die Pflege der Kunst auf. Ab der Mitte des **11. Jh.s**, als die Verbindung der Babenberger mit dem Königshaus der Salier und dem Gebiet am Rhein enger wurde, hielten fränkisch beeinflusste höfische Lebenskultur und Gedanken Einzug in Österreich. Sie wurden auf Grund familiärer Beziehungen durch sächsisch-thüringische ergänzt und von byzantinischen erweitert, als adlige Kreuzfahrer aus dem Nahen Osten wieder heimkehrten. Alle diese Einflüsse, durch böhmisch-mährische, ungarische und italienische Kulturelemente angereichert, bündelten sich am Hof zu Wien, die Stadt, die zur Zeit Leopolds VI. nach Köln zur zweitgrößten deutschen Handelsmetropole aufgestiegen war.

Die Dichtkunst erfreute sich großer Beliebtheit. Walther von der Vogelweide ließ sich um **1190** in Wien nieder und brachte den Minnesang seiner Vorläufer von vor **1160** – **Kürenberg** von der gleichnamigen Burg bei Linz, **Dietmar von Aist** im Mühlviertel, **Reinmar der Alte** von Hagenau bei St. Pölten, **Neidhart von Reuental** aus Bayern, **Ulrich von Liechtenstein** aus der Steiermark, **Tanhauser** aus dem Lungau, **Oswald von Wolkenstein** in Südtirol – zur Vollendung. Das Nibelungenlied, um **1203** entstanden, das Kudrunlied, die Dietrichepen, das höfische Epos u. a. entstanden in Österreich oder im bayerischen Umland. Die erste deutsche Dorfgeschichte, die Verserzählung »Meier Helmbrecht«, verfasste **Werner der Gärtner** (Gartenaere) aus dem oberösterreichischen Innviertel.

Mit dem Tod des »glorreichen« Leopold VI. endete die Ära des Friedens und des Wohlstands im österreichisch-steirischen Doppelherzogtum. Leopolds Sohn, Friedrich II., traf dabei kaum Schuld. Gewiss, der ungestüme, hochfahrende und zu Brutalität neigende Herzog, dem Suntheim nicht zu Unrecht den Beinamen »der Streitbare« gibt, besaß nicht die feine Lebensart seines Vaters und nicht dessen politischen Spürsinn. Doch den Konflikt mit den Ministerialen des Doppelherzogtums brach nicht er vom Zaun, sondern die nach mehr Macht strebende Adelsclique.

Leopold VI. hatte es verstanden, durch Vermehrung des Besitztums und Förderung der Städte das Landesfürstentum zu stärken. Dabei unterstützte ihn der neu entstandene Adel der Ministerialen, das waren unfreie – seit dem 11. Jh. ritterlich lebende – Dienstleute, die er mit der Organisation von Hof- und Verwaltungsarbeiten beauftragte. In seinen Diensten kamen sie zu eigenen oder übertragenen Herrschaften, Privilegien und Macht. Diese Befugnisse missbrauchten sie jetzt für die eigene Tasche. So hoben sie in ihren Herrschaften illegal Wegezölle ein, requirierten Warenanteile nach Gutdünken und erpressten von ihren Untertanen Abgaben. Allmählich bildeten sie einen Staat im Staate, eine gefährliche Entwicklung, die Friedrich II. unterbinden musste. Er beschränkte ihre Privilegien und legte ihnen Sondersteuern auf. Dagegen protestierten die Ministerialen. Die Ottensteiner, Pillichsdorfer, Streitwieser und Falkenberger sammelten sich unter der Führung des Kuenringer-Brüderpaars Hadmar und Heinrich, des Landmarschalls von Österreich, und rebellierten 1230/31. Im ersten bewaffneten Aufstand, den die Geschichte Österreichs kennt, schlug sich Friedrich II. gut, er eroberte Burg um Burg, selbst so uneinnehmbar scheinende Festen wie Aggstein, Weitra oder Dürnstein. Die Aufständischen gaben klein bei, das Ärgste befürchtend. Doch Friedrich sah von einer Bestrafung ab und konnte sie – einschließlich der Kuenringer – für sich gewinnen. Rivalitäten innerhalb des Adels wurden dadurch nicht beseitigt, wie die Bluttat des Ministerialen Siegfried Waiso aus Großweikersdorf im Februar 1232 zeigt: Er schlug zu nächtlicher Stunde, innerhalb des Wiener Burgfriedens, dem kuenringischen Standesgenossen Wichard von Zöbing mit einem Schwertstreich den Kopf ab. Dieser Mord war allerdings nicht der erste, der in den Wiener Annalen verzeichnet wurde, wie manchmal zu lesen ist. Dieses Schicksal erlitt 1196 auch der jüdische Finanzberater Leopolds V. und spätere Münzmeister Friedrichs I., Schlom. Durchfahrende Kreuzritter erschlugen ihn, als er einen Dieb, der ihm 24 Silberstücke entwendet hatte, verfolgte. Mit Schlom fanden weitere 14 Juden durch randalierende Kreuzfahrer den Tod.

Herzog Friedrich II., der 1230 – erst 19 Jahre alt – die Regierungsgeschäfte übernahm, empfing am 2. 2. 1232 im Schottenstift die Schwertleite, mit ihm 200 weitere Anwärter für den Ritterschlag. Sie alle trugen bei diesem Anlass offiziell zum ersten Mal die Farben Rot-Weiß-Rot in einem Bindenschild.

Die Ruhe im Land war für Friedrich wichtig. Er trug sich mit dem Gedanken, mit oder ohne Billigung des Kaisers ein unabhängiges Königreich zu errichten, und dazu wollte er die Spannungen zwischen Kaiser Friedrich II. – der sich im Investiturstreit in ständigem Kriegszustand mit dem Papst befand – und dessen aufrührerischen Sohn Heinrich VII. nützen. Im Frühjahr 1235 reiste Kaiser Friedrich II., aus Italien kommend, über die Alpen zurück ins Reich, um seinen Sohn zur Ordnung zu rufen. Im steirischen Neuberg an der Mürz machte er Halt, um die Huldigung Herzog Friedrichs II., des Streitbaren, entgegenzunehmen. Der Babenberger erschien, hochmütig und arrogant. Nach den üblichen Ehrerbietungsformeln forderte er vom Kaiser finanzielle Hilfe für einen Feldzug gegen Ungarn. Vorgeblich wegen andauernder Thronstreitigkeiten im Nachbarland, durch die er sich bedroht fühlte, war Herzog Friedrich II. bereits im November 1233 gegen den ungari-

HERZOG FRIEDRICH II., DER STREITBARE

schen König **ANDREAS** vorgegangen. Nun hatten ihn ungarische adelige Exilanten abermals gebeten, sie bei der Wiedererlangung ihrer Rechte zu unterstützen.

Der deutsche König, römische Kaiser und Namensvetter Friedrichs II. verweigerte jedoch die Waffenhilfe, untersagte sogar ausdrücklich, die Ungarn anzugreifen. Das kümmerte den Herzog wenig. Nach der Begegnung mit dem Kaiser marschierte er los und erlitt eine schwere Niederlage, sodass er hinter die schützenden Mauern Wiens fliehen musste.

Bis zum Sommer **1235** häuften sich in der kaiserlichen Hofkanzlei die Beschwerden über Herzog Friedrich II. Der böhmische König **WENZEL I.**, der mährische Markgraf, die Bischöfe von Bamberg, Freising, Passau, Regensburg und der Patriarch von Aquileia, sie alle beschuldigten den Babenberger, die Gesetze zu brechen und ein liederliches Leben zu führen. Selbst seine Mutter **THEODORA** klagte, sie müsse um ihr Leben bangen. Sie floh nach Prag, als ihr der Sohn das Erbe wegnahm.

Im 11. Jarhundert. befand sich der Landesausbau noch am Beginn der Entwicklung. Die großen Territorien hochadeliger Familien, der Reichsbischöfe und der Klöster, der Markgrafen, die sich ab 1156 – Österreich – bzw. 1180 – Steiermark – Herzöge nennen durften, die zahllosen kleinen Besitztümer vieler Ministerialen standen einer geschlossenen staatlichen Entwicklung durch unterschiedliche Eigeninteressen entgegen. Das Volk, die bäuerlichen Gemeinden, spielte dabei überhaupt keine Rolle. Dennoch verlief die Landesentstehung auf dem Gebiet des heutigen Österreich nicht nach einheitlichem Schema. Im Gegensatz zu Österreich und Steiermark hing die Landesbildung in Tirol weder mit einer Mark noch mit einem Herzogtum zusammen. Tirol ist das Produkt eines Konzentrationsprozesses von Gütern und Herrschaftsrechten und eines damit eng verbundenen gesellschaftlichen Bewusstseins.

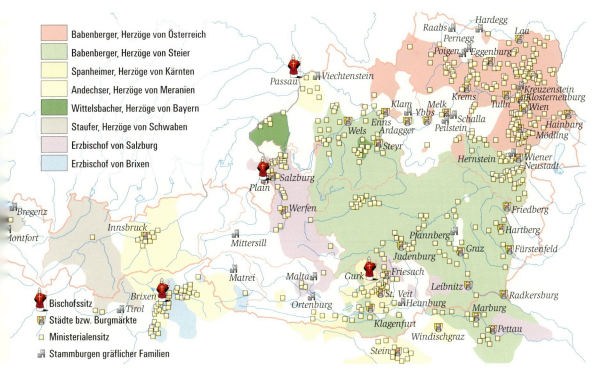

Einige Maßnahmen, die Herzog Friedrich II. zur Stabilisierung der landesfürstlichen Macht setzte, hatten zweifellos ihre Berechtigung. Ob es der Ordnungsruf an die Ministerialen war oder das 1235 ausgesprochene Verbot der Ausfuhr von Wein und Getreide, das die bayerischen Klöster mit ihren großen Besitzungen im Doppelherzogtum treffen musste und die keine Abgaben entrichteten. Die massiven Klagen über Friedrich II. nötigten den Kaiser im Oktober 1235, den störrischen Herzog zum Hoftag nach Augsburg zu zitieren. Der ließ die Ladung verstreichen und auch die nächste von Ende Juni 1236. Diesen Affront ahndete der Kaiser mit der Ächtung des Babenbergers am 12. 6. 1236. Spätestens jetzt hätte Friedrich dem Kaiser huldigen müssen, doch er nahm das Urteil einfach nicht zur Kenntnis.

Das babenbergische Herzogtum war mit einem Schlag von Gegnern eingekreist. Mit kaiserlicher Billigung drangen 1236 die Feinde von allen Seiten in das Land: die Böhmen von Norden, die Bayern mit passauisch- und bambergisch-bischöflichen Knechten von Westen, die Truppen des Patriarchen von Aquileia von Süden. Herzog Friedrich II. musste fliehen, von Wien nach Mödling, weiter nach Wiener Neustadt, dann auf die Feste Starhemberg.

Im Triumph kam der Kaiser im **Jänner 1237** nach Wien, erklärte das Doppelherzogtum als sein Eigen und bestätigte noch im **April** in Enns nicht nur die Rechte der steirischen Ministerialen, indem er sie zu Reichsministerialen (so viel wie Dienstadlige des Reiches) erhob, er versprach ihnen sogar, die Steiermark von Österreich wieder zu trennen. Solcherart geködert, ergriffen die steirischen Ministerialen Partei für den Staufer, während der Großteil der Adligen westlich der Enns, im Traungau, dem Babenbergerherzog die Treue hielt und den steirischen Fürsten den Rücken kehrte. Vom Traungau aus entstand ein eigenes Land, das bis zum Ende des Ersten Weltkrieges den Namen »(Erzherzogtum) Österreich ob der Enns« führte. 1237 aber bestand das Herzogtum Österreich de facto aus zwei Verwaltungsgebieten: dem Land »ob der Enns« mit dem Hauptort Linz (ab 1490, vorher war Wels die Hauptstadt) und dem Land »unter der Enns« mit der Residenz- und Hauptstadt Wien, das der Kaiser zur reichsunmittelbaren Stadt erhob. Den Wienern versprach der Staufenkaiser auch, dass kein Jude mehr ein öffentliches Amt bekleiden dürfe. Zum Statthalter der enteigneten Herzogtümer ernannte er Bischof Eckbert von Bamberg, einen erklärten Gegner der Babenberger.

Weniger um Herzog Friedrich II. zu unterstützen, eher um dem Kaiser, dem „*Erzketzer auf dem Thron*", Oberitalien abzujagen, ergriff nun der Papst die Initiative, animierte Mailand, Padua, Verona und Brescia zur Auflehnung gegen die Herrschaft des deutschrömischen Kaisers und erzwang so dessen Abreise aus Wien, um in Italien nach dem Rechten zu sehen.

Für den »streitbaren« Friedrich war nun die Zeit gekommen, um offensiv zu werden. Durch Eilboten lud er 1238 die Bischöfe zu Passau und Freising und den bayerischen Herzog ein, gegen Geld und Privilegien sich während der kommenden Auseinandersetzungen neutral zu verhalten. Bereitwillig stimmten sie zu, stand doch auch der Papst auf ihrer Seite.

Mit dieser Rückendeckung und gestützt auf ein Milizheer aus Bauern, städtischen Bürgern, niederen Adligen und kleinen Rittern, eroberte der Babenberger Stadt für Stadt zurück, bis im November 1239 auch Wien und der Rest des geschlagenen Reichsheeres kapitulierten.

Noch im August hatte der Kaiser die Wiener Juden und ihr Kapital für sich zu gewinnen gehofft. Aus seinem Lager in Brescia übermittelte er ihnen ein Dekret, das sie zu seinen »Kammerknechten« machte und unter seinen persönlichen Schutz stellte. Zwangstaufen wurden verboten, ebenso Folter und Einquartierungen. Auch das Hehlerrecht stand ihnen zu, das sie vor Strafverfolgung schützte, sollten sie unwissentlich mit gestohlenem Gut handeln. Doch Herzog

WIEN, EINE REICHSUNMITTELBARE STADT

Friedrich II. hielt die Stadt bereits umklammert, vom **9. 7. bis zum November 1139** dauerte die Belagerung, während der die Wiener sich noch von Pferden, Hunden, Katzen und Ratten ernährten. Schließlich öffneten sie die Stadttore, egal welche Strafsanktionen ihrer harrten. Zur allgemeinen Überraschung zeigte sich Herzog Friedrich II. gnädig, und auch sein erbittertster Feind, der Kaiser, lenkte ein, behauptete, er sei Verleumdungen aufgesessen, und erlaubte dem Herzog, für erlittene Schäden das Abbild des Kreuzes der Kaiserkrone auf seinem Hut tragen zu dürfen.

Des Unruheherdes im Südosten seines Reiches ledig, widmete sich Kaiser **Friedrich II.** endlich ganz dem italienischen Kriegsschauplatz, sehr zum Unmut des Papstes, der über den wankelmütigen Herzog in Wien das Interdikt aussprach. Wirkungslos freilich, denn der kaisertreue Erzbischof von Salzburg und der Bischof von Passau erklärten es postwendend für ungültig und verfielen nun selbst dem Kirchenbann.

Recht und Ordnung waren im Doppelherzogtum wieder hergestellt. Kirchliche Institutionen erhielten durch den Herzog reichlich Zuwendungen, und die Wiener Bürger erfreuten sich einer neuen Stadtordnung. Auch die Juden kamen in den Genuss neuer Rechte. Der Schutzbrief von **1244** gestattete ihnen, bis zu 174 % Zinsen pro Jahr für verliehenes Geld zu nehmen, außerdem mussten in Fällen schwerer Rechtsklagen auch jüdische Zeugen vor Gericht gehört werden. Das Judenprivileg übernahm **1251** Béla IV. für Ungarn, **1254** Přemysl Ottokar II. für Böhmen. Es war das erste gleich lautende Gesetz für die drei wichtigsten Kronländer der späteren Habsburgermonarchie.

Im November 1139 zog Herzog Friedrich II., der Streitbare, wieder in Wien ein.

Die Beruhigung im Doppelherzogtum setzte eben ein, als eine Hiobsbotschaft Mitteleuropa erreichte: Ein mongolisches Reiterheer in der Stärke von 500 000 Mann unter der Führung von ÖGÄDÄI, dritter Sohn und Nachfolger des legendären DSCHINGIS KHAN, war in das Karpatenbecken eingedrungen. Vergeblich hatten die ungarischen Verteidiger die Reiterscharen aufzuhalten versucht. Am 11. 4. 1241 mussten sie sich geschlagen geben. König BÉLA IV. floh nach Wien und bat um Schutz. Herzog FRIEDRICH II. versprach ihm gegen die Abtretung der drei westlichen ungarischen Grenzkomitate Ödenburg (Sopron), Eisenburg (Vas) und Wieselburg-Deutsch-Altenburg (Moson) und eines Teiles der ungarischen Kronjuwelen Hilfe. Béla willigte ein, und Friedrich besetzte diese Gebiete, die etwa der Größe des heutigen Burgenlands entsprachen. Der Babenberger verteidigte das westungarische Land erfolgreich, sodass nur schwache mongolische Kräfte bis Wien, Korneuburg und Wiener Neustadt streiften. Béla wähnte sich trotzdem nicht sicher und floh zu seiner Familie in die Festung Klissa in Dalmatien und weiter auf die Adriainsel Tan.

Die Mongolen zogen so plötzlich ab, wie sie gekommen waren, der Tod des Großkhans rief sie im Spätwinter 1242 nach Asien zurück. Auch Béla IV. kehrte heim, erbost über Friedrich, der die besetzten westungarischen Gebiete nicht wieder herausgeben wollte. Eine Koalition zwischen Ungarn, Böhmen und Kärnten machte Front gegen Friedrich II.

Im Hintergrund der Aktion stand die Besitzgier der Nachbarn, das Doppelherzogtum war zum Spekulationsobjekt geworden, denn Friedrich war ohne Nachfolger.

Friedrichs erste Frau, die byzantinische Prinzessin SOPHIA LASKARIS, eine Tochter Kaiser THEODORS VON NICÄA, hatte Friedrich, als sie ihm kein Kind gebar, aus eben diesen Gründen nach drei Jahren zurück nach Konstantinopel geschickt. Auch seine zweite Gemahlin, AGNES VON ANDECHS-MERANIEN, schenkte ihm keine Kinder – man munkelte, Friedrich II. sei homosexuell veranlagt –, aber immerhin brachte sie als Mitgift die Herrschaft über Schärding, Ried im Innkreis und Krain mit. Friedrich II. nannte sich daher auch »dominus Carniolae«, »Herr von Krain«. Agnes hielt in schwerer Zeit treu zu ihrem Gatten. Als Friedrich, nur noch auf die ihm loyal ergebenen Städte Wiener Neustadt und Linz gestützt, auf Starhemberg ein besseres Schicksal abwartete, verteidigte sie seine Herrschaft von der Riegersburg aus, sogar gegen ihre eigenen Brüder und ihren Onkel, den mächtigen Patriarchen von Aquileia.

Die Kinderlosigkeit des Babenbergerherzogs verlockte nicht nur Friedrichs Nachbarn, dessen Land in Besitz zu nehmen, auch der 52-jährige Kaiser FRIEDRICH II. rechnete sich Möglichkeiten aus, die Herzogtümer zu erwerben, allerdings auf legalem Weg. Er bat also 1245 Herzog Friedrich II. um die Hand seiner 19-jährigen Nichte GERTRUD. Dafür stellte er ihm die Königswürde in Aussicht. Friedrich arrangierte die Vermählung in Verona, doch die eigenwillige Gertrud erschien nicht. Sie war einige Jahre zuvor dem Sohn des Böhmenkönigs, WLADISLAW, versprochen worden. Nach wochenlangem Warten brachen Kaiser und geladene Gäste ihr Lager ab, und ein enttäuschter Herzog zog beschämt heimwärts. Österreich sollte keine Gelegenheit mehr haben, Königreich zu werden.

1246 sah sich Friedrich II. wieder einem Zweifrontenkampf gegenüber. Die Böhmen wollten Gertrud für ihren Kronprinzen mit Waffengewalt heimholen, Ungarns Béla IV. forderte die Grenzkomitate und den Kronschatz. Die Böhmen warf der Herzog am 26. 1. 1246 bei Staatz aus dem Land, gegen die Ungarn suchte er an der Leitha, bei Ebenfurth, die Entscheidung. Friedrich, wie stets unerschrocken draufgängerisch, schlug die Ungarn in die Flucht. Bei der Verfolgung stürzte er vom Pferd und wurde, auf dem Boden liegend, erschlagen und bis auf die

Der Tod Friedrichs II. auf dem »Babenberger Stammbaum« (oben). Die Schlacht an der Leitha fand vermutlich bei Ebenfurth statt (rechts).

Das Ende der Babenberger

Unterkleider beraubt. Zeitgenössische Quellen sprechen von einem Mord aus den eigenen Reihen, doch das ist nicht glaubhaft. Die Chronisten wollten nicht zur Kenntnis nehmen, dass der »streitbare« Recke dem Feinde erlegen war. Friedrich II. fand am **15. 6. 1246**, 35 Jahre alt, auf dem Schlachtfeld den Tod. Er war der letzte männliche Nachkomme des Adelsgeschlechts der Popponen, die OTTO VON FREISING »Babenberger« genannt hatte. Der Herzog, dessen Wahlspruch „*milte*" und „*êre*", „*Freigebigkeit*" und „*Ehre*", lautete, fand im Kapitelhaus des Stiftes Heiligenkreuz im Wienerwald seine letzte Ruhestätte.

Stichwort
Kolonisation

Fast ein halbes Jahrtausend verging, bis Chaos und Wirren der Völkerwanderungszeit in den Donau- und Alpenländern überwunden waren und organisatorische Voraussetzungen den Wiederaufbau des wirtschaftlichen und gesellschaftlichen Lebens ermöglichten. Die Errichtung der ottonischen Marken bot endlich die Basis zur Neubesiedlung der mittlerweile fast menschenleer gewordenen Gebiete. Um 900 setzte ein gewaltiger Bevölkerungsschub ein, der in Bayern, Franken und Sachsen etwa 400 000 bis 600 000 Menschen auf die Beine brachte, die ostwärts wanderten und im Alpenvorland zu Beil und Pflug griffen.

Die in der Römerzeit kultivierten Wiesen, Weiden und Felder waren nach dem Abzug eines großen Teils der romanischen, ländlichen Bevölkerung wieder mit Wald und wild wucherndem Gestrüpp bewachsen. Die um **1000** ankommenden bayerisch-fränkisch-sächsischen Kolonisten fanden daher statt einer Kulturlandschaft wieder Rodungsland vor. Diese neuerliche, dritte Kolonisation folgte auf die römische und die karolingische. Sie war, im Gegensatz zu den früheren, konzentrierter und intensiver und fand auf enger begrenzten Gebieten statt.

Kirche, Fürstentum und Adel schoben sich als die großen Organisatoren des verdienstvollen Werkes in den Vordergrund, besonders die zu Fürstenrang aufgestiegenen Adelsgeschlechter nahmen großen Anteil an der Kolonisation: die österreichischen BABENBERGER, die steirischen OTAKARE, die Kärntner EPPENSTEINER und SPANHEIMER und die Tiroler ANDECHSER; im Österreich unter der Enns kam das Ministerialengeschlecht der KUENRINGER hinzu, die nördlich und südlich der Donau über großen Landbesitz verfügten.

Allen voran nahm die Kirche eine wichtige Rolle in der Kolonisation und Urbarmachung des Rodungslandes ein. Von ihren zentralen Standorten aus – den Erzbistümern und Bistümern Salzburg, Passau, Freising und Brixen – schob sie Klöster und Stifte ins neu zu besiedelnde Land vor, noch ehe fürstliche oder adlige Herren Fuß fassen konnten. Kremsmünster, Mondsee und Mattsee waren die ersten Klöster, die sich ins Neuland wagten. Es folgten die Benediktiner des Stiftes Göttweig, die Beispielhaftes im niederösterreichischen Alpenvorland leisteten. Admont war im steirischen Ennstal und seinen Nebentälern tätig, in Vorarlberg kultivierte das Kloster Mehrerau vor allem den Bregenzerwald.

VORTEILE FÜR ALLE

Die Zisterzienser und Prämonstratenser der Stifte Zwettl, Rein, Heiligenkreuz, Geras und Baumgartenberg widmeten sich dem Ackerbau besonders und informierten daneben die Landbevölkerung über neue Erkenntnisse in der Landwirtschaft und im Weinbau. Sie führten neue Arbeitsgeräte ein und erklärten deren Handhabung. Der schwere Pflug kam zum Einsatz, und der regelmäßige Wechsel von Sommer- und Wintergetreide sowie Brachland – die Dreifelderwirtschaft – wurde obligat. Die Dreifelderwirtschaft machte den »Flurzwang« notwendig, der zur Aufteilung des Bodens in »Blöcke« (Blockflur) und »Gewanne« (Gewannflur) führte. Die Informationen über diese Neuerungen liefen über die Verbindungen eines immer dichter werdenden Pfarrnetzes, das an seine Kirchenzentralen geknüpft war und gleichzeitig Nachrichten übermittelte, die sonst die Untertanen nie erreicht hätten.

Der Erfolg dieser etwa 300-jährigen Kolonisation beruhte auf einem ökonomischen Kreislauf, der allen Beteiligten Vorteile brachte: den Bauern Land, Lebensunterhalt und gewisse Freiheiten, dem Adel und der Kirche Einkünfte, Macht und Ansehen. Bau-

Am 29. 5. 1313 übergaben Graf Rudolf, Dompropst zu Chur, und Graf Berthold den „ersamen lüten Johans dem smide unde wilhalm dem smide ... das guot in glaterns" (= Laterns) zu einem „rechten erblehen". So lautet eine Urkunde, die erstmals eine Walseransiedlung in Vorarlberg, in Laterns, nachweist. Ab dem 14. Jahrhundert wurden große Teile Vorarlbergs von den Walsern bis zur Baumgrenze kultiviert.

Von Bayern erschlossen

ern und Kolonisten, von den Lehensträgern umworben, erfreuten sich hoher Wertschätzung, wenngleich auch hier die soziale Abstufung von »frei« und »unfrei« sichtbar war.

Dabei muss jedoch zwischen persönlicher und wirtschaftlicher Freiheit und Unfreiheit unterschieden werden. Der persönlich freie, zinspflichtige Bauer (»Censuale«) nahm in der Gesellschaftspyramide eine andere Stellung ein als der persönlich unfreie, zur Bebauung und Dienstleistung eingesetzte (»Colone«). Knechte, die hörig und unfrei auf den Herrschaftsgütern lebten, standen auf der untersten Stufe der Gesellschaftsleiter.

Bis ins **14. Jh.** erfreuten sich die Bauern in Österreich einer rechtlich und sozial günstigen Lage, die ihresgleichen in anderen Ländern suchte. Es gab weder Leibeigene noch eine erzwungene Bindung an die Scholle. Sie verfügten frei über ihr Zinsgut und durften in Grenzlagen Waffen tragen. Sogar Angehörige der niedersten Klasse konnten in den Ritterstand aufsteigen oder, wie in Tirol, als Abgeordnete am Landtag teilnehmen.

Diese großen Freiheiten erregten die Missgunst und den Neid der gehobenen Klassen, wie von der ritterlichen Dichtung des **13. Jh.s** erzählt wird: *„Irenwart und Uge, die von rechtens sollten gehen hinterm Pfluge, konnt man jüngst zu Wien Waffen, Rüstung kaufen sehen. Uge, der kauft eine mit 'nem dicken Leder für die Schienbeine. Man muss ihm jetzt in Rust* [Tullnerfeld] *den Vortanz zugestehen ..."*, berichtet der »fahrende Sänger« aus Bayern, NEIDHART VON REUENTAL.

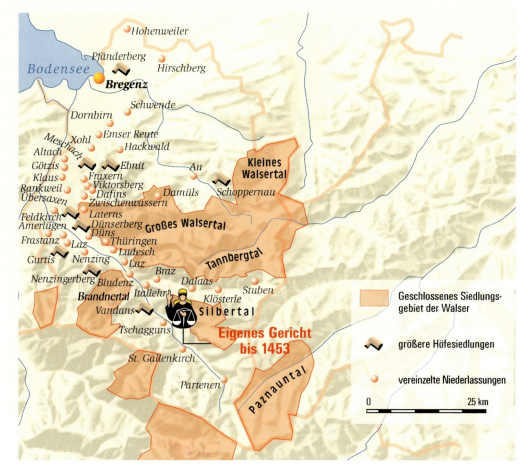

Die rasche Zunahme der Bevölkerung ab dem 10. Jh. steht mit dem Ende der Invasionen in engstem Zusammenhang. Die Schlacht auf dem Lechfeld 955 war dafür ein entscheidendes Datum. Das wird in der Neubesiedlung des ober- und niederösterreichischen Alpenvorlandes deutlich sichtbar: Nach dem Sieg über die Magyaren fand hier eine ausgesprochen rasche Restauration der karolingischen Besitzverhältnisse statt.

Bereits in der 2. Hälfte des **10. Jh.s** griff die Kolonisation auf das Wiener Becken und das Weinviertel über; die Ungarische und die Böhmische Mark waren besonders bevorzugte Siedlungsböden. Nachdem der slawische Burgbezirk von Gars zerstört worden war, kam um die Mitte des **11. Jh.s** das Waldviertel unter den Pflug. Kamptal, Horner Becken und der Nordwald waren die nächsten Ziele der Binnenkolonisation.

Das Erzbistum Salzburg belebte seine Niederlassungen in Traismauer, Hollenburg, der Url, im Grunzwitigau und in der Wachau, das Bistum Passau ebenfalls in der Wachau, bei St. Pölten und im Tullnerfeld. Auch die weltlichen Landesfürsten stellten sich ein, die Grafen von **Ebersberg** und **Formbach** und **Rathelnberg**. Strategisch wichtige Plätze, z. B. die Donauübergänge Krems und Tulln, und – nach altem Rechtsbrauch – unbesiedeltes Land blieben in königlichem Besitz.

Über den Wechsel – er hieß »Hartberg«, was so viel wie »Waldberg« bedeutet – griff die Kolonisation in die Oststeiermark hinüber. Der Ort Hartberg wurde gegründet, weiters eine Traungauer Pfalz und eine Raststation an der alten römischen Straßenverbindung in Spital bei Tauchen, die der Johanniterorden betreute. Die Besiedlung der Oststeiermark von Norden her umging die schwer zu überwindende Alpenschranke.

Nach dem Friedensschluss mit Ungarn schritt ab dem 2. Viertel des **12. Jh.s** die Kultivierung der östlichen Steiermark zügig voran. Die Riegersburg – nach dem landesfürstlichen Ministerialen **Rüdiger von Hohenberg**, Ahnherr derer von Hohenberg-Wildon, benannt – bildete das Zentrum weiträumiger Rodungsarbeiten. Den planmäßig angelegten Dörfern gab man zumeist die Namen ihrer Gründer. Aber auch jenseits der steirischen Grenze schritt die Urbarmachung voran. Die Ungarn folgten dem Beispiel der westlichen Marken und holten bayerische und andere Siedlungswillige aus dem Reich ins Land. Damals entschieden sie den Volkscharakter des heutigen Burgenlands südlich des Ödenburger Gebirges.

Die Kolonisation der Obersteiermark und Kärntens war weitaus schwieriger als jene des Alpenvorlands und des Alpenostrands. Die antiken Wege über Radstädter Tauern, Katschberg, Pyhrn, Triebener Tauern und Neumarkter Sattel führten durch urwaldartiges Gebiet, das von karantanischen Slawen besetzt war. Diese Region mieden die Neusiedler aus dem Reich vor **955**, obwohl bayerische Grundherren und Kirchenorganisationen sie beherrschten.

Die „*deutsche Welle*", die „*große Entnationalisierung*", wie slowenische Historiker die bayerische Kolonisation nennen, setzte erst nach der Schlacht auf dem Lechfeld ein. In Unterkärnten, am Wörthersee, auf dem Zollfeld, an der mittleren Gurk, im Lavanttal und Aichfeld nahmen die bayerisch-fränkischen Zuwanderer das brachliegende Land unter den Pflug.

Das gebirgige Oberkärnten hingegen behielt seine slawische Ursprünglichkeit bis ins **13. Jh.** Rottenmann in der Steiermark hieß noch um **1048** Cirminah und Urkunden dokumentieren slawische Adlige bis zum Ende des **11. Jh.s**. Deutsch und Slawisch wurde gleichermaßen gesprochen. Erst um **1300** entstand eine Sprachgrenze, die im Wesentlichen der heutigen entspricht.

Bedeutend länger verharrte Vorarlberg auf seiner rätoromanischen Ursprünglichkeit. Die Urbevölkerung hatte sich im **5. Jh.** vor den anrückenden Alamannen ins Montafon und in den Walgau zurückgezogen und verweilte dort relativ unbeeinflusst von sonstigen Zuzüglern bis ins **17. Jh.** Die Walser Täler, nach eingewanderten Kolonisten aus dem Wallis be-

Die dritte, bayerische Kolonisation

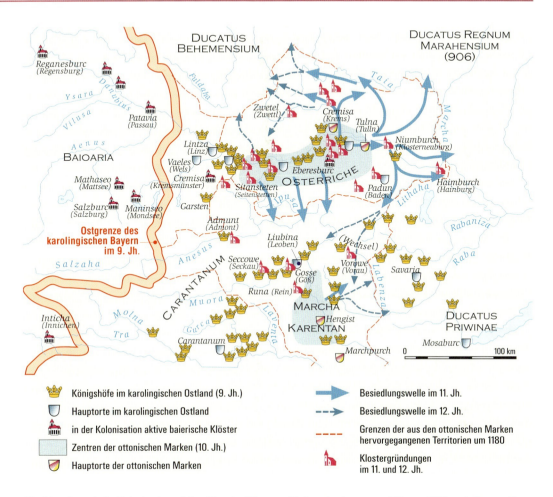

Die dritte, bayerische Kolonisation erfolgte über den Weg von Königsschenkungen an Stifte und Klöster in Bayern. Bevor noch die Siedler ihre Tätigkeit aufnahmen, waren schon Mönche am Werk.

nannt, blieben bis zum **14. Jh.** ohne jegliche Siedlung. Hingegen verdrängten hinter dem Arlberg, in Tirol, die Bayern und Schwaben gegen Ende des **12. Jh.s** die einheimischen Rätoromanen. Und weiter breitete sich die bayerische Siedlungswelle aus, griff über den Brenner nach Süden, den Fährten des jungen **Tassilo III.** folgend.

Ab dem **13. Jh.** war ganz Tirol nordwärts von Bozen ein deutsches Land, im **14. Jh.** auch das Gebiet unterhalb Bozens bis zur Klause von Salurn. Die bayerisch-schwäbischen Kolonisten drangen noch über Trient hinaus, wie deutsche Sprachinseln heute noch bestätigen.

Wie in Tirol und Vorarlberg behaupteten sich auch in Salzburg Ureinwohner in abgelegenen Landstrichen, südlich vom Pass Lueg die Keltoromanen, im Lungau karantanische Slawen. Im **13./14. Jh.** war jedoch im Großen und Ganzen die vor allem von Bayern, später von Schwaben und Sachsen getragene Kolonisation zu Ende.

HINTERGRUND
Vasallentum

Das mittelalterliche Staatsgebilde – nicht zu vergleichen mit einem gegenwärtigen Rechtsstaat – wurde durch das Lehenswesen gekennzeichnet. Es entstand dadurch, dass der König seinen Vasallen ein Gut für geleistete Dienste übergab, wofür sie ihm militärische Gefolgschaft zu leisten hatten. Dafür wieder durfte der Lehensträger einem ihm ergebenen niederen Gefolgsmann einen Teil des Lehens zur Nutzung abtreten. Daraus ergab sich eine Gesellschaftspyramide, die sich aber, im Gegensatz zu anderen Ländern, im Reich nicht völlig durchsetzte.

Die Persönlichkeit des Königs, seine innen- und außenpolitischen Erfolge und seine Fähigkeit, Vasallen durch materielle Zuwendungen zufrieden zu stellen, bestimmten ihre Loyalität. Krisenzeiten förderten ihren Aufstieg, der König war von ihrer Gefolgschaft und Treue abhängig und somit erpressbar. So auch am Ende des **9.** und im **10. Jh.**, als die Magyaren plündernd durch das Reich zogen. Der König war wie nie zuvor auf seine Dienstmannen angewiesen und manch einer von ihnen schlug aus dieser Abhängigkeit Kapital.

Die Gier nach Machtgewinn verleitete KONRAD DER ROTE, Herzog von Lotharingien, und LIUDOLF, OTTOS I. Sohn, zur Konspiration mit den Magyaren, um den König noch erpressbarer zu machen. Als dies jedoch bekannt wurde, verloren sie schlagartig ihren Anhang und sie mussten dem König erneut den Vasalleneid leisten. In der Lechfeldschlacht, **955**, verlor Konrad der Rote sogar das Leben, als er todesmutig in die Kämpfe eingriff und ihnen die entscheidende Wende gab.

Nach dem Sieg auf dem Lechfeld genoss OTTO DER GROSSE einen gewaltigen Prestigegewinn und versuchte diesen politisch umzumünzen.

Der Investiturstreit versetzte Mitteleuropa und Italien in eine Phase ungeheurer Anspannungen. Der Kampf zwischen dem römisch-deutschen König-Kaiser und dem Papst ging bis an die militärischen und ideologischen Leistungsgrenzen beider Parteien. Von der kompromisslosen Auseinandersetzung profitierten die Herzöge, eine niedere ritterliche Schicht im Reich und die aufständischen Städte in Oberitalien. Das staufische Königtum ging seinem Ende entgegen. Als dann auch noch die alten Fürstengeschlechter ausstarben, entstand ein innenpolitisches Machtvakuum, das in einem Interregnum mündete.

Die Ausbildung der Mark an der Donau, aus der zunächst Ostarrîchi, dann das Doppelherzogtum Österreich-Steiermark entstanden, und die Wahl RUDOLFS VON HABSBURG zum deutschen König sind aus dieser Schwäche des Reiches sowie aus der Egozentrik seiner Herzöge erklärbar.

GEGEN DIE EIGENEN VASALLEN

Beinahe hätte Österreich das Schicksal des Reiches geteilt. Als HERZOG LEOPOLD VI. wegen wirtschaftlicher Prosperität zur Verwaltung des Landesfürstentums immer mehr Ministerialen einsetzte und mit Machtbefugnissen ausstattete, wurden sie seinem Nachfolger, FRIEDRICH II., dem Streitbaren, in ihren Forderungen nach noch mehr Einfluss auf die Staatsgeschäfte zur innenpolitischen Gefahr.

Bereits zu Beginn seiner Herrschaft ging Friedrich II. gegen die oppositionellen Vasallen, illoyalen Ministerialen und Dienstmannen (»servientes«), im Besonderen gegen die Kuenringer, vor. Ihre im **12.** und **13. Jh.** praktizierte Eheschließungspolitik mit dem steirischen und mährischen Adel bedrohte das Herzogtum in den Grundfesten. Friedrich II. rang die Opposition nieder, aber er zeigte sich gnädig und großzügig, beließ sie in ihren Ämtern, gab ihnen Güter und Rechte zurück und gewann sie so als treue und loyale Parteigänger.

REBELLISCHE VASALLEN

STICHWORT

Die Kuenringer

Das österreichische Ministerialengeschlecht der Kuenringer stammte aus dem sächsischen oder bayerisch-südschwäbischen Raum. Unter den rund 40 000 genannten Personen des »Reichenauer Verbrüderungsbuches« finden sich im **11. Jh.** Namen wie ANSHALM-AZZO, HANSHELM-AZZO-UUOLFCOZ, AZZO-ANSHALM-RICHART u.a. Der Stammvater der Kuenringer in Österreich hieß AZZO. Einer Urkunde vom **29. 12. 1056** nach erhielt er wegen seiner Verdienste um die Mark im Osten drei Königshufen im Ort Hezimaneswisa, heute Hetzmannswiesen. Mit ihren Lehensrittern und Wehrbauern kolonisierten sie das Land im westlichen Waldviertel bis zur böhmisch-mährischen Grenze. Die Gründung des Zisterzienserklosters Zwettl durch HADMAR I. um **1200** erregte den Unmut LEOPOLDS VI. Auch gegen HEINRICH I., zum Statthalter und ab **1228** zum obersten Marschall Österreichs erhoben, hegte der Herzog Misstrauen. In der Tat rebellierten die Kuenringer HADMAR III. und HEINRICH III. und andere Ministerialen gegen Leopolds VI. Sohn, FRIEDRICH II., als der **1230** die Nachfolge antrat. Sie brannten das herzogliche Krems nieder, sperrten die Donau und raubten den Wiener Burgschatz. Um **1250** teilte sich das Geschlecht der Kuenringer in die Linien Dürnstein und Weitra-Seefeld. Sie unterließen jedoch eine Besitzteilung und bewahrten ihre Wirtschaftskraft. Um **1355** starb der männliche Zweig der Dürnsteiner Linie aus, die Linie Weitra-Seefeld vereinigte den gesamten Besitz und gewann hohes politisches Ansehen.

Nach dem Tod Friedrichs II., **1246**, konspirierten die Kuenringer mit dem böhmischen König PŘEMYSL OTTOKAR II. und holten ihn mit Zustimmung der österreichisch-steirischen Stände als neuen Herrscher ins Land. Bevor noch die entscheidende Schlacht bei Jedenspeigen stattfand, schlugen sie sich auf die Seite des späteren Siegers: RUDOLF VON HABSBURG.

JOHANN VII. LADISLAUS VON KUENRING-SEEFELD war der letzte Kuenringer. Er starb am **9. 12. 1594**; sein Begräbnis fand erst am **9. 4. 1595** statt, denn die geladenen Landstände waren bis dahin verhindert gewesen.

Hadmar I. von Kuenring († 1138), Gründer des Stiftes Zwettl (links), und Hadmar II. von Kuenring († 1217, rechts).

Die Babenberger

10. bis 13. Jahrhundert

Während umfassender Restaurierungsarbeiten kamen 1895 in der »Winterkirche« von Maria Wörth Fresken zutage, die zunächst die Fachwelt erstaunten: Die klaren Farben und die nüchterne Stilistik erinnerten an byzantinische Ikonographien. Der Kunstexperte F. G. HANN empfand in seiner Beurteilung 1896 anders: *"primitiv und künstlerisch belanglos"*, notierte er, räumte jedoch ein: *"archäologisch interessant"*. Erst die Nachwelt erkannte den wahren Wert des Kunstjuwels – es stammte, wie Untersuchungen 1969 ergaben, aus der 2. Hälfte des 11. Jh.s.

Hann vertrat nichts anderes als das Fachwissen seiner Zeit, die in der österreichischen Romanik nur einen bedeutungslosen Ableger der ottonischen Kunstrichtung sah. Der Kunstwissenschaft des 20. Jh.s war es vorbehalten, Österreich eine Sonderstellung in der romanischen Kunst zu Recht zuzuweisen: In ihr bündeln sich drei verschiedene Strömungen – die ottonische, die oberitalienisch-lombardische und die byzantinische.

Das älteste erhalten gebliebene romanische Baudenkmal verbirgt sich in der Pfarrkirche von Wieselburg: Der als Chortrakt genutzte quadratische Mittelraum mit nischenartig vorkragenden Wölbungen, so genannten Trompen, und einem achteckigen Überbau, den eine stattliche Kuppel krönt, wurde erst 1956 während umfassender Restaurierungsarbeiten entdeckt und stilistisch richtig eingeordnet. Der Bau spiegelt die drei romanischen Stilrichtungen wider. Bischof WOLFGANG VON REGENSBURG ließ den Bau 976/79 im Zuge der zweiten Christianisierung des Alpengebietes auf dem Boden einer Königsschenkung errichten. Den kirchenpolitischen Verhältnissen entsprechend, beeinflussten südländische und oströmisch-slawische Stilrichtungen die Architektur. Zu dieser Zeit war das »Großmährische Reich« zwar bereits dem Untergang geweiht, seine Nachwirkungen dauerten aber länger an als der politisch-reale Bestand. Dazu kam der byzantinische Einfluss, den heimkehrende Kreuzfahrer verbreiteten, der sich aber durch die babenbergische Heiratspolitik und den Zuzug griechisch-byzantinischer Händler und Kaufleute mit ihren Familien seit Herzog HEINRICH II. JASOMIRGOTT noch verstärkte.

Den Mittelpunkt ottonischer Baukunst in Österreich bildet Salzburg. Sowohl die erste Kirche – der Virgil-Dom des 8. Jh.s – als auch dessen Nachfolgebau, der Hartwig-Dom aus dem Ende des 10. Jh.s, erreichen Ausmaße, die sie zu den größten Sakralmonumenten des deutschsprachigen Raums erheben. Beide Bauten dokumentieren die politischen Ansprüche und Ziele jener Zeit und sind Ausdruck von Machtstreben und Expansionswillen.

Lange bevor weltliche und kirchliche Fürsten den Auftrag erteilten, Klöster und Stifte zu errichten, entstanden auf dem Lande viele kleine, einfache Dorfkirchen, die den Gläubigen als Ort der Besinnung dienten. Keines dieser hölzernen, schmucklosen Gebäude überstand die Jahrhunderte.

Viele wurden während kriegerischer Auseinandersetzungen zerstört, die meisten wurden ein Raub der Flammen – Brände waren in den Dörfern bei dem leicht entzündbaren Baumaterial Holz und den offenen Herd- und Feuerstellen keine Seltenheit – oder mussten Steinbauten weichen. Die 1658 auf dem Kolomansberg bei Mondsee errichtete Kolomanskirche, nach überlieferten Vorbildern erbaut, kommt dem

ROMANISCHE BAUKUNST IN ÖSTERREICH

Grundriss der alten Kirchen noch am nächsten: Der schlichte Blockbau in »Quadratteilung« – doppelt so lang als breit – wird außen durch Holzschindeln vor Wettereinflüssen geschützt.

Vom Passauer Bischof **ALTMANN** – er starb am **8. 8. 1091** in Zeiselmauer – wird berichtet, er habe die traditionelle Holzbauweise verurteilt und Kirchen aus Stein gefordert. Dadurch blieben einige romanische Kirchen in seinem Wirkungsbereich, im Waldviertel, erhalten.

Österreich verfügt zwar nicht über den Reichtum romanischer Baudenkmäler wie Frankreich oder Deutschland, aber die wenigen beeindrucken durch das Zusammenfließen des ottonischen, des oberitalienisch-lombardischen und des byzantinisch-levantinischen Baustils.

Mittelalterliche Klostergründungen und namhafte romanische Kunstwerke

- Benediktiner (Cluny, Hirsau, Gorze)
- Benediktinerinnen (Cluny)
- Kollegiatsstift
- Augustiner
- Prämonstratenser
- Zisterzienser
- Architektur (sakral)
- Architektur (profan)
- Bauplastik
- Skulptur
- Fresko
- Glasmalerei
- Schatzkunst
- Zentren romanischer Kunst

Namen abgekommener Klöster stehen in Klammern

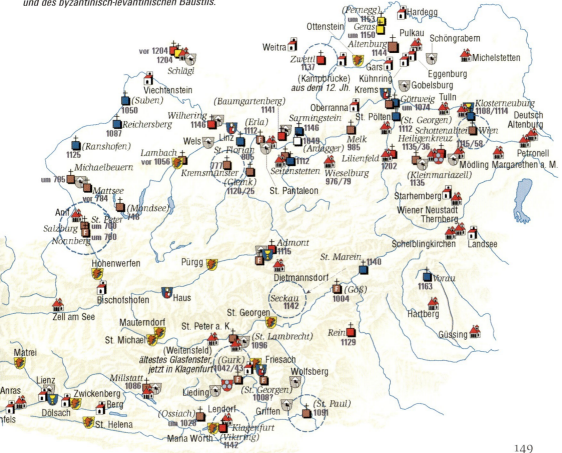

Hintergrund
Geistliche und weltliche Aufbauarbeit

Die früheste Erscheinungsform des Mönchtums im frühchristlichen Alpenraum waren Einsiedler oder Eremiten. Sie lebten nach dem Vorbild des 356 verstorbenen HL. ANTONIUS, der in der Wüste eine lose Gemeinschaft einzeln wohnender Mönche nach genau definierten Regeln vereinigte. Wegweiser für das abendländische Mönchtum aber waren der Grieche BASILIUS und der 480 geborene, aus einer römischen Familie stammende BENEDIKT VON NURSIA. Benedikt schuf Normen und Gesetze, die Regel, der sich die Mönche des Klosters zu unterwerfen hatten. Gebet und Arbeit bildeten die Kernaussage seiner Regel. Das benediktinische Mönchtum christianisierte die germanische Welt.

Klösterliche Gemeinschaften weltlicher Priester gab es in Österreich seit karolingischer Zeit, allerdings nur in geringer Zahl. Ab **1000** stieg sie rasch an, zahlreiche neue Stiftungen entstanden, die von Regularklerikern – nach bestimmten Regeln lebende Mönche – betreut wurden. Ihre freie und unbekümmerte Interpretation von Religion, Moral und Ethik gab Anlass zu heftiger Kritik durch das Volk, sodass die Weltpriesterkollegien von zentralistisch geführten Orden kirchlich erneuert werden mussten.

Das Kloster Cluny in Burgund – **910** gegründet – war eines der Zentren des Reformgedankens. Seine Ordensleute lebten nach den Regeln des hl. Benedictus, nach ihm nannten sie sich Benediktiner. Kennzeichnend für die cluniazensische Reformbewegung war der Zusammenschluss mehrerer Klöster zu einem Verband, der einem Mutterkloster unterstand. Dadurch verloren die einzelnen Tochterklöster weitgehend ihre Eigenständigkeit.

Die von Cluny ausgehende Erneuerung des Mönchtums beeinflusste nicht nur das monastische Leben, sondern auch das der gesamten abendländischen Christen und des Papsttums. Von Cluny ging auch die Idee der Kreuzzüge aus. Neben Cluny trat Gorze in Lothringen in Erscheinung, das im späten **11. Jh.** eine Gruppe von Mönchen nach Kremsmünster entsandte sowie Einsiedeln in der Schweiz, von wo aus der HL. WOLFGANG seine Missionstätigkeit in Bayern, den Alpenländern und Ungarn aufnahm.

Auf der Grundlage der Schriften des HL. AUGUSTINUS entstand der Orden der »Regulierten Augustiner-Chorherren«, die sich der Wertschätzung reformoffener Bischöfe und Äbte erfreuten. Zu Benediktinern und Augustinern gesellten sich die Zisterzienser, die sich nach ihrem Stammkloster Cîteau bei Dijon nannten.

Die Zusammengehörigkeit einzelner Kongregationen drückte sich nicht nur in den Regeln, sondern auch in der Architektur ihrer Sakralbauten aus. Benediktiner lehnten die Anlage von Krypten – unterirdischen Gräbern in Kirchen – ab und bevorzugten Säulen als Raumstützen und -teilungen. Asketische Strenge prägt die Architekturphilosophie der Zisterzienser. Sie findet in klaren Baulinien ihren Niederschlag, schmückende Beigaben wie Türme, Säulen, Figuren und bunte Fensterscheiben fehlen zumeist.

Quellen der Kultur

Allen diesen Orden verdankt Österreich großartige Kunstwerke. Darüber hinaus vermittelten sie in Erfüllung ihrer schulisch-erzieherischen Aufgaben neue Ideen und verringerten das West-Ost-Kulturgefälle. Die Kirchenorden knüpften das Donau-Alpenland vollends an den abendländischen Kulturkreis an. Freilich mangelte es in obrigkeitlichen klerikalen Kreisen nicht an internen Rivalitäten und Intrigen: Die Diözese Passau hütete eifersüchtig ihren Machtbereich gegenüber der vorgesetzten Metropolitanverwaltung Salzburg; Bischof PILGRIM scheute sich nicht, Urkunden zu fälschen, um die

Orden und Klöster, Siedlungen und Fluren

Legitimität in der Nachfolge des frühchristlichen Lauriacum/Lorch für seine Kirchenprovinz nachzuweisen, und Salzburg ließ sich notwendig gewordene Bistumsneugründungen regelrecht abpressen. Unliebsam gewordene Bischöfe wurden in die Einöde finsterster Alpengegenden delegiert, fernab jeglicher Zivilisation und jeder Möglichkeit der persönlichen Entfaltung beraubt. Seckau ist ein Beispiel dafür, Gurk ein anderes. Die entrückte Lage erwies sich allerdings für die Nachwelt von Vorteil: Ihre beeindruckende romanische Originalität blieb bis zum heutigen Tag nahezu unverändert erhalten.

Siedlungs- und Flurformen

Von Klöstern, Stiften, Königsgütern und Meierhöfen ging die Urbarmachung der Alpen- und Donauländer aus; ohne die bäuerlichen Siedlungen aber, die Dörfer und Einzelhöfe als Außenposten in urwüchsiger Wildnis, wäre kaum ein Erfolg zu verzeichnen gewesen.

Siedlungs- und Flurform sowie der Ortsname geben Aufschluss über das Alter einer ländlichen Siedlung. Je unregelmäßiger und ungeplanter sich Siedlungs- und Flurformen zeigen, desto älter sind sie. Haufenweiler und Haufendorf sind am ältesten, das Großdorf im ebenen Gelände, der Einzelhof im Hügelland und an Talhängen sind jüngeren Datums.

Die ersten planmäßig angelegten Orte waren Kirchensiedlungen: Im Schutze eines hoch gelegenen wehrhaften Gotteshauses sammelten sich an seinem Fuße die Gehöfte. Diese Kirchensiedlungen des **8. bis 11. Jh.s** bildeten den Kristallisationskern von Siedlungshorsten. Zu den ältesten Flurformen gehört die Blockflur, die unregelmäßige, unplanmäßig gestaltete Parzellen kennzeichnen. Die unregelmäßigen Ackerflächen gehen auf das Bestreben der Gründer zurück, den Höfen der Dorfgemeinschaft möglichst gleichwertige Anteile Ackerlandes zukommen zu lassen. Allmählich wandelte sich die Blockflur zur Blockstreifen-, zur Gewann- oder Lissflur mit ihren charakteristischen gleichförmigen, parallelen Parzellen, die in direkter Verbindung zur Anlage von Gassengruppendörfern oder frühen Straßen- und Angerdörfern stehen.

Bevor noch solche fortschrittliche Siedlungen entstanden, musste das Land gerodet werden. Rodungen veranlassten die Grundherrschaften – Adlige, Geistliche und kleine, hochfreie Geschlechter –, die das Land vom König geschenkt oder als Lehen erhalten hatten. Den örtlichen Gegebenheiten entsprechend, entstanden unterschiedliche Typen von Rodungssiedlungen. Zum Beispiel Forstsiedlungen, die, auf Waldland errichtet, unter königlichem Bann standen. Oder Schwaighöfe, die eine obere Siedlungsgrenze markierten und früher höher als heute lagen, weil sie bessere klimatische Voraussetzungen vorfanden. Sie sind typisch für hochalpine Gegenden. Danach folgten die Siedlungen im Weinbauland. Im **13. Jh.** erlosch die Rodungstätigkeit, es folgte die Binnenkolonisation. Der häufigste Siedlungstyp des **11. und 12. Jh.s** in der Ebene ist das Angerdorf. Es stellt die für ein Grenzland geeignetste Siedlungsform dar, wehrhaft wie eine Wagenburg. Um den Anger – eine grüne Weidefläche – scharen sich schalenartig Straßen, Häuserblöcke und Gehöfte und dokumentieren die planmäßige Gründung des Ortes.

Das Dorf bildete die Basis der niederen Gerichtsbarkeit, des Dorfgerichtes, und verkörperte die Einheit der Dorfbewohner, die als bäuerliche Grundholden oft von mehreren Grundherren abhängig waren. Mancher Bauer hatte Zins, persönliche Leistung, Zehent, Vogteiabgaben an verschiedene Herren zu leisten. Darüber führten die Grundherren in Zinsregistern und Urbaren Buch. Die Abgaben, ursprünglich reine Naturalzinse, konnten zum Teil ab dem **12. und 13. Jh.** mit Geld abgegolten werden, desgleichen Spann- und Fuhrdienste und andere körperliche Leistungen.

Lagemäßig begünstigte Siedlungen förderte der Landesherr kräftig und wertete sie wirtschaftlich und politisch auf. Sie erhielten Sonderrechte in Form von Freiheiten oder Privilegien und stiegen zu Märkten oder zu Städten auf.

Derartige »zentrale« Orte häuften sich mit fortschreitender Siedlungsverdichtung. Um 1300 gab es in ganz Österreich bereits mehr als 60 Städte.

In den Donau- und Alpengegenden lag den Städten zumeist ein römischer Siedlungskern zugrunde, deren Grundriss bei der Wiederbesiedlung meistens gewahrt blieb. Üblicherweise entstanden sie aus dem Zusammenwachsen zweier Siedlungstypen, einer Burgsiedlung und einer Handels- bzw. Kaufmannsniederlassung. Beispiele dafür sind Linz, Wels, Enns oder Wien. Kamen die Siedlungsviertel in Berührung, wurden sie mit einer Befestigungsmauer umgeben. Diese Orte, zunächst noch mit dem Status eines Marktes, behielten ihre ursprünglichen Namen, die meist auf -burg endeten: Wieselburg, Judenburg, Herzogenburg.

Eine weitere Gruppe von Städten und Märkten war planmäßig angelegt und an eine Burg angelehnt, die in die Stadtbefestigung eingebunden wurde. Hainburg zum Beispiel. Der Grundriss dieser Burgstädte entsprach einem Dreieck. Eine dritte Gruppe von Städten, die gegründeten, besaßen einen rechteckigen Platz, regelmäßige Baublöcke und gerade Straßenzüge. Die älteste dieser Städte ist das **1192** gegründete Wiener Neustadt an der Fernstraße Wien–Adria.

Ab dem **13./14. Jh.** folgten fast nur noch Stadterhebungen, die Herrschaftssitze aufwerten und durch königliche oder landesfürstliche Privilegien fester an die Obrigkeit binden sollten.

Stadtgründungen waren in der Anfangszeit außerordentlich beliebt. Die neuen Städte lagen an den alten Handelswegen, die von Westeuropa in den Orient führten, und hier konnte der Landesfürst den Warentransport kontrollieren und Wegzölle einheben. Daher bemühte sich HEINRICH VI., die Stadtgründungen der Kuenringer – Zwettl, Gmünd, Weitra, Zistersdorf und Dürnstein – ehest unter seine Herrschaft zu stellen. Das war keineswegs einfach, denn mittelalterliche Städte verfügten über Sonderrechte, übten u. a. unabhängig vom Landgericht die niedere Gerichtsbarkeit aus und konnten sich auf die politische Kraft eines geeinten Bürgertums stützen. Dieses stellte durch seine genossenschaftlichen Verbände einen machtvollen Faktor dar, sodass es zum Beispiel jedem einzelnen seiner Mitglieder die freie Verfügung über Besitz und Nachlass und Eheschließungen garantieren konnte, ohne dass es einer herrschaftlichen Erlaubnis bedurfte. Damals kam der Slogan »Stadtluft macht frei« auf, der Zugezogenen die Aufnahme im freien Bürgertum in Aussicht stellte, wenn sie ihr Grundherr *„binnen Jahr und Tag"* nicht zurückbefahl.

Eine Eigenheit städtischer Struktur zeigte sich in den Viertelsbildungen, die neben Gewerbe und Handel auch ethnische Zugehörigkeiten und soziale Ränge betrafen. Goldschmiede, Sattler, Kleidermacher, Tuchhändler, Griechen, Juden, später auch andere Nationalitäten lebten und arbeiteten in bestimmten Sektoren der Stadt, ohne sich zu vermischen. Wohnungen reicher Bürger lagen kaum inmitten von Adelshäusern, und Ratsbürger mieden beide, sie bevorzugten die ältesten Teile der Stadt um Rathaus und Kirche, obwohl gerade hier nicht die beste Lebensqualität auf sie wartete.

Städte und Bürger

Die Differenzierung der städtischen Bevölkerung im Spätmittelalter erfolgte kaum mehr nach den früheren Kategorien der persönlichen Abhängigkeit. Eine Ausnahme bildete Salzburg, dessen Bürger zu Beginn des 15. Jh.s Klage gegen die Willkür des Erzbischofs erhoben, der Witwen und Töchter nach seinem Gutdünken zur Heirat zwang.

Dafür gab es Strukturunterschiede im Vergleich der Städte untereinander: In der Handelsstadt Linz dominierte das kaufmännische Element, der Begriff »Bürger« beschränkte sich auf Handel treibende Berufe. In der grundherrlichen Stadt Eferding spielte das Handwerk eine große Rolle, andere Städte, wie die alten Burgenstädte Steyr und Judenburg, konnten ihre ritterbürgerliche Prägung nicht verbergen. In Wien unterschieden sich Vermögenskriterien von solchen des ritterlichen Dienstes im Kriegsfall oder des Zugangs zu politischen Entscheidungsgremien.

Stadtherr war der Landesfürst oder ein Bischof, deren politische Ziele sich mit jenen der Bürgerschaft oft nicht deckten. Spannungen waren daher unvermeidlich, die meist die Bürger, auf ihre Rechte pochend, für sich entschieden. In Wien brachten sie dank ihrer Wirtschaftskraft sogar die bischöflich-passauische Verwaltung unter ihre Kontrolle.

Als die Landesherren erkannten, dass die Wirtschaftskraft einer Stadt hohe Einnahmen für ihre Kammern garantierte, erfasste ein Gründungsboom das Land. So wuchs die Zahl der Städte vom Jahr 1200 von 23 auf 71 im Jahr 1300. Danach gingen die Stadtgründungen zurück. Bis 1600 stieg ihre Zahl nur um 15, auf 86 Orte mit verbrieftem Stadtrecht.

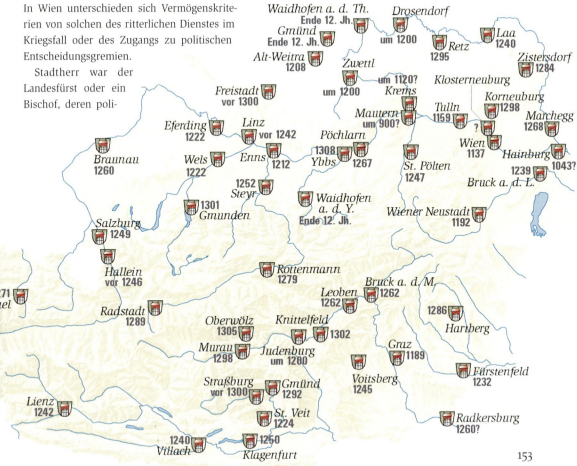

Österreich unter den Habsburgern — 1273 bis 1918

Die wichtigsten Eckdaten

1. 10. 1273	Graf Rudolf I. von Habsburg deutscher König.
5. 5. 1335	Kärnten, Südtirol und Krain an Österreich.
26. 1. 1363	Gräfin Maultasch übergibt Tirol an Rudolf IV.
12. 3. 1365	Gründung der Universität Wien.
22.5. 1375.	Große Teile Vorarlbergs an Österreich.
25. 9. 1379	Vertrag von Neuberg an der Mürz.
30. 9. 1382	Triest unter dem Schutz der Habsburger.
6. 7. 1415	Jan Hus stirbt auf dem Scheiterhaufen.
23. 5. 1420	Judenpogrom in Wien und Enns.
6. 1. 1453	Friedrich III. bestätigt das »Privilegium maius«.
1469	Türken dringen auf habsburgisches Gebiet vor.
1. 6. 1485	Matthias I. Corvinus in Wien (bis 6. 4. 1490).
19. 8. 1493	Haus Habsburg unter Maximilian I. vereint.
22. 7. 1515	Doppelhochzeit in Wien (1. Wiener Kongress).
31. 10. 1517	Martin Luther verkündet seine 95 Thesen.
28. 6. 1519	Karl V. deutscher König.
25. 9. 1529	Erste Türkenbelagerung Wiens beginnt.
1595/97	Bauernaufstand.
23. 5. 1618	Zweiter Prager Fenstersturz. Beginn des Dreißigjährigen Kriegs.
6. 8. 1648	Westfälischer Friede.
14. 7. 1683	Zweite Türkenbelagerung Wiens.
20. 10. 1740	Maria Theresia tritt Regentschaft an.
18. 8. 1765	Joseph II. Mitregent.
29. 11. 1780	Tod Maria Theresias.
1. 11. 1781	Aufhebung der Leibeigenschaft.
20. 2. 1790	Joseph II. stirbt.
1792/1813	Österreich kämpft gegen Frankreich (6. 8. 1806: Ende des Heiligen Römischen Reiches).
1. 6. 1816	Österreichische Nationalbank gegründet.
13. 3. 1848	Ausbruch der Revolution in Wien.
2. 12. 1848	Franz Joseph I. tritt Regentschaft an.
7. 3. 1849	Kremsierer Verfassung.
31. 12. 1851	Einführung der absoluten Monarchie.
1859	Österreichisch-italienischer Krieg.
1864	Österreichisch-preußisch-dänischer Krieg.
1866	Preußisch-österreichischer »Bruderkrieg«.
15. 3. 1867	Ausgleich mit Ungarn.
30. 12. 1888	Gründung der Sozialdemokratischen Partei.
28. 7. 1914	Erster Weltkrieg.
21. 11. 1916	Tod Franz Josephs I.

In den historisierenden Darstellungen des 19. Jh.s waren der Tod des Böhmenkönigs Ottokar und der Sieg des Habsburgers Rudolf I. ein beliebtes Thema.

Rudolf von Habsburg: König aus Verlegenheit

Das in vielen Bereichen einheitliche Gefüge der mittelalterlichen Welt begann im 13. Jh. zu zerbrechen: Eine neue wirtschaftliche, rechtliche und religiöse Ordnung veränderte die soziale Welt der Menschen. Die christlich-römische Theologie hatte zwar im Investiturstreit über die karolingisch-ottonische Reichskirche gesiegt, gleichzeitig aber mit ihrem realitätsbezogenen, kaufmännischen Denken und Handeln und dem Streben nach absoluter Macht das Ideal des Urchristentums aufgegeben. Die führende Stellung des Reiches in Europa, seit Karl dem Grossen unangefochten, war plötzlich außenpolitisch durch den Zwist mit dem Papst, innenpolitisch durch rivalisierende Parteien geschwächt.

Die Konzentration des deutschen König- und römischen Kaisertums, die Vorherrschaft im ethnisch fremden Italien mit allen Mitteln zu erhalten, führte schließlich dazu, dass in den Territorien südlich der Alpen keine entscheidenden Erfolge mehr erzielt wurden: Dafür zerfiel im Inneren die zentrale Reichsgewalt durch die Rivalität der Fürsten. In zahllose Territorien zersplittert, wurde das Reich Spekulationsobjekt fremder Potentaten: Aber weder den Spanier Alfons X. von Kastilien noch den Engländer Richard von Cornwall kümmerten – zu deutschen Königen gewählt – die Belange des Reiches. Das kam wohl den Interessen der deutschen Fürsten entgegen, der Gesamtheit des Reiches aber schadete es. Der Begriff »die kaiserlose, die schreckliche Zeit« bezieht sich auf diese Ära des »Interregnums« zwischen 1250 und 1273, die keineswegs »kaiserlos« war: Im Gegenteil, so viele Kaiser gab es noch nie. Dieses »Zuviel« weckte aber den Wunsch nach einem Kaiser, der den Zerfall des Reiches aufhalten konnte: Man fand ihn in Rudolf von Habsburg.

Der im Bereich des Möglichen liegende Zerfall des Reiches und das Versagen der Fürsten, eine Obrigkeit zu bestimmen, irritierten zwangsläufig den Papst, der um die Geschlossenheit der Kirche im Reich bangte. Zudem benötigte er für einen weiteren Kreuzzug ins Heilige Land die Unterstützung des deutschen Königs. Deshalb hielt er – nach den Versagern ALFONS X. VON KASTILIEN und RICHARD VON CORNWALL – Ausschau nach neuen Kandidaten. OTTOKAR VON BÖHMEN und KARL VON ANJOU sowie dessen Neffe, PHILIPP III., König von Frankreich, boten sich an. Aber keiner der Kandidaten entsprach seinen Vorstellungen. Resignierend überließ er es schließlich – anders als früher – den deutschen Fürsten, die Wahl selbst zu treffen.

Im Gegensatz zu den westeuropäischen Monarchien wurde die deutsche Königskrone nicht vererbt, sondern durch Wahl weitergegeben. Der im Prinzip zutiefst demokratische Vorgang besaß Tücken: Zu viele eigennützige Interessen deutscher Fürsten mischten mit, Verlierer wie Sieger verhielten sich kompromisslos, Unterlegene bekämpften auch ein mehrheitliches Urteil. Dass die Fürsten sich am **1. 10. 1273** schließlich für den zwar begüterten, aber im politischen Geschehen des Reiches kaum je hervorgetretenen und daher eher unbedeutenden Grafen RUDOLF VON HABSBURG entschieden, hatte seine Gründe: Der Wunschkandidat des Erzbischofs von Mainz, vom Nürnberger Burggrafen unterstützt, schien am willfährigsten.

Rudolf tat alles, um die Wahl zu gewinnen. Dazu korrumpierte er die wichtigsten Wahlmänner durch »Ehrengeschenke«.

Doch nicht die Besitzungen zwischen Bodensee und Vogesen bildeten sein wertvollstes Kapital, sondern seine sechs Töchter, von denen er drei – noch vor der Wahl – den Kurfürsten von Pfalz, von Brandenburg und von Sachsen als Ehefrauen versprach. Der Grundstein für eine bis 1918 dauernde Herrschaft war gelegt.

Die Kinderlosigkeit Herzog FRIEDRICHS II., DES STREITBAREN, stürzte das Herzogtum Österreich-Steiermark in eine Existenzkrise. Mehrere vermeintliche Erben meldeten ihre Ansprüche an: GERTRUD, die Nichte des Herzogs, die 1245 eine Heirat mit dem römisch-deutschen Kaiser FRIEDRICH II. ausgeschlagen hatte und ledig geblieben war. Doch der Hochadel anerkannte ihre Rechte nur, wenn sie heiratet. Es bewarb sich weiters MARGARETHE, eine Schwester Friedrichs und Witwe HEINRICHS VII., des in kalabrischer Verbannung verstorbenen Sohnes Kaiser Friedrichs II. Gemäß der Vereinbarungen des »Privilegium minus« von **1156** hatten beide Fürstinnen gleichwertigen Anspruch auf das Herzogtum.

Doch Kaiser Friedrich II., sowohl von seiner Schwiegertochter als auch von seiner Ex-Braut enttäuscht, belehnte keine von beiden. Dafür bestellte er **1246** den schwäbischen Grafen OTTO VON EBERSTEIN und **1248** OTTO VON BAYERN zum österreichischen Statthalter und Graf MEINHARD I. von Görz als Amtswalter für Steiermark und Krain. Der österreichische Adel und die Landstände hätten eine Entscheidung erzwingen können, doch zerstritten, führten sie gegeneinander Kleinkriege und trugen zur Erhaltung der allmählich verfallenden Rechtsordnung bei; die öffentliche Sicherheit ging verloren, das Faustrecht herrschte. Äcker lagen brach, der Handel danieder. Der kuenringische Ministeriale ALBERO V. nannte sich »Capitaneus Austriae« und sah sich schon an der Spitze des Herzogtums.

Nun schaltete sich König WENZEL I. von Böhmen ein. Er vermählte am **3. 1. 1247** seinen Sohn WLADISLAW mit Gertrud, doch Wladislaw starb kurz nach der Hochzeit unter mysteriösen Umständen. Gertrud zögerte nicht lange und nahm im **Sommer 1248** Markgraf HERMANN VON BADEN zum Ehemann.

Unterdessen hielt auch Margarethe Ausschau nach einem Ehemann, Albero V. kam in Frage, ebenso HEINRICH VON LIECHTENSTEIN und OTTO VON PERCHTOLDSDORF, doch keiner erklärte sich bereit,

NACHFOLGEKÄMPFE UM DAS BABENBERGISCHE ERBE

sie zu heiraten. Die instabilen Verhältnisse nützend, schwang sich Graf Meinhard I. von Görz zum Capitaneus des Doppelherzogtums auf. Er sprach kurzerhand Gertrud und Hermann die Regierungsvollmacht ab, was die chaotische Lage im Lande verschärfte, die auch ein Waffengang der Kontrahenten bei Horn, Röhrenbach und Altenburg nicht normalisierte. Da starb Markgraf Hermann von Baden am **4. 10. 1250** in seiner Klosterneuburger Residenz an Gift. Wer ihn ermordete, ist nicht bekannt, aber Witwe Gertrud heiratete Ende des Jahres **1252** einen Verwandten des Ungarnkönigs **BÉLA IV.**, den jungen ukrainischen Adligen **ROMAN VON HALYČ**, Sohn Königs **DANYLOS VON GALIZIEN**. Bevor jedoch Österreich in ungarisch-galizischen Besitz überging, verheiratete Böhmenkönig Wenzel I. am **11. 2. 1252** seinen 23-jährigen Sohn **OTTOKAR II. PŘEMYSL** in Hainburg mit der 47-jährigen Margarethe. Die österreichischen Stände hatten Wenzel I. bereits **1251** – nach dem Tod Kaiser Friedrichs II. – die Herzogswürde angeboten, nur die steirischen Stände stimmten **1252** für Stephan, den Sohn des ungarischen Königs Béla IV. Um jede Opposition schon im Keim zu ersticken, besetzte Ottokar II. noch im Herbst **1252** die Steiermark.

Nach dem Tod Wenzels I., **1253**, trat Ottokar das Erbe des Vaters an, eine Beilegung des steirisch-österreichisch-ungarischen Erbkonflikts zeichnete sich ab. Der Friede von Ofen am **3. 4. 1254** brachte aber nur einen Kompromiss zustande, das babenbergische Erbe wurde geteilt: Přemysl Ottokar II. behielt Österreich und erhielt dazu den steirischen Traungau, das Salzkammergut und das Gebiet um Pitten, Béla IV. nahm sich die restliche Steiermark. Doch die liberal-tolerante Politik Ottokars II. hatte mittlerweile auch die Anerkennung der steirischen Adligen gefunden. Sie sagten sich von Béla los und boten **1259** Ottokar offiziell die Landesherrschaft an. Béla setzte daraufhin vom **11. auf den 12. Juli 1260** seine Truppen in Marsch. Bei Groißenbrunn entschied ein wuchtiger Angriff böhmisch-österreichischer Ritter den Kampf: Béla floh und verzichtete am **31. 3. 1261** im Diktatfrieden von Wien auf die Steiermark.

Der Babenberger Stammbaum stellt Margarethe mit dunkler Hautfarbe dar, im Mittelalter eine künstlerische Freiheit, mit der hohes Alter ausgedrückt wurde.

Ottokars Ehe mit der doppelt so alten Margarethe blieb kinderlos, das nahm er zum Anlass, um sie zu verstoßen. Die Romantiker des **19. Jh.s** feierten Margarethe als „Königin der Tränen", die ihren Gemahl vergeblich beschwor, sie nicht zu verlassen. In Wirklichkeit verlief die Trennung undramatisch. Papst **ALEXANDER IV.** erkannte im klösterlichen Gelöbnis Margarethes aus ihrer Witwenzeit, dass die Wiederverheiratung eigentlich unstatthaft gewesen war. Wenige Tage nach der Scheidung heiratete Ottokar **KUNIGUNDE**, die Enkelin Bélas IV. und Tochter des russischen Fürsten **RASTISLAV**. Margarethe zog sich auf die Burg Krumau am Kamp zurück, wo sie **1267** starb. Auch Gertruds Ehe mit Roman von Halyč hielt nur bis zur Schlacht von Groißenbrunn, Roman verlor die Lust auf das Herzogtum und – auf seine Frau.

Die geschiedene Gertrud versuchte in Voitsberg und Judenburg vergebens, eine Opposition steirischer Adliger gegen Ottokar auf die Beine zu stellen. Ins Kloster Seuslitz bei Dresden verbannt, starb sie, 62-jährig, am **24. 4. 1288**.

Die zielstrebige Politik Ottokars II. fand in der monarchistischen Geschichtsschreibung Österreich-Ungarns keine Würdigung. Selbst das Drama »König Ottokars Glück und Ende«, 1823, von Franz Grillparzer fand keine Gnade vor der Zensur und musste zwei Jahre auf die Freigabe durch die Behörde warten.

Ottokar II., König von Böhmen, baute in der Zeit seiner Herrschaft, von 1251 bis 1278, ein Reich von europäischer Geltung auf. Auf dem Höhepunkt der Macht beherrschte er einen geschlossenen Wirtschaftsraum, der von den Sudeten bis zur Adria reichte. Ihm nützten der Niedergang des Reiches und die Doppelwahl von 1257, bei der Richard von Cornwall und Alfons X. zu deutschen Königen gewählt wurden. 1262 verweigerte Ottokar II. die Wahl Konradins, des letzten Staufers, und wurde dafür von Richard von Cornwall mit Österreich und Böhmen belehnt, ein Rechtsbruch, denn die Belehnung erfolgte ohne die Zustimmung der deutschen Kurfürsten.

Ottokar bediente sich der neuen Macht tatkräftig und straffte zunächst die zentrale Gewalt in Österreich. Vom Adel forderte er die widerrechtlich angeeigneten Güter zurück und die Schleifung aller nach 1246 ohne Erlaubnis errichteten Burgen. Die Verschwörung der Betroffenen schlug Ottokar mühelos nieder: Den Landrichter von Maissau ließ er köpfen, steirische Adlige 1268 zu Geiselhaft verurteilen. Frei gewordene Adelssitze gab Ottokar an böhmische Getreue weiter, so Pernegg, Drosendorf, Raabs, Litschau und Hardegg. Ottokar konnte nach Gutdünken vorgehen, denn das Bürgertum der Städte und Märkte, der niedere Adel und die Kirche unterstützten ihn. Auch mit der Gunst des Papstes konnte er rechnen, seit er die Durchsetzung der Verordnungen der Wiener Synode vom 10. bis 12. 6. 1267 gestattete.

Die Kirchenversammlung hatte in zweitägigen Beratungen ein umfangreiches Papier vorbereitet, das nicht nur das Lotterleben der Mönche anprangerte, sondern auch in die weltliche Rechtsprechung eingriff. Kernstück der Verordnungen war der Umgang von Christen mit Juden, die nun strengen Verhaltensregeln unterworfen wurden. Vorerst sparten die Synodalen nicht mit Kritik an den Juden, die *„ungewöhnliche Kleidung"* trügen, die zeige, dass *„Stolz und Hochmut dermaßen überhand genommen hätten"*, dass sie sich nun durch Tragen eines *„gehörnten Hutes"* von Christen unterscheiden müssten. Christen wurde empfohlen, keine Esswaren bei Juden zu kaufen, sie liefen sonst Gefahr, vergiftet zu werden. Eine weitere Bestimmung betraf den Umgang zwischen Christinnen und Juden: *„Wenn ein Jude betreten würde, der mit einem Christenweibe Liebschaft getrieben hätte, soll derselbe so lange in das Gefängnis geworfen werden, bis dass er zur Strafe und Besserung aufs wenigste zehn Mark erlegt hat; und ein Christenweib, das solchen verdammten Unfug begehen und ihr gelieben lassen würde, die soll mit starken Prügeln durch die Stadt hinausgeschlagen und von der Stadt, ohne die mindeste Hoffnung, wieder darein zu kommen, verstoßen werden."*

Ottokar II., auf der Seite des Pontifex, so auch 1254 im Kreuzritterheer des Deutschen Ordens im Preußenland, erhob die Feste Tuwangste zur Ordensburg, die ihm zu Ehren »Königsberg« genannt wurde – berichtet die Legende.

Zurück in Österreich, erwarteten Ottokar neue Aufgaben. Ulrich III. von Spanheim, Herzog von Kärnten und Krain, starb 1269, Ottokar wurde sein Nachfolger. Um diese Nachfolge zu verhindern, fielen die Ungarn in der Steiermark ein und kämpften bis 1271 dagegen an. Mit Hilfe des Güssinger Grafen besetzte Ottokar das Gebiet des heutigen Burgenlands und stieß bis zur Raab vor. Ob er auf diese Weise Ungarn seinem mitteleuropäischen Reich angliedern wollte, ist unklar.

Immerhin besaß er Chancen für die Nachfolge des 1272 verstorbenen Richard von Cornwall. Doch die deutschen Fürsten lehnten seine Bewerbung um die Königswürde ab. Dafür folgten sie dem Vorschlag des Mainzer Erzbischofs Werner von Eppstein und des

Přemysl Ottokar II., König von Böhmen

Nürnberger Burggrafen **Friedrich von Zollern** und wählten am **1. 10. 1273** den schwäbischen Grafen **Rudolf von Habsburg** zum deutschen König.

Rudolf forderte umgehend alle seit **Friedrichs II.** Tod, **1274**, »erledigten« Reichslehen zurück. Davon war Ottokar II. betroffen. Er missachtete jedoch zweimal die gestellten Fristen und fiel in Reichsacht. Formell wurde er nun auch der babenbergischen und spanheimischen Länder für verlustig erklärt. Der Reichsfeldzug **1276** war die logische Konsequenz für eine weitere Ächtung, der Aberacht. Rudolf hatte sämtliche Mittel der Rechtsprechung des Reiches ausgeschöpft und die Reichsgrößen zur Unterstützung beim Kriegszug gegen Ottokar verpflichtet. Darunter den Erzbischof von Salzburg, die Bischöfe von Passau und Regensburg, die Meinhardiner Grafen von Görz und Tirol, den König von Ungarn und den Herzog von Niederbayern. Sogar der Papst stand auf seiner Seite, nachdem Rudolf I. auf deutsche Ansprüche in Italien verzichtet hatte. König Ottokar II. war isoliert.

Im **Sommer 1276** zog Rudolf mit einem bayerischen Heer gegen Wien. Ottokar erwartete ihn im Marchfeld, doch als Teile seines Heeres desertierten, zog er ab und verzichtete auf Österreich, Steiermark, Kärnten und Krain.

Rudolf von Habsburg belehnte ihn dennoch mit Böhmen und Mähren. Ottokar aber schwor, wiederzukommen und sich das verloren gegangene österreichische Terrain zu holen.

Ottokar strebte nach einem Reich, das sich zwischen Ostsee und Adria erstrecken sollte.

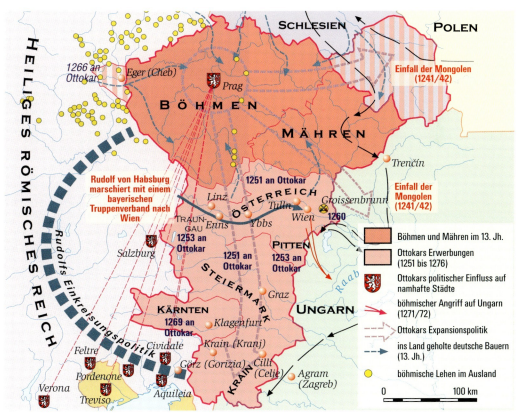

Der »Friede von Wien«, 1276, dauerte gerade so lange, dass OTTOKAR II. sein Heer reorganisieren und neue Verbündete gewinnen konnte.

RUDOLF I. VON HABSBURG indessen stand in den österreichischen Ländern einer wachsenden Opposition gegenüber. Seine Reformen, den von Ottokar verbotenen Burgenbau für den Landadel wieder freizugeben oder die Landflucht zu stoppen, indem der Hochadel über seine Untertanen mit erweiterten Befugnissen befinden konnte, schufen ihm zwar Parteigänger aus dessen Reihen, doch das Bürgertum stellte sich gegen ihn, als er eine Grundsteuer einführte, die für jeden Hof 60 Pfennige, für jeden Weingarten 30 Pfennige einforderte. Sein Handlungsspielraum wurde zudem durch eine Finanzmisere eingeschränkt, die ihn sein Leben lang begleitete: Er war stets knapp bei Kasse, daher kaum in der Lage, durch »Ehrengeschenke« oder »Handsalben« Stimmen zu gewinnen. Rudolf nahm daher Kredite auf und verlieh Güter an Kapitalgeber. Diese Form der Geldbeschaffung erwies sich als denkbar schlecht, die Latifundien wurden rücksichtslos ausgepresst, die Gläubiger immer reicher, während die Finanznot unerbittlich den König weiter verfolgte.

Ottokar II. verfolgte den Stimmungsumschwung im Nachbarland recht aufmerksam, und es gelang ihm, Teile der Wiener Erbbürger und des österreichisch-steirischen Adels für sich zu gewinnen. Auch der niederbayerische Herzog begann sich für ihn zu interessieren, und die im nördlichen Niederösterreich beheimateten Kuenringer bekundeten offen ihre Sympathien für den böhmischen Nachbarn. Rudolf I. war gezwungen, gegen sie vorzugehen, und provozierte Ottokar, dem Ministerialengeschlecht beizustehen. Am 26. 8. 1278 standen sich die Heere Rudolfs und Ottokars zwischen Dürnkrut und Jedenspeigen gegenüber. Kräftemäßig war der Böhmenkönig dem Habsburger überlegen, das Reich gewährte seinem König kaum Unterstützung, da die norddeutschen Fürsten gegen jede Stärkung des südlichen Reichsteils Einwände erhoben. Rudolf aber fand die uneingeschränkte Bereitschaft der ungarischen, noch heidnischen Kumanen, für seine Sache zu kämpfen. In der Tat attackierten sie pausenlos die gepanzerten Reiter Ottokars und setzten ihnen hart zu. Nach Stunden des hin und her wogenden Kampfes hieß Rudolf die in Hohlwegen des Hochfeldes verborgenen Reserven, die Böhmen anzugreifen. Die frischen Kräfte fassten den ermatteten Gegner völlig überraschend an der Flanke. Weder hatten die Ritter die Attacke erwartet, noch konnten sie diese, durch die engen Sichtschlitze ihrer Helme behindert, rechtzeitig erkennen. Chaos brach aus. Ottokars Männer ergriffen die Flucht, ihren König, der sie vergeblich aufzuhalten versuchte, mit sich reißend. Am Ufer der March fand man Ottokar später auf, er war erschlagen und seiner kostbaren Rüstung beraubt worden. Angehörige der steirischen MEHRENBERGER oder der böhmischen ROSENBERGER sollen die Täter gewesen sein, berichten böhmische Chroniken. Eine Bestätigung dafür fehlt.

Der Sieg Rudolfs von Habsburg beendete das jahrzehntelange Streben der Přemysliden nach der Herrschaft über einen böhmisch-donauländisch-karpatischen Großraum.

Für Österreichs Geschichte war der Sieg an der March von epochaler Bedeutung. Politisch gestärkt, belehnte Rudolf I. ohne Einwände durch die deutschen Kurfürsten seine beiden Söhne am 29. 12. 1282 mit den babenbergischen Ländern; damit begann die Herrschaft der Habsburger, sie endete am 12. 11. 1918.

Rudolf I. von Habsburg übergab Österreich, Steiermark, Krain und die Windische Mark seinen Söhnen ALBRECHT und RUDOLF *„zu gesamter Hand"*. Kärnten war, nach dem Tod des letzten regierenden Spanheimers, Herzog PHILIPP, an das Reich zurückgefallen. Rudolf belehnte damit 1286 MEINHARD II. von Görz-Tirol für erwiesene Treue und gab ihm Krain und die Windische Mark als Pfand dazu.

Das Ende König Ottokars

Dem scharfen Protest der österreichisch-steirischen Landesfürsten gegen die Doppelregierung seiner Söhne musste Rudolf allerdings nachgeben und Albrecht I. im Vertrag von Rheinfelden vom **1. 6. 1283** zum Alleinregenten bestimmen. Rudolf, sein zweitältester Sohn, sollte andere Länder erhalten. Doch er starb vorzeitig, und auch sein Erbe, Sohn JOHANN aus der Ehe mit AGNES, der Tochter Ottokars II., ging leer aus: An einem Komplott des Mainzer Erzbischofs PETER VON ASPELT beteiligt, erstach er am **1. 5. 1308** in der Nähe der Habichtsburg bei Aarau in der Schweiz seinen Onkel, Albrecht I. »Parricida«, Verwandtenmörder, nennt ihn die Geschichte.

„Dorthin, zur Gruft meiner Ahnen, die auch Könige waren, will ich selbst reiten, damit mich niemand führe", soll Rudolf I. gesagt haben, als er den nahen Tod fühlte. Dem Wahlspruch „Utrum lubet / Wie es beliebt" folgend, machte sich der 73-Jährige auf den Weg nach Speyer. Am Tag nach der Ankunft, am **15. 7. 1291**, starb er.

In der ersten Phase der Schlacht von Dürnkrut werden Rudolfs Krieger abgewehrt. Im zweiten Treffen kommt Rudolf zu Sturz, Ottokar scheint zu gewinnen. Im dritten Treffen greifen verdeckte Reserven Rudolfs das Heer Ottokars an und entscheiden die Schlacht. – Die Auseinandersetzung gilt als die größte Ritterschlacht des Mittelalters.

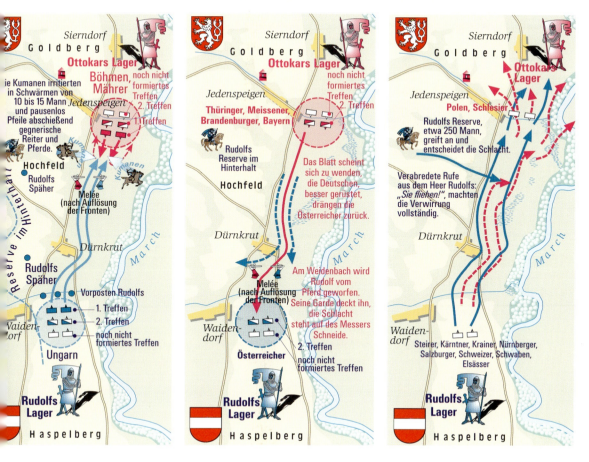

Kurz nach dem Tod Ottokars II. suchte Rudolf I. im Frieden von Sedletz bei Kuttenberg am 17. 10. 1278 mit Böhmen den Ausgleich und unterstrich ihn mit der Doppelhochzeit von Iglau, Mitte November 1278: Er vermählte Tochter Guta (Jutta) mit Wenzel II. von Böhmen und Sohn Rudolf (II.) mit Agnes von Böhmen, beide waren Kinder Ottokars.

Eine vergleichsweise friedliche Ära schien sich für das österreichische Herzogtum anzubahnen, die durch den Tod Rudolfs I. 1291 allerdings ein frühes Ende fand.

Albrecht I., seit **1. 6. 1283** Herzog von Österreich und Steiermark, Herr der Krain und der Windischen Mark, musste sich schon zu Lebzeiten seines Vaters mit unbotmäßigen Österreichern und Steirern herumschlagen. Nicht die ihm angelastete Herrschsucht oder sein Starrsinn brachten Adel und Patrizier gegen ihn auf, wie die Historie lange Zeit behauptete, sondern die von seinem Vater wenig vorausschauende Hausmachtpolitik: Rudolf hatte, um sie an sich zu binden, die einheimischen Oppositionellen reichlich mit Gütern und Privilegien ausgestattet und auch die Mächtigen im Reich, die ihn gegen Ottokar unterstützten, über Gebühr bedacht. Herzog Albrecht I. kam die undankbare Aufgabe zu, im Sinne einer Straffung der Landeshoheit die Privilegien wieder einzuziehen, und stieß dabei begreiflicherweise auf den heftigen Widerstand der Betroffenen. Auch die Überfremdung des herzoglichen Verwaltungsapparates durch *„schwäbische Ausbeuter"*, wie Albrechts Berater – die vier »Heimlichen« – im Volk genannt wurden, besonders aber seine Weigerung, den Wienern das Stadtrecht zu bestätigen, steigerten den Unmut des Adels und der Stadtbürger, bis es **1287** in Wien zu ersten Tumulten kam. Albrecht I. handelte entschlossen: Er ließ durch angeworbene Söldner die Wege nach Wien sperren und zwang die Bewohner durch Hunger zum Einlenken, sodass sie am **28. 2. 1288** sogar der Rückwidmung Wiens von der reichsunmittelbaren Stadt zur landesfürstlichen zustimmten.

Ebenso zielstrebig ging Albrecht I. in der Steiermark vor. Weder bestätigte er die »Georgenberger Handfeste« noch die Privilegien der seit Ottokar reichsunmittelbar gewordenen Ministerialen, ebenso verzichtete er auf eine Erbhuldigung. Dafür bestellte er Abt Heinrich von Admont zum Landschreiber von Steiermark und später vom Land ob der Enns, eine Position, die dem Leiter einer Finanzverwaltung gleichkam. Heinrich war ein treuer Diener seines Herrn, ließ Mitglieder des widerspenstigen Adels verhaften, konfiszierte deren Güter und ging militärisch gegen Aufmüpfige vor. Die Einrichtung eines eigenen Hofgerichts durch Albrecht I. ersetzte die alten Landtaidinge, auf die er seinen Einfluss verloren hatte.

Die Albrecht hörige Haltung des Admonter Abtes Heinrich rief dessen geistlichen Herrn, den Erzbischof von Salzburg, Rudolf, einen erklärten Gegner des Herzogs, auf den Plan. Rudolf, bis **1288** auch Erzkanzler des Königs, rief Abt Heinrich von Admont im **November 1288** scharf zur Ordnung und wies ein nach Salzburg einberufenes Konzil an, allen Prälaten die Dienstbarkeit bei weltlichen Landesfürsten zu verbieten. Das bedeutete Krieg mit Albrecht I., der sich für Abt Heinrich verantwortlich fühlte.

Mit bayerischen und schwäbischen Söldnern drang Erzbischof Rudolf im Ennstal vor, im Glauben, dass sein im **Herbst 1288** mit Graf Ivan von Güssing und dessen Bruder, Bischof Benedikt von Veszprém, geschlossenes Bündnis Albrecht I. vor einem Gegenangriff abhalten werde. Albrecht jedoch eilte über den Pass Pyhrn und fasste die Söldner des Erzbischofs bei Stainach in der Flanke, äscherte das salzburgische Friesach ein und zerstörte Fohnsdorf.

Danach wandte er sich nach Osten, zog am **25. 4. 1289** von Wiener Neustadt aus in das Gebiet der rebellischen Güssinger und brachte diesen Niederlage um Niederlage bei.

Noch gab sich Erzbischof Rudolf nicht geschlagen. **1290** verhängte er ein Interdikt (= Verbot kirchlicher

HERZOG ALBRECHT I.

Amtshandlungen) über Österreich und schleuderte gegen Albrecht I. den Kirchenbann. Diesem gelang es im Gegenzug, die in der Steiermark in Salzburger Diensten stehenden Adelsgeschlechter **GUTRAT**, **GOLDEGG**, **TANN**, **FELBEN**, **HAUSENBERG**, **THURN** und **LAMPOTING** für sich zu gewinnen.

Wirtschaftlich schwer geschädigt, musste nun der Erzbischof von Salzburg – vorerst – klein beigeben.

Das Siegel Albrechts I. (rechts) stellt ihn mit königlichen Attributen – Zepter und Reichsapfel – dar. – Albrecht I. bemühte sich konsequent, die Landesherrschaft in Österreich zu festigen. Dazu diente auch der Ausgleich mit den Nachbarn (unten).

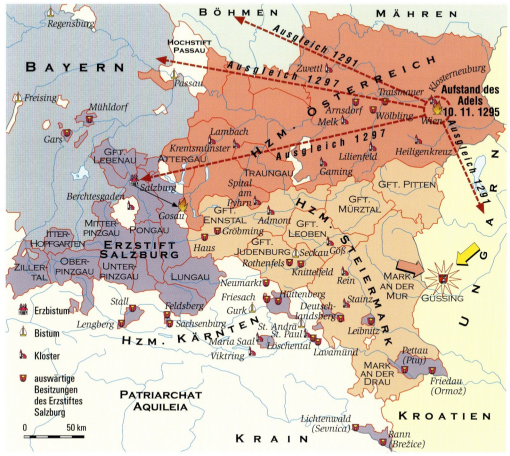

ÖSTERREICH UNTER DEN HABSBURGERN — 1290 BIS 1295

Das politische Konzept ALBRECHTS I. beruhte auf drei Grundsätzen: der Festigung und Erweiterung der landesfürstlichen Macht, der Einschränkung der adeligen und städtischen Privilegien und der Arrondierung und Ausdehnung des habsburgischen Hausbesitzes. Eine wichtige Entscheidung dazu fiel am 19. 6. 1290 in Erfurt: König RUDOLF I. sprach Sohn Albrecht die Vogtei über alle Güter Admonts zu, auch jener, die außerhalb Österreichs und Steiermarks lagen. Davon war auch die Bergwerksstadt Radstadt betroffen, die der Salzburger Erzbischof auf Admonter Grund errichten ließ. Diese letzte persönliche Niederlage überlebte Erzbischof RUDOLF nicht, er starb zwei Monate später, am 3. 8. 1290.

Die aufrührerischen Elemente in den Herzogtümern Österreich und Steiermark wurden deswegen nicht weniger. Auch Ungarn entwickelte sich zu einem bedrohlichen Faktor, als König LADISLAUS IV. 1290 vom eifersüchtigen Ehemann seiner kumanischen Geliebten ermordet wurde und keine erbberechtigten Nachkommen hinterließ: Rudolf I. erklärte der Gesetzeslage gemäß Ungarn zum heimgefallenen Lehen und verlieh es am 31. 8. 1290 Albrecht I. Als der Papst Einspruch erhob, wählten die Ungarn ANDREAS III., einen Neffen König BÉLAS IV., zu ihrem Herrscher, der umgehend 1291 in Österreich einfiel, um Albrecht I. zum Verzicht auf seine ungarischen Ansprüche zu zwingen. Bezeichnenderweise verhielten sich die österreichischen Adligen passiv, ihr Herzog musste sich mit Andreas III. verständigen, indem er ihm Anfang Februar 1296 seine 15-jährige Tochter AGNES zur Frau gab.

Der Tod König Rudolfs I. gab den antihabsburgischen Kräften nicht nur im Herzogtum, sondern auch im Reich neuen Auftrieb. Mit Ausnahme des Wittelsbacher Pfalzgrafen LUDWIG stellten sich alle Kurfürsten gegen eine weitere Verknüpfung der deutschen Königskrone mit der habsburgischen Dynastie. Sie wünschten einen schwachen, ihnen hörigen König.

Entscheidend war, dass Albrecht I. die nötigen Gelder nicht aufbrachte, um die kurfürstlichen Stimmen für sich kaufen zu können. Die Stände, so in der Steiermark, verweigerten ihm die dazu notwendigen Summen, da er die gewünschten Privilegien nicht zu geben bereit war. Sie bewegten nun sogar den neuen Salzburger Erzbischof KONRAD IV. VON FOHNSDORF, mit ihnen ein Bündnis gegen Albrecht I. einzugehen: Am 1. 1. 1292 kam der Pakt von Deutschlandsberg zustande, der die steirischen Stände, Konrad IV. und den niederbayerischen Herzog OTTO III. – ihm wurde das Herzogtum Steiermark in Aussicht gestellt –, vereinte. Zum Auftakt der Feindseligkeiten belagerten sie Bruck an der Mur.

Das bayerisch-salzburgische Koalitionsheer wähnte sich vor herzoglichen Truppen sicher, es hielt eine Überquerung des tief verschneiten Semmerings für unmöglich. Doch im **Februar 1292** mussten sie vor Albrechts Söldnern fluchtartig den Rückzug antreten: 600 Bauern hatten den Weg über den Pass freigeschaufelt.

Indessen kam es auch gegen den **1286** mit Kärnten belehnten Herzog MEINHARD II. von Görz-Tirol zu Unruhen, ebenso regte sich im Westen, in den habsburgischen Kernländern, Widerstand. Bischof RUDOLF VON KONSTANZ aus der Linie Habsburg-Laufenburg, die GRAFEN VON MONTFORT, der Montforter Abt WILHELM VON ST. GALLEN, die GRAFEN VON NELLENBURG und die GRAFEN VON SAVOYEN wechselten ins Lager der Opposition. Konstanz, Zürich, Savoyen und Bern schlossen einen antihabsburgischen Pakt, dem auch Luzern, Uri und Schwyz beitraten. Damit war jede Chance, zum deutschen König gewählt zu werden, für Albrecht I. dahin.

Am **5. 5. 1292** wählten die Kurfürsten einen ihnen gefügigen neuen Herrscher, den mäßig begabten Ritter ADOLF VON NASSAU. Ihm huldigte Albrecht im **Dezember 1292** und übergab ihm bei dieser Gelegenheit die Reichsinsignien seines Vaters. Damit war der Widerstand gegen den Herzog jedoch nicht beigelegt. Er brach in offene Rebellion aus, als am **11. 11. 1295** die Nachricht vom Tod Albrechts die Öffentlich-

Herzog Albrecht I. auf einem Glasgemälde im Stephansdom zu Wien (oben). – Seit dem 13. 1. 1257 wählen sieben Kurfürsten den deutschen König. Vorher waren zur Königswahl alle deutschen Fürsten berechtigt. Im neuen Gremium war aber weder Schwaben noch Bayern oder Österreich vertreten.

Widerstand gegen Albrecht I.

keit erreichte. Dass dies ein Gerücht war, wurde erst später bekannt. Einem Giftanschlag wäre er erlegen, hieß es. Tatsächlich war Albrecht während eines Gastmahls von heftiger Übelkeit befallen worden. Die herbeieilenden Ärzte behandelten ihn nach damaligem Wissensstand: Sie hängten den Herzog an den Beinen auf, *„damit das Gift durch Mund, Nase, Augen und Ohren abfließen könne"*. Albrecht verlor dabei ein Auge, wodurch sich die Ärzte bestätigt sahen: Das »abfließende« vermeintliche Gift habe das Auge zerstört, sagten sie. Eine kurzfristige Bewusstlosigkeit des Herzogs setzte das Gerücht seines Todes in die Welt und veranlasste den österreichischen und steirischen Adel, sich umgehend zu erheben.

Der Salzburger Erzbischof Konrad drang mit seinen Truppen in die Steiermark ein und zerstörte die Salzpfannen des steirischen Gosau. In Stockerau beschlossen österreichische Adlige, Wenzel II. von Böhmen die österreichisch-steirische Herzogswürde anzubieten, Albrechts Herrschaft war auf das Äußerste gefährdet. Ihm ergebene Truppen aus dem Elsass und der Schweiz eilten herbei und schlugen den Aufstand nieder, doch die Befriedung des Landes war damit nicht erreicht.

Die fortwährende Konspiration Salzburgs mit Gegnern Albrechts I. zwang diesen zu handeln. **1296** belagerte er zwei Monate lang das salzburgische Radstadt, musste aber vor anrückenden bayerischen Truppen das Feld räumen.

Doch das politische Blatt hatte sich schon zu seinen Gunsten gewendet: Herzogin Elisabeth vermittelte zwischen den beiden Parteien. Im **Juli 1297** beendete ein in Judenburg geschlossener Waffenstillstand und am **24. 9. 1297** ein Friede zu Wien den herzoglich-salzburgischen Konflikt, das Erzstift Salzburg verzichtete auf das »Marchfutter« in der Steiermark, eine nicht unbeträchtliche Abgabe in Form von Hafer für Reiteraufgebote. Diese Aufgabe von landeshoheitlichen Privilegien im Machtbereich der Habsburger trug wesentlich zur Arrondierung ihrer österreichisch-steirischen Territorien bei.

Anders gestalteten sich die westlichen Besitzungen: In viele kleine und kleinste Gebiete aufgelöst, ließ Albrecht I. **1303** durch seinen Notar Burkhard von Fricke ein gründlich erhobenes Güterverzeichnis, das »Habsburgische Urbar«, anlegen. Demnach besaßen die Habsburger im Elsass, in Schwaben und in der späteren Schweiz 28 Städte, 164 Höfe, 43 Burgen und 76 Kirchen. Aber nur in knapp einem Dutzend Dörfer nannten sie den gesamten Grund und Boden ihr Eigen. Diese Mischung unterschiedlicher Rechte und Zugehörigkeiten verhinderte einen Zusammenschluss zu größeren Territorien.

Mittlerweile entwickelte der deutsche König Adolf von Nassau eine Selbstherrlichkeit, die den Kurfürsten missfiel. Über ihre Köpfe hinweg stärkte er eifrig seine Hausmacht, erklärte Ländereien zum persönlichen Besitz und kaufte schließlich Thüringen. Im **Juli 1297**, anlässlich der Krönung Wenzels II. zum König von Böhmen, kamen daher die Kurfürsten von Sachsen und Brandenburg, der Mainzer Erzbischof, Wenzel selbst und Albrecht I. überein, Adolf von Nassau abzusetzen. Am **23. 6. 1298** folgten auch die übrigen Kurfürsten der Empfehlung des Gremiums, und Adolf von Nassau war die Krone los. Er hätte die Kirche und weltliche wie geistliche Fürsten geschädigt, den Eid und den Landfrieden gebrochen und Schändung und Vergewaltigung geduldet, so lauteten die Anschuldigungen.

Rivale Albrecht I. trat an seine Stelle, Adolf jedoch griff zu den Waffen. Am **2. 7. 1298** fiel bei Göllheim am Rhein zwischen dem Nassauer und dem Habsburger die Entscheidung, Adolf verlor das Leben. Der misstrauische Albrecht I. legte vorerst die Königswürde zurück und ließ sich erneut am **27. 7. 1298** in Frankfurt zum deutschen König wählen.

Mit Grimm mussten die Kurfürsten feststellen, dass Albrecht I. noch entschlossener als sein Vorgänger die Hausmachtpolitik fortsetzte, jetzt allerdings im habsburgischen Sinne. Geradezu als Bedrohung empfanden sie Albrechts Kontakte zum französischen König Philipp III., dessen Tochter Blanche mit Albrechts Sohn Rudolf verheiratet war. Albrecht unterbreitete Philipp den Vorschlag, gegen territoriale Entschädigungen im Reich, Rudolf mit den Gütern des verstorbenen, kinderlos gebliebenen Grafen Johann von Holland, Seeland und Friesland zu belehnen.

Im **Oktober 1300** verbündeten sich die vier am Rhein begüterten Kurfürsten im »Kurverein von Heimbach« gegen Albrecht. Ihr Unmut war verständlich, hatte er doch die unzähligen Zollstätten entlang dem Rhein aufgelöst, aus denen die Kurfürsten ihre Pfründe bezogen. Albrecht ging mit eiserner Hand vor: im **Mai 1301** unterwarf er den Pfalzgrafen bei Rhein, bis zum **Oktober 1302** mussten auch die drei anderen geistlichen Kurfürsten ihre Loyalität erklären. Albrechts I. Siegeszug stützte sich auf neue Parteigänger: Handwerker, Schiffs- und Kaufleute, Bürger der rheinischen Städte. Aus ihren Reihen rekrutierte er seine Truppen, um gegen die als korrupt geltenden geistlichen Kurfürsten vorzugehen.

Albrecht hatte nun auch im Reich souverän seine Herrschaft gefestigt. Weniger glücklich zeigte er sich in der Politik gegenüber Böhmen und Ungarn. Den

Der »Schöne Brunnen« in Nürnberg zeigt im Hauptgeschoss neben den guten Helden die sieben Kurfürsten.

Albrechts I. Leistungen für Österreich

Vorstoß des böhmischen Königs Wenzel II. zur Ostsee, der diesem die polnische Königskrone einbrachte, billigte er gerade noch, der Griff des Přemysliden nach der ungarischen Königskrone stieß aber auf seinen Widerstand, betrachtete er doch Ungarn als ein an Habsburg heimgefallenes Lehen.

Wenzel II. erlangte mit Hilfe ungarischer Adliger dennoch die Stephanskrone und gab sie an seinen Sohn **Wenzel III.** weiter. Der fiel freilich am **4. 8. 1306** einer Mörderhand zum Opfer. Umgehend zog Albrecht mit Sohn Rudolf III. nach Böhmen, um die Krone dem Hause Habsburg einzuverleiben. Der böhmische Adel, der seit **1212** den König selbst wählen durfte, anerkannte Rudolf auch als neuen Herrscher, da er sich mit der Witwe Wenzels III. vermählte. Der kränkliche Rudolf starb jedoch Anfang **Juli 1307**, und die böhmischen Stände hoben **Heinrich von Kärnten** auf den Königsthron.

Albrecht konnte keine Gegenmaßnahmen mehr ergreifen: Auf dem Ritt zum Stammsitz der Habsburg – ihr ursprünglicher Name lautete »Habichtsburg« – in der Schweiz überfielen ihn drei oberschwäbische Grundherren und sein Neffe **Johann**. Sie handelten angeblich im Auftrag des Kurfürsten und Mainzer Erzbischofs **Peter von Aspelt**. Johann erstach seinen ahnungslosen Onkel am **1. 5. 1308**. Die Grundherren wurden hingerichtet, der jugendliche Attentäter, den die Geschichte »Parricida«, den Verwandtenmörder, nennt, floh nach Italien in ein Kloster.

Albrecht I. von Habsburg, der seinen Wahlspruch *„Fugam victoria nescit / Der Sieg kennt keine Flucht"* ernst nahm, hatte für den Aufstieg Österreichs zur Donaumonarchie aus kleinsten Anfängen Gewaltiges geleistet. Er liegt an der Seite seines Vaters Rudolf I. und seines Rivalen Adolf von Nassau im Dom zu Speyer begraben.

Stichwort
Die sieben Kurfürsten

Die »Goldene Bulle« von 1356 regelte verfassungsrechtlich erstmals die Königswahl und die Rechtsstellung der Kurfürsten als allein berechtigte Wähler des Königs. Sie entschieden mit Stimmenmehrheit. Der Erzbischof von Mainz berief als Erzkanzler die Wahl nach Frankfurt am Main ein, er fragte die Stimmen ab, wählte als Letzter und konnte somit bei Stimmengleichheit die Wahl entscheiden. Die Reihenfolge bei der Stimmabgabe war festgelegt: Auf Trier, Köln, Böhmen, Pfalz, Sachsen, Brandenburg folgte Mainz. Das Mehrheitsprinzip und die Zuweisung des Kurrechtes an Sachsen-Wittenberg und Pfalz, unter Abweisung von Sachsen-Lauenburg und Bayern, sollten Doppelwahlen verhindern.

Um Nachfolgeprobleme zu vermeiden, wurden die Kurländer für unteilbar erklärt. Die päpstliche Approbation fand keine Berücksichtigung mehr, das Recht des gewählten Königs auf die Kaiserwürde wurde jedoch vorausgesetzt. Im Laufe der Zeit verkam die Königswahl immer mehr zu einem korrupten Machtgerangel. Das Ende des »Heiligen Römischen Reiches« (1806) bedeutete auch das Ende der kurfürstlichen Königswahl.

ÖSTERREICH UNTER DEN HABSBURGERN 1299 BIS 1330

ALBRECHT I. hatte bald nach seiner Wahl zum deutschen König seine Söhne RUDOLF, FRIEDRICH und LEOPOLD mit den habsburgischen Besitztümern Österreich, Steiermark, Krain, der Windischen Mark und Pordenone nach dem Prinzip der »gesamten Hand« belehnt. Damit war die Nachfolge gesichert. Zu engen Vertrauten soll Albrecht allerdings den Wunsch geäußert haben, dass Rudolf III., der älteste der Söhne, die Alleinherrschaft übernehmen solle. Dies wird als ein erster Versuch angesehen, im habsburgischen Hause die Primogenitur einzuführen. In der Tat huldigten Österreicher und Steirer Rudolf im Februar bzw. März 1299, nachdem die jüngeren Brüder auf ihre Ansprüche verzichtet hatten. Die Lage änderte sich mit dem plötzlichen Tod Rudolfs am 3. oder 4. 7. 1307.

D em Willen des Vaters entsprechend, folgte der nächstältere Sohn, Friedrich – Chronisten des 16. Jh.s gaben ihm den Beinamen »der Schöne«. Er wollte zwar Böhmen wiedererlangen, dessen Königsthron mittlerweile Herzog HEINRICH VON KÄRNTEN, Sohn MEINHARDS II. VON TIROL-GÖRZ, einnahm, doch verfolgte er das Ziel mit wenig Nachdruck. Kraftlos rückte er gegen Böhmen vor, besetzte in Heinrichs Stammherzogtum Kärnten einige Burgen und Städte, doch dann überließ er Heinrich das böhmische Königreich für 45 000 Mark Prager Pfennig (eine Mark nach Kölner Gewicht entsprach 233,85 Gramm). Auch im Bemühen, deutscher König zu werden, zeigte Friedrich wenig Ehrgeiz.

So hoben die Kurfürsten am 27. 11. 1308 HEINRICH VON LUXEMBURG, einen Bruder des Erzbischofs BALDUIN VON TRIER und Vasallen des Königs von Frankreich, PHILIPP VI., auf den Thron. Auch der Luxemburger trachtete nach Böhmen. Am 31. 8. 1310 belehnte er seinen 14-jährigen Sohn JOHANN mit dem Königreich, nachdem dieser eine Ehe mit der Přemyslidin ELISABETH, einer Schwester WENZELS III., eingegangen war.

Der Mainzer Erzbischof PETER VON ASPELT, der den Auftrag zum Mord an Albrecht I. erteilt hatte, vollzog am 7. 2. 1311 die Krönung. Noch hätte Habsburg Einspruch erheben können, doch Friedrich verzichtete für weitere 30 000 Mark Prager Pfennig.

Die Abschlagsverhandlungen fanden 1309 in Speyer statt. Die Abwesenheit des Herzogs nutzten einige unzufriedene Landadlige, so die Herren von Pottendorf und Zelking, und Wiener Patrizier unter Führung des Schützenmeisters und Stadtrichters BERTHOLD zum Aufstand. Der Hubmeister Graf ZELM warf mit dem steirischen Statthalter ULRICH VON WALLSEE nach einigen Anstrengungen schließlich die Rebellion nieder.

Nahezu gleichzeitig mit den Unruhen in Ostösterreich erhoben sich die Bauern in den habsburgischen

Um 1350 ist Österreich noch ein aus vielen Territorien bestehendes uneinheitliches Gebilde.

Friedrich III., der Schöne

Stammlanden. In den Kantonen Uri, Schwyz und Unterwalden hatten sie am **1. 8. 1291** den Schwur zum ewigen Bund – den »Rütlischwur« – geleistet und sich von Habsburg losgesagt. **1315** sollte ihre Auflehnung gesühnt werden, doch die herzoglichen Ritter bezogen in der Schlacht am Morgarten eine entscheidende Niederlage: Schwyz und Unterwalden behielten ihre Freiheit.

Nach dem Tod König Heinrichs VII. am **24. 8. 1313** konnten sich die Kurfürsten erneut auf keinen Kandidaten einigen. So fand in Frankfurt eine Doppelwahl statt: Am **19. 10. 1314** wurde Friedrich von der habsburgischen Partei, am nächsten Tag Ludwig von der luxemburgischen gekürt. Die am **25. 11. 1314** erfolgten Krönungen fanden jedoch nicht die Billigung des Papstes **Johannes XXII.** Ein mehrjähriger Waffengang entbrannte, den **Ludwig von Bayern** am **28. 9. 1322** im bayerischen Mühldorf für sich entschied.

Friedrich der Schöne – sein Wahlspruch lautete „Ad huc stat / Noch steht er" – starb, 41 Jahre alt, am **13. 1. 1330** auf Burg Gutenstein. **1789** wurde er in die Fürstengruft von St. Stephan zu Wien überführt.

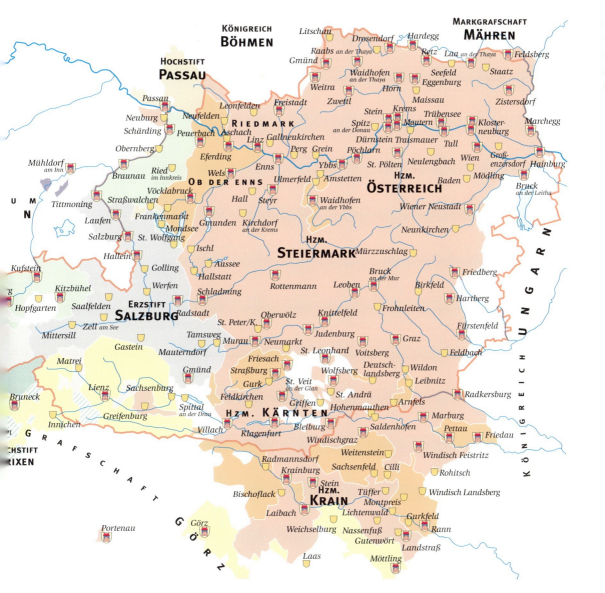

Friedrichs Bruder, Albrecht II., genannt »der Weise« oder »der Lahme«, führte die Regierung der österreichischen Länder weiter. Eine äußerst schmerzhafte rheumatische Erkrankung lähmte ihn an Händen und Füßen, sodass ihn sein Bruder **Otto der Fröhliche** bei beschwerlichen Reisen vertreten musste. Unter ihrer Herrschaft wurden die Habsburger in Österreich heimisch.

Finanzen und Wirtschaft waren in bester Ordnung, die ersten Goldgulden erschienen auf dem Währungsmarkt. Weniger gut stand es um die Nachfolge: Albrechts Ehe mit Gräfin **Johanna von Pfirt** blieb lange Zeit kinderlos. Erst eine Wallfahrt nach Aachen an das Grab **Karls des Grossen** soll ein Wunder bewirkt haben: Zu Allerheiligen 1339 kam **Rudolf IV.** zur Welt und später noch weitere drei Söhne und zwei Töchter.

In die Doppelregentschaft Albrechts II. und Ottos fielen Heuschreckenplagen, Missernten, Erdbeben, Pestepidemien, so 1348-49, und ein Judenpogrom 1338, dem sich Albrecht allerdings entschieden entgegenstellte. Auch er verfolgte mit Nachdruck eine Politik der innenpolitischen Beruhigung und der Absicherung der habsburgischen Hausmacht nach außen, allein schon im Hinblick auf einen entschlossen zur Macht strebenden Konkurrenten, das von Frankreich unterstützte luxemburgische Adelsgeschlecht. Das Aufstreben der luxemburgischen Macht führte Habsburger und Wittelsbacher wieder zusammen.

Dazu bedurfte es allerdings auch noch eines diplomatischen Schachzugs des deutschen Königs **Ludwig von Bayern**. Er versprach im **Jänner 1330** Herzog **Heinrich von Kärnten**, gleichzeitig Graf von Tirol, von **1307 bis 1310** auch König von Böhmen, die Kärntner und Tiroler Reichslehen auch seinen Töchtern zu verleihen, sollte ein männlicher Nachkomme ausbleiben. Dadurch ließ er Albrecht und Otto wissen, dass sie isoliert waren, sollten sie sich mit ihm nicht aussöhnen: Umgeben vom luxemburgischen Böhmen, dem eigenwilligen Ungarn, einem mit Tirol verbundenen Kärnten und einem noch distanziert sich verhaltenden Bayern, hatte Habsburg keine Möglichkeit, neue Territorien hinzuzugewinnen. Die Habsburger beeilten sich daher, der existenzbedrohenden Umklammerung zu entkommen: Im Vertrag von Hagenau im Elsass, vom **6. 8. 1330,** nahmen sie, zugunsten des deutschen Königs Ludwig, von ihren Ansprüchen auf die deutsche Königskrone Abstand.

Im Gegenzug bestätigte Ludwig noch am selben Tag die Privilegien der Habsburger. Damit nicht genug: Gemeinsam mit den Habsburgern ließ Ludwig im **November 1330** ein adeliges Schiedsgericht entscheiden, dass er nach dem Tode Heinrichs von Kärnten dessen tirolisches und Habsburg dessen kärntnerisches Lehen erhalten sollten. Die erbrechtlichen Ansprüche der Tochter Heinrichs von Kärnten, **Margarethe Maultaschs** (nach dem Schloss Maultasch bei Terlan benannt), die mittlerweile den Luxemburger Johann Heinrich, Sohn König **Johanns von Böhmen,** geheiratet hatte, und **Margarethes,** der ebenfalls erbberechtigten 12-jährigen Tochter Margarethe Maultaschs, wurden ignoriert.

Die endgültige Versöhnung der Häuser Wittelsbach und Habsburg besiegelte am **3. 5. 1331** ein Rechtsakt: Der Kaiser ernannte Herzog Otto zum Reichsvikar und bestätigte neuerlich die österreichisch-steirischen Lehen. Zusätzlich verpfändete er den Herzögen noch die Städte Schaffhausen, Rheinfelden, Breisach und Neuenburg.

Die Aufteilung der meinhardinischen Länder Tirol und Kärnten noch zu Lebzeiten Herzog Heinrichs rief König Johann von Böhmen auf den Plan, der die Länder für seinen eben vermählten Sohn **Johann Heinrich** retten wollte. Im **Herbst 1331** und im **Frühjahr 1332** drang er – allerdings mit wenig Erfolg – im nördlichen Niederösterreich ein. Der Friede zu Wien vom **13. 7. 1332** beendete die Fehde.

Im **April 1335** starb Herzog Heinrich von Kärnten auf Schloss Tirol, und Kaiser Ludwig IV. belehnte am **5. 5. 1335** in Linz die Habsburger mit dem südlichen Herzogtum, mehr noch, er überantwortete ihnen auch Teile des heutigen Südtirol.

KÄRNTEN KOMMT AN ÖSTERREICH

Am **2. 7. 1335** nahm Otto der Fröhliche auf dem bei Maria Saal befindlichen »Herzogstein« nach altem windisch-slawischem Brauch die Huldigung der Kärntner Landherren entgegen; Albrecht II. unterzog sich **1342** – nach Ottos Tod – der gleichen Huldigungszeremonie. Kärnten war nun Bestandteil der habsburgischen Länder geworden, für die allmählich die Bezeichnung »dominium Austriae«, »Herrschaft zu Österreich«, aufkam.

Auf einer Reise von Graz nach Wien starb am **16. 2. 1339** Herzog Otto. Er liegt in dem von ihm **1327** gestifteten Kloster Neuberg an der Mürz begraben. Sein älterer Bruder Albrecht II. besorgte nun allein die Amtsgeschäfte. Ihn quälte die Frage, welche Vorsorge er treffen konnte, um eine Teilung der habsburgischen Territorien nach seinem Tod zu verhindern.

Am **25. 11. 1355** ließ er daher durch seine Amtsschreiber und Juristen eine »Hausordnung« zu Papier bringen, die seine Söhne Rudolf, Friedrich, Albrecht und Leopold verpflichtete, die Einheit der habsburgischen Länder zu wahren.

Albrecht starb 60-jährig am **20. 7. 1358**. Er fand in der **1332** errichteten Kartause Gaming die letzte Ruhestätte. Seine Lähmung trug er, getreu seinem Wahlspruch, gelassen: *„Et hoc virum agit / Auch das bringt den Mann voran."*

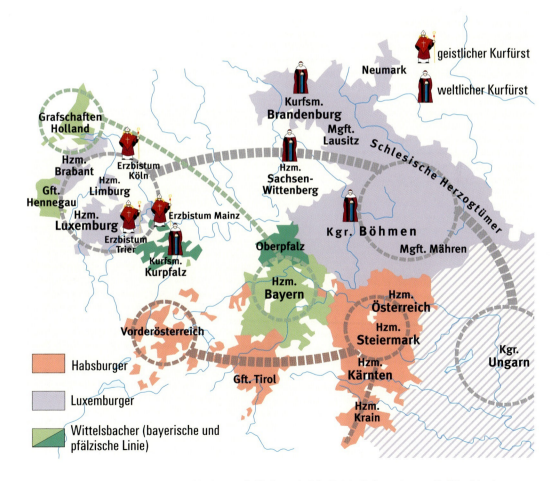

Im 14. Jahrhundert bemühten sich drei Mächte um die Vorherrschaft im Reich: die Luxemburger, die Wittelsbacher und die Habsburger.

Tirol, ein so genanntes Passland, war wegen seiner Übergänge über den Alpenhauptkamm, des Brenners und des Reschenscheidecks, schon früh umkämpft und umworben. Beide Pässe trennen und verbinden zugleich die großen Tallandschaften des Inns, des Eisacks und der Etsch, in denen sich alle historischen Ereignisse des Landes abspielten. Vor KARL DEM GROSSEN bildete Südtirol das langobardische Herzogtum Trient, und Nordtirol gehörte zu Baiern. Im Fränkischen Reich vereint, wurden beide Territorien in karolingische Gaue eingeteilt, deren Namen sich bis heute erhalten haben: Rheingau (Vorarlberg), Oberinntal, Unterinntal, Vintschgau, Pustertal, Lurngau, Trient, Eisack- oder Norital und Bozen. Im **9. Jh.** lösten zwei große Bistümer, Brixen und Trient, die Gaue ab. Sie entwickelten sich zu geistlichen Fürstentümern, die aber wegen ihrer strategischen und wirtschaftlichen Bedeutung reichsunmittelbar dem Kaiser direkt unterstanden. Zu einer eigenständigen territorialen Entwicklung, ähnlich der des Erzbistums Salzburg, kam es aber nicht: Durch die Belehnung weltlicher Größen mit großen Teilen ihres Gebietes trugen die geistlichen Landherren dazu bei, wieder abhängig zu werden, doch nicht vom deutschen König, sondern von eigenen Vasallen, den immer mächtiger werdenden Grafen von Tirol und den Herzogen von Andechs-Meranien. Die Gefahr des Auseinanderbrechens in zwei große, weltlich beherrschte Teile wuchs.

Dem Grafen ALBERT III. VON TIROL kam das ungewollte Verdienst zu, die Zweiteilung Tirols verhindert zu haben. Albert, mit UTA VON FRONTENHAUSEN vermählt, blieb ohne männlichen Nachkommen. Er verheiratete daher die Erbtöchter ADELHEID mit GRAF MEINHARD III. VON GÖRZ, einem vermögenden Lehnsmann des Patriarchen von Aquileia, und ELISABETH mit Herzog OTTO II. VON ANDECHS-MERANIEN, dem Gründer der Stadt Innsbruck. Als Otto **1348** starb, erlosch die Andechser Linie, und sein Besitz samt dem Brixener Lehen gelangte an Elisabeths Vater, Albert III. Dieser war nun plötzlich zum mächtigsten Herrn Tirols aufgestiegen. Sein Gebiet umfasste beinahe das ganze heutige Nord- und Südtirol.

Als nun **1253** Albert III. das Zeitliche segnete, ging sein Territorium an Tochter Adelheid und Schwiegersohn Meinhard III. von Görz über, der sich nun auch MEINHARD I. VON TIROL-GÖRZ nennen durfte. Nach dessen Ableben, **1258**, teilten seine Söhne das väterliche Erbe: MEINHARD II. VON TIROL-GÖRZ erhielt alles, was westlich der Mühlbacher Klause lag, im Wesentlichen das heutige Tirol – die »Comitia Tyrolis« oder die »Grafschaft Tirol«. ALBERT, der zweite Sohn Meinhards, nahm alles, was östlich lag – das Pustertal, Görz und die Grafschaft Istrien. Die Tiroler und Görzer Linien der Meinhardiner waren damit gegründet. Meran war die Hauptstadt der Tiroler – bis ihm Anfang des **15. Jh.s** Innsbruck den Rang ablief –, Lienz die Hauptstadt der Görzer.

1259 heiratete Graf Meinhard II. von Tirol-Görz – als Graf von Görz MEINHARD IV. – die bedeutend ältere ELISABETH VON BAYERN, Witwe König KONRADS IV. Die Ehe machte Meinhard zum Stiefvater Herzog KONRADINS VON SCHWABEN, des letzten legitimen Staufers, der im Kriegszug gegen den Papst unterlag und **1268** in Neapel enthauptet wurde. Meinhard hatte Konradin auf dem Feldzug begleitet und dabei auch die enge Bekanntschaft RUDOLFS VON HABSBURG gemacht. Nach dessen Wahl zum König wurde dieser die wichtigste Stütze der meinhardinischen Politik.

Meinhard, **1282** zum Herzog ernannt und mit Kärnten belehnt, einte sein Territorium mit beispielloser Härte. Mit Geld, Drohungen und Gewalt unterwarf er die ihm nicht gesonnenen Adligen oder drängte sie außer Landes. Selbst die Herzoge von Bayern mussten sich aus Tirol zurückziehen.

Wiederholt lenkte er wegen seines scharfen Vorgehens gegen unbotmäßige Kirchenfürsten den Bann auf sich. Mit der Gründung des Klosters Stams im **Herbst 1284** befreite er sich aber aus der geistlichen

Das Land Tirol

Ächtung, mit offenen Armen nahm ihn die Kirche wieder auf, und dem künftigen Werdegang Tirols und Kärntens schien keine Gefahr mehr zu drohen.

Die Landesbildung Tirols verlief über viele Epochen. Es ist Rudolf IV., dem Stifter, zu danken, dass er das Land für das Haus Habsburg, und damit für Österreich, erworben hat.

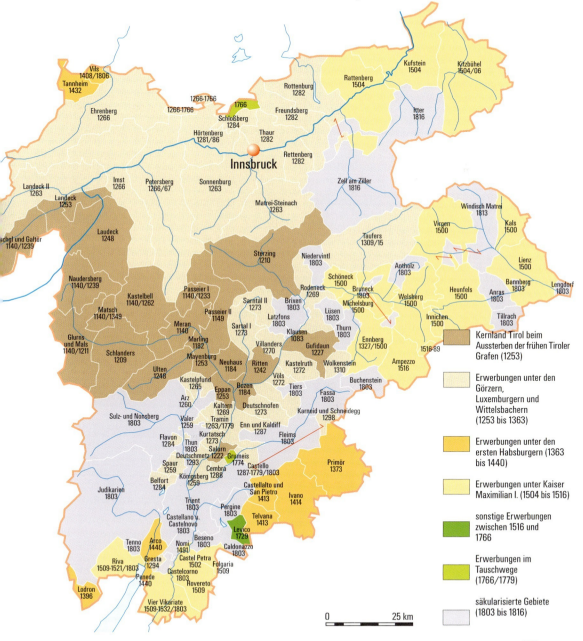

Unter den Görzer Grafen erfreute sich Tirol eines bedeutenden Aufschwungs, doch im Verband mit Kärnten blieb die Erbfrage ungelöst. Selbst die Tricks und Finten, die Kaiser LUDWIG IV. anstrengte, konnten keine befriedigende Lösung herbeiführen und sorgten nur für Krieg, als **1331/32** bekannt wurde, dass Kärnten an die Habsburger fallen sollte. Daran änderte der Friede von Wien **1332** nicht viel, denn **1336** führten die habsburgisch-wittelsbachischen Vereinbarungen erneut zu einem militärischen Schlagabtausch. Böhmische Truppen fielen in Österreich ein, Kaiser Ludwig IV. zog gegen HEINRICH VON NIEDERBAYERN, den Schwiegersohn König JOHANNS VON BÖHMEN. In Tirol verwehren MARGARETHE MAULTASCH und ihr Gemahl, der Luxemburger JOHANN HEINRICH, dem Kaiser den Zugriff auf ihr Land, dank der Unterstützung, die ihnen der Luxemburger KARL VON MÄHREN gewährte, und bei Landau lagen sich ein böhmisches und ein bayerisch-österreichisches Heer gegenüber.

Geldmangel auf beiden Seiten beendete den Zwist der Krieg führenden Parteien. Am **9. 10. 1336** schlossen die Luxemburger und die Österreicher in Enns Frieden: ALBRECHT II. und sein Bruder OTTO VON HABSBURG behielten Kärnten und verzichteten dafür auf ihre Tiroler Ansprüche zugunsten Margarethe Maultaschs und ihres Gemahls Johann Heinrich, der **1339** mit Tirol belehnt wurde. Den mochten jedoch die Tiroler nicht, und so jagten sie ihn **1341** aus dem Lande.

Kaiser Ludwig sah die Möglichkeit, doch noch in den Besitz Tirols zu kommen: Er ließ die Ehe Margarethe Maultaschs mit Johann Heinrich für ungültig erklären und vermählte **1342** seinen Sohn, den Wittelsbacher Markgrafen LUDWIG VON BRANDENBURG, mit Margarethe. Doch auch diese Herrschaft stieß auf den Widerstand der Tiroler. Ihr Vorhaben, mit Hilfe des deutschen Gegenkönigs KARL IV. VON LUXEMBURG Markgraf Ludwig zu vertreiben, schlug freilich fehl; die Wittelsbacher konnten sich in Tirol behaupten.

Durch die Annullierung der Ehe Margarethes war Kaiser Ludwig IV. **1343** von der Kurie wegen Verleitung zur Bigamie mit dem Kirchenbann belegt worden. Herzog Albrecht II. hielt ihm zwar die Treue, doch vertiefte er gleichzeitig die seit dem Ennser Frieden gutnachbarlichen Beziehungen zu den böhmischen Luxemburgern und verlobte im **Dezember 1344** in Wien seinen 5-jährigen Sohn RUDOLF IV. mit KATHARINA, der Tochter Markgraf KARLS VON MÄHREN.

Nachdem Papst CLEMENS VI. die Kurfürsten aufgefordert hatte, anstelle des geächteten Ludwig einen neuen König zu wählen, entschieden sich im **Juni 1346** fünf von ihnen für Karl von Mähren. Der abgesetzte Ludwig starb am **11. 10. 1347** an einem Schlaganfall, ein sonst unvermeidlicher Waffengang unterblieb daher. Nun bewies sich die vorausschauende Politik Albrechts II.: Sohn Rudolf IV. konnte beim Tod seines Vaters, **1358**, dank der wirtschaftlich und politisch stabilen Lage in den Ländern und der gefüllten Kassen als Schwiegersohn des Königs und künftigen Kaisers der Zukunft getrost entgegensehen.

Am **20. 11. 1358** nahm der junge Rudolf die Huldigung der Landherren von Österreich, Steiermark, Kärnten und Krain entgegen, danach nahm er – obwohl schwer lungenkrank – voll Tatkraft die Regierungsgeschäfte auf.

Zunächst löste er das Siegel Kaiser FRIEDRICHS I., BARBAROSSA, vom »Privilegium minus«, dem »Kleinen Freiheitsbrief«, und warf das Dokument, das den babenbergischen Ländern ihr Herzogtum verbriefte, ins Feuer. Rudolf IV. lehnte den Inhalt der von KARL IV. **1356** in Auftrag gegebenen »Goldenen Bulle« – einer neuen Verfassung – ab, die dem Hause Luxemburg zwei kurfürstliche Sitze einräumte und ihm die Königswürde sicherte, während Habsburg und Wittelsbach unberücksichtigt blieben. Rudolf fertigte **1359** kurzerhand das »Privilegium maius«, den »Großen Freiheitsbrief«, an, in dem er sich und den Habsburgern eine über den Kurfürstenrang hinausge-

Auf einer Dokumentenfälschung Rudolfs IV. beruhte der Hausrechtsanspruch der Habsburger: Das »Privilegium maius« bzw. der »Große Freiheitsbrief« wurde am 6. 1. 1452 von Kaiser Friedrich III. als rechtmäßig bestätigt. Rechts: Eine der fünf Urkunden, die Rudolf IV. anfertigte.

Das »Privilegium maius«

hende Sonderstellung zuerkannte: Er »erhob« Österreich zum »Erzherzogtum«. An der neuen Urkunde befestigte er das alte Siegel und legte es mit zwei altrömischen Bestätigungsschreiben Karl IV. in dessen Prager Residenz zur Kenntnisnahme vor. Die Fälschungen wurden aufgedeckt, Karl IV. verweigerte die Anerkennung.

Das hinderte Rudolf IV. freilich nicht, die in den Papieren niedergelegten Programme – so die Beseitigung reichsfreier Herrschaftssprengel, die flächendeckende Ausweitung der landesfürstlichen Lehnshoheit und die landesherrliche Verfügungsgewalt über geistliche Besitzungen – innerhalb seines Herrschaftsbereichs durchzusetzen.

Kaum ein Mitglied des Hauses Habsburg wurde von der Nachwelt mit so viel Lobeshymnen überschüttet wie Rudolf IV., der Stifter. Sie reichen vom *„größten Habsburger des Mittelalters"* über *„den eigentlichen Begründer des »Mythos« seines Hauses"* bis zur vermutlich besten Darstellung seines Wesens, *„er hätte Österreich, wenn er nicht* [so frühzeitig] *aus dem Leben geschieden wäre, entweder zu den Sternen erhoben oder dem tiefsten Fall zugeführt"*, wie es Rudolfs Zeitgenosse, der Priester und Bauherr der Pfarrkirche von Perchtoldsdorf, Thomas Ebendorfer, formulierte.

Seine Mitmenschen sahen Rudolf IV. kritischer. Die Klosterannalen von Mattsee nennen ihn einen Tyrannen und Kirchenverfolger, Ketzer und Aufklärer, einen wahren Nachkommen Neros, der *„wilder als ein Wolf"* den Bischof von Passau verfolge. Nikolaus Würmla, der Propst von Herzogenburg, beklagt die unerhört hohen Steuern, und dass Rudolf die Klöster auspresse und das Erbgut Christi in Soldgeld verwandle.

D ie Klagen des Klerus sind nicht unberechtigt, hob doch der Herzog die Steuerfreiheit der Kirche auf und erlaubte es den Städten, sich von der Kirchensteuer loszukaufen. Außerdem hatte jeder an die Kirche gefallene Besitz binnen eines Jahres an Steuern zahlende Bürger weiterverkauft zu werden.

Der Bevölkerung gegenüber verhielt er sich anders. *„Aller Ruhm und alle Macht einer Regierung bestehen auf dem wohl fundierten Glück der Untertanen"*, schrieb Rudolf am **8. 7. 1360** an das Wiener Schottenstift. In der Tat verzichtete er auf die jährliche Münzerneuerung, deren verschleierte Abwertung – die Münzen wurden durch Entzug des Feinsilbers immer weniger wert – dem Volk das Geld aus der Tasche zog. Allein zwischen **1340 und 1358** wurde aus einer Mark Silber nahezu die doppelte Summe Wiener Pfennige geprägt. Zum Ausgleich der wegfallenden Einnahmen führte Rudolf IV. dafür am **21. 3. 1359** eine 10 %ige Steuer auf alle öffentlich ausgeschenkten alkoholischen Getränke ein.

Rudolf IV., der Stifter, verdient seinen Beinamen zu Recht. Neben vielen von ihm in Auftrag gegebenen Bauwerken zählen die Erweiterung des Stephansdoms **1359** und die Gründung der Universität, **1365**, die seinen Namen – »Alma mater Rudolphina« – trägt, zu den verdienstvollsten Taten.

Höhepunkt seiner außenpolitischen Aktivitäten war der Erwerb Tirols von der regierenden Margarethe Maultasch. Der 24-jährige Rudolf überredete am **26. 1. 1363** die alternde Gräfin, ihm ihren gesamten Besitz, darunter die Städte Bozen, Meran, Innsbruck, Schwaz und das silberreiche Hall, zu überschreiben. Der Erwerb Tirols war für Habsburg von großer Bedeutung: Ein weiteres Teilstück fügte sich in die Landbrücke zu den Stammlanden in der Schweiz, und es kontrollierte nun die Pässe, die Deutschland mit Italien verbanden.

Der territoriale Zuwachs hob darüber hinaus das außenpolitische Ansehen. Am **10. 2. 1364** trafen daher die Häuser Luxemburg, Habsburg und Anjou (ungarische Krone) in Brünn eine »Erbeinigung«, in der sie sich Herrschafts- und Machtansprüche gegenseitig zusicherten: für Luxemburg die Stellung im Reich – durch die Königswürde – und im östlichen Mitteleuropa, für Anjou Ost- und Südosteuropa, für Habsburg der Einfluss auf den süddeutschen Raum und auf die Wege nach Süden. Ein bereits am **27. 4. 1363** mit dem Grafen von Görz-Istrien, Albert IV., vereinbarter Erbeinigungsvertrag regelte den Zugriff Habsburgs auf Istrien und die Windische Mark, und ein Abkommen mit dem Bischof von Trient sah die Angliederung des Bistums an die österreichischen Länder vor. Unablässig bemüht, sein Territorium – von Rudolf *„Schild und Herz des Reiches"* genannt – zu erweitern, reiste er als Heiratsvermittler zwischen Bruder Leopold und Viridis Visconti, der Tochter des Herzogs von Mailand, Barnabò Visconti, nach Italien. In Mailand starb Rudolf IV. am **27. 7. 1365** im Alter von 26 Jahren.

Margarethe Maultasch (1318–1369), Gräfin von Tirol, hatte ihren Beinamen nicht wegen ihres Aussehens, im Gegenteil, sie galt als sehr schön. Nach älterer Geschichtsschreibung soll sie nach ihrem Schloss so benannt worden sein, nach der jüngeren wegen ihrer angeblichen sexuellen Abenteuerlust.

Rudolf IV., der Stifter

Noch am **18. 11. 1364** hatte Rudolf mit seinen Brüdern einen Familienvertrag, die »Rudolfinische Hausordnung«, vereinbart. Sie legte die Unteilbarkeit der habsburgischen Länder fest und regelte die Rechte des Erstgeborenen – die »Primogenitur« – in einer Regierung der »gesamten Hand«, wenn also mehrere Nachkommen Herrschaftsansprüche haben sollten.

Rund hundert Jahre nach seinem Tod wurde Rudolf ein später Triumph zuteil: Kaiser Friedrich III. bestätigte zu Wiener Neustadt am **6. 1. 1452** das »Privilegium maius« und erklärte die darin enthaltenen Ansprüche für berechtigt. Die Fälschung bildete daher die eigentliche Basis des Reichs- und habsburgischen Hausrechts, getreu Rudolfs Wahlspruch: „*Insipiens sapientia / Die arge List mit Weisheit*".

Margarethe Maultasch zog nach ihrem formellen Verzicht auf ihre Besitzungen am **2. 9. 1363** nach Wien. Als sie bat, in ihr geliebtes Tirol zurückkehren zu dürfen, versagte man ihr den Wunsch. Verbittert starb sie, 51 Jahre alt, am **3. 10. 1369** in der Nähe des Minoritenklosters, in dem sie auch begraben liegt. Der 5. Wiener Gemeindebezirk ist nach ihr benannt.

In den ersten Jahren ihrer Herrschaft regierten die Brüder ALBRECHT III. und LEOPOLD III. getreu der »Rudolfinischen Hausordnung«. Sie schlugen den Aufstand der mächtigen kärntnerischen AUFENSTEINER nieder und kauften die Herrschaften Adelsberg/Postojna und Friaul. Ihr Territorium reichte nun bis zur Adria, Triest schloss sich **1382** freiwillig den Habsburgern an.

Einen weiteren Erfolg verbuchten die Habsburger im Winter **1365/66**: Die Bayern erklärten sich für 116 000 Gulden und das an Österreich verpfändete Schärding bereit, auf Tirol zu verzichten. Der Friede von Schärding vom **29. 9. 1369** besiegelte das Geschäft, die spannungsgeladene Atmosphäre zwischen Wittelsbachern und Habsburgern war bereinigt.

Nur wenige Grafschaften »vor dem Arlberg« trennten die Habsburger noch von ihren Stammlanden in der Schweiz. Die Fehde der zwei mächtigsten Adelsgeschlechter zwischen Bodensee, Rhein und Arlberg, die WERDENBERGER und die MONTFORTER, eröffnete den Habsburgern Möglichkeiten, auch diese zu vereinnahmen.

Das **14. Jh.** kennzeichneten aufkommende demokratische Tendenzen. Steuerliche Belastungen auf der einen Seite erfordern auf der anderen politische Zugeständnisse. In den vorarlbergischen Gebieten forderten vor allem zuwandernde alamannische Walser ein politisches Mitspracherecht. Von den Landesfürsten aus dem Wallis, der südlichen Schweiz, in die dünn besiedelten Täler zur Hebung der Wirtschaft und Wehrkraft geholt, ließen sie sich nur gegen erweiterte persönliche Freiheiten in den unwirtlichen Bergen nieder.

Entscheidend für den Erwerb der letzten Teile des »Landes vor dem Arlberg« durch die Habsburger war das »ewige Bündnis« der Grafen von Montfort-Feldkirch mit Österreich, das sie am **1. 11. 1377** in Brugg bei Zürich feierlich verkündeten. Vordergründig ein militärisches Bündnis, stellten die Montforter „*ihre Lande in den Dienst der österreichischen Herzöge*". Vordergründig war es ein bisher einzigartiges demokratisches Bekenntnis einer Landesobrigkeit und einer Bürgerschaft, die sich zum ersten Mal als Rechtspersönlichkeiten mit eigenständigem politischem Willen präsentierten.

Fuß gefasst hatten die Habsburger im heutigen Vorarlberg schon **1363**, als sie für 3 300 Pfund Pfennige die Feste Neuburg am Rhein und die Burg Grimmenstein bei St. Margarethen kauften. Bis sie aber die Landbrücke zu ihren Schweizer Stammsitzen schließen konnten, befanden sich die Schweizer Bauern längst auf dem Weg in die Unabhängigkeit. Bei Sempach vernichteten sie am **9. 7. 1386** ein habsburgisches Ritterheer, Herzog Leopold III. fiel in der Schlacht, 35 Jahre alt.

Die Auseinandersetzung deckte die Krise auf, in der sich Habsburg seit **1379** befand. Damals, am **25./26. 9.**, löste der Vertrag von Neuberg an der Mürz das habsburgische Territorium in die »leopoldinischen« und »albertinischen« oder »albrechtinischen« Länder der Herzöge Leopold III. und Albrecht III. auf. Nur die Burg zu Wien gehörte weiterhin beiden Brüdern. Die Zersplitterung setzte sich **1396** in der Spaltung der leopoldinischen Linie in eine »steirische« und eine »Tiroler« Linie fort und führte zu einer wachsenden Entfremdung der Familien, die in der Verfolgung gegensätzlicher politischer Interessen gipfelte: die Albrechtiner unterstützten die Luxemburger, die Leopoldiner deren Gegner.

Der erste Zwist im »Hause Habsburg« begann wegen der ungeklärten Vormundschaft über ALBRECHT V., dem Enkel Herzog Albrechts III., der, erst sieben Jahre alt, zu jung für die Nachfolge war. Sowohl der steirische Herzog ERNST DER EISERNE als auch LEOPOLD IV. reklamierten sie für sich. Der Kampf darum ging vordergründig wohl um die interimistische Amtsführung, tatsächlich standen sich aber zwei verschiedene soziale Gruppen gegenüber: Hinter Ernst die reichen Kaufleute, hinter Leopold die Zünfte und die Ritter. Der ausbrechende Bürgerkrieg löste die Rechtsordnung auf, Raubritter und Banden brand-

Die Teilung des habsburgischen Besitzes war von Herzog Rudolf IV. in seiner 1364 erlassenen Hausordnung ausdrücklich untersagt worden. Dennoch berieten 1370 seine Brüder Albrecht und Leopold über eine Trennung der Länder und vollzogen sie im Vertrag von Neuberg an der Mürz 1379. Sie schwächten dadurch die habsburgische Hausmacht zu Gunsten der Stände.

Ein Zwist im Hause Habsburg

schatzten Niederösterreich. König **Sigismund** sprach 1409 endlich ein Machtwort: Beide Herzöge mögen die Vormundschaft gemeinsam ausüben.

Die Entscheidung stellte keine der Parteien zufrieden. So entschlossen sich 1411 die Stände »Beider Österreich« (Land ob und unter der Enns), den mittlerweile 14 Jahre alten Albrecht V. für großjährig zu erklären. In Eggenburg huldigten sie ihm und brachten ihn anschließend unter dem Jubel der Bevölkerung nach Wien.

Herzog Ernst – er regierte in Graz die »innerösterreichischen« Länder Steiermark, Kärnten, Krain, Windische Mark und Küstenland – billigte die Lösung, Herzog Leopold aber starb vor Aufregung, und Albrecht V. übernahm »Beider Österreich« ohne weiteren Einspruch.

Den dritten regierenden Habsburger, **Friedrich IV.**, interessierten die Vorgänge im Osten nicht. Er stand seit Regierungsantritt, 1407, mit dem Tiroler Hochadel in Fehde. Zudem geriet er mit König Sigismund und der Kirche in Konflikt, als er dem Gegenpapst **Johannes XXIII.** aus Pisa zur Flucht verhalf, als sich dieser vor dem Konzil in Konstanz verantworten musste. Friedrich trafen Kirchenbann und Reichsacht, damit war er vogelfrei. Die Fürsten waren außerdem aufgefordert, sich seines Landes zu bemächtigen. Obwohl sich Friedrich IV. 1415 reuig zeigte, landete er im Kerker.

Doch die Tiroler hielten zu ihrem Herrscher und baten Herzog Ernst um Beistand. Während Friedrich IV. die Flucht gelang, nahm Ernst Tirol in Besitz und weigerte sich, es wieder herauszugeben. Sein Starrsinn und die Standhaftigkeit der Tiroler bewegten König Sigismund, Herzog Friedrich IV. wieder zu belehnen.

Friedrich IV. trägt den Beinamen »mit der leeren Tasche«. Doch so arm konnte er nicht gewesen sein, wie seine schmucke Residenz Innsbruck und das Gebäude »Goldenes Dachl« zeigen. Als er am 24. 6. 1439 starb, hinterließ er seinem Sohn Sigmund, dem späteren »Münzreichen«, Perlen, Edelsteine und Gold, 4 655 Dukaten, weiters Silber im Gewicht von 23 kg.

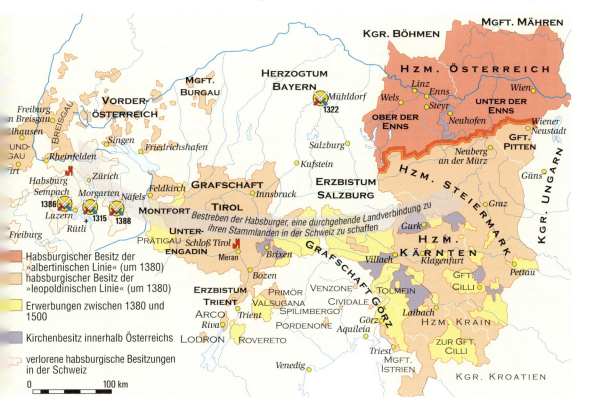

Herzog Albrecht V. – er ist als deutscher König Albrecht II. – vermählte sich 1422 mit Elisabeth von Luxemburg, der Erbtochter von Kaiser Sigismund, des Königs von Böhmen und Ungarn. Nach dem Tod des letzten Luxemburgers trug nun ein Habsburger drei Königskronen, der Aufstieg des ursprünglich schwäbischen, nun an der Donau heimisch gewordenen Geschlechts war durch nichts aufzuhalten gewesen.

Albrecht stellte mit eiserner Hand den Landfrieden wieder her und räumte mit dem Bandenunwesen auf. Thomas Ebendorfer, Gelehrter, Diplomat, Pfarrer und Bauherr der Kirche von Perchtoldsdorf, vermerkte schon nach wenigen Jahren der Herrschaft Albrechts, dass man nun Gold offen durchs Land tragen könne, so sicher seien die Verhältnisse geworden. Reformen des Gerichtswesens, die Einrichtung eines landmarschalligen und herzoglichen Gerichts hatten innerhalb kürzester Zeit eine erstaunliche sicherheitspolitische Stabilität gebracht.

Der strenggläubige Katholik Albrecht erkannte aber auch das politische Gewicht einer starken Landeskirche: Er nutzt das Machtvakuum der einander befehdenden Päpste und ließ die Benediktinerklöster nach dem Vorbild Clunys reformieren. Die geistlichen Visitatoren ersetzte er durch landesfürstliche, und er initiierte die »Melker Reform«, eine über die Grenzen Österreichs hinaus erfolgreiche Reformbewegung.

Albrecht war von unbändigem missionarischem Geist erfüllt. Mit einem straffen Ordnungssystem und einer willfährigen Kirche an der Seite sagt er allen Nichtchristen den Kampf an. Vermeintlich ketzerische Hussiten im nördlichen Böhmen und die Juden des eigenen Landes verfolgte er gnadenlos. Die Hauptstadt Wien wurde in seinem Auftrag zum Zentrum grausamer Mordtaten.

Unter Albrecht V. verloren die Juden alle ihre Privilegien. Ausschlaggebend dafür war die theologische Interpretation, dass die Juden am Tod Christi eine Kollektivschuld trügen.

Schon früher waren Juden Pogromen ausgesetzt, zuletzt 1230 in Wiener Neustadt, als viele durch Willkür zu Tode kamen. Die zunehmenden Übergriffe gingen primär auf wirtschaftliche Ursachen zurück. Das aufkommende, mit dem Klerus eng verbundene Stadtbürgertum sah sich in engen Stadtbezirken der verschärften Konkurrenz in Handel und Gewerbe ausgesetzt. Neidvoll wurde der bescheidene Wohlstand mancher Juden beobachtet, die mehrheitlich gegen Zinsen Geld verliehen, ein Privileg, das den Christen verboten war. Die Eigenart, sich zur Pflege der Tradition in eigene Wohnviertel zurückzuziehen, setzte die Juden zusätzlich dem Verdacht aus, verschwörerische, religiöse Rituale zu praktizieren.

Zu allem Übel fraßen in der Mitte des 14. Jh.s von Ungarn bis zum Rhein riesige Heuschreckenschwärme *„alles Grün der Erde bis auf den letzten Halm ab"*, berichtet der Chronist J. v. Viktring, und eine gewaltige Hungersnot ließ die Preise für Nahrungsmittel in die Höhe schnellen. Ein starkes Erdbeben wurde als Gottes Strafgericht angesehen, und Geißlerumzüge beschworen das Ende der sündhaften Menschheit. Schuldige für den nahen Untergang der Welt wurden gesucht, und man fand sie in den Juden. Die »Kleine Klosterneuburger Chronik« berichtet 1341: *„im selben jar dodtet man die juden in dem sumer."* Und 1349 vermerken die »Annales Zwettlenses«: *„An Sand Michels abent do hueb sich der pofel [Pöbel] aus von Stain und von Krembs ... und griffen die iuden an gewalticleich, und sluegen die iuden alle ze tod ..."*

Die Gewaltausbrüche fanden kein Ende mehr: *„Anno 1377 fieng man die juden und namb in der herczog albrecht und herczog leopoldt all ir praydschaft, nur brieff nit"*.

Am Beginn aller Judenverfolgungen standen stets die Beschuldigungen, Juden hätten Untaten begangen. Die erste Nachricht davon stammt aus 1293: in Krems sollen sie einen Ritualmord an einem Brünner Christen begangen haben. Zwei arme Juden wurden gerädert, andere, reiche Juden blieben ungeschoren.

JUDENPOGROM

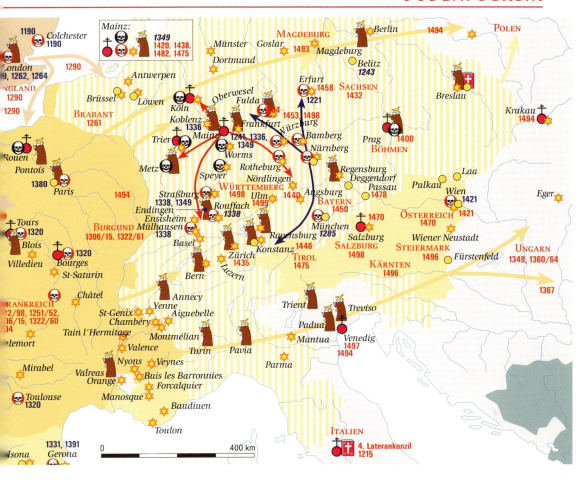

Insgesamt aber spielte in Österreich die Ritualmordbeschuldigung eine untergeordnete Rolle, hingegen empörte sich das Volk bis zur Hysterie beim Vorwurf der Hostienschändung.

Als **1420** Herzog Albrecht V. einen Kriegszug gegen die böhmischen Hussiten unternahm, beschuldigte er die Juden, sie mit Waffen versorgt zu haben, und warf sie am **23./24. 5. 1420** in den Kerker. Er drohte ihnen, sich zu rächen, sollte er eine Niederlage erleiden. Während seiner Abwesenheit vergriff sich die Gefolgschaft des Herzogs am Eigentum der Eingekerkerten. Die ärmeren Juden brachte man auf Boote und ließ sie ruderlos die Donau stromabwärts treiben, die reichen wurden gefoltert, um ihnen versteckte Vermögenswerte abzupressen. In panischer Angst nahmen sich viele das Leben, töteten ihre Kinder oder konvertierten zum Christentum. Unter dem Vorwand, Hostienfrevel begangen zu haben, fällte der Herzog am **12. 3. 1421** das Urteil: Auf der »Gänseweide« – im Bereich der heutigen Franzensbrücke – waren die etwa 200 Männer, Frauen und Kinder auf dem Scheiterhaufen zu verbrennen. Ihr restlicher Besitz wurde aufgeteilt: den jüdischen Friedhof erwarb das Dorotheerstift, aus den Steinen der Synagoge wurde die Alte Universität errichtet.

Albrecht V. hatte sich den Wahlspruch *„Amicus optima vitae possessio / Ein Freund ist der größte Schatz im Leben"* zu Eigen gemacht.

Judenpogrome in Europa zwischen dem 13. und 15. Jahrhundert.

Im **15. Jh.** löste sich die bis dahin intakte feudale Gesellschaftsordnung auf. Die adelige Oberschicht, vom Herrscher lehensrechtlich mit Ländern und allerlei Vorrechten ausgestattet, sah ihre Existenz durch das aufstrebende Stadtbürgertum und eine Schicht reicher Händler, Großkaufleute und Weingartenbesitzer bedroht. Die bisherigen Wirtschaftsstrukturen, die auf dem Prinzip der Bedarfsdeckung beruhen, wichen der Handels- und Bevorratungswirtschaft.

Händler und Kaufleute diktierten das Geschehen. Sie häuften riesige Reichtümer an und bekamen, als Geldgeber der Fürsten, immer mehr politischen Einfluss: *„25 % Gewinn ist rein gar nichts, 50 % geht an, 100 % Gewinn ist ein gutes Geschäft"*, lautete ein Sprichwort.

Dagegen hinkte das Einkommen der übrigen Bevölkerung nach, während das Geschäft des Geldverleihs blühte, zu horrenden Zinsen, die 36 bis 43 % per anno betrugen. Der Begriff des Wuchers kam auf und wurde fälschlicherweise nur auf jüdische Geldverleiher bezogen. Die nun im Geldgeschäft auftretenden christlichen Makler, die oft das Doppelte bis Vierfache der jüdischen verlangten, übersah man. Die Verarmung des Adels, der Handwerker, Gewerbetreibenden, Dienstleute, Taglöhner und Bauern schritt fort und mündete schließlich in sozialen Unruhen.

Lange, bevor **JAN HUS**, der böhmische, zum Synonym gewordene »Ketzer«, in Konstanz auf dem Scheiterhaufen starb, erlitten in Österreich religiöse Fanatiker und harmlose Glaubensquerdenker ebenfalls den Flammentod: Nur Feuer konnte ihre sündigen Seelen reinigen, so begründeten die Inquisitoren den Urteilsspruch und das qualvolle Sterben.

Sie sollen eine arge Bedrohung für Landesfürst und Kirche gewesen sein, die armseligen Bäuerlein des Most- und Waldviertels, die nicht mehr auf das unverständliche Latein und die wenig glaubhaften Predigten der Pfarrer hören wollten, sondern die Wahrheit lieber in den unverfälschten Worten der Bibel suchten. Dadurch stellten sie sich außerhalb der Kirche und wurden zu von ihr verdammten »Ketzern«.

Der Ausgangspunkt »häretischer« Ideen war Südfrankreich. Albigenser, Katharer und Waldenser suchten die biblische Wahrheit im Urchristentum und verstanden es, ihre Lehren in einfachen Worten dem Volk näher zu bringen. Der Zulauf war groß und versetzte den Papst in Unruhe. Er gab den Auftrag, die Abtrünnigen mit Feuer und Schwert zu bekämpfen. Die von ihm ernannten Inquisitoren (lat. Untersucher) kamen zumeist aus den Bettelorden, so der Dominikaner, die vom Volk »Domini canes«, die »Hunde des Herrn«, genannt wurden. Sie stützten sich auf die Bulle »Ad exstirpanda« von **1252**, die ihnen das Recht einräumte, durch Folter Geständnisse von Verdächtigen zu erpressen.

LEOPOLD VI., DER GLORREICHE, verfolgte mit wahrem Eifer die Albigenser in Südfrankreich. Allerdings

Die Verfolgung vermeintlicher Ketzer im 13. und 14. Jahrhundert.

Jagd auf »Ketzer«

erreichte er die Schauplätze des Geschehens nie rechtzeitig; traf er ein, waren die vermeintlichen Ketzer schon verurteilt, bekehrt oder liquidiert. Im eigenen Land ging der Babenberger – so berichtet der fränkische Poet **Thomasin von Zerklaere** – »erfolgreicher« vor, hier ergriff Leopold die Häretiker, wo er ihrer habhaft werden konnte, und ließ sie „*sieden und braten*". Um **1250** untersuchte ein nicht genannter Geistlicher aus Passau die Verbreitung des Ketzerwesens in der Diözese. In 42 Pfarreien Ober- und Niederösterreichs – so der Bericht – herrsche Ketzerei. Einfache Leute seien es, die über ungewöhnliche Bibelkenntnisse verfügten und einen bemerkenswerten Missionseifer an den Tag legten. Als Ursachen des Ketzerwesens nannte der Bericht den ethischen und moralischen Verfall des Klerus, den Beichtmissbrauch und das korrupte Verhalten vieler Priester, das die Menschen in die Arme der neuen Heilskünder trieb: So habe ein Priester erst dann die Letzte Ölung gegeben, nachdem er dafür zwei Kühe erhalten hatte.

Die katastrophale Situation der Kirche war der Führungsschicht bekannt. Reformsynoden verurteilten aber nur die Missstände, ohne das Übel an der Wurzel zu packen, die Korruption, die Verschwendungssucht und das Lotterleben einzudämmen, die den Abscheu der armen Massen hervorriefen.

Zwischen **1311 und 1315** griffen die Inquisitoren in Österreich mit aller Härte durch. In Krems starben sechzehn, in St. Pölten elf, in Wien zwei der vermeintlichen Ketzer, unter ihnen der Waldenser Bischof **Neumeister**, der, im Anblick der Flammen, stolz auf die Zahl von 80 000 Gefolgsleuten allein in Österreich verwies; in Böhmen, so sagte er, gebe es mehr.

Tatsächlich spürten die Ketzerjäger **Gallus von Neuhaus** und **Peter von Nerač** um **1335** und **1355** Verbindungen zwischen österreichischen und böhmischen Waldensern auf. Die Lehre hatte sich Mitte des **13. Jh.s** vom Mühl- und Waldviertel in das von Deutschen bewohnte südliche Böhmen und Mähren verbreitet.

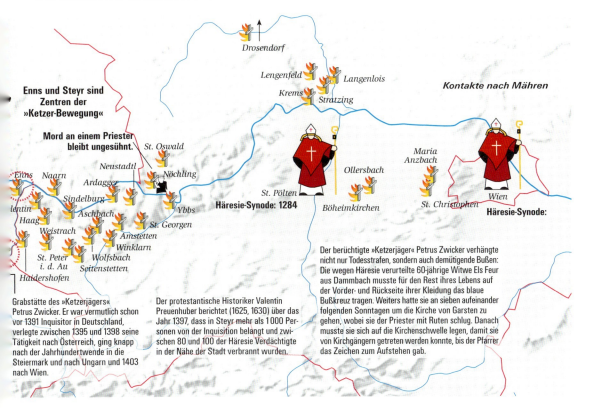

Enns und Steyr sind Zentren der »Ketzer-Bewegung«

Mord an einem Priester bleibt ungesühnt.

Kontakte nach Mähren

Häresie-Synode: 1284

Häresie-Synode:

Grabstätte des »Ketzerjägers« Petrus Zwicker. Er war vermutlich schon vor 1391 Inquisitor in Deutschland, verlegte zwischen 1395 und 1398 seine Tätigkeit nach Österreich, ging knapp nach der Jahrhundertwende in die Steiermark und nach Ungarn und 1403 nach Wien.

Der protestantische Historiker Valentin Preuenhuber berichtet (1625, 1630) über das Jahr 1397, dass in Steyr mehr als 1 000 Personen von der Inquisition belangt und zwischen 80 und 100 der Häresie Verdächtige in der Nähe der Stadt verbrannt wurden.

Der berüchtigte »Ketzerjäger« Petrus Zwicker verhängte nicht nur Todesstrafen, sondern auch demütigende Bußen: Die wegen Häresie verurteilte 60-jährige Witwe Els Feur aus Dammbach musste für den Rest ihres Lebens auf der Vorder- und Rückseite ihrer Kleidung das blaue Bußkreuz tragen. Weiters hatte sie an sieben aufeinander folgenden Sonntagen um die Kirche von Garsten zu gehen, wobei sie der Priester mit Ruten schlug. Danach musste sie sich auf die Kirchenschwelle legen, damit sie von Kirchgängern getreten werden konnte, bis der Pfarrer das Zeichen zum Aufstehen gab.

Am Ende des **14. Jh.s** erreichte die Verfolgung der Ketzer in Österreich ihren Höhepunkt. Um **1397** standen in Steyr 1 000 Verdächtige vor dem Inquisitionsgericht, fast 100 starben den Flammentod. Bei Pyrach heißt heute noch eine Flur »Ketzerfriedhof«; die Ermordeten durften nicht in geweihter Erde begraben werden.

Die Gründe der Verurteilung waren stets die gleichen: Verweigerung der Sakramente – die in der Bibel nicht erwähnt wurden –, Missachtung der kirchlichen Hierarchie, Kritik an der materiellen Gier des Klerus und Ablehnung des Dogmas der Jungfräulichkeit Mariens. 1411 kam in Wien der letzte »Ketzer« auf dem Scheiterhaufen ums Leben, danach klang die Verfolgung ab.

Unter den Ketzern des **15. Jh.s** verstand man in erster Linie die Husiten. Historiker schreiben ihren Namen erst ab Ende des **19. Jh.s** mit Doppel-S. Sie sind Anhänger des um **1370** in Böhmen geborenen **JOHANNES (JAN) HUS**, der aus armen bäuerlichen Verhältnissen stammte und vom Priester bis zum Dekan der philosophischen Fakultät der Universität Prag aufstieg. Als charismatischer Prediger erfreute er sich regen Zulaufs aus allen sozialen Schichten.

D ie Hussitenbewegung war eine sowohl soziale wie religiöse Erscheinung, die ihre gedanklichen Wurzeln aus der Lehre des englischen Theologen **JOHN WYCLIF** bezogen hatte. Hus reicherte die Thesen Wyclifs mit nationalen Parolen an und lieferte der Bevölkerung Zündstoff gegen die Obrigkeit. Einer scharfen Kritik unterzog er vor allem die Verhältnisse an der Prager Universität, die in vier »Nationen« – die bayerische, sächsische, polnische und böhmische – gegliedert war und einer Minderheit deutscher Lehrer den Vorrang gegenüber einer Mehrheit tschechischer Studenten einräumte. Unter dem Druck von Jan Hus und seiner Anhängerschaft änderte König **WENZEL IV.** im »Kuttenberger Dekret« vom **18. 1. 1409** das Verhältnis. Das hatte zur Folge, dass 60 deutsche Professoren und 1 000 deutsche Studenten Prag verlassen mussten und Hus zum Rektor der Universität ernannt wurde.

Die Änderung der Mehrheitsverhältnisse an der Prager Universität ließ die Bevölkerung unbeeindruckt. Ihre Unzufriedenheit richtete sich gegen die deutschen Patrizier und Zunftmeister in den Magistraten: Der niedere Adel fürchtete den Verlust von noch mehr politischen Rechten, und die Bauern fanden die wachsende Last der Steuer immer unerträglicher. Die Predigten religiös-sozialer Eiferer gegen König und Kirche – sie wurden seit **1394** in der tschechischen Landessprache gehalten – fielen daher bei den Unzufriedenen auf fruchtbaren Boden. Vor allem Hus wurde gehört, mit seiner scharfen Kritik an der Heuchelei des Papstes und dem amoralischen Lebenswandel des hohen Klerus.

Erste Unruhen brachen am **16. 7. 1410** aus, als der Prager Erzbischof die Verbrennung aller im Geiste Wyclifs verfassten Schriften anordnete. Anlass zum Aufruhr gab aber **1412** ein päpstlicher Legat, der jenen den Ablass versprach, die in Italien gegen **LADISLAUS VON NEAPEL** ziehen wollten. Hus nannte es ungeheuerlich, dass ein Oberhaupt der Kirche das Kreuz gegen einen christlichen König erhebe. Der Legat entging nur knapp der Lynchjustiz, drei Kommilitonen, die ihn tätlich angriffen, wurden festgenommen und hingerichtet. Über Hus verhängte eine in Prag tagende Synode am **18. 10. 1412** den Kirchenbann, der ihn zur Flucht nach Südböhmen zwang.

Ungeachtet der landesweiten Verfolgung erschien **1413** seine Schrift »De ecclesia«, in der Hus die Kirche erneut beschuldigte, sich Autoritäten anzumaßen, die in der Bibel nicht genannt werden. Die Fronten zwischen Hus und der Kirche verhärteten sich weiter.

Der ständigen Unruhen in Böhmen leid, forderte der deutsche König **SIGISMUND** seinen Bruder König Wenzel IV. von Böhmen auf, Hus zu bewegen, am **3. 11. 1414** vor dem Konzil in Konstanz zu erscheinen. Eine am **18. 10. 1414** von Sigismund unterfertigte Zusage auf freies Geleit werde für seine Sicherheit sorgen.

Jan Hus ist der prominenteste der von der katholischen Kirche zum Feuertod verurteilten vermeintlichen Ketzer. Vor ihm starben in Österreich – im Zuge der Iquisition – schon viele andere auf dem Scheiterhaufen.

Die Hussitenbewegung

Hus erschien und versprach, alle Behauptungen zu widerrufen, sollte ihre Unrichtigkeit erwiesen werden. In der Tat hatte er bereits **1412** 32 von 45 durch Wyclif vertretene Thesen verworfen. Ein Kompromiss zeichnete sich ab, doch böhmische Gegner des Jan Hus stimmten das Konzil um. Hus, am **28. 11. 1414** verhaftet, hörte am **4. 5. 1415** das Todesurteil. Er starb am **6. 7. 1415** auf dem Scheiterhaufen.

Führungslos geworden, suchten die Hussiten neue Richtlinien, aber gerade die Gewährung von mehr Glaubensfreiheit spaltete die Bewegung. **1416** erlaubte König Wenzel den so genannten Kalixtinern (»Kelchnern«) oder Utraquisten – eine von Adligen und Bürgern getragene Gruppe hussitischer Anhänger – die Darreichung des eucharistischen Weines nicht nur an Kleriker, sondern auch an Laien. Dagegen erhob eine andere, von Unterschichten bevorzugte hussitische Gruppe, die Taboriten, Protest: Sie lehnten kirchliche Einrichtungen grundsätzlich ab und forderten die Errichtung eines Gottesstaates.

Einig waren sich die Hussiten nur in ihrer Gegnerschaft zu König Sigismund, dem sie die Schuld am Tod des Jan Hus gaben. Als Sigismund **1419** seinem verstorbenen Bruder, dem böhmischen König Wenzel IV., nachfolgen sollte, kämpfen sie dagegen mit allen Mitteln an. Ein von Papst **Martin V.** gegen die Hussiten verkündeter Kreuzzug machte zwar die Krönung Sigismunds auf dem Hradschin möglich, doch mussten sich die Kreuzritter nach einer schweren Niederlage gegen das hussitische Heer unter **Jan Žižka** geschlagen geben; ein revolutionärer Landtag zu Tschaslau (Čáslav) erklärte Sigismund im Sommer **1421** für abgesetzt.

Doch zwei Jahre vorher schon, am **30. 7. 1419**, war es zwischen den Utraquisten und den Taboriten zu einem ernsten Zerwürfnis gekommen, in dessen Verlauf Ratsherren, die keiner der beiden Parteien angehörten, aus den Fenstern des Rathauses der Prager Neustadt gestürzt wurden.

Dieser erste Prager Fenstersturz stand am Beginn eines Krieges, der, unter antideutschen und antijüdischen Parolen geführt, Mitteleuropa heimsuchte.

Herzog **Albrecht V.** führte einen unerbittlichen Kampf gegen die Hussiten. Er konnte dennoch nicht verhindern, dass sie **1423** das Mühl-, Wald- und Weinviertel verheerten. Die Wende im Hussitenkrieg zeichnete sich im **Oktober 1431** ab, als die Glaubensstreiter bei Waidhofen an der Thaya empfindlich geschlagen wurden. Die Iglauer Kompaktaten vom **5. 7. 1436** beendeten die Hussitenkriege.

Sigismund, am **31. 5. 1433** zum Kaiser gekrönt, starb 69-jährig am **9. 12. 1437** in Znaim. Er hatte 50 Jahre Ungarn, 27 Jahre das Reich und nominell 18 Jahre Böhmen regiert und vier Jahre die Kaiserkrone getragen.

Dem Wunsch Sigismunds, Albrecht V. von Österreich in seinem Reich als Nachfolger anzuerkennen, kamen zuerst die Ungarn am **18. 12. 1437** mit der Wahl und am **1. 1. 1438** mit der Krönung nach. Damit bestätigten sie den Regentschaftsanspruch von **Elisabeth**, der Tochter Sigismunds und Gemahlin Albrechts.

Albrecht V., als **Albrecht II.** zum deutschen König gewählt, war der erste habsburgische Herrscher im Reich. Sein Wahlspruch lautete *„Amicus optima vitae possessio / Ein Freund ist der größte Schatz im Leben"*. 42 Jahre alt, starb er am **27. 10. 1439** in Neszmély östlich von Komárom. Er liegt in der Königsgruft von Stuhlweißenburg (Székesfehérvár) begraben.

ALBRECHT V. von Österreich hinterließ zwei Töchter und eine Witwe, die im sechsten Monat schwanger war. Die Geburt des Kindes wurde mit großer Spannung erwartet. Zwar erlaubte das »Privilegium minus« auch eine weibliche Nachfolge, doch war ungewiss, wie die Vereinbarung nach dem Zuwachs von Böhmen und Ungarn ausgelegt werden würde.

Am **22. 2. 1440** gebar **ELISABETH** in Komorn, das damals zu Ungarn gehörte, Sohn **LADISLAUS V.**, genannt »Postumus«, der »Nachgeborene«. Obwohl der kaum drei Monate alte Ladislaus am **15. 5. 1440** zum König von Ungarn gekrönt worden war, errangen die nationalistischen Stimmen die Oberhand: ein König in Windeln könne schwer gegen die Türkengefahr ankämpfen, kritisierten sie, da helfe auch der Herzog von Steiermark und Kärnten, **FRIEDRICH V.**, nicht, der die Vormundschaft übernommen hatte. Sie überstimmten die zu Ladislaus loyal stehende Partei und wählten den 16-jährigen Jagellonen **WLADISLAW VON POLEN** zum König.

Elisabeth floh mit Sohn Ladislaus nach Wien und vergaß nicht, das geheiligte Symbol ungarischen Nationalstolzes, die Stephanskrone, mitzunehmen. Diese hatte ihre Kammerfrau, **HELENE KOTTANERIN**, wohlweislich aus der Burg Visegrád (Plintenburg) entwendet. So musste Wladislaw bei der Krönungsfeierlichkeit mit der »Totenkrone« aus dem Reliquienschatz **STEPHANS DES HEILIGEN** vorlieb nehmen, was allgemein als böses Vorzeichen gedeutet wurde. Tatsächlich fiel er nach vier Jahren im Kampf gegen die Osmanen in Varna am Schwarzen Meer, und Ungarn war wieder führungslos.

Nun hätten sie Ladislaus V. abermals anerkennen müssen, doch Vormund Friedrich V. gab ihn nicht mehr heraus. Da auch Elisabeth **1442** verstorben war, wählten die national eingestellten ungarischen Magnaten **1446** den siebenbürgischen Adligen **JOHANN HUNYADI** zum interimistischen Reichsverweser und folgten damit den Böhmen, die zwei Jahre zuvor – des Wartens auf Ladislaus müde – den hussitischen Utraquisten **GEORG VON PODIEBRAD UND KUNŠTÁT** auf den Königsthron gehoben hatten.

Friedrich V., am **2. 2. 1440** zum deutschen König (der IV., als römischer Kaiser der III.) gewählt, erst **1442** gekrönt, sah den Ereignissen an der Südostecke des Reiches tatenlos zu. Hier marodierten ungehindert mährische, böhmische, ungarische und einheimische Banden. Ein **PANKRAZ VON ST. MIKLOS** gab sich im Weinviertel über sieben Jahre wie ein Landesfürst, hielt Hof, hob Steuern ein, vergab Lehen und ließ sich den Treueeid schwören. Erst **Anfang 1450** vertrieb ihn Graf **ULRICH II. VON CILLI** aus seinem Heerlager in Niederweiden und henkte 69 seiner Gefolgsleute.

Überhaupt bewies Friedrich V. wenig politisches Geschick. Im Streit mit seinem Bruder Herzog **ALBRECHT VI.** um die Vorherrschaft in den österreichischen Ländern wurden diese abermals geteilt. Albrecht übernahm die Vorlande, und Friedrichs zweites Mündel **SIGMUND** – Sohn des am **24. 6. 1439** verstorbenen Herzogs **FRIEDRICH IV. VON TIROL** – bekam Tirol. König Friedrich IV. behielt Steiermark und Kärnten und verwaltete Österreich ob und unter der Enns für sein Mündel Ladislaus Postumus. Ihn forderten nachdrücklich die Ungarn als ihren angestammten König zurück. Durch bewaffnete Einfälle in die Steiermark rangen sie Friedrich schließlich **1447** in Radkersburg einen Vergleich ab, den der Preßburger Vertrag vom **22. 10. 1450** bestätigte: Ladislaus Postumus verblieb bis zum 18. Geburtsjahr in der Obhut Friedrichs, während Johann Hunyadi die Regierungsgeschäfte bis zum **Februar 1458** weiterführen sollte.

Friedrichs passive Politik kannte nur wenige Glanzlichter. Eines davon war der Abschluss des Konkordats vom **17. 2. 1448** zu Wien mit Kardinal **CARVAJAL** als Vertreter des Papstes **NIKOLAUS V.**, das Österreich eine kirchliche Neuordnung gab: Laibach **(1462)**, Wien **(1469)** und Wiener Neustadt **(1477)** wurden zu neuen Bistümern erhoben. Außerdem sprach der Vatikan Markgraf **LEOPOLD** III. heilig.

Die Kaiserkrone für einen Habsburger

Den österreichischen Ständen behagte die Regierungslethargie König **Friedrichs IV.** nicht. Gemeinsam mit den Ungarn forderten sie die Herausgabe des rechtmäßigen Landesherrn **Ladislaus Postumus**, den, da er noch minderjährig war, ein Regentschaftsrat bei den Regierungsgeschäften unterstützen sollte. Doch Friedrich gab Ladislaus nicht frei, deshalb schlug der wegen seiner Bandenbekämpfung in Niederösterreich verdienstvolle **Ulrich von Eytzing** den Ständen die gewaltsame Befreiung des Mündels vor.

Der König – mit der Reise nach Rom zur Kaiserkrönung beschäftigt – ignorierte die sich abzeichnende Adelsverschwörung. Unmittelbar nach seiner Abreise bildeten die Wiener Landstände unter Eytzing eine Landeshauptmannschaft mit zwölf Verwesern als Regierungsorgan. **Johann Hunyadi** reiste nach Wien, ebenso Ulrich von Cilli und **Ulrich von Rosenberg**, der **Podiebrad** von Böhmen vertrat. Zur Demonstration der Einigkeit der Rebellen zog man am Wiener Stephansturm die Fahnen Böhmens, Mährens, Österreichs und Ungarns auf. Nur Steiermark fehlte, sie hielt loyal zu Friedrich.

Ihm setzte der Papst am **19. 3. 1452** als ersten Habsburger die Kaiserkrone aufs Haupt. Gleichzeitig ist dies die letzte Krönung eines Kaisers des »Heiligen Römischen Reiches« in Rom. Drei Tage zuvor hatte Friedrich – jetzt als Kaiser der III. – aber einen anderen, wohl noch wichtigeren Schritt gesetzt: er hatte sich mit **Eleonore von Portugal** vermählt und damit der österreichischen Linie der Habsburger eine spanische hinzugefügt.

Auf der Heimreise erwarteten Söldner des rebellierenden Adels und der Wiener Stände den Kaiser. Er begab sich umgehend, am **20. 6. 1452,** in das »allzeit getreue« Wiener Neustadt, das einer Belagerung unter Führung des steirischen Söldnerführers **Andreas Baumkircher** erfolgreich widerstand. Friedrich III. bequemte sich schließlich doch, den nun 13-jährigen Ladislaus herauszugeben. Am **6. 9. 1452** geleiteten ihn die Stände im Triumphzug nach Wien.

Friedrich III. setzte am **6. 1. 1453** einen weiteren Markstein in der Geschichte Österreichs: In den Mauern Wiener Neustadts anerkannte er das von **Rudolf IV.** gefälschte »Privilegium maius«. Dadurch erhielt der Titel »Erzherzog« rechtliche Wirksamkeit.

Am **28. 10. 1453** wählten die Böhmen Ladislaus Postumus zu ihrem König, damit waren die Länder Böhmen, Mähren, Ungarn, Ober- und Niederösterreich wieder in einer Hand. Allerdings nur wenige Jahre. Am **23. 11. 1457** starb Ladislaus – vermutlich an Gift –, knapp 18 Jahre alt, inmitten der Vorbereitungen zu seiner Hochzeit mit einer Tochter des französischen Königs. Mit ihm erlosch der männliche Stamm der albertinischen Linie, und das erste österreichische Großreich zerbrach wieder. Georg von Podiebrad wurde König von Böhmen **(1458 bis 1471)**, der Sohn Johann Hunyadis, **Matthias Hunyadi**, genannt Corvinus (= Rabe), bestieg den ungarischen Königsthron **(1457 bis 1490)**. Währenddessen dauerten die bürgerkriegsähnlichen Zustände in Österreich an. Beruhigung trat erst mit dem Tod **Albrecht VI.** – er nannte sich als erster Habsburger Erzherzog – am **2. 12. 1463** ein.

Noch vor dessen Ableben hatte Kaiser Friedrich III. mit dem ungarischen König einen Ausgleich über offene bilaterale Probleme erzielt. In den Verträgen zu Ödenburg vom **19. 7. 1463** und Wiener Neustadt vom **24. 7. 1463** anerkannte Friedrich Corvinus als König, behielt jedoch den Titel »König von Ungarn« bei. Er verzichtete auf das besetzte Ödenburg (Sopron), nicht aber auf Westungarn, dafür gab er die Stephanskrone zurück – und erhielt im Gegenzug 80 000 Gulden.

Ein Erbvertrag legte fest, dass Ungarn an die Habsburger fiele, falls Corvinus oder seine Söhne ohne Erben blieben. Auf dieser Vereinbarung basierten alle späteren Ansprüche der Habsburger auf das Nachbarland.

Der Friede dauerte nur kurze Zeit. **1477** anerkannte Friedrich III. den polnischen Prinzen **Wladislaw II.** aus dem Haus der **Jagello** als neuen böhmischen König. Dadurch brüskierte er den thronberechtigten Corvinus, der zu den Waffen griff. Am **1. 6. 1485** zog er siegreich in Wien ein.

1468 geht ein lang ersehnter Wunsch Kaiser FRIEDRICHS III. in Erfüllung: Zum zweiten Mal in Rom, bewilligt Papst PAUL II. die Errichtung eines Bistums Wien und die Lösung vom bisherigen Bistum Passau. Noch während der Kaiser in Italien weilte, probten die steirischen Adligen den Aufstand. Anführer war der bisher als kaisertreu geltende ANDREAS BAUMKIRCHER, der Wiener Neustadt **1452** unter Einsatz seines Lebens gegen das Heer rebellischer Wiener Stände und Adliger verteidigt hatte. Baumkircher, der sich für seine Dienste zu wenig belohnt sah, bildete mit anderen Unzufriedenen den Adelsbund »zur Wahrung der ständischen Interessen« und besetzte Teile der Steiermark, die Stadt Graz und Fürstenfeld.

Zwar kam es am **30. 6. 1470** zum Ausgleich mit dem Kaiser – er begnadigte Baumkircher –, doch das Gerücht, mit ungarischen Magnaten ein Komplott zu schmieden, führte am **23. 4. 1471** in Graz zur Festnahme Baumkirchers und seines Gefährten ANDREAS VON GREISENEGG. Ohne Gerichtsverhandlung wurden beide noch am Abend des gleichen Tages enthauptet; die »Baumkircher-Fehde« war beendet.

Fernab den österreichischen innenpolitischen Intrigen und Machtkämpfen überschlugen sich auf dem Balkan unterdessen die Ereignisse. Aus den Steppen Asiens kommende Osmanen überschritten den Bosporus, eroberten **1453** Konstantinopel und löschten das Oströmische Kaiserreich von der Landkarte. Unter der grünen Fahne des Propheten MOHAMMED zogen ihre Heerscharen die Donau aufwärts, um das Abendland zu unterwerfen.

1456 erreichten sie Belgrad, doch hier stellte sich ihnen der Reichsverweser Ungarns, JOHANN HUNYADI, Vater des MATTHIAS I. CORVINUS, entgegen und wehrte die Osmanen am **22. 7. 1456** ab. Hunyadi erlag am **11. 8. 1456** der Cholera. Er starb in den Armen des Predigers JOHANN VON CAPESTRAN (CAPISTRAN ist historisch falsch). Zum Gedenken an diese erste Abwehr der osmanischen Gefahr führte Papst CALIXTUS III. das heute noch übliche Gebetläuten zur Mittagsstunde ein.

Den erlittenen Rückschlag verkrafteten die Osmanen innerhalb weniger Jahre. Bereits **1472** streiften ihre Reiterscharen bis in die Steiermark und verheerten **1473, 1476, 1478** und **1483** Kärnten in einem Maße, dass die Bauern zur Selbsthilfe greifen mussten; die Fürsten – verschanzt hinter den Mauern ihrer Burgen – hatten die Untertanen ihrem Schicksal und den brandschatzenden Türken überlassen.

Etwa zur gleichen Zeit verursachte eine Kirchenreform in Tirol heftige Auseinandersetzungen zwischen weltlichen und kirchlichen Obrigkeiten.

Die Tiroler Geschichte des späten Mittelalters hängt mit den historischen Ereignissen der habsburgischen Vorlande auf das Engste zusammen. Sie war geprägt vom Gegensatz zur Schweizer Eidgenossenschaft und dem gespannten Verhältnis zwischen dem Land Tirol und den Bistümern Brixen und Trient bzw. der habsburgischen Landeshoheit und der bischöflichen Lehensherrschaft. An der zwieträchtigen Lage trug der am **26. 10. 1427** in Innsbruck geborene Herzog SIGMUND, Sohn FRIEDRICHS IV. »MIT DER LEEREN TASCHE«, nicht unwesentlich bei.

1445 aus der Vormundschaft Kaiser FRIEDRICHS III. entlassen, hatte er **1446** die Regentschaft übernommen. Die Wahl des Theologen und Humanisten NIKOLAUS VON CUËS – er war mit AENEAS SYLVIUS PICCOLOMINI, dem späteren Papst PIUS II., befreundet – und dessen angestrebte Kirchenreform stießen allerdings auf den Protest des Herzogs – ab der Bestätigung des »Privilegium maius« vom **6. 1. 1453** Erzherzog - Sigmund. Ein von **1460 bis 1464** dauernder, zum Teil blutig geführter Streit endete schließlich in der Anerkennung der habsburgischen Landeshoheit durch die Tiroler Bistümer. Der Wiener Neustädter Vertrag vom **4. 7. 1464** löste den Konflikt. Sigmund verzichtete auf Erbanteile seines Onkels ALBRECHT VI. zugunsten Kaiser Friedrichs III., und Tirol – bisher aus der Grafschaft Tirol sowie den Bis-

Tirol wird eine Einheit

tümern Brixen und Trient bestehend – bildete nun eine politische Einheit. Die Bischöfe beider Bistümer erschienen ab nun auf den Tiroler Landtagen, und ihre Untertanen unterlagen der landesfürstlichen Steuer. Diese wirtschaftliche Stärkung des Landes erhöhte Sigmund durch die Verlagerung der landesfürstlichen Münzstätte von Meran nach Hall **1477** und eine vom Ökonomen **Antonio de Cavalli** durchgeführte Münzreform. Die Prägung der ersten Talermünze mit der Bezeichnung »Guldiner« – einer Großsilbermünze im Wert eines Goldguldens – und die kräftige Förderung des Silberbergbaus in Schwaz und Gossensaß stellten die Münzprägung im Lande auf eigene Füße und verliehen Sigmund den Beinamen »der Münzreiche«. Dieser **1506** geprägte Beiname entsprach nicht der Wirklichkeit, denn der Erzherzog litt an einer geradezu krankhaften Verschwendungssucht, die auch die militärische Unterlegenheit gegenüber den Schweizer Eidgenossen erklärt: Er konnte sich keine Söldner leisten. Als die Schweizer in den habsburgischen Breisgau und in den Sundgau marschierten, musste Sigmund Herzog **Karl den Kühnen** von Burgund um Beistand bitten. Da dessen Hilfe aber ausblieb, ging Sigmund am **2. 10. 1474** in Feldkirch – unter Verzicht auf alle Ansprüche in der Schweiz – mit den Eidgenossen den Frieden der »Ewigen Richtung« ein.

Begabt, aber zügellos – Erzherzog Sigmund sagt man 50 außereheliche Kinder nach –, blieb der Potentat in seinen Ehen mit **Eleonore von Schottland** und **Katharina von Sachsen** kinderlos. Am **19. 3. 1490** nahm er daher König **Maximilian I.** an Sohnes statt an und trat ihm Tirol ab. Sigmund starb am **4. 3. 1496.**

*Während in den Kohlenrevieren Ostösterreichs und Nordböhmens die hl. Barbara Patronin der Bergleute ist, erfüllt in den Bergbaugebieten Tirols, Kärntens und anderen Alpengegenden, aber auch im Schwarzwald Prophet Daniel diese Aufgabe. Die Knappen wählten ihn zum Schutzherrn, weil er in der Löwengrube überlebte und sie die Arbeit unter Tag ähnlich empfanden. Dargestellt wird er mit dem Gezähe, also mit Bergmannswerkzeug – und einem Stein, gelegentlich gemeinsam mit dem hl. Christophorus und vor einer Alpenlandschaft. Beispiele, die Daniel in der Adjustierung eines Bergmanns zeigen: die Altartafel in Flitschl (Kärnten), die Prama-Kapelle bei Going, die Kirche in Innerkrems. – Im Bild Daniel bei der Bergbauarbeit auf einem Glasgemälde von Holbein dem Älteren aus 1509 in der Pfarrkirche des historischen Bergbauortes Schwaz in Tirol.
Der 21. 7. ist sein Gedenktag.*

Mit dem Tod SIGMUNDS DES MÜNZREICHEN **1496** endete die Tiroler Linie der Habsburger. Nicht ganz freiwillig hatte der Erzherzog sechs Jahre zuvor die Regentschaft an Adoptivsohn MAXIMILIAN I. abgegeben. Vom Tiroler Landtag beinahe genötigt, musste er auf sie verzichten, bestand doch die Gefahr, dass er, der verschwenderische Landesfürst, seine Länder an die bayerischen Wittelsbacher verschachern wollte. Tirol und die Vorlande kamen daher **1490** an Maximilian I., dem am **22. 3. 1459** in Wiener Neustadt geborenen legitimen Sohn Kaiser FRIEDRICHS III. **und dessen Gemahlin** ELEONORE VON PORTUGAL.

Die Hofastrologen hatten dem jungen Maximilian wenig Erfreuliches vorausgesagt: Ein *„widriger Geist"* werde ihn begleiten, hieß es. Tatsächlich musste er schon mit drei Jahren auf der Neustädter Burg die Belagerung einer wütenden Volksmenge über sich ergehen lassen und mit Graupeln, Hunde- und Katzenfleisch vorlieb nehmen. Aufstände und Krieg beherrschten auch sein weiteres Leben: Er führte 25 Feldzüge in weniger als 40 Jahren. Seinem ausgesprochenen Feldherrentalent blieben allerdings durchschlagende Erfolge verwehrt, Geld und Truppen verweigernde Reichsfürsten verhinderten sie.

Der Kampf um das Herzogtum Burgund war die erste große Herausforderung, der sich Maximilian stellen musste. Burgund war im **15. Jh.** zu beeindruckendem wirtschaftlichem und kulturellem Reichtum aufgestiegen, und Friedrich III. trachtete, das Herzogtum in seine Gewalt zu bekommen. Diese Absicht zeigte aber auch der französische König. Durch eine Vermählung Maximilians mit MARIA, der Tochter des Herzogs von Burgund, KARL DEM KÜHNEN, hoffte Friedrich, Frankreich zuvorzukommen. Doch am **5. 1. 1477** fiel Karl in Nancy, im Kampf gegen Lothringen, und Maria trat das Erbe an. Sofort erhob König LUDWIG XI. von Frankreich Ansprüche, ebenso Maximilian, der in Windeseile über Brüssel nach Gent reiste und dort am **19. 8. 1477** die junge Herzogin heiratete. Der Machtzuwachs der Habsburger rief Frankreich erst recht auf den Plan und lieferte die Ursache für eine Gegnerschaft, die vom »Hundertjährigen Krieg« der Häuser Habsburg und Valois-Bourbon bis in die Tage MARIA THERESIAS ausgetragen wurde.

Im Zeitalter der Söldnerheere entschied nicht mehr die Größe eines Staates über Sieg oder Niederlage, sondern seine Finanzkraft. Maximilian fand die finanzielle Unterstützung Englands und konnte sich gegenüber Frankreich zunächst behaupten. Auf Hilfe durch seinen Vater konnte er nicht hoffen: Friedrich III. stand in einem erbitterten Abwehrkampf gegen Ungarns König MATTHIAS I. CORVINUS, der ihm die Erblande streitig machte.

Corvinus war zunächst dem Vorbild seines Vaters JOHANN HUNYADI – des Türkenbezwingers von Belgrad – gefolgt und bekämpfte – ebenfalls erfolgreich – die Osmanen. Sein Wille, das christliche Abendland vor den Türken zu verteidigen, fand aber weder die Anerkennung Friedrichs III. noch die des Vatikans; Corvinus beschränkte sich daher darauf, nur mehr die Grenzen seines Landes zu schützen. Dazu sollte ihm ein unter seiner Führung stehendes habsburgisches Donaureich dienen.

Die Flucht des Erzbischofs von Gran, JOHANN BEKENSLOER, **1476**, zu Kaiser Friedrich III. – unter Mitnahme großer Schätze – nahm Corvinus zum Anlass, in Österreich einzumarschieren und dieses erträumte Reich zu errichten. Bündnisse mit dem Salzburger Erzbischof und dem Bischof von Seckau – sie öffneten ihm ihre Burgen und Schlösser in Steiermark, Kärnten und Krain – versetzten dazu Corvinus in eine strategisch ausgezeichnete Position.

Im **März 1480** streiften seine Reiter bereits bis Wien und Passau. **1482** fiel Hainburg in seine Hände, dann Bruck an der Leitha, Klosterneuburg und St. Pölten. Mit dem Fall des heldenmütig verteidigten Korneuburg im **Frühjahr 1484** stand der Weg nach Wien offen. Ein Belagerungsring, der alle in der Umgebung befindlichen Orte und Burgen mit einbe-

Corvinius entwickelte eine besondere Vorliebe für Wien. Als er es endlich nach mehreren kostspieligen Feldzügen in Besitz nahm, schlug er hier seinen Hauptsitz auf und regierte von hier aus sein Reich.

Matthias I. Corvinus

zog, verhinderte eine Versorgung der Stadt mit Lebensmitteln. So öffnete notgedrungen die Stadt am **1. 6. 1485** ihre Tore, und die Bevölkerung feierte Matthias I. Corvinus als Retter aus der Hungersnot und Elend: In seinem Gefolge befanden sich 32 mit Lebensmitteln hoch bepackte Wagen und 1 000 wohlgenährte ungarische Ochsen.

Corvinus schlug in der Stadt seinen Herrschaftssitz auf, erließ Wien die vom Kaiser eingeführten außerordentlichen Steuern und bestätigte der Stadt alle ihre Freiheiten. Mit seiner zweiten Frau, eine neapolitanisch-aragonische Prinzessin, brachte er Humanismus und Renaissance an die Donau. Unter seiner Regentschaft erblühten Kunst und Wissenschaft, und die Wiener erfreuten sich der prachtvollen Hofhaltung, die ihrer Schaulust entgegenkam.

Matthias Corvinus handelte auch vorausschauend. Er erkannte das Ende des Rittertums und gab seinem Heer eine Elitetruppe, es war die aus 6 000 überwiegend aus böhmischen und serbischen Reitern bestehende »Schwarze Legion«. Er verzichtete auf die königliche Robot, unterstellte Adlige und Volk gleichen Gerichten und verbot seinen Beamten, auf Dienstreisen kostenlos Unterkünfte und Verpflegung anzunehmen. Kirchliche Würdenträger besteuerte er zwar nicht, aber er verpflichtete sie – zum Zwecke der Landesverteidigung – zu Abgaben.

Zweimal verheiratet, blieb Corvinus kinderlos. Dem unehelichen Sohn **Johann** – von einer Dienstmagd aus Stein bei Krems geboren – blieb der Thronanspruch versagt.

Matthias I. Corvinus, am **23. 2. 1443 (1440?)** im siebenbürgischen Klausenburg (Cluj) geboren, starb am **6. 4. 1490,** im Alter von 47 Jahren, in Wien plötzlich und unter nicht geklärten Umständen. Sein Tod bedeutete für Ungarn das Ende des wirtschaftlichen Aufstiegs und den Verlust der Unabhängigkeit in der Niederlage von Mohács am **26. 8. 1526** gegen die Osmanen.

In Österreich hingegen trat **Maximilian I.** die rechtmäßige Regentschaft an, ohne sie in weiteren Kämpfen erstreiten zu müssen.

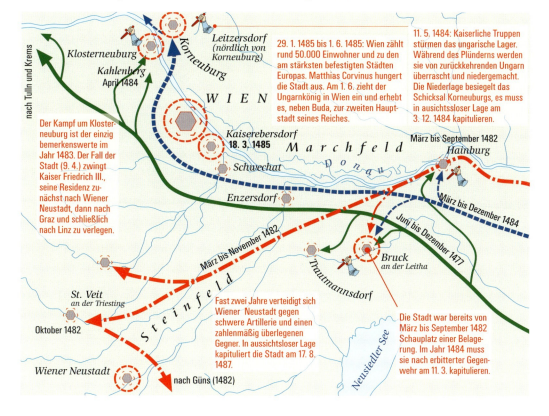

Österreich unter den Habsburgern — 1486 bis 1493

„Bella gerant alii, tu felix Astriae nube, Nam quae Mars aliis, dat tibi regna Venus", oder: *„Kriege führen die andern, du, glückliches Österreich, heirate, denn was andern Mars als Macht gibt, gibt dir Venus."*

Das vermutlich barocke Distichon geht an der Wirklichkeit vorbei: Österreich führte sehr wohl Kriege, aufgezwungene und vom Zaun gebrochene. Heiraten mehrten zwar den habsburgischen Hausbesitz, doch der musste mit Waffengewalt verteidigt werden. **Maximilian I.** verfolgte expansive Machtpolitik, sie war geradezu zwanghaft.

Die Nachwelt nennt Maximilian den »letzten Ritter«. Tatsächlich fand er großen Gefallen an Turnieren, aber er erkannte auch, dass das Ende der gepanzerten Ritterheere gekommen war. Er reformierte die Armee von Grund auf und gilt seither als Schöpfer der österreichischen Infanterie und Artillerie, seine Truppen stattete er mit den damals modernsten Feuerwaffen aus.

In die Außenpolitik und in das verworrene Erbe seines Vaters musste er erst Ordnung bringen. Solange seine Frau, Herzogin **Maria von Burgund**, an seiner Seite mitregierte, bestand für seine Position an der flandrischen Küste kaum Gefahr. Ihr tödlich verlaufender Reitunfall brachte ihn jedoch in Schwierigkeiten, und er verlor das burgundische Erbe **1482** samt der Picardie an Frankreich.

Auch Flandern steuerte einen separatistischen Kurs. Die Brügger Bürger setzten am **1. 2. 1488** ihren am **16. 2. 1486** im Reichstag von Nürnberg gewählten und am **9. 4. 1486** in Aachen gekrönten römischen König gefangen und erpressten ihre Forderungen: Einsetzung eines ständischen Rates und Anerkennung der französischen Schutzhoheit. Maximilian willigte am **17. 5. 1488** ein und ging frei. Ein von Kaiser **Friedrich III.** mobilisiertes Reichsheer hatte – aus Geldmangel – auf sich warten lassen.

Nach dem Ausgleich mit dem König von Frankreich, **Karl VIII.**, am **22. 7. 1489** lenkte Flandern ein und zollte Maximilian wieder seine Anerkennung. Zum richtigen Zeitpunkt, denn der junge Regent musste nach Tirol, das durch die Verschwendungssucht seines Landesfürsten **Sigmund** Gefahr lief, an die bayerischen Wittelsbacher verloren zu gehen. Mit Hilfe des Landtages zwang Maximilian Sigmund **1490** zum Rücktritt. Noch in Tirol, leitete Maximilian erste Verwaltungsreformen ein, die wesentlich zur Bildung eines österreichischen Einheitsstaates beitrugen. Nach dem »Kollegialsystem« sollten mehrere gleichrangige, einer zentralen höchsten Behörde unterstehende Beamte gemeinsame Entscheidungen treffen. Ein Reichshofrat übernahm die Funktion eines Innen- und Justizministeriums, eine Hofkanzlei erließ kaiserliche Anordnungen, und eine Hofkammer entsprach einem Finanzministerium.

Das Gegengewicht zur Hofkanzlei bildete eine dem Zugriff des Kaisers entzogene Reichskanzlei. So genannte Regimenter fungierten wie die heutigen Landesregierungen, Behörden amtierten nun ständig und nicht – wie früher – nach Bedarf und unterstanden in römischem Recht ausgebildeten Fachjuristen. Gleichzeitig verloren bisher geltende Volks- und Stammesrechte ihre Gültigkeit.

Im gleichen Jahr, **1490**, starb Corvinus, und Maximilian I. eilte nach Wien. Ungarische Magnaten beabsichtigten, **Wladislaw Jagiello** zum König von Ungarn auszurufen. Maximilian besetzte Westungarn und erzwang am **7. 11. 1491** in Preßburg die Erweiterung des am **19. 7. 1463** zu Ödenburg (Sopron) und am **24. 7.** des gleichen Jahres in Wiener Neustadt zwischen Kaiser Friedrich III. und König Matthias I. Corvinus ausgehandelten Vertrages, der dem Kaiser den Titel eines »Königs von Ungarn«, Corvinus aber die Regentschaft zuerkannte. Nun kam die Regelung der Erbfolge für Böhmen und Ungarn hinzu: Beide Länder sollten im Falle des Aussterbens der Jagellonen an die Habsburger fallen.

Ein persönlicher Konflikt mit Karl VIII. von Frankreich führte Maximilian I. **1491** wieder nach Westen. Karl, seit **1482** mit Maximilians Tochter **Margarete** verlobt, hatte plötzlich die Verbindung gelöst und

Maximilian I.

Anna von Bretagne geheiratet. Diese war aber seit **1490** mit Maximilian durch Prokuration (= stellvertretende Vollmacht) vermählt. Der Konflikt – nicht der Frauen, sondern des Landbesitzes wegen – dauerte bis **1493** und wurde erst im Frieden von Senlis beigelegt, ohne das politische Gefüge zu verändern: Das Herzogtum Burgund blieb bei Frankreich, die Niederlande und die Freigrafschaft Burgund bei Habsburg. Am **19. 8. 1493** starb Kaiser Friedrich III. in Linz. „*Rerum irreperabilium summa felicitas est oblivio / Das größte Glück für das Unwiederbringliche liegt im Vergessen*", lautete sein Wahlspruch.

Einundvierzig Jahre römisch-deutscher Kaiser, dreiundfünfzig Jahre deutscher König, lebte er davon siebenundzwanzig Jahre nicht in Deutschland und regierte achtundfünfzig Jahre Innerösterreich. Er hat jene magische Buchstabenkombination erfunden, der über 300 Auslegungen zugeschrieben werden, von „*Alles Erdreich ist Österreich untertan*" bis „*Austria erit in orbe ultima*" (etwa: Österreich wird ewig bestehen): AEIOU. Dieses Symbol, seit **1437** nachweisbar, dürfte aber nichts weiter gewesen sein als eine abergläubisch angewandte Eigentums- und Urhebermarke Friedrichs III.

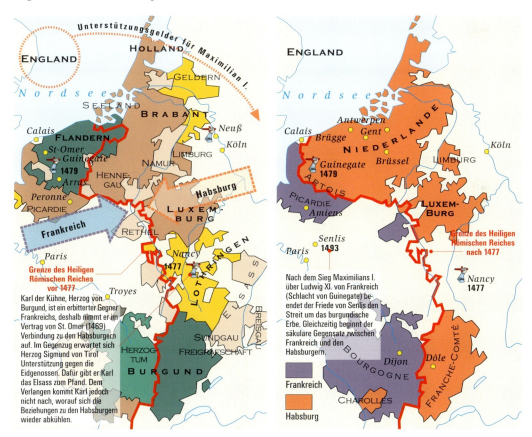

Mit Kampf, Heirat und taktischem Geschick festigte Maximilian I. den Einfluss des Hauses Habsburg in den brabantischen Ländern und rief dadurch einen Jahrhunderte währenden Zwiespalt mit dem Konkurrenten Frankreich hervor.

Maximilian I., Erzherzog von Österreich, Herr über sämtliche habsburgischen Besitzungen, nahm am **4. 2. 1508** im Dom zu Trient den Titel »erwählter römischer Kaiser« an. Sprunghaft und genial, trug er sich sogar mit dem Gedanken, König von Norwegen zu werden oder als Papst zu kandidieren. Doch er besann sich und ehelichte die Nichte des Herzogs von Mailand, Bianca Maria Sforza. **Die Heirat legte Frankreich als Einbruch in seine Interessensphäre aus und begann abermals den Kampf um die Vorherrschaft in Italien.**

Die wechselnden Machtgruppierungen und Bündnisse machten die italienischen Verhältnisse unübersichtlich: Maximilian I. musste sich – von ständigen Geldnöten geplagt – den Gegebenheiten anpassen. Daher hielten sich seine Erfolge in Grenzen: **Der Landgewinn von Riva, Rovereto, Ala und Torbole ging an Tirol.**

In der Heiratspolitik hingegen schuf Maximilian I. für das *„Haus Österreich und Burgund"*, wie er es nannte, den dynastischen Durchbruch: Große Adelsfamilien Burgunds und der Niederlande bildeten ab nun die Gefolgschaft der Habsburger. Maximilian wandelte auf den Spuren seiner 33 rückverfolgbaren Ahnen, unter denen sich sieben Portugiesen, fünf Spanier, drei Polen, zwei Litauer, drei Engländer, zwei Deutsche, vier Österreicher und eine Russin befanden.

Rund 300 Jahre nach dem Herrschaftsantritt von **1273** herrschten die Habsburger im späten **16. Jh.** über Spanien und Portugal mit ihren überseeischen Kolonien, Österreich, Ungarn, Böhmen, Kroatien, das Herzogtum Mailand, das Königreich Neapel und Sizilien, Belgien, die Niederlande, Luxemburg, die heutige Franche-Comté, Teile des Sundgaus, des Breisgaus, des Elsass und Schwabens.

Am Hof des kunstsinnigen Maximilian erlebten Humanismus und Renaissance eine Hochblüte. Er selbst betätigte sich als Dichter, verfasste zwei autobiografische Epen, den »Weißkunig« – gemeinsam mit seinem Sekretär Max Treitzsaurwein – und den »Theuerdank« – mit Melchior Pfinzing –, sowie den Text des Tiroler Volkslieds *„Innsbruck, ich muss dich lassen ..."*. Er förderte Albrecht Dürer und den Nürnberger Erzgießer Peter Vischer, der **1513** die beeindruckenden Statuen von König Artus und Theoderich dem Grossen am – leeren – Grabmal Maximilians in der Hofkirche zu Innsbruck schuf. Maximilian liegt nicht in Innsbruck, sondern in der Burgkapelle seiner Geburtsstadt Wiener Neustadt begraben. Am **12. 1. 1519** starb er an den Folgen der Ruhr in Wels. Getreu seinem Wahlspruch *„Per tot discrimina rerum / Durch so viele Gefahren"* hatte er auch gelebt. Sein Herz bestattete man im Sarg seiner ersten, überaus geliebten Frau, Maria von Burgund, in Brügge.

Maximilian I. gelang es nicht, die deutschen Kurfürsten zur Wahl seines Enkels Karl als Nachfolger zu bewegen. Erst als man sie reich beschenkte, rückten sie von den anderen Kandidaten – Heinrich VIII., König von England, und Franz I., König von Frankreich – ab, nicht ohne dem designierten Kaiser noch mehrere Versprechen abzuverlangen: Hohe Reichsämter durften nur im Reich Geborene bekleiden, und die Reichsstände sollten an Regierungsgeschäften teilhaben. Der am **24. 2. 1500** in Gent geborene Karl V., Sohn Philipps des Schönen, des Königs von Kastilien, und Johanna, der Erbin der spanischen Königreiche, sagte zu. Karl, Herrscher über viele Länder unterschiedlicher Kronen, eines Reiches, »in dem die Sonne nicht unterging«, war zuversichtlich, mit den fürstlichen Herren fertig zu werden. Aber er sollte schließlich an ihrer Macht scheitern.

Kaiser Karl V. fühlt sich ganz als Nachfolger mittelalterlicher Kaiser. Die Kaiserwürde bedeutet für ihn nicht Prestige, sondern als vornehmster Herrscher des Abendlandes, als Beschützer der Christenheit und Verteidiger des christlichen Glaubens erwählt zu sein. Sein Drang nach Vorherrschaft im Stile eines Karl des Grossen brachte ihn zwangsläufig in Konflikt mit Frankreich und dem Papst. Gleichzeitig belastete

Die kostspieligen Kriege, die Maximilian I. führte, finanzierte er mit Krediten, die er vom großen Handelshaus der Fugger erhielt. Sie unterhielten in ganz Europa und in Übersee Handelsniederlassungen, Bergwerke und andere Wirtschaftsbetriebe. Am Ende des 16. Jahrhunderts begann der Niedergang der Kaufmannsfamilie. Parallel dazu wanderte das Zentrum der Geld- und Bankwirtschaft von Augsburg an die Nordseeküste (in der Karte grün).

Karl V.

ihn die Sorge um die Christenheit vor den auf dem Balkan heranrückenden Türken und um die sich abzeichnende Spaltung der Kirche.

Tatsächlich hatte am **31. 10. 1517** der Augustiner Eremit **Martin Luther** seine Thesen von einem neuen, reformierten Christentum an die Schlosskirche zu Wittenberg geheftet, wie die Legende berichtet. Die neue Lehre griff rasch um sich. Karl, ständig in Kriege verwickelt und deshalb vom Wohlwollen der zum Protestantismus übergewechselten Reichsstände abhängig, attackierte die evangelische Opposition erst, als die Auseinandersetzung mit Frankreich beendet war und die Osmanen von Wien abzogen. Doch nun stieß er sogar im katholischen Lager auf Widerstand: Die überkonfessionelle Allianz, die **Moritz von Sachsen** mit evangelischen Fürsten und dem katholischen König von Frankreich im Vertrag von Chambord eingegangen war, stellte sich ihm in der »Fürstenverschwörung« von **1552** entgegen, während sich die katholischen Reichsstände – Bayern und die geistlichen Kurfürsten am Rhein – neutral verhielten. Der schwer erkrankte Karl V. musste schließlich nach Innsbruck und Villach fliehen und mit den Rebellen Verhandlungen aufnehmen. Sein Bruder **Ferdinand**, seit **1521/22** als König amtierender Statthalter im Reich, führte sie und konnte den Passauer Vertrag vom **2. 8. 1552** erwirken. Das »Augsburger Interim« von **1548,** das den Religionsfrieden zwischen den Römisch-Katholischen und den Evangelischen hergestellt hatte, trat wieder in Kraft. Karl V. musste auch den reichsrechtlich besiegelten Augsburger Religionsfrieden von **1555** zur Kenntnis nehmen, verbittert verzichtete er **1556** auf den Thron.

Im **März 1558** bestätigten die Kurfürsten seine Abdankung, und Ferdinand I. trat die Nachfolge an. Er war von Karl V. schon am **28. 4. 1521** im Wormser Vertrag mit der Verwaltung von Österreich ob und unter der Enns, Kärnten, Steiermark und Krain betraut worden und konnte sich jetzt auf eine starke Hausmacht stützen. Karls Sohn **Philipp II.** übernahm Spanien, Neapel, Sizilien, Mailand und die Niederlande. An der Trennung der spanisch-habsburgischen Linie von der österreichischen zerbrach das Weltreich der Habsburger.

Karl V. starb am **21. 9. 1558** im Kloster San Jerónimo de Yuste westlich von Madrid.

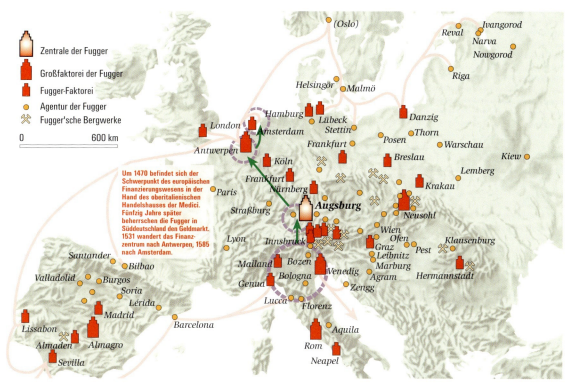

Um 1470 befindet sich der Schwerpunkt des europäischen Finanzierungswesens in der Hand des oberitalienischen Handelshauses der Medici. Fünfzig Jahre später beherrschen die Fugger in Süddeutschland den Geldmarkt. 1531 wandert das Finanzzentrum nach Antwerpen, 1585 nach Amsterdam.

Am **15. 2. 1535** ermahnte König FERDINAND I. alle österreichischen Untertanen, beim alten, wahren, heiligen christlichen Glauben zu verbleiben.

Ferdinand I., der jüngere Sohn von PHILIPP DEM SCHÖNEN und JOHANNA VON SPANIEN, geboren am **10. 3. 1503** in Alcalá de Henares bei Madrid, wählte den Leitspruch *„Fiat iustitia, pereat mundus / Das Recht soll bestehen oder die Welt geht zugrunde"*. In diesem Bewusstsein kämpfte er an zwei Fronten, einer außenpolitischen und einer innenpolitischen, ohne die Chance, auch nur an einer zu gewinnen: Die osmanische Gefahr konnte er nicht abwenden und die Ausbreitung des protestantischen Glaubens nicht verhindern.

Die neue Lehre MARTIN LUTHERS und anderer Reformatoren – JOHANNES CALVIN, ULRICH ZWINGLI, der Melchioriten, Mennoniten, Zwickauer Propheten und Schwenkfelder – gewann im Reich zunehmend an Boden. Vor allem der Protestantismus erfasste bald alle Bevölkerungsschichten, besonders den Adel. Auch in den österreichischen Ländern.

Schon **1522** – drei Jahre nach Martin Luthers Kirchenbann durch den Papst – bekannte sich CHRISTOPH JÖRGER, Sohn des oberösterreichischen Landeshauptmannes, zum evangelischen Glauben. Ihm folgten die Starhemberger, Khevenhüller, Zinzendorfer, Dietrichsteiner u. a.

Dank der Erfindung des Buchdrucks mit »beweglichen« Lettern durch JOHANN GENSFLEISCH, alias GUTENBERG, in Mainz **um 1450** fand die Lehre Luthers rasche Verbreitung und Aufnahme. Selbst der niedere katholische Klerus sprach sich für eine Glaubenserneuerung aus. Der aus Salzburg ausgewiesene Priester PAUL SPERATUS predigte Luthers Worte sogar im Stephansdom zu Wien, und Studenten zogen von der Wiener Universität nach Wittenberg oder an andere norddeutsche theologische Lehrkanzeln, um den Quellen der religiösen Erneuerung möglichst nahe zu sein. Ferdinand bekämpfte das Luthertum aus innerer Überzeugung und aus staatspolitischen Gründen: Als tief gläubiger Katholik fühlte er sich verpflichtet, die Einheit der Konfession zu wahren, und als Staatsmann musste er eine konfessionelle Spaltung verhindern, da sie die landesfürstliche Machtausübung und den Abwehrkampf gegen die Osmanen behinderte.

Sein Verbot des gesamten protestantischen Schrifttums **1523** blieb freilich wirkungslos. Auch die exemplarische Hinrichtung des Lutheraners und reichen Wiener Bürgers KASPAR TAUBER schreckte nicht ab. So richtete sich das Generalmandat von **1527** abermals gegen die Glaubenssätze Luthers und – zum ersten Mal – gegen die *„unerhörten Lehren"* der Wiedertäufer, denen besonders die Bauern zuliefen.

In Nikolsburg (Mikulov) lag für die österreichischen Donauländer und für Südmähren das Zentrum dieser Sekte. Ihr Oberhaupt, der Schwabe BALTHASAR HUBMAIER, fiel **1528** in Wien den Häschern in die Hände und endete auf dem Scheiterhaufen. Nicht anders erging es dem aus dem Pustertal stammenden JAKOB HUTER, der einige seiner Anhänger aus Tirol nach Mähren geleitet hatte, auf der Heimreise in Klausen festgenommen und **1535** in Innsbruck verbrannt wurde. Seine Gefolgsleute, die »Huterischen Brüder«, behaupteten sich in Mähren bis zum Beginn des Dreißigjährigen Krieges, danach flohen sie nach Ungarn, Siebenbürgen und in die Ukraine. **1874** wanderten sie nach Nordamerika aus und bilden dort noch heute Gemeinden.

Die Lehren der Schweizer Eidgenossen Zwingli und Calvin griffen auch auf Vorarlberg und Tirol über; am Ende des **16. Jh.s** war Österreich ein Tummelplatz nonkonformistischer ausländischer Prediger, eine *„babylonische Konfusion"*, wie der Landtag **1580** feststellte.

Fast der gesamte Adel Österreichs huldigte mittlerweile dem Protestantismus. Nicht aus Glaubensgründen, sondern aus rein realpolitischer Überlegung. Einer ihrer Vertreter, ADAM VON PUECHHEIM, behauptete: *„Alles Geistliche ist unser, wir sind auf unse-*

Die gescheiterte Reformation

ren Gütern Herren und Bischöfe zugleich, wir setzen die Pfaffen ein und ab und sind alleinige Herren, denen sie zu gehorchen haben. Das Kirchengut ist von unseren Vorfahren gestiftet, deshalb unser!"

Neu gegründete evangelische Landeskirchen und die Beschlagnahme von Besitz der römisch-katholischen Kirche verhinderten in der Folge jede Annäherung der beiden Religionen. Ferdinand I., zunächst unnachsichtig in der Verfolgung alles Protestantischen, erkannte sehr bald die Schwächen der Träger des neuen Glaubens.

Er wich dem Streit um die – von den Ständen geforderte – vollständige Glaubensfreiheit aus und wartete ab. In der Tat versäumten die zu sehr auf Gewinn von materiellen Gütern bedachten protestantischen Adligen, dem neuen Glauben ein geistiges Zentrum und theoretischen Halt zu geben. Die erst **1568** durch steirische Stände in Eggenberg bei Graz errichtete Stiftsschule und jene von Klagenfurt, Laibach, Judenburg und Horn stiegen nicht zum Rang von Universitäten auf. Städte und Märkte blieben katholisch, da nur wenige Protestanten in ihnen Güter besaßen.

Der »Augsburger Religionsfriede« von **1555** beendete offiziell die konfessionelle Auseinandersetzung und festigte die Spaltung der beiden christlichen Konfessionen. Der Grundsatz *„Cuius regio, eius religio / Wessen das Land, dessen der Glaube"* erlaubte nun den Landesherren, das Glaubensbekenntnis ihrer Untertanen zu bestimmen. Ihn hatte sich auch Ferdinand I. zu Eigen gemacht, und damit konnte die staatlich angeordnete Gegenreformation beginnen. Sie ging von den großen Siedlungszentren aus und eroberte relativ rasch das offene Land zurück, obwohl nur ein geschätztes Fünftel der Bevölkerung dem alten Glauben huldigte.

Die evangelischen Grundbesitzer hatten noch etwas vergessen: den Klassengegensatz zwischen ihnen und ihren Untertanen abzubauen. Den Bauern war es daher gleichgültig, unter welchen Herren sie dienten.

Kaiser Karl V. vor der Gruft Martin Luthers.

Die soziale Lage der Bauern glitt ab der Mitte des 16. Jh.s langsam, aber beständig in eine für die Betroffenen aussichtslose Lage. Die Zahl der »**vollfreien**« Bauern nahm ab, zu Heerfahrten verpflichtet, konnten sie der geregelten Bewirtschaftung ihres Bodens nicht mehr nachkommen. Es gab nur einen Ausweg: den Besitz dem Grundherrn übergeben, als Lehensträger weiterzuarbeiten und Abgaben zu leisten. Dann war man zwar »unfreier Bauer«, aber vom Kriegsdienst befreit. So verschwanden Zinsbauern, Grundholde, Eigenleute, Freibauern, sodass es ab dem **15. Jh.** beinahe nur noch die Klasse der untertänigen Bauern und keine freien Lehen mehr gab.

Pest, Kriege, Seuchen, Bandenunwesen, Regierungschaos und obrigkeitliche Interesselosigkeit bewirkten ein Schrumpfen der Bevölkerung um bis zu 35 %. Allein in Mitteleuropa zählte man 40 000 Wüstungen, das waren verlassene, zum Teil zerstörte Siedlungen. Löhne und Preise stiegen, nur die Nachfrage nach Getreide ging zurück, wegen des Bevölkerungsschwundes einerseits, und weil die Stadtbewohner weniger Brot, dafür mehr Fleisch aßen; der Getreidepreis fiel ins Bodenlose. Landflucht setzte ein, da nach Meinung vieler die Stadt bessere Lebensbedingungen, höhere Sicherheit und mehr persönliche Freiheiten bot.

Das veranlasste die Grundherren, die Bauernrechte noch mehr einzuschränken, die Weistümer (= alte Bauernrechte) außer Kraft zu setzen und Jagd und Fischfang den Bauern zu verbieten. Dafür nahmen Wild- und Flurschäden durch herrschaftliche Jagden überhand.

Vom **15. bis zum 17. Jh.** versuchten die Bauern, mit Waffengewalt ihre Rechte zurückzuerobern. Von der Gegend um Worms breitete sich **1432** eine Aufstandsbewegung aus, die bis zum Ostalpenraum reichte. Vier große und etliche kleinere, lokale Bauernrevolten erschütterten zwischen **1525 und 1627** die österreichischen Länder. Die Verbreitung des evangelischen Glaubens hatte vor allem die Bauern im Südwesten des Reiches aufgerüttelt. In Schwaben tobten erbitterte Kämpfe, und schon fürchtete die Obrigkeit, sie könnten auf Tirol übergreifen, da wurde die Brandfackel des Aufstandes jenseits des Brenners, in Brixen, entzündet.

Der Bauer PETER PASSLER aus Antholz, seit Jahren wegen seines vererbten Fischrechtes mit dem Fürsterzbischof in Fehde liegend, sollte am **9. 5. 1525** hingerichtet werden. Auf dem Weg zur Richtstätte befreiten ihn 300 Bauern und Handwerker aus der Hand der Schinderknechte, und innerhalb weniger Tage stand ganz Tirol in hellem Aufruhr, wurden Burgen, Klöster, Pfarrhöfe geplündert, Urbare und Raitbücher vernichtet.

Das Tiroler Landvolk befand sich im Freiheitstaumel, ihr Anführer, MICHAEL GAISMAYR, verfasste bereits eine »Tiroler Landesordnung«, die aus Tirol eine Bauernrepublik auf christlich-demokratischer Grundlage machen sollte, mit verstaatlichten Bergwerken, staatlich kontrolliertem Handel und autarker Landwirtschaft, da griff FERDINAND I. ein. Fürs Erste besänftigte er die Rebellen. Da aber der Aufruhr auf Salzburg, Steiermark und Innerösterreich übergriff, ging die Regierung ohne Nachsicht vor: Schladming und andere aufwieglerische Orte brannte man einfach nieder. Die Strafen waren so abschreckend, dass viele Aufständische in die Wälder flohen.

1573 erhoben sich die Bauern von Krain, Kroatien und der übrigen Steiermark. Zwischen **1595 und 1597** griff das Landvolk in Steyr, Weyer, St. Peter in der Au, Seitenstetten und im Waldviertel zu Dreschflegeln und Mistgabeln, um sein Recht einzufordern. Doch den geschulten Söldnerheeren waren sie nicht gewappnet, sie wurden niedergemetzelt oder hingerichtet. So **1626** bei Frankenburg, wo der damalige bayerische Statthalter ADAM VON HERBERSTORFF rund 6 000 Männer der umliegenden Gemeinden einlud, ihre Beschwerden vorzubringen. Voll Häme ließ er die erschienenen Ratsherren um ihr Leben würfeln, *„bei die zwanzig, so am wenigsten geworfen"* wurden aufgehängt: vier unter der Linde am Hausha-

Die Bauernkriege

merfeld, drei in Vöcklamarkt, sieben in Frankenburg, der Rest am Kirchturm von Neukirchen.

STEPHAN FADINGER, ein begüterter Bauer und Hutmacher, organisierte auf seinem Hof in Parz bei Eferding den Widerstand. Unter der Parole „Es mueß seyn!" wollte er am Pfingstsonntag, dem **31. 5. 1626**, losschlagen. Doch der Aufstand brach schon am **17. 5.** los. Von Peuerbach weg trieb die einheitlich in Schwarz gekleidete Bauernarmee die 1 100 bayerischen Söldner bis hinter die Mauern von Linz. Dann stockte der Angriff, Fadinger fiel, und der Aufstand brach am **9. 11. 1626** zusammen. In einer Verzweiflungsschlacht im Emerlinger Holz bei Eferding stellten sich noch einmal 8 000 Bauern den Bayern, die diesmal der Reitergeneral GOTTFRIED HEINRICH GRAF ZU PAPPENHEIM kommandierte: 3 000 Bauern blieben auf dem Schlachtfeld. Pappenheim kämpfte während des Dreißigjährigen Kriegs auch unter WALLENSTEIN.

Die Kämpfe und Opfer der Bauern – in ihren Reihen fochten auch Handwerker, Gewerbetreibende und Studenten – waren vergebens.

Erst der aufgeklärte Absolutismus MARIA THERESIAS und JOSEPHS II. brachte Erleichterungen, die bürgerliche Revolution von **1848** schließlich die »Bauernbefreiung«, die Aufhebung des Untertänigkeitsverhältnisses.

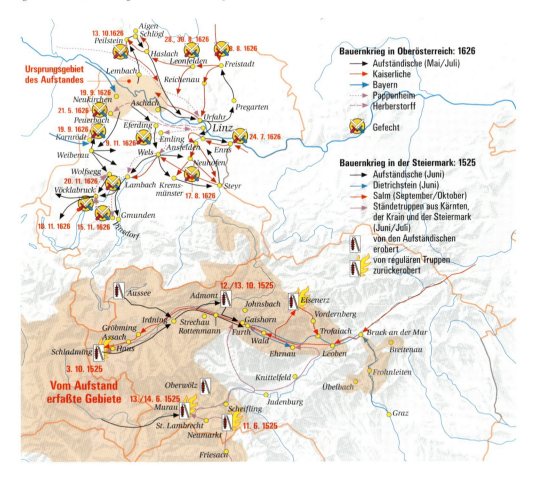

Der Bauernkrieg in der Steiermark (1525) und in Oberösterreich (1626).

Am **22. 7. 1515** fand im Wiener Stephansdom eine Doppelhochzeit statt, auf Grund derer kaum ein Jahrzehnt später Ungarn und Böhmen an Habsburg fallen sollten: Kaiser MAXIMILIAN I. ließ sich stellvertretend (»per procura«) für einen seiner beiden Enkel (KARL bzw. FERDINAND) – sie weilten in Spanien – mit Prinzessin ANNA VON JAGELLO, der Tochter des böhmisch-ungarischen Königs WLADISLAW II., **trauen**. Die Ehe sollte ungültig sein, wenn sich innerhalb eines Jahres einer der Enkel zur Ehe mit Anna bereit fände – **1516** gab Ferdinand eine entsprechende Erklärung ab. Anschließend fand die Trauung des Kronprinzen von Ungarn und Böhmen, LUDWIG, des Sohnes von König Wladislaw II., mit Erzherzogin MARIA, Infantin von Spanien und Enkelin Maximilians, statt.

Die Wechselheirat bekräftigte die Abmachungen vom 20. 3. 1506 und vom 12. 11. 1507, in welchen die erbrechtlichen Ansprüche Habsburgs auf Böhmen und Ungarn begründet wurden. Die Hochzeit ging wegen der vielen anwesenden hochgestellten Fürsten als »Erster Wiener Kongress« oder »Fürstenkongress« in die Geschichte ein.

D er wegen seiner politischen Tatkraft oft und viel gerühmte KARL V. zeigte am Erbe seines Großvaters wenig Interesse: Zwei Jahre nach dessen Tod, am **28. 4. 1521,** überließ er das Länderkonglomerat seinem Bruder Ferdinand I. und schob damit das Problem der Türkenabwehr in Pannonien auf ihn ab. Karl V. widmete sich ganz dem Kampf gegen Frankreich und der Vereinigung der protestantischen und katholischen Konfession.

Die Stände in Wien und Innsbruck nutzten diese obrigkeitslose Zeit, noch im Todesjahr Maximilians probten sie den Aufstand, versagten der kaiserlichen Verwaltung die Anerkennung und bildeten eigene Regierungen. Der Wiener Landtag bemächtigte sich sogar der landesfürstlichen Einkünfte und prägte eigene Münzen. Der 19-jährige Ferdinand I. reiste an und sah im Auftrag seines Bruders nach dem Rechten. Immerhin ging es um beachtliche Einnahmen, die der Staatskasse verloren zu gehen drohten. Zunächst vollzog er am **26. 5. 1521** in Linz die Ehe mit Anna, danach reiste er nach Ybbs und nahm am **5. 6. 1521** die Huldigung der Stände entgegen. Hier erwarteten ihn heftige Vorwürfe durch MICHAEL VON EITZING, einem hitzköpfigen Deputierten aus Niederösterreich. Eitzing wehrte sich gegen den Vorwurf, die Standesvertretungen wollten das Land den Händen eines fremden Fürsten ausliefern, und forderte von Erzherzog Ferdinand Genugtuung. Ferdinand versprach eine Untersuchung und ein gerechtes Urteil – und reiste nach Holland ab. Im **Juni 1522** machte er in Wiener Neustadt Quartier. Mittels Edikt, das er am Riesentor des Stephansdoms anschlagen ließ, forderte er alle Teilnehmer des Landtages von **1519** auf, in Wiener Neustadt zu erscheinen. Hier wollte er über die *„eigenmächtig eingeführten Veränderungen der Landesverwaltung"* entscheiden. Die Angesprochenen erschienen. Sie mussten zehn Tage warten, ehe sie das Urteil erfuhren, für acht von ihnen lautete es auf Tod durch Enthauptung. Es wurde am **9. 8. 1522** auf dem Hauptplatz in Wiener Neustadt vollstreckt.

Ferdinand I., am Beginn der Regierung von machthungrigen Intriganten und mit den Eigenheiten des Landes nicht vertrauten Beratern umgeben, entwickelte sich dennoch rasch vom spanischen Prinzen zum österreichischen Fürsten. Die Länder waren seine Stütze, denn das Verhältnis zum Bruder, Kaiser Karl V., war nicht das beste, schenkte dieser doch den wiederholt vorgetragenen Bitten um Hilfe vor der drohenden osmanischen Gefahr kein Gehör.

Am **10. 5. 1529** war unter Führung Sultan SULEIMANS II. ein Heer von etwa 130 000 Mann aus Stambul aufgebrochen, mit dem Ziel, Ungarn – das zum guten Teil bereits unter osmanischer Kontrolle stand – endgültig zu erobern.

Seit der Schlacht von Mohács am **29. 8. 1526**, in der ein Großteil des ungarischen Adels und LUDWIG II., König der Ungarn, gefallen waren, lag das ungarische Tiefland ungeschützt vor den Osmanen.

Blutgericht und osmanische Bedrohung

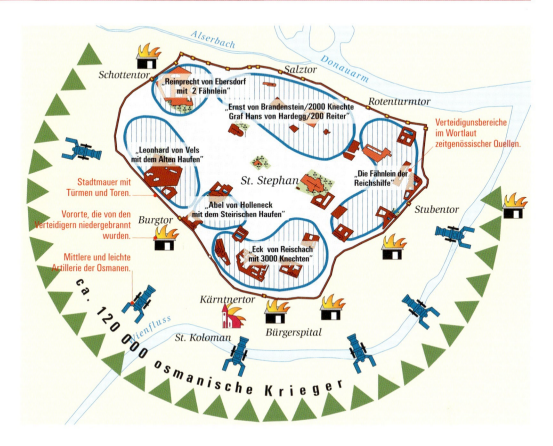

Die erste Türkenbelagerung Wiens dauerte vom 29. 9. bis 14./15. 10. 1529.

Ferdinand erhob nach Mohács den sofortigen Anspruch auf die böhmische und ungarische Krone. Ohne nennenswerten Widerstand anerkannten ihn Böhmen, Mähren, Schlesien und die Lausitz. Nur die Osmanen wählten den Wojwoden **Johann Zápolya** aus Siebenbürgen, Erbgrafen der Zips, in Stuhlweißenburg (Székesfehérvár) zum Gegenkönig.

Ferdinand nahm mit der Krönung durch den westungarischen Adel in Preßburg (Bratislava) vorlieb, schlug Zápolya **1527** bei Tokaj und erhielt die Bestätigung seiner Königswürde durch den ungarischen Reichstag zu Ofen. Suleiman II. protestierte und forderte die Herausgabe ganz Ungarns, ein Krieg war unvermeidlich.

Schon schwärmten die ersten osmanischen Reiter um Wien, da erreichte nach monatelangen Bitten Anfang **September 1529** eine aus 10 000 Mann bestehende „*eilende Türkenhilfe*" die Residenz. Doch statt einzugreifen, vergnügte sich die Truppe mit spätsommerlichen Streifzügen im Marchfeld. Nur 100 gepanzerte Reiter begaben sich nach Wien und verstärkten die 17 000 Verteidiger.

Am **25. 9.** schloss sich der Belagerungsring, doch die Angriffe der durch Seuchen stark dezimierten Osmanen scheiterten an der umsichtigen Verteidigung durch Graf **Niklas Salm**. Am Abend des **14. 10.** beschlossen Sultan Suleiman II. und seine Ratgeber, den Rückzug am nächsten Tag anzutreten.

Ferdinand I. erließ am **1. 1. 1527** eine grundlegende Verwaltungsreform, die noch auf Maximilian I. zurückging: Ein Geheimer Rat war für Familien- und Außenpolitik zuständig, ein Hofrat bildete die oberste Justizbehörde, eine Hofkanzlei war nur ausführendes Amt, eine Hofkammer zeichnete für Finanzen und Verrechnung verantwortlich, und ein Hofkriegsrat – seit **1556** ein eigenes Amt – regelte die Erfordernisse der Landesverteidigung.

Allerdings wirkte die Länderteilung, die Ferdinand **1554** beschloss, dem beabsichtigten Einheitsstaat entgegen.

Nach Ferdinands Tod am **25. 7. 1564** teilte sich die habsburgische Linie wieder in einen österreichischen **(bis 1619)**, einen Tiroler **(bis 1665)** und einen steirischen Zweig **(bis 1740)**.

Politisch orientierten sie sich entsprechend ihrer geografischen Lage: Österreich nach Böhmen und Ungarn, Innerösterreich nach Ungarn und Oberitalien und Tirol nach Italien und der Schweiz.

Erzherzog **Maximilian II.** stand dem österreichischen Zweig der Habsburger Linie vor und übernahm auch die römisch-deutsche Kaiserwürde. Seine Innenpolitik schwankte zwischen Katholizismus und Protestantismus und führte zu einer Verschärfung der Gegensätze; sein Gedanke eines »Kompromisskatholizismus« stieß auf beiden Seiten auf Ablehnung. Viele Protestanten hielten ihn für einen heimlichen Anhänger ihres Glaubens. Tatsächlich gewährte er ihnen **1571** in der »Assekuration« einige Rechte: Der protestantische Ritus durfte in privaten Räumen abgehalten werden, nicht aber in den Kirchen landesfürstlicher Städte und Märkte, ausgenommen im Stephansdom.

Außenpolitisch machten die Osmanen wieder von sich reden. Der Banus von Kroatien, **Nikolaus Zrinyi**, hart bedrängt, musste nach heldenhafter Verteidigung der Festung Sziget kapitulieren. Da Sultan **Suleiman II.** starb und der weniger expansionsfreudige **Selim II.** zur Macht kam, beruhigte **1568** der Friede von Adrianopel die Lage auf dem Balkan. Mit dem Tod Maximilians II., am **12. 10. 1576** in Re-

Der zweite Prager Fenstersturz

gensburg, übernahm **Rudolf II.** – seit **1572** König von Ungarn, seit **1575** König von Böhmen und deutscher König – die Kaiserkrone. Der strenggläubige, in Spanien erzogene Katholik verabscheute das evangelische Wien und verlegte seine Residenz auf den Hradschin in Prag. Gebildet, gelehrt und kunstsinnig, umgab er sich mit Wissenschaftern wie **Tycho de Brahe** und **Johannes Kepler**. Der Sterndeuterei und nicht dem Regieren zugeneigt, traf er in unruhiger Zeit keine klaren politischen Entscheidungen: Die Gegenreformation in Westösterreich beachtete er kaum und überließ die Protestanten der katholischen Willkür, und er sah tatenlos dem Einfall der Osmanen zu, sodass seine Generäle das Reich ohne Weisung und Unterstützung nach eigenem Gutdünken verteidigen mussten.

Die Regierungsscheu ihres Bruders bewog die Erzherzöge **Matthias**, **Maximilian III.**, **Ferdinand III.** und **Maximilian Ernst** am **30. 4. 1605** in einem geheim gehaltenen Treffen in Linz, seine Absetzung zu beschließen. Doch erst **1607** ernannten sie aus ihrer Mitte Matthias zum Haupt des Hauses Habsburg. Im Vertrag von Lieben vom **25. 6. 1608** bedrängten sie Rudolf II. derart, dass er schließlich die Herrscherrechte in Österreich, Ungarn und Mähren an Matthias abtrat.

Der innerfamiliäre Konflikt, den der Dichter **Franz Grillparzer** in seinem **1848** beendeten Drama »Ein Bruderzwist in Habsburg« nachempfindet, regte die evangelischen Stände an, weitere politische und religiöse Rechte zu fordern. Rudolf II. beugte sich in seinem böhmischen Herrschaftsgebiet dem Druck der Protestanten. Im so genannten Majestätsbrief vom **9. 7. 1609** gestand er ihnen Gewissensfreiheit für alle Bewohner, freie Religionsausübung für Herren, Ritter und Bewohner königlicher Städte, den Bau evangelischer Kirchen und Schulen auf königlichem Grund, die Wahl von Defensoren (= Mitglieder von Beschwerdekommissionen) und die Besetzung von Lehrkanzeln an der Universität Prag mit protestantischen Magistern zu. Matthias aber, der nach dem Tod Rudolfs II. am **20. 1. 1612** dessen Nachfolge antrat und am **13. 6. 1612** zum Kaiser gekrönt wurde, versuchte die Zugeständnisse seines Vorgängers zu hintertreiben: Er verbot in Böhmen den Bau von zwei evangelischen Kirchen und stellte Zusammenkünfte von Evangelischen in Prag unter Strafandrohung.

Dies nahm der politische Führer der Protestanten, **Heinrich Matthias Thurn von Valsassina,** zum Anlass, den Bruch mit den Katholiken zu provozieren: Ungeachtet angedrohter Strafen versammelten sich auf seine Aufforderung hin am **23. 5. 1618** in Prag etwa hundert Protestanten, sie drangen in die Burg auf dem Hradschin ein und warfen die königlichen Statthalter **Martinitz** und **Slavata** und den Geheimsekretär **Fabricius** in den Schlossgraben. Dieser »Zweite Prager Fenstersturz« – der erste vom **30. 7. 1419** leitete die Hussitenkriege ein – bildete den Auftakt zum Dreißigjährigen Krieg.

Zweifellos hatte Thurn mit der Unterstützung der »Union« gerechnet, eines am **14. 5. 1608** von den Fürsten der Pfalz, von Ansbach, Kulmbach, Baden-Durlach, Württemberg, Pfalz-Neuburg und Sachsen-Anhalt beschlossenen protestantischen Verteidigungsbündnisses, dem mittlerweile siebzehn Städte – darunter Straßburg, Ulm und Nürnberg – beigetreten waren. Mit dieser gut überlegten Aktion wollte Thurn die Protestanten Böhmens und des Reiches zur Erhebung verleiten.

Doch die »Union« griff nicht ein, denn ihr gegenüber stand die »Liga«, ein am **10. 7. 1609** gegründeter Defensivpakt katholischer Stände, Fürsten und Bischöfe, zur Bewahrung des Landfriedens und der katholischen Kirche. Ein Konflikt der beiden Blöcke hätte das Reich unweigerlich ins Chaos gestürzt.

Die Aktion war von langer Hand vorbereitet: Die beiden kaiserlichen Statthalter Martinitz und Slavata – Vorkämpfer der katholischen Partei in Prag – sollten von den Protestanten ermordet und im Nachhinein beschuldigt werden, den allgemeinen Frieden gestört zu haben. Das Attentat misslang: Sie überlebten den Sturz aus 17 m Höhe aus den Fenstern der Prager Burg und konnten sich in Sicherheit bringen.

Der Krieg war jedoch nur aufgeschoben. Noch regierte Kaiser Matthias, der, von Kardinal Melchior Klesl – das Volk nannte ihn den »Vizekaiser« – beraten, mit den Böhmen verhandelte. Erzherzog Ferdinand III. – seit 29. 6. 1617 König von Böhmen – drängte zwar auf scharfe Maßnahmen, aber erst der Tod des Kaisers am 20. 3. 1619 gab ihm mehr Handlungsfreiheit. Die böhmischen Rebellen hatten mittlerweile die Jesuiten verjagt, eine provisorische Regierung in Form eines dreißigköpfigen Direktoriums eingesetzt und ein Heer unter der Führung Thurns aufgestellt.

Ferdinand III. wartete noch seine Wahl zum römisch-deutschen Kaiser (28. 8. 1619) und die Krönung (9. 9. 1619) ab, ehe er sich gegen Böhmen wandte. Diese Zeit nutzten die böhmischen Stände und entsandten ihre Heerhaufen im **Juni 1619** vor die Mauern Wiens, um einer »Sturmpetition« Nachdruck zu verleihen, die Zugeständnisse in Glaubensangelegenheiten und einen Verzichtfrieden forderte.

Ferdinand III. ließ sich jedoch nicht erpressen, obwohl seine Lage durch oppositionelle Adlige in Niederösterreich, in der Steiermark, in Kärnten und in Krain höchst gefährdet war und Bethlen Gábor, der calvinistische Fürst von Siebenbürgen – von habsburgfeindlichen ungarischen Magnaten unterstützt –, vor Schwechat stand. Als aber Ferdinands Feldherr Graf Buquoy in Südböhmen militärische Erfolge verzeichnete, zogen die Böhmen von Wien ab.

Um ihre Eigenständigkeit zu dokumentieren, wohl auch um das Haus Habsburg herauszufordern, wählten sie am **26. 8. 1619** einen neuen König, den Kurfürst Friedrich V. von der Pfalz. Die böhmischen Stände dachten, damit die zwei Tage später in Frankfurt stattfindende Wahl Ferdinands III. zum Kaiser unterlaufen zu können. Sie irrten: Die Wahl fiel einstimmig aus, und sogar ihr jüngst gekürter König, Friedrich von der Pfalz, stimmte für den Habsburger, der sich nun Ferdinand II. nannte. Da Ferdinand II. seine Absicht nicht verhehlte, so wie in den habsburgischen Ländern, auch in Deutschland seine Autorität und den Katholizismus wieder aufrichten zu wollen, wurde der noch auf Böhmen beschränkte konfessionelle Konflikt eine Reichsangelegenheit, da die Evangelischen Deutschlands um ihre Glaubensfreiheit bangen mussten.

Vorgeblich um einen Religionskrieg verhindern zu wollen, bot der französische König der katholischen Liga und der protestantischen Union seine Vermittlungsdienste an. In Wirklichkeit versuchte er nur, Einfluss auf innerdeutsche Probleme zu gewinnen. Noch bevor die vagen Friedensbemühungen in die Tat umgesetzt wurden, entschied die »Schlacht am Weißen Berg« vom **8. 11. 1620** – sie dauerte nur eine knappe halbe Stunde – das Ringen um Böhmen: Ferdinands Feldherr Josef Tserclaes Graf von Tilly schlug die Unionisten, und Friedrich von der Pfalz – wegen der kurzen Regierungszeit »Winterkönig« genannt – floh nach England, der böhmische Aufstand brach zusammen.

Siebenundzwanzig Rädelsführer wurden auf dem Prager Altstädter Ring hingerichtet, 185 adelige Geschlechter und über 30 000 Familien – insgesamt 120 000 Menschen – verließen das Land, ihre Liegenschaften – etwa drei Viertel des gesamten Grundbesitzes in Böhmen – fielen dem Kaiser zu. Gewährte Freiheiten verloren ihre Gültigkeit, Ferdinand II. vernichtete eigenhändig den Majestätsbrief Rudolfs II. und beseitigte durch die »Verneuerte Landesordnung« vom **10. 5. 1627** den letzten Rest staatlicher Unabhängigkeit: Böhmen und Mähren, zu habsburgischen Erbländern degradiert, durften ihr Oberhaupt nicht mehr selbst bestimmen, der Landtag keine Anträge mehr stellen, die oberste Verwaltungsbehörde – die Böhmische Hofkanzlei – übersiedelte nach Wien.

Diese Schmach vergaßen die Tschechen nicht. Der Hass gegen alles Deutsche, durch die deutsche Besetzung **1939** noch vertieft, fand **1945** in den »Beneš-Dekreten« seinen Niederschlag.

Als habsburgische Verbündete – spanische Söldner aus den Niederlanden und Truppen der Liga – die

Ein langer Krieg beginnt

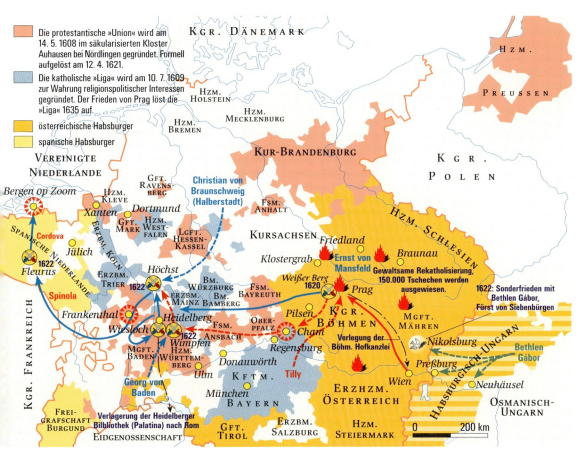

Die protestantische »Union« litt von Beginn an unter chronischem Geldmangel und den Differenzen zwischen Lutheranern und Calvinisten. Die katholische »Liga« hingegen bewies unter Führung Graf Tillys militärische Schlagkraft.

Pfalz und den evangelischen Westen Deutschlands besetzten, schien der Sieg Ferdinands III. greifbar nahe. Frankreich aber, das ein unter Ferdinand II. geeintes, katholisches Deutschland als Bedrohung empfand, gab dem Krieg neue Nahrung: Zwar hielt es sich offiziell aus dem Konflikt heraus, doch brachte es ein Bündnis zwischen England, den Niederlanden und Dänemark zustande, das die deutschen Protestanten finanziell und militärisch unterstützte. An der Spitze norddeutscher Fürsten stellte sich der dänische König **Christian IV.** dem Reichsheer entgegen. Dieses war bis dahin dem Kaiser loyal gefolgt, doch in Zukunft konnte er ihm nicht mehr trauen, bestand es doch zu einem guten Teil aus Protestanten.

Ferdinand II. stellte sein eigenes Heer auf und übertrug das Kommando einem zum katholischen Glauben übergetretenen böhmischen Adligen: **Albrecht von Waldstein**, alias »**Wallenstein**«.

Im **September 1625** zog Wallenstein mit seinem bunt zusammengewürfelten Heer nach Norddeutschland, und einer der schlimmsten Kriege der frühen Neuzeit nahm seinen Lauf: der Dreißigjährige Krieg.

STICHWORT
Der Dreißigjährige Krieg

Der Krieg, den schon frühe Annalen den »dreißigjährigen« nennen, war weder ein zusammenhängendes Ereignis noch ein eigentlicher Religionskrieg. Immer wieder von friedlichen Phasen unterbrochen, mischten sich in ihm religiöse und politische Probleme zu einem unentwirrbaren Ganzen: Protestanten trafen auf Katholiken, absolutes Fürstentum auf Stände, Frankreich auf Habsburg.

Dagegen wirkte der Bauernaufstand in Oberösterreich von 1625/26 wie ein Zwischenspiel, er trägt neben religiösen Zügen erstmals auch nationale: Von Kaiser FERDINAND II. 1620 für bayerische Hilfe im böhmischen Krieg an die Wittelsbacher verpfändet, plünderten diese das Land rücksichtslos aus und unterdrückten die Bevölkerung auf das Schlimmste, sodass es schließlich mit der Forderung, *„wir wollen den Kaiser zum Herrn haben und nicht den Kurfürsten von Baiern"*, zu den Waffen griff. Etwa zur gleichen Zeit endete in den österreichischen Ländern die Gegenreformation. In einem letzten Schritt nahm Ferdinand II. 1727 dem protestantischen Adel durch Ausweisung der evangelischen Geistlichen jede Möglichkeit, seine Religion zu praktizieren.

Die Alternative, auszuwandern oder zu konvertieren, stellte der Kaiser **1727** auch dem böhmischen und mährischen protestantischen Herren- und Ritterstand. Ein Jahr später trat er mit der gleichen Aufforderung auch an den innerösterreichischen Adel heran. Viele jedoch blieben ihrem Glauben treu, kehrten ihrer Heimat den Rücken und überließen ihren Besitz katholischen Zuwanderern, die aus dem Reich, aus Italien, Spanien und Kroatien kamen. In dieser für Österreich entscheidenden Zeit erlebte die Führungsschicht eine starke Durchmischung mit fremdländischen Elementen, sie kennzeichnet die Adelsclique noch heute. Begünstigt wurde die hohe Mobilität durch den relativen Frieden, der in den Alpenländern und in großen Teilen Innerösterreichs herrschte, während das übrige Mitteleuropa in den vielen Auseinandersetzungen des Dreißigjährigen Krieges schwer in Mitleidenschaft gezogen wurde: im Böhmisch-Pfälzischen Krieg von **1618 bis 1623**, im Niedersächsisch-Dänischen Krieg von **1625 bis 1629**, im Schwedischen Krieg von **1630 bis 1635** und im Schwedisch-Französischen Krieg von **1635 bis 1648**.

DAS RESTITUTIONSEDIKT

Ihren ersten großen Erfolg feierten die beiden kaiserlichen Armeeführer WALLENSTEIN und TILLY **1629**, als sie den dänischen König CHRISTIAN IV. schlugen und ihn am **22. 5.** zum Lübecker Frieden zwangen. Mit ihm gaben sie Kaiser Ferdinand II. jene Macht, die ihn befähigt hätte, die nationale Einigung des Reiches unter habsburgischer Vorherrschaft voranzutreiben. Das von ihm am **6. 3. 1629** erlassene Restitutionsedikt sollte sein Vorhaben unterstützen und gleichzeitig das Haus Habsburg durch Übernahme bedeutender norddeutscher Bistümer stärken.

Dagegen opponierten jedoch die Fürsten beider Konfessionen und stützten sich dabei auf ausländische Hilfe: Am **7. 4. 1630** landete der schwedische König GUSTAV II. ADOLF auf Usedom und griff in das Kriegsgeschehen ein, Frankreich schloss im Vertrag von Bärwalde am **23. 1. 1631** einen Pakt mit den Schweden, und am **30. 5. 1631** ging es mit Maximilian, Kurfürst von Bayern, ein Defensivbündnis ein: 9 000 französische Fußsoldaten und 2 000 Reiter schützten Bayern vor den anrückenden Schweden. Frankreich stand nahe der habsburgischen Grenze.

Der Kaiser erkannte die Gefahr der französisch-schwedisch-bayerischen Allianz und befahl Tilly,

Ein Krieg bis zur Erschöpfung

den Schweden entgegenzutreten. Am **15. 4. 1632** stellte sich dieser bei Rain am Lech König Gustav II. Adolf und erlitt eine vernichtende Niederlage. Tödlich verwundet, floh Tilly nach Ingolstadt, wo er am **30. 4. 1632** starb.

Schutzlos lagen die österreichischen Länder vor den Schweden. Doch bereits am **13. 4.** hatte Ferdinand II. den **1630** vom Oberkommando entbundenen Wallenstein wieder mit dem Oberbefehl der kaiserlichen Truppen betraut. Am **16. 11. 1632** kam es bei Lützen zum entscheidenden Kampf zwischen ihm und König Gustav Adolf, bei dem dieser das Leben verlor. Ungeachtet dessen führte sein Kanzler AXEL OXENSTIERNA mit etwa 100 000 Mann den Kampf weiter, mit der subsidiären Unterstützung von jährlich 400 000 Talern, die Frankreich seit dem Vertrag von Bärwalde in die schwedische Staatskasse zahlte.

Frankreich gegen Habsburg

Oxenstierna musste im Reich präsent sein und vor allem Pommern und Preußen kontrollieren, um die Herrschaft Schwedens in der Ostsee zu sichern. Die Uneinigkeit der deutschen Fürsten kam ihm dabei gelegen, sie halfen ihm die Restitutionspolitik Ferdinands II. abzuwehren. In diesem Punkt herrschte Übereinstimmung mit der Außenpolitik Frankreichs, hinter der Kardinal ARMAND JEAN DU PLESSIS RICHELIEU stand. Während jedoch Oxenstierna die protestantischen Stände im Reich unter schwedischer Führung zu einen versuchte – so im Heilbronner Bund vom **23. 4. 1633** –, richtete sich Richelieus Politik gegen Habsburg. Mit Hilfe Schwedens und der evangelischen und katholischen Fürsten im Reich versuchte er dessen Einfluss zurückzudrängen.

Wallenstein führte inzwischen mit Schweden, Sachsen und Frankreich eigenmächtig Friedensverhandlungen. Dazu schwor er in der Pilsener Reverse vom **13. 1.** und **20. 2. 1634** die Unterführer seines Heeres auf seine Person ein, es ist nicht ausgeschlossen, dass er sich im Zuge dessen Böhmen aneignen wollte. Sein Verhalten blieb nicht unentdeckt und erregte das Misstrauen des Wiener Hofes. Ferdinand II. empfand es als Hochverrat und ließ Wallenstein am **25. 2. 1634** in Eger ermorden.

Auch ohne den Feldherrn gelang den Kaiserlichen ein entscheidender Erfolg: Am **6. 9. 1634** schlugen sie unter Führung von MATTHIAS GALLAS bei Nördlingen die Schweden und brachten Süddeutschland wieder in den Besitz des Kaisers. Frankreich sah sich nun gezwungen, **1635** in den Krieg einzutreten.

Diesem Schritt wollte Ferdinand II. ursprünglich zuvorkommen. So versuchte er im Vorvertrag von Pirna im **November 1634** und im Prager Frieden im **Mai 1635,** an Frankreich und Schweden vorbei, den Frieden im Reich wieder herzustellen. Die Bemühungen scheiterten: Die deutschen Protestanten nahmen wohl sein Angebot an, für vierzig Jahre auf die Restitution zu verzichten und den Stand von Besitz und Konfession des Jahres **1627** wieder herzustellen, doch konnte er sie vor französischen und schwedischen Übergriffen nicht schützen, die immer mehr den Charakter eines Beute- und Vernichtungskrieges annahmen. So verließen sich die Fürsten eher auf ihre Söldner und auf ihr Verhandlungsgeschick, als auf den Kaiser.

Ferdinand II. starb am **15. 2. 1637** in Wien. Wenige Wochen zuvor sicherte er noch die Nachfolge seines Sohnes FERDINAND IV., der als FERDINAND III. am **22. 12. 1636** zum deutschen König gewählt und am **15. 2. 1637** zum Kaiser gekrönt wurde.

In der Endphase des Dreißigjährigen Krieges gaben sich die Schweden am schlagkräftigsten. Zwischen **1641** und **1645** traten sie zu einer neuen Offensive an: General LENNART TORSTENSON erreichte **1642** Wien, **1645** Krems und Stein, General CARL GUSTAV WRANGEL **1646** Bregenz. Doch die allgemeine Erschöpfung zwang die Kriegsparteien **1644/45** zu Friedensverhandlungen. Am **24. 10. 1648** setzte der »Westfälische Friede« dem Grauen ein Ende, das über die Bevölkerung unendliches Leid und Elend gebracht hatte.

Seit Beginn des Dreißigjährigen Krieges waren zahlreiche Waffenstillstandsabkommen und Friedensverträge vereinbart worden, eine generelle Bereinigung des Konfliktes, der in den letzten Jahren der Auseinandersetzung zwischen den beiden großen Machtblöcken Österreich-Spanien und Frankreich-Schweden-Niederlande ausgetragen wurde, fand jedoch nicht statt. Nach dem Frieden von Prag (1635) waren Frankreich und Schweden 1638 in Hamburg übereingekommen, nur gemeinsam einen Frieden zu schließen. Als Verhandlungsorte für die Beratungen wählte man 1641 zwei westfälische Orte: das katholische Münster und das evangelische Osnabrück. Nach langen diplomatischen Vorbereitungen trafen sich Anfang 1645 – durch päpstliche und schwedische Vermittlung – die Delegierten aller Krieg führenden Mächte: die Reichsstände aus beiden konfessionellen Lagern und der Kaiser in Osnabrück, die übrigen Parteien in Münster. Die Trennung sollte Rangstreitigkeiten vermeiden helfen. Ende 1645 lagen die Forderungen für die Kriegsaufwendungen auf dem Tisch, um sie ging es den streitenden Gruppen im Wesentlichen – und um die Befriedigung territorialer Wünsche.

In den westfälischen Friedensverhandlungen bemühte sich der kaiserliche Gesandte Graf MAX VON TRAUTMANSDORFF redlich, den Habsburgern zu retten, was möglich war. Nicht ohne Erfolg, denn während das Reich nach der Friedensunterzeichnung am **24. 10. 1648** als territoriales Konglomerat hervorging – es zerfiel in 300 souveräne Teile, unzählige Abteien, Ritterschaften und freie Reichsdörfer bzw. in insgesamt etwa 1 700 mehr oder weniger selbstständige Gebiete, die Schweiz und die Niederlande schieden als unabhängige Länder ganz aus konnte FERDINAND III. seinen Besitz in der Hauptsache wahren. Zwar verlor er den linken Oberrhein mit der Landgrafschaft im Elsass, ebenso den Sundgau und die Vogtei über mehrere Reichsstädte, unter anderem über den rechtsrheinischen Brückenkopf Breisach, dafür erhielt er Gebiete im Schwarzwald und im Breisgau sowie die vier Waldstädte am Hochrhein. Gewinner dieses Krieges waren Dänemark, Schweden und Frankreich.

Vor allem Frankreich sah sein Ziel erreicht: National geschlossen, hatte es seine Grenze zu Deutschland im Wesentlichen gesichert und sich zusätzlich im Südosten ein Glacis geschaffen, von dem es durch einen Flankenstoß, über den Rhein hinweg, Deutschland ins Wanken bringen konnte.

Der Westfälische Friede beendete den Krieg in Mitteleuropa, die **1635** aufgeflammten Kämpfe zwischen Frankreich und Spanien setzten sich aber fort. Sie beendete erst der Pyrenäenfriede am **7. 11. 1659** zugunsten des Hauses Bourbon: Er brach nicht nur die spanisch-habsburgische Vormachtstellung in Europa, sondern eröffnete Frankreich durch einen mit dem Frieden gekoppelten Heiratsvertrag zwischen LUDWIG XIV. und der spanischen Königstochter MARIA THERESIA die Aussicht auf das spanische Erbe der Habsburger.

Anders als im Reich, wo nach Abschluss des Westfälischen Friedens die kaiserliche Macht hinter der fürstlichen »Libertät« (= Freiheit, Unabhängigkeit) zurückstehen musste, behauptete sich der Kaiser in den österreichischen Erbländern und in den Ländern der böhmischen Krone: er veränderte den ständischen Regierungsstil in einen absolutistischen. Die Landstände – bisher aktiv an der Regierung beteiligt und sogar in der Außenpolitik mitbestimmend – drängte Ferdinand III. nun in die untergeordnete Rolle einer unbedeutenden Mitwirkung in der inneren Verwaltung. Nicht mehr die ständischen Behörden gaben den Ton an, sondern die landesfürstlichen und die kaiserlichen Beamten. Krone, Hochadel und die Geistlichkeit erhielten beinahe allmächtige Befugnisse, und es gab praktisch nur noch eine Religion, die katholische. In Ausnahmen durften Adlige in Ungarn und Schlesien dem evangelischen Glauben nachgehen. Unter FERDINAND II. und FERDINAND III. wandelten sich das Kaisertum und das Haus Habsburg entscheidend.

DER WESTFÄLISCHE FRIEDE

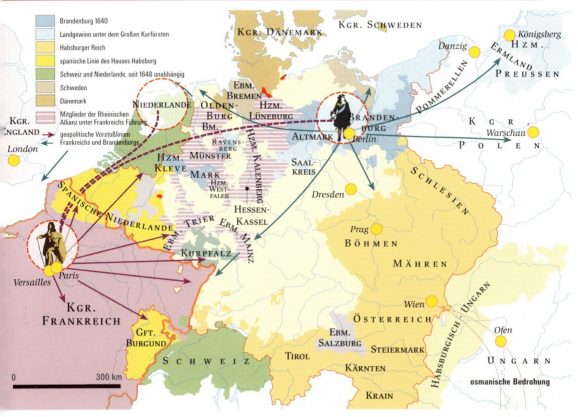

Mit dem Verlust der Vorherrschaft der Habsburger in Europa – er zeichnete sich schon während der Regierungszeit KARLS V. ab – sank die Macht des Kaisers auf einen Tiefpunkt, ab dem Westfälischen Frieden herrschten zwischen ihm und den Kurfürsten Misstrauen. Dafür verschmolzen die österreichischen Erbländer zur staatlichen Einheit.

Ferdinand II., dem der Papst den Ehrentitel »Catholicae fidei acerrimus defensor – feurigster Verteidiger des katholischen Glaubens« verlieh, war der Begründer des römisch-katholischen Österreich im Zeitalter der Gegenreformation. Ferdinand III. übertraf den Vater noch an Tatkraft, Wissen und Weitsicht. Beide aber festigten den habsburgischen Staat, sodass er die Auseinandersetzungen mit Frankreich und dem Osmanischen Reich in den folgenden Jahrzehnten überstehen konnte.

Ferdinand II. ließ sich von der böhmischen Streitmacht, die vor den Mauern Wien lagerte, nicht beeindrucken, er wies die »Sturmpetition« der entsandten Landstände ab.

Die Angst vor bösen Mächten und der Glaube, dass bestimmte Personen Kräfte entwickeln können, die Schaden verursachen, lassen sich bis zur Bibel zurückverfolgen. Bekannt ist die Hexe von ENDOR (1 Samuel 28,3–25) oder die Aufforderung, Hexen nicht am Leben zu lassen (Exodus 22,17). Der HL. AUGUSTINUS – er lebte von 354 bis 430 – verbreitete die Ansicht von der Existenz geflügelter Dämonen, die Schlafende bedrängen, ihre Gedanken beherrschen und sie zu Untaten anstiften. GREGOR VON TOURS (um 540 bis 594) berichtet von Todesurteilen, die an Hexen vollzogen wurden, und 1090 beging eine aufgebrachte Volksmenge Lynchjustiz an drei Frauen. Wegen vermeintlichen Krankheits- und Wetterzaubers unterzog man sie der Wasserprobe und verbrannte sie bei lebendigem Leib. THOMAS VON AQUIN (1225 bis 1274) glaubte an die Existenz männlicher und weiblicher Dämonen, die nächtens ihr Unwesen trieben, wie überhaupt im 13. Jh. die Existenz von Hexen, die durch die Lüfte fliegen konnten und sich zu Hexensabbaten trafen, um allerlei Schäden auszuhecken, bereits in ganz Europa allgemeines Gedankengut war.

Sozialer Wandel, das Lotterleben des Klerus, Krieg, Seuchen, Erdbeben, Hungersnöte waren für die Menschen des 15. bis 17. Jh.s zum Teil unerklärbare Phänomene, die sie auf Gottes Zorn über die sündige Menschheit zurückführten oder dem Teufel und seinen Verbündeten in Menschengestalt zuschrieben, so wie es die Gottesmänner von den Kirchenkanzeln – den einzigen Informationsquellen der damaligen Zeit – predigten.

Mit dem Aufkommen von so genannter Häresie und Ketzerei geriet die kirchliche Obrigkeit in Hysterie. Nicht aus Sorge um das Seelenheil des Kirchenvolkes, sondern aus Angst vor revolutionären Umbrüchen und verminderten Pfründen und Einnahmen. Diese Besorgnis teilte die Kirche mit den weltlichen Fürsten, sodass es zu einem Zusammenspiel mit fatalen Folgen kam: Die Kirche spürte die Gotteslästerer, Hexen, Magier und Ketzer auf und erpresste unter Folter Geständnisse, die Verurteilung und Urteilsvollstreckung überließ sie aber der weltlichen Macht. KARL V. legte dazu die Vorgangsweisen in der »Constitutio Criminalis«, auch »Carolina« genannt, 1532 fest.

Bibelzitate und theoretische Schriften von Kirchenvätern bildeten ab dem 15. Jh. die Grundlage zur Ausarbeitung von Gesetzen und Bullen, die eine Verfolgung der vermeintlichen Teufelsanhänger – zu ihnen zählten in erster Linie Hexen – erst ermöglichten. Die berüchtigte Hexenbulle »Summis desiderante affectibus«, die Papst INNOZENZ VIII. veröffentlichte, leitete eines der düstersten Kapitel des Christentums ein. Auf ihr fußte das Inquisitionswesen, sie gab den hauptsächlich aus dem Dominikanerorden stammenden Hexenjägern unbeschränkte Vollmachten.

Mit der Inquisition in Mitteleuropa untrennbar verbunden sind die beiden Dominikanermönche HEINRICH (INSTITORIS) KRÄMER und JAKOB SPRENGER. Sie veröffentlichten 1487/89 in Straßburg – aufbauend auf der »Hexenbulle« – den so genannten »Hexenhammer« (»Malleus maleficarum«), ein Werk, das Teufelsbuhlschaft und Hexerei beschreibt und geistlichen und weltlichen Richtern Anleitungen zur Führung von Hexenprozessen gibt.

Erste mit der Hexenlehre verbundene Prozesse sind in Österreich Ende des 15. Jh.s festzustellen. Um 1580/90 häufen sich die Verfahren, bis sie 1680 den Höhepunkt erreichten; die letzte Hinrichtung wegen Zauberei fand 1750 in Salzburg statt.

Die Landkarte zeigt alle aktenmäßig erfassten Hexen- und Zaubererprozesse zwischen dem 15. und 18. Jahrhundert.

HEXENWESEN UND INQUISITION

Unter **Maria Theresia** stand Hexerei noch unter Strafe, doch **Joseph II.** und seine Beamten – glühende Verfechter des Fortschrittsgedankens – erarbeiteten in der »Josephina«, dem ersten Strafgesetzbuch, das – am **13. 1. 1787** rechtskräftig geworden – die theokratische Staatsidee in der Rechtsprechung ausklammert und dadurch der Anklage wegen Hexerei und Zauberei die Grundlage entzog, Begriffe, die bis dahin religiös motiviert und legitimiert waren. Soweit die Hexenverfolgung statistisch erfasst werden kann, weisen die österreichischen Länder mit rund 1 700 Fällen wesentlich weniger Verurteilungen auf als etwa Baden-Württemberg mit 3 229.

Das Ausklingen der Hexenverfolgung ist geografisch unterschiedlich anzusetzen: In Frankreich endete sie um die Mitte des **17. Jh.s**, in Posen erst **1793**. Hier fand in Europa die letzte Exekution einer Hexe statt. Die Gesamtzahl der Opfer schätzt man europaweit auf 60 000, wobei das Reich mit etwa 26 000 Hinrichtungen an der Spitze liegt.

Nicht nur Frauen waren Opfer der Religionsjustiz. In Oberösterreich und Kärnten überwiegt der Anteil der »Hexer« den der »Hexen« bei weitem (68,8 % : 20,8 % bzw. 52,8 % : 40,2 %). Ab der Mitte des **17. Jh.s** trat das Phänomen auf, junge Männer ohne festen Wohnsitz oder Angehörige so genannter unehrlicher Berufe (Abdecker, Schinder) als »Hexer« oder »Zauberer« anzuklagen.

Der »Zauberer-Jackl-Prozess« in Salzburg **(1675 bis 1690)** ist ein Beispiel dafür: Im größten Zaubererprozess Österreichs wurden 198 Personen, darunter Kinder, Landstreicher und Obdachlose, des Mordes, des Raubes, der Brandstiftung, des »Tieremachens«, der Homosexualität, der Sodomie und anderer Vergehen bezichtigt. 138 Delinquenten – davon 56 Buben im Alter von neun bis sechzehn Jahren – fanden den Tod durch Erdrosseln. Der gesuchte »Zauberer Jackl« befand sich nicht unter ihnen.

Nach dem Tod König Ferdinands IV. am 9. 7. 1654 in Wien ging die Erbfolge auf den zweiten Sohn des Kaisers Ferdinand III., Erzherzog Leopold, über, der ursprünglich für den geistlichen Stand bestimmt war. Kunstsinnig und fromm – seine Güte und friedliebende Art wurden oft genug als Schwäche ausgelegt –, leitete ausgerechnet er das österreichische »Heldenzeitalter« ein und führte das »Haus Österreich« zur Großmacht empor.

Bei der Wahl Erzherzogs Leopold zum römischen Kaiser am **22. 7. 1658** standen die Sterne am außenpolitischen Himmel für ihn denkbar ungünstig. Schon die Kandidatur um den Kaisertitel stieß auf Schwierigkeiten und den hartnäckigen Widerstand seines Vetters und Schwagers, des Königs von Frankreich, Ludwig XIV., und dessen Verbündeten Ferdinand von Bayern. Erst nach zähen Verhandlungen, in denen sich Leopold I. verpflichtete, im französisch-spanischen Krieg nicht zu intervenieren, wurde er zum Kaiser gekrönt. Leopold wäre zu einer aktiven Teilnahme am Krieg zwar nicht in der Lage gewesen, da er alle ihm zur Verfügung stehenden Kräfte gegen die erneut vordringenden Osmanen einsetzen musste, aber dennoch gründete das misstrauische Frankreich einen antihabsburgisch orientierten »Rheinbund« mit dem Erzbischof von Mainz an der Spitze und Schweden als Partner.

Dass sich die Osmanen während des Dreißigjährigen Krieges nicht in die mitteleuropäischen Wirren einmischten, war auf realpolitische Hintergründe zurückzuführen: Nach dem Tod Suleimans II. von Nachfolgestreit und innenpolitischem Ränkespiel betroffen, mit der Seerepublik Venedig **1645** im Krieg stehend und persischen Übergriffen ausgesetzt, musste Stambul defensiv bleiben. Außerdem leistete der Kaiser jährliche Tributzahlungen, um den Frieden an der Südostecke zu erhalten. Als er aber **1606** zum letzten Mal ein »Ehrengeschenk« in der Höhe von 200 000 Gulden in die Stadt am Bosporus sandte und danach weitere Zahlungen einstellte, sah sich der ehr-

HABSBURGS KAMPF AN DREI FRONTEN

geizige Sultan **MOHAMMED IV.** von jeder weiteren Verpflichtung gegenüber dem Reich entbunden: Er nahm die erstbeste Gelegenheit wahr, um wieder die Donau aufwärts zu marschieren. Der Streit um Siebenbürgen bot ihm den Anlass, seine Truppen **1664** unter Führung des Großwesirs **AHMED KÖPRÜLÜ** gegen das Habsburgerreich zu mobilisieren.

Bei Mogersdorf, im heutigen südlichen Burgenland, setzten sie zum entscheidenden Angriff auf Wien an. Aus der Bewegung heraus und unter dem Feuerschutz ihrer Kanonen wollten sie den Raab-Fluss im Sturm überschreiten.

Am anderen Ufer aber erwarteten sie 25 000 kaiserliche Soldaten unter der Führung **RAIMUND GRAF MONTECUCCOLIS**, gegen ihre Stellungen rannten die Janitscharen vergeblich an. Mit einer Finte wollten die Osmanen dennoch den ersehnten Erfolg erzwingen. Im Morgengrauen des **1. 8. 1664** schwärmten einige Tausend ihrer Reiter bei Eckersdorf zur Ablenkung der Kaiserlichen durch die Landschaft.

Zur gleichen Zeit nahm die osmanische Hauptstreitmacht Aufstellung im Raab-Tal und bereitete den Stoß auf das Zentrum des Gegners vor. Die Überraschung gelang: Mit dem Schlachtruf „Allah!" rollten die Osmanen die Front der Reichs- und Allianztruppen auf und sahen sich dem Sieg nahe, als österreichische und verbündete französische Fußsoldaten und Reiter unter dem Schutz schweren Artilleriefeuers zum Gegenangriff übergingen. Panik erfasste die Osmanen, die sich bereits dem Plündern und Rauben hingaben; in wilder Flucht drängten sie über die Raab zurück.

Für die Niederlage mussten acht osmanische Agas (= Hauptleute) büßen: Der Großwesir schlug ihnen eigenhändig den Kopf ab.

Gegen 20 Uhr überbrachte der französische Obrist **MAHURÉ** dem Kaiser die Siegesmeldung. Doch trotz des Erfolges schätzte Leopold I. seine militärischen Kräfte richtig ein: sie reichten nicht aus, um den Gegner zu verfolgen. Daher schloss er in Eisenburg (Vasvár) Frieden mit dem Sultan, ohne ihm – so wie es nach einem Sieg üblich war – Territorien abzuverlangen oder Kontributionen zu fordern. Im Gegenteil.

Leopold I. versah ihn mit Ehrengeschenken und überließ ihm die Festung Neuhäusl (Nové Zámky) in der heutigen Slowakei, in der Hoffnung, vor weiteren Attacken geschützt zu sein.

Die vermeintliche Großzügigkeit empörte die ungarischen Magnaten. Gestützt auf eine starke Opposition im eigenen Land und eine gesicherte finanzielle Unterstützung durch den König von Frankreich, **LUDWIG XIV.**, verschworen sie sich gegen den Kaiser.

Leopold I. antwortete mit scharfen Maßnahmen. Er ließ die Rädelsführer der Rebellen – **FRANZ GRAF NÁDÁSDY**, **FRANZ MARKGRAF FRANGIPANI** und **PETER GRAF VON ZRINYI** – am **30. 4. 1671** enthaupten und in Preßburg eine Statthalterei errichten, die das habsburgische Ungarn fortan wie eine Kolonie regierte.

Doch die Hinrichtungen verfehlten ihren Zweck. Statt abzuschrecken, formierte sich die Opposition mit dem Nationalisten **MICHAEL TELEKI** an der Spitze neu und erklärte unter dem Namen »Kuruczen«, d. h. »Kreuzfahrer«, dem Kaiser in Wien den Krieg. König Ludwig XIV. unterstützte sie mit 500 000 Gulden und der überraschenden Besetzung Strassburgs. Durch diesen feindseligen Akt hoffte er die deutschen Fürsten gegen den Kaiser und dessen Tatenlosigkeit bei der Besetzung von Reichsboden zu empören.

Doch die Adligen und Stände im Reich reagierten nicht. Zu schwer wogen noch die Verwüstungen und der Bevölkerungsverlust des Dreißigjährigen Krieges.

Auch Österreich plagten andere Sorgen als das ferne, verlorene Straßburg: Die Pest von **1679** hatte 150 000 Menschenleben gefordert – aus jener Zeit stammt die Sage vom »lieben Augustin« –, unter ihr litten noch immer Volksstimmung und Wirtschaft; und weiters die ständigen Einfälle der Kuruczen, die das Land um Wien verunsicherten.

Dazu kamen **1681** beunruhigende Nachrichten aus Stambul: Der Sultan stand – unter dem Einfluss französischer Agenten, die sich als Priester und Angehörige katholischer Orden, so der Jesuiten und Kapuziner, ausgaben – einer Verlängerung des Friedensvertrages von **1664** ablehnend gegenüber; ein neuer Krieg zeichnete sich ab.

Kaiser Leopold I. (1640–1705).

Anfang Oktober 1682 verließ der Sultan mit seinem Großwesir Kara Mustapha Stambul. Als die Nachricht in Wien eintraf, schloss Leopold I. ein Waffenbündnis mit Polen und forderte die deutschen Fürsten auf, diesem beizutreten, immerhin war wieder einmal das christliche Abendland bedroht. Doch nur wenige zeigten sich dazu bereit: Sachsen, Hannover, Bayern. Kräftige Hilfe hingegen leistete Papst Innozenz XI., er spendete eine Million Gulden und übersandte dem polnischen König Johann III. Sobieski weitere 500 000 Gulden, damit er sich am Kampf beteilige.

Am **3. 5. 1683** eroberten die Osmanen Belgrad. Rund 150 000 Mann, davon 40 000 Elitesoldaten, kampferprobte Janitscharen und Spahi, machten sich auf den Weg, um Wien zu erobern. Leopold I. verfügte nur über 32 000 Mann, das waren zu wenig, um sich in offener Feldschlacht zu behaupten. Das kaiserliche Heer zog sich daher aus Ungarn zurück.

Während Leopold I. und seine Familie nach Passau flohen – 60 000 Bürger folgten ihnen –, organisierten der Wiener Bürgermeister **Andreas Liebenberg**, der Wiener Neustädter Bischof **Leopold Kollonitsch**, der Präsident des Politischen Rates **Kaplirs** und Graf **Rüdiger Starhemberg** die Verteidigung der Stadt. Etwa 16 000 kaiserliche Soldaten hielten sich innerhalb der Stadtmauern bereit, um die osmanische Streitmacht abzuwehren.

Am **16. 7. 1683** stand der Sultan vor Wien, der Belagerungsring wurde geschlossen. Mittlerweile hatten schauerliche Nachrichten die Residenz erreicht: In Perchtoldsdorf waren beinahe alle Einwohner erschlagen worden, obwohl sie ein Abkommen mit den Türken getroffen hatten, das sie nach Herausgabe ihres wertvollen Gutes schützen sollte. In Lilienfeld, Wilhelmsburg, Hainfeld, Türnitz verloren 225 Eheleute, 46 Kinder, 89 Dienstboten ihr Leben, noch mehr gerieten in die Sklaverei. Der Wiener Bevölkerung drohte ein ähnliches Schicksal.

Aufgeputscht durch die Aussicht, in der Stadt unermessliche Beute zu machen, trugen die Osmanen Welle um Welle ihre Angriffe vor. In der Stadt brach die Ruhr aus, Seuche und Kampf dezimierten die Verteidiger auf zwei Drittel, Liebenberg fiel, Starhemberg wurde schwer verwundet. Die letzte Hoffnung galt nun dem Entsatz durch das Reichsheer, doch dieses ließ auf sich warten.

Im alliierten Lager herrschte Uneinigkeit über den Oberbefehl. Kaiser Leopold I. beabsichtigte, mit dem Heer mitzuziehen und an der Befreiung Wiens teilzunehmen. Das hätte nach damaligem Brauch bedeutet, dass er das Oberkommando innegehabt hätte. Dem widersprach Sobieski, der es für sich beanspruchte. Dem Eingreifen des päpstlichen Legats und Kapuzinerpaters **Marco d'Aviano** war es zu danken, dass Sobieski nicht – wie angedroht – umkehrte: Der Pater bewegte den Kaiser zum Verzicht auf das Kommando, und das Entsatzheer nahm Aufstellung zum Angriff.

Er sollte am **12. 9. 1683** vom Leopoldsberg und vom Kahlenberg aus erfolgen. Zuerst die süddeutschen Fürsten und die Bayern, danach die Kroaten, die Polen und die Österreicher. Nur der Kurfürst von Brandenburg zögerte; ihm hatte Frankreich geraten, an den Kämpfen nicht teilzunehmen.

Seit die Reichstruppen sich in Krems zum Entsatz gesammelt hatten, wusste Kara Mustapha, dass ein entscheidender Kampf auf ihn wartete. Seltsamerweise traf er keine Vorbereitungen, um den Aufmarsch des Gegners zu verhindern. Er ließ weder störende Attacken reiten noch die Höhen des Wienerwaldes besetzen. So zelebrierte Marco d'Aviano um 4 Uhr früh des **12. 9. 1683** in Ruhe die Messe auf dem Kahlenberg, und die vereinigte Armee bereitete sich wie auf einem Exerzierfeld auf den Kampf vor.

Zwar versuchten die Osmanen noch in einem letzten Ansturm die Mauern Wiens zu brechen, doch die Verteidiger wehrten ihn ab, angefeuert durch die Nachricht, dass die ersten Reiterscharen des Entsatzheeres die Hänge des Wienerwaldes herunterjagten.

In den frühen Abendstunden war die Schlacht geschlagen. Die Verteidiger Wiens beklagten 7 000

Die Osmanen vor Wien

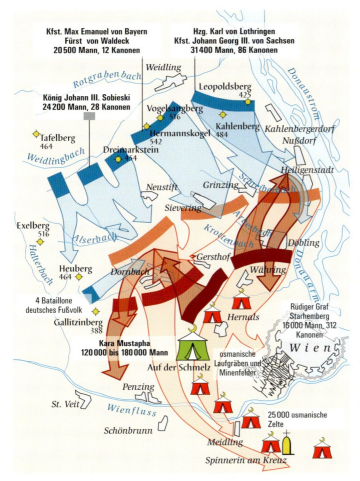

Bis zum letzten Augenblick ließ Kara Mustapha seine Sturmtruppen die Befestigungen Wiens berennen, in der Hoffnung, die Stadt noch vor dem Entsatz durch die Kaiserlichen und deren Verbündeten zu erobern. Doch alle Versuche scheiterten, die Wiener kämpften umso beherzter, je näher die das Entsatzheer rückte. In gleichem Maße sank die Kampffreude der Osmanen, bis sie gegen Abend ihr Heil in der Flucht suchten.

trennten ihm den Kopf ab und sandten ihn, in ein Leichentuch gehüllt, an Kardinal (seit 1686) Kollonitsch, als Erinnerung an die Worte des Großwesirs, dass er dem »Christenhund« eigenhändig den Kopf abschlagen werde.

„Der ›leibliche‹ Kopf Kara Mustaphas liegt heute, in einer Kiste verpackt, in den Depots des Historischen Museums der Stadt Wien", berichtet der Essayist **Gerhard Roth**. Das Museum selbst hüllt sich in Schweigen, es befürchtet Reaktionen türkischer Extremisten.

Anders als in der Schlacht von Mogersdorf verfolgten diesmal die Kaiserlichen die fliehenden Türken, besetzten Belgrad, Vidin, Bosnien und Teile Albaniens.

Die Niederlage der Osmanen veränderte nachhaltig die politische Lage in Europa: Der ungarische Reichstag anerkannte vorbehaltlos das bislang in Frage gestellte männliche Erbrecht der Habsburger, und dadurch kam der Donauraum bis Siebenbürgen unter österreichischen Einfluss.

Die Expansion des Osmanischen Reiches in Südosteuropa war gestoppt, und Frankreichs Politik, eine Front auf dem Balkan gegen Habsburg zu eröffnen, war gescheitert.

Tote, davon 1 650 Zivilisten, etwa 500 Mann verlor das Entsatzheer, die Osmanen verzeichneten einen Verlust von 8 000 Kämpfern.

Den Großwesir Kara Mustapha ereilte in Belgrad das Schicksal: Abgesandte der Hohen Pforte erdrosselten ihn am **25. 12. 1683** mit einer seidenen Schnur, die ihnen dazu der Sultan mitgegeben hatte.

Fünf Jahre später eroberten kaiserliche Truppen Belgrad. Jesuiten übernahmen die Moscheen und weihten sie dem christlichen Glauben. Bei Umbauarbeiten entdeckten sie einen Leichnam, der allem Anschein der des Kara Mustapha war. Die Mönche

Der Entsatz Wiens am 12. 9. 1683.

Der Friede auf dem Balkan war noch nicht wieder hergestellt, da eskalierte ein anderer Konflikt in Westeuropa beinahe zum Weltkrieg. Streitfall war das spanische Erbe, auf das die Häuser Bourbon und Habsburg Anspruch erhoben.

Dazu waren sie berechtigt, denn sowohl der französische König Ludwig XIV. als auch Kaiser Leopold I. waren Söhne von Schwestern des spanischen Königs Philipp IV., dem Vater Karls II. Dieser entschloss sich aber, Joseph Ferdinand, den bayerischen Kurprinzen, das Erbe zu überlassen. Der Kurprinz starb jedoch am 6. 2. 1699 im Alter von sieben Jahren, und Karl II. wählte nun, im Oktober 1700, Philipp von Anjou, den Enkel Ludwigs XIV., zum Nachfolger.

Karls Entschluss hatte fatale Folgen. Denn nach seinem Tod am 1. 11. 1700 ließ Ludwig XIV. seinen Enkel Philipp als Philipp V. zum spanischen König ausrufen und bestätigte zugleich die Ansprüche Philipps auf den französischen Thron. Dies entsprach aber nicht dem letzten Willen Karls, der sich eine solche Machtanhäufung ausdrücklich verbeten hatte. Prompt reagierten England, die Generalstaaten (Holland) und Österreich, gründeten am 7. 9. 1701 die »(Haager) Große Allianz«, der sich die wichtigsten Territorien des Reiches – unter anderem Brandenburg – anschlossen, am 16. 5. 1703 auch Portugal. Auf französischer Seite standen die Wittelsbacher Kurfürsten von Köln – Joseph Clemens – und Bayerns – Maximilian II. Emanuel –, bis 1703 auch Savoyen.

Eine sofortige militärische Intervention lehnten die spanischen Berater am Wiener Hof und der seit April 1697 mit dem Oberbefehl der österreichischen Truppen in Ungarn betraute Prinz Eugen von Savoyen-Carignan jedoch ab. Eugen war kurz vor der zweiten Türkenbelagerung Wiens in die Armee Leopolds I. eingetreten und zum Obersten eines Dragonerregiments aufgestiegen; in der Schlacht bei Zenta, am 11. 9. 1697, hatte er im Kampf gegen die Osmanen sein Feldherrntalent bewiesen. Der überlegene Sieg zwang am 26. 1. 1699 den Sultan zum Frieden von Karlowitz (Sremski Karlovci), er brachte Ungarn, Siebenbürgen, Kroatien und Slawonien an Österreich.

Erst am 5. 5. 1702 erklärte die Haager Allianz Frankreich den Krieg, das Reich folgte am 20. 9. 1702. Doch schon am 26. 5. 1701, ein Jahr zuvor, war Prinz Eugen mit 20 000 Infanteristen und 12 400 Reitern über die verschneiten Tridentinischen Alpen gezogen und hatte die in Oberitalien stehenden französischen Truppen angegriffen. Er handelte gemäß dem Auftrag des Kaisers, das nach dem Tod Karls II. heimgefallene und von Frankreich besetzte mailändische Reichslehen zurückzuholen.

Die eigentlichen Kampfhandlungen im Spanischen Erbfolgekrieg begannen im März 1703, als französische Truppen den Rhein überschritten und Kehl, Altbreisach, Höchstädt, Landau sowie das rechte Donauufer bis Passau eroberten. Gleichzeitig fielen die mit Frankreich verbündeten Bayern in Tirol ein und hissten am 2. 7. 1703 in Innsbruck ihre Fahne. Der vom Tiroler Landrichter Martin Sterzinger umgehend organisierte Widerstand hielt die Bayern jedoch auf, und der Landsturm warf sie schließlich bis München zurück.

Für die Haager Allianz kämpften zwei Heere: das kaiserliche unter dem Oberbefehl Prinz Eugens und das englische unter John Churchill, Herzog von Marlborough.

Bei Donauwörth fiel eine erste Entscheidung: Marlborough siegte am 2. 7. 1704 über die Bayern unter Kurfürst Maximilian II. Emanuel. Bei Höchstädt fiel am 13. 8. eine weitere: Prinz Eugen schlug gemeinsam mit Marlborough ein bayerisch-französisches Aufgebot, sie machten 11 000 Gefangene, erbeuteten die gesamte Bagage, die Kanzlei und die Kriegskasse. Die geschlagenen Reste der Armee Ludwigs zogen sich auf das linke Rheinufer zurück.

Unterdessen eroberte die britische Flotte Gibraltar und ermöglichte dem österreichischen Prätendenten, Erzherzog Karl, die Landung in Barcelona. Kaum in Spanien, ließ er sich zum König Karl III. ausrufen

DER SPANISCHE ERBFOLGEKRIEG

und nahm die Regierungsgeschäfte auf. Auch in den Spanischen Niederlanden operierte die Haager Allianz erfolgreich: Durch den Sieg Marlboroughs bei Ramillies am **23. 5. 1706** fiel ihm fast das Land zu. Wenige Monate später, am **7. 9. 1709**, verdrängte Prinz Eugen durch den Sieg bei Turin die Franzosen aus Oberitalien. Weitere Siege – am **11. 7. 1708** bei Oudenaarde und am **11. 9. 1709** bei Malplaquet – drängten Frankreich gänzlich in die Defensive.

Kaiser Leopold I. konnte am Kriegsruhm seiner Feldherren und Soldaten nicht mehr teilhaben, er war am **5. 5. 1705** verstorben. Es ist auch zweifelhaft, ob er die glänzenden Waffentaten zu würdigen gewusst hätte. Friedliebend wie er war, wollte er nicht Krieg führen, sondern Opern komponieren, nach seinem Motto „*Consilio et industria / Mit Klugheit und Eifer*".

Anders sein Nachfolger, der am **26. 7. 1678** in Wien geborene **Joseph I.**, der allerdings schon nach sechs Regierungsjahren, am **17. 4. 1711**, verstarb. Auf die Erfolge Prinz Eugens und Marlboroughs bauend und die Konzessionsbereitschaft Ludwigs XIV. nützend, hätte er Frieden schließen können. Seine überspannten Forderungen und die der Alliierten waren für Frankreich jedoch unannehmbar. Damit war eine nicht mehr wiederkehrende Chance vertan, aus dem verlustreichen Spanischen Erbfolgekrieg erfolgreich herauszutreten. Denn das Blatt wendete sich, als Karl III., der spanische Gegenkönig, die Nachfolge seines Bruders Joseph antrat: England berief Marlborough ab, aus Furcht vor einer Vereinigung der spanischen und deutschen Länder Österreichs und eines dadurch entstehenden kontinentalen Übergewichts der Habsburger. Die Große Allianz zerbrach.

Nach schwierigen Verhandlungen kam es am **11. 4. 1713** zum Frieden von Utrecht, dem der Kaiser im Frieden von Rastatt am **6. 3. 1714** beitrat; das Reich folgte am **7. 9. 1714** im Frieden von Baden in der Schweiz. Philipp V. blieb spanischer König, Österreich erhielt die Spanischen Niederlande, Mailand, Mantua, Neapel und Sardinien. Sizilien fiel an Savoyen, Preußen musste sich mit einem Stück Obergelderns, zwischen Maas und Rhein, zufrieden geben. Eigentlicher Gewinner im Spanischen Erbfolgekrieg war Großbritannien, das sich an französischen Kolonien in Nordamerika schadlos hielt, die Insel Menorca in der Inselgruppe der Balearen in Besitz nahm und sich Gibraltar aneignete.

Von dieser Felsenfestung aus kontrollierte es über Jahrhunderte den Schiffsverkehr der Mittelmeer-Länder in den und aus dem Atlantik.

Im Kampf um die Vorherrschaft in Europa kreiste Habsburg, in Allianz mit England, den Konkurrenten Frankreich ein.

Zeitgenossen meinten, der Verlust Spaniens habe Kaiser KARL VI. das Lächeln geraubt. Gewiss ging ihm der Verlust der Heimat nahe, noch mehr aber sorgte er sich um den Fortbestand der habsburgischen Linie an der Donau. Karl hatte keinen männlichen Nachfolger, denn *„aus der Ehe mit* ELISABETH CHRISTINE VON BRAUNSCHWEIG-WOLFENBÜTTEL *überlebten nur zwei Töchter"*.

Die kroatischen Stände, eine zuverlässige Stütze der Habsburger, lieferten die rettende Idee – sie hatten schon **1712** beschlossen, auch eine weibliche Regentin anzuerkennen. Der Kaiser griff das Angebot auf und erließ am **19. 4. 1713** die »immerwährende Satzung« der Pragmatischen Sanktion. Hofkanzler JOHANN FRIEDRICH GRAF SEILERN arbeitete das Dokument aus, das nicht nur die weibliche Erbfolge im Hause Habsburg ermögliche, sondern auch die staatliche Einheit aller österreichischen Länder – einschließlich der böhmischen und ungarischen – zum unteilbaren Ganzen festlegte: »indivisibiliter ac inseparabiliter«.

Der skeptische PRINZ EUGEN empfahl zwar, lieber auf gefüllte Staatskassen und ein starkes Heer zu achten, doch Kaiser Karl VI. begann eilig die Zustimmung europäischer Mächte einzuholen. Freilich, der Preis war hoch, rücksichtslos erpressten ihn die Monarchen, forderten stattliche Ablösesummen, verlangten ihm Ländereien ab und den Verzicht auf Kolonien.

Karl starb plötzlich, aber qualvoll am **20. 10. 1740**, möglicherweise an einer Pilzvergiftung, vielleicht an Krebs. Er war der letzte österreichische Habsburger im Mannesstamm, und nun musste seine 23-jährige bildhübsche Tochter MARIA THERESIA die Nachfolge antreten.

Prinz Eugen behielt Recht: Die Pragmatische Sanktion war nicht mehr wert, als das Papier, auf dem sie stand. Denn Bayern erhob gegen die Inthronisation Maria Theresias Protest, ebenso Sachsen und Spanien, nur der junge Preußenkönig FRIEDRICH II. – im selben Jahr wie sie an die Macht gekommen – verlor nur wenige Worte und handelte: Er befahl seinen Truppen, Österreichisch-Schlesien zu besetzen. Wie auf Kommando fielen nun auch die übrigen Nachbarn über die Erbschaft Maria Theresias her: Bayern eignete sich Oberösterreich an, Sachsen wollte Böhmen, Spanien die habsburgischen Besitzungen in Italien, und die Franzosen zogen über den Rhein, um das Reich unter Druck zu setzen. In Linz ließ sich der Kurfürst von Bayern am **15. 9. 1741** schon als österreichischer Erzherzog huldigen, und am **19. 12.** setzte er sich in Prag die Wenzelskrone auf. Frankreichs Staatsminister FLEURY tönte im Brustton der Überzeugung: *„Es gibt kein Haus Habsburg mehr!"* Maria Theresias Berater, auch ihr Gatte, FRANZ STEPHAN VON LOTHRINGEN, resignierten. Sie aber ließ den Mut nicht sinken.

Am **13. 3. 1741** wagte Maria Theresia einen ungewöhnlichen Schritt: Sie begab sich mit ihrem eben geborenen Kronprinzen JOSEPH nach Ungarn und bat um Schutz. Das rührte das ritterliche Gemüt der Magnaten. Auch wenn ihr oft zitierter euphorische Ausruf *„Moriamur pro rege nostro Maria Theresia!"* – *„Lasst uns für unseren König Maria Theresia sterben!"* Legende ist, so griffen sie tatsächlich zu den Waffen, um sie und Österreich zu verteidigen. Die militärischen Bravourstücke des Oberst TRENCK und seiner Panduren – wenn auch nicht von entscheidender Bedeutung, so doch von Engagement und Draufgängertum zeugend – gingen in die Geschichte ein.

Die Kämpfe um Thron und Reich dauerten acht Jahre. Sie fanden am **18. 10. 1748** im Frieden von Aachen ein Ende. Maria Theresia hatte sich behauptet: Österreich blieb ungeteilt.

Obwohl oft so tituliert, war sie es nie: Kaiserin. Maria Theresia führte den Titel einer Erzherzogin von Österreich und regierenden Königin von Ungarn und Böhmen. »Kaiserin« war nur ein zuerkannter Titel als Gemahlin von Kaiser Franz I. Stephan von Lothringen.

Maria Theresia verfolgte während ihrer Regierungszeit ein außenpolitisches Ziel: die Rückgewin-

Um den Besitz Schlesiens entbrannten zwischen dem preußischen König Friedrich II. und der österreichischen Erzherzogin Maria Theresia mehrjährige Kriege, die im Frieden von Hubertusburg 1763 ein Ende fanden.

Maria Theresia behauptet sich

nung Schlesiens. Da die eigenen Kräfte dafür nicht reichten, suchte sie nach Verbündeten. Der **1753** zum Staatskanzler ernannte WENZEL ANTON GRAF KAUNITZ erwies sich als fähiger, diplomatischer Kopf und konnte am **1. 5. 1756** Frankreich für eine Allianz gegen Preußen gewinnen. Auch Russland, Sachsen und Schweden traten dem Bündnis bei. Friedrich II., der später der Große genannt wird, handelte abermals rasch und kompromisslos. Ende **August 1756** fiel er überraschend in Sachsen ein und besetzte es in wenigen Tagen. Am **1. 10.** kam es bei Lobositz zu einer ersten Begegnung zwischen seinen und österreichischen Truppen, die Friedrich II. für sich entschied.

Der Siebenjährige Krieg hatte begonnen. Am **15. 10. 1756** kam es bei Pirna zu einem weiteren Gefecht, auch in diesem siegte Friedrich II. Sein Vorstoß auf Prag scheiterte allerdings an Feldmarschall Graf DAUN, der am **18. 6. 1757** das preußische Heer bei Kolin abwehrte.

Nun machten auch Maria Theresias Partner mobil: Die Russen drangen in Ostpreußen ein, die Schweden in Preußisch-Pommern, und die Franzosen feierten bei Hastenbeck einen großartigen Sieg über die englisch-hannoveranischen Verbündeten Preußens.

Dieser »Dritte Schlesische« oder »Siebenjährige Krieg« war jedoch nur der europäische Teil einer weltweiten Auseinandersetzung, die letztlich um die Vorherrschaft der beiden Kolonialmächte England und Frankreich in Übersee ausgetragen wurde.

Das Jahr **1759** brachte die Entscheidung. Österreicher und Russen unter den Befehlshabern SALTYKOV und ERNST GIDEON VON LOUDON (LAUDON) rieben am **12. 8.** die Armee Friedrichs II. bei Kunersdorf fast zur Gänze auf, sodass der Preußenkönig daran dachte, Selbstmord zu begehen.

Da starb in St. Petersburg Zarin ELISABETH, und ihr Neffe und Nachfolger, PETER III. VON HOLSTEIN-GOTTORP – ein Verehrer Friedrichs II. –, ergriff für Preußen Partei. Die glänzenden Siege Loudons – bei Landshut – und Dauns – bei Maxen – bewirkten politisch nichts mehr.

Die militärische und wirtschaftliche Erschöpfung brachte die Krieg führenden Parteien an den Verhandlungstisch. Im Frieden von Paris vom **10. 2. 1763** einigten sich Frankreich und England über die Kolonien, Preußen und Österreich einigten sich auf Vermittlung Sachsens auf der Hubertusburg am **15. 2. 1763**, das südliche Schlesien mit Jägerndorf und Troppau bei Österreich zu belassen, während das restliche Schlesien an Friedrich fiel. Dafür sicherte er zu, seine Kurstimme bei der bevorstehenden Königswahl Erzherzog Joseph zu geben; Sachsen bewahrte seine Unabhängigkeit.

Der »Siebenjährige Krieg« kostete die Habsburgermonarchie 260 Millionen Gulden. Im letzten Kriegsjahr standen 23,5 Millionen Gulden Einnahmen von 76 Millionen Gulden an Ausgaben gegenüber, damit war der Staat bankrott.

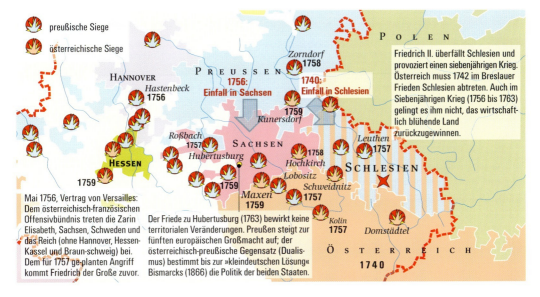

MARIA THERESIA entwickelte schon zu Beginn ihrer Regierung eine Fähigkeit, die ihr niemand zugetraut hätte: Sie umgab sich dank ihrer einzigartigen Menschenkenntnis mit fähigen Beratern und Feldherren und verstand es, sie mit den richtigen Ämtern und Aufgaben zu betrauen. Der von FRIEDRICH II., DEM GROSSEN losgebrochene Krieg verhinderte zwar längst fällig gewordene Verwaltungs- und Finanzreformen, dafür wurden sie umgehend nach dem Aachener Friedensschluss in Angriff genommen; allein schon, um den Kampf um das verlorene Schlesien weiterführen zu können. Im Zeichen der Aufklärung berieten sie junge, fortschrittliche Denker, so HAUGWITZ, GERHARD VAN SWIETEN und KAUNITZ. Sie empfahlen der jungen Monarchin, die starken Bindungen an den Klerus und den Adel zugunsten einer Politik des Rationalismus, Utilitarismus (= Nützlichkeit) und der Staatsräson, unter Bedachtnahme auf die soziale Lage der Menschen und die wirtschaftliche Situation, aufzugeben.

Die sich daraus ergebende Liberalisierung würde dem Gewerbe zugute kommen und Fabriksgründungen begünstigen, dadurch wäre der Verlust Schlesiens bald ausgeglichen, meinten sie.

Maria Theresia folgte den Ratschlägen, sehr zum Missfallen der Adligen und der Geistlichen. Besonders ihr energisches Eintreten für die Bauern, die sie aus der grundherrschaftlichen Rechtsuntertänigkeit herausnahm und eigenen, unabhängigen Gerichten unterstellte, erregte Missmut. Allerdings war die »Theresianische Halsgerichtsordnung« von **1768** noch so streng, dass ihr Sohn und Nachfolger JOSEPH II. – von SONNENFELS beraten – seiner Mutter das Verbot der Folter erst abringen musste **(1776)**.

Dennoch brach unter Maria Theresia eine neue Zeit an, deren Fortschrittlichkeit sie nach Kräften förderte. Auf ihren Wunsch hin kam **1745** der aus den Niederlanden stammende Leibarzt Gerhard van Swieten nach Wien, um die Kulturpolitik einer Reform zu unterziehen. Die Aufklärung kam in Wissenschaft und Unterricht zum Durchbruch, der kostenlose Besuch der Volksschule wurde obligat, dank des Vermögens der Jesuiten, die ihren Orden auf Geheiß des Papstes CLEMENS XIV. am **21. 7. 1773** auflösten, konnte auch die Wiener Universität reformiert werden.

Unter Maria Theresia gelang es erstmals, die böhmischen und österreichischen Erbländer zum Gesamtstaat enger zusammenzufassen und Ungarn hinzuzufügen. Ermöglicht wurde dies durch die Zentralisierung von Verwaltung und Behörde. Ein System von Staatsmonopolen für Tabak und die Post erhöhte die Einkünfte des Staates, Schutzzölle und Einfuhrverbote kamen der eigenen Industrie und den Betrieben zugute und entsprachen ganz den Wirtschaftstheorien der Kameralisten, die Exporte ablehnten und der Autarkie den Vorzug gaben.

Dazu sollte ein Netz ausgewählter Standorte von Wirtschaftszweigen Österreich überziehen: Innerösterreich war für den Bergbau vorgesehen, Böhmen für die Industrie, Ungarn für Landwirtschaft und Viehzucht, allen aber sollte besondere Förderung zuteil werden.

Zwischenzölle, die bisher den Handel innerhalb der habsburgischen Länder hemmten, wurden aufgehoben, Straßen ausgebaut, die Schiffbarmachung von Flüssen vorangetrieben. Hatte KARL VI. zugunsten der Pragmatischen Sanktion auf überseeische Besitzungen verzichtet, so gründeten nun Kaufleute eine »Österreichisch-Ostindische Kompanie« und nahmen die Inselgruppe der Nikobaren für die Monarchie in Besitz. Bauern aus Süddeutschland – vor allem Schwaben – erhielten in den durch die Türkenkriege verwüsteten Landesteilen des Banats und Südungarns Siedlungsland. Das Ansiedlungspatent vom **25. 2. 1763** löste eine wahre Einwanderungswelle aus, die man den »Großen Schwabenzug« nannte und die bis **1787** andauerte. Ärger bereiteten Maria Theresia kirchliche und weltliche Großgrundbesitzern, als die Herrscherin vorbildhaft auf ihren privaten Gütern

DIE REFORMEN MARIA THERESIAS

alle Robotleistungen der Bauern aufhob. Die Proteste musste sie über sich ergehen lassen, wie auch ihr Joseph II., der die Reform vorantrieb und als »Bauernbefreier« massive Kritik erhielt.

Joseph übertraf mit seinem beinahe ungezügelten Reformeifer noch seine Mutter. Von einem General erzogen, von Lehrern mit Wissen überhäuft, hätte er nach dem Willen Maria Theresias ebensogut Ballettmeister wie Feldherr oder Theologe werden können. Ihm, den man als einen »der Hauptvertreter des aufgeklärten Absolutismus« bezeichnet, war die Aufklärung unbekannt. Er orientierte sich mehr an der Geisteswelt des Spätbarock und des Rokoko. Wohl hatte Vater **FRANZ STEPHAN VON LOTHRINGEN** der Aufklärung Tür und Tor des Wiener Hofes geöffnet, und viele Beamte, Minister und Lehrer hatten die neue Denkungsart angenommen, doch Joseph stand ihr in manchem distanziert gegenüber.

Der oft zitierte Begriff »Josephinismus« entspricht daher eher einer eigenen, österreichischen Spezies der Aufklärung. Sie bewahrte Österreich vor dem französischen Schicksal, eine blutige Revolution »von unten« erfahren zu müssen: Joseph verhinderte sie durch eine unblutige »von oben«.

Maria Theresia, tatkräftige Herrscherin von Österreich und Mutter von elf Mädchen und fünf Buben, nannte sich ab 1745 »römische Kaiserin«. Kaiserin von Österreich war sie nicht. Im Bild mit Gemahl Franz I. Stephan von Lothringen und Thronfolger Joseph.

JOSEPH II., seit **1765** Kaiser des Heiligen Römischen Reiches und Mitregent seiner Mutter, vollendete manche ihrer Reformen, die sie vorsichtig begonnen hatte, rigoros und ohne Umschweife. Kompromisslos drängte er den Einfluss der Kirche zurück und verwirklichte den Ausspruch seiner Mutter *„Die Schule ist ein Politicum und nicht ein Ecclesiasticum"*, indem er die unter staatlicher Aufsicht stehende Volks- bzw. »Trivialschule« ins Leben rief. Ebenso zielstrebig griff er die Besitzrechte der Kirche an. Kaum ein Jahr in der Regierung, erließ er am **13. 10. 1781** das »Toleranzedikt«, das allen protestantischen Bekenntnissen und der griechischen Kirche freie Religionsausübung und den Kirchenbau gewährte. Nur wenig später kündigte Joseph II. die Aufhebung von Klöstern an: *„… jene Orden können Gott nicht gefällig sein, die sich nicht mit Krankenpflege und Jugenderziehung beschäftigen, also dem Nächsten ganz und gar unnütz sind."* Von 2 163 Klöstern mit 45 000 Mönchen und Nonnen, die im Jahr **1770** im Habsburgerreich bestanden, hob er bis **1786** insgesamt 738 auf. Das Vermögen der aufgelassenen Klöster verwaltete ein »Kirchenfonds«, aus dem – unter staatlicher Kontrolle – die Geistlichen bis **1938** ihre Gehälter bezogen. Im »Judenpatent« vom **2. 1. 1782** – ausgestellt für die Wiener Juden – schaffte er die Judenviertel und die äußere Kennzeichnung der Juden, den »Judenfleck«, ab.

Joseph II. kümmerte es wenig, von der Kirche »Erzsakristan des Heiligen Römischen Reiches« genannt zu werden, er reformierte weiter. Den Bischofssitz von Wiener Neustadt verlegte er nach St. Pölten, in Linz und Leoben gründete er neue Bistümer. Er verbot Wallfahrten, Prozessionen und das Einsiedlerwesen, er reduzierte die Zahl der Feiertage und die der brennenden Kerzen in Kirchen.

Die Proteste des österreichischen Klerus erreichten den Vatikan. PAPST PIUS VI. fand, dass den Kirchenreformen Josephs II. Einhalt geboten werden müsse, und entschloss sich, den Kaiser aufzusuchen.

Joseph erwartete ihn am **22. 3. 1782** in Neunkirchen, gemeinsam fuhren sie nach Wien, wo sie ungeheurer Jubel erwartete: von allen Kirchtürmen läuteten die Glocken. Ob denn das erlaubt sei, fragte man Joseph: *„Warum nicht?"*, antwortete er, *„jede Armee hat ihre Artillerie!"* Der Papst erreichte trotz einmonatigen Aufenthalts nichts. Maßlos enttäuscht, reiste er am **22. 4.** über Mariabrunn wieder ab.

Manche der Neuerungen Josephs lösten offenen Widerstand aus. So das Gesetz über die Aufhebung der Leibeigenschaft von **1782**, dem das Dekret der Einschränkung der feudalen Dienstleistung (Robot) auf drei Tage in der Woche vorausgegangen war. Beide ließen sich in manchen Landesteilen, so in Galizien, nicht umsetzen, da sonst viele Herrschaftsbetriebe vor dem Ruin gestanden wären. Oder das Steuerdekret vom **10. 2. 1789**, das vermutlich revolutionärste Gesetz vor der Französischen Revolution in Europa: Es erlaubte den Bauern, 70 % ihres Bruttoeinkommens zu behalten, die Grundherren erhielten nur einen Anteil von 17,46 %.

Auf eine massive Opposition stieß der Verstandesmensch Joseph II. in Ungarn, als er **1784** den Transfer der ungarischen Königskrone von der Krönungsstadt Preßburg nach Wien anordnete und im gleichen Jahr Deutsch als Amtssprache einführen ließ, um das bisherige Latein zu ersetzen.

Heftige Auseinandersetzungen gab es auch mit der Mutter, wenn der Sohn vom Staatskurs abwich. So im Streit wegen Bayern, das er aufgrund eines dubiosen Erbvertrages mit KARL THEODOR, Kurfürst von Pfalz-Sulzbach, zum habsburgischen Eigentum erklärte und besetzen ließ. Das gab FRIEDRICH II. DEM GROSSEN wieder die Gelegenheit, seine Armee in Marsch zu setzen **(1778)**. Abermals standen Österreicher und Preußen einander gegenüber: jeweils eine viertel Million Mann stark. Da sich die Auseinandersetzung vorerst auf die Requirierung von Lebensmitteln beschränkte, nannte sie der Volksmund »Kartoffelkrieg« bzw. »Zwetschkenrummel«. In der Zwi-

Joseph II., der »Erzsakristan«

schenzeit handelte Maria Theresia mit dem »alten Fritz« hinter dem Rücken Josephs einen Kompromiss aus, der das Innviertel – nun endgültig – an Oberösterreich brachte; Friedrich II. erhielt dafür die Grafschaften Ansbach und Bayreuth. Dieser »Bayerische Erbfolgekrieg« kostete beide Seiten je 20 000 Menschenleben und eine unbekannte Zahl Verwundeter.

Der Unmut der alternden Monarchin hatte seinen Hintergrund: Sie, die ihren Wahlspruch *„Iustitia et clementia / Durch Gerechtigkeit und Klugheit"* lebte, musste schon **1772** gegen ihr Gewissen und ihren Willen Ungerechtigkeit hinnehmen: so die Erste Teilung Polens, die auf Zarin **Katharina II.** zurückging. Auf ihren Vorschlag hatten sich Russland, Preußen und auch Österreich an Polen bedient und es aus machtpolitisch-ehrgeizigem Streben um ein Drittel seiner Fläche und 50 % der Bevölkerung verkleinert. Maria Theresia hatte vergeblich dagegen protestiert: *„Diese Politik verstehe ich nicht"*, sagte sie, *„ich verstehe nicht, dass zwei Gevattern die Überlegenheit ihrer Kräfte benutzen, um eine unschuldige Nation zu unterdrücken."* Der Teilungsvertrag machte Schule, weitere folgten, den letzten unterzeichneten **1939** das Großdeutsche Reich und die Sowjetunion.

Beunruhigt durch die Kirchenreformen Josephs II., begab sich Papst Pius VI. im März 1782 nach Wien, um zu intervenieren. Joseph reiste dem Pontifex entgegen und erwartete ihn beim »Neuen Wirtshaus im Föhrenwalde«, nahe von Neunkirchen, im niederösterreichischen Steinfeld.

JOSEPH II. war nicht nur davon besessen, Wirtschaft, Kultur und Gesellschaft zu reformieren, er folgte auch dem Vorbild seiner Ahnen und versuchte, Österreich territorial zu vergrößern. Für Bayern war er bereit, die reichen Österreichischen Niederlande – das heutige Belgien – zu tauschen.

Doch dieses Vorhaben rief heftigen Protest seitens der norddeutschen evangelischen Reichsfürsten hervor, die die Bildung eines mächtigen katholischen Blocks im südlichen Deutschland befürchteten. König FRIEDRICH II. VON PREUSSEN – seit dem Bayerischen Erbfolgekrieg politisch isoliert – nutzte die Stimmung, um aus seiner politischen Isolation auszubrechen: Er gründete eine antihabsburgische Koalition unter preußischer Führung, zur *„Wahrung der fürstlichen Libertät"*, wie er sagte.

Der »Fürstenbund« umfasste das protestantische Deutschland und England, dessen König seit 1714 mit dem hannoveranischen Haus in Personalunion verbunden war. Auch Frankreich sprach sich gegen den Handel aus, es hätte sonst das kooperative Bayern als Gegengewicht zu Habsburg verloren.

Joseph musste seine Politik des Ländertausches aber auch aus anderen Gründen aufgeben: Die belgischen Stände protestierten auf das Heftigste und inszenierten – von Frankreich gelenkt, von Preußen finanziert und vom Papst gutgeheißen – 1787 in allen großen Städten Aufstände.

Joseph II. reagierte unnachsichtig, berief die Statthalter – seine Schwester, Erzherzogin MARIA CHRISTINE, und ihren Mann, Herzog ALBERT V. VON SACHSEN-TESCHEN – ab und setzte eine Militärdiktatur ein; er degradierte Belgien zum Generalgouvernement.

Auch sonst zeigte er wenig diplomatisches Feingefühl. So wurde ihm ein Defensivbündnis, das er am 18. 5. 1787 mit Zarin KATHARINA II. DER GROSSEN in Cherson einging, beinahe zum Verhängnis. Zwar sollte es nur die gegenseitige Freundschaft bekräftigen, doch die Zarin forderte Josephs militärischen Beistand, als sie aus Bessarabien und der Walachei – beide Gebiete standen unter osmanischer Herrschaft – ein Königreich »Dacien« errichten wollte, vorgeblich, um das griechische Kaisertum zu erneuern. Joseph II. gelang es nur mit Mühe, die Zarin von einem sofortigen Waffengang gegen die Hohe Pforte abzuhalten: Für sein Mitwirken stellte er derart hohe Kompensationsforderungen – Teile der Walachei, Serbien, Albanien, Bosnien und die Herzegowina –, dass Katharina ihren Eroberungsplan zurückstellte.

Der Kaiser scheute auch aus anderen Gründen einen Waffengang gegen die Hohe Pforte: die Unruhen in den Niederlanden ließen es ihm ratsam erscheinen, keine neue Front zu eröffnen, außerdem hatten sich die Beziehungen zu den Ottomanen normalisiert, nachdem Friedrich II. der Große den Sultan nicht bewegen konnte, im Siebenjährigen Krieg gegen Österreich einzugreifen.

Die politischen Verhältnisse zwischen Donau und Bosporus blieben freilich dennoch gestört, seit Wien die Konvention von Konstantinopel (21. 3. 1779) vermittelt hatte, durch welche Russland die Krim und der Kuban zugesprochen wurden. Dies war eine Folge von russisch-türkischen Kriegen um die Vorherrschaft am Schwarzen Meer und den Meerengen.

Die russisch-osmanischen Spannungen gingen auf PETER I. DEN GROSSEN zurück, der die Schwarzmeerküste von der Krim bis zu den Dardanellen für Russland beanspruchte. Nun fühlte sich auch Katharina II. berufen, dieses Ziel zu erreichen. Die Hohe Pforte wandte sich an London und Paris und erbat deren Ratschläge, und beide empfahlen, einen Präventivkrieg zu führen. Sultan ʿABD ÜL-HAMĪD I. erklärte daher am 23. 8. 1787 St. Petersburg den Krieg. Nun musste Joseph II., seinem Freundschaftsvertrag verpflichtet, der Zarin beistehen.

In diesem Konflikt stellte Österreich die größte Streitmacht, die es je gegen die Osmanen gerichtet hatte. Am Tag der Kriegserklärung, am 9. 2. 1788, setzten sich 37 000 Reiter und 45 000 Mann mit 900

Josephs II. ausgedehnte Reisen dienten nicht nur dazu, politische Kontakte zu pflegen, er informierte sich auch über den Fortschritt in Technik und Wirtschaft.

Joseph II., der verhasste Kaiser

Kanonen in Bewegung. Joseph führte die Armee persönlich nach Plänen des von ihm protegierten Generals **Franz Moritz Lacy** an.

Nach kleineren Anfangserfolgen demoralisierte und dezimierte Sumpffieber das Heer. Eine schwere Niederlage bei Mehadia versetzte die Österreicher in eine wenig aussichtsreiche Lage. Da erkrankte Joseph an Malaria, und er musste heimkehren. Das Kommando übernahm der 72-jährige Feldmarschall **Laudon** und wendete tatsächlich das Kriegsgeschick: Er reihte Sieg an Sieg und eroberte zum dritten Mal innerhalb eines Jahrhunderts Belgrad (**8. 10. 1789**).

Währenddessen wurde Belgien von Aufständen erschüttert. In Brüssel beschlossen die Stände eine eigene Verfassung, und am **11. 1. 1790** proklamierten sie die »Vereinigten Belgischen Staaten«. Die damals entstandene Abneigung gegenüber Österreich lebt zum Teil auf politischer Ebene und in der belgischen Bevölkerung bis heute fort.

Dem Kunstleben hat Joseph II. zeit seines Lebens kaum Aufmerksamkeit geschenkt; so entlockte ihm die gelungene Aufführung der Opera buffa »Così fan tutte« von **Wolfgang Amadeus Mozart** in Wien kaum anerkennende Worte.

Am **28. 1. 1790** revidierte der sterbende Monarch – mit Ausnahme des Toleranzedikts, des Untertanenpatents und der Bestimmungen über den Religionsfonds – beinahe alle Reformen. Auch die Stephanskrone erhielten die Ungarn wieder zurück.

Unter dem Motto „*Virtute et exemplo* / *Mit Tugend und Beispiel*" hatte Joseph II. ausschließlich dem Staat gedient. Heer und Beamte, in dieser Tradition erzogen, bildeten bis **1918** das Rückgrat des Vielvölkerstaates, der unter Maria Theresia zur Einheit und von Joseph II. zur Modernität geformt worden war.

Joseph II. starb – menschlich vereinsamt – am **20. 2. 1790** um 5.30 Uhr. In Ungarn jubelte das Volk und feierte Freudenfeste.

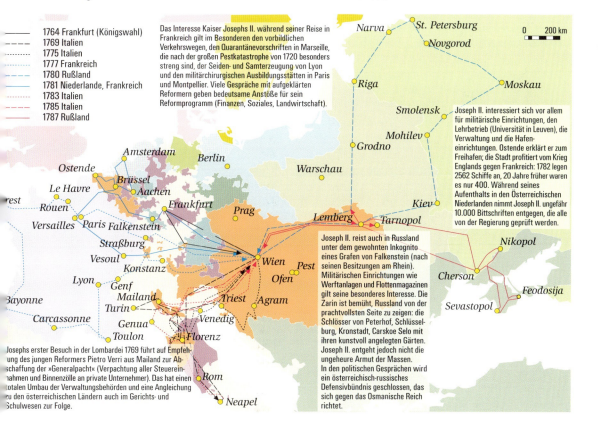

- 1764 Frankfurt (Königswahl)
- 1769 Italien
- 1775 Italien
- 1777 Frankreich
- 1780 Rußland
- 1781 Niederlande, Frankreich
- 1783 Italien
- 1785 Italien
- 1787 Rußland

Das Interesse Kaiser Josephs II. während seiner Reise in Frankreich gilt im Besonderen den vorbildlichen Verkehrswegen, den Quarantänevorschriften in Marseille, die nach der großen Pestkatastrophe von 1720 besonders streng sind, der Seiden- und Samterzeugung von Lyon und den militärchirurgischen Ausbildungsstätten in Paris und Montpellier. Viele Gespräche mit aufgeklärten Reformern geben bedeutsame Anstöße für sein Reformprogramm (Finanzen, Soziales, Landwirtschaft).

Joseph II. interessiert sich vor allem für militärische Einrichtungen, den Lehrbetrieb (Universität in Leuven), die Verwaltung und die Hafeneinrichtungen. Ostende erklärt er zum Freihafen; die Stadt profitiert vom Krieg Englands gegen Frankreich: 1782 legen 2562 Schiffe an, 20 Jahre früher waren es nur 400. Während seines Aufenthalts in den Österreichischen Niederlanden nimmt Joseph II. ungefähr 10.000 Bittschriften entgegen, die alle von der Regierung geprüft werden.

Joseph II. reist auch in Russland unter dem gewohnten Inkognito eines Grafen von Falkenstein (nach seinen Besitzungen am Rhein). Militärischen Einrichtungen wie Werftanlagen und Flottenmagazinen gilt sein besonderes Interesse. Die Zarin ist bemüht, Russland von der prachtvollsten Seite zu zeigen: die Schlösser von Peterhof, Schlüsselburg, Kronstadt, Carskoe Selo mit ihren kunstvoll angelegten Gärten. Joseph II. entgeht jedoch nicht die ungeheure Armut der Massen. In den politischen Gesprächen wird ein österreichisch-russisches Defensivbündnis geschlossen, das sich gegen das Osmanische Reich richtet.

Josephs erster Besuch in der Lombardei 1769 führt auf Empfehlung des jungen Reformers Pietro Verri aus Mailand zur Abschaffung der »Generalpacht« (Verpachtung aller Steuereinnahmen und Binnenzölle an private Unternehmer). Das hat einen totalen Umbau der Verwaltungsbehörden und eine Angleichung zu den österreichischen Ländern auch im Gerichts- und Schulwesen zur Folge.

Im Vergleich zu anderen europäischen Völkern, insbesondere dem französischen, ging es dem österreichischen im letzten Drittel des 18. Jh.s gut. Dies notierte der Reiseschriftsteller K. REIL in seinen Briefen über Deutschland 1791: *„Das eigentliche Österreich hat durchaus das Ansehen eines glücklichen Landes. Hier sieht man keine Spur darbender Armuth."*

Das bestätigt der Vergleich der Einnahmen eines französischen Bauern mit einem österreichischen: Während dieser dank der josephinischen Reform nur 30 % seines Bruttoverdienstes an den Grundherrn abgeben musste, hatte jener 70 % abzuliefern. Zudem bedienten gut geschulte und korrekte Beamte den staatlichen Verwaltungsapparat, hingegen herrschten in Frankreich Korruption, Bodenspekulation, ein unfähiger König und seine Frau MARIE ANTOINETTE – die letzte Tochter MARIA THERESIAS –, die vom Volk »Madame Déficit« genannt wurde, oder »l'Autrichienne«, die Österreicherin, ausgesprochen wie »l'autre chienne«: die »andere Hündin«.

Als die Misswirtschaft den Staat in den Bankrott trieb, erklärten sich die Abgeordneten des »dritten Standes« – die Vertreter des Volkes – zur »Verfassung gebenden Nationalversammlung« und forderten eine sofortige Steuerreform. Um ihrem Wunsch Nachdruck zu verleihen, gelobten sie, so lange an ihrem Versammlungsort – dem königlichen Ballsaal – zu verbleiben, bis ihre Forderungen erfüllt waren (»Ballhausschwur« am **20. 6. 1789**). Daraufhin entließ der König alle liberal gesinnten Minister, unter ihnen auch den im Volk beliebten Generalkontrolleur der Finanzen, JACQUES NECKER. Das duldeten die Massen nicht. Am **14. 7. 1789** stürmten sie die ehemalige Königsburg – die Bastille –, das Symbol der verhassten Despotie, der Aufruhr entflammte zur Revolution, die ganz Frankreich erfasste und sich gegen den Adel, den hohen Klerus und die königliche Familie richtete.

Im Reich und in Österreich beobachteten die Regierenden die Entwicklung mit Schadenfreude, war doch ein Konkurrent im Ringen um die Vorherrschaft in Europa betroffen. So reiste LEOPOLD II., Großherzog der Toskana, unbekümmert nach Wien, um die Nachfolge seines Bruders JOSEPH II. am **1. 3. 1790** anzutreten, obwohl in Paris seine Schwester Marie Antoinette, ihr königlicher Gemahl und ihre Kinder im Gefängnis einsaßen.

Tolerant und liberal, kümmerte sich Leopold zunächst um das Wohl seiner Untertanen. Vorerst versprach er allen alles: Auf der Durchreise in Mantua die Wiederherstellung der alten Ordnung (**1. 3.**), in Klagenfurt die Anhörung persönlich vorgetragener Anliegen (**8. 3.**), in Bruck an der Mur die Anpassung der Steuer- und Urbarialregulierung der Stände (**11. 3.**); in Wien angekommen, traf er eine erste Entscheidung: äußerer Friede, innere Ruhe.

Den äußeren Frieden sicherte er – über englisch-hannoveranische Vermittlung – mit Preußen am **27. 7. 1790** in Reichenbach. Er bot dem preußischen König FRIEDRICH WILHELM II., einem Neffen von FRIEDRICH II. DEM GROSSEN an, auf alle eroberten osmanischen Gebiete zu verzichten, sollte er ihn bei der Niederschlagung der belgischen Aufständischen unterstützen und den antihabsburgischen »Fürstenbund« auflösen. Die beiden Monarchen wurden handelseins. Darüber hinaus bewegte Friedrich die deutschen Fürsten, angesichts der immer heftiger um sich greifenden Revolution in Frankreich, Leopold am **30. 9. 1790** zum Kaiser des Heiligen Römischen Reiches zu wählen.

Die Lage der in Paris festgehaltenen Königsfamilie war in der Zwischenzeit immer bedrohlicher geworden. Flehentlich bat Marie Antoinette ihren Bruder, ihr und ihren Angehörigen beizustehen, doch Leopold II. wehrte ab: *„Ich habe eine Schwester, die Königin von Frankreich"*, teilte er ihr mit. *„Aber das Heilige Reich hat keine Schwester, und Österreich hat keine Schwester."* Als jedoch der königlichen Familie das Schafott drohte, erfasste Leopold II. Panik. Verzweifelt versuchte er, eine Allianz europäischer Monarchen gegen Frankreich aufzubieten. Nur Preußen

Leopold II.

zeigte sich im Wiener Abkommen vom **25. 7. 1791** bereit, einzugreifen. In der kurz darauf – zwischen **25. und 27. 8. 1791** – vereinbarten Konvention von Pillnitz einigten sich Leopold II. und Friedrich Wilhelm II. über die Mobilmachung ihrer Truppen. Die erste Koalition gegen das revolutionäre Frankreich konnte sich formieren. Dagegen erhob Paris scharfen Protest. Es verbat sich jede Einmischung in innere Angelegenheiten und forderte im Gegenzug Österreich auf, seine Truppen aus den Österreichischen Niederlanden und den Vorlanden abzuziehen, sonst gäbe es Krieg.

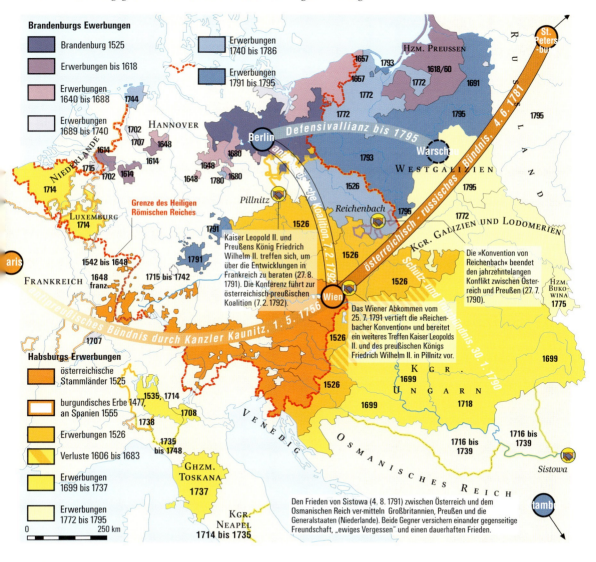

Österreich und Preußen und ihre Erwerbungen am Vorabend des Krieges mit dem revolutionären Frankreich.

„Um frei zu sein, muss das Haus Österreich zerstört werden", hatte kurz nach dem Abschluss der »Pillnitzer Konvention« General ADAM PHILIPPE GRAF VON CUSTINE **in Paris verkündet, und unmissverständlich forderte die Partei der Girondisten die *„natürlichen Grenzen von Rhein und Alpen"*, Schlagworte, die bis ins 20. Jh. die französische Außenpolitik gegenüber Deutschland bestimmen sollten.**

Die Pariser Drohung führte am **7. 2. 1792** zur Umwandlung der Pillnitzer Konvention zu einem preußisch-österreichischen Beistandspakt: Im Falle einer französischen Offensive sollten von beiden Staaten je 20 000 Mann mobilisiert werden, dazu kam eine Armee aus 8 000 französischen Emigranten, die sich im Raum von Koblenz und Trier versammelten. Der Krieg war greifbar geworden.

„Opes regum corda subditorum. / Die Schätze der Könige sind die Herzen der Untertanen" lautete LEOPOLDS II. Wahlspruch, und er bemühte sich, ihm gerecht zu werden. Das josephinische Reformwerk, zunächst in vielen Teilen ausgesetzt, aktivierte er wieder mit Vorsicht und propagandistischen Tricks. Er gründete »Geheimbünde« und ließ sie gegen sich opponieren; er verfasste Texte im jakobinisch-revolutionären Stil und verbreitete sie durch Flugblätter, und er hetzte anonym gegen das eigene, absolute Monarchentum. Die Bauern stachelte er auf, Widerstand gegen die Obrigkeit zu leisten, er unterstützte heimlich »Debattierklubs« und sah zu, wie pflichteifrige Exekutivorgane vermeintliche Verschwörer – meistens hohe Beamte, Universitätsprofessoren, Studenten und Intellektuelle nicht privilegierter Herkunft – festnahmen, um sie kurz später wieder freizulassen.

Inmitten seiner Arbeit ereilte ihn der Tod. Die »Wiener Zeitung« vom **3. 3. 1792** meldet: *„Des Kaisers Majestät wurde am* **28. Februar** *von einer heftigen Entzündungskrankheit befallen, welche die Höhlung der Brust und des Unterleibs ergriff. Ungeachtet wiederholter Aderlassen und anderer angemessenen Mittel, nahm das Uebel so heftig und gählings überhand, dass Se. Maj. zu Anfang des dritten Tages der Krankheit unterlagen, und Donnerstags, den 1. d. M. um Viertel nach 3 Uhr Nachmittags den Geist aufgegeben."*

Leopold II. hatte Österreich zwei Jahre und neun Tage regiert. Sein ältester Sohn, der am **12. 2. 1768** in Florenz geborene Franz, übernahm das Erbe an der Schwelle zu einer unheilsschwangeren Zukunft. Am **20. 4. 1792** hielt der Erzherzog die Kriegserklärung der französischen Nationalversammlung in den Händen. Just am Jahrestag der Erstürmung der Bastille, am **14. 7. 1792**, wählten ihn, den 24-jährigen, die deutschen Fürsten zum Kaiser FRANZ II.

Anders als sein Onkel JOSEPH II. und sein Vater Leopold, fürchtete er Spitzel und den Verrat jakobinischer Verschwörer. Der auf Joseph zurückgehende Polizei- und Spitzelapparat kam ihm nun gelegen.

Tatsächlich spürte die Geheimpolizei jakobinische Zirkel auf, in denen sich vermeintliche Umstürzler tummelten; sie waren allerdings zumeist nur »Strohmänner« noch aus Leopolds II. Zeiten. Die drohende Gefahr revolutionärer Umtriebe allein genügte jedoch, um die von Joseph II. abgeschaffte Todesstrafe wieder einzuführen.

Kaum im Amt, entließ Franz II. am **6. 8. 1792** den frankophilen Kanzler WENZEL ANTON KAUNITZ-RIETBERG, der 1756 für MARIA THERESIA ein Bündnis mit Frankreich zustande gebracht hatte. Der mittlerweile 81-jährige Kaunitz wich JOHANN FREIHERR VON THUGUT, dem Erwerber der Bukowina (**7. 5. 1775**). Thugut – das Volk nannte ihn bezeichnenderweise »Tunichtgut« – war ein Karrierist, der mit weit gesteckten außenpolitischen Zielen den jungen Kaiser beeindruckte: Österreich solle den Balkan in Besitz nehmen, polnische Gebiete erwerben, ebenso Lothringen und den Sundgau.

Vorerst aber musste Belgien verteidigt werden, das ab dem **28. 4. 1792** von revolutionären Franzosen bedroht wurde. Österreich wartete auf das Eingreifen Preußens. Erst relativ spät, am **6. Juli,** war es soweit. Schon trug man sich mit dem Gedanken, vom Rhein nach Paris durchzustoßen, da bereitete die Niederla-

Krieg mit dem revolutionären Frankreich

ge in der Kanonade von Valmy am **20. 9. 1792** allen hochfliegenden Plänen ein Ende. Als zudem der preußische Oberkommandierende **Herzog von Braunschweig** seine durch Ruhr und Hunger geschwächten Soldaten über den Rhein abmarschieren ließ, erfasste Frankreich ein ungeheurer Jubel und ermunterte es zum Gegenangriff.

Innerhalb von fünf Wochen eroberten die Franzosen Speyer, Worms, Frankfurt, ganz Belgien und die südlichen Niederlande bis zur Maas. In Frankreich selbst mussten die Adligen nun für die österreichisch-preußische Aktion büßen: Zu Tausenden verloren sie ihr Haupt unter dem Beil einer neuen, von zwei französischen Ärzten erfundenen Tötungsmaschine, der Guillotine. König **Ludwig XVI.** starb am **21. 1. 1793**, **Marie Antoinette** am **16. 10. 1793**. Eine fanatisierte Menschenmenge tanzte dazu die »Farandole«, ein Tanzlied aus Spanien in scharf akzentuiertem Rhythmus.

Die Hinrichtung der Monarchen, deren Legitimität die Herrschenden von Gottes Willen ableiteten, erschreckte die europäischen Fürsten. England, die freien Niederlande, Spanien, Portugal, Neapel und Sizilien traten an die Seite Preußens und Österreichs, die sich jedoch mittlerweile um einige wenige Quadratkilometer Landes stritten: um die Grafschaften Ansbach und Bayreuth, die, nach dem Aussterben der Linie, Preußen annektiert hatte.

Der Zwiespalt der beiden Koalitionspartner wurde durch die zweite Teilung Polens vertieft. War in der ersten vom **5. 8. 1772** Österreich noch aktiv beteiligt, blieb es jetzt, **1793,** von Russland und Preußen unbeachtet; der Krieg mit Frankreich war zur Nebensache geworden.

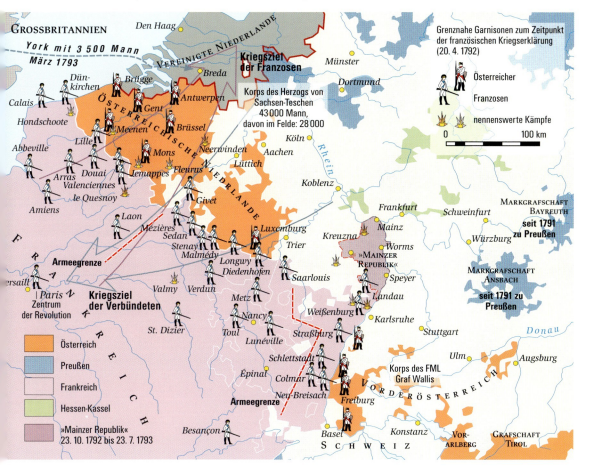

Die von Österreich kurzfristig zurückeroberten Niederlande gerieten erneut in den französisch-revolutionären Machtbereich und trugen ab Jänner 1795 den Namen »Batavische Republik«. Preußen verließ die Koalition und ging am 5. 4. 1795 mit Frankreich den Sonderfrieden von Basel ein. Durch polnische Länder für seinen Waffengang gegen Frankreich entschädigt, stimmte es der Abtretung der Reichsteile links des Rheins an Frankreich zu.

Historiker der deutschen Nationalgeschichtsschreibung beschuldigten Kaiser FRANZ II., ein Verräter zu sein, der im Frieden von Campoformido vom 17. 10. 1797 die links des Rheins gelegenen Gebiete aufgegeben habe. Dass ihm der Diktatfriede keine andere Möglichkeit offen ließ und Preußen schon 1795 der Abtretung zugestimmt hatte, übergingen sie.

Nach Preußen verließen auch Spanien und die Toskana die Koalition, und Österreich trug allein die Last des Krieges. Es zeigte sich jetzt zu erstaunlichen Taten fähig: bravourös warf Erzherzog CARL die in Süddeutschland eingedrungenen Franzosen über den Rhein zurück. Den zum »Retter Germaniens« hochgejubelten Carl holte freilich die heimatliche Intrige ein: Kanzler THUGUT säte Misstrauen zwischen ihm und Franz, der, von Ängsten geplagt, Carl könnte ihn in der Volksgunst überrunden, diesen in seinen Aktivitäten behinderte, wo er nur konnte.

Die Entscheidung im österreichisch-französischen Krieg fiel allerdings nicht, wie erwartet, am Rhein, sondern in Oberitalien. Dort übernahm am 27. 3. 1796 der in Ajaccio auf Korsika geborene, 27-jährige NAPOLEONE BUONAPARTE das Oberkommando des republikanisch-französischen Heeres. Als Gemahl der ehemaligen Geliebten des französischen Ministers FRANÇOIS JEAN NICOLAS PAUL BARRAS, JOSÉPHINE BEAUHARNAIS, besaß er für die Kriegführung weitgehende Vollmachten. Noch während Erzherzog Carl seinen Bruder bedrängte, am Rhein einen Waffenstillstand einzugehen und ihn mit dem Oberbefehl in Italien zu betrauen, überrannte Napoleon Bonaparte, in der Poebene alle Stellungen der Österreicher. Bis sich Franz II. bequemte, Carl an die italienische Front abzukommandieren, bestand keine Möglichkeit mehr, Napoleon vom Marsch auf Wien abzuhalten. Noch aber bekannten sich alle Krieg führenden Parteien zu den ungeschriebenen Regeln der Kabinettskriege: Länder erobern, aber keine Reiche zerstören, und so hielten die Franzosen am 7. 4. 1797 vor Judenburg und vereinbarten auf Schloss Eckenwald bei Leoben mit Österreich einen Präliminarfrieden, der im Frieden von Campoformido am 17. 10. 1797 bestätigt wurde.

Österreich kam glimpflich davon: Franz II. verzichtete als Kaiser des Heiligen Römischen Reiches nun offiziell auf die linksrheinischen Gebiete, Österreich bekam dafür Belgien, die Lombardei, Venedig, Istrien und Dalmatien. Das Reich war geschwächt und Österreich gestärkt. Die enteigneten rheinländischen Fürsten sollten auf einer eigenen Konferenz in Rastatt entschädigt werden. Vorerst eilte Napoleon nach Ägypten, und diese Zeit kam Thugut gelegen, um eine zweite antifranzösische Koalition mit Russland, Portugal, Neapel, England und dem Osmanischen Reich zu schmieden. Preußen hielt sich diesmal fern. Am 1. 3. 1799 erklärte Frankreich Österreich und Russland abermals den Krieg.

Noch tagte die Rastatter Konferenz – an ihr nahm ein junger österreichischer Diplomat namens CLEMENS METTERNICH teil –, als der russische Verbündete schon mit drei Armeen unter General SUWOROW durch Österreich nach Oberitalien marschierte, ein englisch-russisches Expeditionskorps in Holland den Kampf gegen die Franzosen aufnahm und Erzherzog Carl Süddeutschland aufs Neue befreite.

Bonaparte, aus Ägypten zurück, beseitigte zunächst die Regierung in Paris, nannte sich »Erster Konsul« und eilte in Italien von Sieg zu Sieg. Im Frieden von Lunéville am 9. 2. 1801 erzwang er die Bestätigung des Friedens von Campoformido: die toskanische Sekundogenitur (= 2. dynastische Erblinie)

230 *Das Reich nach dem Reichsdeputationshauptschluss, 1803: Hunderte von Fürstentümern wurden größeren Territorien angeschlossen, Kirchenbesitz säkularisiert, Frankreichs Ostgrenze bildet der Rhein.*

Der »Reichsdeputationshauptschluss«

ging zwar für Habsburg verloren, doch der Großherzog der Toskana wurde durch das Erzbistum Salzburg und Berchtesgaden entschädigt, und der Herzog von Modena übernahm den Breisgau.

Der Ländertausch – in Rastatt durch das Aufflammen des Krieges vorzeitig abgebrochen – fand in Regensburg seine Fortsetzung. Im »Reichsdeputationshauptschluss« von **1803** wischte Napoleon die jahrhundertealte territoriale Gliederung des Reiches vom Tisch: Er fasste die rund 1 700 kleinen Fürstentümer zu großen Territorien zusammen, um sie in seinem »vereinten Europa« besser kontrollieren und verwalten zu können.

Die Reichsteile links des Rheins schlug Napoleon zu Frankreich, die enteigneten Fürsten erhielten Kirchenbesitz rechts des Rheins. Von den vielen Städten mit Reichsunmittelbarkeit behielten diese nur Hamburg, Bremen, Lübeck, Nürnberg, Augsburg und Frankfurt. Österreich, das im Rheinland die kleine Grafschaft Falkenstein besaß – nach ihr nannte sich mitunter **Joseph II.** anonym **Graf von Falkenstein** –, bekam dafür die Fürstbistümer Trient und Brixen zugesprochen.

Über Nacht war die »Vielstaaterei« des Reiches verschwunden und die politische Landkarte Mitteleuropas radikal verändert worden.

Am 11. 5. 1809 nahmen französische Batterien vor dem Palais der Ungarischen Garde vor den Hofstallungen des heutigen Messepalastes in Wien und bei der Karlskirche Aufstellung. Tags darauf begann das Bombardement der Wiener Innenstadt, die Wiener Garnison kapitulierte am 13. 5. 1809.

Die »Flurbereinigung« Mitteleuropas durch NAPOLEON wurde von FRANZ II. und seinen Beratern als eine Kampfansage an das Haus Habsburg erkannt. Dass es je wieder den römisch-deutschen Kaiser stellen würde, war unwahrscheinlich. Kaiser Franz II. beschloss daher, aus den Ländern, über die sein Haus erblich gebot, ein eigenes Kaisertum zu bilden, um die kaiserliche Würde den Habsburgern zu erhalten.

Der offizielle Akt zur Errichtung des Erbkaisertums Österreich erfolgte am **11. 8. 1804** und stellte die Antwort auf die Krönung Napoleons zum Kaiser der Franzosen am **18. 5. 1804** dar. Wien trug nun den Titel »römische und österreichische kaiserliche Haupt- und Residenzstadt«.

Als Franz II. war er Kaiser des Heiligen Römischen Reichs, gleichzeitig war er als Franz I. Kaiser von Österreich. In diesen Funktionen legten ihm die »Falken« am Wiener Hof im **August 1805** nahe, der englisch-russischen Koalition gegen Frankreich beizutreten. Ein schlechter Rat, wie sich bald erweisen sollte: Napoleon fasste das Bündnis als Kampfansage auf, stieß bei Straßburg über den Rhein, besiegte den österreichischen General MACK bei Ulm und besetzte zum ersten Mal Wien. Die Entscheidungsschlacht zwischen den österreichisch-russischen Verbündeten und den Franzosen fand jedoch am **2. 12. 1805** bei Austerlitz statt. Napoleon feierte einen Triumph, der sich im Friedensdiktat vom **25./26. 12. 1805** in Preßburg widerspiegelte: Wohl erhielt Öster-

Das Ende des »Heiligen Römischen Reiches«

reich das Kurfürstentum Salzburg, dafür verlor es Venetien, Istrien und Dalmatien, Vorarlberg und Tirol kamen an das zum Königreich erhobene Bayern. Weiters mussten die süddeutschen Fürsten aus dem Heiligen Reich ausscheiden, und ein zu Paris am **12. 7. 1806** gegründeter Zweiter Rheinbund diente dem Korsen als Wirtschafts- und Militärreserve: im Kriegsfall mussten ihm die Mitgliedsstaaten 63 000 Mann zur Verfügung stellen. Damit war das »Heilige Römische Reich« am Ende. Kaiser Franz II. trug dem Rechnung: Am **6. 8. 1806**, 844 Jahre nach der Gründung, ließ er Herolde von der Balustrade der Kirche »Zu den neun Chören der Engel« Am Hof in Wien die Auflösung des Reiches bekannt geben.

Seit **Dezember 1805** lenkte Graf **Johann Philipp Stadion** die österreichische Außenpolitik. Eine Reform der politischen und militärischen Kräfte sollte ein stärkeres Auftreten gegen Napoleon ermöglichen. Zweifellos hinterließ der Freiheitskampf der Spanier gegen die französischen Besatzer einen tiefen Eindruck. Man müsse den Widerstand gegen Frankreich zur Sache des Volkes machen, meinte man daher in Wien, dem spanischen Vorbild folgend.

Die Motivation – oder Propaganda – übernahm der geistvolle Breslauer Publizist **Friedrich von Gentz**, er manipulierte die öffentliche Meinung für einen Krieg. Dazu zählte auch eine österreichische Hymne, die **1796** der Vizepolizeipräsident Graf **Saurau** in Auftrag gegeben hatte und die **Joseph Haydn** nach englischem Vorbild komponierte. Den Text dazu schrieb der Josephiner **Leopold Lorenz Haschka**: *„Gott! erhalte Franz, den Kaiser, Unsern guten Kaiser Franz!"* – Der Melodie erfuhr ein eigenartiges Schicksal: Bis **1918** Hymne des Österreichischen Kaiserstaates, lehnte sie die Regierung der Ersten Republik ab. **1922** gab ihr das Deutsche Reich einen neuen Text und übernahm sie als Hymne. Die neu gegründete Bundesrepublik Deutschland übernahm die Melodie **1950** als Nationalhymne und gab sie an das wieder vereinigte Deutschland **1989** weiter.

Die Völker des Kaisertums Österreichs erfasste plötzlich ein bisher unbekanntes Nationalgefühl. Dazu trug nicht nur die patriotische Hymne bei, sondern auch journalistischer Eifer und schriftstellerische Tätigkeit unzähliger Autoren, die mit ihren Gedichten, Romanen, Berichten und Liedern einen gewaltigen Widerstandswillen anfachten. Erzherzog **Johann**, zehntes Kind Kaiser **Leopolds II.** und der **Maria Ludovica von Spanien-Bourbon**, verfassten eigenhändig Flugschriften, der Staatsarchivar **Josef Hormayr** schrieb eine »Vaterländische Geschichte«, der Sekretär des Wiener Leopoldstädter Theaters, **Johann Andreas Bäuerle** – ein Vorläufer **Ferdinand Raimunds** –, legte seine heimattreuen Gedanken in der Schrift: »Spanien und Tirol tragen keine fremden Fesseln« nieder; 25 000 Exemplare davon waren in kurzer Zeit verkauft. Die Wiener Schriftstellerin **Karoline Pichler** veröffentlichte 53 Bücher über patriotische Themen, die »Wehrmannslieder« von **Ignaz Franz Castellis** ächtete Napoleon sogar mit einer eigenen Verfügung.

Der Patriotismus griff von Österreich auf Deutschland über. Deutsche Romantiker reisten an, **Clemens Brentano**, **Joseph von Eichendorff**, **August Wilhelm** und **Friedrich Schlegel**. Der preußische Dichter **Heinrich von Kleist** setzte alle Hoffnungen auf den Erfolg österreichischer Waffen und rief in einem »Katechismus für die Deutschen« zum Anschluss an Österreich auf.

Von so viel Patriotismus getragen, wagte Franz I. im **Februar 1809** abermals den Krieg.

Franz, als römisch-deutscher Kaiser der II., als Kaiser des Kaisertums Österreich der I., bekämpfte Frankreich und Napoleon I. über beinahe ein Vierteljahrhundert.

Österreich unter den Habsburgern — 1809 bis 1810

Treibende Kraft für die Wiederaufnahme des Krieges gegen Frankreich war Kaiserin Maria Ludovica von Modena, die dritte Gemahlin von Franz I. Sie hasste Napoleon, seit er sie aus ihrer Heimat, die Lombardei, vertrieben hatte.

Napoleon kam der Krieg mit Österreich ungelegen, er musste in Spanien den Thron seines Bruders Joseph gegen einen fanatisch geführten, nationalen Aufstand verteidigen.

Die österreichische Kriegserklärung erreichte ihn am 9. 4. 1809. Erzherzog Carl stand bereits vor München, doch der Aufruf an die Deutschen, sich zu erheben, blieb erfolglos. Überraschend erschien Napoleon und stieß, an Carl vorbei, bis Linz vor. Den Sperrriegel Feldzeugmeister Hillers durchbrach er am 3. 5., besetzte am 10. 5. die westlichen und südlichen Vorstädte Wien und bombardierte drei Tage lang die Stadt, bis sie kapitulierte.

Carl war unterdessen in Leopoldau, jenseits der Donau, aufmarschiert. Napoleon setzte sofort über, doch die Österreicher wehrten sich erbittert. Neunmal wechselte das Dörfchen Aspern den Besitzer, bis sich die Franzosen über die Donau zurückzogen. Napoleon hatte seine erste Niederlage in offener Feldschlacht erlitten **(21. 5. 1809)**, der Nimbus seiner Unbesiegbarkeit war gebrochen.

Daran änderte auch sein Sieg am Wagram am **6. 7.** nichts. Aber er diktierte wieder den Frieden. In den prunkvollen Gemächern von Schönbrunn erwartete Österreich ein Tiefpunkt seiner imperialen Geschichte: Die Truppenstärke wurde auf 150 000 Mann reduziert, 85 Millionen Franken mussten gezahlt werden, das Kaisertum verlor 120 000 km² Land und den Zugang zum Meer, es war ein Binnenstaat geworden, umgeben von Verbündeten Napoleons.

Tirol traf der Friede besonders hart. Seit dem Frieden von Preßburg Bestandteil des Königreichs Bayern, stand es unter der Verwaltung des zum Hofkommissär bestellten **Graf von Arco**, eines Welschtirolers, der den Auftrag strikt befolgte, *„bis zu künftiger besserer Volksbelehrung"* keine Neuerungen einzuführen. Die Tiroler Bevölkerung fügte sich mit erstaunlicher Gelassenheit.

Sie nahm das Heer von Beamten hin, das aus Bayern anrückte, einen Verwaltungsapparat aufbaute, den Namen Tirol durch »Südbayern« ersetzte, das Land nach französischem Vorbild in Kreise aufteilte und München zur Hauptstadt erklärte. Sie akzeptierte die Geldentwertung, das zum Schutz der bayerischen Viehzucht verhängte Verbot des Viehexports und die Schließung der Grenze zu Österreich. Auch die Einhebung einer Kopfsteuer für die Verpflegung der bayerischen Truppen und die Einführung der Militärkonskription ertrug sie. Als aber die bayerische Zentralregierung des Ministerpräsidenten **Montgelas** Kirchengelder requirierte, Feiertage abschaffte, Predigten zeitlich beschränkte, die Erteilung des Segens und die Zahl der Gebete festlegte und die mitternächtliche Christmette auf den Morgen des folgenden Tages verlegte, kochte die Volksseele über.

Andreas Hofer, der »Sandwirt« aus dem Passeiertal, reiste an der Spitze einer Tiroler Bauernabordnung nach Wien und erklärte sich und seine Männer bereit für den bewaffneten Widerstand. Erzherzog Carl nahm das Angebot bereitwillig an, und die Organisation des Aufstandes wurde bis ins Detail festgelegt: Die Gastwirte hatten Vorräte für die anrückende österreichische Entsatzarmee anzulegen, auf Signal mussten strategisch wichtige Brücken und Wege gesprengt werden, um den Bayern den Rückzug zu verwehren; Steinlawinen waren vorzubereiten, um auf sie losgelassen zu werden.

Der Plan wurde verraten, doch Napoleon eine lehnte eine Verstärkung der 4 500 bayerischen Soldaten ab. Erst am Vorabend des Aufstandes setzten sich zwei französische Regimenter, insgesamt 5 000 Mann, aus Oberitalien nach Tirol in Bewegung. Am **9. 4. 1809** gab Andreas Hofer seinem Landsturm den Befehl: *„Mander, s'ischt Zeit! Morgen wird für Gott, Kaiser und Vaterland ausgezogen und jedermann ermahnt, tüchtig dreinzuschlagen!"*

DER TIROLER FREIHEITSKAMPF

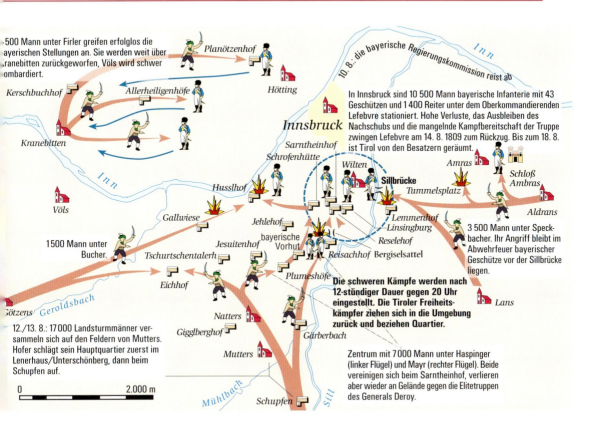

In Lienz standen schon die Österreicher und marschierten durchs Pustertal, das die Bayern und Franzosen bereits verlassen hatten. Innsbruck wurde am **23. 4.** wieder frei. Noch aber standen die Bayern in Kufstein. Zwei Schlachten am Bergisel, am **11. 4.** und am **25. 5.**, entschied Andreas Hofer für Tirol, am **13. 8. 1809** fand die dritte statt. Doch trotz der militärischen Erfolge blieb die Lage Tirols kritisch, so lange es französische Vasallenstaaten umgaben. Sie spitzte sich zu, als die versprochene Hilfe Österreichs wegen des Friedens von Schönbrunn ausblieb, der ein Eingreifen der Truppen untersagte.

Andreas Hofer, zum Oberkommandierenden von Tirol gewählt, regierte einstweilen in der Hofburg zu Innsbruck. **PATER HASPINGER**, **JOHANN KOLB** und andere Berater überredeten ihn schließlich, den Kampf wieder aufzunehmen, bevor die Franzosen seiner habhaft würden. 56 000 Mann suchten ihn bereits. Systematisch durchkämmten sie das ganze Land, auf der Pfandleralm entdeckten sie ihn, ein Nachbar soll Hofer für 1 500 Gulden verraten haben.

Napoleon verurteilte Hofer zum Tod durch Erschießen. Gnadengesuche hatte er zurückgewiesen.

Andreas Hofer starb am **20. 2. 1810** im Gewehrfeuer eines Pelotons auf der Bastion der Zitadelle di Porto von Mantua (Mantova). Napoleon hatte ein abschreckendes Exempel statuieren müssen, weil ein anderer führender Freiheitskämpfer, **ANTON SCHNEIDER** in Vorarlberg, entkommen war.

Andreas Hofers Gebeine wurden in der Nacht vom **9. zum 10. 1. 1823** von Offizieren der 5. Tiroler Kaiserjäger und dem Pfarrer von St. Michael in Mantua, **ANTON BIANCHI**, exhumiert und nach Innsbruck gebracht. In der Franzenskirche liegt er begraben.

Von den drei am Bergisel ausgetragenen Gefechten bringt das vom 13. 8. 1809 die Entscheidung: die bayerische Besatzungsmacht muss das Land verlassen.

Nach dem Sieg bei Wagram trug sich NAPOLEON I. mit dem Gedanken, Österreich in seine Bestandteile aufzulösen und aus Ungarn und Böhmen selbstständige Staaten zu bilden. Was ihn davon abhielt, bleibt ein Rätsel der Geschichte. 1918 sollte seine Idee jedenfalls Wirklichkeit werden.

Für Kanzler und Außenminister Graf STADION brachte die Niederlage die Demission, der ehrgeizige Diplomat CLEMENS LOTHAR METTERNICH-WINNEBURG hatte auf seine Ablöse gedrängt und nahm nun selbst dessen Amt ein. Der Wechsel brachte Vorteile. Napoleon kannte Metternich aus Paris, und er schätzte ihn wegen seiner Ehe mit einer Enkelin des von ihm verehrten früheren österreichischen Staatskanzlers KAUNITZ.

Im Gegensatz zu seinen Vorgängern entwickelte Metternich realistische politische Pläne: Ausgleich mit Frankreich, Verwaltungsreform in Österreich, Konsolidierung der zerrütteten Finanzen und danach – Rückkehr ins »Konzert« der europäischen Mächte.

Metternich ging dabei überaus geschickt vor: Er nutzte ein Dilemma des französischen Kaisers, der in der Ehe mit JOSÉPHINE BEAUHARNAIS kinderlos geblieben war. So fortschrittlich Napoleon in vielen Bereichen dachte, seine Kaiserkrone wollte er – der europäischen Tradition entsprechend – leiblichen Nachfolgern übergeben. Seine niedere Herkunft verschloss ihm jedoch die europäischen Fürstenhäuser, so verweigerte ihm 1808 Zar ALEXANDER I. die Hand seiner jüngeren Schwester. Diese persönliche Schmach wird den eitlen Korsen mit bewogen haben, Russland 1812 anzugreifen.

Metternichs Plan, die älteste Tochter FRANZ' I., die 18-jährige MARIE LOUISE, mit dem 41 Jahre alten Napoleon zu verkuppeln, fand den Gefallen des Kaisers. Sein Kanzler rechnete ihm vor, dass er möglicherweise dafür Tirol, Vorarlberg, Kärnten, den Zugang zum Meer und die Streichung der Kontributionen erreichen könnte. Doch Metternich irrte: Napoleon I. handelte nicht: „Ich gebe mir Vorfahren", sagte er, „es ist ein Bauch, den ich heirate ..."

Metternichs weitere Pläne mussten warten. So wies er 1810 eine serbische Delegation ab, die Österreich um Hilfe vor einem drohenden russischen Einmarsch bat. Tatsächlich standen im September des gleichen Jahres die Soldaten des Zaren vor Belgrad und Niš, Russland hatte ab nun einen Fuß auf dem Balkan. Doch Österreich war bankrott, das Drucken von »Bancozetteln« hatte die Inflationsrate in Schwindel erregende Höhen getrieben. 1799 betrug der Wert der im Umlauf befindlichen Banknoten 91,8 Millionen Gulden, im Jahr 1811 war er auf 1.060,198 Millionen gestiegen. Finanzminister Graf GEORG OLIVER WALLIS konnte nur mehr eine radikale Abwertung um vier Fünftel empfehlen. Die katastrophalen Folgen trugen Mittelstand, Bürgertum, Lehrer, Beamte, Offiziere. Viele begingen Selbstmord. Ein Polizeibericht von 1812 vermerkte: „Offiziere und Beamte hungern im strengsten Verstande, borgen schon groschenweise, weil ihnen niemand mehr einen Gulden anvertraut; unter zehn Beamtenfamilien der niederen Kategorie schätzt man acht, welche wochenlang für ihre Familie kein Rindfleisch zu kaufen imstande sind ..."

Napoleon, besessen, Festlandeuropa und England unter seine Herrschaft zu bringen, schloss sämtliche Häfen seines Machtbereichs. Nur Russland trieb lebhaften Handel mit England. Um diese Lücke der Kontinentalsperre zu schließen, beschloss Napoleon, das Zarenreich niederzuwerfen.

Für den Russlandfeldzug benötigte er Soldaten. Er bot Österreich daher Schlesien und Illyrien an, sollte es ihm Truppen zur Verfügung stellen. 30 000 Mann wurden ihm zugebilligt, unter der Bedingung, dass sie unter dem Kommando KARL PHILIPP FÜRST ZU SCHWARZENBERG verblieben. Gleichzeitig ließ Kaiser Franz I. den Zaren wissen, dass er dem Korsen misstraue und er darauf warte, ihm den Krieg zu erklären.

Trotz des 1807 zu Tilsit mit Russland geschlossenen Friedens überschritt die »Grande Armée«, etwa 450 000 Mann stark, am 24. 6. 1812 den Grenzfluss

NAPOLEONS NIEDERGANG

Memel und marschierte ohne Kriegserklärung auf Moskau zu, das sie am **14. 9.** einnahm. Die Stadt ging in Flammen auf, die Franzosen und ihre Verbündeten mussten, mit Einbruch des Winters, den Rückzug antreten. Von Hunger, Kälte, Seuchen und den partisanenähnlichen Angriffen dezimiert, erreichten nur 30 000 Mann im **Frühjahr 1813** die preußische Grenze. Schwarzenberg hatte durch kluges Taktieren seine Mannschaft vom Krieg fernhalten können. Die schweren Verluste Napoleons regten aber den Widerstandswillen deutscher Patrioten und der Militärs an. Gegen den Willen des Königs schlossen sie mit Russland einen Beistandspakt. Metternich hielt es für klüger, abzuwarten und Österreich eine neutrale, aber bewaffnete Mittlerrolle zwischen Frankreich und Russland einnehmen zu lassen. Er spielte auf Zeit, und während Schwarzenberg und sein Adjutant **JOSEF GRAF RADETZKY** in Böhmen eine Armee aufstellten, hoffte Napoleon I. noch immer auf die Unterstützung durch Schwiegervater Franz I.

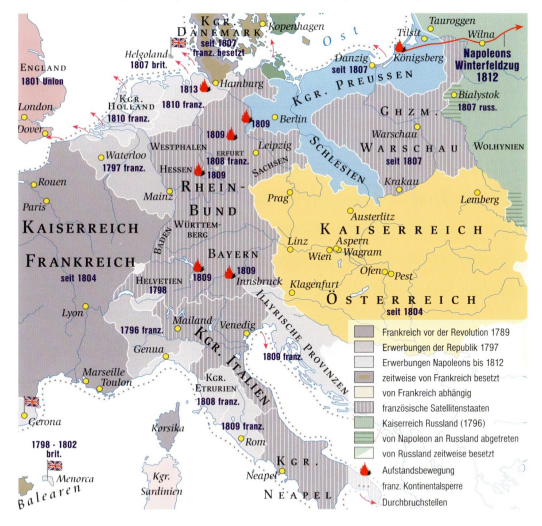

Europa 1812: Das Kaiserreich Österreich – seit 1804 – ist vom Meer abgeschnitten und hat seine reichen oberitalienischen Territorien verloren, Preußen ist zu einem Rumpfstaat geschrumpft; Napoleon I. beherrscht Festlandeuropa. Nur England und Russland sowie Patrioten im Reich und in Spanien leisten Widerstand.

Am **26. 6. 1813** trat Metternich **selbstbewusst vor** Napoleon I. **und erklärte diesem, dem größten Feldherrn damaliger Zeit, die Aussichtslosigkeit seiner Lage. Der Kanzler bot die Vermittlung zwischen den streitenden Parteien, sollten seine Forderungen erfüllt werden: Auflösung des Großherzogtums Warschau, Rückgabe der von Österreich abgetretenen Gebiete, Rückzug Frankreichs auf die Grenzen von** 1792. **Auf diese Bedingungen ging der Korse nicht ein. Damit hatte Metternich gerechnet, nun konnte Österreich der preußisch-russischen Allianz beitreten, ohne sein Gesicht zu verlieren.**

Bereits am nächsten Tag, am 27. 6. 1813, **unterzeichnete Metternich in Reichenbach das entsprechende Dokument. Den Oberbefehl der vereinigten Armeen übernahmen Fürst** Karl von Schwarzenberg **und sein Generalstabschef** Radetzky.

In der »Völkerschlacht« bei Leipzig zwischen dem **16. und 19. 10. 1813** fiel die Entscheidung, die Europa von Napoleons Herrschaft befreite. Die zahlenmäßig unterlegenen Franzosen, von fahnenflüchtigen deutschen Hilfstruppen geschwächt, kapitulierten. Napoleon floh nach Frankreich, und die Verbündeten setzten ihm gemächlich nach, den Jubel der Bevölkerung auf dem Marsch durch die deutschen Länder genießend. Dem Verlierer Napoleon versagte nun sogar das eigene Land die Gefolgschaft. Von einem Kampfschauplatz zum anderen hetzend, sah er schließlich die Aussichtslosigkeit seiner Lage ein und dankte am **6. 4. 1814** ab, um auf die Insel Elba in die Verbannung zu gehen.

Am **30. 5. 1814** unterzeichneten alle Krieg führenden und assoziierten Mächte – Österreich, Russland, Preußen, Großbritannien, Schweden, Spanien, Portugal und Frankreich – den 1. Pariser Friedensvertrag. Gleichzeitig vereinbarten sie: *„Innerhalb zweier Monate werden alle Mächte, welche an dem gegenwärtigen Kriege beteiligt waren, Bevollmächtigte nach Wien schicken, um auf einem allgemeinen Kongress die Bestimmungen des Vertrages zu vervollständigen."*

Metternich, der sich wegen seiner diplomatischen Erfolge als »Kutscher Europas« fühlte, übernahm den Vorsitz des Treffens, das als Wiener Kongress in die Geschichte einging.

Der Kongress von **1814/15** leitete eine Glanzzeit österreichischer und europäischer Diplomatie ein. In der kaiserlichen Residenz Wien begegneten einander die brillantesten Köpfe der Außenpolitik, um nach jakobinischem Chaos, napoleonischer Willkür und patriotischen Befreiungskriegen der Welt eine staatliche Neuordnung und Frieden zu geben.

Ohne je formell eröffnet worden zu sein, tagte das Treffen vom **18. 9. 1814 bis 9. 6. 1815** nach drei Grundmotiven: Restauration der Grenzen, Bestätigung der Legitimität der Herrscher und Herstellung der Solidarität unter den Staaten, um gemeinsam künftige revolutionäre Bewegungen schon im Keim zu ersticken. Ein »Gleichgewicht der Mächte« sollte das Erreichen dieser Ziele garantieren.

Frankreichs Außenminister Charles Maurice de Talleyrand nahm als Beobachter teil. Die großen Sieger – Österreich, Preußen, Russland und Großbritannien – waren im Abkommen von Chaumont (»Quadrupelallianz«, **1. 3. 1814**) übereingekommen, allein über das Schicksal der Länder zu bestimmen. Talleyrand protestierte dagegen vergeblich.

Wichtigstes Anliegen der Beratenden war die Neuverteilung der Territorien; wobei die Frage der Zuordnung Polens und Sachsens beinahe zum Krieg zwischen den Konferenzteilnehmern geführt hätte: Preußen forderte – mit russischer Unterstützung – die Angliederung Sachsens an sein Territorium. Diesen Machtzuwachs lehnte Metternich ab, er hätte die österreichische Hegemonie innerhalb der deutschen Staaten untergraben.

England hingegen trat für Preußen ein, vorausgesetzt, es würde sich aus der in Kalisch und Breslau am **26./27. 2. 1813** vereinbarten Allianz mit Russland zurückziehen. Diese Bedingung wies Preußen zurück. Metternich bot nun einen Kompromiss an: Er

DER WIENER KONGRESS

wäre bereit, auf Sachsen zu verzichten, sollte Österreich Süddeutschland bis zum Main zugesprochen bekommen. Dem konnte sein preußischer Gegenspieler **Karl August Freiherr von Hardenberg** nicht zustimmen, der katholische Staatenblock wäre zum norddeutschen, evangelischen übergewichtig geworden.

Mittlerweile bemühte sich der russische Vertreter **Karl Wassiljewitsch Graf Nesselrode**, das Großherzogtum Warschau – das ehemalige Polen – für das Zarenreich zu gewinnen. Die Einwilligung verweigerte ihm der britische Vertreter **Robert Stuart, Viscount Castlereagh**, ein weiteres Vordringen Russlands nach Mitteleuropa hätte dem angestrebten Prinzip des Gleichgewichts widersprochen. Castlereagh konnte mit der Unterstützung Metternichs rechnen. Der Zwist zwischen den einstigen Verbündeten eskalierte. Er ging so weit, dass Gerüchte von einem bevorstehenden Krieg umgingen, besonders als bekannt wurde, dass Preußen und Russland einen Beistandspakt abschließen wollten.

In dieser Situation brachte sich Talleyrand ins Spiel. Er schlug am **3. 1. 1815** ein britisch-österreichisches Militärbündnis vor. Nun rückten Preußen und Russland von ihren Wünschen ab. Der Friede war gerettet, Frankreich war im Kreis der Mächtigen wieder aufgenommen und mischte bei der Neuverteilung der Territorien eifrig mit.

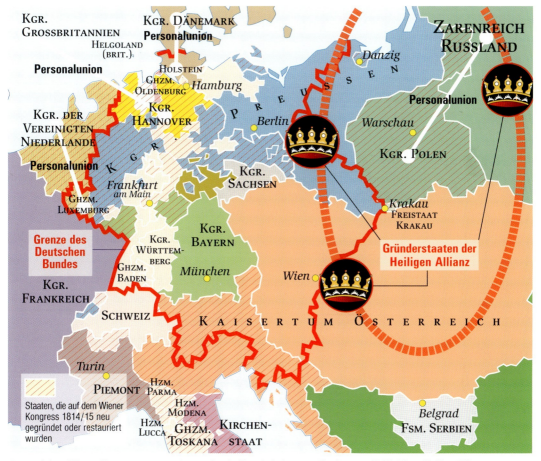

Das auf dem Wiener Kongress »restaurierte«, das heißt wiederhergestellte Europa 1815. Eine »Heilige Allianz« sollte den Kontinent vor der Wiederholung einer Revolution, wie es die französische war, bewahren.

Eine für die mitteleuropäische Staatenwelt bedeutsame Rolle auf dem Wiener Kongress nahm das »Deutsche Komitee« ein: Österreich, Preußen, Hannover, Bayern und Württemberg prüften die Möglichkeit eines Zusammenschlusses aller deutschen Staaten zu einer Föderation. Die Runde der fünf größten deutschen Länder erweiterte sich bald um weitere 39 Delegierte aus vier freien Städten und 35 Fürstentümern. In seltener Einmütigkeit beschlossen sie am 8. 6. 1815 die »Deutsche Bundesakte«, die in den Artikeln 53 bis 63 einen Bestandteil der »Wiener Kongressakte« bildet: *„Zur Erhaltung der äußeren und inneren Sicherheit verbinden sich die souveränen Fürsten und freien Städte Deutschlands zu einem beständigen Bund, welcher »Deutscher Bund« heißen soll."*

Diese rasche Einigung kam durch ein einzigartiges Ereignis zustande: NAPOLEON I. war am 26. 2. 1815 mit 900 Mann und 26 Kanonen an der Reede von Juan-les-Pins bei Antibes in Frankreich gelandet und befand sich auf dem Marsch nach Paris.

Doch der Korse fand im ausgebluteten, kriegsmüden Frankreich keinen Anhang mehr. Nach einem Intermezzo der »100 Tage« unterlag er am 18. 6. 1815 bei Waterloo einem Truppenaufgebot aus Engländern, Holländern und Preußen, der »Belle-Alliance«, die drei Feldherren anführten: GNEISENAU, BLÜCHER und WELLINGTON.

Die letzte Schlacht in den Befreiungskriegen war geschlagen. Napoleon ging abermals in die Verbannung, von der ihm zugewiesenen südatlantischen Insel St. Helena gab es keine Rückkehr mehr. Hier starb er an einem Magengeschwür am 5. 5. 1821.

Eine Woche vor der Schlacht bei Waterloo, am 9. 6. 1815, hatten noch die acht Signatarmächte des Ersten Pariser Friedens in aller Eile die Wiener Kongressakte unterzeichnet. So tief saß der Schreck, den die Wiederkehr Napoleons hervorrief, dass man von der Unterzeichnung aller anderen berechtigten 1 600 Kongressteilnehmer Abstand genommen hatte.

Die Epoche zwischen Wiener Kongress und dem nächsten einschneidenden Ereignis, dem Revolutionsjahr 1848, trägt mehrere Namen, einer davon ist »Biedermeier«. Er steht für die kulturelle Seite. Aus einer Spottfigur, dem unpolitischen Normalbürger, dem »biederen Meier«, abgeleitet, wurde der Begriff zum Synonym einer vermeintlich wohlgeordneten sozialen Gesellschaft. Es war tatsächlich eine Zeit, in der Literatur und Theater, GRILLPARZER, RAIMUND, NESTROY, LENAU – um nur wenige zu nennen – eine Hochblüte erlebten und österreichisches musikalisches Schaffen bleibende internationale Anerkennung errang. Hatten die vielen gesellschaftlichen Veranstaltungen des Wiener Kongresses schon dafür gesorgt, dass MOZART, BEETHOVEN oder HAYDN in ganz Europa bekannt wurden, tanzte man nun in allen Ballsälen des Kontinents nach den Melodien von Vater JOHANN STRAUSS und dem Tanzgeiger und Kapellmeister JOSEPH LANNER.

Die romantisch-realistischen Malereien von WALDMÜLLER, DAFFINGER, FENDI, SCHWIND, GAUERMANN unterstützten die Vorstellung des »Biedermeier« von der heilen Welt; selbst moralisierend wirkende Bilder, wie der frierender Brezelbub (Fendi), die Pfändung (Waldmüller), der zum Tod verurteilte Soldat (SCHINDLER), konnten ihr keinen Abbruch tun.

Die Realität war die Kehrseite. Sie steht als Begriff »Vormärz« für den politischen Bereich der Epoche. Für Zensur und Abschottung vom Ausland, damit nicht allzu viel Wissen von Vorkommnissen in anderen Ländern den Biedermeiersinn auf abwegige Gedanken brachte. Es war das »System Metternich«, fußend auf Spitzeln und einer allgegenwärtig scheinenden Geheimpolizei.

Das war METTERNICHS Werk, er gab der Ära seinen Namen, im Bemühen, die Beschlüsse des Wiener Kongresses für alle Zeiten wirksam und die »Restauration« der Dynastien, die neue Länderordnung, aufrechtzuerhalten. Basierend auf der »Heiligen Allianz«, einem

BIEDERMEIER UND VORMÄRZ

Der Begriff Biedermeier symbolisiert eine heile, friedvolle Welt, ohne Elend und Not. Die Wirklichkeit war eine andere. Nur wenige – der Adel und das gehobene Bürgertum – konnten sich den Luxus ihres Standes leisten. Die Massen der Bevölkerung lebte knapp an der Armutsgrenze oder darunter. Peter Fendis Gemälde »Die Pfändung« spiegelt das ganze Elend wieder, das damals herrschte. In dieser Zeit hatten Possen und Märchenspiele Hochsaison: Die Bevölkerung floh in die irreale Welt des Zauberspiels und erfreute sich an den derben Späßen, die auf den Volksbühnen geboten wurden.

„Bund zwischen Thron und Altar", sollte die Politik der Herrscher „in Gemäßheit der Worte der Heiligen Schrift" erfolgen, so sah es Zar **Alexander I.**, nicht minder konservativ wie Metternich. Alexander I. hatte die Idee zu dieser Allianz schon während des Wiener Kongresses geboren, und nach dem Sturz Napoleons sah er sich als Weltenbefreier, der das Reich Gottes auf Erden zu errichten habe. Die »Heilige Allianz«, gebildet aus den Monarchien der drei »schwarzen Adler« – Preußen, Russland und Österreich –, sollte die Schutzherrin der evangelischen, griechisch-orthodoxen und römisch-katholischen Christenheit sein. Der Zar lud alle führenden europäischen Herrscherhäuser ein, dem Bündnis beizutreten. Und fast alle folgten ihm, nur der Papst blieb fern, er beharrte auf seinem alleinigen Vertretungsanspruch in Bezug auf den christlichen Glauben, ebenso der osmanische Sultan und Großbritannien, das vorgab, nicht beitreten zu können, weil nur sein Herrscher die Einwilligung dazu erteilen könne – und dieser sei geistesschwach. Der Realpolitiker Metternich beurteilte den Allianzvertrag des russischen Zaren als etwas „Unnützes", aber schließlich brachte er das Papier doch in eine Form, das es zum Inbegriff der »Restauration« machte: Die verbündeten Monarchen verpflichteten sich zu gegenseitiger Hilfe, der Intervention, und zur Bekämpfung nationaler oder liberaler Bewegungen. Ein vereintes Europa, das den Status quo zur Existenzformel erhob. So tief saß der Schock, den die Französische Revolution verursacht hatte.

Österreich unter den Habsburgern — 1818 bis 1834

Die anscheinend so heile Welt des Biedermeier hatte für viele Randgruppen wenig Platz. Zu keiner Zeit des **19. Jh.s** trieben sich so viele Diebs- und Räuberbanden in den deutschen Ländern und Österreich herum, wie in jener. Einer der bekanntesten Kriminellen war Johann Georg Grasl, der über Jahre hinweg vor allem im Waldviertel sein Unwesen trieb, fünf Morde und mehrere Mordversuche beging. Er befehligte eine 214-köpfige Bande, die unzählige Diebstähle und Raubtaten beging. Ein Polizeispitzel konnte schließlich Grasl in einem Gasthaus in Mörtersdorf bei Horn ausfindig machen. Der »Räuberhauptmann« wurde festgenommen und nach einer drei Jahre dauernden Gerichtsverhandlung am **31. 1. 1818** – 28 Jahre alt – gehenkt.

Die Sorge der Obrigkeit vor dem Räuber- und Bandenunwesen war gering im Vergleich zu möglichen gewaltsamen Umstürzen. Um diese zu verhindern, dienten eine ganze Reihe von Kongressen: Aachen **1818**, Karlsbad **1819**, Troppau **1820**, Laibach **1821**, Verona **1822**. Sie beschworen stets das Gleiche: die »Legitimität« der Monarchen, die auf der Gnade Gottes beruhte. In Deutschland wachte der »Deutsche Bund« über die Interessen der Fürsten und ließ keine liberalen, nationalen oder freiheitlichen Bestrebungen aufkommen. Für die anderen europäischen Länder fühlten sich die »Großen Fünf« – Großbritannien, Frankreich, Preußen, Russland und Österreich – berufen, nach dem Rechten zu sehen.

Doch um **1820** begann das Bündnis brüchig zu werden, wie der Kongress zu Troppau, der vom **20. 10. bis zum 20. 12. 1820** tagte, bewies. Auf ihm sollte die Intervention gegen revolutionäre Umtriebe in Spanien, Portugal und Italien beschlossen werden. England aber protestierte und warf sich plötzlich zum Protektor kleinerer Nationen und liberaler Bewegungen auf. Metternich setzte sich zwar durch, und Österreich erhielt den Auftrag, die italienisch-nationalen Aufständischen – die »Carbonari« – im Königreich beider Sizilien und Sardinien-Piemont niederzuwerfen, weiters Neapel und Turin zu besetzen (**März/April 1821**), dennoch waren die Spannungen innerhalb der Allianz deutlich spürbar geworden. Denn auch Frankreich hatte die Partei Englands ergriffen, um allerdings ein Jahr später, im Kongress von Verona, an die »Fünf« zu appellieren, ihm in Spanien beizustehen. Wieder protestierte England, die Intervention erfolgte ohne seine Zustimmung.

Zur gleichen Zeit erhob sich das griechische Volk gegen die osmanische Herrschaft und proklamierte mit russischer, französischer und englischer Unterstützung, im Vertrag zu London **1827**, seine Unabhängigkeit. Nun war Metternich – der nicht zu Unrecht eine russische Expansion auf dem Balkan befürchtete – isoliert und musste tatenlos zusehen, wie Russland die Schirmherrschaft über den neuen griechischen Staat übernahm.

LIBERALER WESTEN – KONSERVATIVER OSTEN

Die Heilige Allianz zerbrach schließlich an einem revolutionären Szenario, das im **Juli 1830** erneut von Frankreich ausging, Belgien erfasste, danach die Schweiz, Oberitalien, Polen und Teile Deutschlands.

Obwohl die Revolution nicht überall durchschlug, löste sich die Solidarität der europäischen Mächte auf, und Großmachtinteressen traten an ihre Stelle: So wurde der Westen Europas unter Führung Großbritanniens überwiegend liberal geprägt, Mittel- und Osteuropa – unter der Dominanz Preußens, Russlands und Österreichs – verharrten dagegen im konservativ-reaktionären Zustand. Diesen zu ändern versuchten in Deutschland zwar freiheitsinnige und nationale Kräfte, doch ihre Massenproteste und der Sturm auf die Bundesversammlung in Frankfurt erzwangen nur den kompromisslosen Gegenschlag der Regierungen: Metternich setzte in geheimen Konferenzen in Wien, die zwischen **Jänner und Juni 1834** stattfanden, weit reichende Maßnahmen durch. Um die absolutistische Staatsgewalt zu bewahren, wurde die Gewaltentrennung abgeschafft, und die Stände nahmen nur mehr in Ausnahmefällen an den Regierungsgeschäften teil. Ab da stand allein dem Herrscher alle Macht zu.

Clemens Wenzel Fürst von Metternich im Jahre 1815 auf dem Höhepunkt seiner diplomatischen Laufbahn (links). – Europa im Zeitalter des Vormärz und der »Interventionspolitik« der »Heiligen Allianz«. Die Trennung in einen fortschrittlichen, demokratischen Entwicklungen gegenüber aufgeschlossenen Block und einen konservativen, an tradierten Normen festhaltenden wird sichtbar.

Kaiser Franz I. **starb am 2. 3. 1835, 67-jährig, an Lungenentzündung. Sein Wahlspruch ist noch heute am äußeren Burgtor in Wien nachzulesen:** *„Iustitia regnorum fundamentum / Gerechtigkeit ist das Fundament der Königreiche."* **Gerechtigkeit hat Franz (II.) I. kaum walten lassen, die Fundamente seines Staates bildeten Misstrauen, Naderertum und die Spitzel- und Konfidentensysteme eines unkontrollierten Polizeistaates.**

Die »Stasi« des Kaisers residierte in einem Seitenflügel der Stallburg, in der Wiener Hofburg. Hier öffneten Beamte während des Wiener Kongresses die fremde und die eigene Diplomatenpost, später die private Post biederer Bürger. Polizeiminister Hager **legte täglich dem Kaiser ein »Bordereau« (= Verzeichnis) mit verdächtigen Inhalten zur weiteren Amtshandlung oder Strafverfolgung vor. Das meiste allerdings verschwand im Staatsarchiv mit dem kaiserlichen Vermerk:** *„dient der Wissenschaft".*

Auf dem Sterbebett übergab Franz I. seinem ältesten Sohn Ferdinand das politische Testament, mit den Worten: *„Regiere, und verändere nichts."* Darum brauchte sich Ferdinand I. auch nicht zu kümmern, die Staatsgeschäfte wurden ihm abgenommen, man hielt ihn für regierungsunfähig und schwachsinnig: er litt an schwerer Epilepsie, einer Familienkrankheit. Eine »Staatskonferenz« unter dem Vorsitz Erzherzog Ludwigs, mit Kanzler Metternich, Innenminister Kolowrat und Erzherzog Franz Karl an der Spitze, verwaltete das Haus Österreich; von Regieren konnte keine Rede sein. Die Erzherzoge Carl – Sieger von Aspern – und der mit der Ausseer Postmeisterstochter Anna Plochl verheiratete Johann waren von den Regierungsgeschäften ausgeschlossen.

Trotz polizeilicher Vorsorge gelangten liberale Ideen nach Österreich und fanden ab **1840** in Vereinen und Lesezirkeln starken Widerhall.

Von ihnen, den streng observierten Diskutierern, war freilich keine Erneuerung Österreichs zu erwarten. Eher von der neuen Klasse des Proletariats und den Studenten.

Kaiser Franz hatte nach der Französischen Revolution und den Arbeiterunruhen in England große Abneigung gegen die Arbeiterschaft entwickelt, in der er den Herd aller Unruhen vermutete. So durften sich erst **1809** Industrien in der Nähe Wiens niederlassen.

Die soziale Entwicklung schien Franz tatsächlich zu bestätigen. »Maschinenstürme« und häufiger werdende Proteste gegen den Einsatz mechanischer Geräte (»Weberunruhen« von **1844** und **1848**) und gegen die Willkür der Fabriksbesitzer nahmen bedrohliche Formen an. Die Ursachen lagen im kapitalistischen System, das unter Ausbeutung eines abhängigen Menschenpotenzials, ungeachtet von Absatzmöglichkeiten, drauflosproduzierte.

Eine tägliche Arbeitszeit von 14 bis 16 Stunden war üblich. In den Kärntner Nagelschmieden arbeiteten Schwangere bis zur Niederkunft. Ein Zeitzeuge berichtet: *„Gewöhnlich wärmt das Weib im Hammer(-werk) neben der Arbeit in einem großen Geschirr das Wasser, welches zum Bade des in Kürze zu gebärenden Kindes bestimmt ist."* Der Gewährsmann versichert treuherzig: die Arbeit am Amboss trage durch die Erschütterung zur leichteren Geburt bei.

Der zündende Funke zum Aufstand kam aber nicht aus der gequälten Arbeiterschaft, sondern von galizischen Bauern.

Auf dem Wiener Kongress war, als Rudiment eines unabhängigen Polen, der »Freistaat Krakau« gegründet worden, ein Sammelbecken national denkender Polen. **1845** tauchten Flugzettel mit revolutionären Inhalten auf, **1846** erhob sich ein Gutteil der Bevölkerung. Mit Einverständnis Russlands besetzte Österreich den »Freistaat« und gliederte ihn Galizien an. Die ruthenischen (ukrainischen) Bauern sorgten sich nun, es könne ein unabhängiges Polen entstehen, das ihnen die österreichischen Schutzbestimmungen rauben würde. Sie denunzierten daher polnische Grundbesitzer, unter deren Fron sie litten. Zu ihrer Verwun-

Die Revolution marschiert

derung reagierten aber die österreichischen Behörden nicht. Da erschlugen sie – unter Hochrufen auf den Kaiser und Österreich – am **18./19. 2. 1846** polnische Adlige und übergaben die Toten dem *„einzigen wahren Herrn, dem Kaiser und seinem Vertreter"*, dem Kreishauptmann. Dies kam einem Zeichen zur Erhebung der Bauern in ganz Galizien gleich, um die drückende Robot und die polnische Adelsherrschaft abzuschütteln.

In Wien begannen sich die Stände für das Bauernproblem und die Robotfrage zu interessieren. Sie schlugen dem Hof die Errichtung einer Landeshypothekenanstalt vor, die den Bauern Darlehen zum Freikauf vorstrecken sollte. Die Regierung lehnte ab und verbat sich jede Einmischung in ihre Kompetenz.

Das trug wenig dazu bei, den adeligen Grundbesitzern die Sorge vor weiteren Ausschreitungen zu nehmen. Sie suchten nach Unterstützung und fanden sie im liberalen Bürgertum, das bereit war, stellvertretend Petitionen einzureichen. Ihm schlossen sich Vereine, Lesezirkel und Bürger an, die den Erfolg der Pariser Revolution, die die Ausrufung einer Republik erzwungen hatte, bewunderten. Der Block liberal Denkender stellte – selbstbewusst geworden – Forderungen: die Teilnahme an der Gesetzgebung, die Offenlegung des Staatshaushaltes, die Abschaffung der Zensur und Geschworenengerichte. Schon riefen Studenten zu Protesten auf, verlangten Lehr- und Lernfreiheit und die Gleichstellung der Konfessionen.

Überrascht von der Eindringlichkeit der gestellten Wünsche, blieb die Regierung untätig, obwohl schon am Abend des **12. 3. 1848** Gerüchte kursierten, dass es am nächsten Tag *„laut hergehen werde"*.

Am Morgen des **13. März** versammelten sich etwa 200 Menschen im Hof des Landhauses in der Wiener Herrengasse. Ein junger Sekundararzt des Allgemeinen Krankenhauses, **Adolf Fischhof**, sprach zu den Versammelten. Als er eine Grußbotschaft des ungarischen Nationalistenführers **Lajos Kossuth** vorlas, war die emotionalisierte Menge nicht mehr zu halten. Sie stürmte das Landhaus, der Aufruhr ergriff die Innenstadt und verbreitete sich rasend schnell in den Vororten. Schon marschierten Arbeiter auf die Residenz zu, deren Stadttore eiligst geschlossen wurden. In der Innenstadt kam es zu wüsten Szenen aufgebrachter Demonstranten, da gab – auf Metternichs Rat – Erzherzog **Albrecht** Schussbefehl.

Unterdessen spazierte Erzherzogin **Sophie**, unter dem Jubel des Volkes, vom Paradeisgartl nach Hause. Freundlich winkend meinte sie zu ihrem Gatten: *„Nun ist schon viel gemeines Volk da, aber auch Damen."* In der Herrengasse nebenan verbluteten einstweilen fünf Demonstranten.

Die Rede eines jungen Arztes namens Adolf Fischhof im Hof des Niederösterreichischen Landhauses gab 1848 das Signal zur Revolution.

Die jahrzehntelang aufgestauten sozialen, politischen und nationalen Probleme entluden sich am 13. 3. 1848 in einer gewaltigen Explosion: die katastrophale Lage der Bauern und der Arbeiter, die geistige Unterdrückung der Intelligenz, die Entmündigung der Bürger, die existenzielle Bedrohung des Adels, die Bevormundung der slawischen Völker, der Ungarn und der Italiener, alles brach nun über die Machthaber mit elementarer Wucht herein. Die Flammenzeichen an der Wand – so den »Zigarrenrummel«, ein Protest am Neujahrstag 1848 in Mailand, Padua und Brescia gegen das österreichische Tabakmonopol – hatten sie nicht erkannt.

Nun stürmten in den Wiener Vorstädten die Arbeiter Fabriken und plünderten Bäcker- und Fleischhauerläden. Unter den Schüssen herbeieilender Grenadiere fielen 45 Menschen. Zu den Gräbern dieser »Märzgefallenen« pilgerten die österreichischen Sozialisten bis 1914.

METTERNICH, der am gleichen Tag noch verlautete: *„Vor allem muss dafür gesorgt werden, dass sich dieser Straßenunfug nicht wiederholt!"*, demissionierte, Polizeiminister SEDLNITZKY floh aus Wien, und Kaiser FERDINAND dachte an Abdankung.

Nun forderten auch die nicht deutschsprachigen Länder des Reiches vom Hof Autonomie und Gleichberechtigung. Die Tschechen wollten einen gemeinsamen Reichstag für Schlesien, Böhmen und Mähren, ein eigenes Landesministerium und die Gleichstellung ihrer Sprache mit dem Deutschen. Geistiger Führer dieser Bewegung war der Historiker FRANZ PALACKÝ. Er galt als ein kompromissloser Verfechter der gesamtösterreichischen Idee.

Am 11. 4. 1848 schrieb er an die deutschen Nationalversammlung in Frankfurt: *„Wahrlich, existierte der österreichische Kaiserstaat nicht schon längst, man müsste im Interesse Europas, im Interesse der Humanität selbst sich beeilen, ihn zu erschaffen."*

Daran änderten auch die stürmischen Revolutionstage nichts. Was Palacký wollte, war eine gleiche Behandlung von Slawen und Deutschen. Dafür bot er die Loyalität der slawischen Volksgruppe zum österreichischen Kaiserstaat an. Auch die im ungarischen Reichsteil lebenden Slowaken (11. 3.), Serben (13. 3.) und Rumänen (15. 5.) legten ein klares Bekenntnis zu Österreich ab. Freilich, die Letztgenannten wählten das für sie kleinere Übel: sie hofften, unter dem Schutz des Kaisers vor der rücksichtslose Magyarisierung durch ihre Landesherren gefeit zu sein. Deshalb waren ihre Forderungen gleich lautend: Trennung vom ungarischen Staatsverband und direkte Unterstellung unter den Monarchen. Die Ungarn, die schon im März in Wien mit Nachdruck eine eigene Regierung verlangt hatten, sahen sich nun stark bedrängt.

Bedrohlich für Österreich entwickelte sich die Lage in Italien. Die Bewohner der reichen Städte, das Bürgertum und der einflussreiche Adel forderten lauthals eine nationale Einigung und erhielten von KARL ALBERT, König von Sardinien, prompt Unterstützung: er erklärte Österreich den Krieg. Der greise Feldmarschall RADETZKY führte ihn bis zum Sommer 1849, der Friede von Mailand vom 6. 8. 1849 stellte die österreichische Herrschaft in Venetien und der Lombardei wieder her.

Die Revolution im März 1848 brachte den Aufständischen in Wien nur unbedeutende Zugeständnisse: eine Herabsetzung der Verzehrsteuer, eine Amnestie für politisch Verurteilte und die Auflösung der Zensur-Hofstelle.

Unzufrieden mit dem Ergebnis, erhoben sich die Liberalen am 15. und 26. 5. nochmals. Träger der Erhebung waren von Vorstadtarbeitern unterstützte Studenten. Eine »Akademische Legion« stellte auf dem Wiener Michaelerplatz in einer »Sturmpetition« ihre Forderungen, und die Regierung gab nach: Sie bewilligte eine Volksvertretung, die in Form eines »konstituierenden Reichstags« dem Kaiserstaat eine neue Verfassung geben sollte. Da aber zwei Tage später die Kaiserfamilie nach Innsbruck abreiste, fürchteten die Revolutionäre den Angriff von Militär-

KAMPF UM MEHR FREIHEIT

einheiten. Sie errichteten Straßenbarrikaden und beauftragten einen Sicherheitsausschuss, das Kommando über ihre 40 Kompanien der Nationalgarde, die 136 Kompanien der Akademischen Legion und die 34 Kompanien der Bürgerwehr zu übernehmen. Präsident wurde FISCHHOF, der sich mit dem Schuhmachergesellen FRANZ SANDER aber weniger den revolutionären Erfordernissen widmete als den vielen, in tristem Elend vegetierenden Arbeitslosen. Sander war einer der ersten österreichischen Arbeiterführer, er gründete am **24. 6. 1848** den »Ersten Allgemeinen Arbeiterverein«.

Die Sorge vor dem Einsatz militärischer Kräfte war nicht abwegig, wie die Aufständischen bald erfuhren.

»Eine Barikade von 26. u. 27. Mai 1848. Gewidmet von einem Barikaden-Vertheidiger für alle Gutgesinnten für Recht und Freiheit«, so lautet der Originaltitel zu dieser Bleistiftzeichnung, die eine Szene aus der zweiten Phase der Revolution in der Rotenturmstraße der Wiener Innenstadt zeigt.

ÖSTERREICH UNTER DEN HABSBURGERN — 1848

Dramatisch und mit nachhaltigen Folgen verliefen die Pfingsttage 1848 in Prag. Hier tagte am 2. 6. 1848 unter dem Vorsitz des Historikers FRANZ PALACKÝ der erste panslawische Kongress. Er war als Konkurrenzveranstaltung zur gleichzeitig in der Frankfurter Paulskirche stattfindenden konstituierenden Versammlung von 500 gewählten Abgeordneten gedacht. Die in Prag versammelten 340 slawischen Vertreter – unter ihnen ein Russe als Beobachter des Zaren – erhoben die Forderung nach einem selbstständigen, konstitutionell regierten böhmisch-mährischen Königreich.

Als böhmische Demonstranten auf kaiserliche Uniformierte prallten, fielen Schüsse: eine Kugel traf tragischerweise die Gemahlin des Oberkommandierenden der Streitkräfte in Böhmen, Fürstin WINDISCHGRÄTZ. Der Kongress wurde zwar sofort aufgelöst, dennoch starben während der ausbrechenden Tumulte noch rund 400 Menschen. Nur mit Mühe konnte die Ruhe wieder hergestellt werden.

Zum Eklat führte eine Lohnkürzung der Regierung für die 20 000 Notstandsarbeiter, die im staatlichen Auftrag in der Umgebung von Wien Künetten aushoben. Die ausbrechenden schweren Demonstrationen nahmen vom Prater ihren Ausgang (21. 8.). Eine nervös gewordene Polizei schoss gezielt auf Arbeiter und Frauen, die Kinder mit sich führten. Wahllos hieben Berittene mit blankem Säbel auf die Demonstranten ein: achtzehn Arbeiter und vier Uniformierte blieben tot zurück, viele waren verletzt.

Am 6. 10. erreichte der Konflikt den Höhepunkt. Auf der Taborlinie kam es zu erbitterten Gefechten, ebenso auf dem Stephansplatz. Den Kriegsminister Graf LATOUR lynchte eine aufgebrachte Menge, sodass die eben erst zurückgekehrte Kaiserfamilie erneut aus der Stadt floh und der Reichstag seinen Sitz nach Kremsier in Böhmen verlegte. Die Aufständischen richteten Wien zur Verteidigung gegen den zu erwartenden Gegenschlag kaiserlicher Truppen ein. Den Oberbefehl der revolutionären Kompanien übernahm der k. k. Oberleutnant WENZEL CÄSAR MESSENHAUSER, ein romantischer Träumer und begabter Dichter. Ein polnischer Emigrant, Generalleutnant JÓZEF BEM, beriet ihn in strategischen Fragen. Bem verfolgte die Taktik der offensiven Verteidigung, aber gegen die massierten Kräfte der nun anrückenden Kaiserlichen versagte sie, und er floh noch während der Kämpfe zu KOSSUTH nach Ungarn. Messenhauser gab am 29. 10. auf, der angekündigte Entsatz durch ungarische Streitkräfte war bei Schwechat von kaisertreuen kroatischen Truppen unter dem Banus JELLAČIĆ abgewehrt worden. Verbissene Nationalgardisten kämpften auf den Stadtmauern noch gegen die Übermacht des Fürsten Windischgrätz weiter, bis auch sie am 31. 10. die Waffen strecken mussten. Messenhauser starb unter den Kugeln eines Pelotons, mit ihm der Abgeordnete der Frankfurter Nationalversammlung ROBERT BLUM, den seine Immunität nicht schützen hat können. Einen weiteren Abgeordneten, JULIUS FRÖBEL, rettete nur eine von ihm verfasste Schrift, die er bei sich trug: »Wien, Deutschland und Europa«. Er betonte darin den Führungsanspruch Österreichs in Mitteleuropa.

Die Kämpfe um Wien im **Oktober 1848** kosteten mindestens 2 000 Menschen das Leben, Kaiser FERDINAND I. dankte ab, sein Nachfolger und Neffe, der 18-jährige FRANZ JOSEPH, nahm mit Kniefall die Kaiserkrone entgegen. Ferdinand, den die Nachwelt den »Gütigen« nennt, nickte nur und sagte: *„Es ist gern geschehen, sei brav"* (**2. 12. 1848**).

Auf dem Hradschin in Prag starb Ferdinand im Alter von 82 Jahren am **29. 6. 1875**.

Noch am **21. 11. 1848** hatte Ferdinand I. ein neues Ministerium ernannt, dem FELIX FÜRST SCHWARZENBERG, ein Schwager des Fürsten Windischgrätz, als Ministerpräsident vorstand, er war gleichzeitig Außenminister. Graf STADION übernahm das Innenministerium, der 35-jährige Rechtsanwalt ALEXANDER BACH das Justizministerium, Freiherr KARL FRIEDRICH BRUCK, Sohn eines Buchbinders, wurde

Der Kampf um Wien entschied sich am 28. 10. 1848 in der Leopoldstadt: Gegen 17.15 Uhr wurden die letzten Bastionen der Revolutionäre in der Jägerzeile – heute Praterstraße – durch die Brigade Gramont im Rücken angegriffen. Danach musste am 31. 10. auch die von Cäsar Wenzel Messenhauser verteidigte Innenstadt kapitulieren.

DIE REVOLUTIONÄRE KAPITULIEREN

Handelsminister, Graf THUN Unterrichtsminister und Freiherr VON KRAUSS Finanzminister. Schwarzenberg, dem man nachsagte, er wäre ein Scharfmacher, beauftragte Stadion und Bach, eine neue Verfassung zu entwerfen.

Mit dem Entwurf eines neuen Grundgesetzes befasste sich auch der neue Reichstag in Kremsier. Es sollte föderalistische Gesichtspunkte und die absolute Gleichberechtigung aller Völker berücksichtigen. Repräsentant der Staatssouveränität blieb der Kaiser, zu dem ein Reichstag aufrückte. Dieser umfasse eine Volks- und eine Länderkammer. Auf Basis eines allgemeinen Wahlrechts waren 360 Abgeordnete zu wählen, während in der Länderkammer je sechs Abgeordnete der einzelnen Landtage der Kronländer einzuziehen hatten. Vorgesehen waren die Gleichheit aller Staatsbürger vor dem Gesetz, die Freiheit der Person, die Abschaffung der Todesstrafe, die Unverletzbarkeit des Hausrechtes und das Briefgeheimnis.

Die Verfassung von Kremsier – in manchen Punkten fortschrittlicher als die der USA – wurde nicht realisiert. Nach dem Scheitern der Revolution dachte Staatskanzler Felix Fürst Schwarzenberg nicht mehr daran, vom Absolutismus abzurücken.

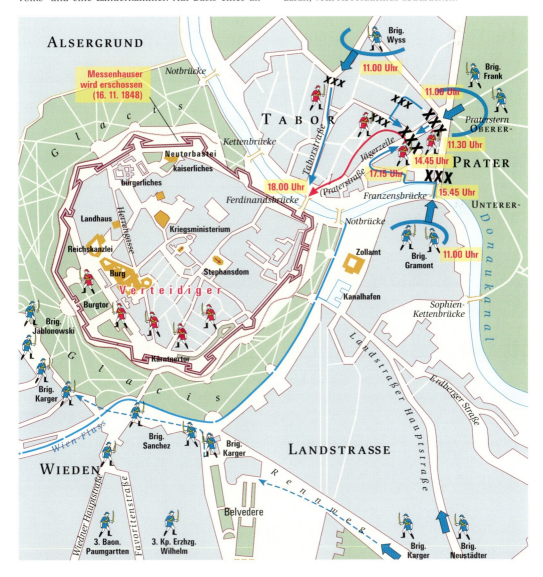

Am **4. 3. 1849** stürmten kaiserliche Truppen mit aufgestecktem Bajonett den Sitzungssaal des Reichstages in Kremsier und lösten gewaltsam die Versammlung der Delegierten auf. Wenige Tage später, am **7. 4.**, oktroyierte der Kaiser in Wien die neue, von BACH und STADION entworfene Verfassung. Selbst diese betrachtete man noch als zu liberal, sie wurde daher am **31. 12. 1851** sistiert. Von den Errungenschaften der Revolution, die so viele Opfer gekostet hatte, blieben nur die Gleichheit aller Staatsbürger vor dem Gesetz und die Abschaffung der Bauernrobot.

Am **27. 8. 1848** besuchte KARL MARX Wien und erlebte hier zum ersten Mal hautnah revolutionäre Zustände. Der Visionär einer durch die proletarische Klasse in Gang gebrachten Weltrevolution hielt am **30. 8. 1848** vor versammelten Arbeitern einen Vortrag über die Arbeiterbewegungen in England, Frankreich und Deutschland. Das Publikum hörte ihm mit Interesse zu, aber ohne sichtbaren solidarischen Ausdruck. Seinem Aufruf, die kaiserliche Macht hinwegzufegen, begegnete es ohne Verständnis. Die Arbeiterschaft dachte nicht im Mindesten daran, das Kaiserhaus zu stürzen; nur auf die soziale Not wollte sie aufmerksam machen. Marx verließ Wien, schwer enttäuscht, am **7. 9.** Dafür erwachte wieder der Widerstand der Nationen gegen die absolutistische Staatsführung.

Am **13. 4. 1849** erklärte der ungarische Reichstag das Haus Habsburg für abgesetzt und Ungarn zur Republik, LAJOS KOSSUTH, ein Nationalist, stand ihr als »Gubernator« vor und konnte sich eines starken Zuzugs Freiwilliger und republikanisch Gesinnter aus ganz Europa erfreuen: sie füllten die Korps der revolutionären »Honvédarmee« auf. Sogar aus Tirol rückt eine Abordnung an, in der die in Zagreb geborene 19-jährige Wienerin MARIA LEBSTÜCK diente und durch ihre Unerschrockenheit im Husarenregiment »Miklós« bis zum kommandierenden Offizier aufstieg. WINDISCHGRÄTZ besetzte am **5. 1. 1849** Pest, musste es aber am **23. 4.** wieder räumen, nur die Festung Ofen blieb in österreichischer Hand.

In dieser für den Wiener Hof bedenklichen Lage erinnerte man sich der »Heiligen Allianz«. Wien nahm Kontakt zum Zaren auf, und bereits am **21. 5.** trafen sich in Warschau FRANZ JOSEPH I. und NIKOLAUS I. Den Hilferuf, Österreich gegen das revolutionäre Ungarn zu unterstützen, nahm der Zar gerne entgegen, erlaubte er ihm doch den Einmarsch nach Ungarn und die Ausdehnung seines Machtbereichs bis vor die Tore der habsburgischen Residenz.

Bevor noch die russische Kavallerie die Karpaten überschritt, wendete sich allerdings das Blatt in Ungarn: die ungarischen Freischärler hatten die eroberten Städte schon aufgeben müssen, darunter Komorn und Buda. Als am **31. 7.** die Truppen des Zaren Schäßburg (Sighişoara) erreichten, waren die Österreicher auf dem ungarischen Kriegsschauplatz bereits überall präsent: Oberitalien hatte kapituliert, dadurch war diese Front entlastet, und die militärischen Einheiten konnten in Ungarn aktiv werden. Kossuth floh vor der zu erwartenden Vergeltung ins Osmanische Reich, der ungarische Reichstag ergab sich.

Das Strafgericht, das nun in Gestalt des Feldzeugmeisters JULIUS FREIHERR VON HAYNAU, eines in österreichischen Diensten stehenden unehelichen Sohnes des Kurfürsten WILHELM I. VON HESSEN-KASSEL, über Ungarn hereinbrachte, blieb den Ungarn in bleibender Erinnerung, es lag, bis ins **20. Jh.**, wie ein Schatten über dem Verhältnis zu Österreich. Haynau, dem der Ruf eines »Schlächters« vorauseilte, hatte schon in der Lombardei ein grausames Strafregiment geführt, er verhielt sich in Ungarn nicht anders. 490 Offiziere zitierte er vor das Kriegsgericht in Árád. Am **6. 10. 1849,** dem Jahrestag der Ermordung des Kriegsministers LATOUR, ließ er dreizehn Generäle hinrichten, neun davon durch den Strang. Unter den Füsilierten befanden sich LEININGEN-WESTERBURG, ein Vetter der englischen Königin, PÖLT VON PÖLTENBERG und der frühere kaiserliche Kämmerer VÉCSEY. Insgesamt vollstreckten die Pelotons 114 Todesurteile, etwa 2 000 Personen gingen in den

BLUTGERICHT IN UNGARN

Kerker, gemeine Soldaten presste man für den Rest ihres Lebens in die Armee. Die Gattin des ungarischen Magnaten KARL MADERSPACH – sie hatte Revolutionssoldaten Zuflucht gewährt – wurde öffentlich ausgepeitscht, worauf ihr Mann Selbstmord beging.

Ungarn verlor Siebenbürgen, das zum selbstständigen Großfürstentum erhoben wurde, Banat und Batschka fasste man zur Großwoiwodschaft Woiwodina zusammen, Kroatien und Slawonien bildeten ein Königreich. Das übrige Ungarn verlor seine Komitatsverwaltung und bestand nur noch aus fünf Distrikten, deren Amtssprache Deutsch war. An die Spitze des gedemütigten Landes setzte der Wiener Hof einen Militärgouverneur: Julius Jakob Haynau.

Die Revolution von 1848/49 erschütterte das Kaiserreich Österreich in den Grundfesten. Ohne Ausnahme beteiligten sich an ihr alle seine Völker: Die deutschsprachigen Liberalen trugen die schwarz-rot-goldene Kokarde der Frankfurter Paulskirche, die Italiener strebten nach einem geeinten Italien, die Tschechen suchten nach einer eigenen Identität, die Ungarn kehrten dem habsburgischen Staat den Rücken, am ruhigsten gaben sich noch die Polen: unter dem habsburgischen Adler ging es ihnen um ein Vielfaches besser, als sie es unter dem zaristischen je erwarten durften. Aber auch sie revoltierten und forderten einen polnischen Staat; dafür war die Zeit aber noch nicht reif, denn auch in Deutschland schlug die Regierung unbarmherzig jede polnische separatistische Bewegung nieder.

Seit dem Wiener Kongress von **1814/15** mehrten sich die Stimmen, die nach einer Restauration des »Deutschen Reiches« nach dem Vorbild des Heiligen Römischen Reiches riefen. Studenten und Freiheitsdichter begeisterten sich an einem »großen Deutschland«, das die Hegemonie in Europa übernehmen und einen Nationalstaat bilden sollte. Nur die Grenzen des idealen Reiches bereiteten Probleme: Die »Kleindeutschen« wollten die Ausgrenzung Österreichs, die »Großdeutschen« hielten die österreichische Mitgliedschaft für unverzichtbar, stünden doch dann Ungarn und der Balkan dem deutschen Einfluss offen.

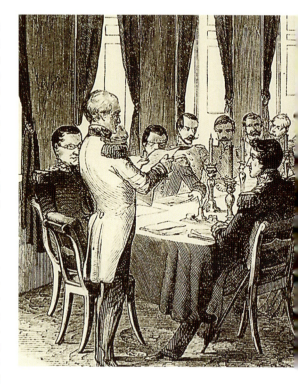

Am **18. 5. 1848** nahm das erste deutsche Parlament, aus 568 frei gewählten Abgeordneten bestehend, die Arbeit in der Paulskirche zu Frankfurt auf. Erzherzog JOHANN von Österreich führte als Reichsverweser den Vorsitz, solange Staatsform und Verfassungsfrage nicht definiert waren. Ihnen eine klare Form zu geben, stieß auf Hindernisse, schrieb doch die geplante Reichsverfassung vor, dass ein deutsches Land nur in Personalunion mit einem nicht deutschen verbunden sein dürfe. Weder Preußen noch Österreich erfüllte diese Auflage. Sollte dieses Gesetz verabschiedet werden, hätte sich die Habsburgermonarchie in ihre Nationalitäten auflösen müssen.

Mit einer Mehrheit von nur vier Stimmen – sie stammten von Österreichern, die gegen die Politik SCHWARZENBERGS, »großdeutsch und sonst nichts«, protestierten – konnten die »Kleindeutschen« das Gesetz durchdrücken und den preußischen König, FRIEDRICH WILHELM IV., zum »Kaiser der Deutschen« ausrufen **(27./28 3. 1849)**. Diesen Affront beantwortete der österreichische Ministerpräsident Schwarzenberg am **5. 4. 1849** mit dem Rückruf aller 115 von Wien entsandten Abgeordneten – und verurteilte damit die Nationalversammlung in Frankfurt zur Handlungsunfähigkeit. Da König Friedrich Wilhelm die Annahme der Kaiserkrone mit den Worten, sich nicht zum Leibeigenen der Revolution machen zu wollen, ablehnte, war der Versuch, einen deutschen Einheitsstaat zu schaffen, gescheitert.

In den postrevolutionären Jahren präsentierte sich der Neoabsolutismus in Österreich mit allen Schattenseiten des »Vormärz«, der Zeit zwischen **1815** und **1848**: Er glich praktisch einer Militärdiktatur. Zensur und Polizeiaufsicht unterdrückten jede freie Meinungsbildung und -äußerung. Ein nach französischem Vorbild **1849** von JOHANN KEMPEN VON FICHTENSTAMM gegründetes Exekutivorgan – die Gendarmerie – übernahm die Observation der Bevölkerung auf dem Land, eine »Oberste Polizeibehörde«, der eigene Polizeidirektionen in den Kronländern unterstanden, überwachte ab **25. 4. 1852** die Sicherheit des Staates. In den Vororten Wiens und in den großen Städten schossen zahlreiche Kasernen aus dem Boden, deren Garnisonen jede revolutionäre Bewegung schon im Keime ersticken sollten.

DER NEOABSOLUTISMUS

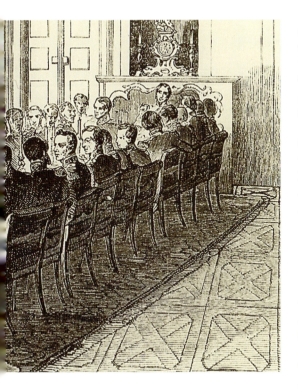

„Ein harter Schlag hat mich, hat uns alle getroffen", schrieb **Franz Joseph I.** am **6. 3. 1852** an seine Mutter nach Graz. Schwarzenberg war einem Schlaganfall erlegen, und der Kaiser, ein emsiger, aber eher einfallsloser Arbeiter, übernahm nun die Regierung und das außenpolitische Ressort, für das bis **1859** offiziell Graf **Buol-Schauenstein** verantwortlich zeichnete.

Ein lokaler Konflikt auf dem Balkan war der erste Prüfstein für des Kaisers neue Außenpolitik.

Am **11. 2. 1853** hatte sich Bischof **Danilo von Montenegro** zum Fürsten und sein Land, Montenegro, formell dem Osmanischen Reich zugehörend, zum Fürstentum erklärt. Die separatistische Anwandlung beantwortete die Hohe Pforte mit einer Teilmobilmachung, die den Protest Österreichs herausforderte; die Osmanen lenkten ein. Die österreichische Note an den Sultan empfand jedoch Russland als Einmischung in seine Einflusssphäre. Der Zar meinte, die Wiener Staatskanzlei hätte ihn vom beabsichtigten Protest informieren müssen. Der aus heutiger Sicht unbedeutend erscheinende diplomatische Fehltritt wurde hochgespielt und bildete den Auftakt für die bis **1914** nicht mehr abklingenden österreichisch-russischen Differenzen.

Wieder ging es um die Dardanellen, nach deren Besitz Russland schon seit **Peter dem Grossen** trachtete. Das riesige Land verfügte im Winter über keine eisfreie Häfen, bis auf jene im Schwarze Meer, aber dieses war in den Meerengen bei Stambul leicht zu sperren. Für eine aufstrebende Weltmacht kam dies einer Einschränkung der Souveränität gleich; St. Petersburg betrachtete die freie Fahrt durch Bosporus und Dardanellen als lebensnotwendig. Nun schien der Zeitpunkt günstig, sich ihrer zu bemächtigen.

Die innen- und außenpolitische Schwäche des Osmanischen Reiches, das allgemein als »kranker Mann am Bosporus« bezeichnet wurde, lud die Mächte ein, das Machtvakuum zu füllen. Franzosen und Engländern bedrängten schon seit den Tagen der Zweiten Türkenbelagerung Wiens die Hohe Pforte, sparten nicht mit diplomatischen Ratschlägen und Versprechen, in staatspolitischen Zwangslagen zu helfen. Russland hatte nun eine gesellschaftspolitische Lücke im Osmanischen Reich entdeckt, durch die es zu schlüpfen gedachte: die konfessionelle. Eigenmächtig hatte es sich zum Schutzherrn der orthodoxen Christen auf dem Balkan und im Vorderen Orient aufgeworfen. Um diese vor vermeintlichen osmanischen Übergriffen zu bewahren, besetzte Russland am **7. 7. 1853** die osmanischen Donaufürstentümer Moldau und Walachei. Die Hohen Pforte erklärte daher am **4. 10. 1853** St. Petersburg den Krieg.

Wien versicherte, neutral zu bleiben, solange Österreichs Grenzen nicht sein würden. Die Parteilosigkeit sollte Dankbarkeit für die russische Hilfe im Revolutionskampf gegen Ungarn ausdrücken, doch der Zar hatte sich mehr erwartet: aktive Hilfe.

Fürst Felix von Schwarzenberg eröffnet in Dresden eine Ministerkonferenz, die über Deutschland beraten soll.

Das zögerliche Verhalten Österreichs in der Frage der Donaufürstentümer – von den Westmächten als Unterstützung für Russland interpretiert –, die innenpolitische Schwäche der Hohen Pforte und der – zunächst – diplomatische Vorstoß des Zaren NIKOLAUS I. auf dem Balkan, mit der klaren Tendenz, den Sultan unter Druck zu setzen, beunruhigte Briten und Franzosen. Sie boten dem Osmanischen Reich ein Militärbündnis an, das am **12. 3. 1854** rechtswirksam wurde und am **27./28. 3.** in eine Kriegserklärung an Russland mündete.

Angesichts des nun unvermeidlich scheinenden Krieges nahe der habsburgischen Grenze forderte FRANZ JOSEPH I. am **3. 6. 1854** den Zaren auf, die besetzten Donaufürstentümer zu räumen. Er rechnete dabei mit der diplomatischen Unterstützung durch den Deutschen Bund und Preußen. Der preußische Gesandte in St. Petersburg aber, OTTO VON BISMARCK, riet seiner Regierung, jede Bindung „an das wurmstichige Orlogschiff Österreich" zu vermeiden und sich alle Optionen offen zu halten. Franz Joseph I. sicherte sich unterdessen das Einverständnis Stambuls, die durch Russland frei werdenden Gebiete besetzen zu dürfen. Tatsächlich räumte Russland Moldau und die Walachei, und Österreich rückte nach. Vom Krieg hielt es sich aber fern, obgleich Wien mit den Westmächten am **2. 12. 1854** ein entsprechendes Abkommen getroffen hatte. Die Präsenz in den Donaufürstentümern allein band aber starke russische Kräfte, die auf dem Kriegsschauplatz auf der Krim fehlten.

Am **26. 1. 1855** bot der sardinische Ministerpräsident CAMILLO BENSO CAVOUR England und Frankreich eine Militärallianz an und stellte eine Armee von 15 000 Mann für den Einsatz gegen Russland zur Verfügung. Damit erwarb er sich das Anrecht, an einem möglichen Friedenskongress mitzuwirken. An diesem dachte Cavour die »italienische Frage«, die in erster Linie Habsburg betraf, zur Sprache zu bringen.

Nun wurde deutlich, dass Österreich durch eine verfehlte Diplomatie in eine außenpolitische Randlage geraten war: Mit Russland verfeindet, von Frankreich und England wegen seiner Nichtteilnahme am Krieg gemieden, in Deutschland ohne Ansehen und in Italien vom Königreich Sardinien angefeindet, hatte es seine im Wiener Kongress errungene politische Machtstellung in Europa verloren.

Tatsächlich wurde Sardinien zum Prüfstein für das Österreichische Kaiserreich, an dem es versagte. Anlass gab eine wenig überlegte Entscheidung des Wiener Hofes, in den österreichischen oberitalienischen Provinzen Venetien und Lombardei die Wehrpflicht einzuführen. Tausende Wehrdienstpflichtige flohen daraufhin ins benachbarte Sardinien-Piemont, das ein Wiener Auslieferungsgesuch ablehnte. Als Kaiser Franz Joseph I. am **23. 4. 1859** die Herausgabe der Fahnenflüchtigen ultimativ einforderte, war der Kriegsgrund gegeben. Kein Zweifel: Sardiniens Ministerpräsident Cavour hatte Österreichs provoziert, das war ihm möglich, weil er Frankreichs Kaiser NAPOLEON III. hinter sich wusste und beide am **20. 7. 1858** im lothringischen Ort Plombières les Bains übereingekommen waren, gegen Habsburg Krieg zu führen.

Ziel für beide war es, ihre Territorien zu erweitern: Für die französische Unterstützung wollte Cavour Nizza und Savoyen geben. Er sollte dafür nach einem Sieg über Österreich dessen Länder Lombardei und Venetien sowie die Herzogtümer Parma und Modena, vermehrt um einen Teil des Kirchenstaates, erhalten. Eine Heirat besiegelte den Handel: Die 15-jährige Tochter des sardinisch-piemontesischen Königs VITTORIO EMANUELE II., CLOTILDE, heiratete JÉRÔME, den Vetter Napoleons.

Der Krieg deckte schon in den ersten Tagen die Schwächen der österreichischen militärischen Führung auf: mit Günstlingswirtschaft, Korruption und einem als Feldherr untauglichen Kaiser waren keine Kriege mehr zu gewinnen. Der Waffenstillstand von Villafranca am **8. 7. 1859** beendete das sinnlose Morden. Österreich verlor im Frieden von Zürich, am **10. 11. 1859**, die Lombardei.

Der italienische Einigungsgedanke geht von Turin, der Hauptstadt des Königreichs Sardinien-Piemont, aus und erfasst ganz Italien, einschließlich der Italiener des Habsburgerreiches.

Der Niedergang des Hauses Habsburg

Das Jahr 1859 brachte für Österreich eine entscheidende Wende. Im Italienischen Krieg gegen König VITTORIO EMANUELE II. – der in CAMILLO BENSO CAVOUR einen geschickten Ministerpräsidenten und Außenminister besaß – und Frankreichs Kaiser NAPOLEON III. hatte es bei Magenta, am 4. 6. 1859, und bei Solferino, am 24. 6., empfindliche Niederlagen erlitten und im Frieden von Zürich, am 10. 11., die Lombardei an Sardinien verloren. Die Italienpolitik FRANZ JOSEPHS I. und seines Außenministers KARL FERDINAND VON BUOL-SCHAUENSTEIN konnte damit als gescheitert betrachtet werden. Zwar hatte Buol-Schauenstein bereits am 17. 5. die Konsequenzen gezogen und sein Amt an JOHANN BERNHARD GRAF RECHBERG UND ROTHENLÖWEN übergeben, doch war der Aufmarsch in Oberitalien nicht mehr rückgängig zu machen.

Die verfehlte Italienpolitik hatte tief greifende Auswirkungen auf die Innenpolitik: Sie bedeutete das Ende des Neoabsolutismus, Österreich wurde zu einem konstitutionellen Staat umgewandelt.

Zunächst aber mussten die durch den Feldzug zerrütteten Staatsfinanzen wieder saniert werden. Dies konnte nur auf der Basis einer konstitutionellen Regierungsform erfolgen, die eine Kontrolle der Geldgebarung durch eine Volksvertretung zuließ. Finanzminister KARL LUDWIG FREIHERR VON BRUCK schlug deshalb dem Kaiser vor, einen »verstärkten Reichsrat« mit der Ausarbeitung einer neuen Staatsform zu beauftragen. Ab 5. 3. befassten sich 36 Adlige und 23 Bürger mit diesem Problem. Ihr Ergebnis, dass sie im »Oktoberdiplom« vom 20. 10. 1860 vorstellten, konnte Bruck nicht mehr beurteilen, er hatte am 23. 4. 1860 Selbstmord begangen, nachdem ihn der Kaiser einen Tag zuvor wegen angeblicher Bereicherung am Kriegsetat entlassen hatte. Franz Joseph I. hieß jedenfalls den vom Reichsrat vorgeschlagenen föderalistisch-konstitutionellen Kurs für unzweckmäßig. Er gab deshalb seinem Ministerpräsidenten ANTON RITTER VON SCHMERLING und dem Juristen HANS VON PERTHALER die Anweisung, eine neue, stark zentralistisch orientierte Verfassung auszuarbeiten. Das »Februarpatent« nahm der Kaiser am 26. 2. 1861 an.

Die neue Verfassung sah ein Zweikammersystem vor, das aus einem Abgeordnetenhaus – in das die Landtage 343 Mitglieder entsandten – und einem Herrenhaus – in das vom Kaiser ernannte Delegierte einzogen – bestand. Beide Kammern bildeten ein Zentralparlament, den Reichsrat, in dem der »engere Reichsrat« mit 203 Abgeordnete für die Gesetzgebung der österreichischen Länder zuständig war. Die Landtage der einzelnen Kronländer wurden von den vier »Kurien« beschickt: den Großgrundbesitzern, den Angehörigen der Handels- und Gewerbekammern, den Vertretern von Städten, Märkten und den Landgemeinden. Wählen durften nur erwachsene Männer, die mehr als 10 Gulden Steuer zahlten (»Zehnguldenmänner«). Ziel des Kuriensystem war die Festigung des Deutschtums. Dagegen protestierte Ungarn, Istrien, Kroatien und Venetien, sie verweigerten die Entsendung von Abgeordneten in das Parlament. Auch der polnische Adel verhielt sich ablehnend.

Der neu gewählte Reichsrat trat dennoch am 1. 5. 1861 in Wien zusammen. Der deutschliberale Anton Ritter von Schmerling, seit 13. 12. 1860 Staatsminister, leitete das Rumpfkabinett. Im Juli 1865 demissionierte er, als er merkte, dass sein Versuch, Österreich eine gesamtstaatliche Verfassung zu geben, gescheitert war. Der Kaiser setzte nun das Februarpatent außer Kraft und übertrug dem Statthalter von Böhmen, GRAF RICHARD BELCREDI, die Aufgabe, ein neues Kabinett zu bilden; nun wurde wieder absolutistisch regiert.

Kein Erfolg war auch dem österreichischen Vorschlag einer Verfassungsreform im Deutschen Bund beschieden. Einem Parlament mit Abgeordneten aus den deutschen Ländern sollte Österreich vorstehen. OTTO VON BISMARCK, seit 1862 preußischer Ministerpräsident, legte sich quer. Er strebte nach der

Kommodore Wilhelm von Tegetthoff griff mit seinem Flaggschiff »Schwarzenberg« im Krieg gegen Dänemark 1864 erfolgreich ein und sprengte die Blockade, die dänische Kriegsschiffe vor Hamburg errichtet hatten.

Italien und die Folgen

Vormachtstellung Preußens in Deutschland und drängte Österreich immer mehr an den Rand des politischen Geschehens. Als Realpolitiker wusste er aber, dass er das Kaiserreich noch benötigte, so in der schleswig-holsteinschen Frage.

Im Doppelherzogtum Schleswig-Holstein war die Nachfolge ungelöst, und es drohte Bestandteil des dänischen Staates zu werden. Die gemischt dänisch-deutsche Bevölkerung und die politische Zugehörigkeit verkomplizierte noch die Lage: Holstein, fast zur Gänze deutsch, gehört zum Deutschen Bund, Schleswig, zu zwei Dritteln deutsch, aber nicht. Am **30. 3. 1863** gab der dänische König **Friedrich VII.** tatsächlich dem Heer den Befehl, Schleswig zu annektieren. Daraufhin erklärten Österreich und Preußen am **1. 2. 1864** Dänemark den Krieg. In diesem bewährte sich zum ersten Mal die österreichische Kriegsflotte, die unter dem Kommando **Wilhelm von Tegetthoffs** vor Helgoland am **9. 5.** die dänische niederkämpfte. In dem von England vermittelten Frieden von Wien am **30. 10. 1864** trat Dänemark Schleswig, Holstein und Lauenburg an Österreich und Preußen ab. In der »Konvention von Gastein« vom **14. 8. 1865** übernahm Österreich die Verwaltung Holsteins und Lauenburgs, Preußen die von Schleswig. Bismarck beabsichtigte aber die Annexion aller drei Territorien und war sogar bereit, gegen Österreich Krieg zu führen.

Am **4. 10. 1865** versicherte sich Bismarck der Neutralität Frankreichs, gleichzeitig nahm er Kontakt zu den in Österreich unzufriedenen Tschechen, Südslawen, Ungarn und Rumänen auf. Eine »magyarische Armee« unter preußischem Kommando sollte Österreich im Rücken angreifen, der italienische Freiheitskämpfer **Garibaldi** mit einem ungarisch-kroatischen Expeditionskorps an der österreichischen Dalmatienküste landen, rumänische Freischärler in Siebenbürgen einfallen. Italien, dessen offizielle Anerkennung die Wiener Hofburg noch immer verweigerte, wurde zum wichtigsten Verbündeten des preußischen Ministerpräsidenten. Im **April 1866** schloss Bismarck mit General **Giuseppe Govone** eine geheim gehaltene Allianz gegen Österreich, die Italien verpflichtete, auf preußischer Seite zu kämpfen, wenn innerhalb von drei Monaten Krieg ausbrach. Dafür wollte es Berlin mit Venetien, Südtirol und Triest entschädigen. Der Pakt war ein klarer Rechtsbruch Preußens gegenüber dem Deutschen Bund, der jedes gegen ein anderes Mitglied gerichtete Bündnis verbot.

Am **1. 6. 1866** berief der österreichische Militärkommandant von Holstein, General **Ludwig Karl Wilhelm Freiherr von Gablenz-Eskeles**, den holsteinschen Landtag ein, um den **Herzog von Augustenburg** rechtmäßig zum Landesherrn ausrufen zu lassen. Dies fasste Bismarck als Bruch der preußisch-österreichischen Vereinbarungen über Schleswig-Holstein auf und gab den preußischen Truppen den Befehl, in Holstein einzumarschieren. Wien beantragte daraufhin die Bundesexekution gegen Preußen und die Mobilmachung eines Teiles der Streitkräfte der deutschen Bundesstaaten.

Diesen Antrag nahm der Bundestag am **14. 6.** an. Hierauf erklärte der preußische Gesandte die Bundesakte für gebrochen und den Austritt Preußens aus dem Deutschen Bund.

Der Kampf zwischen Österreich und Preußen um die Vorherrschaft in Deutschland trat in eine entscheidende Phase.

Bereits im **Mai 1865** erwog der preußische Kronrat einen Präventivkrieg gegen Österreich, nahm jedoch davon Abstand, da zu viele Fürsten im Deutschen Bund auf der Seite Österreichs standen. Außerdem genoss Österreichs Armee, trotz des Debakels im Italienischen Krieg, hohes Ansehen. Die Erfolge der österreichischen Infanterie über die sich heldenhaft verteidigenden Dänen im Feldzug von **1864** hatten die parallel dazu ablaufenden preußischen Operationen so in den Schatten gestellt, dass Erzherzog ALBRECHT meinte, den Preußen wäre schon auch *„ein kleiner Erfolg zu gönnen"*. Nun standen Preußen und Österreicher wieder – wie schon **1740** – einander gegenüber, diesmal im Kampf um die Vorherrschaft in Deutschland.

Preußen hatte sich für die militärische Entscheidung gründlich vorbereitet, dennoch erlitt es bei Langensalza, am **29. 6. 1866,** durch die mit Österreich verbündeten Hannoveraner eine Niederlage. Dass diese zwei Tage später kapitulieren mussten, war auf die dürftige Versorgung mit Munition zurückzuführen: sie hatten sie restlos verschossen, und Nachschub kam nicht. Unterdessen besetzten die Preußen Dresden und Kassel und marschierten in Böhmen ein.

Beim kleinen böhmischen Dorf Sadowa bei Königgrätz fiel am **3. 7. 1866** die Entscheidung: Nach schweren Verlusten gab sich Feldzeugmeister LUDWIG VON BENEDEK, der zu diesem Zeitpunkt an einer Kolik litt und die Generalstabsarbeit Unterführern überlassen hatte, geschlagen. Der von den Österreichern verwendete Vorderlader war der neuen preußischen »Wunderwaffe«, dem siebenfach schneller schießenden Zündnadelgewehr, hoffnungslos unterlegen.

Dennoch wurde aus dem Versprechen, das sich die preußisch-italienischen Verbündeten gegeben hatten, *„einander in Wien die Hände zu reichen"*, nichts. In Italien siegten die Österreicher auf allen Linien, so am **24. 6.** unter Erzherzog Albrecht bei Custozza und am **20. 7.** in der Seeschlacht von Lissa, in der Admiral TEGETTHOFF eine italienische Landung an der dalmatinischen Küste verhinderte, indem er seine zum Teil noch aus Holz gebauten Schiffe die Panzerschiffe des Gegners in Grund und Boden rammen ließ. Die Erfolge an der Südfront dienten jedoch nur noch der Waffenehre: Kaiser FRANZ JOSEPH I. hatte Venetien dem französischen Kaiser NAPOLEON III. zugesichert, damit dieser militärisch interveniere, wenn Preußen angriff. Der Krieg war aber zu Ende, bevor Frankreich am Rhein aufmarschierte.

Nach der Schlacht von Königgrätz stießen die Preußen nach Niederösterreich vor. In aller Eile befestigte man die Linie Bisamberg-Aspern, die Wien schützen sollte. Im slowakischen Blumenau kam es schon zu ersten Gefechten, als BISMARCK den Waffengang gegen den Willen des eroberungssüchtigen preußischen Königs WILHELM I. abbrach. Bismarck handelte aus rationaler Überlegung: Zum einen forderte die Ruhr im preußischen Lager täglich Hunderte Soldatenleben, zum anderen erhob sich die böhmische Bevölkerung gegen die Besatzer, und Napoleon III. traf Anstalten, nun doch in den Krieg einzugreifen.

Am **21. 7. 1866** wurde zwischen Wien und Berlin der Waffenstillstand von Nikolsburg (Mikulov) vereinbart, den der Prager Friede am **23. 8.** bestätigte. Österreich behielt – bis auf Venetien – alle seine Gebiete, zahlte 20 Millionen Taler Entschädigung und verzichtete auf sein Mitspracherecht in Schleswig-Holstein. Schwerwiegender war die Auflösung des Deutschen Bundes, denn damit trat Österreich von der deutschen politischen Bühne ab. Auch die Hoffnung einiger Optimisten, man könne dem preußisch dominierten »Norddeutschen Bund« einen österreichisch geführten »Süddeutschen« entgegenstellen, erfüllte sich nicht. Die »kleindeutsche«, von Bismarck getragene Lösung hatte sich behauptet.

1866 verlor Österreich von seinen drei Säulen, auf denen sein europäischer Machtanspruch ruhte, zwei: die »gesamtdeutsche« und die italienische. Auf den Donauraum zurückgedrängt, sah es sich auf dem Balkan Russland gegenüber.

Der preußische Generalstabschef Helmuth von Moltke umfasste mit drei Heeressäulen die Nordarmee der Österreicher in Böhmen. Bei Königgrätz kam es am 3. 7. 1866 zur entscheidenden Schlacht, in der die Truppen des österreichischen Oberkommandierenden Luwig Ritter von Benedek unterlagen. 1 920 Preußen und 5 658 Österreicher fanden den Tod.

Abermals hatte Kaiser Franz Josephs I. eine Niederlage erlitten, und der neuerliche Prestigeverlust wirkte sich innenpolitisch aus. Das ungarische Problem, durch die gewaltsame Niederwerfung der Magyaren 1848/49 keineswegs gelöst, belastete wie kaum zuvor das Verhältnis zwischen Wien und Budapest. Die schicksalsschwere Frage, auf welcher staatlichen Grundlage das Kaisertum stehen solle, drängte nach einer Entscheidung: Es musste die Wahl zwischen einem zentralistischen Einheitsstaat, einem dualistischen Doppelstaat und einem föderalistischen Völkerstaat getroffen werden.

Die Zukunft des Reiches lag nun in den Händen des ehemaligen sächsischen Ministerpräsidenten Friedrich Ferdinand Graf Beust, des ungarischen Juristen Franz Deák und des wegen seiner Teilnahme am Aufstand von 1848/49 zum Tode verurteilten, dann amnestierten, ebenfalls aus Ungarn stammenden Politikers Gyula Graf Andrássy. Sie entschieden sich für den Dualismus. Der politische Anteil, der Kaiserin Elisabeth (1837 bis 1889) – einer erklärten Sympathisantin der Ungarn – am Zustandekommen des Vertragswerkes zukam, sollte dabei nicht unterschätzt werden.

Zunächst funktionierte die Konstruktion – der so genannte Ausgleich –, die am 15. 3. 1867 verabschiedet wurde: Das Erbkaisertum Österreich erfuhr seine Umwandlung zur österreichisch-ungarischen Monarchie. Offiziell bestand sie aus den »im Reichsrate vertretenen Königreichen und Ländern« – oder kurz »Cisleithanien« bzw. Österreich (1915) genannt – und den »Ländern der Heiligen Ungarischen Krone« – »Transleithanien« oder Ungarn. Ungarn erhielt seine Selbstständigkeit, die nur durch vier Faktoren, die es mit Österreich verband, eingeschränkt wurde: das Staatsoberhaupt, die Armee, die Außenpolitik und die Finanzen, sofern diese gemeinsame Ausgaben betrafen. Anstelle einer gemeinsamen Volksvertretung entsandten das österreichische und das ungarische Parlament »Delegationen«, die abwechselnd in Wien und in Budapest zusammentraten. Die Kosten dieser gemeinsamen Vertretung trugen die beiden Reichsteile nach einem bestimmten Schlüssel: Österreich zu 70, später 68 bzw. 63,4 %, Ungarn zu 30, 32 bzw. 34,6 %. Die Behörden wurden in der österreichischen Reichshälfte als »k. k.« – kaiserlich-königlich –, in der ungarischen als »m.k.« – ungarisch-königlich – bezeichnet. Die sowohl für Österreich als auch für Ungarn zuständigen Ämter trugen den Zusatz »k. u. k.« – kaiserlich und königlich. Noch im gleichen Jahr wurde Kaiser Franz Joseph I. die Stephanskrone aufs Haupt gesetzt, ein sichtbares Zeichen der Aussöhnung zwischen den beiden Ländern.

Der Hintergedanke des »Ausgleichs« war offensichtlich: In der österreichischen Reichshälfte sollte die Vorherrschaft des deutschsprachigen Bürgertums abgesichert werden, in der Osthälfte die des magyarischen Adels und der magyarischen Gentry. Deutsche und Magyaren wurden faktisch die »Herrenvölker« im Reich. Das erregte den Unmut der übrigen Völker im Reich, sie fühlten sich benachteiligt, zu Nationen zweiten Grades degradiert.

Die Konstrukteure des Dualismus waren – ohne es zu wissen – gleichzeitig die Totengräber der Doppelmonarchie. Verbittert stellt dazu der tschechische Historiker und Politiker Franz Palacký fest: *„Der Tag der Ausrufung des Dualismus wird zugleich auch der Geburtstag des Panslawismus in seiner am wenigsten wünschenswerten Form werden."*

Die duale Staatsform hatte daher nur ein Problem, das österreichisch-ungarische, vorderhand gelöst. Denn unmittelbar nach dem Wirksamwerden setzte in Transleithanien eine energische Magyarisierungspolitik ein, während in der österreichischen Reichshälfte der Kampf der Nationalitäten zunahm. Noch hatten beide großen Volksgruppen ein deutliches Übergewicht.

So dominierten in den Jahren zwischen 1867 und 1879 in Österreich die Deutschliberalen. Auf sie stützte sich das »Bürgerministerium« von Carlos Auersperg (1867 bis 1870). Doch die Lösung der Nationa-

Ausgleich mit Ungarn

litätenfrage wurde immer dringlicher. Am entschiedensten bekämpften die Tschechen das deutsch-zentralistische System, indem sie **1868** die Wiederherstellung des böhmischen Staatsrechts und – analog zu Ungarn – die Selbstständigkeit der Länder der Wenzelskrone forderten. Aber auch die anderen slawischen Völker meldeten Ansprüche an: Die Slowenen reklamierten ein Königreich, die Polen die vollständige Autonomie Galiziens. Cisleithanien stand vor der Zerreißprobe.

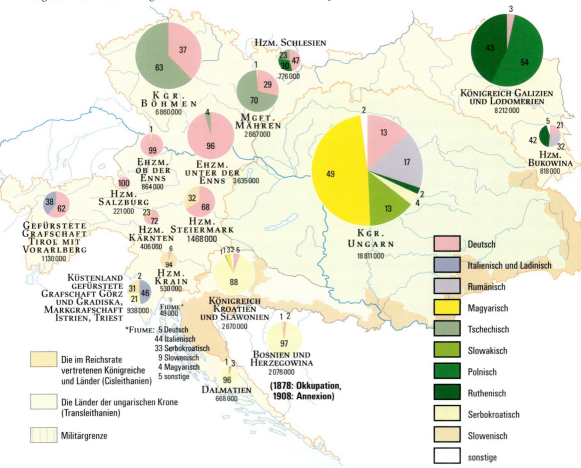

Im österreichisch-ungarischen Ausgleich einigten sich zwei verschiedene, zum Teil einander widersprechende Ideologien auf eine provisorische Lösung, die für beide Vertragspartner zunächst annehmbar war. Ungarn befand sich dabei in einer schwierigeren Lage als Österreich, denn zum einen strebte es danach, vom österreichischen Zentralismus loszukommen, zum anderen musste es aus eigenem, staatserhaltendem Interesse diesen Zentralismus stützen: In der ungarischen Reichshälfte lebten etwa gleich viele Menschen anderer Nationalitäten wie Magyaren selbst. Erfassten diese anderen Völker nationale Bewegungen, geriet die ungarische Hegemonie in Gefahr. Durch die Aufrechterhaltung der Vorherrschaft der deutschsprachigen Volksgruppe und einer rigorosen Magyarisierung dachte man mit dem eigenen Nationalitätenproblem fertig werden zu können. Die Karte zeigt den Stand der Volkszählung von 1910.

STICHWORT
Die Sozialdemokratie

Nach der Niederschlagung der Revolution von 1848/49 schränkte die Obrigkeit die für kurze Zeit eroberten Freiheiten der Massen, so die Pressefreiheit, radikal ein. Sie ließ Journalisten standrechtlich erschießen oder zu langen Haftstrafen verurteilen, reduzierte die Zahl der politischen Blätter und überwachte sie sorgsam. Das Vereinsgesetz von 1852 verbot alle politischen Vereine, selbst der »Katholikenverein für Glauben, Freiheit und Gesinnung« musste seine demokratisch orientierten Reformbemühungen innerhalb der Kirche einstellen und seine Statuten ändern. Ein freier Meinungsaustausch über politische Probleme war unterbunden.

Außenpolitische Misserfolge, verlorene Kriege, eine rasch fortschreitende Industrialisierung, die Notwendigkeit, die Arbeiterschaft im Hinblick auf eine effizientere Produktion zu organisieren, und andere Umstände zwangen jedoch die Regierung, die Meinungsbeschränkungen in den kommenden Jahren zu lockern. Schon während der Ära des Neoabsolutismus zwischen **1849 und 1867** bildeten sich zwei politische Grundströmungen heraus: die konservative und die liberale.

Erste Wahlen

Die Abhaltung von Wahlen zur Gemeindevertretung im Winter **1860/61**, zu Bezirksausschüssen, Komitatsvertretungen und Landtagen eröffneten breiteren Bevölkerungskreisen zum ersten Mal die Teilnahme an politischen Entscheidungen. Noch orientierte sich das Wahlrecht an den Grundsätzen von »Besitz und Bildung«: Wer mehr Steuern zahlte, sollte mehr Mitspracherecht haben. Die Wahlbegeisterung der Bevölkerung hielt sich zwar in Grenzen – bei der Reichsratswahl **1879** ging im Durchschnitt nur jeder Dritte zur Urne –, aber das lag zum einen am geringen Kontakt der Abgeordneten zur Wählerschaft, zum anderen am Fehlen differenzierter Programme. Dieses Phänomen zeigt sich auch heute, nur wird es jetzt mit dem Begriff der so genannten Wahlmüdigkeit umschrieben.

Gegen Ende des **19. Jh.s** sahen sich die liberalen und konservativen Klassenparteien aber dann doch der Konkurrenz wachsender moderner Massenparteien gegenüber. Am **1. 12. 1867** trat die sozialistische Bewegung mit einer Versammlung von Wiener Arbeitern an die Öffentlichkeit. Kurz danach entstand der »Erste Allgemeine Wiener Arbeiterbildungsverein«, die Keimzelle der Sozialdemokratischen Partei Österreichs.

Kerkerstrafen für Parteiführer

Ab nun bildeten sich in rascher Folge Selbsthilfevereine, Konsumgenossenschaften und Krankenkassen. Die Forderung der Arbeiter nach einem allgemeinen Wahlrecht und der Einführung des demokratischen Prinzips lehnte der Führer der Deutschliberalen Partei und zugleich Innenminister, KARL GISKRA, ab. Im Gegenzug löste er die Arbeiterbildungsvereine auf, klagte Arbeiterführer wegen Hochverrats an und ließ sie zu Kerkerstrafen verurteilen. Tiefes Misstrauen gegenüber der Regierung erfasste die Arbeiterschaft, und sie verlangte **1873** – nach dem großen Börsenkrach, der in Wien, bei einer Bevölkerungszahl von 700 000, etwa 35 000 Arbeitslose zur Folge hatte – danach, ihrer Bewegung ein Programm zu geben.

Der Kongress, auf dem dieses hätte beschlossen werden sollen, durfte in Baden bei Wien nicht stattfinden, also wich man über die Grenze, nach Ungarn aus, und trat vom **5. bis 6. 4. 1874** in Neudörfl an der Leitha zusammen. 74 Abgeordnete, die 25 000 Ar-

AUFBRUCH DER MASSEN

beiter vertraten, nahmen an diesem Gründungskongress der österreichischen Sozialdemokratie teil, auf dem Forderungen nach einem allgemeinen Wahlrecht, der Presse- und Versammlungsfreiheit, der Wahl der Richter durch das Volk, der Trennung des Staates von der Kirche und der *„Abschaffung der modernen privatkapitalistischen Produktionsweise"* erhoben wurden. Die Verhaftung der Arbeiterführer unterbrach aber den Aufbau der Partei, bis ein junger Arzt, der aus Prag stammende VICTOR ADLER, ihr neue Impulse gab.

DAS HAINFELDER PROGRAMM

Adler kam aus dem Deutschnationalen Verein und hatte mit ENGELBERT PERNERSTORFER, HEINRICH FRIEDJUNG und GEORG VON SCHÖNERER **1882** das »Linzer Programm« entworfen, das die Stärkung des deutschen Charakters in der österreichischen Hälfte der Monarchie und eine bloße Personalunion mit Ungarn zum Ziele hatte. Der zunehmend radikale antisemitische Kurs der Deutschnationalen bewog aber Adler, **1885** zu den Sozialdemokraten überzuwechseln, wo er zum führenden Kopf der Bewegung aufstieg. Schon auf dem »Hainfelder Parteitag«, der vom **30. 12. 1888** bis **1. 1. 1889** tagte, bewies er taktisches Geschick: Gemeinsam mit KARL KAUTSKY einte er die ideologisch gespaltenen Sozialdemokraten. Ihre »Prinzipienerklärung der Sozialdemokratischen Arbeiterpartei Österreichs«, das so genannte Hainfelder Programm, fand in großen Teilen der Bevölkerung Anklang: *„Die sozialdemokratische Arbeiterpartei ist eine internationale Partei, sie verurteilt die Vorrechte der Nationen ebenso wie die der Geburt, des Besitzes und der Abstammung ..."*. Dieses klare Bekenntnis veranlasste alle Nationalitäten Österreichs, ihre Vertreter in die Partei zu entsenden.

Der Erfolg stellte sich **1897** ein: Die Sozialdemokraten errangen im Reichsrat 14 Sitze, nach der Einführung des allgemeinen Wahlrechts **1907** rückten sie mit 87 Abgeordneten zur zweitstärksten Fraktion hinter den Christlichsozialen mit 98 Sitzen auf. Allerdings waren auch sie vor dem Nationalitätenhader nicht gefeit, obwohl einer der bedeutendsten Sozialdemokraten, KARL RENNER, im »Brünner Programm« **1899** den Sprachgruppen eigene Territorien zubilligte, allerdings unter Beibehaltung der »großösterreichischen Idee« **(1905)**. Die Zusammenarbeit der nicht deutschsprachigen Parteigenossen mit den deutschsprachigen scheiterte an der Frage der Organisation der Gewerkschaften. Zwischen den Wiener und den tschechischen Sozialdemokraten kam es zum Bruch, da man in Wien die Anstellung eines zweiten, tschechischen Sekretärs nicht verwirklichen wollte.

MISSSTIMMIGKEITEN

Der Riss führte zur Bildung sozialdemokratischer Parteien der einzelnen Nationalitäten, wenngleich die deutschsprachigen Sozialdemokraten eine internationale Linie, allerdings wenig beherzt, weiterverfolgten. **1914** bekundete die Mehrheit ihre Loyalität gegenüber dem Kaiser und sprach sich für einen Verteidigungskrieg aus. Diese Entscheidung führte innerhalb der Partei zu erheblichen Differenzen, und sie geriet, durch die Gruppe um FRIEDRICH ADLER, dem Sohn Victor Adlers, abermals in die Gefahr, gespalten zu werden.

Die ungeheure Not und das Elend in der Heimat, die allgemeine Kriegsmüdigkeit und die leninistisch-bolschewistische Freiheitspropaganda, die durch russische Kriegsgefangene und Heimkehrer von der Front und aus der russischen Gefangenschaft in die Monarchie gelangte, bewogen die Sozialdemokraten, einen Friedenskurs einzuschlagen: Die revolutionäre »Linke« um den Verein »Karl Marx« errang in parteiinternen Auseinandersetzungen die Oberhand. Die Partei bekannte sich zum Selbstbestimmungsrecht der Völker und forderte sofortige Friedensverhandlungen. Der Entschluss kam zu spät, der Zusammenbruch der Monarchie war nicht mehr aufzuhalten.

STICHWORT
Deutschnationale und Liberale

Die Niederlage der österreichischen Armee im Krieg gegen Preußen 1866 spaltete das deutschnationale Lager: Das gemäßigte forderte vom habsburgischen Staat mehr Unterstützung zur Stärkung des Deutschtums, das radikale hingegen lehnte die Monarchie in ihrer bestehenden Form ab und trat für den Anschluss an Deutschland ein. Das nach dem Parteiideologen JULIUS KRICKL benannte Programm umriss 1868 die Ziele der Nationalen: Pflege des großdeutschen Gedankens im Hinblick auf eine tausendjährige gemeinsame Geschichte, Festigung des geistigen und sittlichen Bandes zum Deutschen Reich sowie eine deutschnational ausgerichtete Schulbildung und Erziehung.

Zur Pflege des Deutschtums entstanden in Wien 1867 der »Deutsche Volksverein«, in Graz der »Verein der Deutschnationalen«, der seine Anhänger unter den Studenten rekrutierte und Kern der Bismarck-orientierten Bewegung in Österreich wurde. Bemerkenswert war, dass die radikalste deutschnationale Gruppe ihren Ursprung in der liberalen Verfassungspartei hatte, die zunächst das Sammelbecken aller Gegner der deutschnationalen Idee und den Hort der Monarchie darstellte.

Auf dem Parteitag von **1873** spalteten sich die Liberalen in mehrere Klubs, unter anderem in die »Fortschrittspartei«, die den deutschnationalen Gedanken über den österreichischen stellten und in die der Gutsbesitzer GEORG VON SCHÖNERER eintrat. Am **2. 6. 1882** gründete er mit HEINRICH FRIEDJUNG und OTTO STEINWENDER den »Deutschnationalen Verein«, der durch den heftiger werdenden Nationalitätenkampf starken Zulauf erhielt. Das »Linzer Programm« – ein Kollektivprodukt Schönerers, Friedjungs, PERNERSTORFERS und VICTOR ADLERS – legte die Forderungen der Nationalen fest: Sonderstellung Galiziens, Dalmatiens, der Bukowina, Personalunion mit Ungarn und die Einführung der deutschen Amtssprache in der ganzen Monarchie. **1885** wurde das Programm durch den berüchtigten, antisemitischen »Judenpunkt« erweitert, der Pernerstorfer, Friedjung und Adler bewog, die Partei zu verlassen.

1897 nahm Schönerer seine Tätigkeit als Abgeordneter wieder auf, nachdem er im Zuge einer Prügelei wegen Körperverletzung kurzfristig im Gefängnis hatte einsitzen müssen. Nun verbreitete er nicht nur Hass gegen das Judentum, er griff auch den katholischen Klerus wegen dessen deutschfeindlicher Haltung scharf an. Seine »Los-von-Rom-Bewegung« verleitete bis **1914** rund 100 000 Österreicher zum Austritt aus der Kirche. **1901** gründeten Anhänger Schönerers die »Alldeutsche Vereinigung«, die bei Studenten und in demokratisch-liberalen Kreisen großen Zuspruch fand. Ein beträchtlicher Teil der Lehrer und Professoren sympathisierte mit den Alldeutschen, die es durch geschickte Propaganda verstanden, mit den Schlagworten von der »Wahrung des deutschen Charakters der Universitäten« Stimmung zu machen.

Ein aufmerksamer Zuhörer »alldeutscher« Versammlungen war zwischen **1907** und **1912** der aus Braunau am Inn stammende Arbeitslose und in einem Meidlinger Männerheim wohnende ADOLF HITLER. Er bekannte später, dass ihn sein Geschichtslehrer am Linzer Gymnasium gelehrt habe, Österreich zu hassen.

VOM DEBAKEL ZUM HÖHENFLUG

Die Deutschnationalen spalteten sich abermals: **1904** entstand die »Deutsche Arbeiterpartei«, **1905** die »Deutsche Agrarpartei«. Deshalb erlitten sie bei den ersten allgemeinen, geheimen, gleichen und direkten Wahlen **1907** ein schweres Debakel, das

Korruption und Wirtschaftsegoismus

allerdings das gesamte nationale und liberal-nationale Lager wachrüttelte und es zum Zusammenschluss im »Deutschen Nationalverband« veranlasste. Dieser schaffte in der Wahl von **1911** mit 104 Abgeordneten den Aufstieg zur stärksten Fraktion im Reichsrat. Als Stütze der Regierung verfolgte die Partei bis zum Ausbruch des Krieges ihren deutschnationalen Kurs. **1917** löste sie sich angesichts der sich abzeichnenden Niederlage Österreichs auf.

Ein eigentliches liberales Zeitalter erlebte Österreich nicht. Zwar fanden die Ideen der Liberalen von Freiheit und Gleichheit der Person, von Rede-, Versammlungs- und Religionsfreiheit, vom Schutz des Eigentums vor staatlichem Zugriff in der Verfassung vom **21. 12. 1867** Aufnahme, für die Partei selbst aber blieben sie ein Lippenbekenntnis: Sie verweigerte anderen Nationalitäten jene Anerkennung, die sie von diesen für die Deutschsprachigen als Selbstverständlichkeit einforderte. So nannte der aus dem deutschen Wesselburen stammende, in Österreich lebende liberale Dichter **Friedrich Hebbel** Tschechen und Polen „*Bedientenvölker*", und der Journalist **Daniel Spitzer** schrieb in seinem Feuilleton »Wiener Spaziergänger« am **28. 8. 1870**: „*Es laufen jetzt ein paar Völker auf der Erde herum, von denen man eigentlich nicht weiß, wozu sie da sind. Wenn ich zu diesen vor allem die Völker Österreichs rechne, so geschieht dies nicht aus Nationalstolz, sondern um eine offenkundige Tatsache nicht totzuschweigen.*" Kein Verständnis brachten die Liberalen auch für soziale Probleme auf. Die Korruptionsfälle, in welchen die liberalen Minister **Giskra**, **Banhans**, der Parlamentspräsident **Hopfen**, Abgeordnete und Beamte schnelles Geld machen wollten, erschütterte zeitweilig ihre Glaubwürdigkeit. So erregte die Aussage des im Wirtschaftsprozess um die Lemberg-Czernowitzer Eisenbahn angeklagten deutschliberalen Parteichefs und Innenministers Giskra Aufsehen, als er die erhaltenen Provisionen als eine „*in Österreich ganz besondere Eigentümlichkeit*" hinstellte.

Der ungebremste Wirtschaftsegoismus, den die Liberalen verfolgten, führte schließlich zum Börsenkrach von **1873**. Bankinstitute, die mit falschen Versprechungen und frisierten Bilanzen kleinen Aktionären das Geld aus der Tasche zogen, schütteten gleichzeitig horrende Dividenden aus, so der Wiener Bankverein, der sich von 27 % im Jahre **1870** auf 80 % im Jahre **1872** steigerte. Im Zuge des Bankenzusammenbruchs mussten acht Geldinstitute Konkurs anmelden, 40 weitere wurden liquidiert.

Die außenpolitischen Fehlentscheidungen auf dem Balkan – die Annexion Bosniens und der Herzegowina – machten schließlich der »Verfassungspartei« den Garaus.

Der »schwarze Freitag« an der Wiener Börse vom 8. 5. 1873 stürzte viele Anleger in den Ruin und Betriebe in den Konkurs. Die Wirtschaftsführung der Liberalen Partei trug zu diesem ökonomischen Desaster wesentlich bei.

Stichwort
Die Christlichsozialen

Ansätze einer christlich-konservativen Politik in Österreich lassen sich bereits vor 1848 feststellen. Sie wurden von dem aus dem mährischen Taßwitz (Tasovice) stammenden Redemptoristenpater CLEMENS MARIA HOFBAUER, einem erklärten Gegner der josephinischen Aufklärung, getragen. Hofbauer setzte neue Mittel der Seelsorge ein und suchte über Hausbesuche, Heimabende, die Presse und eine eigene Zeitschrift, den »Ölzweig«, den Kontakt mit der Bevölkerung. Durch Hofbauer – er hieß mit bürgerlichem Namen DVOŘÁK –, so behauptet HERMANN BAHR, sei *„Österreich wieder katholisch geworden"*. Der Vatikan sprach Hofbauer am 29. 1. 1888 selig und am 20. 5. 1909 heilig.

Als Spätfolge metternichscher Politik und im Kielwasser der »Heiligen Allianz« eroberte sich die katholische Bewegung bis zum Aufkommen des Liberalismus politische Schlüsselpositionen. Sie stand daher dem wachsenden Massenproletariat der fortschreitenden Industrialisierung nicht ungerüstet gegenüber.

Vorbildwirkung hatten aber zwei im Deutschen Reich tätige Priester, die sich beispielhaft der Probleme der Arbeiter annahmen: ADOLF KOLPING und WILHELM VON KETTELER. Ihre Sozialarbeit fand in Österreich Nachahmung. Um SIGMUND ANTON GRAF VON HOHENWART sammelte sich eine klerikal-antiliberale und föderalistische Gruppe, die mit der Sozialreformbewegung des Freiherrn KARL VON VOGELSANG die Basis für eine christlichsoziale Partei legte. Vogelsang lehrte, dass die Wirtschaft der Allgemeinheit und nicht dem Gewinnstreben des Einzelnen zu dienen habe. Sein persönliches Engagement für die Arbeiter wirkte glaubhaft, sogar der politische Gegner, die Sozialdemokraten OTTO BAUER und VICTOR ADLER, zollten ihm Anerkennung. Seit den Reichstagswahlen von **1891** nannte sich eine parlamentarische Gruppe »christlichsozial«; als Gründungsdatum der Christlichsozialen Partei (CP) kann der **17. 5. 1895** angesehen werden, an dem Wiener Christlichsoziale eine programmatische Resolution verabschiedeten. Doch erst **1907** fand die CP zu einem eigentlichen Parteiprogramm.

Antisemtismus

Auch die CP sah sich mit der »Reichsfrage« konfrontiert. Sie opponierte gegen den Dualismus und führte massive Beschwerden über den *„schädlichen"* Einfluss einer – vermeintlichen – *„judäomagyarischen Clique"* auf die österreichische Reichshälfte. Hier, so versicherte die CP, wolle man *„allezeit für den Schutz des ideellen und materiellen Besitzstandes des deutschen Volkes eintreten"*. Das Programm für die Lösung der sozialen Frage trug stark die Züge der von Karl von Voglsang vorgeschlagenen Reformen, die durch die von Papst LEO XIII. veröffentlichte Enzyklika »Rerum novarum« vom **15. 5. 1891** eine maßgebliche politische und moralische Unterstützung erhielten. Dieses Rundschreiben empfahl einen von Liberalismus und Sozialismus abweichenden neuen Weg und betonte die übernatürliche Bestimmung des Menschen. Dessen ungeachtet konnte sich das Programm der Christlichsozialen von ungerechten Feindbildern nicht befreien. So kam in Fragen der Wirtschaftspolitik und des Parteienwettbewerbs der stark antisemitisch geprägte Kurs der Partei immer wieder zum Durchbruch.

Einer der Gründerväter der Christlichsozialen Partei war der am **24. 10. 1844** in Wien geborene Sohn eines Hausmeisters und Saaldieners am Polytechnikum, KARL LUEGER. In jungen Jahren im Gefolge SCHÖNERERS, wurde Lueger Anwalt **(1874 bis 1896)** und wechselte zu den Deutschliberalen. Von deren Korruptionsaffären abgestoßen, verließ er

Karl Lueger, Führer der Christlichsozialen Partei, wurde 1897 gegen den Willen Kaiser Franz Josephs I. Bürgermeister von Wien. Sein antisemtische Haltung setzte er bewusst ein, um populär zu werden.

Von Feindbildern belastet

diese aber 1880 und wandte sich den Katholisch-Konservativen zu. 1885 zog Lueger als ihr Abgeordneter in den Reichsrat ein und stürzte, gestützt auf das Kleinbürgertum, 1895 die liberale Gemeinderatsmehrheit in Wien. Schützenhilfe bekam Lueger durch den von LEOPOLD KUNSCHAK 1892 gegründeten »Christlichsozialen Arbeiterverein«, der in eine bisher den Sozialdemokraten vorbehaltene Bevölkerungsschicht eindrang. Der starke Stimmenzuwachs der Christlichsozialen ging nicht nur auf Kosten der Arbeiterpartei, auch die Katholisch-Konservativen verloren Anhänger. Darüber und über den radikal-sozialen Ton der Lueger-Partei führte der Prager Kardinal Graf FRANZ SCHÖNBORN bei Papst Leo XIII. bittere Klage: Sie benütze die Gegensätze auf sozialem Gebiet, schreibt Schönborn, *„um auf Grund derselben eine agitatorische Tätigkeit zu entfalten"*.

Ein Populist

Der brillante Taktiker Lueger verstand es perfekt, dem Volk nach dem Mund zu reden. Das Kleinbürgertum, das kleine Gewerbe, die Greißler, niederen Beamten und biederen Handwerker zählten zu seinen treuesten Anhängern. Dennoch gelang ihm der Sprung auf den Wiener Bürgermeistersessel erst im vierten Anlauf. Seine scharf antisemitische Haltung – unter Vertrauten bezeichnete er diese als *„Pöbelsport"* – ist ebenso unbestritten wie seine überragenden kommunalpolitischen und -sozialen Maßnahmen, die Wien zu einer modernen Weltstadt machten. Für HITLER, der viele seiner Versammlungen besuchte, war Lueger *„der letzte große Deutsche, den das Kolonistenvolk der Ostmark aus seinen Reihen gebar…"*.

Im Wien von 1900 lebten 146 926 Juden, das waren 8,8 % aller Einwohner. Da sich die Juden seit 1867 in der Monarchie frei bewegen konnten, zog es viele in die Kaiserstadt, in der sie sich bessere Geschäfte und eine höheren Ausbildung erhofften;

zwischen 1869 und 1910 stieg ihre Zahl von 40 230 auf 175 318. Dazu hatte die Anweisung Kaiser FRANZ JOSEPHS I. an seinen Ministerpräsidenten EDUARD GRAF TAAFFE: *„Ich dulde keine Judenhetze in meinem Reiche"* wesentlich beigetragen. Die Judenhetze musste er schließlich doch ertragen, denn *„der Antisemitismus ist eine bis in die höchsten Kreise ungemein verbreitete Krankheit, und die Agitation ist eine unglaubliche"*, schreibt er 1895 an seine Frau.

Auch die Arbeiterbewegung war nicht frei von antisemitischen Strömungen, wie KARL KAUTSKY, Chefideologe der deutschen Sozialdemokraten, 1884 FRIEDRICH ENGELS berichtet: *„Wir haben Mühe, unsere eigenen Leute zu hindern, dass sie nicht mit den Antisemiten fraternisieren."*

Die jüdischen Arbeiter selbst hielten wenig von den *„rot betünchten Assimilationsjuden"*, bemerkt SAUL RAPHAEL LANDAU, Redakteur der zionistischen Zeitschrift »Welt«, mit deutlichem Seitenhieb auf maßgebliche Führer der österreichischen Sozialdemokratie. Der Klassenneid war nicht zu übersehen, denn tatsächlich waren etliche jüdische Intellektuelle bürgerlicher Herkunft – OTTO BAUER, MAX ADLER – ins sozialistische Lager abgewandert, wo sie sich als bedeutende Theoretiker des Austromarxismus profilierten. Sie hatten die Liberalen verlassen, die, konservativ geworden, dem um sich greifenden Antisemitismus nicht mehr standhalten konnten – oder wollten.

Die Revolution von 1848 warf im Kaisertum Österreich zum ersten Mal ein Problem auf, das bis dahin unbekannt war: die Nationalitätenfrage. Ihr stand die Regierung zunächst ratlos gegenüber. Um sich über die Größe der einzelnen Völker ein Bild zu verschaffen, sollte eine Volkszählung Klarheit bringen. Doch die Menschen wussten oft selbst nicht, welcher Volksgruppe oder Sprache sie sich zugehörig fühlten. 1880 gaben 62 % der Bevölkerung in den böhmischen Ländern als Umgangssprache »Böhmisch-Mährisch-Slowakisch« an und vermieden es, »Tschechisch« zu sagen.

Die Länder und Provinzen der Monarchie waren ein historisch gewachsenes Produkt und deckten sich nicht mit den Sprachgrenzen. Verwirrend war die Völkervielfalt in den Kolonisationsräumen des Banats und der Batschka. Insgesamt zählte man elf große Ethnien, später waren es zwölf, als Tschechen und Slowaken ein eigener Nationalitätenstatus zuerkannt wurde. Allen sollte eine Gleichstellung zuteil werden, danach strebte der junge Kaiser FRANZ JOSEPH I. Doch schon an der Definition der Begriffe »Gleichberechtigung«, »Nationalität«, »Nation«, »Muttersprache« usf. herrschte unter Fachleuten keine einheitliche Meinung. Der ungarische Staatswissenschaftler JÓZSEF EÖTVÖS erkannte 1850 die wahre Problematik: *„Die Grundlage aller nationellen Bestrebungen ist das Gefühl höherer Begabung, ihr Zweck ist die Herrschaft."* Er nahm damit den wenige Jahrzehnte danach ausbrechenden *„Kampf der Nationen"*, so KARL RENNER, **vorweg.**

Der österreichisch-ungarische Ausgleich von 1867 brachte keine Lösung des Nationalitätenproblems. Im Gegenteil: Die Deutsch sprechenden Österreicher orientieren sich mehr an Deutschland und erhielten nach dem Sieg OTTO VON BISMARCKS über Frankreich und der deutschen Reichsgründung 1870/71 gewaltigen Auftrieb, die Ungarn praktizierten eine radikale Magyarisierungspolitik, und die übrigen Völker der Monarchie fühlten sich benachteiligt und suchten nach Auswegen, um ihre nationale Identität zu bewahren. Demonstrativ fuhren tschechische Politiker nach St. Petersburg, um mit russischen Nationalisten und Panslawisten Lösungen zu finden.

Die polnischen Adligen Galiziens träumten wieder ihren Traum von einem Großpolen und opponierten gegen Wien, bis sie – 1863 – durch die kompromisslose Niederwerfung des polnischen Aufstandes in Russisch-Polen in die Realität zurückgeholt wurden und im Reichsrat jener Regierung ihre Stimme gaben, die ihnen die meisten Konzessionen einräumte. Die Italiener Tirols wieder faszinierte die irredentistische Galionsfigur GIUSEPPE GARIBALDI, und sie forderten unverblümt die »Heimkehr« nach Italien.

Die geplante, aber nicht realisierte Sprachenreform der Regierung BADENI vom 5. 4. 1897, die in öffentlichen Ämtern auch rein deutschsprachiger böhmischer und mährischer Gebiete für Beamte die Zweisprachigkeit vorsah, ließ den wahren Kern des Nationalitätenkonflikts erkennen: Er war kein reiner Sprachenstreit mehr, sondern ein Kampf der Völker um die Vorherrschaft in der Monarchie. Aus gesamtstaatlicher Sicht durchaus vernünftig, erhitzte Badenis Gesetzesentwurf die Gemüter so sehr, dass ein Aufstand drohte. Im Parlament prügelten sich Abgeordnete, bis die Polizei die zehn schlimmsten Randalierer – acht Sozialdemokraten und zwei Deutschnationale, SCHÖNERER und WOLF – abführte. Auf der Wiener Ringstraße jagten Husaren Tausende Demonstranten auseinander, und in Prag zertrümmerte eine aufgebrachte Menschenmenge Geschäfte mit deutschen Firmenaufschriften, bis ein rasch verhängtes Standrecht die Ordnung wiederherstellte.

Die Krawalle machten das Ausland auf das österreichisch-ungarische Problem aufmerksam. Kein Geringerer als der deutsche Historiker THEODOR MOMMSEN meldete sich, in der liberalen Wiener Zeitung »Neue Freie Presse«, bissig zu Wort: *„Vernunft*

Die großen Volksgruppen der österreichisch-ungarischen Monarchie an der Wende des 19. zum 20. Jahrhundert.

Das Nationalitätenproblem

nimmt der Schädel der Tschechen nicht an, aber für Schläge ist auch er zugänglich."

Badeni trat zurück, die tschechische Frage blieb offen, mit ihr die der anderen Nationalitäten, bis das große Reich **1918** zerbrach.

Das multinationale Bild der österreichisch-ungarischen Monarchie wäre unvollständig, würde man nicht die vielen anderen Volksgruppen erwähnen, die neben den zwölf bedeutendsten im Lande lebten: die Armenier etwa, die im **14. Jh.** von der Halbinsel Krim nach Galizien einwanderten und zu führenden Kaufleuten aufstiegen, sodass sie beinahe den ganzen polnischen Osthandel in ihrer Hand hielten. Oder die Griechen, die **1784** – lange bevor sie es in ihrer Heimat durften – in Wien eine erste griechische Zeitung auflegten und im **18. Jh.** ein eigenes Börsenzentrum errichteten. Weiters die kaum bekannten Aromunen, in denen man Nachkommen der Illyrer sah, die aber nach letztem Forschungsstand gräzisierte Mazedorumänen sind und in Wien und Budapest große Kontore unterhielten. Sie besorgten bis ins **19. Jh.** den gesamten kontinentalen Warentransport zwischen Venedig und Stambul auf dem Rücken von Mauleseln. Nicht zu vergessen die Alpenromanen, die man besser unter dem Namen Ladiner kennt, die Bunjewatzen und Schokatzen der Batschka und des Banats, die Bulgaren, Batschka-Rusinen, die Albaner, Mennoniten, Karaimen, Sabbatisten oder die nur in der Bukowina beheimatete großrussische Sekte der Lippowaner, die Tanz, Tabak und Alkohol, ärztliche Hilfe und Vorsorgeimpfungen ablehnte und 186 Tage im Jahr fastete. Ihre Verbrechensrate war auffallend gering; in den Jahren zwischen **1862 und 1871** entfiel eine einzige Straftat auf 1 898 Lippowaner, bei den Katholiken lag die Rate viermal höher.

1918 löste sich das Nationalitätenproblem für Österreich, **1992/93** zerbrach ein anderer Staat an ihm: Jugoslawien.

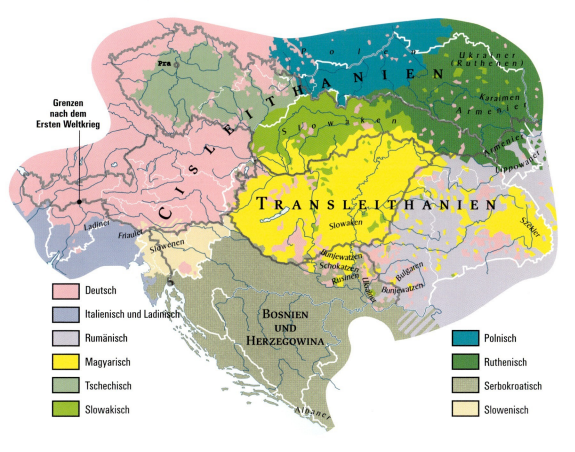

Die Gesamtlage der österreichisch-ungarischen Monarchie zwischen 1866 und dem Ausbruch des Ersten Weltkriegs war untrennbar mit drei Faktoren verbunden: der Wirtschaft, dem Nationalitätenproblem und der Außenpolitik.

Gegen Ende der 70er Jahre hatte das Land den Börsenkrach von 1873 überwunden, und Industrie und Landwirtschaft erlebten wieder einen Aufschwung. Die Wirtschaftsbeziehungen zwischen Österreich und Ungarn fußten auf einer gemäßigten Freihandelspolitik, die dem Agrarland Ungarn entgegenkam und die Ausfuhr landwirtschaftlicher Produkte nach Österreich sicherte. Österreich nahm dafür eine Schutzzollpolitik für seine Industrieprodukte in Anspruch. Solange beide Teilstaaten ihre streng getrennten agrarisch-industriell differenzierten Wirtschaftsstrukturen beibehielten, wickelte sich der Warenaustausch reibungslos ab; aber es ergaben sich Spannungen, als Ungarn in eine Industrialisierungsphase trat und Österreich seine Landwirtschaft förderte. Ein Ausweichen auf den Weltmarkt war nicht möglich, seit Großbritannien und Deutschland ihn beherrschten. Für Österreich-Ungarn stand nur ein Markt offen: der Balkan. Aber da traf es auf Russland und dessen strategische Absichten: Es trachtete über Vasallenstaaten an die Adria zu gelangen und das Osmanische Reich so einzuengen, dass dieses auf den Besitz von Bosporus und Dardanellen verzichtete.

Die Staatskanzleien in London und Paris, bemüht, den Status quo auf dem Balkan aufrechtzuerhalten, reagierten besorgt, als sie 1872 von einem Treffen erfuhren, das der deutsche Kaiser WILHELM I., der Zar ALEXANDER II. und der österreichisch-ungarische Kaiser FRANZ JOSEPH I. in Berlin planten. Der österreichische Außenminister Graf GYULA ANDRÁSSY, seit November 1871 an die Stelle des bisherigen Ministers des Äußeren, FRIEDRICH FERDINAND GRAF BEUST, gerückt, hatte die Zusammenkunft arrangiert. Beust hatte seinen Abschied nehmen müssen, als er vor dem Ausbruch des Deutsch-Französischen Krieges eine Allianz mit Italien und Frankreich gegen Deutschland nicht verwirklichen konnte und nun der Normalisierung der deutsch-österreichischen Beziehungen ein Hindernis war.

Auch Andrássy – er pflegte nach gelungenen diplomatischen Verhandlungen in der Staatskanzlei seine Hofräte mit einem Handstand auf METTERNICHS Schreibtisch zu verblüffen – war bemüht, den Frieden in Europa zu erhalten. Aber im Frühjahr 1875 entfachte Deutschlands Kanzler OTTO VON BISMARCK über die Presse eine neue Kriegspsychose, die von seinen innenpolitischen Problemen – dem »Kulturkampf« mit der Kirche, der das Land zu zerreissen drohte – abzulenken. Frankreich, so ließ er wissen, plane einen Rachefeldzug, doch seine »Krieg-in-Sicht-These« ging ins Leere. Während aber Russland und Großbritannien Bismarck vor einem neuen Waffengang warnten, hüllte sich Wien in Schweigen, sein Interesse richtete sich auf Bosnien.

Im April 1875 begab sich Franz Joseph I. mit seinem Generalstab auf eine längere Dalmatienreise. In Venedig, der ersten Station, deutete er dem italienischen König VITTORIO EMANUELE II. an, es könnten demnächst österreichische Truppen in Bosnien und der Herzegowina einmarschieren. In Cattaro und Ragusa empfing der Monarch Abordnungen katholischer und orthodoxer Christen und den montenegrinischen Fürsten NIKITA. In Agram wies er den Garnisonskommandeur an, für die Übernahme der beiden türkischen Provinzen bereit zu sein. In der Öffentlichkeit dementierte der Kaiser: „Ich denke in keiner Weise an eine Annexion ..."

Acht Wochen später erhoben sich die Bosnier, und der Aufstand griff auf das ebenfalls türkische Bulgarien über. Während sich die Osmanen an bulgarischen Frauen und Kindern vergingen, teilten Andrássy und der russische Außenminister GORTSCHAKOW den Balkan in Einflussphären auf. Österreich könne Bosnien-Herzegowina okkupieren, sofern es sich bei einem russisch-türkischen Krieg neutral verhalte,

PULVERFASS BALKAN

wurde in Budapest am **15. 1. 1877** vereinbart. Am **24. 4. 1877** überschritten die Truppen des Zaren den Pruth, am **30. 1. 1878** standen sie 12 km vor Stambul. Doch dann kreuzten vor San Stefano, dem heutigen Flughafen Yeşilköy, britische Schlachtschiffe, und Russland lenkte ein.

Den Vorfrieden von San Stefano vom **3. 3. 1878** wandelte der »ehrliche Makler«, wie sich Bismarck nannte, am **13. 7. 1878** in einen Frieden um. Russland zog sich zurück, und Österreich holte sich von der Hohen Pforte die Rückversicherung zur Besetzung Bosniens **(13. 7. 1878)**. Am **29. Juli** fiel es über das Land her, erobert am **19. August** Sarajevo und am **16. Oktober** Mostar. Das benachbarte Serbien geriet nun in den Einflussbereich Österreich-Ungarns und wurde von ihm wirtschaftlich vollkommen abhängig. Das eigentliche Machtwort aber sprachen die ungarischen Großgrundbesitzer und Viehzüchter, die **1906** eine Schutzzollpolitik durchsetzten, die einer Einfuhrsperre serbischer landwirtschaftlicher Produkte gleichkam. Serbien stand vor dem wirtschaftlichen Ruin und erwog, Österreich-Ungarn den Krieg zu erklären, um von ihm besetzt zu werden.

Noch herrschte Einvernehmen zwischen Wien und St. Petersburg, wie ein Monarchentreffen in Mürzsteg am **30. 9. 1903** zeigte, da übernahm **ALOYS LEXA VON AEHRENTHAL**, ein »Falke« am Wiener Hof, das österreichisch-ungarische Außenamt. Auf Schloss Buchlau teilte er seinem russischen Amtskollegen **ALEXANDER ISWOLSKY** am **15. 9. 1908** die Absicht der Donaumonarchie mit, Bosnien und die Herzegowina zu annektieren. Iswolsky meldete keine Bedenken an, daher informierte Aehrenthal zwischen **25. und 30. 9.** die Außenminister der Großmächte über den bevorstehenden Schritt. Nun zeigte sich Iswolsky – nach einer Reise durch Westeuropa am **3. 10.** in Paris ankommend – überrascht: Doch das war nur vorgetäuscht, denn er hatte es verabsäumt, seine Regierung in St. Petersburg vom Schritt Wiens in Kenntnis zu setzen. Jetzt erhoben die Mächte Protest.

Im letzten Augenblick rettete der deutsche Reichskanzler **BERNHARD HEINRICH MARTIN FÜRST VON BÜLOW**, der Nachfolger Bismarcks, den Frieden: Österreich überwies 56 Millionen Goldkronen Entschädigung an die jungtürkische Regierung, die wenige Monate zuvor das Sultanat gestürzt hatte.

Ruhe kehrte ein, doch nur für kurze Zeit. Zwei blutige Kriege, **1912** und **1913**, veränderten gründlich die politische Landkarte des Balkans. Wien beobachtete distanziert die Veränderungen, setzte sich allerdings für die Errichtung eines albanischen Staates ein, um den Serben den Zugang zum Meer zu verwehren. Nun trat Russland an die Seite Serbiens, an ihm führte auf dem Balkan kein Weg mehr vorbei.

Otto von Bismarck (in der Bildmitte) gab sich auf dem Berliner Kongress als »ehrlicher Makler«, als er zwischen dem russischen General und Diplomaten Pjotr A. Schuwalow (im Bild rechts) und dem österreichischen Außenminister Gyula Andrássy (im Bild links) im russisch-osmanischen Krieg auf dem Balkan vermittelte.

Bereits ab 1873 entstand ein System von Bündnissen, Verträgen, Abkommen, Konventionen, Allianzen und Vereinbarungen, das wie ein Netzwerk Europa überzog. In diesem Geflecht wurde den Staatskanzleien in Berlin und Wien bewusst, wie nachteilig sich die geografische Mittellage ihrer Länder in Europa auswirkte: Das Deutsche Reich fühlte sich von feindlich gesinnten Mächten eingekreist, Österreich-Ungarn sah sich – seit der Niederlage von Königgrätz 1866 – ausgegrenzt, auf den Balkan abgedrängt. Beide merkten nicht, dass westliche Demokratien ihre (neo-)absolutistischen Regierungssysteme wenig anziehend fanden und sich vor Bündnissen mit ihnen scheuten. Das Deutsche Reich schreckte zusätzlich durch seine Hochrüstungspolitik und den unbändigen Drang nach »einem Platz an der Sonne« – das Streben nach Kolonien – ab, auf Österreich-Ungarn fiel wieder der Schatten des unbewältigten Nationalitätenproblems, das im Ausland das Bild eines »unentwegten Feindes der Freiheit zeichnete«, wie der britische Ministerpräsident WILLIAM EWART GLADSTONE am 17. 3. 1880 meinte.

Den Sprachenkonflikt konnte auch das so genannte Versöhnungsministerium des irischstämmigen Ministerpräsidenten EDUARD GRAF TAAFFE nicht beilegen, zu verfahren waren die innenpolitischen Fronten.

OTTO VON BISMARCK benützte Gladstone's Bemerkung, um FRANZ JOSEPH I. vor Augen zu führen, wie notwendig es für Österreich-Ungarn sei, sich mit der stärksten Macht des Kontinents, Deutschland, zu verbünden. Er bezog sich dabei auf das deutsch-österreichisch-ungarische Geheimabkommen vom 7. 10. 1879, den »Zweibund«.

Dem Inhalt nach war der »Zweibund« eine reine Defensivallianz, die dem Deutschen Reich zwei Vorteile verschaffen sollte: einerseits vom Wohlwollen Russlands unabhängig zu sein, andererseits, um einen Pakt zwischen St. Petersburg und Wien zu verhindern.

1882 wurde das Abkommen auf italienische Initiative zum »Dreibund« erweitert, dem auch Rumänien beitrat. Das Mittelmeerabkommen von 1887 zwischen Großbritannien und Italien signalisierte das Einverständnis Londons mit dem mitteleuropäischen Defensivblock, obgleich alle direkt und indirekt Beteiligten den Pakt nach eigenem Gutdünken auslegten. Österreich-Ungarn, das im März 1887 Mitglied der Allianz wurde, leitete für sich die Rückendeckung zu seinen Expansionsvorhaben auf dem Balkan ab, obwohl der Vertragstext die Aufrechterhaltung des Status quo ausdrücklich vorschrieb.

Das Bekanntwerden des »Zweibund-Vertrages« 1886 stieß den Zaren und seine außenpolitischen Berater vor den Kopf. Sie fühlten sich hintergangen, denn in der Zwischenzeit hatten sie – nichts ahnend – am 18. 6. 1881 in Berlin das so genannte Drei-Kaiser-Abkommen unterzeichnet, das den Vertragspartnern Deutschland, Österreich-Ungarn und Russland eine wohlwollend auszuübende Neutralität vorschrieb, sollte eines der drei Reiche von einer vierten Macht – die Türkei ausgenommen – angegriffen werden.

Doch Bismarck spielte das Spiel mit den fünf Kugeln, wie er es nannte, und gab sich einer »Paktomanie« hin, die Verbündete brüskieren musste. 1887 schloss er, ohne Wien zu informieren, mit St. Petersburg einen »Rückversicherungsvertrag«, der mit dem Geist des Zweibundvertrages nicht vereinbar war: Der Pakt anerkannte Russlands Einfluss auf Bulgarien und Ostrumelien und versprach moralische Unterstützung bei einer Besetzung der Meerengen.

Österreich-Ungarn bemühte sich daher um engere Kontakte zum Zarenreich. Am 24. 4 1897 suchte Franz Joseph I. Zar NIKOLAUS II. in St. Petersburg auf. Wieder stand der Balkan im Mittelpunkt der Gespräche, und abermals betonte man den Status quo. Während des Gegenbesuchs zwischen 30. 9. und 3. 10. 1903 in Mürzsteg erörterten die beiden Monarchen Maßnahmen zur Befriedung des osmanisch beherrschten Mazedonien. Seit 1895 war es Schauplatz erbitterter Kämpfe zwischen Aufständischen und der Regierung in Stambul.

Auf Betreiben Otto von Bismarcks wurde 1879 der deutsch-österreichisch-ungarische Zweibund gegründet. Diesem schloss sich 1882 Italien an, als Reaktion auf den Vorstoß Frankreichs auf das beanspruchte Tunesien.

DIE BÜNDNISPOLITIK

Eine deutliche Absage erteilten Wien und St. Petersburg im **Oktober 1904** den Offensivplänen Deutschlands, seiner Flottenpolitik und dem »Säbelrasseln« Kaiser **Wilhelms II.** Diese Aktivpolitik des österreichisch-ungarischen Außenministers **Agenor Graf Goluchowski** schürte das Misstrauen in Berlin. Kanzler **Bülow** bot daher **1904** Russland das »Uneigennützigkeitsabkommen« an, das eine Neutralisierung der Donaumonarchie vorsah, und Kaiser Wilhelm II. entlockte dem Zaren, bei einem privaten Zusammentreffen in Björkö, am **24. 7. 1905**, ein Defensivbündnis. Wie wenig es allerdings wert war, zeigte sich **1914**.

In der Zwischenzeit überlegte man im britischen Foreign Office (= Außenamt) eine Annäherung an Österreich-Ungarn. Zum einen würde man Berlin verunsichern – in der Donaumonarchie standen 16 Armeekorps unter Waffen –, zum anderen könnte man über Wien mäßigend auf St. Petersburg einwirken. Am **7. 8. 1908** beschwor der englische König **Eduard VII.**, während seines Besuches in Bad Ischl, Kaiser Franz Joseph I., den »Zweibund« zu kündigen und der britisch-französischen »Entente cordiale« beizutreten. Doch Außenminister **Aehrenthal**, den der außenpolitische Redakteur der »Times«, **Henry W. Steed**, *„little slippery"*, ein *„kleines Schlitzohr"* nennt – wehrte ab. Er bezeichnete den Zweibund als die Grundlage der österreichischen Außenpolitik. Die vermutlich letzte Gelegenheit, aus der deutschen Abhängigkeit zu entkommen, ging ungenutzt vorbei. Die »Entente Cordiale«, am **8. 4. 1904** zwischen Großbritannien und Frankreich vereinbart, sollte vorrangig die Kolonialinteressen der beiden Länder ausgleichen. Sie entwickelte sich zur Basis einer politischen Interessengemeinschaft, die zwei Weltkriege überdauern sollte.

Die Annexion Bosniens trieb Österreich-Ungarn vollends in die offenen Arme des Deutschen Reiches. Es war kaum mehr in der Lage, außenpolitische Entscheidungen zu treffen, ohne Berlin zu konsultieren. Auf Schloss Racconigi bei Turin unterschrieben Italiens König **Vittorio Emanuele III.** und Zar Nikolaus II. am **24. 10. 1909** ein Geheimdossier, das wie so oft den Status quo auf dem Balkan garantieren sollte, aber sich jetzt eindeutig gegen die Türkei und Österreich-Ungarn richtete.

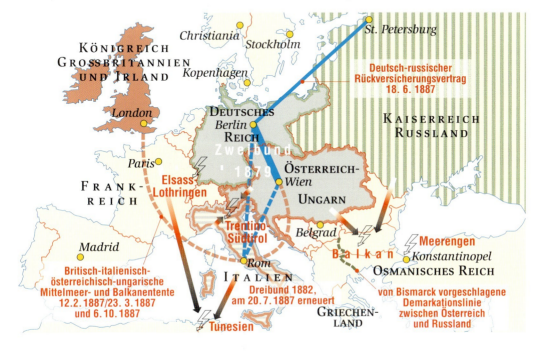

So gut wie alle europäischen Großmächte standen – hochgerüstet – **1914 für einen offensiven und sofortigen Kriegseintritt bereit. Der Krieg werde kurz sein, versicherten die Militärs, und die Heeresversorgung richtete sich danach: sie legte Vorräte an, die nur für etwa ein halbes Jahr reichten.**

Unentwegt aber lief die Waffenproduktion weiter. Auch in Belgrad, wo österreichisches Bankkapital kräftig mithalf: Die Wiener Bodencreditanstalt hatte sich zu 20 % an der serbischen Rüstungsanleihe beteiligt.

Der Waffenbedarf Serbiens schien unstillbar zu sein. Als die französische Rüstungsindustrie wegen Überlastung sich außerstande erklärte, die eingegangenen Lieferverpflichtungen gegenüber dem serbische Militär termingerecht einzuhalten, sprangen deutsche und österreichische Waffenfirmen im Frühjahr 1914 ein und lieferten 200 000 Gewehre modernster Bauart.

Allein zwischen 1901 und 1914 flossen weltweit 52,6 Milliarden Golddollar in die Rüstung, die zum Motor der Wirtschaft geworden war. Aber es gab auch Stimmen, die sich gegen den Wahnsinn des kollektiven Tötens erhoben und nicht nur, wie Zar NIKOLAUS II. 1898, Lippenbekenntnisse ablegten. In Den Haag fanden Friedenskonferenzen statt, an denen alle europäischen Staaten und die USA teilnahmen. Ein Schiedsgerichtshof wurde ins Leben gerufen, der Streitfälle zwischen den Mächten schlichten sollte. In Wien gründete BERTHA VON SUTTNER 1891 die »Österreichische Gesellschaft der Friedensfreunde«, sie wurde für ihren zweibändigen Antikriegsroman »Die Waffen nieder!« (1899) am 10. 12. 1905 als erste Frau mit dem Friedensnobelpreis ausgezeichnet – und erntete viel Spott: *„Sie schildern den Krieg zu schwarz – da kriegen die Leute Furcht"*, sagte ihr leutselig ein k. u. k. Oberstabsarzt. Die unermüdliche Kämpferin für den Frieden starb 71-jährig am 21. 6. 1914. Eine Woche später fielen jene Schüsse im bosnischen Sarajevo, die den Auftakt zum Ausbruch des Ersten Weltkriegs gaben.

Der 28. 6. 1914 war ein schöner, nicht zu heißer Sommertag, ein Sonntag, der den Serben als Veitstag oder »Vidovdan« heilig war; er erinnerte an den Untergang des mittelalterlichen serbischen Nemanjiden-Reiches in der Schlacht auf dem Amselfeld von 1389. Allen Warnungen zum Trotz, die serbischen Nationalisten nicht zu provozieren, hatten Tage zuvor groß angelegte Manöver des österreichisch-ungarischen Heeres im Raum von Sarajevo stattgefunden, die am Vidovdan im Rathaus festlich abgeschlossen werden sollten. Bereits auf der Fahrt dorthin wurde auf das Auto des Thronfolgers FRANZ FERDINAND VON ÖSTERREICH-ESTE und seiner Frau, der Herzogin SOPHIE VON HOHENBERG, eine Bombe geworfen und der Adjutant des Armeeinspektors POTIOREK schwer verletzt. Franz Ferdinand und Sophie von Hohenberg ließen es sich nicht nehmen, ihn im Garnisonsspital zu besuchen. An der Kreuzung des Appelkai mit der Franz-Joseph-Straße, nahe der Lateinerbrücke, fielen die tödlichen Schüsse: Die Erzherzogin war sofort tot, Franz Ferdinand starb im Krankenhaus.

Der Attentäter wurde gefasst, GAVRILO PRINCIP, ein junger Student aus dem Grahovo-Tal in der Krajina, einer Hochburg serbischer Nationalisten, gestand: Er und weitere Kommilitonen seien vom Anführer der serbischen Geheimorganisation »Schwarze Hand« (Crna ruka), dem Oberst DIMITRIJEVIĆ, Leiter des serbischen Nachrichtendienstes in Belgrad, angeworben worden.

In Wien hatten die »Falken«, die Kriegspartei, endlich einen Vorwand, um gegen Serbien vorzugehen. Das Ultimatum, das genau einen Monat nach dem Attentat an die Regierung in Belgrad abging, stellte Bedingungen, die sie ohne Preisgabe der Souveränität des Landes nicht erfüllen konnte. Am 28. 7. 1914, um 11.00 Uhr, erklärt Österreich-Ungarn dem Königreich Serbien den Krieg. Nun erfasste eine unglaubliche Euphorie die Bevölkerung. Niemand dachte mehr an den Nationalitätenhader, Deutsche, Slawen und Magyaren zogen gemeinsam in den Krieg.

Problemzonen, Konfliktherde und Bündnissysteme am Vorabend des Ersten Weltkriegs.

Die Schüsse von Sarajevo

Bis Mitte August erklärten der Reihe nach die Länder einander den Krieg, wie es die Bündnisse vorsahen. Die deutsche Heeresleitung operierte nach Plänen des verstorbenen Generals **Schlieffen**, rückte über das neutrale Belgien gegen Frankreich vor und stand im **September 1914** bereits 30 km vor Paris. Österreich-Ungarns Offensive gegen Serbien am **12. 8.** blieb an der Save in den mannshohen Maisfeldern stecken. An der russischen Front hielten die österreichisch-ungarischen Truppen der Übermacht stand und erzielten nach dem Sieg der Deutschen im ostpreußischen Tannenberg sogar Geländegewinne.

Im **Mai 1915** erklärte Italien Österreich-Ungarn den Krieg. **Giogio S. Sonnino**, der italienische Außenminister, hatte die Artikel des »Dreibundes« – dem Italien nach wie vor angehörte – so interpretiert, dass nur im Falle einer Aggression interveniert werden sollte. In Wirklichkeit wartete Italien auf Angebote der Westmächte. Am **26. 4. 1915** trat Rom auf ihre Seite, die Entente hatte ganz Südtirol, Triest, Istrien, die norddalmatinische Küste, viele der adriatischen Inseln, Enklaven in Anatolien und Nordafrika und die Schutzherrschaft über Albanien versprochen. Ein mörderisches Ringen um jeden Quadratmeter Boden begann, ohne eine militärische Entscheidung zu bringen. Die Offensiven liefen sich in den Dolomiten und am Isonzo fest.

In der Heimat stellten sich hingegen Versorgungsschwierigkeiten ein: Grundnahrungsmittel wurden knapp, Brot- und Mehlbezugskarten mussten ausgegeben werden, der fleischlose Tag in der Woche sollte Fleisch- und Wurstwaren einsparen helfen. Und die Wirtschaft bangte um ihre Zukunft. Der Großkaufmann **Julius Meinl** gründete die »Österreichische Politische Gesellschaft«, die einige Friedensinitiativen unternahm. Zur »Meinl-Gruppe« gehörten Persönlichkeiten wie der Völkerrechtler **Heinrich Lammasch** und der Rechtshistoriker **Josef Redlich**. Doch ihre Bemühungen stießen auf taube Ohren, hüben wie drüben.

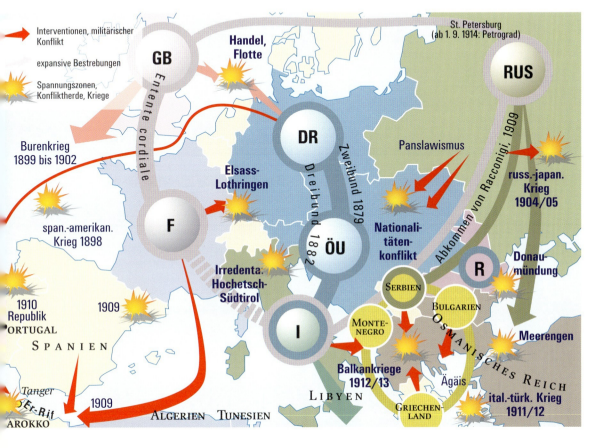

An der Jahreswende von 1915 zu 1916 wurde vielen bewusst, dass dieser Krieg noch lange dauern und hohe Verluste fordern werde. Differenzen überschatteten die Arbeit der Generalstabschefs der Mittelmächte, CONRAD VON HÖTZENDORF und ERICH VON FALKENHAYN, jeder wollte die Entscheidung auf seinem Kriegsschauplatz erzwingen: Falkenhayn in Frankreich, Hötzendorf in Italien. Falkenhayn setzte sich durch und verbiss sich in die »Abnützungsschlacht« von Verdun, die neun Monate dauerte und mehreren 100 000 Menschen das Leben kostete.

Die Alliierten nutzten die Zwietracht und eröffneten im August 1916 eine Generaloffensive an allen Fronten, mit einem für sie niederschmetternden Ergebnis: Am Ende des Jahres war Rumänien in deutscher Hand, die russische Brussilow-Offensive gescheitert, die übrigen Fronten hatten sich kaum bewegt.

Am 21. 11. 1916, um 21.00 Uhr, starb in Wien, im Schloss Schönbrunn, der 86-jährige Kaiser FRANZ JOSEPH I. an den Folgen einer Lungenentzündung. Von ihm stammte der Ausspruch: *„Mir bleibt wirklich nichts erspart!"* Resignation drückte sich darin aus, und das Sich-Fügen ins Unvermeidliche. Die persönlichen Schicksalsschläge, die er im Laufe von 68 Regierungsjahren hinnehmen musste, klingen dabei durch: Bruder MAX, Kaiser von Mexiko, starb 1867 durch die Gewehrsalven eines mexikanischen Exekutionskommandos; Kronprinz RUDOLF tötete 1889 auf dem Jagdschloss in Mayerling seine Geliebte, die Baronesse VETSERA, und verübte anschließend Selbstmord; Franz Josephs Gemahlin ELISABETH (»Sisi«) fiel 1898 in Genf einem Messerattentat zum Opfer, und den Neffen und Thronfolger FRANZ FERDINAND und dessen Frau SOPHIE ermordete 1914 ein von Serben angeworbener Terrorist. Franz Joseph I., der sich gern als »Friedenskaiser« feiern ließ – und einen Weltbrand entfachte –, wollte wenige Tage vor seinem Tod den Krieg beenden. *„Drei Monate schau ich noch zu, dann mache ich aber Schluss!"*, sagte er am 18. 11. 1916 zu seinem Verteidigungsminister General Baron FRIEDRICH GEORGI. Genau zwei Jahre wird der Krieg noch dauern.

Am 29. 11. zog ein endloser Konduct von Schönbrunn zur Hofburg. Die Wiener Kinder mussten Spalier stehen und vom Kaiser Abschied nehmen, unter ihnen der 5-jährige BRUNO KREISKY, der spätere Außenminister und Bundeskanzler der Zweiten Republik. *„Es war ein eiskalter, grausiger Tag, und wir froren entsetzlich"*, erinnerte er sich. *„Als ich nach Hause zurückkam, musste ich meinen Mantel anbehalten, weil es keine Kohlen gab."*

Es mangelte nicht nur an Kohlen, die in Friedenszeiten zu 70 % aus Oberschlesien, zu 25 % aus Ostrau und zu 5 % aus Böhmen kamen und die 2,2 Millionen Einwohner der Stadt Wien versorgten, es fehlte an allem, vor allem an Lebensmitteln. Die Bevölkerung fror nicht nur, sondern hungerte auch, und mit der Unterversorgung stieg die Todesrate durch Tuberkulose.

Das ausgehende Jahr 1916 sah auch den Hoffnungsschimmer eines Friedensschlusses: Auf Initiative des österreichisch-ungarischen Außenministers STEPHAN GRAF BURIÁN VON RAJECZ richtete die deutsche Heeresleitung am 12. 12. eine Friedensnote an die Entente. Sie war nicht mehr als eine »moralische« Rückendeckung für die deutschen Militärs, die den totalen U-Boot-Krieg planten und am 1. 2. 1917 auch aufnahmen. Der ehrliche Wille, den Krieg zu beenden, fehlte noch auf beiden Seiten: Den Friedensappell des US-Präsidenten THOMAS WOODROW WILSON vom 18. 12. 1916 lehnte die deutsche Führung am 26. 12. ab, die Entente erwartungsgemäß den deutschen – vom 12. 12. – am 30. 12.

In Wien regierte unterdessen Kaiser KARL I., der auf seinen Großonkel Franz Joseph I. gefolgt war. Am 20. 12. 1916 ernannte er OTTOKAR GRAF CZERNIN zum neuen Außenminister, der Wilsons Friedensappell begierig aufgriff und dem Präsidenten *„den baldigen Zusammentritt von Vertretern der Krieg führenden Mächte an einem Orte des neutralen Auslandes"* vorschlug. Die Kriegsziele der Alliierten vom

In der Versorgung der Bevölkerung mit Lebensmitteln herrschte zwischen den beiden Reichsteilen Österreich und Ungarn kein Konsens: Beide waren bedacht, Angaben über Erntemengen niedriger anzusetzen, als sie es tatsächlich waren, um nicht Gefahr zu laufen, den anderen beliefern zu müssen. So nannte Österreich für 1915 einen Weizen-Roggen-Ertrag von 17 Mio. Zentnern. In Wirklichkeit wurden 25 Mio. Zentner geerntet.

KRIEG, NOT UND FRIEDENSSUCHE

14. 1. 1917 ernüchterten Czernin: Sie forderten die Loslösung der Südslawen, Slowaken, Tschechen, Rumänen und Italiener von der Monarchie, die Zerschlagung Österreich-Ungarns.

Die hektisch ausgestreckten Friedensfühler endeten mit einem Misserfolg in der »Sixtus-Affäre«: Sie bescheinigte Karl I. und Czernin eine erstaunliche Naivität auf dem diplomatischen Parkett.

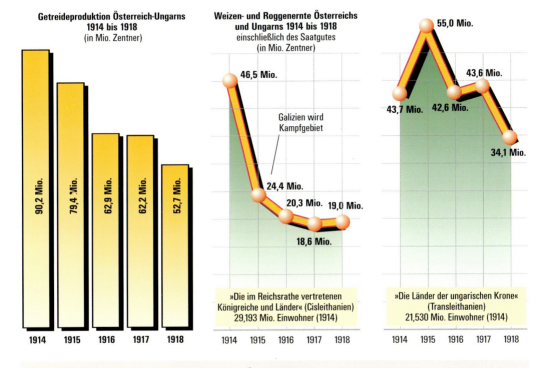

STICHWORT

Die »Sixtus-Affäre«

XAVER und SIXTUS VON BOURBON-PARMA, Brüder der österreichischen Kaiserin ZITA, kämpften im Ersten Weltkrieg als Offiziere im belgischen Heer. Prinz Sixtus vermittelte von **Februar bis April 1917** mit Wissen des österreichischen Außenministers CZERNIN auf mehreren familiären Treffen in der Schweiz und in Laxenburg bei Wien geheime Friedensverhandlungen zwischen Österreich und Frankreich.

In zwei Briefen, vom **24. 3.** und **9. 5. 1917**, anerkannte Kaiser KARL I. die Ansprüche des französischen Staatspräsidenten POINCARÉ auf Elsass-Lothringen, lehnte jedoch die territoriale Forderung Italiens nach Südtirol ab. Damit waren die Verhandlungen gescheitert.

Provoziert durch einen diplomatischen Angriff Czernins, veröffentlichte der französische Ministerpräsident CLEMENCEAU am **12. 4. 1918** Karls Brief vom **24. 3. 1917**. Karl leugnete zunächst dessen Authentizität und entließ Czernin, nachdem dieser ihm wegen der Sixtus-Briefe den zeitweiligen Rücktritt von der Regierung angeraten hatte. Die Affäre bedeutete eine schwere diplomatische Niederlage der Mittelmächte und belastete die deutsch-österreichischen Beziehungen.

Im Winter **1916/17** verging kaum mehr ein Tag, an dem es in Wien oder in anderen Städten der österreichischen Länder nicht zu Straßenexzessen und Hungerdemonstrationen kam. Die Tumulte entzündeten sich an überhöhten Preisen, dem Mangel an Lebensmitteln, am System ihrer Verteilung und am Bewusstsein, ungleich behandelt zu werden, denn es gab eine Kategorie von Menschen, die keine Not litten: Schieber und Kriegsgewinnler. Der Antisemitismus wuchs, denn man hielt »Schieber« und »Reiche« für »Juden«, eine Hetze, die von konservativen Gruppen und ihrer Presse ausging. Aus den »Lebensmittelkrawallen« entstanden erste Proteste für den Frieden.

C isleithanien war auch in Friedenszeiten von Lebensmittelimporten abhängig. Von den fünfzehn Kronländern erzielten nur Oberösterreich, Galizien, Böhmen und Mähren Überschüsse in der Getreideproduktion. Sie waren von der Versorgungsnot am geringsten betroffen. Ebenso litten Ungarn und Kroatien, die traditionellen Agrarländer der Monarchie, keinen Mangel. Beide Länder nahmen die Rechtslage des »Ausgleichs« von **1867** in Anspruch: Ungarn schloss die Zollschranken (»Hungerblockade«) und reduzierte die Exporte von Agrarprodukten nach Österreich auf ein Mindestmaß. Erst am **27. 2. 1917** wurde ein »Gemeinsamer Ernährungsausschuss« gegründet, der den Missstand beseitigen sollte, denn Wien bezog 71 % seines Rindfleisch- und 64 % des Schweinefleischverbrauchs vom ungarischen Hinterland **(1913)**. Der Ausfall der Versorgung trieb die Preise in den österreichischen Ländern in die Höhe, sodass sie amtlich festgesetzt werden mussten. In der Absicht, den Konsum zu steigern, damit Ungarn durch Exporte mehr profitiere, fixierten die Behörden die Fleischpreise unter jenen, die in Ungarn galten. Das nützten ungarische Fleischhauer, sie kauften auf dem Wiener Zentralviehmarkt Vieh und Fleisch auf und verkauften es in Budapest gegen hohen Gewinn. Dem Missbrauch sahen österreichische Regierungsstellen tatenlos zu, weil sie eine Verschärfung der gespannten politischen Situation zwischen Österreich und Ungarn befürchteten, die durch die Forderung Budapests, das gemeinsame Heer in zwei nationale Teile zu trennen **(4. 12. 1917)**, entstanden war.

Die allgemeine Not machte die Bevölkerung kriegsmüde, obwohl die Lage an den österreichischen Fronten als durchaus positiv bezeichnet werden konnte: Den Versuch der russischen Armeen, nach dem Rücktritt des Zaren in einer letzten Kraftanstrengung (»Kerenskij-Offensive«) die Front der Mittelmächte aufzurollen, hatte die »Oktoberrevolution« vereitelt, Russland bot den Frieden an.

Am **3. 12. 1917** nahmen die Mittelmächte mit Russland in Brest-Litovsk Friedensverhandlungen auf. Der Leiter der österreichischen Delegation, Graf CZERNIN, hoffte, möglichst bald einen »Brotfrieden« zu schließen, um aus der »Kornkammer« Ukraine das für Österreich dringend benötigte Getreide importieren zu können.

Unterdessen aber hatte die Not in der Heimat einen Höhepunkt erreicht, der, wie schon einige Male zuvor, eine neuerliche Kürzung der Mehlrationen notwendig machte. Das nahmen linksradikale Gruppen zum Anlass, den Generalstreik auszurufen.

Bis zum **Juli 1917** hatte in der Monarchie ein allseits respektierter »Burgfriede« zwischen der Regierung, den Parteien und den Arbeitern geherrscht, Arbeitsniederlegungen fanden kaum statt, gewiss auch wegen der Repressalien, die Streikenden drohten: die Abschiebung an die Front war nur eine der Disziplierungsmaßnahmen. Nun brach ein Streik los, bei dem vom **14. bis 24. 1. 1918** mehr als 750 000 Arbeiter die Arbeit niederlegten (der »große Jännerstreik«). Sie forderten nicht nur Brot und den sofortigen Friedensschluss, sondern in Böhmen und Ungarn auch die nationale Freiheit. Gleichzeitig kam es im Raum von Wiener Neustadt zu einem ungewöhnlichen Ereignis: nach bolschewistischem Vorbild wählten die Arbeiter erste autonome Arbeiterräte; die Streikwelle nahm Züge eines Umsturzversuches an.

HUNGER UND STREIK

Am **15. 1. 1918** beschloss der Parteivorstand der Sozialdemokraten, Vorkehrungen zu treffen, *„um die Bewegung zu erfassen, zu leiten und vor Missdeutung wie vor Abirrungen zu schützen"*, wie sich der Reichsratsabgeordnete KARL RENNER erinnert.

Am **24. 1. 1918** endete der Streik, und der Einfluss der linksradikalen Arbeiterräte klang ab, ohne jedoch aufzuhören. Wenige Monate später machten sie wieder auf sich aufmerksam, als sie, zu »Soldatenräten« organisiert, die Macht an sich reißen wollten.

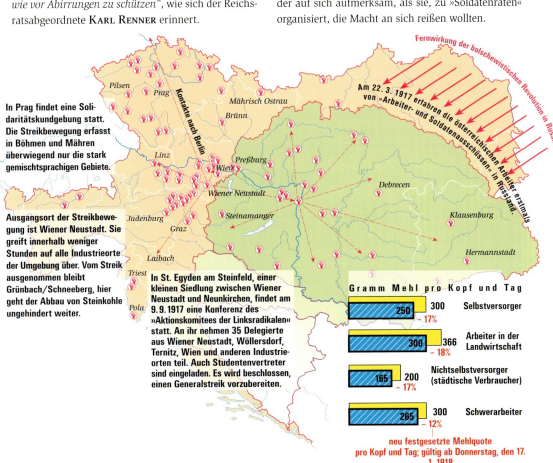

Die abermalige Kürzung der Mehlquoten für die Bevölkerung, am 17. 1. 1918, nahmen Linksradikale zum Vorwand für die Ausrufung eines Generalstreiks. Die Arbeiter der Daimler-Motorenwerke in Wiener Neustadt – bei diesen war vor dem Krieg der spätere Partisanenführer und jugoslawische Staatschef Josip Broz Tito tätig – legten als Erste die Arbeit nieder. Tatsächlich war der Ausstand von langer Hand vorbereitet. Bereits im September 1917 hatte ein Aktionskomitee der Linksradikalen in einer geheim gehaltenen Sitzung in einem Gasthaus der Bahnhofssiedlung von St. Egyden am Steinfeld den Streik beschlossen. Auch eine Abordnung von Wiener Sozialdemokraten nahm daran teil. Sie zählten zu den Gemäßigten und verhielten sich noch immer loyal gegenüber dem Kaiserhaus. In der Minderzahl, konnten sie jedoch den Streikbeschluss nicht verhindern. Nach der Ausrufung des Streiks steuerte die Parteileitung in Wien aber einen Gegenkurs zu den Radikalen und konnte eine drohende Revolution, nach dem bolschewistischen Vorbild Russlands, verhindern.

Die Friedensverhandlungen in Brest-Litovsk zogen sich hin. Die russische Delegation unter Führung Leo Trotzkis weigerte sich, den deutsch-österreichischen Diktatfrieden zu unterzeichnen, und reiste am **10./11. 2. 1918** nach Petrograd (vor **1914** St. Petersburg) ab. Um die bolschewistische Regierung zum Nachgeben zu zwingen, besetzten Deutschland und Österreich-Ungarn – ohne auf Widerstand zu stoßen – im so genannten Eisenbahnkrieg weite Teile Russlands. Am **23. 2. 1918** erreichte Lenin im Zentralkomitee die Annahme der deutschen Bedingungen, doch erst am **4. 7. 1918** ratifizierte Österreich den Frieden mit Russland.

Die sehnlichst erwarteten Lebensmittellieferungen aus der Ukraine – die nun ein selbstständiger Staat geworden war – entsprachen nicht den Erwartungen der österreichischen Regierung. Doch dieser Umstand war bedeutungslos geworden, die Monarchie begann zu zerfallen.

In Cattaro, dem großen adriatischen Kriegshafen Österreich-Ungarns, meuterten am **1. 2. 1918** die Matrosen. Der Aufstand wurde niedergeschlagen. Unabhängig davon revoltierten auch in anderen Landesteilen Einheiten der Armee. Soldaten forderten gleiche Verpflegung für Mannschaft und Offiziere, stellten nationale Forderungen, verlangten den sofortigen Friedensschluss. Eine Stütze der Monarchie wankte: das Heer. Das »Vierzehn-Punkte-Programm« von US-Präsident Wilson, das die Basis eines Friedens sein sollte und dem man die Forderung nach einem Selbstbestimmungsrecht der Völker entnahm, wie auch die bolschewistischen Parolen der russischen Oktoberrevolution von der Gleichheit aller Menschen verfehlten nicht ihre Wirkung.

Trotzdem war das österreichisch-ungarische Heer noch zu einer Kraftanstrengung fähig. Am **14. 6. 1918** trat es zur Offensive gegen Italien an und durchbrach die italienisch-französisch-britischen Linien. Der Angriff lief sich fest, als der Nachschub ausblieb.

An der Westfront in Frankreich scheiterte am **8. 8. 1918** die deutsche Offensive an den durch frische US-Streitkräfte verstärkten Alliierten. Bedrohlich für die Monarchie wurde der Zusammenbruch der bulgarischen Front: Eine französische Expeditionsarmee rückte die Donau aufwärts und näherte sich dem ungarischen Tiefland.

Kaiser Karl I. startete einen letzten Versuch zur Rettung der Monarchie. In seinem Manifest *„An Meine getreuen österreichischen Völker"* vom **16. 10. 1918** rief er zu einem *„Neuaufbau des Vaterlandes"* auf. Österreich sollte ein Bundesstaat werden, *„in dem jeder Volksstamm auf seinem Siedlungsgebiete sein eigenes staatliches Gemeinwesen bildet"*. Ungarn, das bei der Ausarbeitung des Manifests heftig gegen den Inhalt protestiert hatte, nahm Karl aus. Die Antwort der Nationalitäten war eine klare Absage: sie verließen die Monarchie.

In Agram (Zagreb) und Fiume (Rijeka) brach am **23. 10.** der Aufstand aus, der slowenische Nationalrat, der sich am **6. 10.** konstituiert hatte, übernahm am **24. 10.** die Regierung.

Am gleichen Tag traten die Italiener zur Gegenoffensive an. Noch während der Schlacht zog Ungarn Truppenteile aus der Front **(29. 10.)**, und in Agram verkündete der kroatische Landtag (»Sabor«) den Zusammenschluss der südslawischen Gebiete der Monarchie zu einem unabhängigen Staat; er vollzog am **1. 12. 1918** den Anschluss an Serbien und bildete so Jugo- oder Südslawien. Am **28. 10.** sagten sich die Tschechen, am **30. 10.** die Slowaken von der Donaumonarchie los, und Galizien gliederte sich am **7. 10.** dem neu entstandenen Polen an. Ungarn trennte sich offiziell am **30. 10. 1918** von Österreich.

Aber schon am **21. 10. 1918**, noch bevor sich die Völker abgemeldet hatten, waren im Niederösterreichischen Landhaus in der Wiener Herrengasse 232 deutschsprachige Mitglieder des **1911** gewählten cisleithanischen – also österreichischen – Abgeordnetenhauses zu einer konstituierenden Sitzung zusammengetreten. Sie nannte sich »Provisorische Nationalversammlung für Deutschösterreich«. In einer Prokla-

Um die Wiederholung eines Generalstreiks schon in Ansätzen zu unterbinden, stationiert die Regierung im Einvernehmen mit den Militärs im ganzen Land Truppen, um notfalls Streikbewegungen niederzuschlagen. Das Gegenteil wird erreicht: Die Heereseinheiten werden Zentren der Auflehnung, die, von Krakau und Slowenien ausgehend, die ganze Monarchie erfassen.

Die Monarchie zerbricht

mation an das »deutschösterreichische Volk« gaben die Abgeordneten ihre Zukunftsvorstellungen kund: Errichtung eines deutschösterreichischen Staates aus allen deutschen Siedlungsgebieten der Monarchie, Zugang zum Meer, Bereitschaft zur Föderation mit allen neu gebildeten Nationalstaaten. Die künftige Staatsform nannte die Versammlung nicht. Wie das »Völkermanifest« Kaiser Karls I. wirkte auch diese Proklamation wie eine Aufforderung an die anderen Völker, selbstständige Staaten zu bilden.

Der seit dem **24. 10.** amtierende neue Außenminister Graf **Julius Andrássy**, der Jüngere, löste im Einverständnis mit dem Kaiser den seit **1879** bestehenden »Zweibund« mit Deutschland **(26. 10.)** und demissionierte am **2. 11.** Einen Tag zuvor entband der Kaiser, in der Funktion des Königs von Ungarn, die Budapester Regierung vom Treueid, und am **3. 11.** einigte sich das österreichisch-ungarische Oberkommando in der Villa Giusti nahe bei Padua mit den Alliierten auf einen Waffenstillstand. Während die Österreicher bereits am **3. 11.** um 1.20 Uhr die Feindseligkeiten einstellten, warteten die Italiener das Inkrafttreten des Waffenstillstandes am **4. 11.**, 15 Uhr, ab – etwa 350 000 bis 400 000 österreichische Soldaten gerieten dadurch in italienische Gefangenschaft.

Kaiser Karl I. verzichtete auf seinen Anteil an den Regierungsgeschäften, den Thronanspruch gab er jedoch nicht auf (»Feldkircher Manifest«, **24. 3. 1919**).

Am **12. 11. 1918** rief der deutsch-österreichische Nationalrat in Wien die Republik aus. Aber im gleichen Atemzug verleugnete er die Existenz des neuen Staates: Er erklärte Deutschösterreich zum Bestandteil der Deutschen Republik; die Regierung hielt »Rumpfösterreich« nicht für überlebensfähig.

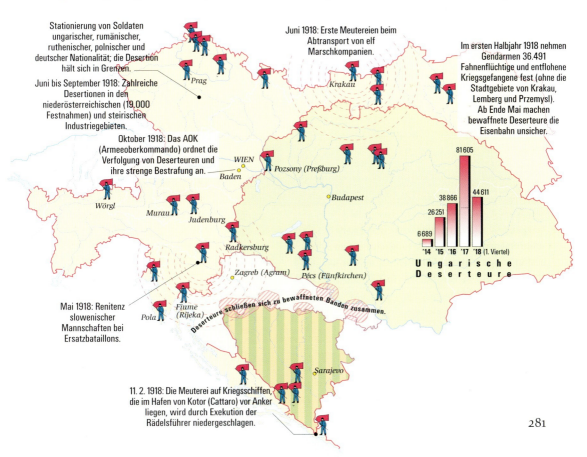

281

Die Republik Österreich — 1918 bis 2002

Die wichtigsten Eckdaten

21. 10. 1918	Konstituierende Sitzung der Provisorischen Nationalversammlung für Deutsch-Österreich.
30. 10. 1918	Bildung der ersten Regierung unter dem Vorsitz von Staatskanzler Karl Renner.
3./4. 11. 1918	Unterzeichnung des Waffenstillstands mit den Alliierten.
11. 11. 1918	Kaiser Karl I. dankt ab.
12. 11. 1918	Ausrufung der demokratischen Republik Deutsch-Österreich.
27. 11. 1918	Wahlrecht für Frauen.
16. 2. 1919	Erste Wahlen zur Nationalversammlung.
10. 9. 1919	Friedensvertrag von Saint-Germain-en-Laye.
17. 12. 1919	Einführung des Achtstundentages.
1. 10. 1920	Verfassung von Hans Kelsen.
Juni 1922	Höhepunkt der Hyperinflation.
20. 12. 1924	Schilling-Währung.
25. 10. 1929	Börsenkrach in New York.
20. 5. 1932	Erste Regierung Dollfuß.
4. 3. 1933	Selbstausschaltung des Parlaments.
Februar 1934	Bürgerkrieg.
25. 7. 1934	Nazi-Putschversuch.
11. 7. 1936	Juli-Abkommen mit dem Deutschen Reich.
12. 2. 1938	Berchtesgadener Abkommen.
12. 3. 1938	Einmarsch der Deutschen Wehrmacht.
27. 4. 1945	Proklamation der Zweiten Republik.
8. 5. 1945	Kapitulation des Dritten Reichs.
1. 5. 1945	Bundesverfassung vom 1. 10. 1920 in Kraft.
4. 7. 1945	Festlegung der Besatzungszonen.
2. 7. 1948	Marshallplan-Abkommen.
31. 12. 1950	Karl Renner stirbt.
15. 5. 1955	Staatsvertrag.
8. 1. 1964	Julius Raab stirbt.
21. 4. 1970	Sozialistische Minderheitsregierung.
23. 6. 1974	Rudolf Kirchschläger Bundespräsident.
27. 6. 1989	»Eiserner Vorhang« zu Ungarn aufgehoben.
29. 7. 1990	Bruno Kreisky stirbt.
1. 1. 1995	Mitglied der EU.
4. 2. 2000	Kabinett Schüssel und Riss-Passer.
Februar 2000	EU-Sanktionen gegen Österreich.
1. 1. 2002	Einführung des Euro als neue Währung.
8. 9. 2002	Bruch der ÖVP-FPÖ-Koalition.

Auf der Suche nach der Demokratie

Die Ausrufung der Republik am 12. 11. 1918.

Als sich im Oktober 1918 die österreichisch-ungarische Monarchie aufzulösen begann, traten die Deutschsprachigen Abgeordneten des Reichsrates zur Provisorischen Nationalversammlung des Staates »Deutsch-Österreich« zusammen. Der Friedensvertrag von Saint-Germain-en-Laye verkleinerte diesen noch um böhmische, schlesische, mährische und südtirolische Gebiete, um das slowenische Krain und die Südsteiermark, vergrößerte es aber um das Burgenland. Fast alle führenden Politiker empfanden diese Republik nur als ein Übergangsstadium und trachteten sie der Deutschen Republik von Weimar anzuschließen. Erst als die Nationalsozialisten 1933 im Deutschen Reich die Macht übernahmen, erklärte die österreichische Bundesregierung unter Kanzler Engelbert Dollfuß die staatliche Unabhängigkeit als politisches Ziel.

Die Erklärung Österreichs zum autoritären (»austrofaschistischen«) Staat, die starke Anlehnung an das faschistische Italien, vor allem der Ausschluss der politischen Mehrheit des Landes – die Sozialdemokraten – führten zur Entfremdung mit den westlichen Demokratien. Sie gaben Österreich auf, als es Hitler 1938 annektierte.

Die Annexion endete mit dem Sieg der Alliierten im Frühjahr 1945. Bereits 1943 hatten sie aber erklärt, die Republik Österreich wieder errichten zu wollen. Mittlerweile hatte sich die Einstellung der Bevölkerung in dem in Reichsgaue aufgelösten Österreich grundlegend gewandelt: Der »Heim-ins-Reich«-Taumel war Ernüchterung gewichen, und in den Konzentrationslagern hatten sich die politischen Gegner von einst gefunden. Sie kamen überein, ein künftiges Österreich auf der Basis des Konsenses und der Zusammenarbeit zu errichten.

Die Erste Republik 1918

Am Beginn des Krieges beabsichtigten die Alliierten keineswegs, die österreichisch-ungarische Monarchie zu zerschlagen. Man beurteilte die geopolitische Lage der Donaumonarchie richtig, wenn man den mit 675 900 km² nach Russland flächenmäßig größten, mit rund 52 Millionen nach Russland und dem Deutschen Reich bevölkerungsstärksten europäischen Staat als Barriere gegen das Deutsche Reich und dessen Expansionsabsicht auf dem Balkan und nach dem Vorderen Orient betrachtete. Österreich-Ungarn war aber auch Sperre gegen Russlands Drang zur Adria und einer »Balkanisierung« Mitteleuropas, und es war der einzige Kulturträger in einem Raum, dem noch archaisch-mittelalterliche Züge in Wirtschaft und Gesellschaft anhafteten.

Zur Jahreswende **1916/17** änderte sich die alliierte Beurteilung. In einer Note an den US-Präsidenten **Wilson** forderten die Alliierten *„die Befreiung der Italiener, der Slawen, der Rumänen und Tschecho-Slowaken aus der Fremdherrschaft"*, aus dem »Völkerkerker« Österreich-Ungarn. Ein Memorandum des englischen Außenamtes vom Winter **1916** schlug den Anschluss Böhmens an Polen, die Errichtung eines selbstständigen *„südslawischen Staates"* und eines unabhängigen Ungarn vor. Das zaristische Russland dagegen riet, Österreich-Ungarn möge Böhmen zum Königreich erheben und zum Trialismus übergehen, **Lenin** rief am **3. 11. 1918** die Arbeiter und Bauern Österreich-Ungarns auf, einen *„brüderlichen Bund der freien Völker"* zu schließen. Die Feststellung des britische Premiers **Lloyd George** vom **5. 1. 1918**: *„Die Vernichtung Österreich-Ungarns gehört nicht zu unseren Kriegszielen ..."*, kann jedoch nur als politisch-taktisches Manöver zu werten sein, denn im **September 1917** vertraute er dem italienischen Minister **Bissolati** an: *„Österreich hat in dieser Welt schon so viel Unheil angestiftet, dass es vernichtet werden muss."* Lloyd George stand damit zweifellos unter dem Einfluss des nach Paris exilierten tschechischen Nationalrates, der unter Führung **Tomáš Garrigue Masaryks** – eines ehemaligen tschechischen Reichratsabgeordneten, und seines Mitarbeiters, des Nationalökonomen **Edvard Beneš** – stand. Von Beneš stammte der Aufruf: *„Détruisez l'Autriche-Hongrie!"*

Am Vormittag des **11. 11. 1918** tagte im Herrenhaussaal des Parlaments in Wien die provisorische Nationalversammlung. Der sozialdemokratische ehemalige Reichsratsabgeordnete und jetzige Staatskanzler **Karl Renner** legte den Gesetzesentwurf über die Gründung des neuen Staates Österreich vor. Der Artikel 1 nannte ihn Deutschösterreich, bezeichnete die Staatsform als demokratische Republik und bestimmte, dass alle öffentlichen Gewalten vom Volk eingesetzt werden sollten. Der Artikel 2 erklärte Deutschösterreich zum Bestandteil der Deutschen Republik. Er löste den eben gegründeten neuen Staat praktisch sofort wieder auf. Drei christlichsoziale Abgeordnete stimmten gegen den Begriff »Republik«, eine weiterer, **Wilhelm Miklas**, von **10. 12. 1928 bis 13. 3. 1938** Bundespräsident der Ersten Republik, *„verwahrte sich gegen das Aufgehen Deutschösterreichs in der Deutschen Republik"*, meint Zeitgeschichtsexperte **Hugo Portisch**.

Neben Miklas protestierten auch steirische, vor allem Grazer Industrielle gegen den »Anschlussparagraphen«.

Am **12. 11. 1918** war für ganz Österreich Arbeitsruhe angeordnet. Die Bevölkerung von Wien wurde aufgerufen, an der Proklamation der Republik vor dem Parlament teilzunehmen. Rund 150 000 Menschen versammelten sich im Umfeld des Gebäudes. Aus der nahen Stiftskaserne rückten zwei Bataillone der »Roten Garde« an, an ihrer Spitze Oberleutnant **Egon Erwin Kisch**, im Zivilberuf Journalist, der **1913** den Spionagefall Oberst **Redl** aufgedeckt hatte. In den Manteltaschen verwahrten sie, trotz ausdrücklichen Verbots, Patronen. Noch andere bewaffnete Einheiten marschierten auf: eine Heimkehrerkompanie, das Deutschmeister-Volkswehrbataillon und eine militante Gruppe aus Ottakring. Polizeikräfte, die »Büttel des

BLUTIGER AUFTAKT

Kaisers«, gab es nicht, ihre Aufgaben hatte die vom sozialdemokratischen Abgeordneten **Julius Deutsch** organisierte Volkswehr übernommen.

Um 15 Uhr begann die 3. Sitzung der provisorischen Nationalversammlung. Sie gedachte des am Vortag verstorbenen Einigers der Sozialdemokratischen Partei, **Victor Adler**. Anschließend nahm sie in dritter Lesung das »Gesetz über die Staats- und Regierungsform von Deutschösterreich« an. Als die Abgeordneten vor das Parlamentsgebäude traten, standen sie vor einer dicht gedrängten Menschenmasse mit Spruchbändern, vielen roten und wenigen rot-weiß-roten Fahnen. Eine Gruppe Floridsdorfer Arbeiter trug ein Transparent mit der Aufschrift »Hoch die Sozialistische Republik«. Wenige Minuten vor 16 Uhr verlas **Franz Dinghofer**, erster Präsident der provisorischen Nationalversammlung, die Proklamation. Um den Staatsakt zu unterstreichen, sollten zwei Saaldiener an der Parlamentsrampe rot-weiß-rote Fahnen entfalten. In diesem Augenblick stürzten Rotgardisten aus der Gruppe Kisch vor, rissen die weißen Mittelstreifen heraus und zogen unter Beifall die zusammengeknüpften roten Reste die Fahnenstangen hoch. Renner sprach noch, nach ihm **Karl Seitz**, einer der drei Präsidenten der provisorischen Nationalversammlung, danach verloren sich die Zuhörer. Gegen 16.30 Uhr – die Sitzung war wieder aufgenommen worden – ergriffen vor dem Parlament kommunistische Redner das Wort, unter ihnen **Karl Steinhardt**, Hintermann der linksradikalen Arbeiterräte von Wiener Neustadt im »Jännerstreik« und Gründer der österreichischen Kommunistischen Partei **(3. 10. 1918)**. Er rief zur Errichtung der Diktatur des Proletariats, einer »Räterepublik«, auf. Umstehende applaudierten, und Steinhardt leitete daraus die Zustimmung ab, „*dem Staatsrat die ... Forderung nach der sofortigen Begründung der sozialistischen Republik zu überbringen*" (»Weckruf« Nr. 4, Flugzettel der KP). An der Spitze eines Trupps Bewaffneter eilte er zum Eingang des Parlaments, um die Petition zu überreichen, wurde aber von Julius Deutsch und anderen sozialdemokratischen Funktionären daran gehindert. Da „*erstürmte über die rechte Auffahrtsrampe ein Haufen rot drapierter Soldaten unter Anführung eines Offiziers den Zugang zum Parlament. Der Offizier dirigierte, wie einmal gelernt, mit gezogenem Säbel die Soldaten, die mit gefälltem Bajonett vorgingen*", erinnert sich der von **1954 bis 1964** als Unterrichtsminister tätige **Heinrich Drimmel**. Schüsse fielen. Von Panik erfasst, stoben die Menschen auseinander.

Unterdessen besetzten etwa 150 Rotgardisten die Redaktion der »Neuen Freien Presse« und erzwangen den Druck eines Flugblatts: „*Vor dem Parlamentsgebäude wurde heute nachmittag die soziale Republik ausgerufen ...*" Eintreffende sozialdemokratische Funktionäre beruhigten die aufgebrachten Besetzer. Ein weiteres Flugblatt erschien: „*Mit der Besetzung der ›Neuen Freien Presse‹ wollte die Kommunistische Partei Deutschösterreichs ... eine Demonstration für die Idee der sofortigen Verwirklichung der sozialistischen Republik Deutschösterreichs veranstalten ...*"

Die „Idee" hatte mehrere Schwer- und viele Leichtverletzte gefordert, ein Mann und ein Kind waren vor dem Parlament von der fliehenden Menge zu Tode getrampelt worden. Sie waren die ersten Opfer der Ersten Republik – ihnen werden noch viele folgen.

12. 11. 1918: Die Republik Österreich wird von der Rampe des Parlaments in Wien verkündet.

Die Erste Republik

1918 bis 1919

Die Entscheidung der provisorischen Nationalversammlung fiel beinahe einstimmig: das neu gegründete Deutschösterreich solle Bestandteil der »Republik Deutschland« werden. In welcher Form, darüber wurde nicht diskutiert, auch nicht über die Beweggründe der einzelnen Fraktionen, diesen einmütigen Beschluss zu fassen. In der Zweiten Republik angestellte historische Analysen sprechen von der *„späten Erfüllung des ›großdeutschen‹ Gedankens des 19. Jh.s"* oder, wie die Sozialdemokraten es sehen, *„als Verwirklichung der internationalen Idee nach marxistischer Theorie"*.

Wie so oft in der Politik, eilte auch bei der Staatsgründung die Theorie voran, die Praxis hinkte hinterher, denn das neue Österreich besaß zwar eine Grundsatzerklärung, doch noch keine Grenzen. Die Regierung war der Auffassung, alle zusammenhängenden deutschsprachigen Gebiete der ehemaligen Monarchie zu vertreten. Dieser Optimismus gründete auf Loyalitätsbezeugungen aus Nieder- und Oberösterreich, Vorarlberg, Tirol, Salzburg, Steiermark, Kärnten, Deutschböhmen, Südmähren und dem Sudetenland. Sie alle wollten Bestandteile der Republik sein.

Doch am **17. 1. 1919** trafen in Wien Meldungen über Tendenzen in Vorarlberg, in Tirol und anderen Teilen Deutschösterreichs ein, die nach eigenen Regierungen strebten. Vorarlberg ersuchte sogar die Schweiz um Aufnahme in ihren Staatsverband. Die Eidgenossen reagierten vorsichtig hinhaltend, doch der britische Außenminister **Balfour** erhob am **8. 5. 1919** kategorisch Einspruch: *„... Wenn man Vorarlberg erlaubt, sich abzuspalten, wie kann dann die Friedenskonferenz weitere Teile des ehemaligen Österreich davon abhalten, diesem Beispiel zu folgen, zum Beispiel um der Staatsschuld zu entkommen ...?"*

Doch die »Los-von-Wien«-Bestrebungen dauerten an. Am **2. 12. 1919** teilte die Regierung dem Alliierten Rat mit, sollte Vorarlberg der separatistische Gang gelingen, würde dies *„früher oder später zur völligen Auflösung Österreichs"* führen. Loslösungsabsichten bestanden auch in Tirol und Salzburg, die zum Deutschen Reich bzw. Bayern tendierten.

Mittlerweile war der Friedensvertrag von Saint-Germain unterzeichnet worden, der im Artikel 88 den Anschluss an das Deutsche Reich untersagte. Dadurch wurde zwar der Selbstbestimmungsparagraph des Wilson'schen »Vierzehn-Punkte-Programms« unterlaufen, die Einheit Österreichs aber blieb erhalten.

Am **2. 6. 1919** lag der Regierung in Wien der erste Vertragsentwurf der alliierten Außenminister über die neuen Staatsgrenzen Österreichs vor. Er verbreitete blankes Entsetzen: kein Südtirol, Kärnten zerrissen, keine böhmisch-mährischen Länder, keine Untersteiermark, die Bevölkerungszahl reduziert auf etwa 6,7 Millionen Menschen.

Auf den Protest vom **26. 7. 1919** hin modifizierten die Alliierten den Entwurf und sprachen Österreich Westungarn (das heutige Burgenland) und die Stadt Radkersburg zu. Ihre Aufforderung aber war ultimativ: *„Der Text ... muss angenommen oder abgelehnt werden"* **(2. 9.)**. Die Regierung nahm ihn an, in Saint-Germain-en-Laye gingen die Friedensvertragsverhandlungen zu Ende **(2. 6. bis 6./10. 1919)**.

Dem Diktatfrieden hing der Makel an, am Brenner die Grenze zu Italien gezogen zu haben. Das wird bis in die 70er Jahre des **20. Jh.s** die Beziehungen zwischen Österreich und Italien belasten. Doch US-Präsident **Wilson** hatte am **14. 4. 1919** entschieden, dass *„Italien entlang seiner ganzen Grenze im Norden ... alles das bekommen sollte, was ihm im so genannten Pakt von London zugesprochen worden war."* Wilson bereute seinen Entschluss schon am **28. 5. 1919**: *„Ich hatte die Situation nicht erfasst, als ich die Entscheidung traf"*, sagte er zu seinem Sekretär **Ray Stannard Baker**.

Südtirol hieß nun offiziell »Alto Adige« (»Hochetsch«). Die italienische Regierung hatte versprochen, die Identität seiner Minderheiten – zu denen nun auch etwa 20 000 Ladiner gehörten – zu respektieren. Mit der Machtergreifung des Faschisten **Benito**

Ein Diktatfriede

Mussolini **1923** waren die Zusicherungen vergessen, und die deutschsprachigen Südtiroler traten ihrer patriotisch-nationalen Haltung wegen einen Leidensweg an, der letzten Endes die Volksgruppe zu entzweien drohte.

Zu den Legenden, die Österreichs Geschichte umranken, gehört die griffige Formulierung des österreichischen Journalisten **Helmuth Andics** vom *„Staat, den keiner wollte"*. Er meinte damit die Erste Republik zur Zeit ihrer Entstehung. Einer genauen Betrachtung hält diese Behauptung nicht stand. Wohl zeigten westliche Bundesländer starke Tendenzen, der neuen Republik nicht angehören zu wollen.

Doch die Mehrheit stand hinter diesem jungen Staat und einer Eingliederung in das Deutsche Reich kritisch gegenüber.

Der Staatssekretär für Äußeres – zeit seines Lebens ein unbeirrbarer Verfechter der Anschlussidee und entschiedener Leugner einer »österreichischen Nation« –, der Sozialdemokrat **Otto Bauer**, bekannte **1923** offen: *„Wir hatten die Absicht, eine Volksabstimmung über den Anschluss zu veranstalten … Wir konnten es nicht wagen, da die heftige Gegenpropaganda der Anschlussgegner die Gefahr hervorrief, dass starke Minderheiten, in einzelnen Ländern vielleicht sogar die Mehrheit der Stimmberechtigten, gegen den Anschluss gestimmt hätten."*

Zu diesen Anschlussgegnern zählten vor allem Bauern, Arbeiter und Monarchisten. Sie erwiesen sich als immun gegen die mit großem Aufwand betriebene Anschlusspropaganda der Regierung, der Zeitungen und des Unterrichtswesens. Das Scheitern der Anschlusskampagne hatte Otto Bauer schließlich bewogen, am **26. 7. 1919**, noch vor dem Abschluss des Friedensvertrages von Saint-Germain, zu demissionieren.

Die Gegner des Anschlussgedankens bekamen nämlich beachtlichen Aufwind. Während die Politiker noch das Heil im Anschluss suchten, erhielt das Staatsgebilde kräftige Impulse zur Selbstbehauptung und -erhaltung: das Land Kärnten, die Südsteiermark und Westungarn bekannten sich vorbehaltlos zur Republik Österreich.

Am Verlust der deutschsprachigen Gebiete in Böhmen und Mähren sowie Südtirols war allerdings nichts zu ändern. Doch auch andere Grenzgebiete liefen Gefahr verloren zu gehen.

Eine erste Konfrontation ergab sich mit dem »SHS-Staat« (Srba, Hrvata i Slovenaca = Serben, Kroaten und Slowenen) bzw. Jugoslawien. Am **2. 11. 1918** hatten slowenische Truppen, ohne auf die Abwehr der in Auflösung begriffenen österreichischen Armee zu treffen, Südkärnten besetzt. Kärnten bot Bürgerwehren auf und befahl – gegen den Willen der Wiener Staatsregierung – den bewaffneten Widerstand **(5. 12. bis 15. 12. 1918)**.

Der Kampf war völkerrechtlich legitim, denn der SHS-Staat war von den Entente-Mächten noch nicht anerkannt. Die österreichische Friedensdelegation in Saint-Germain unterstützte Kärnten auf diplomatischem Weg, sodass die Laibacher Regierung ihre Truppen aus dem bereits besetzten Klagenfurt abziehen musste. Gleichzeitig gestanden die Alliierten den Südkärntnern das Recht zu, über ihre künftige Zugehörigkeit selbst zu bestimmen. Das Abstimmungsgebiet, in eine Zone I und II geteilt, umfasste das von den Südslawen geforderte Gebiet.

Bereits die Abstimmung am **10. 10. 1920** in der Zone I brachte die Entscheidung: Die deutschsprachige Mehrheit und die starke slowenische Minderheit legten ein klares Bekenntnis zu Österreich ab: Von 37 304 abgegebenen gültigen Stimmen entfielen auf Österreich 22 025, also 59,04 %, 15 249 Stimmen entfielen auf Jugoslawien, das waren 40,96 %.

Das Ausland nahm dies überrascht zur Kenntnis. Die Pariser Zeitung »Éclair« sagte, dies sei umso bemerkenswerter, als Jugoslawien eine starke Agitation entfaltet hätte, um die Wähler zu beeinflussen, zu einer Zeit, in der das ruinierte Österreich auf die Kärntner kaum Anziehungskraft ausüben konnte. Die Abstimmung in der Zone II erübrigte sich.

Weniger Erfolg hatte die Steiermark. Ihr verwehrte eine französisch-britische Kommission das Referendum im gemischtsprachigen Gebiet von Marburg und Cilli, nur die Stadt Radkersburg kam an Österreich.

Die Erste Republik — 1918 bis 1921

Schon vor 1918 gab es Bestrebungen, das überwiegend deutschsprachige so genannte Westungarn an Cisleithanien, die österreichische Reichshälfte, anzuschließen. Dies forderte in Ödenburg (Sopron) die Zeitschrift »Vierburgenland«, die sich nach den vier westungarischen Komitaten Preßburg, Wieselburg, Ödenburg und Eisenburg benannte. Von diesen vier »Burgen« leitet das Burgenland seinen Namen ab. Auf der Pariser Vorortekonferenz brachte KARL RENNER die »westungarische Frage« vor und nützte den italienisch-südslawischen Gegensatz, der durch die Bemühungen des tschechischen Präsidenten MASARYK verschärft worden war, einen mehrere Kilometer breiten Korridor von der Slowakei über Österreich und Ungarn nach Südslawien zu ziehen, um die beiden slawischen Staaten miteinander zu verbinden.

Aus machtpolitischen Gründen ergriff Italien für Deutschösterreich Partei. Eine Stärkung der slawischen Staaten, vor allem jener auf dem Balkan, kam ihm ungelegen. Noch dazu musste es zur Kenntnis nehmen, dass die im Londoner Abkommen vom Mai 1915 von den Westmächten für seinen Eintritt in den Ersten Weltkrieg auf deren Seite gegebenen Versprechungen nicht zu seiner vollen Zufriedenheit erledigt wurden: Die territorialen Zugeständnisse an der dalmatinischen Küste, die Italien den Einfluss auf das südslawische Hinterland und den Balkan hätten sichern sollen, blieben im Wesentlichen unerfüllt.

Im Gegenteil, es musste für den Adriaraum die starke Konkurrenz des südslawischen Staates befürchten; dieser durfte daher durch Zuwachs österreichischer Gebiete nicht weiter gestärkt werden. Italien konnte England und Frankreich davon überzeugen, also wurde Österreich am 9. 9. 1919 das überwiegend deutschsprachige Westungarn einschließlich Ödenburgs, jedoch ohne Preßburg, Wieselburg und Eisenburg zuerkannt. Ungarn weigerte sich, dem Beschluss nachzukommen. Jetzt sah Ex-Kaiser und König von Ungarn, KARL I., den Augenblick für die Restauration seiner Dynastie gekommen. Heimlich reiste er aus dem Schweizer Exil nach Budapest (15. 3. 1921), doch die erhofften Sympathiekundgebungen blieben aus. Karl brach daher seine Mission ab.

Unterdessen stellten magyarische rechtsradikale Gruppen in Westungarn Freischaren auf, um die »heilige Grenze« Ungarns gegen Österreich zu verteidigen. Dabei stießen sie auf die Sympathie der seit 22. 10. 1920 im Amt befindlichen österreichischen christlichsozialen Alleinregierung. Sie zeigte sich bereit, auf »Burgenland« zu verzichten, sollte im Gegenzug ein Ausgleich mit Ungarn und die Finanzierung ihrer paramilitärischen Heimwehr erfolgen.

Am 28. 8. 1921 erlaubte die in Westungarn tätige Entente-Kommission österreichischen Gendarmerie- und Zollwacheeinheiten die Besetzung des rechtlich bereits zu Burgenland gehörenden Gebietes. Den Einsatz des Bundesheeres untersagte aber die Entente, weil sie den von Ungarn in die Welt gesetzten Gerüchten Glauben schenkte, das österreichische Heer sei bolschewistisch unterwandert. Diese Mär hielt sogar die Wiener (christlichsozial orientierte) Tageszeitung »Reichspost« für wahr.

Der Einmarsch der Exekutive stieß in manchen Orten auf den hartnäckigen Widerstand der ungarischen Freischaren, es gab Verluste, und die österreichischen Kräfte wichen über die niederösterreichische Grenze zurück.

Die Kämpfe um das Burgenland beendeten Diplomaten. In den »Protokollen von Venedig« vom 13. 10. 1921 vereinbarten Österreich und Ungarn die Übergabe des Burgenlands und eine Volksabstimmung im Raum Ödenburg unter dem Vorsitz Italiens.

Eine Woche später, zwischen 20. und 24. 10. 1921, versuchte Karl I. abermals die Restauration. Bei Ödenburg landete er mit dem Flugzeug, eine Gruppe »Karlisten« und die »Anhänger einer freien Königswahl« aus den Reihen der Freischaren folgten ihm zum Marsch auf Budapest. Kommandierender General war ANTON VON LEHÁR, der Bruder des Operet-

Der Verbleib Südkärntens bei Österreich und der Erwerb Westungarns – mit Ausnahme des Ödenburger Gebietes – gab Patrioten, die an die Lebensfähigkeit Österreich glaubten, neuen Aufwind. Entscheidend für die Eigenständigkeit des Staates aber war das im Friedensvertrag ausgesprochene Anschlussverbot an Deutschland.

KAMPF UM DAS BURGENLAND

tenkomponisten **Franz Lehár**. Bei Budaörs trafen die Freischaren auf die Truppen des Reichsverwesers **Horthy** und erlitten eine klare Niederlage. Karl und seine Gemahlin **Zita** wurden festgenommen und auf die Insel Madeira verbannt. Die Freischaren aber gaben sich noch nicht geschlagen. Sie sammelten sich erneut im Ödenburger Raum.

Vom **13. 11. bis zum 30. 11. 1921** rückte nun das österreichische Bundesheer im Burgenland ein, während um Ödenburg der Wahlkampf zur Volksabstimmung anlief. Die Freischaren drohten mit Terrormaßnahmen, sollte das Referendum zu Gunsten Österreichs ausfallen. Doch nicht unter ihrem Druck ging Ödenburg für Österreich verloren, sondern wegen gefälschter Wählerlisten. Noch wollte man in Österreich den Verlust Ödenburgs nicht hinnehmen. Reguläre Kräfte und Arbeitermilizen sollten die Stadt erobern, wie 1919 der Italiener **D'Annunzio** im Handstreich Fiume (Rijeka) in Besitz nahm. Der Plan wurde wieder verworfen. Ödenburg, das heutige Sopron, die eigentliche und natürliche Hauptstadt des Burgenlands, blieb ungarisch.

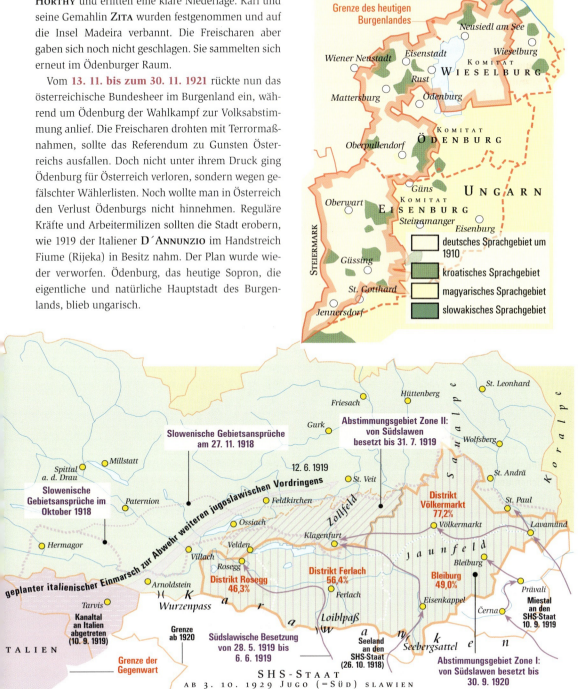

Die Erste Republik — 1918 bis 1922

Nach 403 Jahren ging eine Ära der Gemeinsamkeit zu Ende. Was am »Ersten Wiener Kongress« vom 22. 7. 1515 mit einer feierlichen Doppelhochzeit im Wiener Stephansdom begonnen hatte, wurde am 31. 10. 1918 zu Grabe getragen: das große Habsburgerreich an der Donau. An diesem Tag übernahm der ungarische Nationalrat unter Vorsitz des linksliberalen Großgrundbesitzers MIHÁLY GRAF KÁROLYI in Budapest offiziell die Regierungsgewalt, und in Wien erklärte die bürgerliche provisorische Nationalversammlung auf Antrag des Christlichsozialen WILHELM MIKLAS die Farben »Rot-Weiß-Rot« zu den neuen Staatsfarben. Der Bruch mit der schwarz-gelben Tradition war endgültig vollzogen.

Während aber die ungarischen Politiker vorbereitet den Weg in einen neuen Abschnitt ihrer Geschichte gingen – immerhin hatten sie lange genug auf eine Trennung von Österreich hingearbeitet –, reagierten die österreichischen ratlos. Kaum war das Kind »Österreich« geboren, wollten sie es schon weglegen. Sie glaubten nicht an dieses Österreich und räumten ihm keine Lebenschance ein. *„Sollte das große Wirtschaftsgebiet Österreich-Ungarn nicht mehr zu erhalten sein, dann müssten wir den Anschluss an das große deutsche Wirtschaftsgebiet des Deutschen Reiches suchen"*, sagte der sozialdemokratische Parteiideologe OTTO BAUER am 15. 10. 1918. Und er bezeichnete den Namen »Österreich« als *„verhasst"*, von den Imperialisten aufgezwungen. Die Anschlussidee war geboren, aus welchen Gründen auch immer. 1938 ging die unheilvolle Saat auf. Dieses Beispiel einer Staatsgründung suchte ihresgleichen, denn es wirkte so nachhaltig fort, dass noch Politiker der Zweiten Republik die Vokabel von der *„Missgeburt"* einer *„österreichischen Nation"* im Munde führten.

Der Pessimismus, den 1918 die Staatsregierung verbreitete, wirkte sich außerordentlich nachteilig auf die österreichische Wirtschaft aus: Er schreckte britische und französische Investoren ab, ihr Kapital in Österreich anzulegen und wichtige Impulse zu geben für den Aufbau einer neuen Infrastruktur und den Lebenswillen der Bevölkerung. Vor allem diese kämpfte ums Überleben. Es mangelt an allem: an Nahrungsmitteln, weil das agrarische Hinterland Ungarn fehlte, an Brennstoffen, weil Böhmen und Schlesien keine Kohle mehr lieferten, an Arbeit, weil die Industrie die natürlichen Abnehmer, die Kronländer und Ungarn, für ihre Produkte verloren hatte.

Dabei war die wirtschaftliche Erbmasse der Monarchie keineswegs so gering, wie es die Zeitgenossen empfanden. Vom ehemaligen »Cisleithanien« lebten 22 % der Bevölkerung im verkleinerten Österreich, sie brachte 30 % des Volkseinkommens und 32 % der Fabriken mit: ihr Pro-Kopf-Einkommen war das höchste der Monarchie. Die Grundstrukturen befanden sich in gutem Zustand, das Land verfügte über alle Voraussetzungen, um verlorene Positionen wieder einzunehmen, sofern es der Wirtschaft gelang, vom bisher überwiegenden Binnen- auf den Außenhandel umzusteigen und sich einem hohen, bisher kaum bekannten Konkurrenzdruck anderer Länder auf dem freien Markt zu stellen. Ein Problem für das kleine Österreich stellte auch Wien dar. Ein Viertel der Gesamtbevölkerung wohnte und arbeitete im »Wasserkopf« der Republik. Dienstleistungen und Verwaltung deckten vor dem Zusammenbruch die Bedürfnisse eines Großreiches mit 52 Millionen Einwohnern; nun waren die Anforderungen auf weniger als 7 Millionen Menschen geschrumpft.

Die nach dem Kriegsende einsetzende Inflation brachte vorerst Vorteile mit sich. Sie erleichterte Export und Investitionen, die zur Umstellung auf die Friedensproduktion notwendig waren. Sie ermöglichte die Sanierung des Staates, weil alle Kredite und alle in Geldform angelegten Vermögen entwertet wurden: bis 1922 waren die österreichischen Staatsschulden, in der Hauptsache Kriegsanleihen, fast zur Gänze getilgt. Freilich auf Kosten des Mittelstandes, der seine gesamten Ersparnisse, die hauptsächlich in Staatspapieren angelegt waren, verlor. Dieses Bürgertum

Die österreichische Handelsbilanz befand sich von 1920 bis 1937 – mit Ausnahme der Jahre 1931 und 1932 – auf Talfahrt.

Schwieriger Beginn

entwickelte sich zum Zentrum sozialer und politischer Unruhen. Es war antirepublikanisch, weil es die Demokratie für seinen sozialen Abstieg verantwortlich machte, antisemitisch, weil Spekulanten und Neureiche mitunter dem Judentum angehörten, es bot radikalen Ideen guten Nährboden und wurde zum Träger der Heimwehrbewegung, danach zählte es zur Masse nationalsozialistischer Mitläufer.

Nachdem der Friede von Saint-Germain-en-Laye Österreich Einheit und Selbständigkeit aufgezwungen hatte, versuchten die Vertreter der beiden großen Parteien, die Sozialdemokraten und die Christlichsozialen, einen gemeinsamen Kurs zu steuern. Dem gemäßigten sozialdemokratischen Kanzler KARL RENNER stand ein Bauer aus Vorarlberger, der Demokrat JODOK FINK, zur Seite. Während ihrer Regierungszeit entstand eine Reihe beispielhafter sozialer Gesetze: der 8-Stunden-Arbeitstag **(19. 12. 1919)**, die Abschaffung des »Arbeitsbuches« **(25. 2. 1919**, seit **1854** vorgeschrieben), bezahlter Urlaub für Fabriksarbeiter **(30. 7. 1919)**, die Einführung von Betriebsräten **(5. 5. 1919)**, die Schaffung von Arbeiterkammern **(26. 2. 1920)**, das Hausgehilfinnengesetz, die Arbeitslosenversicherung **(24. 3. 1920)** und die Lehrlingsentschädigung **(1922)**. Der Rechtsgelehrte HANS KELSEN erarbeitete die österreichische Bundesverfassung, die den Staat zum Bundesstaat formte, den einzelnen Bundesländern – zu ihnen zählte seit **1922** auch die Hauptstadt Wien – aber ihre Eigenständigkeit beließ, für die eigene Länderparlamente garantierten.

Die fruchtbare Zusammenarbeit beider Großparteien endete am **11. 6. 1920**. Die dritte Regierung Renner trat zurück, nachdem es bereits bei der Einführung des 8-Stunden-Tages zwischen den Großparteien zu erheblichen Differenzen gekommen war. Die Nationalratswahlen vom **17. 10. 1920** sollten eine klare Mehrheitsentscheidung bringen. In der Tat verzeichneten die Christlichsozialen mit 85 Mandaten einen deutlichen Vorsprung vor den Sozialdemokraten mit 69 und den Großdeutschen mit 28 Sitzen. Die seit dem **30. 10. 1918** bestehende Koalition mit den Sozialdemokraten erneuerten die Christlichsozialen nicht mehr.

Damit begann die Oppositionrolle der Sozialdemokraten, aus der sie nicht mehr in die Regierungsgeschäfte zufanden.

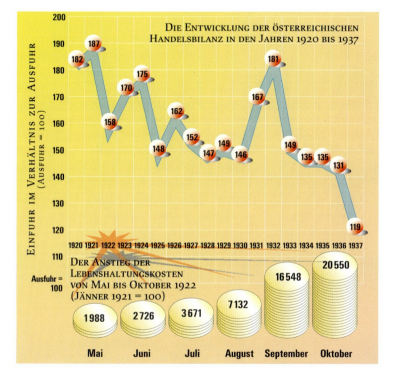

Heiratete in der Monarchie ein mittelloser Leutnant, musste die Braut zur Ausstattung noch eine Mitgift von 50 000 Kronen in die Ehe mitbringen. Sie war zur Aufbesserung des geringen Soldes gedacht, man konnte von den Zinsen bei sparsamer Haushaltsführung dennoch standesgemäß leben. Die Inflation der Nachkriegszeit zehrte nun alle Ersparnisse auf, die Offiziere, zumeist entlassen, und ihre Familien standen vor dem Nichts – der Ausverkauf von Sachwerten – Preziosen, Mobiliar, Kunstwerke – begann.

Die Erste Republik — 1919 bis 1925

Radikale Ideologen lenkten ihre Parteien in neue Richtungen: OTTO BAUER und MAX ADLER die Sozialdemokraten in eine österreichische Abart des Marxismus (»Diktatur des Proletariats«), Prälat IGNAZ SEIPEL die Christlichsozialen in eine klerikale, »rechte«, konservative (»Hort der Kirche«). Beide Ideologien, der »Austromarxismus« und der »Austrofaschismus«, verweigerten sich demokratischen Spielregeln: Die Anerkennung der Meinung anderer war ihnen fremd. Dabei wäre wegen der nun wachsenden wirtschaftlichen Schwierigkeiten eine Zusammenarbeit von existenzieller Bedeutung gewesen. Den beiden nachfolgenden so genannten Beamtenregierungen unter MICHAEL MAYR und dem ehemaligen Wiener Polizeipräsidenten JOHANNES SCHOBER war wenig Erfolg beschieden.

Schober verließ die Regierung nach Differenzen mit der drittstärksten Parlamentsfraktion, den Großdeutschen, die ihm seinen außenpolitischen Annäherungskurs an die Tschechoslowakei verübelten, er übergab das Amt dem Moraltheologen und Prälaten Ignaz Seipel.

Seipel war eine der umstrittensten politischen Persönlichkeiten der Ersten Republik. In der letzten kaiserlichen Regierung nahm er den Ministerposten für soziale Fürsorge ein; nun sprach er, wie er in der »Reichspost« am **9. 9. 1919** schrieb, der Neuordnung der Wirtschaft *„in der Richtung, dass Besitz und Betrieb mehr als bisher der Allgemeinheit dienstbar gemacht, also - im weitesten Sinn - sozialisiert werden"*, das Wort. Er unterschied aber streng zwischen der Vollsozialisierung, die er ablehnte, und der Sozialisierung in Einzelfällen.

Anfang **August 1922** erreichte die Inflation in Österreich ihren Höhepunkt. Seipel bemühte sich bei in- und ausländischen Banken erfolglos um Kredite für die Sanierung des österreichischen Staatshaushalts. In letzter Konsequenz richtete er am **6. 9. 1922** einen dramatischen Appell an den Völkerbund: *„Ehe das Volk Österreichs in seiner Absperrung zugrunde geht, wird es alles tun, um die Schranken und Ketten, die es beugen und drücken, zu sprengen."* Die Rede verfehlte nicht ihre Wirkung; am **4. 10. 1922** gewährten Großbritannien, Frankreich, Italien und die Tschechoslowakei in den »Drei Genfer Protokollen« Österreich einen Kredit in der Höhe von 650 Millionen Goldkronen auf zwanzig Jahre, mit der Bedingung, die Wirtschaft durch einen Finanzkommissär des Völkerbundes kontrollieren zu lassen und das Anschlussverbot an Deutschland zu bestätigen.

Am **24. 11. 1922** nahm der Nationalrat mit 103 Stimmen der Christlichsozialen und Großdeutschen gegen 68 Stimmen der Sozialdemokraten die »Genfer Protokolle« an. Otto Bauer sah darin *„Seipels Revanche für den 12. 11. 1918"*.

Als oberster Währungshüter wurde die Oesterreichische Nationalbank gegründet, am **12. 12. 1924** das Schillinggesetz erlassen und am **1. 1. 1925** die Schillingwährung eingeführt. 1 Schilling glich dem Wert von 10 000 Papierkronen, 1 kg Gold entsprach 6 000 Schilling. Die Sanierung des Staatshaushalts gelang, das Haushaltsdefizit wurde abgebaut, die Inflation gestoppt, der Schilling erreichte eine Stabilität, die ihm den Ruf eines »Alpendollars« einbrachte. Doch die Opfer, die die Volkswirtschaft dafür bringen musste, waren enorm: Abwertung der österreichischen Krone im Verhältnis 10 000 : 1, Einführung einer Warenumsatzsteuer, Einschränkungen im Konsum und eine Massenentlassung im Staatsdienst, die das Heer der Arbeitslosen schlagartig um 115 000 Arbeitsuchende erhöhte.

Die Gegensätze zwischen Christlichsozialen und Sozialdemokraten nahmen immer schärfere Formen an. So ist das Attentat auf Bundeskanzler Seipel am Wiener Südbahnhof eher ein Symptom und nicht nur eine Einzelerscheinung: Hass beherrschte die politische Szene in Zukunft, sein verlängerter Arm waren die Wehrverbände.

An der Frage der Durchführung des Wehrgesetzes und der Vollmachten der Soldatenräte scheiterte schon die Koalition der Regierung Renner. JULIUS DEUTSCH,

Die offiziell protokollierten Gewalttaten nahmen zwischen 1918 und 1933 an Zahl und Radikalität erschreckend zu.

MILITANTE MASSEN

Staatssekretär für Heerwesen, hatte am **25. 5. 1919** die Wahl neuer Soldatenvertreter innerhalb von drei Wochen angeordnet und ihnen Kommandogewalt in der Militärführung versprochen.

Die Großdeutschen bezichtigten daraufhin Julius Deutsch, das kommunistische Rätesystem in der neuen Wehrmacht verankern zu wollen. Auch der christlichsoziale Fraktionsführer, **Leopold Kunschak**, meldete sich zu Wort und drohte mit der Auflösung der Koalition. Kunschak bekam Beifall, auch von den Sozialdemokraten. Im Gegenzug warf **Otto Bauer** den bürgerlichen Heimwehren eine antirepublikanische Gesinnung vor. In der Tat spielten die paramilitärischen Heimwehren eine zunehmend staatsgefährdende Rolle.

Am **12. 5. 1920** hatte der Rechtsanwalt **Richard Steidle** in Innsbruck den Verein der Tiroler Heimwehr gründet. Dem bayerischen Wehrverband »Organisation Escherich« (ORGESCH) unterstellt, sollte sie bei Notständen im öffentlichen Leben »technische Hilfe« leisten. Auch die Heimwehrverbände von Vorarlberg, Salzburg und Oberösterreich unterstanden einer Münchner Leitung, der Organisation **Rudolf Kanzler** (= ORKA). ORGESCH und ORKA sorgten für großzügige Ausstattung mit Waffen und Munition. Während die Heimwehren von Kärnten und Steiermark zur Verteidigung der Landesgrenzen geschaffen wurden, erhielten jene der westlichen Bundesländer das politische Ziel, den Kampf gegen die »inneren Feinde«, die Sozialdemokratie und den Parlamentarismus, aufzunehmen. Seipel stellte **1922** in seiner Funktion als Bundeskanzler den Heimwehren Unterstützung durch den Industriellenverband in Aussicht, sollten sie sich einer einheitlichen österreichischen Führung unterstellen. Dadurch entzog er sie dem bayerischen Einfluss.

Am **12. 4. 1923** gründeten die Sozialdemokraten den »Republikanischen Schutzbund«, an dessen Spitze Julius Deutsch und der spätere Bundespräsident **Theodor Körner** standen. Der Schutzbund nahm alle seit **1922** gegründeten lokalen sozialdemokratischen »Arbeiterwehren« auf; sie sind das Gegenstück zum christlichsozialen »Freiheitsbund«, den katholisch-klerikalen »Ostmärkischen Sturmscharen« des Tiroler Abgeordneten **Kurt Schuschnigg** und den »Burgenländischen Landesschützen«.

Die politische Auseinandersetzung verließ den parlamentarischen Boden und verlagerte sich auf die Straße. Sonntag für Sonntag marschierten Heimwehren, Schutzbündler, Frontkämpfer und andere militante Gruppen auf. Argumente zählten nicht mehr, es sprachen die Fäuste und Waffen.

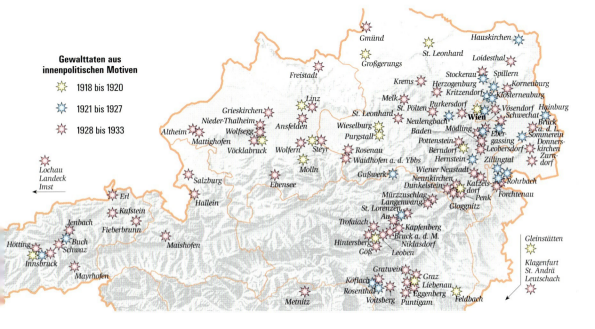

Große Ereignisse werfen ihre Schatten voraus, so auch **1926**. Die Regierung unter dem christlichsozialen Kanzler RUDOLF RAMEK stand unter mehrfachem Druck: Am **6. 2.** betonte Italiens faschistischer Staatschef BENITO MUSSOLINI die Möglichkeit, dass sich der Apenninenstaat über den Brenner ausbreiten könnte, niemals aber werde Italien *„seine Trikolore ... vom Brenner herabholen"*. Am **8. 5.** erhob Laibach abermals die Forderung: *„Das slowenische Kärnten gehört uns!"*, und am **29. 8.** wurden die österreichischen Nationalsozialisten auf einer Führerkonferenz der NSDAP (Nationalsozialistische Deutsche Arbeiterpartei) durch die Einrichtung eines Gaues »Ostmark« der deutschen Parteileitung unterstellt.

Die Aufhebung der Finanzkontrolle des Völkerbundes nach Überprüfung der wirtschaftlichen Lage Österreichs stützte sich auf die Erkenntnis von Experten, dass Österreich infolge von Zollbarrieren zwar mit wirtschaftlichen Schwierigkeiten zu kämpfen habe, aber durchaus lebensfähig sei. Mehrere Bankenzusammenbrüche (u. a. die Bodenbank, **25. 5. 1924**) und ein extremer Sparkurs der Regierung waren dem vorangegangen. An ihm scheiterte auch Kanzler Ramek, als er die Gehaltswünsche der Bundesangestellten nicht erfüllte. Am **15. 10. 1926** übergab er sein Amt dem nach dem Attentat vom **1. 6. 1924** wieder genesenen IGNAZ SEIPEL.

Der Oktober **1926** sah gleich zwei Großveranstaltungen: Vom **3. bis 6.** tagte der erste Kongress der Paneuropa-Bewegung des **1894** in Tokio geborenen pazifistischen Schriftstellers und späteren Generalsekretärs der Europäischen Parlamentarischen Union RICHARD NIKOLAUS COUDENHOVE-KALERGI in Wien, und zwischen **30. 10 und 3. 11.** fand in Linz der »Reichsparteitag der Sozialdemokratischen Arbeiterpartei« statt. Auf ihm legte Chefideologe OTTO BAUER ein neues Parteiprogramm vor. Dieses »Linzer Programm« löste das von **1901** stammende »Wiener Programm« ab, das alle Punkte erfüllt hatte und neuen Entwicklungen angepasst werden musste. Bauer forderte anstelle des Bundesstaates eine Einheitsrepublik, die Bekämpfung der kapitalistischen Monopole, das Selbstbestimmungsrecht der Arbeitnehmer, Trennung von Staat und Kirche, die Geburtenregelung und Schwangerschaftsunterbrechung, Zugang zu allen Schulen für Kinder aller Volksschichten, eine proletarisch-sozialistische Kultur u. a. m. Das Programm, das einstimmig angenommen wurde, stellt ein klassisches Dokument des Austromarxismus dar. Mussolini fand das Parteiprogramm *„sehr gut und schlau konzipiert, und deshalb nicht ungefährlich"*.

Den Sozialdemokraten wollten die Christlichsozialen nicht nachstehen. Am **29. 11.** beschlossen sie ihr Parteiprogramm unter dem Vorsitz Seipels. Es baute auf den *„Grundsätzen des Christentums"* auf. Als *„Volkspartei"* sahen die Christlichsozialen alle Berufsstände als gleichberechtigt an und lehnten daher den von der Sozialdemokratie geforderten Klassenkampf ab. Die Familie sollte weiterhin ein *„Hauptpfeiler der Gesellschaft"* und des Staates sein. Dazu gehörten das *„katholische Eherecht"* und der *„Schutz des keimenden Lebens"*. Die *„konfessionelle Schule"* sollte Ziel der Partei sein. Die *„Gleichberechtigung aller Bundesländer"* dürfe nicht angetastet werden. Als national gesinnte Partei fordere sie die Pflege der deutschen Art und *„bekämpfe die Übermacht des zersetzenden jüdischen Einflusses"* auf geistigem und wirtschaftlichem Gebiet.

Die ideologische Marschrichtung der Großparteien war festgelegt. Ein Konsens in strittigen Fragen schien möglich, sofern es am Willen nicht fehlte.

Am **30. 1. 1927** kam es im burgenländischen Schattendorf zu einem blutigen Eklat: Frontkämpfer beschossen Schutzbündler und trafen einen 40-jährigen invaliden kroatischen Hilfsarbeiter und einen am Geschehen unbeteiligten 8-jährigen Buben. Beide waren tot. Diese Bluttat erregte ungeheures Aufsehen. In Wien und Wiener Neustadt legten die Arbeiter spontan die Arbeit nieder, Protestkundgebungen auf der

Schattendorf und Justizpalastbrand

Wiener Ringstraße und ein viertelstündiger Generalstreik in ganz Österreich unterstrichen den Protest der Sozialdemokraten. Die festgenommenen Attentäter kamen vor Gericht, bekannten sich schuldig und – wurden von den Geschworenen freigesprochen **(14. 7. 1927)**. Friedrich Austerlitz, der Chefredakteur der »Arbeiter-Zeitung«, reagierte mit einem scharfen Leitartikel, nannte die Geschworenen *„eidbrüchige Gesellen"*, beschuldigte die Regierung der *„infamen Hetze"* und wünschte *„Fluch und Schande allen denen, die an dieser Verhöhnung der Gerechtigkeit, an der Vereitlung der Sühne für eine Tat, die an Mord grenzt, Anteil haben"*. Die Worte wirkten. Am nächsten Morgen kam es in Wien zu Massenprotesten. Die städtischen E-Werke sperrten zwischen 8 und 9 Uhr den Strom für die Straßenbahnen, Demonstranten zogen zum Parlament und zum Justizpalast. Die Führung der Sozialdemokratischen Partei gab sich überrascht und schritt nicht ein. Die Wiener Polizei war nicht vorbereitet, denn noch am Vorabend hatte Julius Deutsch, Obmann des Republikanischen Schutzbundes, den Wiener Polizeipräsidenten Johannes Schober beruhigt und möglicherweise stattfindende Arbeiterdemonstrationen in Abrede gestellt. Vor dem Parlament, in dem der Nationalrat tagte, machten nur 67 Polizisten Dienst, statt wie sonst 150. Sie sahen sich plötzlich einer großen, bedrohlich näher rückenden Menschenmenge gegenüber. Eine Attacke der berittenen Polizei zerstreute die Demonstranten. Diese sammelten sich vor dem Justizpalast wieder, errichteten Barrikaden und bewarfen die Wachmannschaft mit Steinen, worauf sie ins Gebäude zurückwich. Ein nahe gelegenes Polizeiwachzimmer wurde gestürmt, Schüsse fielen. Gegen 12 Uhr stürmten die Revoltierenden in den Justizpalast und legten Feuer. Der anrückenden Feuerwehr versperrte eine tobende Menge den Weg. Selbst Wiens Bürgermeister Karl Seitz konnte den Löschzügen nicht freie Bahn verschaffen. Schließlich versuchten Schutzbundabteilungen auf die etwa 10 000 aufgebrachten Menschen einzuwirken, retteten die im brennenden Justizgebäude verbarrikadierten Richter und Wachleute. Mittlerweile steckten Demonstranten auch die in der Strozzigasse liegende Redaktion der christlichsozialen »Reichspost« in Brand. Erst um 14.30 Uhr trafen 600 mit Bundesheerkarabinern bewaffnete Polizisten ein. Ihre Warnschüsse fanden keine Beachtung, nun schossen sie gezielt. 85 Zivilisten starben, rund 2 000 wurden verletzt. Die Polizei hatte vier Tote zu beklagen.

Das war der Anfang vom Ende der parlamentarischen Demokratie. Eine Welle von Attentaten und Mordanschlägen erfasste das Land; der zukünftige Weg der Ersten Republik war ungewisser denn je.

Der Justizpalastbrand vom 15. 7. 1927.

Das Ereignis des Justizpalastbrandes und die Ausschreitungen sowohl der Demonstranten als auch der Exekutive warfen dunkle Schatten auf die weitere politische Entwicklung der Ersten Republik. Den Bürgerlichen erschien SEIPEL – nach der Völkerbundanleihe zum zweiten Mal – als »Retter des Vaterlandes«, die Linken hingegen bezeichneten ihn als »Prälat ohne Milde«, Polizeipräsident SCHOBER nannten sie »Arbeitermörder«. Doch die verbalen Attacken konnten über die tiefe Verunsicherung der Sozialdemokraten nicht hinwegtäuschen: Sie wussten keinen Rat, wie sie dem fortwährenden Schwinden ihrer Macht und ihres Einflusses begegnen sollten. Die Parteiführung schwankte in ihrer Taktik zwischen Opportunismus und straffem Zentralismus. Nutznießer der Ratlosigkeit war die extreme Rechte: der Nationalsozialismus erstarkte, er profitierte von der Schwäche der Linken.

Im **April 1928** trafen MUSSOLINI und der ungarische Ministerpräsident Graf BETHLEN in Mailand zu Beratungen über Österreich zusammen. Beide faschistischen Regierungschefs kamen überein, dem konservativen Lager Unterstützung angedeihen zu lassen, damit es sich vom »Druck der roten Straße« befreien könne. Die Heimwehr betrachteten sie als ein geeignetes Instrument, um den Rechtsruck zu vollziehen. Italien erklärte sich bereit, für die Finanzierung und die entsprechende Waffenhilfe zu sorgen, Ungarn sollte im Hintergrund die politischen Fäden ziehen. Von ihm entsandte Mittelsmänner nahmen Kontakt zum Tiroler Heimwehrführer RICHARD STEIDLE auf. Man war zwar versucht, die eindeutig verfassungswidrigen Aktivitäten zu verheimlichen, die Regierung erfuhr dennoch davon und überging sie stillschweigend. Nur der christlichsoziale Abgeordnete LEOPOLD KUNSCHAK warnte am **27. 1. 1929**: *„Die Heimwehrbewegung nimmt eine Entwicklung, die sie als Gefahr für das parlamentarische System erscheinen lassen."*

Die Formulierung des »Korneuburger Eides« vom **18. 5. 1930** bestätigte seine Prophezeiung. Diese programmatische Erklärung des Heimwehrführers Steidle vor 800 Delegierten – unter ihnen JULIUS RAAB, der »Staatsvertragskanzler« der Zweiten Republik –, auf einer Generalversammlung der niederösterreichischen Heimwehr in Korneuburg, war eine Kampfansage an den westlich-demokratischen Parlamentarismus und den Parteienstaat. Der Aufruf Steidles: *„Jeder Kamerad fühle und bekenne sich als Träger einer neuen deutschen Staatsgesinnung; ... er erkenne die drei Gewalten: den Gottesglauben, seinen eigenen harten Willen, das Wort seiner Führer!"* alarmierte Bundeskanzler Schober. Er ließ am **15. 6. 1930** den Bundesstabsleiter der Heimwehr, den deutschen Offizier WALDEMAR PABST VON OHAIM, festnehmen und des Landes verweisen. Auch die Großindustrie zog die Konsequenzen und versagte der Heimwehr die finanzielle Unterstützung. Steidle und der Bundesführer der Heimwehr, WALTER PFRIMER, waren deshalb zum Rücktritt gezwungen und machten dem gemäßigteren ERNST RÜDIGER STARHEMBERG Platz.

Am **7. 12. 1929** schien es, als ob Sozialdemokraten und Christlichsoziale doch noch zusammenarbeiten könnten. Nach langen Beratungen beschlossen sie eine Verfassungsreform, die bestimmte Rechte vom Nationalrat auf den Bundespräsidenten übertrug: Künftig oblag es dem Staatsoberhaupt, die Bundesregierung zu ernennen oder zu entheben, den Nationalrat aufzulösen und unter bestimmten Voraussetzungen Notverordnungen zu erlassen. Der Bundespräsident war nun Oberbefehlshaber des Bundesheeres, und er war zuständig für die Ernennung des Präsidenten des Verfassungsgerichtshofes.

WILHELM MIKLAS, seit **5. 12. 1928** Bundespräsident, musste am **30. 9. 1930** nach der neuen Verfassung vorgehen. Die Koalitionsregierung Schober III aus Christlichsozialen, Großdeutschen und dem Landbund war am 25. 9. zurückgetreten. Anlass dazu gaben Unstimmigkeiten über die Zusammenarbeit mit der Heimwehr: die Christlichsozialen hatten sie befürwortet, die beiden anderen Parteien lehnten sie

Heimwehr: Gefahr für den Staat

ab. Miklas musste eine Minderheitsregierung bilden. Für sie boten sich nur die Christlichsozialen und die Heimwehr an. Es war dies die erste nicht vom Parlament gewählte Regierung der Ersten Republik. Der bisherige Heeresminister **Carl Vaugoin** übernahm das Kanzleramt. Ihm sagte die Heimwehr ihre Unterstützung zu, *„in der Voraussetzung, dass er der Mann sein wird, der diesen Kampf gegen links mit aller Energie fortsetzen ... wird"*, wie der Heimwehr-Landesführer **Emil Fey** am **28. 9.** erklärte. Heimwehrführer Starhemberg war zum Innenminister ernannt worden. Er bestellte einen jungen Sekretär der Landwirtschaftskammer zum Bundesbahnpräsidenten: **Engelbert Dollfuss**. Dieser setzte **Franz Strafella** als Generaldirektor der Bundesbahnen ein, mit der Absicht, die Bundesbahnen – eine Hochburg der Sozialdemokraten – unter den Einfluss der Christlichsozialen zu bringen.

Unter dem Eindruck des großen Wahlerfolges der Nationalsozialisten im Deutschen Reich am **14. 9.** und weil sie sich nicht, so wie erhofft, durch Vaugoin unterstützt sahen, beschloss die Heimwehr am **7. 10.**, mit den österreichischen Nationalsozialisten eine Verständigung zu suchen. Dies führte allerdings zu keinem Erfolg, doch schon zuvor war die Heimwehr in sich gespalten. Einige Gruppen bildeten als Wahl werbende Partei den »Heimatblock«, andere, wie die Wiener Heimwehrgruppe unter Emil Fey, schlossen ein Wahlbündnis mit den Christlichsozialen. Die Regierung Vaugoin, das »Kabinett der sechzig Tage«, wie Kritiker sarkastisch meinten, war handlungsunfähig geworden, Bundespräsident Miklas löste sie daher am **1. 10.** auf.

Die Wirtschaftslage Österreichs zeigte sich trotz der auf der zweiten Haager Konferenz vom **20. 1. 1930**) ausgesprochenen Entbindung von den Reparationsverpflichtungen unverändert trist. Die Arbeitslosenzahl lag bei 300 000. Aus dem Heer der Beschäftigungslosen rekrutierten sich die »Marschierer«, die es den »Internationalisten« Russlands, den »Schwarzhemden« Italiens und den »Braunhemden« Deutschlands gleichtun wollten. 492 000 Heimwehrleute – davon 403 000 militante – bevölkerten die Straßen der Republik. Das Ausland reagierte auf diese Bewaffnung besorgt. Eine Botschafterkonferenz hatte schon am **23. 5. 1929** darauf hingewiesen, dass zwar nun die im Friedensvertrag vorgesehene Militärkontrolle über Österreich aufgehoben sei, aber entgegen den Forderungen der Alliierten die bewaffneten Schutzformationen weiter bestünden. Kunschak forderte daher die Wehrverbände auf, die Waffen abzugeben.

Am **9. 11. 1930** fanden die Nationalratswahlen statt, von denen sich alle Parteien einen klaren Mehrheitsentscheid erhofften. Das Ergebnis fiel in der Tat deutlich aus: Die Sozialdemokraten wurden seit 1919 zum ersten Mal wieder mit 72 Mandaten die stärkste Partei. Die Christlichsozialen erhielten mit Heimwehr und Heimatwehr zusammen bloß 66 Mandate, der mit dem Bauernbund kandidierende Nationale Wirtschaftsblock bekam 19 und der Heimatblock 8 Mandate, während die Nationalsozialisten mit 110 000 Stimmen kein Mandat erreichten.

Das Ausland registrierte aufmerksam das Wahlergebnis. Je nach politischer Orientierung sah es darin eine Festigung des Bürgerblocks oder einen Linksruck. Die gesamte Presse vertrat aber einmütig die Ansicht, dass Österreich einer normalen parlamentarischen Entwicklung entgegengehe. Dass die Wahl die letzte freie in der Ersten Republik war, ahnte niemand. Da der Bürgerblock über 93 Sitze verfügte, gab ihm Bundespräsident Miklas den Auftrag, eine Regierungsmannschaft zu erstellen. Vaugoin lehnte eine neuerliche Kanzlerschaft ab, deshalb ersuchte Miklas den Landeshauptmann von Vorarlberg, **Otto Ender**, ein neues Kabinett zu bilden. Am 4. 11. 1930 stellte er die neue Regierung vor: Ihr gehörte weder Seipel noch die Heimwehr mehr an.

In der Regierungserklärung nahm Ender auf anstehende Probleme Bezug: die Altersversicherung, die Steuerbelastung, die Wirtschaftskrise, die Arbeitslosigkeit. **Karl Renner** antwortete mit einem Rückblick auf die vergangene Regierungsperiode. Er nannte sie *„die dunkelste Epoche"* der Republik seit ihrer Gründung.

Die Lage der Regierung ENDER war alles andere als rosig: Die Weltwirtschaftskrise, ausgelöst durch den New Yorker Börsenkrach vom 24./25. 10. 1929, hielt an, im Jänner 1931 lag die Zahl der Arbeitslosen in Österreich bei 317 000. Immerhin zeigte sich ein Hoffnungsschimmer am Wirtschaftshorizont: Am 19. 3. 1931 wurde der Vertrag über eine deutsch-österreichische Zollunion unterzeichnet. Doch die in ihn gesetzten Hoffnungen verflogen, als der Abschluss am 20. 3. offiziell bekannt wurde. Die Weltkriegsalliierten sahen in ihm eine Umgehung der Anschlussbestimmungen, und das Abkommen musste annulliert werden. Eine Katastrophe aber bahnte sich an, als die Credit-Anstalt – seit der Übernahme der Bodencreditanstalt im Herbst 1929 die größte Bank Österreichs – am 8. 5. 1931 einen Schuldenstand von 140 Millionen Schilling einbekennen musste. Da sie einen Großteil der österreichischen Industrieunternehmen betreute und vielfältig auf dem internationalen Geldmarkt verflochten war, musste die Regierung sofortige Sanierungsmaßnahmen treffen. In London, Genf und Basel suchte sie daher um Anleihen an, und England war bereit, sie zu gewähren, sofern der österreichische Staat für die Credit-Anstalt garantiere.

Dazu waren weitere Sparmaßnahmen notwendig, die das Kabinett entzweiten; die Großdeutschen verließen es am 27. 5., Innenminister FRANZ WINKLER vom Landbund folgte am 17. 6., nun musste die Regierung Ender demissionieren.

SEIPEL sollte ein neues Kabinett bilden. Er schlug eine Konzentrationsregierung vor, die aus vier Sozialdemokraten – darunter OTTO BAUER als Vizekanzler –, drei Christlichsozialen, einem Großdeutschen und einem Landbündler bestehen sollte (18. 6. 1931). Doch Sozialdemokraten und Großdeutsche lehnten ab. Für Otto Bauer und seine Partei war die letzte Chance, in eine Regierung einzutreten, dahin. Aber mit Seipel mochte er nicht zusammenarbeiten.

KARL BURESCH, Landeshauptmann von Niederösterreich, brachte schließlich am 20. 6. 1931 noch einmal und für kurze Zeit eine bürgerliche Regierung mit den Großdeutschen und dem Landbund zustande.

Im Herbst 1931 stand diese einer neuen Herausforderungen gegenüber. In der Nacht vom 12. auf den 13. 9. versuchte der steirische Heimwehrführer WALTER PFRIMER den Putsch, den Heimwehren schon öfter angekündigt hatten. Pfrimer mobilisierte seine obersteirischen Heimwehrverbände, die dank der finanziellen Unterstützung durch Industriellenkreise gut bewaffnet waren, und begann die Ämter der Behörden in Leoben, Kapfenberg, Bruck an der Mur und anderen Orten zu besetzen. Der hauptberuflich als Rechtsanwalt tätige Pfrimer bezeichnete sich als obersten Hüter der Rechte des österreichischen Volkes und erklärte, eine Volksgemeinschaft auf einer ständischen Grundlage aufbauen zu wollen. Heersminister VAUGOIN erhielt den Auftrag, gegen die Putschisten vorzugehen, doch er setzte die Truppen so langsam in Bewegung, dass sich die Heimwehrmänner rechtzeitig wieder in ihre Heimatdörfer zurückziehen konnten; Pfrimer floh nach Jugoslawien. Im Dezember stellte er sich dann doch den Behörden, wurde in Haft genommen und – freigesprochen; die Regierung Buresch hatte schon zuvor die Angelegenheit als »b'soffene G'schicht'« abgetan.

Auf dem Bundesparteitag der Christlichsozialen Partei am 31. 10. 1931 bekannte Seipel: Es sei ihm nicht gelungen, die Partei auf einen rechten Kurs zu bringen. Dies hätte ein Abschwenken von Parteigängern zur Heimwehr oder zur NSDAP verhindern können. Was Österreich aber jetzt brauche, sei eine berufsständische Gesellschaftsordnung entsprechend der Enzyklika »Quadragesimo anno« (15. 5. 1931), in der Parteien nur noch *"Gesinnungs- und Programmgemeinschaften"* darstellten. Vizekanzler RICHARD SCHMITZ kommentierte den Vorschlag Seipels: Dem parlamentarisch geprägten »Volksstaat« müsse ein *"richtig verstandener Autoritätsstaat"* gegenübergestellt werden.

AUF AUTORITÄREM WEG

Im **April 1932** begann der Wahlkampf für die Landtagswahlen in Wien, Niederösterreich und Salzburg. Die Ergebnisse vom **24. 4.** kamen einem Erdrutsch gleich: Die Sozialdemokraten hielten, sieht man von Wien ab, ihre Mandate, die Christlichsozialen erlitten schwere Verluste, Großdeutsche, Landbund und Heimatblock waren in den Landtagen nicht mehr vertreten. Die Kommunisten verdoppelten zwar ihre Stimmen, errangen aber keinen Sitz. Die Gewinner waren die Nationalsozialisten, die mit 15 Abgeordneten im Wiener Rathaus einzogen, in Niederösterreich 8 und in Salzburg 6 Sitze erwarben.

Im **Jänner 1932** zerbrach die Koalition der Regierung Buresch II am Austritt der Großdeutschen. Das gescheiterte deutsch-österreichische Zollunionsprojekt, von ihnen zum Programm erhoben, hatte ihren Lebensnerv getroffen. Das Minderheitenkabinett Buresch II stand vor unüberwindlichen Schwierigkeiten. Um den Staatsbankrott zu verhindern, hatte die Notenbank einen rigorosen Deflationskurs eingeschlagen und den Banknotenumlauf um 14 % gesenkt. Dadurch waren die Produktion zwischen **1929 und 1932** um 39 %, die Großhandelspreise um 17 % und das Außenhandelsvolumen um 47 % gefallen. Um dringlichen Verbindlichkeiten gegenüber ausländischen Gläubigern nachkommen zu können, wandte sich die Regierung an den Völkerbund, um eine internationale Anleihe zu erhalten. Dem Kabinett Buresch II gelang dies nicht mehr, es trat Anfang Mai zurück.

Der niederösterreichische Bauernvertreter **ENGELBERT DOLLFUSS** bildete am **20. 5. 1932** eine Koalition aus Christlichsozialen, Landbund und Heimatblock. Im Parlament verfügte sie nur über eine Stimme Mehrheit gegenüber der sozialdemokratischen und der großdeutschen Opposition. Es gelang Dollfuß dennoch, die Zustimmung für die bereits von Buresch angestrebte Völkerbundanleihe – 300 Millionen Schilling – zu erhalten. Die Wortattacken, die der Kanzler aber während der Parlamentsdebatte von Otto Bauer über sich und seine Partei ergehen lassen musste – *„notorische Putschisten"*, *„notorische Feinde der Verfassung"* – haben ihn sicher schwer getroffen.

Im **September 1932** führte Dollfuß in Pörtschach Gespräche mit Heimwehrführern über die Möglichkeit, Österreich mittels Notverordnungen zu regieren. Für ihre Unterstützung bot er eine größere Einflussnahme auf die Regierungsgeschäfte an. Am **17. 10.** trat Heimwehrführer **EMIL FEY** als Staatssekretär für das Sicherheitswesen in das Kabinett Dollfuß ein. Doch nicht mit Notverordnungen sollte Dollfuß künftig Österreich regieren, sondern mit dem Kriegswirtschaftlichen Ermächtigungsgesetz vom **24. 7. 1917**.

Beraten vom Sektionschef des Heeresministeriums, **ROBERT HECHT**, nahm Dollfuß die Sanierung der Credit-Anstalt zum Anlass, um dieses Gesetz zum ersten Mal in Friedenszeiten anzuwenden. Es erlaubte ihm, ohne parlamentarische Zustimmung und ohne Abstimmungsdebatte Entscheidungen zu treffen. Das Gesetz, in der Zwischenzeit in Vergessenheit geraten, jedoch von Hecht zu neuem Leben erweckt, ermöglichte es Dollfuß, den Nationalrat auszuschalten und autoritär zu regieren.

Bei einer Parteiversammlung im niederösterreichischen Haag **(2. 10. 1932)** bekannte sich Dollfuß zum neuen Weg: *„Die Tatsache, dass es der Regierung möglich ist, selbst ohne vorherige endlose parlamentarische Kämpfe sofort gewisse dringliche Maßnahmen in die Tat umzusetzen, wird zur Gesundung unserer Demokratie beitragen."* Dollfuß' autoritäre Absichten wurden am **1. 12.** sichtbar: Er erließ ein unbefristetes Versammlungsverbot.

Zu Beginn des Jahres **1933** erschütterte der erste handfeste Skandal die Regierung Dollfuß. Sozialdemokratisch organisierte Eisenbahner öffneten auf dem Villacher Frachtenbahnhof 50 Waggons, die aus Italien kamen. Sie enthielten angeblich altösterreichisches Kriegsgerät aus Beutebeständen, das zur Überholung in die Waffenfabrik von Hirtenberg gebracht werden sollte. Tatsächlich aber war die Lieferung für den radikal-nationalen Ministerpräsidenten von Ungarn, **JULIUS GÖMBÖS**, bestimmt, mit dem Heimwehrführer **STARHEMBERG** eine Vereinbarung getroffen hatte: 50 000 Gewehre dieses Transports sollten der Ausstattung einer Elitetruppe der Heimwehr dienen.

Auch die »Hirtenberger Waffenaffäre« beunruhigte das Ausland. Österreich war durch den Friedensvertrag der Transport von Kriegsmaterial verboten; zudem unterstützte hier ein faschistisches Land, Italien, ein fast faschistisches, Ungarn. Das rief die Mitglieder der »Kleinen Entente« – eine gegen Ungarn gerichtete Defensivallianz Rumäniens, Jugoslawiens und der Tschechoslowakei – auf den Plan. In Frankreich vermuteten die Sozialdemokraten einen Anschlag auf ihre Genossen in Österreich, sie verweigerten daher in der Nationalversammlung die Zustimmung zur Ratifizierung der Lausanner Anleihe, die der Völkerbund in der Höhe von 300 Millionen Schilling am 15. 7. 1932 bewilligt hatte. Dieses Geld benötigte die Regierung Dollfuß dringend, um die Gehälter der Beamten ausbezahlen zu können. Mitte Februar 1933 musste der Direktor der Bundesbahnen bekannt geben, dass die Entlohnung für März nur in drei Raten erfolgen könne; das ließ die Eisenbahner in einen zweistündigen Streik treten (1. 3.). Die Regierung Dollfuß antwortete mit scharfen Gegenmaßnahmen, Bahnhöfe und Bahnwerkstätten wurden militärisch besetzt und den Streikenden – wieder auf Grund eines Gesetzes aus der Kaiserzeit (Verbot jeder Diensteinstellung bei den Bahnen, vom 25. 7. 1914) – drakonische Disziplinarmaßnahmen angekündigt. Das bewog die Sozialdemokratische Arbeiterpartei, für den 4. 3. die Einberufung einer dringlichen Sitzung im Nationalrat zu fordern. Noch ahnte niemand, dass sie die letzte demokratische in dieser Republik sein würde.

Zum Eisenbahnerstreik brachten Sozialdemokraten, Großdeutsche und Christlichsoziale der Reihe nach ihre Anträge ein. Sie plädierten für Milde und Nachsicht und drängten auf rasche Erledigung. Zweimal wurde im Parlament darüber abgestimmt, bei beiden Abstimmungen unterliefen Fehler. Eine Wiederholung wurde erwogen, von Karl Renner, dem Ersten Nationalratspräsidenten, aber als unnötig abgelehnt, worauf Tumulte ausbrachen und Renner sein Amt zurücklegte. Otto Bauer hatte ihm dazu geraten, um bei einer allfälligen neuerlichen Abstimmung der Partei eine zusätzliche Stimme zu sichern – die Geschäftsordnung des Parlaments sprach den drei Präsidenten des Nationalrats in Ausübung ihrer Funktion die Stimmberechtigung ab. Nun folgten auch die beiden Vizepräsidenten dem Beispiel Renners und legten ihr Amt zurück. Mittlerweile war es 21.55 Uhr geworden, für eine weitere Abstimmung war es zu spät, und da der Vorsitzende fehlte, konnte auch die Sitzung formell nicht geschlossen werden. Die Abgeordneten gingen – nichts ahnend – nach Hause.

Zur gleichen Zeit feierten 12 000 Nationalsozialisten in der Halle des Nordwestbahnhofs den Wahlsieg Hitlers in Deutschland.

Dollfuss aber reiste in derselben Nacht zu einer Tagung des christlichen Bauernbundes nach Villach. Er hatte die Chance, die ihm die Parlamentskrise bot, bereits erkannt: Am 7. 3. proklamierte die Bundesre-

Otto Bauer in jungen Jahren. 1881 in Wien geboren, geriet er 1914 in russische Gefangenschaft und lernte die bolschewistische Doktrin kennen. 1919 Staatssekretär für Sozialisierung, wird er politischer Stratege der SDAP (Sozialdemokratischen Arbeiterpartei). Er stirbt 1938 im Pariser Exil.

Das Ende der demokratischen Republik

gierung, das Parlament habe sich selbst ausgeschaltet, das Kabinett führe aber die Geschäfte weiter. Nun stand die Tür zur Diktatur offen.

Die Regierung Dollfuß arbeitete schnell, wie von langer Hand vorbereitet: Zeitungen unterlagen der Vorzensur, Kinder mussten den Gottesdienst besuchen, Landtags- und Gemeinderatswahlen wurden ausgesetzt, die anderen Parteien durften nicht mehr aufmarschieren, der Republikanische Schutzbund wurde verboten, die Dienstpflicht beim Bundesheer verlängert, ein Streikverbot erlassen, die Republik Österreich in Bundesstaat Österreich umbenannt, der Verfassungsgerichtshof ausgeschaltet, die Kommunistische Partei aufgelöst.

Im Hintergrund der Aktion stand **Mussolini**, der am **13. 4. 1933** wirtschaftliche Hilfe und militärischen Schutz für den Fall eines Angriffs durch einen Dritten versprochen hatte. Dieser Dritte war das Deutsche Reich. Dieses zeigte sich seit den Wahlerfolgen der Nationalsozialisten mit Spitzenpolitikern bei NS-Großveranstaltungen: **Himmler**, **Goebbels**, **Göring**, **Frank** traten in Wien und in den Bundesländern auf, hetzten gegen die Regierung, die Demokratie, die Juden, das Kapital. Dollfuß verwies schließlich Reichsjustizkommissar Hans Frank des Landes. Hitler war zufrieden, die Provokation hatte Erfolg, nun konnte er Repressalien ergreifen: Am **27. 5. 1933** verhängte er die »1 000-Mark-Sperre«. Jeder nach Österreich reisende deutsche Staatsbürger musste an der Grenze 1 000 Reichsmark entrichten. Der auf den Tourismus spezialisierte Westen Österreichs erlitt ruinöse Einbußen. Die Deviseneingänge sanken von 56 Millionen Schilling **1932** auf 6 Millionen **1937**. Das gab den österreichischen Nationalsozialisten in ihrer staatsumstürzlerischen Aktivität weitere Impulse.

Am **19. 6.** verübten sie in Krems einen Handgranatenanschlag auf christlich-deutsche Turner, der ein Menschenleben und 29 Verletzte forderte. Dollfuß verbot nun auch die österreichische NSDAP. Ihre Mitglieder gingen – wie die Sozialdemokraten und die Kommunisten – in die Illegalität, oder sie flohen ins Deutsche Reich, wo sie, in der »Österreichischen Legion« zusammengefasst – etwa 10 000 Mann –, auf die Rückkehr in die Heimat warteten.

Ignaz Seipel, 1876 in Wien geboren, 1899 zum Priester geweiht, Moraltheologe, stirbt 1932 in Pernitz.

Die Erste Republik

Die Heimwehren hatten sich durch ihre radikalen Forderungen ins Abseits gestellt. Doch zum politischen Alltag der Zwischenkriegszeit gehörten paramilitärische Verbände, die den Parteien als Staffage dienten. Dollfuss stellte daher am **20. 5. 1933** die Vaterländische Front (VF) auf, in der *„vaterlandstreue"* Österreicher ohne Rücksicht auf Parteizugehörigkeit Aufnahme fanden.

Zu einer echten Volksbewegung wurde die Vaterländische Front dennoch nicht, daran änderte weder das totale Parteienverbot etwas, noch der geschlossene Übertritt der Heimwehren.

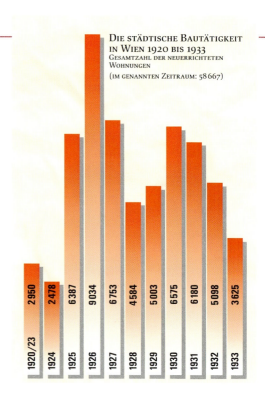

D en tief religiösen Dollfuß beherrschte die Idee, aus Österreich einen Hort der katholischen Kirche im deutschsprachigen Raum zu machen, nach dem Motto: »Der österreichische Katholik ist der bessere Deutsche.« Der Allgemeine deutsche Katholikentag **(8. bis 12. 9.)** – noch vor der Machtergreifung Hitlers organisiert – hätte gut in dieses Konzept gepasst, wäre er nicht durch die 1 000-Mark-Sperre zu einem donauländischen geworden, denn die deutschen Besucher blieben aus; dafür kamen viele aus Ungarn, Polen, der Tschechoslowakei, Rumänien und Jugoslawien. Parallel zum Katholikentag fand am **11. 9.** auf dem Wiener Trabrennplatz eine Großkundgebung der Vaterländischen Front statt. Auf ihr stellte Dollfuß seinen Regierungskurs vor: *„Die Zeit der Parteienherrschaft ist vorüber ... Wir wollen den sozialen, christlichen, deutschen Staat Österreich auf ständischer Grundlage unter starker autoritärer Führung ...."*

Einen Tag später gedachte die Regierung der Befreiung Wiens von den Türken im Jahr **1683**. Heimwehrführer Ernst Rüdiger Graf Starhemberg – in siebenter Generation mit dem heldenhaften Wien-Verteidiger verwandt – hielt eine Rede: *„Herr Kanzler! Für diese Wiener muss es unerträglich sein ... dass da drinnen (zeigt auf das Wiener Rathaus) noch die Bolschewiken Wien beherrschen ... Herr Kanzler! Warten Sie nicht zu lange!"*

Ab **23. 9.** ermöglichte eine Verordnung die Verhaftung von Personen, die die »Sicherheit des Staates gefährden«, noch bevor ein strafrechtliches Verfahrens eingeleitet wurde. Die Gefängnisse füllten sich mit »politisch missliebigen Personen«, sodass Ende **Juli 1933** Sicherheitsminister Fey die Errichtung von Sammellagern für politische Häftlinge vorschlug.

Während dieser Zeit der unheilvollen Entwicklungen verharrte die stärkste Kraft im Land, die Sozialdemokratische Arbeiterpartei Österreich (SDAPÖ), in Untätigkeit. Die Führung sah wie gelähmt der Demontage demokratischer und sozialer Errungenschaften zu, die besonders das so genannte Rote Wien betrafen.

Die Stadt hatte unter einer sozialdemokratischen Rathausmehrheit im Bereich des kommunalen Wohnbaus – durch Hugo Breitner –, in der schulischen Erziehung – durch Otto Glöckel – sowie im Gesundheitswesen, der Altersfürsorge und der Sozialwohlfahrt Musterbeispiele für die ganze Welt geliefert. Eine Reihe von Verordnungen der Regierung soll-

Die Wohnbautätigkeit der Gemeinde Wien zwischen 1920 und 1933.

Antidemokratischer Terror

te nun diese Errungenschaften unterlaufen: sozialdemokratischen Genossenschaften (Konsum) wurden Lieferungen an öffentliche Körperschaften und Institutionen verboten. Weiters erhöhte man mit finanztechnischen Tricks das Budgetdefizit der Stadt Wien von 24 Millionen Schilling auf 108 Millionen und erzwang dadurch die Streichung der Wohnbauförderung und eines beträchtlichen Teils der Sozialleistungen, die bisher von der Gemeinde aus eigenen Mittel aufgebracht worden waren. Damit nicht genug, sollte der Bürgermeister durch einen Kommissär ersetzt werden, der direkt der Regierung unterstand.

Wohl erwog die sozialdemokratische Parteiführung am **10. 3.** den bewaffneten Widerstand zur Verteidigung demokratischer und sozialer Errungenschaften, doch OTTO BAUER riet ab: *„Wir wissen, dass, wenn es zum Entscheidungskampf kommt, Opfer fallen würden, die wir vor den Müttern dieses Landes nur verantworten können, wenn wir vorher alles getan haben, was eine friedliche Lösung auf dem Boden der Volksfreiheit möglich macht."*

Noch einmal, zum letzten Mal in der Ersten Republik, veranstalteten die Sozialdemokraten einen Parteitag **(14. bis 16. 10. 1933)**. Auf ihm forderten die »Falken« sofortige Maßnahmen gegen die autoritäre Herrschaft der Regierung. Nur mit Mühe konnten Bauer und THEODOR KÖRNER sie vom bisherigen Verständigungskurs überzeugen und die Einheit der Organisation wahren.

Dollfuß legte die Passivität der Sozialdemokraten als Schwäche aus, aber er selbst war in den eigenen Reihen auch nicht unumstritten. Widerstand leistete vor allem die Kirche. Am **6. 12.** wiesen die österreichischen Bischöfe die Priester an, sofern sie öffentlich-politische Ämter ausübten, diese zurückzulegen. Die Order wurde allerdings in einem weihnachtlichen Hirtenbrief wieder zurückgenommen.

Ungeachtet dessen steuerte das Kabinett Dollfuß auf eine große innenpolitische Auseinandersetzung zu.

Ende **Dezember 1933** mussten die in den Arbeiterkammern tätigen sozialdemokratischen Gewerkschaftsvertreter ihre Funktionen an Christlichsoziale abgeben, der öffentliche Verkauf der »Arbeiter-Zeitung« wurde untersagt –, nur noch ihre Postzustellung war erlaubt **(21. 1. 1934)** – und sozialdemokratisch gesinnte Arbeiter wurden bei öffentlichen Arbeiten nicht mehr beschäftigt **(24. 1.)**. Nach und nach kamen die Führer des illegalen Schutzbundes ins Gefängnis **(3. 2.)**.

Etwa zur gleichen Zeit erschütterte eine Welle nationalsozialistischer Terroranschläge das Land, 140 Sprengstoffattentate zählte man allein in der ersten Jännerwoche **1934**. Die Regierung Dollfuß protestierte zwar in Berlin, wegen der – ihrer Meinung nach – reichsdeutschen Unterstützung der österreichischen Nazis, und drohte, den Völkerbund anzurufen, in Wahrheit aber konzentrierte sie sich auf die totale Entmachtung der Sozialdemokraten; die Terrorwelle der Nazis diente als willkommener Vorwand: In Tirol mobilisierte die Heimwehr, angeblich zum Schutz der Grenze gegen einen möglichen Einfall der »Österreichischen Legion«. Man sucht nur noch nach einem Anlass, um gegen die Linke wegen staatsgefährdender Umtriebe vorgehen zu können.

Bundeskanzler Engelbert Dollfuß bei seiner »Trabrennplatzrede« am 11. 9. 1933. Das »Kruckenkreuz« wird Symbol der Vaterländischen Front.

Am »Dreikönigstag« des Schicksalsjahres 1934 bestellte Bundespräsident WILHELM MIKLAS Kanzler DOLLFUSS zu einem Gespräch zu sich. Miklas warnte davor, den Wiener Landtag aufzulösen und den Bürgermeister durch einen Regierungskommissär zu ersetzen. Es gebe „*keinerlei verfassungsmäßige Legitimation für einen solchen folgenschweren Schritt der Bundesregierung, der an die letzten Fundamente des Bundesstaates greift*", begründete Miklas.

Gelassen nahm der Parteivorstand der Sozialdemokraten die neuerliche Attacke der Regierung Dollfuß auf. Man wolle keine Kampfmaßnahmen ergreifen, beschloss er, „*um Ereignisse zu verhüten, die kostbares Menschenblut kosten*". Hingegen versuchte man, mit Dollfuß zu verhandeln. Dieser aberlehnte ab: „*Das wäre sehr schön*", soll er gesagt haben, „*aber wenn ich das tue, so wirft mich Mussolini dem Hitler ins Maul*".

Der Kanzler stand nicht nur unter dem massivem Druck des faschistischen Italien, auch die eigenen Heimwehren bedrängten ihn mit ihren Forderungen. Am Morgen des 30. 1. 1934 machten sie in Tirol mobil. Anfangs propagierten sie noch den Kampf gegen den nationalsozialistischen Terror im Land, doch schon am nächsten Tag änderten sie ihre Absichten (31. 1., 1. 2. 1934), wendeten sie sich gegen die Christlichsoziale Partei, verlangten deren Selbstauflösung und die Reorganisation der Landesregierungen sowie das strikte Verbot der SDAPÖ. Dollfuß gab nach, er erteilte Vizekanzler FEY den Auftrag, im gesamten Bundesgebiet in Wohnbauten und Parteigebäuden der Sozialdemokraten nach versteckten Waffen zu suchen. Am 8. 2. verbreitete sich das Gerücht, JULIUS DEUTSCH stehe kurz vor der Festnahme. Doch es gab bei den Christlichsozialen auch Stimmen der Vernunft, die vor dieser Radikalisierung warnten. LEOPOLD KUNSCHAK richtete im Wiener Gemeinderat versöhnliche Worte an die beiden Großparteien: „*Gott gebe, dass die Zerrissenheit von Geist und Seele in unserem Volk und in unseren Führern bald zu einem Ende kommt, bevor Volk und Land an Gräbern stehen und weinen.*" Sie verhallten ungehört, denn noch am selben Tag ordnete der Sicherheitsdirektor von Oberösterreich, HANS HAMMERSTEIN-EQUORD, die listenmäßige Erfassung aller sozialdemokratischen Vertrauensleute an, um sie in Anhaltelagern festzusetzen. Nur einen Tag nach Kunschaks Rede musste der Wiener Bürgermeister SEITZ alle Sicherheitskompetenzen abgeben. Da er auch über das Weisungsrecht der vollmilitärisch ausgebildeten Wiener Rathauswache verfügte, war diese führungslos geworden. Schon einen Tag später drohte Vizekanzler FEY während einer Heimwehrübung in Großenzersdorf: „*Die Aussprachen von gestern und vorgestern haben uns die Gewissheit gegeben, dass Kanzler Dollfuß der Unsrige ist. Ich kann euch noch mehr, wenn auch mit kurzen Worten, sagen: Wir werden morgen an die Arbeit gehen, und wir werden ganze Arbeit leisten!*"

Am Abend desselben Tages erreichte OTTO BAUER eine Meldung des oberösterreichischen Schutzbundführers RICHARD BERNASCHEK. Bernaschek wusste von der geheimen Namensliste des oberösterreichischen Sicherheitsdirektors und rechnet stündlich mit einer Durchsuchung der Parteiräume und mit Verhaftungen, er depeschierte dem Wiener Parteivorstand: „*… wenn morgen, Montag, in einer oberösterreichischen Stadt mit einer Waffensuche begonnen wird oder wenn Vertrauensmänner der Partei … verhaftet werden sollten, wird gewaltsamer Widerstand geleistet.*" Bauer gab um 2 Uhr früh Gegenorder; er halte zum gegebenen Zeitpunkt Widerstand für sinnlos, teilte er Bernaschek mit.

Punkt 6.30 Uhr näherten sich Polizisten dem sozialdemokratischen Parteiheim in Linz, dem »Hotel Schiff«, um die Suche nach Waffen aufzunehmen. Die Schutzbündler eröffneten das Feuer. Der Widerstand sprang von Linz auf Steyr, dann auf das Industrie- und Kohlenrevier des Hausrucks, in die Steiermark, nach Niederösterreich und Tirol über. Die Nachricht von den Kämpfen in Linz traf gegen 10 Uhr in Wien

SCHÜSSE AUF ARBEITER

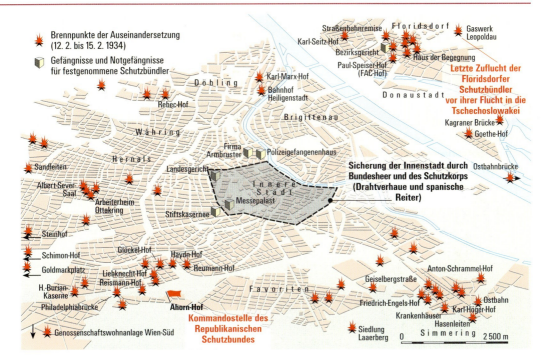

ein. Umgehend wurde der Generalstreik ausgerufen, Bauer und Deutsch schlugen ihr Hauptquartier im »Ahorn-Hof«, einer städtischen Wohnhausanlage im Wiener Arbeiterbezirk Favoriten, auf. **THEODOR KÖRNER** und Landeshauptmannstellvertreter **OSKAR HELMER** eilten zu Bundespräsident **MIKLAS** und wurden auf halbem Weg festgenommen.

Doch die Arbeiter glaubten nicht an einen erfolgreichen Widerstand, sie legten die Arbeit nicht nieder. So blieb der Schutzbund sich selbst überlassen. Ohne zentrale Führung nahm er den Kampf gegen die Exekutive nach eigenem Gutdünken auf, schoss aus den Wohnungen in Gemeindebauten auf schwer bewaffnetes Militär. Diese Strategie stammte von Major **ALEXANDER EIFLER**, dem Stabschef des Schutzbundes. Augenzeuge **BRUNO KREISKY** kritisierte diese Taktik in seinen Erinnerungen: „*Es sprach gegen jede Vernunft, den Kampf dorthin zu verlegen, wo Frauen und Kinder waren.*"

Im Laufe des Nachmittags zeichnete sich die Niederlage der Aufständischen ab. Der Generaloberst des Bundesheeres, **SCHÖNBURG-HARTENSTEIN**, fuhr mit schwerer Artillerie auf und kämpfte die versprengten Widerstandsnester des Schutzbundes nieder. Julius Deutsch wurde verwundet, Otto Bauer floh in die Tschechoslowakei. Am **14. 2. 1934** erlosch der letzte Widerstand, und die Standgerichte nahmen ihre Arbeit auf. Die Schutzbundführer **KARL MÜNICHREITER** und **KOLOMAN WALLISCH** sowie sieben weitere Anführer starben durch ein Exekutionskommando.

Bundeskanzler **DOLLFUSS** hatte sein Ziel erreicht, die Opposition war ausgeschaltet. Am **5. 3.** kündigte er in Villach eine neue Verfassung und eine neue Einheitsgewerkschaft auf berufsständischer und autoritärer Basis an, die Demokratie war ausgelöscht.

Am **17. 3. 1934** unterzeichneten in Rom Dollfuß, **MUSSOLINI** und der ungarische Ministerpräsident **GÖMBÖS** einen Freundschaftsvertrag (»Römische Protokolle«): Österreich hatte die italienischen Wünsche erfüllt und die Demokraten des Landes mundtot gemacht, nun fand es Aufnahme in die Reihen der faschistischen Staaten.

Die Kämpfe in Wien im Februar 1934.

DER STÄNDESTAAT 1934 BIS 1938

Anfang **Juni 1934** brach eine neue Terrorwelle der Nationalsozialisten über Österreich herein. Allein am **10. 6.** erfolgten acht Sprengstoffanschläge auf Bahnlinien. Die Attentate lenkte THEO HABICHT – seit **1932** NS-Landesinspekteur für Österreich, mit Sitz in Linz, **1934** ausgewiesen – von München aus. Habicht war HITLERS engster Berater in österreichischen Angelegenheiten. Er versicherte ihm, dass die österreichische Exekutive und das Bundesheer bei einer Erhebung der Nationalsozialisten auf ihrer Seite stehen würden. Ein nationalsozialistischer Aufstand hing nur vom Verhalten Italiens ab. Hitler fuhr daher zu MUSSOLINI.

Die Begegnung der beiden Diktatoren verlief kühl. Hitler betonte, dass Deutschland die Souveränität Österreichs achte, er wünsche aber, dass im Lande die innere Ordnung wiederhergestellt und das Verbot der NS-Bewegung aufgehoben werde. Das Gespräch endete mit einem Missverständnis: Während Mussolini dachte, Hitler würde gegenüber Österreich einen gemäßigteren Kurs einschlagen, war dieser überzeugt, in der österreichischen Angelegenheit freie Hand erhalten zu haben und die Nationalsozialisten könnten daher putschen.

Am **24. 7. 1934** nahm die Polizei in Klagenfurt ein illegales SS-Kommando aus Wien fest. Die Ermittlungen ergaben, dass es einen Anschlag auf Bundespräsident MIKLAS in seinem Urlaubsort Velden geplant hatte. Er sollte der Auftakt zu einem Nazi-Putsch sein.

Seit Beginn des Jahres **1934** lag dem italienischen Generalstab der »Plan K« vor, Richtlinien zum Einmarsch in Österreich. Zur gleichen Zeit verfügten auch Ungarn und Jugoslawien über Offensivpläne – nur das Deutsche Reich besaß keinen. Hitler überließ die Entscheidung, in Österreich den Umsturz zu wagen, der mittleren politischen Führungsebene von SA und SS. Beide agierten mit der NSDAP in Österreich seit dem Verbot vom **19. 6. 1933** im Untergrund.

Aufstände hatten die österreichischen Nationalsozialisten schon mehrmals geplant und immer wieder verschoben, so am **18. 9.**, am **15. 10.** und Anfang **November 1933**. Auf den Konferenzen in Zürich vom **25. 6.** und München vom **16. 7.** beschlossen nun die Drahtzieher des Aufstandes, THEO HABICHT, OTTO GUSTAV WÄCHTER, der deutsche Industrielle RUDOLF WEYDENHAMMER und der Führer der österreichischen »SS-Standarte 89«, FRIDOLIN GLASS, ehest zu putschen. Der Plan dazu lag fertig vor: 1. Besetzung der öffentlichen Ämter in den Landes- und Bezirkshauptstädten; 2. Übernahme der Funktionen des Landeshauptmannes und des Sicherheitsdirektors; 3. Einmarsch der »Österreichische Legion« in Wien, die aus exilierten Nazis im Raum München darauf wartete; 4. Festnahme der Bundesregierung und 5. Ernennung eines neuen Bundeskanzlers. Ziel war die Errichtung eines nationalsozialistischen Österreich. Am **25. 7.** sollte die Erhebung mit der Geiselnahme von Bundespräsident Wilhelm Miklas beginnen.

Am Vormittag des **24. 7. 1934** erhielt die Staatspolizei den vertraulichen Hinweis, dass die Besetzung des Bundeskanzleramtes bevorstünde. Die Meldung wurde mit einem Aktenvermerk versehen und abgelegt.

Am **25. 7. 1934** drangen durch Bundesheerkleidung getarnte NS-Putschisten in das Bundeskanzleramt ein. Während der Besetzung erschoss der Rädelsführer OTTO PLANETTA Kanzler Dollfuß. Tote und Verwun-

Der Juli-Putsch der Nationalsozialisten.

Hitlers Griff nach Österreich

dete gab es auch im Gebäude des Rundfunks, als es von Putschisten gestürmt wurde. Um 15.30 Uhr war aber das Sendehaus wieder in der Gewalt der Regierung, und die Umstürzler im Kanzleramt gaben auf; der NS-Putsch in Wien brach zusammen. Auch in den Bundesländern scheiterte der Aufstand an der Loyalität des Bundesheeres und der Exekutive.

Der Mörder des Bundeskanzlers, **Otto Planetta**, und zwölf weitere Putschisten endeten am Galgen. Planetta starb mit dem Hitlergruß auf den Lippen. Indessen hatte Hitler mehrfach beteuert, dass das Deutsche Reich an den Ereignissen in Österreich unbeteiligt gewesen sei.

Kurt von Schuschnigg, seit **29. 7.** Bundeskanzler, versuchte mit den Nationalsozialisten, die nach wie vor eine latente Bedrohung darstellten, ins Gespräch zu kommen, doch vergeblich, den Kontakt zu den Sozialdemokraten suchte er nicht. Sie hielten am **8. 9.** – nach dem Gang in die Illegalität – im mährischen Blansko bei Brünn eine Konferenz ab und gelobten, den Faschismus zu bekämpfen, wo immer sie ihm begegneten.

In der Europapolitik zeichnete sich ein Wende ab: **Mussolini** bereitete die Eroberung Abessiniens vor und benötigte dazu die wirtschaftliche und politische Unterstützung Hitlers. Dafür war er bereit, Österreich dem Einfluss des Deutschen Reichs zu überlassen. Der Vatikan warnte den Ballhausplatz vor der drohenden Entwicklung und riet zu einem außenpolitischen Kurswechsel und einer Annäherung an die Westmächte. Schuschnigg ignorierte den Rat und folgte der Empfehlung Mussolinis, einen Ausgleich mit Berlin zu suchen **(April 1936)**. Um eine Gesprächsbasis mit Hitler herzustellen, entwaffnete er zunächst die Wehrverbände und löste sie in der Folge auf **(9. 10.)**.

Es schien, als sollte Schuschniggs Kurs der richtige sein: Am **11. 7.** stellte das »Juli-Abkommen« wieder normale Beziehungen mit dem Deutschen Reich her, die 1 000-Mark-Sperre wurde aufgehoben, Wirtschaftsverträge fanden ihren Abschluss. Der Kanzler hatte als Gegenleistung nationalsozialistisch gesinnte Politiker ins Kabinett aufzunehmen: **Glaise-Horstenau** als Minister ohne Portefeuille und **Guido Schmidt** als Staatssekretär für Auswärtige Angelegenheiten. **1937** ernannte Schuschnigg **Arthur Seyss-Inquart** zum Staatsrat, er hatte die Verbindung zwischen der Regierung und den Nationalsozialisten herzustellen.

Etwa zur gleichen Zeit **(5. 11. 1937)** legte Hitler in Berlin sowohl dem Generalstab als auch dem Außenminister **Konstantin von Neurath** seine außenpolitischen Pläne vor. Sie wurden unter der Bezeichnung »Hoßbach-Protokoll« bekannt. Sie sahen die Annexion Österreichs und der Tschechoslowakei vor.

Am **4. 2. 1938** zitierte Reichskanzler Hitler seinen Botschafter in Wien, **Franz von Papen**, nach Berlin und ließ sich von ihm über Österreich informieren. Papen berichtete über die Situation Schuschniggs und schlug Hitler ein Gespräch mit dem Kanzler vor. Das Treffen sollte in Hitlers Domizil auf dem Obersalzberg bei Berchtesgaden stattfinden.

Am **12. 2. 1938** standen sie einander gegenüber: der Österreicher und Katholik Adolf Hitler, Sohn eines altösterreichischen Zollwachebeamten aus dem Waldviertel, und der Österreicher und Katholik Kurt von Schuschnigg, Sohn einer geadelten altösterreichischen Offiziersfamilie aus Riva am Gardasee.

307

Als Kanzler **Kurt Schuschnigg** mit seinem Staatssekretär für Äußeres, **Guido Schmidt**, zu **Adolf Hitler** nach Berchtesgaden fuhr, dachte er auf einen verhandlungsbereiten deutschen Reichskanzler zu treffen. Doch dieser war nicht bereit, von seinen Forderungen abzugehen: Abberufung des österreichischen Generalstabschefs **Alfred Jansa**, Ernennung von **Seyss-Inquart** zum Innenminister und freie Betätigung der österreichischen Nationalsozialisten. Sollten die Wünsche nicht erfüllt werden, werde er in Österreich einmarschieren, drohte Hitler.

Schuschnigg und Schmidt kehrten *„tief erschüttert"* nach Wien zurück, sie wussten, *„dass nunmehr das Urteil endgültig über uns gefällt war"*, erinnerte sich Guido Schmidt.

Schuschnigg aber resignierte nicht. Am **24. 2.** trat er vor die Bundesversammlung und rief alle österreichischen Patrioten zum Widerstand gegen einen drohenden deutschen Einmarsch auf: *„.... dass unser Österreich Österreich bleiben muss! ... Darum, Kameraden, bis in den Tod: rot-weiß-rot!"*

Aber in der Steiermark, in Kärnten und Oberösterreich gingen die Nationalsozialisten bereits auf die Straße und demonstrierten mit der Parole »Heim ins Reich« für einen »Anschluss«; in Graz wehte schon die Hakenkreuzfahne vom Rathaus.

Schuschnigg zeigte sich fassungslos, aber eine Verständigung mit der Arbeiterschaft lehnte er noch immer ab, obwohl **Friedrich Hillegeist**, einer ihrer Führer, ihm am **3. 3.** die Unterstützung im Kampf gegen die Nationalsozialisten angeboten hatte. Immerhin reifte im Kanzler der Gedanke, eine Volksbefragung abzuhalten. Mittlerweile bereiste Innenminister Seyß-Inquart die Bundesländer, gestattete das Tragen von NS-Symbolen, den Hitlergruß, das Hissen der Hakenkreuzfahne und das Absingen des Deutschland- und des Horst-Wessel-Liedes.

Am **5. 3.** stand Schuschniggs Entschluss fest, das Volk am **13. 3.** in einem Referendum über seine Zukunft entscheiden zu lassen, obwohl ihm **Mussolini** dringend davon abgeraten hatte. Als nächsten Schritt hob der Kanzler das über die Sozialdemokraten verhängte Versammlungsverbot auf **(7. 3.)**.

Am **10. 3.** appellierte Schuschnigg an das Volk: *„Für ein freies und deutsches, unabhängiges und soziales, für ein christliches und einiges Österreich!"*

Die Ansprache wurde im Radio übertragen und in Zeitungen groß herausgebracht. Ein patriotischer Taumel erfasste die Bevölkerung. Überall fanden Aufmärsche und Demonstrationen für Österreich statt.

Die Nachricht von der geplanten Volksabstimmung hatte die deutsche Reichskanzlei in den Morgenstunden des **9. 3.** erreicht, am nächsten Tag fällte Hitler die Entscheidung, sie mit allen Mitteln zu verhindern: Er gab den Befehl, den Einmarsch vorzubereiten.

Dafür hatte der Generalstab den Plan »Sonderfall Otto« – nach **Otto von Habsburg**, dem Sohn Karls I., des letzten Kaisers der österreichisch-ungarischen Monarchie, benannt – vorbereitet. Der Plan war jedoch vom Generalstabschef **Ludwig Beck** nicht vollständig ausgeführt worden. Beck begründete die fragmentarische Fassung in einer Denkschrift, indem er auf den zu erwartenden Widerstandswillen des österreichischen Bundesheeres verwies **(20. 5. 1937)**. Auch die »Weisung für die einheitliche Kriegsvorbereitung der Wehrmacht« vom **24. 6. 1937** des deutschen Reichskriegsministers **von Blomberg** enthielt nur den Vermerk, *„in allgemeiner Richtung auf Wien"* loszumarschieren.

In aller Eile mussten daher noch am Nachmittag des **10. 3.** General Beck und Generalmajor **von Manstein** den »Einsatzplan Österreich« ausarbeiten, damit am Abend des gleichen Tages entsprechende Befehle an die Truppe erteilt werden konnten. Große Sorge bereitete den Militärs die Frage, wie sich das Ausland und die österreichische Bevölkerung beim Einmarsch verhalten würden. Auch Hitler war unsicher. Erst um 18.55 Uhr erteilte er den Mobilmachungsbefehl, und um 2 Uhr nachts erließ er die »Weisung Nr. 1« für den Einmarsch in Österreich mit bewaffneten Kräften, aber mit der Unterschrift zögerte er noch.

Der deutsche Einmarsch in Österreich am 12. 3. 1938.

Ein Requiem für Österreich

Stattdessen stellte er dem österreichischen Kanzler das Ultimatum, die Volksabstimmung abzusagen. Da Schuschnigg nicht reagierte, unterschrieb Hitler um 14 Uhr seine »Weisung«: Die Truppen hatten am nächsten Tag, um 12 Uhr, einsatzbereit zu sein.

Nun gab es für Österreich nur noch eine Hoffnung: die Unterstützung durch das Ausland. Als die Reaktionen bekannt wurden – London und Paris wollten in Berlin nur einen scharfen Protest einlegen, Rom verweigerte jede Stellungnahme –, machte sich bei den Regierungsmitgliedern tiefe Resignation breit. Nun sei militärischer Widerstand zwecklos geworden, stellte Generaltruppeninspektor SIGISMUND SCHILHAWSKY fest, und nahm den Mobilmachungsbefehl »D« zurück. Um 19.50 Uhr hielt Bundeskanzler Schuschnigg eine Abschiedsrede im österreichischen Rundfunk: *"Der Herr Bundespräsident beauftragt mich, dem österreichischen Volk mitzuteilen, dass wir der Gewalt weichen ..."*

Am **12. 3.**, um 8 Uhr morgens, rückten 105 000 deutsche Soldaten über die Grenze. Aber schon drei Stunden zuvor, um 5 Uhr, waren der Chef der deutschen Polizei, HEINRICH HIMMLER, der Leiter des Sicherheitsdienstes der SS, REINHARD HEYDRICH, und andere NS-Führer auf dem Flughafen in Aspern bei Wien gelandet. Sie organisierten die Verhaftung missliebiger Personen, die in der Politik und in der Vaterländischen Front Spitzenpositionen eingenommen hatten.

Der Einmarsch der Deutschen Wehrmacht gestaltete sich zu einem Triumphzug. Vom militärischen Standpunkt aus gesehen, war er jedoch eine Katastrophe: 30 % des Geräts, vor allem Panzer, fielen aus, der mitgeführte Treibstoff reichte nicht – es musste an öffentlichen Tankstellen nachgefüllt werden –, mangelnde Fahrdisziplin, die ungewohnte österreichische Linksfahrordnung führten teilweise zum Stillstand des Vormarsches. Die Wehrmacht verzeichnete 25 Tote – durch Verkehrs- und andere Unfälle.

Miklas vereidigte am Vormittag die neue Regierung Seyß-Inquart, um 15.30 Uhr traf Hitler in seinem Geburtsort Braunau am Inn ein. Von dort fuhr er nach Linz weiter. Vom Balkon des Rathauses herab verkündete er, seine *"teure Heimat dem Deutschen Reich wiederzugeben"*. Er hatte sich endlich zu einem Entschluss durchgerungen: Österreich solle im Deutschen Reich aufgehen. Das Volk jubelte. Am Vormittag des **13. 3.** erklärte der Ministerrat in Wien Österreich zu einem Land des Deutschen Reiches. Österreich hatte aufgehört zu bestehen.

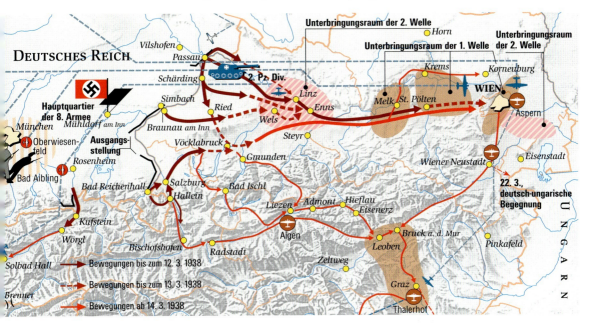

Noch in Linz ernannte Hitler **den saarpfälzischen Gauleiter** Josef Bürckel **zum »Kommissarischen Leiter der NSDAP von Österreich« und betraute ihn mit der Aufgabe der Reorganisation der Partei und der Vorbereitung einer Volksabstimmung, die am 10. 4. 1938 abgehalten werden sollte.**

Um 10.40 Uhr brach Hitler nach Wien auf. Die letzten 66 km bis zur Wiener Stadtgrenze bewältigte die Autokolonne im Schnitt nur noch mit 20 Stundenkilometern, so dicht standen die jubelnden Massen am Straßenrand. Doch abseits des Trubels spielten sich erschütternde Szenen ab, richteten sich Menschen, die unter dem nationalsozialistischen Regime nicht leben wollten. Sie wussten, dass nur Hass, Demütigung, Verfolgung und Folter sie erwartete. An diesem Montag zählte man 14 Selbstmorde, acht davon verübten Juden. Und viele kamen noch hinzu: Heimwehrführer Emil Fey samt Frau und Sohn, General Wihelm Zehner, der Nationalratsabgeordnete Odo Neustädter-Stürmer, der 1934 die Verhandlungen mit den Juli-Putschisten geführt hatte, der Schriftsteller und Kulturhistoriker Egon Friedell. Bis Ende März verzeichnete die Statistik allein für Wien 218 Selbstmorde, wovon 91 jüdische Bürger betrafen.

Gegen den Anschluss hatten Mexiko, Chile, China, das republikanische Spanien und die Sowjetunion ein Veto eingelegt. Im britischen Unterhaus verurteilte Premierminister Chamberlain die Aktion Hitlers zwar auf das Schärfste, und der Abgeordnete Winston Churchill erkannte schon damals die Tragweite des Ereignisses, indem er feststellte, *„Europa sieht sich vor einem Angriffsplan, der sorgfältig ausgedacht und zeitlich berechnet ist …"*, aber letzten Endes billigte man das Vorgehen. Und in den USA wählten die Redakteure der Wochenschrift »Time« Hitler zum »Mann des Jahres«.

Am Morgen des **15. 3. 1938** versammelte sich eine runde Viertelmillion Menschen auf dem Wiener Heldenplatz: Der »Führer« soll vom Balkon der Hofburg eine Ansprache halten. Es ist derselbe Mann, dem vor 30 Jahren die Kunstakademie die Aufnahme als Student verweigerte, weil seine Probearbeiten *„zu wenige Köpfe"* zeigten. Im Männerheim in der Meldemannstraße brachte er sich dann mit dem Malen von Postkarten durch. Vor der k. u. k. Stellungskommission floh er nach München, wo er sich bei Ausbruch des Ersten Weltkriegs freiwillig zum Dienst im deutschen Heer meldete.

Kurz nach 11 Uhr hörten dann viele Österreicherinnen und Österreicher, was sie schon 1918 gerne vernommen hätten: *„Als Führer und Kanzler der deutschen Nation und des Reiches melde ich vor der deutschen Geschichte nunmehr den Eintritt meiner Heimat in das Deutsche Reich."*

Am späteren Nachmittag begrüßte Kardinal Innitzer den deutschen Reichskanzler im Hotel »Imperial«. Seit Hitler hier am Vortag abgestiegen war, umlagerte eine dichte Menschenmenge das Gebäude; sie empfing den vorfahrenden Innitzer mit wüsten Beschimpfungen: Von hinten bespuckt, vorne durch SS-Ehrenposten mit präsentiertem Gewehr begrüßt, trat der Kardinal durch das Portal. Das Gespräch war kurz. *„Wenn sich die Kirche loyal zum Staat stellt, wird sie es nicht zu bereuen haben"*, versprach Hitler.

Niemand in ganz Österreich gedachte an diesem **15. 3. 1938** jenes 15. 3. des Jahres **1933**: Auf den Tag genau vor fünf Jahren hatte der damalige Bundeskanzler Engelbert Dollfuss das Zusammentreten des Nationalrates im Parlament durch den Einsatz von Polizei verhindert. Etwas mehr als ein Jahr danach wurde er ein Opfer des Nationalsozialismus. Dieser wird noch millionenfach seinen Tribut fordern.

Besonderer Hass und rücksichtslose Verfolgung erwartete die jüdische Volksgruppe. Antisemitische Tendenzen gab es nicht nur unter Lueger, sie schwelten in der Zwischenkriegszeit weiter und erhielten mit dem Anschluss den Status der Legitimität: Die **1935** in den Nürnberger Rassegesetzen festgeschriebene Diskriminierung galt nun offiziell auch in Österreich. Tür und Tor waren geöffnet worden für eigenmächti-

Hass und Mord als Programm

ges Vorgehen gegen die nun schutzlos preisgegebenen jüdischen Mitbewohner. Terror, Plünderung, Raub, Totschlag waren an der Tagesordnung. Wahllos wurden Juden zu so genannten Putzkolonnen zusammengefasst und mussten mit Zahnbürsten, unter dem höhnischen Feixen umstehender »Arier« – wie »reinblütige« Deutsche nun hießen –, Gehsteige und Hausmauern reinigen. Wer mit dieser Art der Demütigung davonkam, konnte noch von Glück reden, denn schon nach wenigen Wochen wurde ihre Verfolgung staatlicherseits »organisiert«, erfolgte eine Systematisierung der Schikane. Gauleiter Bürckel fasste das Vorgehen gegen Juden zusammen: 1. »Entjudung« Österreichs; 2. unter Berücksichtigung von Wirtschaft und der Exporte, die nicht in Mitleidenschaft gezogen werden durften; 3. Lösung der »Judenfrage« auf gesetzlicher Basis.

Dazu war ein SS- und Gestapo-Vorauskommando des deutschen Polizeichefs HEINRICH HIMMLER am **12. 3.** in Wien eingetroffen. In ihrem Gefolge befand sich der aus Solingen stammende, in Linz aufgewachsene ADOLF EICHMANN. Er fand bei der Durchsuchung der Amtsräume der Kultusgemeinde Belege über eine Wahlspende in der Höhe von 800 000 Schilling, die der Präsident der Kultusgemeinde, DESIDER FRIEDMANN, der Vaterländischen Front überbracht hatte, damit diese die »Pro-Österreich«-Volksabstimmung finanzieren konnte. Eichmann nahm Friedmann fest und presste der Kultusgemeinde eine gleich hohe Summe Geldes ab, die nun zur Finanzierung der Volksabstimmung vom **10. 4.** dienen sollte. In diesem Scheinreferendum war das österreichische Volk aufgerufen, für oder gegen den Verbleib im Deutschen Reich zu stimmen.

Die nationalsozialistische Führung legte aber besonderes Augenmerk darauf, dass dem Staat das jüdische Vermögen nicht verloren ging. Deshalb wurde eine so genannte Arisierung der Betriebe angeordnet: Man bot den Eigentümern einen Kaufpreis an, der weit unter dem Verkehrswert lag. Dieser kam in ein Depot. Wollte der Verkäufer ausreisen, hatte er davon eine Freikaufsumme zu erlegen. Blieb ihm noch Restgeld, entschied eine Devisenbehörde über das verbliebene Vermögen. In der Regel wurde auch dieses, mit allen erdenklichen Begründungen, einbehalten.

Ein Attentat des 17-jährigen Juden HERSCHEL GRYNSZPAN auf den deutschen Botschaftssekretär in Paris, VOM RATH, war der Vorwand für Ausschreitungen, die am **9./10. 11. 1938** im gesamten Deutschen Reich zur Zerstörung von Synagogen, Bethäusern und jüdischen Geschäften führte. Die auf den Straßen liegenden Glasscherben gaben dem Pogrom den Namen »Reichskristallnacht«. In der Folge mussten in Wien alle 4 038 jüdischen Geschäfte schließen, 1 950 jüdische Wohnungen wurden beschlagnahmt, 3 760 Juden in das Konzentrationslager (KZ) nach Dachau in Bayern gebracht.

Juden war fortan der Besuch von Kinos, Theatern, Konzerten und Sportveranstaltungen verboten, Führerscheine und Telefonbewilligungen verloren ihre Gültigkeit. Gold, Silber, Platin, Perlen und andere Wertgegenstände durften nur noch in amtlichen Ankaufsstellen veräußert werden, ab **21. 2. 1939** mussten sie ohne Entschädigung abgeliefert werden.

Nach der »Reichskristallnacht« flohen viele Juden ins Ausland, darunter zahlreiche Nobelpreisträger, hoch qualifizierte Wissenschafter, Wirtschaftsfachleute und Künstler. Der Aderlass an Intelligenz konnte auch nach Jahrzehnten nicht wieder aufgeholt werden: Die nach dem Zweiten Weltkrieg durch den Nobelpreis und andere internationale Auszeichnungen geehrten Österreicher waren in der Hauptsache jüdischer Abstammung und lebten im Exil.

Am **24. 1. 1939** übertrug HITLER dem SS-Obersturmbannführer REINHARD HEYDRICH die Aufgabe, *„die Judenfrage ... einer günstigen Lösung zuzuführen"*. Für Hunderttausende Juden, »rassische« Minderheiten wie Sinti oder Roma, patriotische Politiker und andere dem Regime missliebige Personen begann ein Leidensweg, von dem es für die meisten keine Wiederkehr gab. So sank die Zahl der jüdischen Einwohner Österreichs von 200 000 im Jahre 1938 auf 5 000 im Jahre 1946. Mehr als 65 000 Juden wurden in den Todeslagern des Regimes ermordet.

Für Sonntag, den 10. 4. 1938, hatte Hitler eine Volksabstimmung anberaumt, in der die Österreicherinnen und Österreicher aufgerufen waren, zu entscheiden, ob sie im Deutschen Reich verbleiben wollten oder nicht. Eine gewaltige Wahlwerbemaschinerie war angelaufen und suggerierte vier Wochen lang der Bevölkerung, mit »Ja« zu stimmen. Ein eigenes Gesetz setzte das Wahlalter von 24 auf 20 Jahre herab, damit wollte man die Jugendlichen gewinnen. Hitler besuchte vom 3. bis 7. 4. alle »Gau-Hauptstädte«, zuletzt Wien. Bei seinem Besuch im Rathaus legte er das Versprechen ab: *„Diese Stadt ist in meinen Augen eine Perle. Ich werde sie in jene Fassung bringen, die dieser Perle würdig ist."* Den Preis dieser *„Fassung"* präsentierte das Jahr 1945: In 53 Luftangriffen waren 9 000 Menschen ums Leben gekommen und 90 000 Wohnungen zerstört worden, das entsprach 28 % aller Bauten.

Dabei war Wien im Vergleich zu anderen Städten noch glimpflich davongekommen, es lag vor Lienz an vorletzter Stelle in der Liste der bombengeschädigten österreichischen Städte. Vor ihm ragieren Wiener Neustadt, Villach, Klagenfurt, Innsbruck und Attnang-Puchheim mit Vernichtungsgraden von bis zu 70 %.

Motor der Wahlpropaganda war der »Kommissarische Leiter der NSDAP«, Josef Bürckel. Der Pfälzer trommelte unablässig die Schlagworte »Ein Volk – ein Reich – ein Führer« und warf 12 Millionen Reichsmark in die Propagandaschlacht. Bürckel suchte den Rückhalt bei der Arbeiterschaft, die er für die NSDAP gewinnen wollte. Für sie veranstaltete er Auslandsreisen und verbesserte die Sozialleistungen. Wegen seiner Trinkgewohnheit nannten ihn die Wiener nicht Gauleiter Bürckel, sondern »Bierleiter Gauckel«.

Das Ergebnis der Wahl fiel entsprechend eindeutig aus: 99,73 % aller Stimmen (4 443 208) antworten auf die suggestive Frage *„Bist Du mit der am 13. März 1938 vollzogenen Wiedervereinigung Österreichs mit dem Deutschen Reich einverstanden und stimmst Du für die Liste unseres Führers Adolf Hitler?"* mit »Ja«. Immerhin 11 807 kreutzten das klein gedruckte »Nein« an und liefen Gefahr, denunziert zu werden.

Karl Renner, erster sozialdemokratischer Kanzler der Ersten Republik, hatte es später schwer, als Bundespräsident der Zweiten Republik zu erklären, warum er im April 1938 unaufgefordert ein öffentliches Bekenntnis für den »Anschluss« abgegeben hatte. Er rechtfertigte sich mit dem Hinweis, dass er damit die Entlassung des ehemaligen sozialdemokratischen Wiener Bürgermeisters Karl Seitz aus dem Gefängnis erwirken konnte.

Im Gegensatz zu ihm vertrat Bruno Kreisky – er begab sich ins schwedische Exil – zeit seines Lebens eine kompromisslose Pro-Österreich-Linie.

Bürckel, zum »Reichskommissar für die Wiedervereinigung Österreichs mit dem Deutschen Reich« (23. 4.) ernannt, oblag es, Österreich in Gaue zu gliedern. Wien sank auf den Status einer Gauhauptstadt herab, Linz sollte der Alterssitz Hitler werden. Vorerst aber wurde ein Stahlwerk errichtet (13. 5. 1938), die »Reichswerke Hermann Göring«, aus denen nach dem Krieg die VÖEST (Vereinigte Österreichische Eisen- und Stahlwerke) hervorging.

Die verwaltungspolitische Neugliederung Österreichs erfolgte nach dem »Ostmarkgesetz« vom 14. 4./ 1. 5. 1938. Wien wurde durch niederösterreichische Gemeinden beträchtlich vergrößert, das Burgenland ging in Niederösterreich und in der Steiermark auf, Osttirol kam zu Kärnten, Vorarlberg wurde Tirol einverleibt, nur der Lungau, der zur Steiermark hätte geschlagen werden sollen, blieb bei Salzburg, weil die Bevölkerung heftig protestierte.

Hitler beseitigte den Namen »Österreich« und ersetzte ihn durch »Ostmark«, bis er auch diesen Begriff per Führererlass verbot. Selbst die neue Bezeichnung »Donau- und Alpengaue« sollte nur, wenn unbedingt nötig, verwendet werden (1942). Österreich hatte von der Landkarte zu verschwinden – und aus den Köpfen der Menschen.

UNMENSCHLICHE JAHRE

Am **24. 5. 1938** trat auch in Österreich das »Reichsbürgergesetz« (»Nürnberger Rassengesetz« vom **15. 9. 1935**) in Kraft. Doch anders als im »Altreich« wurden in der nunmehrigen »Ostmark« jüdische Vereine reorganisiert und zu Handlangern des Regimes gemacht, um die Auswanderung der Juden aus Österreich zu forcieren. **HANS FISCHBÖCK**, Minister für Arbeit und Wirtschaft, und **FRANK VAN GHEEL GILDEMEESTER** – ein Holländer, der sich früher humanitär betätigte – nahmen sich dieser Aufgabe an. Sie besorgten begüterten Juden die Einreiseerlaubnis in bestimmte Länder, wofür diese ihr Vermögen dem Reich überlassen mussten.

Fünf Prozent des Vermögens floss in einen Auswanderungsfonds, aus dem man die Kosten der Ausreise mitteloser Juden finanzierte. Diese Einrichtung übernahmen am **22. 8. 1938** der SD-Führer **WALTHER STAHLECKER** und sein Stellvertreter **ADOLF EICHMANN**; sie führten sie unter der Bezeichnung »Zentralstelle für jüdische Auswanderung« weiter. Vom **März bis Ende Dezember 1938** zogen es 66 848 jüdische Bürger vor, ins Ausland zu gehen. 42,1 % der ansässigen Juden retteten so ihr Leben. Im **Oktober 1941** wurde die Möglichkeit zur Auswanderung eingestellt, die im Land verbliebenen Juden kamen in Konzentrations- oder in Vernichtungslager.

Eine relativ große Zahl von Österreichern nahm in den Vernichtungs- bzw. Todeslagern hohe Positionen ein. So **ODILO GLOBOCNIK**, **HERMANN HÖFLE** oder **FRANZ STANGL**. **SIMON WIESENTHAL**, Gründer des »Dokumentationszentrums des Bundes jüdisch Verfolgter des Naziregimes« **(1962)** und wesentlich an der Aufspürung Eichmanns und dessen Verurteilung **(1962)** beteiligt, wies in einem Memorandum vom **31. 1. 1972** nach, dass österreichischen Beamten im Dienste des NS-Regimes die Ermordung von mindestens 3 Millionen Juden anzulasten sei.

Nach dem Krieg erhob die österreichische Staatsanwaltschaft Anklage gegen 19 000 Personen wegen aktiver Teilnahme an Naziverbrechen, 9 396 Personen wurden bis zum **31. 7. 1948** von Volksgerichten schuldig gesprochen.

Im **Frühjahr 1938** gründete die SS die »Deutsche Erd- und Steinwerke GmbH«, die neben der Ziegelherstellung auch die Gewinnung von Granitstein betreiben sollte. Dazu legte es im Deutschen Reich Konzentrationslager an; in Österreich war Mauthausen – ein stillgelegter Steinbruch, der sich im Besitz der Stadt Wien befand – das größte. Am **16. 5. 1938** wurden hier die ersten Opfer einer unmenschlichen Justiz eingewiesen. Der Arbeitseinsatz in den Steinbrüchen gab den Lagerleitern die Möglichkeit, ohne offizielle Genehmigung Insassen willkürlich zu liquidieren. Kranke und Arbeitsunfähige wurden im Rahmen der »Aktion 14f13« ausgesondert und in den Gaskammern des Lagers, im Krankenrevier durch Giftinjektionen, Injektionen ins Herz, in der Genickschussanlage oder im zwischen Mauthausen und Gusen verkehrenden Gastötungswagen ermordet. Die Totenbücher des Lagers verzeichnen rund 71 000 Todesfälle; die Zahl der nicht registrierten Toten ist unbekannt. Die Verlagerung von Rüstungswerken aus dem Einzugsbereich alliierter Bombenflugzeuge in die Alpen- und Donaugaue ab **Frühjahr 1942** führte zur Errichtung von neunundvierzig Nebenlagern, die Mauthausen mit Gefangenen versorgte.

Nach dem Krieg leugneten die Österreicher eine Mitschuld an den an Juden, Zigeunern und Andersdenkenden begangenen Verbrechen. Im Gegenteil, man fühlte sich selbst als Opfer »Nazi-Deutschlands« und verwies auf die »Moskauer Deklaration« der Alliierten vom **30. 10. 1943**, die Österreich eine Opferrolle zusprach. Auch die heimischen Politiker beriefen sich auf die Deklaration und verweigerte den Verfolgten eine Entschädigung. Ab **1953** begann ein Umdenken, doch die diesbezüglichen Debatten im Parlament arteten zum Teil zu wüste antisemitische Äußerungen und Schimpftiraden aus und zeigten, dass die diskriminierende Einstellung gegenüber Minderheiten, zu denen auch Sinti und Roma (»Zigeuner«) zählen, anhielten. Erst **2001** beschloss die bürgerliche Regierung **WOLFGANG SCHÜSSEL** – **SUSANNE RIESS-PASSER** eine »Wiedergutmachung«, die freilich nur symbolischen Wert besitzt.

Das »Münchner Abkommen« vom 29. 9. 1938 zwischen den Regierungschefs von Großbritannien – NEVILLE CHAMBERLAIN –, Frankreich – EDOUARD DALADIER –, Italien – BENITO MUSSOLINI – und dem Deutschen Reich – ADOLF HITLER – verhinderte noch einmal den drohenden Kriegsausbruch, indem die deutschsprachigen Gebiete der Tschechoslowakischen Republik, das so genannte Sudetenland, dem Dritten Reich zugesprochen wurden. Der Einmarsch deutscher Truppen in die »Resttschechei« am 16. 3. 1939 offenbarte die verfehlte britische Politik des »appeasement« (Beschwichtigung), Chamberlain schied aus der Regierung aus und überließ sein Amt WINSTON CHURCHILL.

Am 1. 9. 1939 überfiel die deutsche Wehrmacht Polen, der Zweite Weltkrieg begann. Die anfängliche Luftüberlegenheit wich 1942, als die britische RAF (Royal Air Force) Dank US-Unterstützung deutsche Städte in Schutt und Asche legte. Österreich befand sich noch außerhalb der Reichweite britischer und amerikanischer Bomber. Diesem Umstand verdankte das Land den Beinamen »Reichsluftschutzkeller«, und die Bevölkerung meinte, die Alliierten hätten ihm einen besonderen Status eingeräumt und würden es mit Luftangriffen verschonen.

Das böse Erwachen kam am 13. 8. 1943, als 61 »Liberator«-Flugzeuge Wiener Neustadt und das dort befindliche *„größte Jägerwerk des deutschen Reiches"* – so die deutsche Propaganda – bombardierten. Dieser Luftschlag eröffnete gleichzeitig die zweite Luftfront der Westmächte und war ein politisches Signal für Österreich. Denn Ende Juli 1943 hatten Amerikaner und Briten über die Zukunft Österreichs beraten. Das Londoner Foreign Office trat für ein freies, unabhängiges Österreich ein, das aber dessen ungeachtet Mitverantwortung am Krieg zu tragen und daher einen Beitrag zu seiner Befreiung zu leisten habe. Der Angriff auf Wiener Neustadt kam einer Aufforderung gleich.

Durch die Eroberung Süditaliens und der Errichtung der Luftwaffenbasis Foggia durch die USA lagen nun Österreich und auch das Protektorat Böhmen und Mähren, wie das von den Deutschen annektierte Tschechien hieß, sowie Süddeutschland im Bereich alliierter Kampfflugzeuge.

Schon am 22. 12. 1941 war auf der so genannten Arcadia-Konferenz in Washington ein Luftkriegsplan ausgearbeitet worden, der Zielprioritäten festlegte: Flugzeugmontage- und Flugmotorenwerke, U-Boot-Stützpunkte und -Werften, Verkehrslinien sowie Anlagen zur Öl-, Aluminium- und Gummiproduktion nahmen erste Plätze ein. Nach Österreich waren viele dieser kriegswichtigen Betriebe aus dem »Altreich« verlagert worden, seitdem vor allem das westliche Deutschland immer häufiger britischen und US-amerikanischen Luftangriffen ausgesetzt war. Nun waren auch die südlichen Gaue Ziel der Alliierten geworden, hatten aber kaum Unterstützung zur Bekämpfung einfliegender Verbände erhalten. Nur Wien und Linz besaßen kampfstarke Flakbatterien. In aller Eile mussten neue aufgestellt werden, um den Rüstungszentren, Erdöllagern und Raffinerien Luftschutz zu gewähren. Bautrupps der »Organisation Todt« – einer Institution für die Errichtung von Großbauwerken, wie Straßen, Verteidigungsanlagen usw. – stampften Stellungs- und Stollenbauten für den Luftschutz der Bevölkerung und die Montage von Flugzeugen, Panzern und Raketen aus dem Boden. In Wien entstanden – so wie in Hamburg und Berlin – »Flaktürme«, denn *„der Führer hält auf alle Fälle einen dringenden umfassenden Schutz für das Stadtzentrum von Wien, das er als eines der wertvollsten in Deutschland bezeichnet, für erforderlich"*, erinnerte sich der oberste Architekt des Reiches, ALBERT SPEER.

Bis zum Oktober 1944 war der »Luftgau XVII«, zu dem die »Ostmark« gehörte, mit 235 schweren Flakbatterien ausgestattet. Ihre Bedienungsmannschaften rekrutierten sich aus der Hitlerjugend (HJ), dem RAD (Reichsarbeitsdienst), aus RAD-Maiden, Flak- und Luftwaffenhelferinnen, Gymnasiasten, Ober- und Hauptschülern sowie ausländischem Hilfspersonal.

BOMBEN AUF DIE »OSTMARK«

Nur leitende Funktionen lagen in den Händen von Offizieren, Unteroffizieren und Soldaten. Im **November 1944** standen rund um Wien und das Raffineriewerk Moosbierbaum im Tullnerfeld 16 200 Frauen und Männer, Mädchen und Burschen im Einsatz der Flak, weitere 13 700 Personen arbeiteten in Stäben und Kanonenbatterien, 2 400 Burschen und Mädchen versahen Dienst an den Scheinwerfern. Trotz des massiven Einsatzes von Waffen und Menschen ließen die Abschusserfolge zu wünschen übrig: Von den anfliegenden feindlichen Flugzeugen wurden bei Tag etwa 0,8 %, bei Nacht 0,65 % getroffen. Auf etwa 600 Granaten entfiel ein Abschuss.

Ungefähr 30 % der über der Ostmark abgeworfenen Bomben trafen Verkehrseinrichtungen. Erstaunlich rasch wurden sie wieder instand gesetzt, erst **1944/45** brach der Eisenbahnverkehr zusammen.

Die Auswirkungen des Bombardements der RAF- und US-Geschwader lassen sich im Detail nicht erfassen. Man schätzt, dass die Alliierten zwischen dem ersten Luftangriff am **13. 8. 1943** und dem letzten beobachteten Einsatz am **8. 5. 1945** rund 120 000 t Bomben über Österreich abgeworfen haben.

Rund 15 % der gesamten Rüstungsindustrie fielen dadurch aus; angesichts der ungeheuren Schäden in den zivilen Bereichen ist dies ebenfalls ein bescheidener Erfolg. Die Flugzeugindustrie arbeitete – Wiener Neustadt ausgenommen, aus dem sie nach weiteren Angriffen **1944** ausgelagert wurde – beinahe unbeeinträchtigt weiter, bis die herannahende Front sie zum Erliegen brachte. Erfolgreicher verlief die Bombardierung der Treibstoffwerke. Die Anlagen gaben ein gutes Ziel ab, auch wenn sie künstlich vernebelt wurden; bei Kriegsende waren sie zu 100 % zerstört.

Der Übergang zum Blindbombardement der US-Air Force nahm in der letzten Phase des Krieges keine Rücksicht mehr auf die Vorgaben der »Arcadia«-Konferenz. Sie schonte auch die Zivilbevölkerung nicht mehr, obwohl man von eigentlichen Terrorangriffen, wie sie die deutsche Luftwaffe auf Städte Hollands und Englands oder im Gegenzug die RAF auf deutsche Städte flog, nicht sprechen kann.

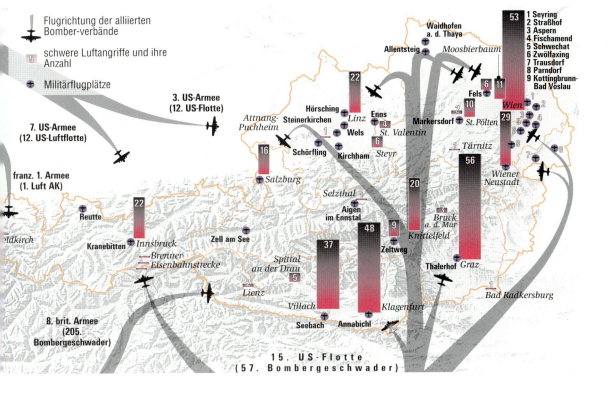

Nach fünfeinhalb Jahren erbittert geführtem Krieg erreichten am Gründonnerstag, dem **29. 3. 1945**, um **11.05 Uhr**, die Bodenkämpfe Österreich. Bei Klostermarienberg – im heutigen Burgenland – rollten die ersten sowjetischen Panzer des 6. Garde-Korps der 3. Ukrainischen Front unter Marschall **FEDOR TOLBUCHIN** über die Grenze. Tolbuchin meldete nach Moskau: *„Wir sind über die ›große Linie‹ geschritten."* Das von deportierten ungarischen Juden und von Frauen, Kindern sowie alten Leuten aus der einheimischen Bevölkerung errichtete und als unüberwindlich gepriesene »Bollwerk« der »Reichsschutzstellung« – publikumswirksam »Ostwall« genannt – hatte für die motorisierten Einheiten der Roten Armee kein Hindernis bedeutet.

Am Abend des **29. 3.** erreichten Aufklärungspanzer Lembach in der Bucklingen Welt, und in Wiener Neustadt schwang sich ein 2 000 Mann starkes, mit Panzerfäusten bewaffnetes deutsches Fahnenjunker-Bataillon auf Fahrräder und fuhr dem Feind entgegen. Es stand unter dem Kommando von Hauptmann **RUDOLF KIRCHSCHLÄGER**, dem späteren Bundespräsidenten. Am Ostersonntag musste die deutsche Abwehr weichen, Kirchschläger war schwer verwundet worden, der Weg nach Wien war für die Sowjets frei.

Die Gaustadt Wien sollte *„bis zum letzten Stein"* verteidigt werden, befahl Reichsverteidigungskommissar **BALDUR VON SCHIRACH**. Doch dem Bürgermeister **HANNS BLASCHKE** erschien die Verteidigung der Stadt sinnlos: in den Spitälern und Lazaretten lagen 30 000 Verwundete oder Kranke. Da aber General **HERMANN BALCK** von der 6. Armee und **SEPP DIETRICH**, Oberbefehlshaber der 6. SS-Panzerarmee, auf die Verteidigung beharrten, nahm Blaschke Verbindung zur militärischen Widerstandsgruppe des Majors **CARL SZOKOLL** auf, die schon am **20. 7. 1944**, während des Attentats auf Hitler, einen bewaffneten Aufstand (»Walküre«) in Wien vorbereitet hatte. Blaschke schlug eine sofortige Kontaktaufnahme mit der Sowjetarmee vor. Oberfeldwebel **FERDINAND KÄS** und der Obergefreite **JOHANN REIF** übernahmen den Auftrag. In der Nacht des **2. 4.** erreichten sie bei Payerbach-Kreuzberg die Hauptkampflinie und wurden von Sowjetsoldaten in das Hauptquartier der 9. Garde-Armee in Hochwolkersdorf eskortiert. Sie kamen mit dem Armeekommandanten Generaloberst **SCHELTOV** und General **GLAGOLEV** überein, dass ein sowjetischer Umfassungsangriff den Aufstand deutscher Militärs in Wien begleiten sollte.

Zurück bei Major Szokoll, berichteten Käs und Reif am Abend des **4. 4.**, dass während ihres Aufenthaltes in Hochwolkersdorf **KARL RENNER** im sowjetischen Hauptquartier eingetroffen sei. **STALIN**, der Renner noch aus der Friedenszeit kannte, hatte ihn schon im Raum Gloggnitz suchen lassen. Er wünschte Renner an der Spitze der künftigen österreichischen Regierung. Mittlerweile stand die 6. Gardearmee in Schwechat und Baden. In Wien stellte ein Mitverschwörer Szokolls, Major **KARL BIEDERMANN**, eine Aufstandsgruppe zusammen. Biedermann wurde aber am **5. 4.** denunziert, und Szokoll, der sich auf dem Weg zur zivilen Widerstandsbewegung »05« (für »OE« = Österreich, E ist der fünfte Buchstabe im Alphabet) befand, blies die Erhebung ab.

Biedermann, Hauptmann **ALFRED HUTH** und Oberleutnant **RUDOLF RASCHKE**, die ebenfalls zur Gruppe der Verschwörer gehörten, henkte die SS am **8. 4.**, um 15.30 Uhr, in Floridsdorf, Am Spitz. Szokoll hingegen gelang noch rechtzeitig die Flucht.

Im Morgengrauen des **7. 4. 1945** begann die Schlacht um Wien, die bis zum **13. 4.** dauerte. Noch während der Kämpfe hatten Plünderer am **11. 4.** in den Häusern am Stephansplatz Feuer gelegt, das auf den Dom übergriff und ihn zerstörte.

Die Nachhut der Sowjets forderte nun das Recht des Siegers und nahm Rache für die Gräuel, die SS und Wehrmacht in Russland begangen hatten. Plünderung, Vergewaltigung, Mord, Totschlag, Raub und Entführung hinterließen in der Bevölkerung düstere Erinnerungen an eine finstere Zeit.

In den »Donau- und Alpengauen«, wie Österreich im Dritten Reich letztlich hieß, kämpfte die Deutsche Wehrmacht nur mehr hinhaltend. Sie versuchte Zeit zu gewinnen, bis die Westalliierten nahe genug herangekommen waren, um deren, nicht aber in sowjetische Gefangenschaft zu gelangen.

Das Ende an der Donau und in den Alpen

Am **30. 4. 1945** betraten die ersten westalliierten Soldaten bei Hohenweiler in Vorarlberg österreichischen Boden. Eine Abteilung der französischen Fremdenlegion tastete sich bis zur Klause nördlich von Bregenz vor und vertrieb die deutsche Verteidigung.

Tirol erwartete den alliierten Vormarsch aus Italien. Anfang **April 1945** wurde ersichtlich, dass die Alliierten über Deutschland rascher vorankamen, und man begann mit dem Bau von Sperren an der Nordgrenze. Die Sperranlagen in die geplante »Alpenfestung« einzubeziehen, erwies sich als illusorisch: sie bestand nur auf dem Papier. Die Mär von der »Alpenfestung« spukte jedoch in den Köpfen der vorrückenden US-Soldaten, daher näherten sie sich Tirol nur sehr vorsichtig. Am **28. 4.** abends drangen sie über das Seebachtal in das Land ein und besetzten am **2. 5.** das bereits rot-weiß-rot-beflaggte Innsbruck. **Karl Gruber**, der spätere Außenminister, stellte sich den Amerikanern als Führer der Tiroler Widerstandsbewegung vor und wurde prompt von ihnen zum provisorischen Landeshauptmann ernannt.

In der folgenden Nacht kapitulierte die Stadt Salzburg. Hingegen war der Gauleiter von Oberdonau (= Oberösterreich), **August Eigruber**, entschlossen, sein Land zu verteidigen. Vergeblich. Am **26. 4.** rasselten die Panzer des US-Generals **George S. Patton** bei Kollerschlag über die Grenze.

Kärnten erwartete ein besonderes Schicksal: Im **Mai 1943** überfielen jugoslawische Partisanen das Rosental, Südkärnten und die Saualpe wurden »Heimatkriegsgebiet«. Die »Banden«, so der NS-Jargon, rekrutierten sich aus Russen und Ukrainern, später auch aus kommunistischen Exil-Österreichern, so kämpften in ihren Reihen **Franz Honner**, **Friedl Fürnberg**, **Erwin Scharf** u. a.

Wie schon nach dem Ersten Weltkrieg versuchten auch jetzt jugoslawische Verbände, Teile Kärntens zu okkupieren. Die Briten wurden daher als Schutzmacht von der Bevölkerung sehnlichst erwartet. Als sie am **8. 5.** in Klagenfurt einzogen, hatten sie gegenüber den anrückenden jugoslawischen Verbänden einen Zeitvorsprung von nur zwei Stunden.

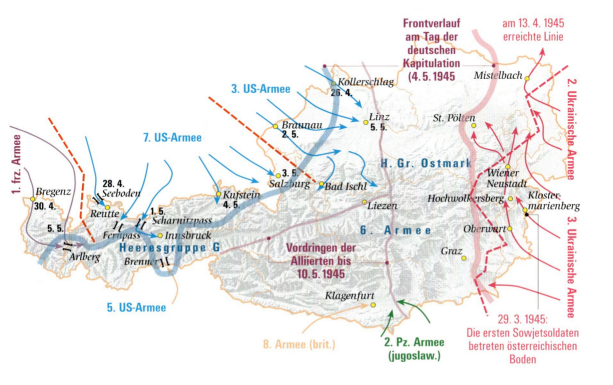

Offiziell gilt der **27. 4. 1945** als Geburtstag der Zweiten Republik. Ideell entstand Österreich schon wenige Tage nach dem »Anschluss«, und es festigte sich bis zum Ende des Krieges, sodass sozialdemokratische Arbeiter und katholische Bauern und Kleinbürger einander nicht gehässig gegenüberstanden. Volk und Politiker traten gemeinsam für ein unabhängiges, freies Österreich ein, vom deutschen Anschlussgedanken war man gründlich geheilt. Allzu viele hatten für diese unselige Entwicklung ihr Leben gelassen. 2 700 Österreicher wurden in Gerichtsverfahren als aktive Widerstandskämpfer abgeurteilt und hingerichtet. 16 493 Widerstandskämpfer kamen in Konzentrationslagern ums Leben, 9 687 Österreicher fanden in Gestapo-Gefängnissen den Tod, 6 420 in Zuchthäusern in den von der Deutschen Wehrmacht besetzten Gebieten, 65 459 österreichische Juden wurden in Todes- und anderen Lagern ermordet, 380 000 Österreicher fielen als Soldaten oder starben im Bombenhagel. Nicht zu vergessen jene, die in der Gefangenschaft umkamen, invalid blieben oder die für ihre Überzeugung ihr Leben ließen: JÄGERSTÄTTER, REINISCH, KLEKNER u. v. a.

Die Geschichte des österreichischen Widerstands erfuhr schon Anfang **Oktober 1938** einen ersten Höhepunkt: Vor dem Wiener Stephansdom demonstrierten 9 000 junge Katholiken für die katholische Kirche und gegen den Nationalsozialismus. Zu dieser Zeit agierten im Untergrund die »Österreichische Freiheitsbewegung« des Klosterneuburger Chorherrn ROMAN KARL SCHOLZ, der **1944** hingerichtet wurde, die »Österreichische Freiheitsbewegung« KARL LEDERERS, die »Großösterreichische Freiheitsbewegung« von JACOB KASTELIC, die Gruppen KARL MEITHNER und FELIX SLAVIK, des späteren Bürgermeisters von Wien. Ab **1940** formierten sich die Widerstandgruppen effizienter, allen voran die bereits im Ständestaat im Untergrund tätig gewesenen »Revolutionären Sozialisten«, dann das »Operationsbüro« des ehemaligen Propagandachefs der Vaterländischen Front, HANS BECKER, die Innsbrucker »Mittwoch-Gruppe«, die Gruppe »Astra«, der »Flora-Kreis«, die »Caldonazzi-Gruppe«, die Gruppe »Kunschak-Hurdes«. Die Mitglieder dieser Gruppen gehörten allen Lagern und sozialen Schichten an: Priester, Arbeiter, Bergbauern, Oberlandesgerichtsräte, Generaldirektoren, Senatsräte, Sektionschefs. Die »Moskauer Deklaration« von **1943**, die die Wiederherstellung eines freien Österreich als ein wichtiges Kriegsziel der Alliierten nannte, gab den Widerständlern kräftigen Ansporn. Das Attentat Graf STAUFFENBERGS auf HITLER am **20. 7. 1944** brachte eine weitere Facette in den österreichischen Widerstand ein: die militärische unter Leitung von Major CARL SZOKOLL und Feldwebel F. STUDENY. Der geplante Putsch scheiterte, doch die Exponenten vereinigten die namhaften Widerstandsgruppen zur »05«, deren politische Leitung ein »Provisorisches Österreichisches Nationalkomitee« (POEN) unter Führung von HANS BECKER, ERNST MOLDEN und H. SPITZ übernahm.

Dennoch drohte der Einheit des neuen Österreich Gefahr, zerrissen zu werden: diesmal von den Besatzungsmächten. Noch war der Krieg nicht zu Ende, da teilte der stellvertretende sowjetische Außenminister ANDREJ WYSCHINSKI in Moskau den Vertretern der USA und Großbritanniens die Bildung einer provisorischen österreichischen Regierung durch KARL RENNER **(26. 4. 1945)** mit. Die beiden Westmächte zeigten sich betroffen, sie hielten nicht viel von Renner, dem Sozialdemokraten, der für den Anschluss gestimmt hatte. Das störte Marschall TOLBUCHIN, den Eroberer Wiens nicht, er empfing Renner und die Mitglieder seiner Regierung am **27. 4. 1945** und erlaubt ihnen, in seinem Befehlsbereich selbstständig Verordnungen zu erlassen. Renner berief noch am selben Tag eine konstituierende Sitzung ein, und die Staatsregierung proklamierte – unter Hinweis auf die Moskauer Deklaration – die Selbstständigkeit Österreichs. Renner, SCHÄRF, KUNSCHAK und KOPLENIG unterzeichneten die Unabhängigkeitserklärung.

318 *Die Besatzungszonen im von der nationalsozialistischen Herrschaft befreiten Österreich nach dem sowjetischen Zonenplan vom 4. 4. 1945.*

Die Geburt eines neuen Österreich

Zwar erhoben die Briten in Moskau Protest, doch die Österreicher gaben die Initiative nicht mehr aus der Hand. Am **29. 4. 1945** feierten die Mitglieder der Staatsregierung, des Stadtrates und die Vertreter der Wiener Bezirke im kleinen Sitzungssaal des Wiener Rathauses die Wiederherstellung der Republik Österreich. Zehntausende Wiener jubelten ihnen zu, als sie vom Rathaus zum Parlament schritten und auf der Rampe vom sowjetischen Stadtkommandanten **Blagodatow** symbolisch den Schlüssel des Parlaments in Empfang nahmen.

Die Regierung arbeitete schnell. Am **1. 5.** stellte ein »Verfassungs-Überleitungsgesetz« die verfassungsrechtliche Lage her, die vor dem **5. 3. 1933** bestanden hatte. Als zwischen **7. und 9. 5.** die Deutsche Wehrmacht kapitulierte, verabschiedete die österreichische Staatsregierung in Wien bereits das Gesetz über das Verbot der NSDAP und löste alle NS-Organisationen auf. Ihre Mitglieder waren registrierungspflichtig und mussten mit einer „Auferlegung von Sühnefolgen" rechnen.

Nun begannen Alliierten mit dem Feilschen um Einflussbereiche und kamen zum Teil zu grotesken Resultaten. So wurde Judenburg in eine sowjetische Nord- und eine britische Südhälfte geteilt. Um die Steiermark stritten sogar fünf Besatzungsmächte: Amerikaner, Briten, Sowjets, Bulgaren und Jugoslawen. Ungeachtet dessen richteten auch die Bundesländer provisorische Regierungen (»Landesausschüsse«) ein.

Nur in Oberösterreich herrschte Uneinigkeit, sodass sich die US-Besatzung genötigt sah, eine Militärregierung zu bildete. Sie ernannte ein Beamtenkabinett und bestimmte **Adolf Eigl** zum Landeshauptmann. Peinlich war, dass Eigl in der NS-Zeit die Stelle eines Regierungsdirektors innehatte, also musste er wieder abgesetzt werden.

Die politische Lage in Oberösterreich war denkbar ungünstig, denn die Bezirke Perg und Freistadt gehörten zur Sowjetzone. Als der Kalte Krieg seinen Einzug hielt, wurde die Grenze zum Osten geschlossen, sie zerschnitt jetzt das Land in einen Teil nördlich und einen Teil südlich der Donau. Auch die Enns bildete wieder eine Grenze. Wie schon vor Jahrhunderten trennte sie zwei Machtbereiche, einen östlichen und einen westlichen.

Für die innenpolitische Entwicklung im Jahr 1945 war die Bildung einer Regierung in der Sowjetzone von großer Bedeutung; dass sie sich die Anerkennung auch im Westen zu verschaffen wusste, sicherte Österreichs Einheit – ein Weg, der Deutschland verwehrt blieb. Es wäre falsch, zu behaupten, die Westmächte seien in der unmittelbaren Nachkriegszeit für den Gesamtstaat Österreich eingetreten, im Gegenteil, es war die Sowjetunion, die sich dafür stark machte. Briten und Amerikaner verhielten sich sogar extrem misstrauisch gegenüber der Provisorischen Regierung in Wien und vermuteten in RENNER einen Strohmann STALINS. Ein Brief OTTO VON HABSBURGS an US-Präsident TRUMAN bestärkte sie in dieser Meinung. In dem Schreiben bezeichnete er Renner als Kommunisten und Marionette der Sowjets. Den Zweck, den Otto von Habsburg damit verfolgte, offenbaren seine Pläne vom Zusammenschluss Österreichs mit Bayern und der Rheinpfalz zu einem monarchisch-katholischen süddeutschen Staat oder der Wiedererrichtung der Donaumonarchie mit etwas zeitkonformeren Grenzen unter habsburgischer Herrschaft.

Die Einheit Österreichs stand bis zur Unterzeichnung des Staatsvertrages in Frage; es ist dem taktischen Geschick und der Besonnenheit der damaligen Politiker zu danken, dass sie erhalten blieb. Viel trugen dazu auch die Bundesländer bei. Renner rief am **23. 9. 1945** Vertreter aller Bundesländer zu einer Konferenz nach Wien, um über weitere Vorgangsweisen zur Erhaltung des Gesamtstaates zu beraten. Bereits am **20. 8.** hatten sich die westlichen Bundesländer in einer Tagung in Salzburg für ein Gesamtösterreich ausgesprochen und den Amerikanern, die in Westösterreich eine Gegenregierung zu Ostösterreich errichten wollten, eine Absage erteilt. In der Konferenz vom **24. bis 26. 9.** kamen nun die wichtigsten staatserhaltenden Themen zur Sprache: Aufteilung der Finanzen, Fragen der Volksernährung und der Landwirtschaft, Terminisierung einer gesamtösterreichischen Nationalratswahl; sie wurde auf den **25. 11.** festgelegt. In der zweiten Länderkonferenz vom **9. 10.** kam die Frage der Teilnahme ehemaliger Nationalsozialisten an Wahlen zur Sprache. Darüber herrschte Uneinigkeit.

Am **14. 4.** hatten sich die »Revolutionären Sozialisten« mit der »Sozialdemokratischen Arbeiterpartei« zur »Sozialistischen Partei Österreichs« (SPÖ) zusammengeschlossen, kurz nachher gab die »Österreichische Volkspartei« (ÖVP) ihre Gründung bekannt **(17. 4.)**. »Christlichsoziale Partei« und »Vaterländische Front« gehörten der Vergangenheit an, der ständische Aufbau blieb jedoch bis zum heutigen Tag erhalten.

Die ÖVP, unter Führung des Tiroler Landeshauptmannes KARL GRUBER, wollte den kleinen »PG« (nationalsozialistischen Parteigenossen) das Wahlrecht zugestehen, die Sozialisten und Kommunisten lehnten dies ab. Die Kommunistische Partei (KPÖ) tat sich besonders lautstark hervor; sie hatte nicht nur Rückhalt in der sowjetischen Besatzungsmacht, sondern war auch in der Provisorischen Regierung stark vertreten. Nicht weniger als 10 Kommunisten, neben 13 ÖVP-Mitgliedern, 12 Sozialisten und 4 Parteilosen, hatte Renner bestellt.

Die Parolen wurden immer emotionaler, je näher der Wahltag rückte, und nahmen immer mehr Bezug auf die Zeiten vor dem Krieg. Die Rede des ÖVP-Obmanns und ehemaligen KZ-Häftlings LEOPOLD FIGL wenige Tage vor der Wahl, in der er zum Bekenntnis für ein neues, demokratisches Österreich aufrief, überzeugte viele: Die ÖVP erreichte 85 von 165 Mandaten und erzielte die absolute Mehrheit; die SPÖ mit 76 Sitzen enttäuschte, die KPÖ erhielt nur 4 Mandate.

Noch während des Wahlkampfes anerkannten die Westmächte die Provisorische Regierung **(20. 10. 1945)**. Der US-amerikanische General MARK W. CLARK hatte Karl Renner als demokratiebewussten, westlich orientierten Staatsmann kennen gelernt. Am **11. 9. 1945** konstituierte sich der »Alliierte Rat«, den die Oberbefehlshaber der Besatzungstruppen in ihrer Eigenschaft als Hochkommissare bildeten. Die öster-

Ein Bekenntnis zu Österreich

reichische Regierung stand weiterhin unter Aufsicht: Das am **4. 7.** in London beschlossene »Alliierten Kontrollsystem« (Alliierter Rat, Exekutivkomitee, Sachabteilungen) beobachtete sie bis zum Abschluss des Staatsvertrags, obwohl Österreich das »Kontrollabkommen« formell nie akzeptiert hatte.

Ausschlaggebend für die Anerkennung der Provisorischen Regierung war die Dreimächtekonferenz in Potsdam vom **17. 7. bis 2. 8.**, auf der **Stalin**, **Truman** und **Churchill** (am **28. 7.** von **Clement R. Attlee** abgelöst) übereinkamen, auf österreichische Reparationszahlungen zu verzichten und den Geltungsbereich der Provisorischen Regierung für ganz Österreich anzuerkennen.

Generaloberst **Kurassow**, Oberbefehlshaber der sowjetischen Truppen in Österreich, unterlief jedoch den Beschluss. In seinem »Befehl Nr. 17« bezog er sich auf die Beschlüsse von Potsdam, nach denen »Deutsches Eigentum« von der jeweiligen Besatzungsmacht beschlagnahmt werden konnte. Er erhob Anspruch auf alles Vermögen, das vor **1938** deutschen Staatsbürgern gehörte oder nach **1938** von ihnen gekauft wurde, sowie Betriebsanlagen, in die deutsche Unternehmer oder das Deutsche Reich nach **1938** investiert hatten. Davon waren 252 Industriebetriebe oder ein Zehntel der österreichischen Industriekapazität betroffen.

Die Amerikaner protestierten und gaben ein Vorbild ab: Sie verzichteten auf ihren Anteil am »Deutschen Eigentum«: die ehemaligen »Hermann-Göring-Werke« (heute: VOEST), die Steyr-Werke, die Salinen, das Aluminiumwerk Ranshofen und weitere 280 große und mittlere Fabriken. Engländer und Franzosen zögerten, doch dann folgten auch sie dem amerikanischen Beispiel.

Die Sowjets hingegen fassten die beschlagnahmten Betriebe zum riesigen USIA-Konzern zusammen (USIA: Upravlenie Sovetskogo Imuščestva v Avstrie = Verwaltung des sowjetischen Vermögens in Österreich), der 55 000 Menschen beschäftige und über einen eigenen bewaffneten Werkschutz – den Wehrverbänden der Vorkriegszeit vergleichbar – verfügte.

Die österreichische Regierung antwortete mit der Verstaatlichung von Bankinstituten und Bergbauunternehmen, der Hüttenindustrie und der DDSG, von Chemiekonzernen und Großkraftwerken, um sie vor einem möglichen Zugriff durch die Sowjets zumindest formal abzusichern. Dieser Gefahr bewusst, stimmte die ÖVP dem Verstaatlichungsgesetz zu, wohl wissend, dass sie damit der SPÖ in ihrem Programm, einen sozialistischen Staat zu errichten, Vorschub leistete.

Am **19. 12. 1945** trat der neu gewählte Nationalrat zusammen. Gemeinsam mit dem Bundesrat wählte er mit 204 von 205 Stimmen Karl Renner zum Bundespräsidenten. Renner ernannte Leopold Figl zum Bundeskanzler und versprach in der Regierungserklärung *„ein neues, ein revolutionäres Österreich"*, das ein *„Bollwerk gegen alle Versuche imperialistischer Einseitigkeit in diesem Europa"* sein werde. Die demagogischen Floskeln der Zwischenkriegszeit und der Kriegszeit klangen in den Ausführungen durch. Die Schwerpunkte des Regierungsprogramms lagen aber in der Forderung nach Öffnung der Demarkationslinien, dem Abzug der Besatzungstruppen, der Anerkennung der Unteilbarkeit Kärntens und der Rückgabe Südtirols.

Kärnten bereitete Sorgen, Südtirol war eine emotionale Angelegenheit.

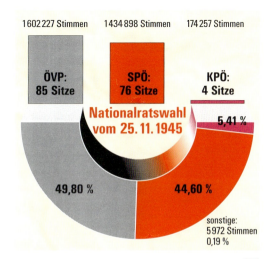

Das Ergebnis der ersten Nationalsratswahl der Zweiten Republik vom 25. 11. 1945.

Noch im **Jänner 1945** meldete der Partisanenführer und spätere Staatspräsident Jugoslawiens, **Josip Broz Tito**, die Ansprüche seines Landes auf Unterkärnten an. Er hoffte auf die diplomatische Hilfe Englands, das ihm im Zweiten Weltkrieg große Sympathien entgegengebracht hatte. Doch der Kalte Krieg erforderte eine neue Taktik. Und obwohl Tito das Vordringen der Sowjets auf sein Staatsgebiet – unter dem Deckmantel der »brüderlichen Waffenhilfe« – zu verhindern wusste, begegnete ihm nun London mit Misstrauen.

Kärnten glich zum Zeitpunkt der deutschen Kapitulation einem Völkerkessel: Briten, Jugoslawen, Volksdeutsche, Ungarn, Ukrainer, Kosaken, Domobrancen, Četniks, Kroaten, Reichsdeutsche drängten sich auf engstem Raum. Es war ein Herd der Unruhe, der in Chaos ausarten konnte. Der Unterstaatssekretär für Äußeres der Provisorischen Regierung **Renner**, **Karl Gruber**, forderte daher am **19. 10. 1945** die Alliierten auf, alle Reichs-, Sudeten- und Volksdeutschen aus Österreich abzuschieben; davon waren in Österreich etwa 330 000 Personen betroffen.

In Kärnten erwarteten die Engländer unangenehme Aufgaben: Die bereits im Landhaus tagende Provisorische Landesregierung vereitelte den von den demokratiebewussten Briten geplanten langsamen Aufbau einer Verwaltung von der Basis her, und Tito-Verbände machten ihnen das Besatzungsrecht streitig: auf Plakaten zeigten sie Kärnten als Teil Jugoslawiens. Sie scheuten sich nicht, die österreichische Fahne vor dem Landhaus einzuholen und an ihrer Stelle die jugoslawische zu hissen. Gleichzeitig bildeten sie einen jugoslawischen Nationalrat und setzten einen Gegenlandeshauptmann – **France Petek** – ein. Die Volksabstimmung von **1920** sollte rückgängig gemacht werden.

Die Briten gingen systematisch vor: Zuerst entfernten sie Plakate und Fahnen, dann fuhren sie mit schwerem Kampfgerät auf. Feldmarschall **Alexander**, Oberbefehlshaber der alliierten 15. Armeegruppe, forderte Tito unmissverständlich auf, seine Truppen abzuziehen. In Italien setzte General **George Patton** die Panzer der 3. US-Armee in Marsch und stoppte sie erst in Lienz bzw. in Spittal an der Drau. Diese Sprache war deutlich. In Moskau intervenierte mittlerweile US-Botschafter **Harriman**, pochte auf Abkommen und drohte mit ernsten Konsequenzen. Zwischen **19. und 23. 5.** bereinigte **Stalin** die Angelegenheit, der Preis, den er verlangte, war allerdings hoch, und er betraf am Geschehen völlig Unbeteiligte: Zwar fehlt die Bestätigung dafür, aber es scheint zu stimmen, dass die Briten als Gegenleistung die nach Kärnten geflohenen 50 000 Kosaken der Wlassow-Armee, die freiwillig in den deutschen Reihen gekämpft hatten, den Sowjets, und 150 000 Kroaten der Ustascha-Bewegung – die Ustascha-Partei im autoritären Kroatien der Kriegszeit stand auf der Seite des Deutschen Reiches und Italiens – den Jugoslawen auslieferten **(28. 5. 1945)**.

Doch Tito gab sich nicht zufrieden. Am **22. 1. 1947** forderte er nicht nur Südkärnten und die Südsteiermark, sondern auch eine Sonderstellung für die burgenländischen Kroaten sowie eine Reparationszahlung in der Höhe von 150 Millionen US-$. Im Londoner Oberhaus beurteilte Lord **Pakenham** die jugoslawischen Ansprüche: sie seien das *„Papier nicht wert, worauf sie geschrieben wurden"*, Tito wurde abgewiesen, ebenso sein Verlangen nach den Draukraftwerken Lavamünd und Schwabegg.

Die Bereinigung der Kärntner Angelegenheit ließ in Wien die Hoffnung für eine ähnlich günstige Lösung in der Südtirol-Frage aufkommen. Die Regierung Figl, durch Außenminister Karl Gruber zu optimistisch informiert – machte sich Hoffnungen auf eine Revision der Tiroler Grenzen. Man ging davon aus, dass – anders als im Ersten Weltkrieg – Italien zu den Gegnern der Alliierten gezählt hatte und erst **1943** in ihr Lager geschwenkt war. In London sollte nun der Friedensvertrag geschlossen werden. Wie schon **1918** standen auch diesmal Territorien zur Disposition: die **1919** zugesprochenen Gebiete an der dalmatinischen

Wirtschaftshilfe für den Wiederaufbau

Küste, der Dodekanes, Libyen, Abessinien, Istrien und Triest mussten von Italien abgetreten werden. Nur Südtirol – Alto Adige – durfte es behalten. In der Landeshauptstadt Bozen erhoffte man sich die Gewährung der Autonomie, und die österreichische Regierung unterstützte das Anliegen: sie mobilisierte die Massen. Das war ein gefährliches Unterfangen, denn sie bedurfte nach wie vor der Hilfe des Westens. Ein weiterer Aspekt fand keine Berücksichtigung: Die Westalliierten waren dabei, Italien in ihr Verteidigungskonzept einzubinden. Zudem durfte die starke italienische Kommunistische Partei durch eine Wegnahme Südtirols keine politische Unterstützung in ihrer antiwestlichen Haltung erfahren. Was die österreichischen Politiker weiters nicht wussten, war, dass auf Antrag der Sowjetunion eine alliierte Außenministerkonferenz im **September 1945** die Unveränderlichkeit der Tiroler Grenze bereits beschlossen hatte.

Österreich musste sich daher aufs Verhandeln verlegen und erreichte doch Respektables: Die Provinz Bozen erhielt politische Autonomie, eine kulturelle und wirtschaftliche Förderung und durfte »Optanten«, die während des Krieges abgewandert waren, wieder aufnehmen.

Dennoch ließ das »Gruber-De Gasperi-Abkommen« vom **5. 9. 1946** viele Fragen offen, die erst später in schwierigen Verhandlungen von Außenminister **Bruno Kreiskys** gelöst werden konnten.

Da die materielle Not in Europa andauerte, der West-Ost-Konflikt aber an Schärfe zunahm, kündigte US-Außenminister **George Marshall** am **5. 6. 1947** eine umfassende Wirtschaftshilfe für Europa an. Außer Spanien waren alle europäischen Länder, einschließlich der osteuropäischen Staaten und der Sowjetunion, eingeladen, in Paris an den Verhandlungen über den so genannten Marshallplan (offiziell ab **April 1948**: »European Recovery Program«/ERP) teilzunehmen. Moskau und seine Satellitenländer blieben dem Treffen fern. Österreich hingegen folgte der Einladung, obwohl es – zum Teil sowjetisch besetzt – mit Konsequenzen rechnete. Wie erwartet, erhob die Sowjetunion scharfen Protest und untersagte dem von ihr kontrollierten Osten Österreichs die Teilnahme. Geschicktes Taktieren unterlief aber das Verbot.

Die Hilfe des Marshallplans lief für Österreich von **1948 bis 1953**. Das ausgeklügelte System sah die Schenkung amerikanischer Waren an die österreichische Regierung vor (»grants«), die diese an die Wirtschaft weiterverkaufte und den Erlös in Form von Krediten und Stützungen wieder der Wirtschaft zufließen ließ. Der Erfolg war überzeugend: Die Industrieproduktion wuchs von **1948 bis 1951** um etwa 31 % pro Jahr. Die ERP-Hilfe unterstützte den Wiederaufbau Österreichs und leitete das »Wirtschaftswunder« ein. Zudem verzichteten die USA am **21. 6. 1947** auf die Vergütung ihrer Besatzungskosten, die den Staatshaushalt mit 35 % stark belasteten. Briten und Franzosen folgten dem Beispiel; unverändert hoch blieb jedoch die Zahl der stationierten Soldaten – rund 80 000 Mann –, wovon mehr als die Hälfte auf die Sowjets entfiel.

Europa war geteilt. Berlin, durch sowjetisch beherrschtes Umland vom Westen getrennt, wurde in der »Berlin-Blockade« von **1948/49** zum Prüfstein westlicher Solidarität. Wien, wie Berlin eine »Vier-Sektoren-Stadt« und ebenso inmitten einer sowjetischen Zone gelegen, bangte um seine Zukunft.

Im März 1946 zeigte sich London bereit, über Südtirol zu debattieren. Die amerikanische Öffentlichkeit aber war dafür nicht zu gewinnen. Gruber schlug daher vor, das obere Eisacktal und das Pustertal an Österreich zurückzugeben, um zwischen Nord- und Osttirol eine Landverbindung herzustellen. Damit stieß er auf die Ablehnung der Südtiroler, die eine Italienisierung des an Italien fallenden Teiles befürchteten.

Die Zweite Republik 1949 bis 1955

Österreich war zwar ein befreites Land, aber nicht frei. Die Staatsbürger waren angehalten, eine viersprachige »Identitätskarte« mit sich zu führen und sie beim Wechsel von der West- in die Ostzone bzw. umgekehrt den alliierten Wachposten vorzuweisen. Eine Grenze durchschnitt das Land. Niemand wusste, ob man diese am nächsten Tag noch passieren konnte, wie man am deutschen Beispiel sah. Wohl demonstrierten die »Vier im Jeep« nach außen hin Einigkeit, doch Politik wurde im Pentagon und im Kreml gemacht. Das Rüstungskarussell drehte sich immer schneller, und die Zeichen standen auf Sturm. Die Konfrontation blieb nicht aus, wie der Koreakrieg 1950 bewies. In Österreich sorgte wenigstens noch ein Gremium für eine Verständigung zwischen den vier Mächten: der »Alliierte Rat«,

Im **November 1949** stellte sich eine neue Koalitionsregierung vor: das Kabinett Figl–Schärf. Die KPÖ hatte abermals eine Wahlniederlage erlitten, mit 5 Sitzen blieb sie sogar hinter dem erstmals zu einer Wahl angetretenen »Wahlverband der Unabhängigen«, einem Sammelbecken ehemaliger Nationalsozialisten und Großdeutscher; der WdU errang 16 Sitze. Das schlechte Abschneiden der Kommunisten belastete das österreichisch-sowjetische Verhältnis. Prekär war die Lage Ostösterreichs auch aus anderem Grund: Es stellte eine Lücke in der geschlossenen Front kommunistischer, Moskau-höriger Staaten dar, die von der Ostsee bis zum Balkan reichte. Sogar die Präsenz von 40 000 Soldaten änderte nichts daran. Der Kreml begann Druck auszuüben, fror die Staatsvertragsverhandlungen ein, mobilisierte seine Anhänger in Österreich und die Werktätigen in den sowjetisch verwalteten »USIA«-Betrieben. Moskau wartete auf einen Anlass, um – ähnlich wie in der Tschechoslowakischen Republik oder in Ungarn – den Umsturz herbeizuführen. Er bot sich im **Herbst 1950**, als die USA wegen des Koreakrieges die Marshallplan-Hilfe kürzen musste. Die Folgen verspürte auch Österreich, die Weltmarktpreise stiegen, und der Ministerrat beschloss ein weiteres Lohn- und Preisabkommen, um Ein- und Ausgaben im Gleichgewicht zu halten. Es war das vierte Abkommen dieser Art seit **1945** und bürdete den Arbeitnehmern zweifellos Belastungen auf: Während der Lohnindex von **April 1945 bis Oktober 1950** von 100 auf 436 anstieg, kletterte nun der Index der Lebenshaltungskosten auf 578, weitere Teuerungen drohten. Die sozialdemokratische Führung des Österreichischen Gewerkschaftsbundes sah die Richtigkeit der von der Regierung getroffenen Maßnahmen ein und bestätigte das Lohn-Preis-Abkommen. Die Betriebsrätekonferenz der kommunistischen Gewerkschaftsfraktion aber erhob dagegen laut ihre Stimme. Sie forderte die Absetzung der ÖGB-Führung und Arbeitsniederlegungen. Der KPÖ-Vorsitzende **Johann Koplenig** rief zum „Kampf um die Erhöhung der Löhne" auf, und am **27. 9. 1950** kamen Rollkommandos der USIA-Betriebe aus dem Erdölgebiet von Zistersdorf im Weinviertel nach Wien und stürmten die Zentrale des ÖGB. Demonstranten errichteten Straßensperren und blockierten Eisenbahnverbindungen ins südliche Österreich. Ein Ultimatum an die Regierung forderte einen sofortigen Preisstopp und eine Erhöhung der Löhne auf das Doppelte. Das Kabinett Figl–Schärf und der ÖGB unter Generalsekretär **Johann Böhm** zeigten sich unbeeindruckt. Exekutive, gewerkschaftliche Gruppen unter Führung des Gewerkschaftssekretärs für die Bau- und Holzarbeiter, **Franz Olah**, und die Mehrheit der sozialdemokratisch gesinnten Arbeiter leisteten den kommunistischen Krawallen Widerstand. Die sowjetische Besatzungsmacht, mit deren Unterstützung die österreichischen Kommunisten gerechnet hatten, verhielt sich unschlüssig. Der stellvertretende Hochkommissar, Generalleutnant **Wadim Swiridow**, verantwortlich für die Errichtung der Volksdemokratie in Ungarn, hielt sich im Hintergrund. Da die Streikbewegung hauptsächlich die sowjetisch verwalteten Betriebe lahm legte und die Eigentümerin, die UdSSR, schädigte, klangen die Unruhen am **6. 10. 1950** ab. Das änderte jedoch

„ÖSTERREICH IST FREI!"

nichts an der Grundhaltung aller Besatzungsmächte, Österreich den Staatsvertrag zu verweigern. Das Land war ein Pfand in der Hand der Mächte. Österreichische Memoranden an die UNO, die volle Souveränität auch ohne Staatsvertrag zu erhalten, fanden überwältigende Zustimmung, so am **20. 12. 1953**, doch ein diesbezüglicher Appell der UNO an die vier Mächte verhallte ungehört.

Der Tod Stalins im Jahr **1953** brachte die Wende. Die neue Moskauer Führung verfolgte angesichts der Gründung der NATO und der Aufnahme der Bundesrepublik Deutschland in dieses Militärbündnis eine flexiblere Außenpolitik.

In Österreich stellte sich zu diesem Zeitpunkt eine neue Koalitionsregierung vor: das Kabinett Raab-Schärf. **ADOLF SCHÄRF** respektierten die Westalliierten in Wien als integren Demokraten; nicht so **JULIUS RAAB**. Der von ihm in der Zwischenkriegzeit geleistete »Korneuburger Eid« hing ihm jetzt nach, so verhinderten sie bereits am **10. 12. 1945** seinen Eintritt in die Regierung, und ihr Misstrauen wurde weiter geschürt, als Raab Mitte **Mai 1947** mit dem KPÖ-Politbüromitglied **ERNST FISCHER** Gespräche über die Zukunft Österreichs führte. Raab vertrat die Ansicht, dass die Freiheit Österreichs nur durch Konzessionen an die Sowjets zu erreichen sei. Diese Meinung teilte hingegen Außenminister **GRUBER** nicht.

Die Gespräche zwischen Raab und Fischer berührten aber auch ein anderes Thema, sie erörterten eine Regierungsumbildung, die den proamerikanisch orientierten Karl Gruber und den sozialdemokratischen Innenminister **OSKAR HELMER** nicht mehr berücksichtigte. Gruber erfuhr davon und intervenierte im US-Außenamt gegen seinen Parteikollegen Raab (**6. 6. 1947**).

Raab gewann das Duell: Die ÖVP ließ Gruber nach der Wahl von **1953** fallen, bestimmte **LEOPOLD FIGL** zum Außenminister und nominierte Raab als Kanzler; der Kreml war zufrieden gestellt. Bundeskanzler Raab und Vizekanzler Schärf verfolgten einen Sowjet freundlichen Kurs. Damit erreichten, für Österreich einige Erleichterungen: Die Kontrolle an den Zonengrenzen und die Briefzensur fielen weg, die Sowjets verzichteten auf die Besatzungskosten, und die Kriegsgefangenen durften – zehn Jahre nach Kriegsende – endlich heimkehren.

Die Zahl der Arbeitslosen hatte mit 308 000 im **Februar 1954** die bislang höchste Marke in der Zweiten Republik erreicht. Dennoch war ein wirtschaftlicher Aufschwung nicht zu übersehen: eine ausgeglichene Handelsbilanz und ein 10-Milliarden-Investitionsprogramm für den Ausbau der Wasserkraft, der Autobahnen, des Telefonnetzes und der Elektrifizierung der Bahn schufen Arbeitsplätze. Das in Linz-Donawitz entwickelte Sauerstoff-Blasstahl-Verfahren revolutionierte die Stahlproduktion in der ganzen Welt.

Ende **Jänner 1954** führte Kanzler Raab in den USA mit hochrangigen Politikern ein bedeutsames Gespräch: Er wies darauf hin, dass der Abschluss eines Staatsvertrages eine Probe für die Seriosität der von der Sowjetunion verfolgten Koexistenzpolitik sein könnte. Der Kreml geriet nun in Beweisnot. Am **8. 2. 1955** reagierte er: Der sowjetische Außenminister **MOLOTOW** erklärte, dass eine weitere Verzögerung des Staatsvertragsabschlusses ungerechtfertigt sei. Der Regierung Raab-Schärf ließ er wissen, dass die UdSSR den Staatsvertrag abschließen wolle. Österreich müsse aber dezidiert erklären, dass es sich nicht an Deutschland anschließen und keinem Militärbündnis beitreten werde. **BRUNO KREISKY** arbeitete eine Neutralitätserklärung nach Schweizer Muster aus, und die vier Mächte akzeptierten. Am **11. 4. 1955** flogen Raab und Schärf nach Moskau. Vier Tage später konnten sie der Bevölkerung mitteilen, dass Österreich bald frei sein werde.

Am **15. 5. 1955** erfolgte der Staatsakt. Im Marmorsaal des Oberen Belvedere in Wien fand die Unterzeichnung des Vertragswerkes durch die Außenminister statt: **JOHN FOSTER DULLES** für die USA, **HAROLD MACMILLAN** für Großbritannien, **ANTOINE PINAY** für Frankreich, Wjatscheslaw Molotow für die Sowjetunion, und Leopold Figl für Österreich.

Figl konnte vor der versammelten Presse aus der ganzen Welt verkünden: *„Österreich ist frei!"*

Nachdem der Jubel über die gewonnene Freiheit abgeklungen war, kehrte der Alltag zurück. Erstaunt stellte man fest, dass sich eigentlich nichts geändert hatte, so sehr hatte man sich an die Besatzungsmächte – sie waren in den letzten Jahren immer seltener in Erscheinung getreten – schon gewöhnt. Und Freiheit war ein Begriff, mit dem die meisten noch wenig anzufangen wussten. Für viele war er neu, wenn sie nach 1934 geboren worden waren. Aber immerhin, es tat wohl, im Rampenlicht ausländischen Interesses zu stehen, sich bewundern zu lassen ob der Fähigkeit, als kleines Land von zwei großen Blöcken nicht zerrieben worden zu sein.

Feinfühlig wurde auch weiterhin jede Reaktion des Auslands registriert. Mit Genugtuung vermerkte man die Aufnahme in die UNO (später UN) am 14. 12. 1955. 1956 zog Österreich im Europarat ein, und 1957 unterschrieb es die Europäische Konvention zum Schutz der Menschenrechte. 1960 sandte Österreich im Rahmen einer UNO-Aktion ein Friedenskorps in den Kongo und zeigte seine Flagge, neben der der UN, auf Zypern und auf den Golan-Höhen. 1957 wurde die IAEO, die Internationale Atomenergiebehörde, gegründet, sie nahm ihren Sitz in Wien. Auch die UNIDO (United Nations Industrial Development Organization) siedelte sich 1966 hier an, so wie das IIASA (Internationales Institut für angewandte Systemanalyse), die nach Laxenburg zog. 1973 wurde der Grundstein zur UNO-City gelegt, Wien stieg damit, hinter New York und Genf, zur dritten UNO-Stadt in der Welt auf. Die Liste internationaler Institutionen, die in Österreich ihre Tätigkeit aufgenommen hatten – OPEC, Hochkommissar für Flüchtlinge, Kommission für europäische Auswanderung. Den Beitritt zur EFTA 1960 – der von Großbritannien angeregten Europäischen Freihandelsassoziation, die ein Gegengewicht zur Europäischen Wirtschaftsgemeinschaft darstellen sollte – notierte man eher nur am Rande.

Die vielen internationalen Treffen und Kongresse, die in mittlerweile in Österreich, vornehmlich in Wien abgehalten werden, zeigten aber, dass man das kleine Land respektierte. Das Gipfeltreffen Kennedy-Chruschtschow 1961 und die Begegnung Kissinger-Gromyko 1975 waren davon die prominentesten. Dass der ehemalige US-Außenminister Henry Kissinger über das diplomatische Geschick des Fürsten Metternich ein Buch verfasste und an US-Universitäten lehrte, nahm man mit besonderer Genugtuung zur Kenntnis. Auch die SALT-Verhandlungen fanden 1972 und 1979 in Wien statt. Hier unterzeichneten auch 1979 der US-Präsident Jimmy Carter und das sowjetische Staatsoberhaupt Leonid Breschnew das SALT II-Abkommen, ein Meilenstein in der internationalen Rüstungsbeschränkung. Eine erste große Bewährungsprobe auf internationalem Parkett erwartete Österreich bereits ein Jahr nach dem Staatsvertragsabschluss, es war gleichzeitig ein Test, wie und ob die Regierung es verstünde, mit der auferlegten Neutralitätspflicht umzugehen. Der Aufstand in Ungarn 1956 war eine Herausforderung, die Österreich leicht die Freiheit hätte kosten können. Denn die Öffnung der Grenze für 180 000 Flüchtlinge konnte als Verletzung des Neutralitätsartikels ausgelegt werden. Tatsächlich bestanden sowjetische Durchmarschpläne für Ostösterreich. Doch an humanitärer Einsatzbereitschaft mangelt es den Österreichern nicht. Das bewiesen sie – und beweisen es immer noch in zahllosen Hilfsaktionen. Ob Ungarn, Polen, Slowaken, Tschechen, Bosnier, Kosovaren, Rumänen, Russen, – Österreich hilft. Es erinnert sich jener Hilfen, die es unmittelbar nach zwei mörderischen Kriegen an sich erleben durfte.

»Demokratie« muss gelernt werden. Das merkten die Österreicher im Jahr 1966, als sie nach 20 Jahren dem beinahe schon »institutionalisierten« Koalitionsritual der Regierungsbildung eine Absage erteilten und jener Partei den Vorzug gaben, die ihrer Meinung nach das bessere Programm vorzeigte. Der Wahlkampf war hart geführt worden und hatte nicht mit Angstmacher-Parolen gespart. Eine davon führte ver-

INTERNATIONALE ANERKENNUNG

mutlich dazu, dass die Österreichische Volkspartei einen »Erdrutschsieg« feiern konnte, indem sie der SPÖ und der FPÖ je zwei Mandate abnahm (85:74:6) und die absolute Mehrheit erreichte. Analytiker führten den Sieg auf die Empfehlung der Kommunisten zurück, die Sozialdemokraten zu wählen, und das Versäumnis des SPÖ-Parteivorsitzenden **Bruno Pittermann**, diese – ungewollte – Unterstützung nicht entschieden abgelehnt zu haben.

Zehn Jahre nach der sowjetischen Besetzung schien die Bevölkerung in Ostösterreich noch immer sensibel auf alles zu reagieren, was den Lehren von Marx und Lenin nahe kam. Sie nahm daher die Warnung der ÖVP vor einer roten »Volksfront« ernst. Der sozialdemokratische Außenminister **Kreisky** versuchte zwar der Panik-Mache die Spitze zu nehmen – *„Jedesmal vor der Wahl wird die ÖVP hysterisch, beschimpft uns als Wegbereiter des Kommunismus"* –, aber offenbar vergeblich. Der ÖVP war aber noch ein anderer Vorfall zugute gekommen, der sich zehn Tage vor der Wahl ereignete und der vielen wie eine Bestätigung einer drohenden »rote Diktatur« erscheinen musste. Unter den Augen des sozialdemokratischen Justizministers **Christian Broda** war in einer Nacht-und-Nebel-Aktion die auflagenstärkste österreichische Tageszeitung, die »Kronen-Zeitung«, durch Gerichtsbeschluss wegen vermögensrechtlicher Ansprüche des ÖGB unter öffentliche Verwaltung gestellt worden. Chefredakteur und Geschäftsführer hatten sofort die Betriebsräume zu verlassen, die Redakteure mussten weiterarbeiten, obwohl diese Anordnung gegen das Redaktionsgesetz verstieß. Anlass gab die Klage des Österreichischen Gewerkschaftsbundes auf Herausgabe von 11 Millionen Schilling. Das Geld war **1959**, ohne Wissen des ÖGB, von **Franz Olah**, zu damaliger Zeit ÖGB-Präsident, in Form von Sparbüchern zur Besicherung der Zeitung eingebracht worden. Mehrere grobe Fehler bei der Vollstreckung des Urteils ließen den Verdacht aufkommen, dass die SPÖ dahinter stecke. Krumm nahm die Bevölkerung der SPÖ den Ausschluss des beliebten Franz Olah aus der Partei, und dies gab sie mit dem Stimmzettel kund.

Hier die Mär von der »roten Front«, dort Kassandrarufe, die die dunklen Zeiten des Ständestaates beschworen. Denn als Bundespräsident **Franz Jonas** den ÖVP-Vorsitzenden **Josef Klaus** mit der Bildung der Regierung beauftragte, gab es in der SPÖ nicht wenige, die einen neuen Bürgerkrieg heraufziehen sahen. Doch die »Sozialpartnerschaft« – ein Garant der Zusammenarbeit zwischen Unternehmer- und Arbeitnehmervertretern auf höchster Ebene – funktionierte weiter, weil der sozialdemokratisch dominierte ÖGB erklärte, er werde die Regierungstätigkeit ausschließlich nach ihren Leistungen für die Arbeitnehmer beurteilen. Auch die Institution der »Paritätischen Kommission für Lohn- und Preisfragen«, ein auf Initiative des ÖGB am **12. 3. 1957** errichtetes Forum von Vertretern der Sozialpartner und der Regierung, gab weiterhin Empfehlungen ab, die von allen Seiten respektiert wurden.

Am **1. 2. 1967** übergab Bruno Pittermann den Parteivorsitz an Ex-Außenminister Bruno Kreisky; die nach ihm benannte Ära, eine Zeit der Reformen (Gesundheits- und Umweltschutz, Schulbuchaktion, Universitätsorganisation, Politikerbesteuerung, Gewerbeordnung, Fristenlösung, Partnerschaftsehe, Chancengleichheit im Schulwesen, Öffnung der Wälder, Volksgruppengesetz u. a.), außenpolitischer Erfolge und wirtschaftlicher Stabilität begann. Kreisky suchte auch den Kontakt zur Kirche und schlug Brücken zwischen den zwei einst verfeindeten Lagern. Freilich, der überaus gesprächsbereite, tolerant-liberale **Franz Kardinal König** begegnete ihm in seiner bescheiden-offenherzigen Art auf halbem Weg.

Am **1. 3. 1970** musste sich das Kabinett Klaus verabschieden, die SPÖ hatte die ÖVP mit 2 Mandaten überholt (81:79; die FPÖ verbuchte unter ihrem Parteisprecher **Friedrich Peter** 5 Sitze) und bildet nun die Regierung. Kreiskys Popularität verschaffte der SPÖ die größten Wahlerfolge ihrer Geschichte; mit seinem Abgang endete ihre Erfolgskurve. Sie verlor an Substanz und verlor ihre Wählerschaft an die Freiheitlichen Partei **Jörg Haiders**.

Hintergrund
»Die Insel der Seligen«

Ein Jahr, bevor Österreich der Europäischen Union (EU) beitrat, wurde der Doyen der österreichischen Medienlandschaft, der Journalist und Zeitgeschichtsexperte Hugo Portisch, **gefragt, welche Chance das kleine Österreich denn in einem vereinigten Europa hätte. Seine Antwort war knapp und zukunftsweisend:** *„Jede. Aber, Österreich muss sich nützlich machen!"*

Dieses sich »nützlich machen« ist nicht einfach. Auch das muss gelernt werden und dazu hatte Österreich seit den Zeiten der Monarchie kaum Gelegenheit. Beschäftigt mit den Problemen innnerhalb der eigenen Grenzen, war es mit sich und der Welt im Großen und Ganzen zufrieden, sofern das Ausland beim Neujahrskonzert der Wiener Philharmoniker im Takt applaudierte und Mozartkugeln, Sängerknaben und Lippizaner rühmte. Die Medien trugen nicht unerheblich zur Pflege dieser Schrebergartenmentalität bei.

Der »Ortstafelstreit« in Kärnten **1972** schreckte etwas auf, weil ein dunkler Flecken auf der vermeintlich weißen österreichischen Weste sichtbar wurde: Die Kluft zwischen deutschspachiger Bevölkerung und anderen ethnischen Minderheiten waren nicht aus der Welt. Die Idylle fand **1977** ein Ende, als sich wirtschaftliche Schwierigkeiten einstellten. Mit dem Weltmarkt aufs Engste verflochten, wirkte die international stagnierende Nachfrage für Produkte der Schwerindustrie und der Textilbranche auch auf die heimischen Betriebe zurück. Der Rückgang von Bauaufträgen trieb die Arbeitslosenzahlen in die Höhe, und eine Reihe von Skandalen, in die Politiker verwickelt waren, erschütterte den Glauben der Bevölkerung an deren Redlichkeit (AKH, Noricum, Lucona, Sekanina, Frischenschlager, Androsch), vor allem weil sie zumeist dem sozialdemokratischen Lager entstammten. Korruption kennt nun einmal keine Zwangsgebundenheit. Mit diesem Malus musste sich die SPÖ **1983** der Nationalratswahl stellen. Bundeskanzler Bruno Kreisky kündigte an, er werde sich aus der Politik zurückziehen, sollte die Partei die absolute Mehrheit verlieren. Die Wähler ignorierten die Drohung, und die SPÖ verlor 5 Mandate (SPÖ 90. ÖVP 81, FPÖ 12).

Kreiskys Nachfolger, Fred Sinowatz, übernahm ein schweres Erbe. Eine Alleinregierung war unmöglich geworden, also wählte er die FPÖ – die unter Norbert Steger einen eher farblosen, liberalen Kurs verfolgte – zum »Juniorpartner«. Mehr Schwung und Einfallsreichtum hätte die Regierung aber dringend gebraucht, so geriet sie ins Hintertreffen, als eine Grünbewegung mit unverbrauchter Kreativität Politik zu treiben begann. »Die Grünen« hatten sich schon einmal gegen Obrigkeitsbeschlüsse behauptet: In einer Volksabstimmung verhinderten sie am **5. 11. 1978** die Inbetriebnahme des Kernkraftwerkes Zwentendorf. Nun legten sie sich dem Ausbau der Donaukraftwerke quer. Unter Führung der engagierten Kämpferin für die Umwelt, Freda Meissner-Blau, und des linksintellektuellen Journalisten Günther Nenning trotzten sie der mächtigen Baulobby und der Gewerkschaft die Einstellung des Bauvorhabens ab. Nicht nur die Zeit der Hochkonjunktur war vorbei, auch jene des Glaubens an den Segen von Fortschritt und Technik.

Das Jahr **1986** kündigte eine Zäsur an: Jörg Haider entthronte den bisherigen FPÖ-Parteiobmann Norbert Steger und ließ durch einen verbal-aggressiven politischen Tonfall aufhorchen, und zu den »dunklen Flecken« der österreichischen Weste gesellten sich »braune«. Die Affäre Waldheim erregte internationales Aufsehen und erinnerte an ein Stück verdrängter heimischer Geschichte. Der parteilose, der ÖVP aber nahe stehende Diplomat Kurt Waldheim war von den Konservativen als Präsidentschaftskandidat nominiert worden. Als ihm Umfrageergebnisse den Wahlsieg voraussagten, versuchte

Wandel der Zeiten

dies die SPÖ zu vereiteln und ließ Waldheims Tätigkeit während des Zweiten Weltkriegs untersuchen. Waldheim brachte sich um seine Glaubwürdigkeit, als er die Mitgliedschaft bei der NSDAP leugnete, ihm diese aber bei der SA nachgewiesen wurde. Der Vorwurf, dass er, als Ordonanzoffizier der Wehrmacht auf dem Balkan, an der Deportation griechischer Juden beteiligt gewesen sein müsse, blieb jedoch unbewiesen. Belastende, von einer eigenen Historikerkommission in serbischen Archiven gefundene Dokumente stellten sich als Fälschungen heraus. Obwohl Waldheim keine persönliche Schuld im strafrechtlichen Sinne angelastet werden konnte, setzten ihn die USA auf die »watchlist« und isolierten Österreich für Jahre. Waldheims Amtszeit dauerte vom **8. 7. 1986 bis 24. 5. 1992**.

Die Wahl Waldheims zum Bundespräsidenten bewog Kanzler Sinowatz zum Rücktritt. Doch auch sein Nachfolger Franz Vranitzky befreite die SPÖ aus dem Tief, in dem sie sich seit Kreiskys Abgang befand, nicht. Bei den Nationalratswahlen **1986** verlor sie 9 Mandate (ÖVP 78, FPÖ 18, Grüne 8).

Die **1989** in Europa einsetzenden gewaltigen politischen Umwälzungen berührten auch Österreich. Parallel zum Zerfall des sowjetischen Staatenblocks setzte ein starker Auftrieb des europäischen Einheitsgedankens ein und forderte von Österreich, seine Position in Europa zu überdenken. 66,4 % der stimmberechtigten Bevölkerung entschied sich am **24. 6. 1994** für den Beitritt zur EU. Österreich entsandte 21 Abgeordnete ins Europa-Parlament nach Straßburg.

Empfand es bis dahin außenpolitische Fragen hinter innenpolitischen als nachrangig, öffnete sich nach der Einbindung in die EU der politische Horizont. Themen wie Neutralität, Transitverkehr, Integration von Ausländern, Osterweiterung gehören nun zum diskutierten politischen Alltag. Nach wie vor sorgten aber innenpolitische Querelen für Aufregung, besonders wenn sie durch Schatten der NS-Vergangenheit emotional aufgeheizt und zum Anliegen des Auslandes wurden.

Die Regierungsbildung aus ÖVP und FPÖ, die aus der Nationalratswahl vom **3. 10. 1999** hervorgegangen war, führte zu Protesten der internationalen Staatengemeinschaft. Die 14 EU-Partner froren ihre politischen Beziehungen zu Österreich ein. Triebkräfte der antiösterreichischen Kampagne – die später als überhastet bezeichnet wurde – waren Frankreich, Belgien und Deutschland. Die Sanktionen wurden am **12. 9. 2000** aufgehoben, weil Österreich kein Rechtsbruch von EU-Normen nachgewiesen werden konnte. Nutznießer der Aktion war die schwarz-blaue Regierung unter Bundeskanzler Wolfgang Schüssel (ÖVP) und Vizekanzlerin Susanne Riess-Passer (FPÖ): Sie konnte ihr Reformprogramm in Angriff nehmen, weil die Sanktionen die Öffentlichkeit ablenkten. Hingegen lud der auf Kanzler Viktor Klima folgende, nun in der Opposition verweilende SPÖ-Chef Alfred Gusenbauer durch demonstrative Reisen nach Paris, Berlin und Brüssel, den Ruf des Vernaderers auf sich. Haider selbst hatte offiziell am **28. 2. 2000** den Parteivorsitz an Riess-Passer übergeben, ohne freilich auf dirigistische Anweisungen an seine Partei zu verzichten und schließlich am **8. 9. 2002** sogar seine eigene Regierungsmannschaft über die so genannte Parteibasis zu stürzen.

Am **7. 10. 2000** traf die Regierung ein Abkommen über die Entschädigung ehemaliger Zwangsarbeiter und für in der NS-Zeit arisiertes Vermögen. Die »österreichische Weste« war etwas sauberer geworden.

Manch einer erinnerte sich noch an den **18. 11. 1971**, als der dreitägige Staatsbesuch des österreichischen Bundespräsidenten Franz Jonas in Italien zu Ende ging. Bei der Verabschiedung der Gäste empfing Papst Paul VI. Jonas in Privataudienz. Im Verlauf des freundschaftlichen Gesprächs prägte der Pontifex das Bonmot von *„Österreich als der Insel der Seligen"*. Seither haben sich die Zeiten geändert. Österreich ist keine Insel mehr, sondern *„muss sich nützlich machen"*, wie Portisch sagt, um seine Eigenständigkeit und sein Selbstbewusstsein in einer großen Völkerfamilie zu bewahren.

Personen- und Sachverzeichnis

Aba 121
Abd ül-Hamid I. 226
Abri 23
Abstammungslehre 13
Abusina 91
Ad Undrimas 102
Adalbero von Eppenstein 121
Adalbert 118, 122
Adalbert von Salzburg 133
Adalbert, der Siegreiche 120
Adalbert, Sohn Leopolds III. 124
Adalwin 102, 106
Adam Philippe Graf von Custine 230
Adam von Herberstorff 200
Adam von Puechheim 198
Adelheid 122, 174
Adler, Friedrich 265
Adler, Max 269, 294
Adler, Victor 265 ff.
Adolf von Nassau 166, 168
Aehrenthal, Aloys Lexa von 273 ff.
Aetius 67, 81
Agilolfinger 91, 94
Agnes 114, 124
Agnes von Andechs-Meranien 142
Agnes von Böhmen 166
Agnes, Tochter Albrechts I. 166
Agnes, Tochter Ottokars II. 163
Agram 272, 282
Aguntum 71, 74, 95
Akademische Legion 248
AKH 330
Aktion 14f13 315
Ala 196
Alamannen 84
Alanen 78, 79
Albero V. 158
Albert III. von Tirol 174
Albert IV. 198
Albert V. von Sachsen-Teschen 226
Albert, Sohn Meinhards II. 174
Albigenser 184
Alboin 89, 94
Albrecht I., Herzog 164 ff.
Albrecht II. von Habsburg 187
Albrecht II., der Weise 172, 176
Albrecht II., König 182
Albrecht III. 180
Albrecht V. 180 ff.
Albrecht VI. 188, 189, 190
Albrecht, Erzherzog 247, 260
Albrecht, Sohn Rudolfs I. 162
Alciocus 96
Alexander der Große 23
Alexander I. 238, 243
Alexander II. 272
Alexander IV. 159
Alexander, Harold 324
Alfons X. von Kastilien 157 ff.
Ali Kosh 41
Alliierter Rat 322
Alliiertes Kontrollsystem 323
Alma mater Rudolphina 178
Alpenfestung 319
Ältere Eisenzeit 10
Altmann 151
Altmann von Passau 122
Amalaberga 88
Ambisonten 62
Ammianus Marcellinus 78
Andics, Helmuth 289
Andrássy, Gyula Graf 262 ff.

Andreas 128 ff.
Andreas III. 166
Andreas von Greisenegg 190
Androsch, Hannes 330
Anna von Bretagne 195
Anna von Jagello 202
Annales Zwettlenses 182
Anshalm-Azzo 149
Antennendolch 46
Antisemitismus 268
Apollonios von Rhodos 48
Apostolisches Königreich 112
Aquilinus 77
Arbo 108
Arcadia-Konferenz 316
Ariovist 57
Arno von Salzburg 100
Arnulf 106, 108
Arnulf von Bayern 108
Artus 196
Astra 320
Athene 71
Attila 47 ff.
Attis 71, 76
Attlee, Clement R. 323
Atto von Freising 100
Audoin 88
Auersperg, Carlos 262
Aufensteiner 180
Augsburg 86
Augsburger Interim 197
Augsburger Religionsfriede 197 ff.
Augustus 57, 60, 72
Augustus Flavius Gratianus 78
Aurelian 74
Ausgleich mit Ungarn 263
Ausleseprinzip 13
Austerlitz, Friedrich 297
Australopithecus 14
Australopithecus afarensis 15
Austrigusa-Ostrogotho 88
Austrofaschismus 285, 294
Austromarxismus 294
Authari 95
Auxilarien 61
Avaria 104, 112, 119
Awaren 90, 92, 96
Azzo 149
Azzo-Anshalm-Richart 149
Babenberger 114
Babenberger Stammbaum 142 ff.
Bach, Alexander 250, 252
Badener Gruppe 10, 30
Badeni, Casimir Felix 270
Bahr, Hermann 268
Baian 89
Bajuwaren 91
Baker, Ray Stannard 288
Balanos 56
Balck, Hermann 318
Balduin von Trier 170
Balearen 219
Balfour, Arthur James 288
Ballhausschwur 228
Banhans 267
Barras, François Jean Nicolas Paul 232
Barth, Fritz Eckart 44
Basilius 152
Bauer, Otto 268, 269, 289, 292
Bäuerle, Johann Andreas 235
Baumkircher, Andreas 189 ff.

Bauto 78
Bayer, Joseph 30
Bayerischer Erbfolgekrieg 225
Beauharnais, Joséphine 232, 238
Beck, Ludwig 310
Becker, Hans 320
Beethoven, Ludwig van 242
Bekensloer, Johann 192
Béla IV. 141, 142, 159
Béla II. 126
Bélas IV. 166
Belcredi, Graf Richard 258
Belle-Alliance 242
Bem, Józef 250
bemaltkeramische Kultur 10
Benedek, Ludwig von 260
Benedikt von Nursia 152
Benedikt von Veszprém 164
Benediktiner 144
Beneš, Edvard 286
Beneš-Dekrete 206
Benevent 96
Berchtesgadener Abkommen 284
Berlin-Blockade 325
Bernaschek, Richard 306
Bernhard von Askanien 131
Berthold 108, 144
Berthold, Stadtrichter 170
Besatzungszonen 284
Bethlen, István Bethlen von 298
Beust, Friedrich F. Graf 262, 272
Bianchi, Anton 237
Biedermann, Karl 318
Biedermeier 242
Bismarck, Otto von 256 ff.
Bissolati 286
Blagodatow, Iwan 321
Blanche 168
Blaschke, Hanns 318
Bleda 79
Blomberg, Werner von 310
Blücher, Gebhard Leberecht Fürst B. von Wahlstatt 242
Blum, Robert 250
Blutgericht 203
Bodencreditanstalt 300
Bodmer, J. J. 80
Böhm, Johann 326
Böhmisch-Pfälzischer Krieg 208
Boier 56
Boierwüste 57
Boiohaemum 90
Boleslaw I. Chrobry 118
Bononia 73
Bonifatius 102
Bourbonen 210
Braunschweig-Wolfenbüttel, Elisabeth Christine von 220
Breitner, Hugo 304
Brentano, Clemens 235
Breonen 84
Breschnew, Leonid 328
Brest-Litowsk 280, 282
Broda, Christian 329
Bronzezeit 35
Bruck, Karl Friedrich Frh. 250
Bruck, Karl Ludwig Freiherr von 258
Brun, Ferdinand 20
Brünhild 81

Brünner Programm 265
Bukowina 230
Bulcsu 109
Bülow, Bernhard Fürst von 80, 275
Bülow, Bernhard Heinrich Martin Fürst von 273
Bunjewatzen 271
Buol-Schauenstein, Karl Ferdinand Graf von 255, 258
Buquoy 206
Burchard 112
Bürckel, Josef 312, 314
Burebistan 56
Buresch, Karl 300
Burgenland 285
Burgfriede 280
Burgunder 79
Burián von Rajecz, Stephan Graf 278
Burkhard von Fricke 168
Byzantiner 92
Byzanz 88, 92
C. Domitius Zmaragdus 64
Caesar, Julius 49
Caldonazzi-Gruppe 320
Calixtus III. 190
Calvin, Johannes 198
Calvinisten 207
Capistran 190
Carbo, Papirius 56
Carbonari 244
Carinthia 132
Carl, Erzherzog 232 ff.
Carolina 212
Carter, Jimmy 328
Carvajal 188
Cáslav 187
Castellis, Ignaz Franz 235
Castlereagh, Robert Stuart, Viscount 241
Cavalli, Antonio de 191
Cavour, Camillo Benso 256, 258
Celtis, Conrad 69
Censuale 145
Cetniks 324
Chamberlain, Neville 312
Childe, Gordon 26
Childebert II. 95
Chlodosuintha 94
Chlodwig I. 88
Chlodwig I. 84
Chlotar I. 94
Christian IV. von Dänemark 207 ff.
Christlichsoziale Partei 268 f.
Christlichsozialen Arbeiterverein 269
Churchill, Winston Leonard Spencer 312, 323
Cincibilus 55, 56
Cirminah 146
Clactonien 20
Clark, Mark W. 322
Clemenceau, Georges 279
Clemens VI. 176
Clemens XIV. 222
Clotilde 256
Cluj 193
Cluny 152, 182
Coelestin III. 132
Comes Pierius 83
Commodus 74
conductores ferr. Noricarum 66

Constantius I. 75
Constitutio Antoniniana 66
Constitutio Criminalis 212
Conversio Bagoariorum et Carantanorum 102
Cooper, J.F. 33
Corbinian 96
Coudenhove-Kalergi, Richard Nikolaus 296
Credit-Anstalt 300
Crna ruka 276
Cro-Magnon-Mensch 19
Csendes, Peter 101 ff.
Czernin, Ottokar Graf 278 ff.
Daffinger, Moritz Michael 242
Dagobert I. 96
Dahn, Felix 81
Daker 57
Daladier, Edouard 316
Danilo von Montenegro 255
Danylos von Galizien 159
Darwin, Charles Robert 13
Daun, Leopold Joseph Graf von 221
De ecclesia 186
Deák, Franz 262
Decius 69
DedilI. von Meißen 122
Dervan 93
Desiderius 98, 100
Deutsch, Julius 287
Deutsch-Französischer Krieg 272
Deutsch-Österreich 285
Deutsche Agrarpartei 266
Deutsche Arbeiterpartei 266
Deutsche Bundesakte 242
Deutscher Bund 242, 244
Deutsches Eigentum 323
Deutschnationale 266
Dietmar von Aist 137
Dietrich von Bern 81
Dietrich, Sepp 318
Dietrichsteiner 198
Dimitrijeviç 276
Dinghofer, Franz 287
Diokletian 60, 75, 84
Dollfuß, Engelbert 284, 301
dominus carniolae 142
Domobrancen 324
Donau- und Alpengaue 314
Donaueschinger Handschrift 80
Drachenhöhle 22
Drei-Kaiser-Abkommen 274
Dreibund 274
Dreißigjähriger Krieg 156 ff.
Drimmel, Heinrich 287
Dritte Ukrainische Front 318
Dritter Schlesischer Krieg 221
Druiden 58
Drusus 62
Dschingis Khan 142
Dubois, Eugène 15
Dückher von Haslau, Franz 43
Dulles, John Foster 327
Dunaj 92
Dürer, Albrecht 196
Dürnkrut 162
Dürnrnberg 43, 45, 51
Dürrnberg-Hallein 42
Dvorak 268
D´Annunzio, Gabriele 291
Ebenfurth 142

330

Eberhard von Franken 108
Eberhard II. 135
Eckbert von Bamberg 140
Ediko 82
Eduard VII. 275
Eichendorff, Joseph von 235
Eichmann, Adolf 313
Eifler, Alexander 307
Eigl, Adolf 321
Eigruber, August 319
Eining 91
Einsatzplan Österreich 310
Eisenbahnkrieg 282
Eisenzeit 48
Eiserner Vorhang 284
Eleonore von Portugal 189, 192
Eleonore von Schottland 191
Elisabeth (»Sisi«) 262, 278
Elisabeth von Bayern 174
Elisabeth von Luxemburg 182
Elisabeth, die Große 221
Elisabeth, Herzogin 168
Elisabeth, Tochter Meinhards III. 174
Elisabeth, Tochter Sigismunds 187, 188
Elisabeth; Schwester Wenzels III. 170
Emmeram 96
Ender, Otto 300
Endor 212
Engels, Friedrich 269
Engl, Isidor 46
Enikel, Jans 120
Enns 32 ff.
Ennsburg 112
Entente cordiale 275
Eöltvös, József 270
Eppensteiner 144
Erchanger 108
Erentrudis 102
Erhard 96
Erich, Markgraf 100
Ernst 121 ff.
Ernst der Eiserne 180
ERP 325
Erster Allgemeiner Arbeiterverein 249
Erster Pariser Friedensvertrag 240, 242
Erster Weltkrieg 156 ff.
Erster Wiener Kongress 156 ff.
Eruler 85, 88
Erzherzog 189
Esus 58
Etrusker 48, 50
Etzel 81
Etzelburg 81
Eugen von Savoyen-Carignan 69 ff.
Eugippius 82
Euro 284
Europa-Parlament 331
Europäische Union 284, 330
Europarat 328
European Recovery Program 325
Evolutionstheorie 13
Ewige Richtung 191
Ewin von Trient 95
Fabricius 205
Fadinger, Stephan 201
Falkenhayn, Erich von 278
Falkenstein 28, 233
Faviania 82

Februarpatent 258
Felben 165
Feldhofer Grotte 18
Feldkircher Manifest 283
Feletheus 82
Fendi, Peter 242
Ferdinand I. 197 ff.
Ferdinand I., Sohn von Franz I. 246 ff.
Ferdinand II. (von der Pfalz) 206
Ferdinand II., Kaiser 208, 210
Ferdinand III. 205 ff.
Ferdinand III., König, Kaiser 209
Ferdinand IV. 209, 214
Ferdinand von Bayern 214
Fernau, Joachim 81
Feuersetzmethode 34
Fey, Emil 299
Fichtenstamm, Johann Kempen von 254
Figl, Leopold 322 ff.
Fischböck, Hans 315
Fischer, Ernst 327
Fischhof, Adolf 247 ff.
Flavia Solva 78
Flavius Aetius 79
Flavius Severinus 82
Flavius Valerius Const. I. 77
Flora-Kreis 320
Florianus 77
Formbach-Rathelnberg 121 ff.
FPÖ 329
Frangipani, Franz Markgraf 215
Frank, Hans 303
Franken 79
Frankenburger Würfelspiel 201
Franz Ferdinand von Österreich-Este 276, 278
Franz I.; frz. König 196
Franz I. (I.) 111 ff.
Franz Joseph I. 156 ff.
Franz Karl, Erzherzog 246
Franz Stephan von Lothringen 220, 223
Freiheitliche Partei Österreichs 329
Freistaat Krakau 246
Friderich 83
Fridolin, Glass 308
Fried, Johannes 11
Friede von Aachen 220
Friede von Campoformido 232
Friede von Hubertusburg 221
Friede von Karlowitz 218
Friede von Paris 221
Friede von Preßburg 234, 236
Friede von Rastatt 219
Friede von Saint-Germain-en-Laye 284
Friede von San Stefano 273
Friede von Schönbrunn 236
Friede von Utrecht 219
Friede von Wien 259
Friede von Zürich 256, 258
Friedell, Egon 312
Friedjung, Heinrich 265
Friedmann, Desider 313
Friedrich I. 134, 138
Friedrich I., Barbarossa 126 ff.
Friedrich II. 148, 149
Friedrich II. von Hohenstaufen 136
Friedrich II., der Große 220 ff.

Friedrich II., der Streitbare 114 ff.
Friedrich III. 23, 194
Friedrich III., Kaiser 138 ff.
Friedrich III., Kaiser 156 ff.
Friedrich III., der Schöne 171
Friedrich IV. 181
Friedrich IV. von Tirol 188, 190
Friedrich V. 188
Friedrich V. von der Pfalz 206
Friedrich VII. 259
Friedrich von Salzburg 112
Friedrich von Staufen 124
Friedrich von Zollern 161
Friedrich Wilhelm II. 228
Friedrich Wilhelm IV. 254
Friedrich, Sohn Albrechts I. 170
Frischenschlager, Friedhelm 330
Fritzens-Sanzeno-Kultur 52
Fröbel, Julius 250
Frontkämpfer 295
Fugger 196
Fuhlrott, Johann Carl 18
Fühmann, Franz 81
Fürnberg, Friedl 319
Fürstenbund 226
Fürstenkongress 202
Gablenz-Eskeles, Ludwig Karl Wilhelm Freiherr von 259
Gábor, Bethlen 206
Gaismayr, Michael 200
Gaius Plinius Secundus 54, 70
Galater 53
Galerius 75, 77
Gallas, Matthias 209
Gallus von Neuhaus 185
Ganghofer, Ludwig 43
Garibaldi, Giuseppe 259, 270
Garibald I. 94, 95, 96
Garibald II. 95
Gartenaere 137
Gauermann, Friedrich 242
Gebhard 114
Gebhard, Rupert 50
Gebhart von Salzburg 122
Geheimpolizei 230
Geiss, Imanuel 11
Gemeindeberg 30
Gendarmerie 254
Genfer Protokolle 294
Genius Cucullatus 59
Gensfleisch, Johann 198
Gentz, Friedrich von 235
Georg 128
Georg von Podiebrad und Kunštát 188
George, Lloyd 286
Georgenberger Handfeste 114 ff.
Georgi, Friedrich 278
Gepiden 88, 90, 92
Germanen 56 ff.
Gernot 81
Gerold I. 100
Gertrud, Witwe Heinrichs des Stolzen 126
Gertrud; Nichte Friedrichs II. 142, 158
Géza 112
Gildemeester, Frank van Gheel 315
Gimbutas, Marija 40 ff.
Gisela 120
Giselbert von Lotharingien 108
Giselher 81

Giskra, Karl 264, 267
Giso 83
Gladstone, William Ewart 274
Glagolev 318
Glagolica 106
Glaise-Horstenau, Edmund 309
Globocnik, Odilo 315
Glöckel, Otto 304
Gneisenau, August Wilhelm Anton Graf 242
Goebbels, Joseph 303
Gog 23
Goldene Bulle 169, 176
Goluchowski, Agenor Graf 275
Göring, Hermann 303
Görlich, E. J. 54
Görlich, Ernst Joseph 116
Gortschakow, Alexander M. 272
Görzer Grafen 176
Goten 78
Gottfried, Heinrich Graf zu Pappenheim 201
Gottschalk 116
Govone, Giuseppe 259
Graf Meinhard III. 174
Graf von Arco 226
Graf von Falkenstein 233
Grafen von Montfort 166
Grafen von Montfort-Feldkirch 180
Grafen von Nellenburg 166
Grafen von Savoyen 166
Grasberg 30
Grasl, Johann Georg 244
Gregor II. 96
Gregor IX. 136
Gregor VII. 122
Gregor von Tours 212
Grillparzer, Franz 160, 205, 242
Grimoald 96
Großdeutsche Partei 300
Große Allianz 218
Große Schwabenzug 222
Großenzersdorf 306
Großer Freiheitsbrief 176
großer Jännerstreik 280, 287
Großmährisches Reich 107
Großösterreichische Freiheitsbewegung 320
großösterreichische Idee 265
Gruber, Karl 319, 322
Gruber-De Gasperi-Abkommen 325
Grunzwitigau 146
Grynszpan, Herschel 313
Gundahar 81
Gunther 81
Gunther, Sohn Tassilos III. 99
Gusenbauer, Alfred 331
Gustav II. Adolf 208
Guta 164
Gutenberg 198
Gutrat 165
Haager Allianz 218
Habicht, Theo 308
Habsburg, Otto von 310, 322
Hacker, Leopold 20
Hadmar I. von Kuenring 149
Hadmar II. von Kuenring 132 ff.
Hadmar III. 149
Hadrian 66
HadrianI. 98
Ernst Haeckel 12

Hagen 81
Hagenau 137
Hager, von Altenberg 246
Haider, Jörg 329
Hainfelder Programm 265
Hallein 22, 43
Hallstatt 42 ff.
Hallstattkultur 37 ff.
Hallstattzeit 10, 53
Halltal 48
Hammerstein-Equord, Hans 306
Hann, F. G. 150
Hanshelm-Azzo-Uuolfcoz 149
Hardenberg, Karl August Frh. von 241
harlisz 99
Harriman, Averell 324
Hartberg 146
Haschka, Leopold Lorenz 235
Haspinger, Pater 237
Hastenbeck 221
Haugwitz, Friedrich Wilhelm Graf von 222
Hausenberg 165
Hauslabjoch 10
Haydn, Joseph 235, 242
Haynau, Julius Freiherr von 252
Hebbel, Friedrich 267
Hecht, Robert 301
Heidberg 28
Heidentor 58
Heilige Allianz 241 ff.
Heiliges Römisches Reich 111 ff.
Heim-ins-Reich 285
Heimatblock 299
Heimwehren 293, 299
Heinrich 112
Heinrich dem Löwen 128
Heinrich der Löwe 131
Heinrich der Löwen 132
Heinrich der Stolze 126, 127
Heinrich der Zänker 118, 121
Heinrich I. 108 ff.
Heinrich II. 120
Heinrich II. Jasomirgott 114 ff.
Heinrich II. Sohn des Zänkers 118
Heinrich III. 121 ff.
Heinrich IV. 124
Heinrich Matthias Thurn von Valsassina 205
Heinrich V. 121
Heinrich VI. 132 ff.
Heinrich VII. 136 ff.
Heinrich VIII., engl. König 196
Heinrich von Admont 164
Heinrich von Bayern 108
Heinrich von Kärnten 169 ff.
Heinrich von Kuenring 138
Heinrich von Liechtenstein 158
Heinrich von Luxemburg 170
Heinrich von Niederbayern 176
Heinrich, Abt 164
Heinrich II. Jasomirgott 150
Heinrichs IV. 114
Hekataios von Milet 48
Helmer, Oskar 307, 327
Henneburg 51
Hennulf 83
Hera 71
Hermann von Baden 158
Hermann von Schwaben 108

Personen- und Sachverzeichnis

Hermann-Göring-Werke 323
Herminafried 88
Herodot 48
Heruler 85
Herzog von Augustenburg 259
Herzog von Braunschweig 231
Herzogstein 173
Herzogstuhl 116
Hexenbulle 212
Hexenhammer 212
Heydrich, Reinhard 311
Heydrich, Reinhard 313
Hildebrandt 81
Hillegeist, Friedrich 310
Hiller, Johann Frh. 236
Himmler, Heinrich 303
Hirtenberg 301
Hirtenberger Waffenaffäre 302
Hitler, Adolf 266 ff.
Hitlerjugend 316
hl. Antonius 152
hl. Augustinus 152, 212
hl. Barbara 191
hl. Christophorus 191
hl. Daniel 191
hl. Florian 60
hl. Hemma 114
hl. Hippolyt 116, 119
hl. Leopold 124
hl. Petrus 122
hl. Severin 60, 82
hl. Tiburtius 103
hl. Wolfgang 152
Höchstädt 218
Hodson, Frank Roy 46
Hoernes, Moritz von 47
Hofbauer, Clemens Maria 268
Hofer, Andreas 236
Höfle, Hermann 315
Hohenems-Laßbergische Handschrift 80
Hohenems-Münchener Handschrift 80
Hohenwart, Sigmund Anton Graf von 268
Holbein der Ältere 191
Homo erectus 15, 17
Homo neanderthalensis 18, 20
Homo sapiens 18
Honner, Franz 319
Honoria 79
Hopfen 267
Hormayr, Josef 235
Horthy, Miklós 291
Hoßbach-Protokoll 309
Hötzendorf, Conrad von 278
Hradschin 187, 250
Hring 101
Hrodgaud 100
Hruodpert 102
Hubmaier, Balthasar 198
Hügelgräberkultur 37
Hundertjähriger Krieg 192
Hungerblockade 280
Hunnen 78, 80
Hunyadi, Johann 188 ff.
Hunyadi, Matthias 189
Hus, Jan 156 ff.
Husiten 186
Hussiten 187, 205
Huter, Jakob 198
Huterische Brüder 198
Huth, Alfred 318

Ides, Isbrand 23
Iglauer Kompaktaten 187
IIASA 328
Ildico 79, 81
Iller 88
Illus 83
Indoeuropäer 40
Indogermanen 38
Ingenuinus 95
Innitzer, Theodor 312
Innozenz VIII. 124, 212
Innozenz XI. 216
Innviertel 225
Institoris 212
Ioviacum 85
Isis 71
Isis Noreia 59
Ister 54
Iswolsky, Alexander 273
Italiker 48
Iulius Apostata 69
ius illius terrae 124, 129
Iuvavum 69, 78, 102
Ivan von Güssing 164

Jagello 189
Jagellonen 188
Jägerstätter, Franz 320
Jakob Paperl 135
Jansa, Alfred 310
Japygen 54
Jazygen 72
Jedenspeigen 162
Jellacic, Banus 250
Jérôme 256
Jesuiten 222
Johann Heinrich 172, 176
Johann III. Sobieski 216
Johann Parricida 163, 169
Johann VII. Ladislaus von Kuenring-Seefeld 149
Johann von Böhmen 172, 176
Johann von Capestran 190
Johann von Holland 168
Johann, Erzherzog 235 ff.
Johann, Sohn des Corvinius? 193
Johann, Sohn Heinrichs von Luxemburg 170
Johanna von Pfirt 172
Johanna von Spanien 196
Johannes XII. 110
Johannes XXII. 171
Johannes XXIII. 181
Johanniterorden 146
John Churchill, Herzog von Marlborough 218
Jonas, Franz 329, 331
Jones, William 38
Jordanes 90
Jörger, Christoph 198
Joseph Clemens 218
Joseph Ferdinand 218
Joseph I. 219
Joseph II. 156 ff.
Joseph, Bruder Napoleons 236
Juan-les-Pins 242
Juden 140
Judenfleck 224
Judenpatent 224
Judenpogrom 156, 183
Judith 112
Juli-Abkommen 284
Jungpaläolithikum 20
Juno 71

Juno Regina 76
Jupiter 71, 72
Jupiter Dolichenus 71, 76
Jupiter Optimus Maximus 71
Justina 78
Justinian 92, 94
Justizpalastbrand 297
k. k. 262
k. u. k. 262
Kabinett der sechzig Tage 299
Kalixtinern 187
Kanzler, Rudolf 295
Kaplirs 216
Kara Mustapha 216
Karaimen 271
Karantanien 54, 102
Karantanische Mark 120
Karl Albert 248
Karl den Kühnen 191
Karl der Große 94 ff.
Karl der Kühne 192
Karl I. 98
Karl I., Kaiser 278 ff.
Karl II. 218
Karl III. 218
Karl IV. 176
Karl IV. von Luxemburg 176
Karl Theodor 224
Karl V. 156, 196, 202, 211, 212
Karl VI. 69, 220, 222
Karl VIII. 194
Karl von Anjou 158
Karl von Mähren 175
Karl, Erzherzog 218
Karlisten 290
Karlmann 98
Karlsbad 244
Karner 54, 56
Kärntner Mark 116
Károlyi, Mihály Graf 292
Kartoffelkrieg 224
Käs, Ferdinand 318
Kastelic, Jacob 320
Katalaunischen Felder 79
Katharina II., die Große 225, 226
Katharina von Sachsen 191
Katharina, Tochter Karls von Mähren 176
Kaunitz-Rietberg, Wenzel Anton Fürst von 221, 222, 230
Kautsky, Karl 265, 269
Keller, Ferdinand 33
Kelchalpe 34
Kelchner 187
Kelsen, Hans 284, 293
Kelten 48, 49, 50, 51, 54
Keltenschanzen 59
Keltoromanen 147
Kepler, Johannes 205
Kerenskij-Offensive 280
Ketteler, Wilhelm von 268
Ketzerfriedhof 186
Khevenhüller 198
Kimmerier 48, 52, 56
King, William 18
Kirchenfonds 224
Kirchschläger, Rudolf 284, 318
Kisch, Egon Erwin 286
Kissinger, Henry 328
Klaproth, J. 38
Klaus, Josef 329
kleindeutsche Lösung 260
Klosterneuburger Chronik 182

Kleinen Entente 302
Kleiner Freiheitsbrief 176
Kleist, Heinrich von 235
Klekner, Oskar 320
Klesl, Melchior 206
Kolb, Johann 237
Kolin 221
Kollegialsystem 194
Kollonitsch, Leopold 216
Koloman 118, 124
Kolonisation 144
Kolowrat-Liebsteinsky, Franz Anton Graf von 246
Kolping, Adolf 268
Komárom 187
Kommunistische Partei 322
Komnenos, Theodora 114 ff.
König, Franz 329
Konrad der Rote 148
Konrad III. 126, 128
Konrad IV. 174
Konrad IV. von Fohnsdorf 166
Konrad von Lotharingien 109
KonradII. 120
Konradin 160
Konradin von Schwaben 174
Konrads des Roten 110
Konstantin 60
Konvention von Gastein 259
Konvention von Konstantinopel 226
Konvention von Pillnitz 229, 230
Konzentrationslager 285
Koplenig, Johann 320, 326
Köprülü, Ahmed 215
Koreakrieg 326
Körner, Theodor 295
Korneuburger Eid 298
Kosaken 324
Kossinna, Gustav 38
Kossuth, Lajos 247, 250, 252
Kottanerin, Helene 188
KPÖ 322
Krämer, Heinrich (Institoris) 212
Kranzmayer, E. 54
Krauß, Philipp Frh. von 251
Kreisky, Bruno 278 ff.
Kreiswallanlagen 28
Kremser Pfennig 124
Kremser Reich 82
Kremsierer Verfassung 156
Krickl, Julius 266
Kriemhild 81
Krings, Matthias 18
Kritasiros 59
Kromer, Karl 46
Kuckenburg, Martin 48
Kudrunlied 137
Kuenringer 144, 148
Kufstein 237
Kumanen 162
Kunigunde 159
Kunschak, Leopold 269 ff.
Kunschak-Hurdes 320
Kupferzeit 10, 28
Kurassow, Wladimir W. 323
Kürenberg 137
Kurfürsten 169
Kurfürsten am Rhein 197
Kurgan-Leute 41
Kuruczen 215
Kuttenberger Dekret 186

Kybele 71, 76
Kyrill 106
La-Tène-Kultur 51
La-Tène-Zeit 10, 48
Lacy, Franz Moritz Graf von 227
Ladiner 271
Ladislaus IV. 166
Ladislaus V. 188, 189
Ladislaus von Neapel 186
Lammasch, Heinrich 277
Lampoting 165
Landau, Saul Raphael 269
Landbund 300
Langobarden 60, 85, 90, 92
Lanner, Joseph 242
Laskaris, Sophia 142
Latobius 58
Latour, Theodor Graf Baillet von 250, 252
Laudon, siehe Loudon 227
Lauriacum 60 ff.
Lazius, Wolfgang 23
Le Moustier 20
Lebstück, Maria 252
Lechfeld 11 ff.
Lederer, Karl 320
Lehár, Anton von 290
Lehár, Franz 291
Leibeigenschaft 224
Leiningen-Westerburg, Karl 252
Lél 109
Lenau, Nikolaus 242
Lengyelkomplex 26, 27
Lenin,Wladimir Iljitsch 286
Lentienser 84
Leo III. 104
Leo XIII. 268
Leoben 224, 232
Leopold I. 119
Leopold I. 113 ff.
Leopold I., Kaiser 124
Leopold II. 114, 122
Leopold II., Großherzog 228
Leopold II., Kaiser 230, 235
Leopold III. 113 ff.
Leopold III. 180
Leopold IV. 114 ff.
Leopold IV. von Habsburg 180 ff.
Leopold V. 132 ff.
Leopold VI. 184
Leopold VI., der Glorreiche 184
Leopold, Bruder Alberts IV. 178
Leopold, Erzherzog 214
Leopold, Sohn Albrechts I. 170
leopoldinische Linie 180
Leptis Magna 74
Lhotsky, Alfons 104
Liberale 266
liberi 97
Libertät 210
liberti 97
Licinius 75
Liebenberg, Andreas 216
lieber Augustin 215
Liga 205
Linear 10
Linzer Programm 265, 296
Lippowaner 271
Liudewit 106
Liudolf 148
Liutpirc 99

Livius 56
Lobositz 221
Lohn- und Preisabkommen 326
Loig 70
Londoner Abkommen 290
Longinus, C. Cassius 56
Los-von-Rom-Bewegung 266
Lothar von Sachsen-Supplinburg 126
Loudon (Laudon), Ernst Gideon von 221 ff.
Lübecker Friede 208
Lucius Herennius 67
Lucona 330
Lucullanum 84
Lucy 15
Ludwig der Deutsche 106
Ludwig I., der Fromme 115
Ludwig II. 202
Ludwig IV., Kaiser 176
Ludwig von Bayern 171, 172
Ludwig von Brandenburg 176
Ludwig XI. 192
Ludwig XIV. 210 ff.
Ludwig XVI. 231
Ludwig, Erzherzog 246
Ludwig, Pfalzgraf 166
Ludwig; Sohn Wladislaws II. 202
Lueger, Karl 268
Lugdunum 78
Luitpold 108, 113, 117
Luther, Martin 156, 197, 198
Luxemburger 173
m.k. 262
Mack, Karl Frh. von Leiberich 234
Macmillan, Harold 327
Madersbach, Karl 253
Magdalensberg 53, 58, 59
Magog 23
Magyaren 86, 90
Mahuré 215
Mailänder Edikt 60
Mailänder Konvention 77
Malleus maleficarum 212
Malplaquet 219
Mammut 22, 24
Manegold 135
Manstein, Erich von 310
Manuel I. 127
Marbod 62
Marc Aurel 70 ff.
Marchfeld 88, 121, 161, 203
Marchfutter 168
Marco d'Aviano 216
Marcomannia 73
Marcus Aurelius Com. Antonius 74
Marcus Aurelius Probus 70
Margarete, Tochter Maximilians 194
Margarethe 128, 158
Margarethe, Tochter Gräfin Maultaschs 172
Maria Christine 226
Maria Infantin von Spanien 202
Maria Ludovica von Modena 236
Maria Ludovica von Spanien-Bourbon 235
Maria Theresia 156 ff.
Maria von Burgund 194, 196
Maria; Tochter Karls des Kühnen 192

Marie Antoinette 228, 231
Marie Louise 238
Marken 104, 113
Markomannen 62, 78
Markomannenkriege 60, 73
Marlborough, John Ch., Hzg. von 218
Marshall, George 325
Marshallplan 284, 325
Martin V. 187
Martinitz 205
Marx, Karl 252
Märzgefallenen 248
Masaryk, Tomás Garrigue 286 ff.
Masud I. 126
Matthias 205, 206
Matthias I. Corvinus 156 ff.
Maultasch, Margarethe 156 ff.
Max, Kaiser von Mexiko 278
Maximianus Daia 75
Maximilian Ernst 205
Maximilian I. 111 ff.
Maximilian II. 204
Maximilian II. Emanuel 218
Maximilian III. 205
Maximilianszelle 102
Maximinus Thrax 69
Maximus 78
May, Karl 33
Mayer, F. J. C. 18
Mayr, Michael 294
Medilica 116, 121
Meginfried 100
Mehrenberger 162
Meier Helmbrecht 137
Meinhard I. 158, 174
Meinhard II. 162 ff.
Meinhard IV. 174
Meinl, Julius 277
Meinwerk von Paderborn 122
Meissner-Blau, Freda 330
Meithner, Karl 320
Melchioriten 198
Melker Reform 182
Mennoniten 198, 271
Merowinger 91
Messenhauser, Cäsar Wenzel 250
Method 103, 106
Metternich-Winneburg, Clemens Wenzel, Nepomuk, Lothar Fürst von 232 ff.
Michael III. 106
Michael von Eitzing 202
Michelsbergerkultur 10, 31
Miegel, Agnes 81
Miklas, Wilhelm 286, 292
Minerva 71
Mithras 71, 76
Mittelmeerabkommen 274
Mittelneolithikum 26
Mittwoch-Gruppe 320
Mohács 193, 202
Mohammed 190
Mohammed IV. 215
Mojmír 106
Molden, Ernst 320
Molotow, Wjatscheslaw 327
Moltke, Helmuth von 260
Molzbichl 103
Mommsen, Theodor 270
Mondseegruppe 10, 30
Mondseekultur 27 ff.
Montafon 146

Montecuccoli, Raimund Graf 215
montes horridi 87
Montforter 180
Montgelas, Maximilian J. de Garnerin Graf von 236
Moritz von Sachsen 197
Morton, Friedrich 44
Moskauer Deklaration 315, 320
Motte Fouqués, Friedrich de la 81
Mozart, Wolfgang Amadeus 227, 242
Much, Matthäus 38, 47
Müller, F. 13
Müller, Christoph Heinrich 80
multiregionale Modell 17
Münichreiter, Karl 307
Munstiure 103
Mussolini, Benito 288 ff.
Nádásdy, Franz Graf 215
Namare 121
Nancy 192
Napoleon III. 256 ff.
Napoleone Buonaparte (Buonaparte) 232 ff.
Narses 94
Naso, Publius Ovidius 66
Nationalsozialistische Deutsche Arbeiterpartei 296
NATO 327
Nazi-Putsch 284, 308
Neander, Joachim 18
Neandertal 18
Neandertaler 20
Neapel 84
Necker, Jacques 228
Nehring, Alfons 40
Neidhart von Reuental 137, 145
Nemanjiden-Reich 276
Nenning, Günther 330
Neoabsolutismus 255
Nesselrode, Karl Wassiljewitsch Graf 241
Nestroy, Johann 242
Neszmély 187
Neugebauer, Johannes-Wolfgang 30 ff.
Neugebauer-Maresch, Christine 22
Neumeister 185
Neurath, Konstantin von 309
Neustädter-Stürmer, Odo 312
Nibelungenhort 81
Nibelungenlied 80, 137
Niedersächsisch-Dänischer Krieg 208
Nikita 272
Nikolaus I. 252 ff.
Nikolaus II. 274 ff.
Nikolaus V. 188
Nikolaus von Cuës 190
Niuvanhova 116, 119
Noll, Rudolf 76
Norddeutscher Bund 260
Nordwald 146
Noreia 56 ff.
Noricum 54, 60, 82
Noricum, Affäre 330
Noriker 54, 59
Norital 174
NSDAP 296
Nürnberger Rassegesetz 312

Oberait, Jacob Hermann 80
Obermayer, August 67
Octavianus Augustus 62
Odilo 98
Odoaker 60 ff.
Ögädäi 142
Ohaim, Waldemar Pabst von 298
Oktoberdiplom 258
Oktoberrevolution 280
Olah, Franz 326 ff.
Oolith 22
OPEC 328
Operationsbüro 320
Oppidum 50, 53
Organisation Todt 316
Ortstafelstreit 330
Ostarrîchi 114, 116, 148
Österreich 116
Österreichisch-italienischer Krieg 156
Österreichisch-Ostindische Kompanie 222
Österreichisch-preußisch-dänischer Krieg 156
Österreichische Freiheitsbewegung 320
Österr. Ges. der Friedensfreunde 276
Österreichische Legion 308
Österreichische Politische Gesellschaft 277
Österreichische Volkspartei 322
Österreichischer Gewerkschaftsbund 326
Ostgoten 60
Ostmark 104 ff.
Ostwall 318
Oswald von Wolkenstein 137
Otakare 144
Otakar IV. 132
Otakars IV. 114
Ottensheim 136
Otto der Fröhliche 172
Otto der Große 112, 148
Otto I. 86 ff.
Otto II. 114, 116
Otto II. von Andechs-Meranien 174
Otto III. 116
Otto III., Herzog 166
Otto von Bayern 158
Otto von Eberstein 158
Otto von Freising 113 ff.
Otto von Habsburg 176
Otto von Wittelsbach 126
Otto, Bischof 122, 126
OttoII. 112
OttoIII. 118
Ottos I. der Große 11
Ötzi 10, 29
Out-of-Africa 17
ÖVP 322
pagi 50, 97
Pakenham 324
Palacký, Franz 248 ff.
Pankraz von St. Miklos 188
Papen, Franz von 309
Papst Pius VI. 224
Parathropicine 15
Paritätische Kommission 329
Parz 201
Paßler, Peter 200

Patton, George 324
Patton, George S. 319
Paul II. 190
Paul VI. 331
Pauli, Ludwig 53
Paulskirche 250
Pax romana 68
per procura 202
Pernerstorfer, Engelbert 265 ff.
Perthaler, Hans von 258
Petek, France 324
Peter der Große 23, 226, 255
Peter von Aspelt 163, 169, 170
Peter von Neraä 185
Peter, Friedrich 329
Peter III. von Holstein-Gottorp 221
Peutinger, Konrad 69
Pfahlbausiedler 33
Pfalzgrafen bei Rhein 168
Přemysl Ottokar I. 136
Přemysl Ottokar II. 114 ff.
Přemysliden 162
Pfinzing, Melchior 196
Pfirmer, Walter 298
Pfyner Kultur 31
Philipp der Schöne 196, 198
Philipp II. 135, 197
Philipp III. 158, 168
Philipp IV. 170
Philipp V. 218
Philipp VI. 170
Philipp von Anjou 218
Philipp, Herzog 162
Picardie 194
Piccolomini, Aeneas Sylvius 190
Pichler, Karoline 235
Pilgrim 72
Pilgrim von Passau 112
Pinay, Antoine 327
Pippin 100
Pippin dem Kurzen 98
Pithecanthropus 15
Pittermann, Bruno 329
Pittioni, Richard 40
Pius II. 190
Plan K 308
Planetta, Otto 308-309
Plochl, Anna 246
Podiebrad 189
POEN 320
Pohl, Walter 101
Poincaré, Raymond 279
Polen, Teilungen 231
Pölshalsgruppe 30
polyphyletische Modell 17
Popponen 116
Pordenone 170
Portisch, Hugo 286, 330
Postumus 188
Potiorek, Oskar 276
Potsdam 323
Prager Fenstersturz 156
Prager Friede (1635) 209, 210
Prager Friede (1866) 260
Pragmatische Sanktion 220, 222
Preußisch-österreichischer »Bruderkrieg« 156
Primogenitur 179
Princip, Gavrilo 276
Privilegium maius 176 ff.

333

Personen- und Sachverzeichnis

Privilegium Minus 114 ff.
Probus 74
procuratores metallorum 66
Prokopius 85
Prokuration 195
Protokolle von Venedig 290
Provisorische National-
  versammlung für
  Deutschösterreich 282, 284
Provisorisches Österreichisches
  Nationalkomitee 320
Pyrenäenfriede 210
Quaden 62, 72, 78
Quades 69
Quadragesimo anno 300
Quadrupelallianz 240
Quattuorviri viarum curandarum
  68
Raab, Julius 284, 298, 327
RAD 316
Radetzky von Radetz, Josef Graf
  239 ff.
Raeter 54
Raetia 52
Raetien 60
Raffelstetten 108
Raimund, Ferdinand 235, 242
Ramek, Rudolf 296
Ramsauer, Johann Georg 46
Ranke, Leopold von 108
Raschke, Rudolf 318
Rastatter Konferenz 232
Rastislav 159
Rastislaw 106
Räterepublik 287
Rath, Ernst vom 313
Rathelnberg 146
Rechberg und Rothenlöwen,
  Johann B. Graf 258
Redl, Alfred 286
Redlich, Josef 277
Regal 66
Regnum Noricum 10, 55, 62
Reich des Samo 93
Reichsarbeitsdienst 316
Reichsdeputationshauptschluss
  233
Reichskristallnacht 313
Reichsluftschutzkeller 316
Reichswerke Hermann Göring
  314
Reif, Johann 318
Reil, K. 228
Rein 144
Reinisch, Franz 320
Reinmar der Alte 137
Reiser, Rudolf 59
Renfrew, Colin 40
Renner, Karl 265 ff.
Rennofen 67
Revolutionären Sozialisten 320
Rheinbund 214
Richard I. Löwenherz 114 ff.
Richard von Cornwall 157 ff.160
Richard Wagner 81
Richelieu, Armand Jean du
  Plessis 209
Richeza 116
Riss-Passer, Susanne 284, 315
Robot 224
Robotleistung 223
Rodulf 88
Roman von Halyă 159

Romanen 97
Romani tributales 97
Römer 53
Römische Protokolle 307
Romulus Augustulus 82
Rosenberger 162
Rössen 30
Roth, Gerhard 217
Rovereto 196
Royal Air Force 316
Rückversicherungsvertrag 274
Rüdiger von Bechelaren 81, 112
Rüdiger von Hohenberg 146
Rudolf II. 164, 205
Rudolf III. 170
Rudolf IV., der Stifter 172 ff.
Rudolf I. von Habsburg 114 ff.
Rudolf von Konstanz 166
Rudolf, Dompropst 144
Rudolf, Erzbischof 164, 166
Rudolf, Rudolf 278
Rudolf, Sohn Albrechts I. 168 ff.
Rudolf, Sohn Rudolfs I. 162
Rudolfinische Hausordnung 179
Rugi-Land 84
Rugier 82 ff.
Rupert 102
Rusinen 271
Rütlischwur 171
Sabbatisten 271
Sabor 282
Salm, Niklas 203
SALT II-Abkommen 328
Saltykov 221
Samo 92, 96, 106
San Germano 136
San Jerónimo de Yuste 197
Sander, Franz 249
Sanktionen 284, 331
Sarmaten 72
Sarmatia 73
Saurau, Franz Joseph Graf 235
Schärf, Adolf 320 ff.
Scharf, Erwin 319
Schauberger, O. 44
Scheltov 318
Schilhawsky, Sigismund 311
Schindler, Karl 242
Schirach, Baldur von 318
Schlegel, Friedrich 80
Schlegel, Friedrich 235
Schlieffen, Alfred Graf von 277
Schliemann, Heinrich 46
Schlom 138
Schmerling, Anton Ritter von
  258
Schmidt, Wilhelm 38
Schmidt, Guido 309
Schmitz, Richard 300
Schneider, Anton 237
Schober, Johannes 294
Schokatzen 271
Scholz, Roman Karl 320
Schönborn, Franz 269
Schönburg-Hartenstein, Alois
  Fürst von 307
Schönerer, Georg von 265 ff.
Schuschnigg, Kurt 295
Schuschnigg, Kurt von 309
Schüssel, Wolfgang 284,
Schutzbündler 295
Schützing, Hans 43
Schuwalow, Pjotr A. 273

Schwarze Hand 276
Schwarze Legion 193
Schwarzenberg, Felix Fürst 250 ff.
Schwarzenberg, Karl Philipp
  Fürst zu 238 ff.
»schwarzer Freitag« 267
Schwedisch-Französischer Krieg
  208
Schwedischer Krieg 208
Schwenkfelder 198
Schwind, Moritz von 242
Schwyz 166, 171
SDAPÖ 304
Sebastian 128
Sedlnitzky, Josef Graf von 248
Seilern, Johann Friedrich Graf
  220
Seipel, Ignaz 294
Seitz, Karl 287, 314
Sekanina, Karl 330
Sekundogenitur 232
Selbstausschaltung 284
Septimius Severus 69, 74
servi 97
servientes 148
Seuslitz 159
Seyß-Inquart, Arthur 309
Sforza, Bianca Maria 196
Sichern 34
Siebenjähriger Krieg 221, 226
Siegendorf 53
Siegfried 81
Siegfried Waiso 138
Sighardinger 121
Sighisoara 252
Sigibert I. 92
Sigismund, König 181 ff.
Sigmund 188 ff.
Silvanus 71
Sinowatz, Fred 330
Sixtus von Bourbon-Parma 279
Sixtus-Affäre 279
Sizo 121
Skythen 48, 52
Slavata 205
Slavik, Felix 320
Slawen 60 ff.
Sobieslaw 126
Sobieslaw II. 128
Sonderfall Otto 310
Sonnenfels, Josef Freiherr von
  222
Sonnino, Sidney 277
Sophie von Hohenberg 276, 278
Sophie, Erzherzogin 247
Sorben 93
Sorviodurum 91
Sozialdemokratie 264
Sozialdemokratische
  Arbeiterpartei Österreichs 306
Sozialdemokratische Partei 156
Sozialistische Partei Österreich
  322
Sozialpartnerschaft 329
Spanheimer 144
spanischer Erbfolgekrieg 219
Spätneolithikum 28
Speer, Albert 316
Speratus, Paul 198
Spitz, H. 320
Spitzer, Daniel 267
SPÖ 322
Jakob Sprenger 212

Sremski Karlovci 218
St.Gallener Handschrift 80
Staatsvertrag 284, 327
Stadion, Johann Philipp Graf von
  235 ff.
Stahlecker, Walther 315
Stalin, Josef 318
Stambul 216
Stams 174
Stangl, Franz 315
Starhemberg, Ernst Rüdiger Graf
  216 ff.
Starhemberger 198
Staufer 126
Stauffenberg, Schenk von 320
Steed, Henry Wickham 275
Steger, Norbert 330
Steidle, Richard 295
Steidle, Richard 298
Steinhardt, Karl 287
Steinwender, Otto 266
steirische Linie 180
Stephan 112
Stephan der Heilige 188
Stephan von Ungarn 120
Stephanskrone 112, 189
Sterzinger, Martin 218
Stierwascher 58
Stifter, Adalbert 99
Strabo 58
Strafella, Franz 299
Strauchsiebsetzen 34
Streitaxtkultur 31
Strögen 28
Stügerwerk 43
Sturmi 98
Sueben 72
Suleiman II. 202 ff.
Sunthaym, Ladislaus 117 ff.
Sunthaym, Ladislaus 121
Suttner, Bertha von 276
Suworow, Aleksandr
Wassilijewitsch 232
Swatopluk 106
Swieten, Gerhard van 222
Swiridow, Wladim 326
System Metternich 242
Szokoll, Carl 318, 320
Szombathely 144
Taaffe, Eduard Graf 269 ff.
Tabula Peutingeriana 69, 121
Taboriten 187
Talleyrand, Charles Maurice de
  240
Tann 165
Taranis 58, 71
Tasovice 268
Tassilo I. 95
Tassilo III. 98 ff.
Taßwitz 268
Tato 88
Tauber, Kaspar 198
Taul 58
Taurisker 54
Tausend-Mark-Sperre 303
Tegetthoff, Wilhelm von 259 ff.
Teja 94
Teleki, Michael 215
Terlan 172
Tetrarchie 75
Teurnia 69, 71, 102
Teutates 58
Theobert 96

Theodelinde 95
Theoderich 84, 88, 196
Theodo, Herzog 96
Theodo, Sohn Tassilos III. 98
Theodo 102
Theodor 128
Theodora 139
Theodors von Nicäa 142
Theresianische
  Halsgerichtsordnung 222
Theudebald 94
Theudebert 88, 94
Thietmar von Merseburg 118
Thomas Ebendorfer 178, 182
Thomas von Aquin 212
Thomasin von Zerklaere 185
Thugut, Johann Freiherr von
  230 ff.
Thun, Leo Graf von Thun und
  Hohenstein 251
Thurn 165
Thurn, Heinrich Matthias von
  Valsassina 206
Tiberius 62
Tilly, Josef Tserclaes Graf von
  206 ff.
Tilsit 238
Tirol, Schloss 172
Tiroler Linie 180
Tito, Josip Broz 324
Titus Livius 54 ff
Tokaj 203
Tolbuchin, Fedor 318
Tolbuchin, Fjodor J. 320
Toleranzedikt 224
Torbole 196
Torstenson, Lennart 209
Totenkrone 188
Trabrennplatz-Rede 304
Traungauer 132
Trautmansdorff, Max von 210
Treitzsaurwein, Max 196
Trenck, Franz Freiherr von der
  220
Trinil 15
Trotzki, Leo 282
Truman, Harry S. 322
Tudun 104
Türkenköpfe 59
Tuwangste 160
Tycho de Brahe 205
Udalrich 108, 131
Uhland, Ludwig 81
Ulrich 110
Ulrich II. von Cilli 188
Ulrich III. von Spanheim 160
Ulrich von Eytzing 189
Ulrich von Liechtenstein 137
Ulrich von Rosenberg 189
Ulrich von Wallsee 170
UN 328
Uneigennützigkeitsabkommen
  275
UNIDO 328
Union 205
UNO 327
UNO-City 328
Urban, Otto Hans 37, 53
Uri 166, 171
Urnenfelderkultur 10, 37, 40, 51
USIA-Konzern 323, 326
Ussher, James 13
Ustascha-Partei 324

Uta von Frontenhausen 174
Utraquisten 187
Vadian 33
Vaik 112
Valens 78
Valentinians I. 78
Valentinians III. 79
Vallatum 91
Vandalen 78
Vaterländische Front 320
Vaugoin, Carl 299
Vécsey, Karl Graf 252
vectigal 66
Veldidena 69
Venus von Willendorf 11, 22
Vereinigte Österreichische Eisen- und Stahlwerke 314
Vertrag von Bärwalde 208
Vertrag zu London 244
Vetsera, Baronesse 278
Via Decia 69
Vidovdan 276
Vienna Austriae 23
Vier im Jeep 326
Vierkaisertreffen 60
Vierzehn-Punkte-Programm 288
Viktring, J. v. 182
Villa Giusti 283
Villafranca 256
Vindopolis 128
Virchow, Rudolf 18

Virgil 102
Virunum 57, 102
Vischer, Peter 196
Visconti, Viridis 178
Visconti, Barnabò 178
Vittorio Emanuele II. 256 ff.
Vittorio Emanuele III. 275
Voccio 57
VOEST 323
VÖEST 314
Vogelsang, Karl von 268
Völkermanifest 283
Völkerschlacht 240
Vormärz 242
Vranitzky, Franz 331
Wacho 88, 94
Wächter, Otto Gustav 308
Wahlverband der Unabhängigen 326
Waldenser 185
Walderada 94
Waldheim, Kurt 330
Waldmüller, Ferdinand 242
Waldstein, Albrecht von 207
Walküre 318
Wallenstein, Albrecht Wenzeslaus Eusebius 201 ff.
Wallis, Georg Oliver Graf 238
Wallisch, Koloman 307
Wallucus 96
Walser 144

Walther von der Vogelweide 136
Warme Fischa 120
watchlist 331
WdU 326
Weberunruhen 246
Weistümer 200
Welf von Bayern 126
Welfen 126
Wellington, Arthur Wellesley Hzg. von 242
Wenzel I. 139, 158
Wenzel II. 164, 167, 168
Wenzel III. 169, 170
Wenzel IV 186
Werdenberger 180
Werner, Walter 20
Werner der Gärtner 137
Werner von Eppstein 160
Westfälischer Friede 156 ff.
Westgoten 79
Weydenhammer, Rudolf 308
Weyer 200
Wichard von Zöbing 138
Wiener Abkommen 229
Wiener Bodencreditanstalt 276
Wiener Kongress 240, 254
Wiener Kongressakte 242
Wiener Pfennig 133
Wiener Programm 296
Wieselburger Kultur 35
Wiesenthal, Simon 315

Wildon 146
Wilhelm I. 260, 272
Wilhelm I. von Hessen-Kassel 252
Wilhelm von St.Gallen 166
Wilhelm, August 235
Wilhelms II. 275
Wilhelms IX. von Aquitanien 126
Wilhelmsburg 216
Wilson, Edward O. 17
Wilson, Thomas Woodrow 278 ff.
Wilten 69
Winden 121
Windische Mark 162, 178
Windischgrätz, Fürstin 250
Windischgrätz, Alfred Fürst zu 252
Winkler, Franz 300
Wirtschaftswunder 325
Wisgarda 94
Wittelsbacher 131, 173
Wladislaw 142, 158
Wladislaw II. 189, 202
Wladislaw Jagiello 194
Wladislaw von Polen 188
Wlassow-Armee 324
Wogastisburc 92
Wojnimir 101
Wojwoden 203
Wolf, Ferdinand 270
Wolfgang von Regensburg 150

Wormser Konkordat 124
Wrangel, Carl Gustav 209
Wratislaw II. 114, 122
Würmeiszeit 20
Würmla, Nikolaus 178
Wyclif, John 186
Wyschinski, Andrej 320
Xaver von Bourbon-Parma 279
Young, Thomas 38
Zápolya, Johann 203
Zauberer-Jackl-Prozess 213
Zehner, Wihelm 312
Zehnguldenmänner 258
Zeno 84
Zentralstelle für jüdische Auswanderung 315
Zeus 71
Zigarrenrummel 248
Zinzendorfer 198
Zita von Bourbon-Parma 279 ff.
Znaim 187
Zrinyi, Nikolaus 204
Zrinyi, Peter Graf von 215
Zweibund 274, 283
Zweite Türkenbelagerung Wiens 156
Zweiter Prager Fenstersturz 205
Zweiter Rheinbund 235
Zwetschkenrummel 224
Zwickauer Propheten 198
Zwingli, Ulrich 198

Bildquellen

Naturhistorisches Museum Wien (8 und Cover), Kunsthistorisches Museum Wien (68, 91, 177), Deutsches Archäologisches Institut Rom (72), Stadtarchiv Augsburg (84), Schatzkammer Wien (108 und Cover), Staatsarchiv Wien (112, 175), Stift Klosterneuburg, Kunstsammlung (118, 123, 133, 139, 157), Rosengartenmuseum Konstanz (185), Archiv für Kunst und Geschichte Berlin (188, 197, 221, 271), Bildarchiv Preußischer Kulturbesitz (202), Stadtmuseum Wiener Neustadt (223), Historisches Museum der Stadt Wien (174, 232, 245), Österreichische Galerie (241), Österreichische Nationalbibliothek (265, 282, 285, 295, 301 und Cover), Verein für Arbeitergeschichte (300), Archiv Pichler Verlag (301). Archiv des Autors.

Autor und Verlag danken allen Rechteinhabern für die Reproduktionsgenehmigung. Trotz sorgfältiger Recherche konnten die Urheber des Bildmaterials nicht immer ermittelt werden. Es wird gegebenenfalls um Mitteilung an den Verlag gebeten.

Personen- und Sachverzeichnis

Durch eine technische Panne bei der elektronischen Erstellung des Registers rückten im Buch die Paginas bei den einzelnen Stichwörtern um zwei Seiten nach vor. Die Beilage behebt diesen Mangel.

Personen- und Sachverzeichnis

Aachen (Friede) 218
Aba 119
Abd ül-Hamid I. 224
Adalbero von Eppenstein 119
Adalbert (Sohn Leopolds III.) 122
Adalbert der Siegreiche 116, 118, 120
Adalbert von Salzburg 131
Adalwin 100, 104
Adam Philippe Graf von Custine 228
Adam von Herberstorff 198
Adam von Puechheim 196
Adelheid 120, 172
Adler, Friedrich 263
Adler, Max 267, 292
Adler, Victor 263, 264, 266, 285
Admont (Kloster) 112, 142
Adolf von Nassau 164, 166f.
Adrianopel (Friede) 202
Adrianopel (Schlacht) 76
Aehrenthal, Aloys Lexa von 271, 273
Aelium Cetium (St. Pölten) 75
Aetius 65, 77, 79
Agilolfinger 89, 92f., 100
Agnes (Gemahlin Leopolds III.) 112, 122f.
Agnes (Tochter Herzog Albrechts I.) 164
Agnes (Tochter Ottokars II.) 161
Agnes von Andechs-Meranien 140
Agnes von Böhmen 162
Aguntum (Lienz) 69, 72, 93
Aktion 14f13 313
Alamannen 72, 81ff., 88, 144
Alanen 76f.
Albero V. 156
Albert III. von Tirol 172
Albert IV. 176
Albert V. von Sachsen-Teschen 224
Albigenser 182
Alboin 87, 92
Albrecht (Erzherzog) 245, 258
Albrecht (Sohn Rudolfs I.) 160
Albrecht I. 161f., 164, 166f.
Albrecht II. (Herzog) 171, 185
Albrecht II. (König) 180
Albrecht III. 178
Albrecht IV. 178ff., 180f., 185f.
Albrecht VI. 186ff.
Albrecht II., der Weise 170, 174
Alexander I. 236, 241
Alexander II. 270
Alexander IV. 157
Alexander, Harold 322
Alfons X. von Kastilien 155f., 158
Alliierter Rat 320f., 324
Alpenfestung 317
Altheimer Kultur 28f.
Altmann (Bischof von Passau) 120, 149
Altsteinzeit s. Paläolithikum
Amalaberga 86
Ambisonten 55, 60
Ambronen 54
Ammianus Marcellinus 76

Andrássy, Gyula Graf 260, 270f., 281
Andreas 126, 134, 137
Andreas III. 164
Andreas von Greisenegg 188
Androsch, Hannes 328
Anna von Bretagne 193
Anna von Jagello 200
Annexion (Bosnien und Herzegowina) 265, 271
Anschlussidee (1918/1919) 284, 286f., 290
Ansbalm-Azzo 147
Antonshöhe (Fundplatz) 28
Aquileia 55, 65f., 70, 74, 84f., 90, 92f., 100f., 111, 137f., 140, 172
Aquilinus 75
Arbo 106
Arcadia-Konferenz 314
Arco 234
Arno von Salzburg 98
Arnulf von Bayern 106f.
Arnulf von Kärnten 104, 106
Aspern (Schlacht) 234
Assekuration 202
Attersee (Fundplatz) 30
Attila 45, 58, 76f., 79, 80, 91
Attis 69, 74
Attlee, Clement R. 321
Atto von Freising 98
Audoin 86f.
Auersperg, Carlos 260
Aufklärung 220f.
Augsburger Interim 195
Augsburger Religionsfriede 195, 197
Augustus Octavianus 55, 58, 60, 66, 70
Augustus Flavius Gratianus 76
Aurelian 72
Ausgleich mit Ungarn 154, 260f., 268
Austerlitz (Schlacht) 232
Austrigusa-Ostrogotho 86
Austrofaschismus 283, 292
Austromarxismus 292
Authari 93
Avaria 84, 102, 110, 117
Awaren 84f., 87f., 90f., 93f., 97-100, 102, 104, 106, 110, 113
Awarenfeldzüge Karls des Großen 84, 98f., 102
Awaren-»Hring« 99
Awarenland 94, 98, 110, 116f.
Azzo 147
Azzo-Anshalm-Richart 147
Babenberger (Herkunft) 115
Babenberger Stammbaum 140, 157
Bach, Alexander 248, 250
Badener Kultur 28f.
Badeni, Casimir Felix 268f.
Bärwalde (Vertrag) 206
Bäuerle, Johann Andreas 233
Bahr, Hermann 266
Baian 87
Baiern 58, 86, 92, 97, 100
Baker, Ray Stannard 286
Balanos 54

Balck, Hermann 316
Balduin von Trier 168
Balfour, Arthur James 286
Balkankriege (1912/13) 271
Ballhausschwur 226
Banhans 265
Barras, François Jean Nicolas Paul 230
Barth, Fritz Eckart 42
Basilius 150
Bauer, Otto 266f., 287, 290ff., 294, 298ff., 303ff.
Bauernkriege 198f., 206
Baumgartenberg (Kloster) 142
Baumkircher, Andreas 187, 188
Bauto 76
Bayer, Joseph 28
Beauharnais, Joséphine 230, 236
Beck, Ludwig 308
Becker, Hans 318
Beethoven, Ludwig van 240
Bekensloer, Johann 190
Béla II. 124
Béla IV. 139f., 157, 164
Belcredi, Richard Graf 256
Bem, Józef 248
Benedek, Ludwig von 258
Benedikt von Nursia 150
Benedikt von Veszprém 162
Beneš, Edvard 284
Beneš-Dekrete 204
Benevent 94
Berchtesgadener Abkommen 282, 307
Bergisel (Kämpfe) 235
Bernaschek, Richard 304
Bernhard von Askanien 129
Berthold 106, 142
Besatzungszonen 282, 318f.
Bethlen, Gábor 204
Bethlen, István 296
Beust, Friedrich Ferdinand Graf 260, 270f.
Bianchi, Anton 235
Biedermann, Karl 316
Biedermeier 240ff.
Bindenschild 133, 136
Bismarck, Otto von 254-258, 264, 270ff., 272f.
Bissolati 284
Blagodatow, Iwan 319
Blaschke, Hanns 316
Bleda 76
Blomberg, Werner von 308
Blücher, Gebhard Leberecht Fürst B. von Wahlstatt 240
Blum, Robert 248
Bodmer, J. J. 78
Böhm, Johann 324
Boier 54
Boleslaw I. Chrobry 116
Bonifatius 100
Börsenkrach (1873) 265
Börsenkrach (1929) 282, 298
Braunschweig-Wolfenbüttel, Elisabeth Christine von 218
Breitner, Hugo 302
Brentano, Clemens 233
Breonen 82
Breschnew, Leonid 326
Brest-Litovsk (Friede) 278, 280
Břetislaw 116
Brigantier 53

Brigantium (Bregenz) 67, 72
Brigetio 70
Broda, Christian 327
Bronzezeit 33ff., 51
Bruck, Karl Friedrich Freiherr von 248
Bruck, Karl Ludwig Freiherr von 256
Brun, Ferdinand 18
Brünner Programm 263
Brussilow-Offensive 276
Bülow, Bernhard Fürst von 78, 273
Bülow, Bernhard Heinrich Martin Fürst von 271
Bulcsu 107
Burgenland, Kämpfe um das 228f.
Buol-Schauenstein, Karl Ferdinand Graf von 253, 256
Burchard 110
Bürckel, Josef 310f., 312
Burebista 54
Buresch, Karl 298
Burgunden, Burgunder 77,79
Burian von Rajecz, Stephan Graf 276
Burkhard von Fricke 166
Byzanz (Ostrom) 86f., 90, 92f., 104, 108
Caesar, Gaius Julius 47
Calixtus III. 188
Calvin, Johannes 196
Calvinisten 205
Campoformido (Friede) 230
Carbo, Papirius 54
Carbonari 242
Carl (Erzherzog) 230, 234, 244
Carnuntum 58, 60ff., 67, 70-73, 76, 102
Carvajal 186
Castellis, Ignaz Franz 233
Castlereagh, Robert Stuart, Viscount 239
Cattaro (Meuterei) 280
Cavalli, Antonio de 189
Cavour, Camillo Benso 254, 256
Celtis, Conrad 67
Chamberlain, Neville 310
Childe, Gordon 24
Childebert II. 93
Chlodosuintha 92
Chlodwig I. 82, 86
Chlotar I. 92
Christian IV. von Dänemark 205f.
Christlichsoziale (bis 1918) 266f.
Christlichsoziale (Erste Republik) 266f., 291f., 294, 296-300, 305
Christlichsozialer Arbeiterverein 267
Churchill, Winston Leonard Spencer 310, 314, 321
Cincibilus 53, 54
Cisleithanien 260f., 288, 290
Clactonian-Kulturkreis 18f.
Clark, Mark W. 320
Clemenceau, Georges 277
Clemens VI. 174

Clemens XIV. 220
Clotilde 254
Coelestin III. 130
Commodus 72
Constantius I. 73
Constantius II. 58
Corbinian 94
Coudenhove-Kalergi, Richard Nikolaus 294
Csendes, Peter 99, 102
Custozza (Schlacht) 258
Cyrill (Kyrill) 84, 104f.
Czernin, Ottokar Graf 276ff.
Dachstein-Rieseneishöhle (Fundplatz) 20
Daffinger, Moritz Michael 240
Dagobert I. 90f., 94
Dahn, Felix 79
Daker 55
Daladier, Edouard 314
Danilo von Montenegro 253
D´Annunzio, Gabriele 289
Danylos von Galizien 157
Darwin, Charles Robert 10f.
Daun, Leopold Joseph Graf von 219
Deák, Franz 260
Decius 67
Dedi II. von Meißen 120
Dervan 91
Desiderius 96, 98
Deutsch, Julius 285, 292, 295, 304
Deutsche Agrarpartei 264
Deutsche Arbeiterpartei 264
Deutsche Bundesakte 240
Deutscher Bund 240, 242, 257
Deutsches Eigentum 321
Deutsch-Französischer Krieg 270
Deutschnationale (bis 1918) 264
Deutsch-österreichische Zollunion 298f.
Die Grünen 328
Dietmar von Aist 135
Dietrich, Sepp 316
Dietrich von Bern 79
Dimitrijević 274
Dinghofer, Franz 285
Diokletian 58, 73, 82
Dollfuß, Engelbert 282f., 297, 299-306, 310
Donaufürstentümer 253f.
Drachenhöhle (Fundplatz) 20
Dreibund 272, 275
Drei-Kaiser-Abkommen 272
Dreißigjähriger Krieg 154, 196, 199, 204-208, 212f.
Drimmel, Heinrich 285
Druiden 56
Drusus 60
Dschingis Khan 140
Dualismus 260
Dubois, Eugène 13
Dückher von Haslau, Franz 41
Dulles, John Foster 325
Dürer, Albrecht 194
Dürnkrut/Jedenspeigen (Schlacht) 147, 160f.
Dürrnberg-Hallein (Fundplatz) 40

330

Ebendorfer, Thomas 176, 180
Ebenfurth (Schlacht) 140
Eberhard II. 133
Eberhard von Franken 106
Eckbert von Bamberg 138
Ediko 80
Eduard VII. 273
EFTA-Beitritt 326
Eichendorff, Joseph von 233
Eichmann, Adolf 311
Eifler, Alexander 305
Eigl, Adolf 319
Eigruber, August 317
Einmarsch der deutschen Wehrmacht 282, 308f.
Eisen, norisches 64f.
Eisenburg (Friede) 213
Eisenerzbergbau 40f., 64f.
Eisenzeit 32, 46
Eleonore von Portugal 187, 190
Eleonore von Schottland 189
Elisabeth (Sisi) 260, 276
Elisabeth (Herzogin) 166
Elisabeth (Schwester Wenzels III.) 168
Elisabeth (Tochter Meinhards III.) 172
Elisabeth (Tochter Sigismunds) 185, 186
Elisabeth die Große 219
Elisabeth von Bayern 172
Elisabeth von Luxemburg 180
Emerlinger Holz (Schlacht) 199
Ender, Otto 298
Engels, Friedrich 267
Engl, Isidor 44
Enikel, Jans 118
Enns (Friede) 174
Entente cordiale 273
Eötvös, József 268
Erbfolgekrieg
 - Bayerischer 223f.
 - Spanischer 216f.
Erchanger 106
Erentrudis 100
Erhard 94
Erich 98
Ernst (Markgraf) 119ff., 121
Ernst der Eiserne 178
Erster Allgemeiner Arbeiterverein 247
Erster Allgemeiner Wiener Arbeiterbildungsverein 262
Erster panslawischer Kongress 248
Erster Pariser Friedensvertrag 238, 240
Erster Weltkrieg 154, 270, 274-281
Erster Wiener Kongress s. Fürstenkongress
Eruler (Heruler) 83, 86
Etrusker 40, 46, 48
EU-Beitritt 282, 329
EU-Sanktionen 282, 329
Eugen von Savoyen-Carignan 67, 216, 217, 218
Eugippius 80
Euro-Einführung 282
Europaparlament 329
Europäische Union 282, 328
Europarat 326

European Recovery Program (ERP) 323
Evolutionstheorie 10f., 16
Ewin von Trient 93

Fabricius 203
Fadinger, Stephan 199
Falkenhayn, Erich von 276
Faustkeil 13, 19f.
Favianis (Mautern) 80f.
Februaraufstand 282, 304f.
Februarpatent 256
Feldkircher Manifest 281
Fendi, Peter 240
Ferdinand I. (König) 195f., 197, 200ff.
Ferdinand I. (Sohn von Franz I.) 244, 246, 248
Ferdinand II. (Kaiser) 204ff., 206-209
Ferdinand III. (König) 203f., 205, 207ff., 212
Ferdinand IV. s. Ferdinand III.
Ferdinand von Bayern 212
Fernau, Joachim 79
Feuersetzmethode 32
Feuersteinbergbau 28
Feuersteinklinge 20, 22
Fey, Emil 297, 299, 302, 304
Fichtenstamm, Johanna Kempen von 252
Figl, Leopold 320ff., 324f.
Fischböck, Hans 313
Fischer, Ernst 325
Fischhof, Adolf 245, 247
Flavia Solva (Wagna) 76
Flavius Severinus 80
Flavius Valerius Constantinus I. 75
Formbach-Rathelnberg, Itha von 119f., 124
Frangipani, Franz Markgraf 213
Frank, Hans 301
Franken 77, 85f., 90f., 93, 97, 108
Frankenburger Würfelspiel 198f.
Frankenreich 84, 89, 100, 142, 172
Franz Ferdinand von Österreich-Este 274, 276
Franz I. (König von Frankreich) 194
Franz II. (I.) 109, 228, 230, 232, 236, 244
Franz Joseph I. 154, 232ff., 248, 250, 253f., 256, 258, 260, 267f., 270, 272f., 276
Franz Karl (Erzherzog) 244
Franz Stephan von Lothringen 218, 221
Französische Revolution 222, 226, 241
Freiheitliche Partei Österreichs (FPÖ) 327ff.
Frideriker 81
Fried, Johannes 9
Friede der Ewigen Richtung 189
Friedell, Egon 310
Friedjung, Heinrich 263
Friedmann, Desider 311
Friedrich (Sohn Albrechts I.) 168
Friedrich I. 132, 136

Friedrich I., Barbarossa 124, 126, 129, 174
Friedrich II., der Große 218ff., 222, 224, 226
Friedrich II., der Streitbare 112, 136ff., 140f., 146f., 156
Friedrich II. (Kaiser) 136f., 139f., 156f., 190
Friedrich III. (Kaiser) 21, 154, 174, 177, 187, 192, 193
Friedrich III., der Schöne 169
Friedrich IV. von Tirol 179, 186, 188
Friedrich V. von der Pfalz 186, 204
Friedrich VII. 257
Friedrich von Salzburg 110
Friedrich von Zollern 159
Friedrich Wilhelm II. 226
Friedrich Wilhelm IV. 252
Frischenschlager, Friedhelm 328
Fritzens-Sanzeno-Kultur 50
Fröbel, Julius 248
Frontkämpfer 293
Fühmann, Franz 79
Fürnberg, Friedl 317
Fürstenbund 224f.
Fürstenkongress 200, 290
Fugger 194
Fuhlrott, Johann Carl 16

Gablenz-Eskeles, Ludwig Karl Wilhelm Freiherr von 257
Gaismayr, Michael 198
Gaius Plinius Secundus 52, 68
Galerius 73, 75
Galgenberg (Fundplatz) 20
Gallas, Matthias 207
Gallus von Neuhaus 183
Ganghofer, Ludwig 41
Garibald I. 92-94
Garibald II. 93
Garibaldi, Giuseppe 257, 268
Gastein (Konvention) 257
Gauermann, Friedrich 240
Gebhard 112
Gebhard, Rupert 48
Gebhart von Salzburg 120
Gegenreformation 197, 203
Geiss, Imanuel 9
Geistliches Leben im Mittelalter 150
Gemeindeberg (Fundplatz) 28
Gendarmerie 252
Genfer Protokolle 292
Genius Cucullatus 57
Gensfleisch, Johann 196
Gentz, Friedrich von 233
Georg 216
Georg von Podiebrad und Kunštát 186
Georgenberger Handfeste 112, 130ff., 162
Georgi, Friedrich 276
Gepiden 86f., 90, 92
Germanen 54, 58, 61
Geras (Kloster) 142
Gernot 79
Gerold I. 98
Gertrud (Nichte Friedrichs II.) 140, 156f.
Gertrud (Witwe Heinrichs des Stolzen) 124

Géza 110
Gildemeester, Frank van Gheel 313
Gimbutas, Marija 38, 39
Gisela 118
Giselbert von Lotharingien 106
Giskra, Karl 262, 265
Giso 81
Gladstone, William Ewart 272
Glagolev 316
Glagolica 104
Glaise-Horstenau, Edmund 307
Glass, Fridolin 306
Globocnik, Odilo 313
Glöckel, Otto 302
Gneisenau, August Wilhelm Anton Graf 240
Goebbels, Joseph 301
Goldene Bulle 167, 174
Goluchowski, Agenor Graf 273
Göring, Hermann 301
Görlich, Ernst Joseph 52, 114
Göttweig (Kloster) 142
Gortschakow, Alexander Michailowitsch 270
Goten 76, 82f., 86
Gottschalk 114f.
Govone, Giuseppe 257
Grasberg (Fundplatz) 28
Grasl, Johann Georg 242
Gregor II. 94
Gregor VII. 120
Gregor IX. 134
Gregor von Tours 210
Grillparzer, Franz 158, 203, 240
Grimoald 94
Groißenbrunn (Schlacht) 157
Großdeutsche (Erste Republik) 293, 296, 298ff.
Großer Freiheitsbrief 174
Großmährisches Reich 84, 105
Großmugl (Fundplatz?) 45, 51
Gruber, Karl 317, 320, 322f., 325
Gruber-De Gasperi-Abkommen 323
Grynszpan, Herschel 311
Gudenushöhle (Fundplatz) 18
Guldiner 189
Gundahar 79
Gunther (Sohn Tassilos III.) 97
Gurk (Bistum, Kloster) 112, 151
Gusenbauer, Alfred 329
Güssing (Fehde) 161
Gustav II. Adolf 206

Haager Allianz 216f.
Habicht, Theo 306
Habsburg, Otto von 308, 320
Habsburgisches Urbar 166
Hacker, Leopold 18
Hadmar I. von Kuenring 147
Hadmar II. von Kuenring 130, 136, 147
Hadmar III. von Kuenring 147
Hadrian I. 64, 96
Haeckel, Ernst 10
Hagenau (Vertrag) 170
Hager von Altenberg 244
Haider, Jörg 327ff.
Hainfelder Programm 263
Hallstattkultur 35, 45, 46, 48
Hammerstein-Equord, Hans 304

Hann, F. G. 148
Hanshelm-Azzo-Uuolfcoz 147
Hardenberg, Karl August Freiherr von 239
Harriman, Averell 322
Haschka, Leopold Lorenz 233
Haspinger (Pater) 235
Haugwitz, Friedrich Wilhelm Graf von 220
Haydn, Joseph 233, 240
Haynau, Julius Freiherr von 250
Hebbel, Friedrich 265
Hecht, Robert 299
Heidentor (Petronell) 56, 58
Heilbronner Bund 207
Heilige Allianz 239ff., 250, 266
Heiligenkreuz (Kloster) 112, 122, 133, 141f.
hl. Barbara 189
hl. Christophorus 189
hl. Daniel 189
hl. Florian 58, 75
hl. Hemma 112
hl. Hippolyt 114, 117
hl. Koloman 116, 122
hl. Leopold 122
hl. Rupert 84, 100
hl. Severin 58, 80
hl. Wolfgang 150
Heiliges Römisches Reich 109, 154, 222, 226, 232f.
Heimatblock 297, 299
Heimwehr(en) 291, 296-299, 302, 304
Heinrich I. 106, 108, 110f., 114, 116, 147
Heinrich II. 118
Heinrich II. Jasomirgott 112, 124-127, 130, 133, 148
Heinrich II. (Sohn des Zänkers) 118
Heinrich III. 119, 120, 147
Heinrich IV. (Kaiser) 112, 121f.
Heinrich V. 122
Heinrich VI. 130, 133, 152
Heinrich VII. 134, 136, 156, 169
Heinrich VIII. 194
Heinrich der Löwe 126, 129f.
Heinrich der Stolze 124f.
Heinrich der Zänker 116, 119
Heinrich von Admont 162
Heinrich von Bayern 106
Heinrich von Kärnten 167f., 170
Heinrich von Kuenring 136
Heinrich von Liechtenstein 156
Heinrich von Luxemburg 168
Heinrich von Niederbayern 174
Helgoland (Gefecht) 257
Helmer, Oskar 305, 325
Herkunft des Menschen
 - multiregionales Modell 15f.
 - Out-of-Africa-Theorie 15f.
Hermann von Baden 156f.
Hermann von Schwaben 106
Hermann-Göring-Werke 312

Personen- und Sachverzeichnis

Herminafried 86
Herzogstein s. Herzogstuhl
Herzogstuhl (Zollfeld) 114, 171
Hethiter 40
Hexenbulle 210
Hexenhammer 210
Heydrich, Reinhard 309, 311
Hillegeist, Friedrich 308
Hiller, Johann Frh. 234
Himmler, Heinrich 301, 309f.
Hirtenberger Waffenaffäre 299f.
Hitler, Adolf 264, 267, 283, 300f., 304, 306-314, 316, 318
Hitlerjugend (HJ) 314
Höchstädt (Schlacht) 216
Hodson, Frank Roy 44
Hoernes, Moritz von 45
Höfle, Hermann 313
Hofbauer, Clemens Maria 266
Hofer, Andreas 234f.
Hohenwart, Sigmund Anton Graf von 266
Holbein der Ältere 189
Honner, Franz 317
Hormayr, Josef 233
Horthy, Miklós 289
Hoßbach-Protokoll 307
Hötzendorf, Conrad von 276
Hrodgaud 98
Hruodpert 100
Hubertusburg (Friede) 218f.
Hubmaier, Balthasar 196
Hügelgräberkultur 35
Hundertjähriger Krieg 190
Hunnen 76, 78f.
Hunyadi, Johann 186ff., 190
Hunyadi, Matthias s. Matthias I. Corvinus
Hus, Jan 154, 182, 184
Hussiten 184f., 203
- Taboriten 185
- Utraquisten (Kalixtiner) 185f.
Huter, Jakob 196
Huterische Brüder 196
Huth, Alfred 316

Iglauer Kompaktaten 184f.
Ildico 77, 79
Illyrer 46
Indoeuropäer 38f.
Indogermanen 36f.
Innitzer, Theodor 310
Innozenz VIII. 122, 210
Innozenz XI. 214
Interregnum 155ff.
Investiturstreit 120, 122, 126, 129, 136
Ioviacum (Aschach) 83
Istrer 54
Iswolsky, Alexander 271
Italiker 46
Iuvavum (Salzburg) 67, 76, 100
Ivan von Güssing 162

Jägerstätter, Franz 318
Jännerstreik 278, 285
Jansa, Alfred 308
Japoden 54
Japygen 52
Jazygen 70
Jelačić (Banus) 248
Jesuiten 220

Jörger, Christoph 196
Johann (Erzherzog) 233, 244, 252
Johann (Parricida) 161, 167
Johann (Sohn Heinrichs von Luxemburg) 168
Johann III. Sobieski 214
Johann von Böhmen 170, 174
Johann von Capestran 188
Johann von Holland 166
Johann Heinrich 170, 174
Johanna von Pfirt 170
Johanna von Spanien 194
Johannes XII. 108
Johannes XXII. 169
Johannes XXIII. 179
Jonas, Franz 327, 329
Jones, William 36
Jordanes 88
Joseph I. 217
Joseph II. 154, 199, 211, 220-231
Josephinismus 221ff.
Juden 69, 136, 138f., 152, 154, 158, 170, 180f., 222, 266f., 278, 301, 310f., 313, 316, 318, 329
Juli-Abkommen 282
Juli-Putsch 282, 306f.
Jungsteinzeit s. Neolithikum
Justina 76
Justinian 90, 92
Justizpalastbrand 295f.
Juthungen 76, 81

Kaisertum Österreich (Errichtung) 232
Kanzler, Rudolf 293
Kaplirs 214
Kara Mustapha 214f.
Karantenen 184f., 144f.
Karantanien 52, 96, 100
Karl Albert von Sardinien 246
Karl der Große 84, 92, 96, 102, 110, 113, 155, 170, 172, 194
Karl der Kühne 189f.
Karl (Erzherzog) 216
Karl I. s. Karl der Große
Karl I. (Kaiser) 276f., 280f., 288
Karl II. 216
Karl III. 216f.
Karl IV. 174f.
Karl V. 154, 194f., 200, 209, 210
Karl VI. 67, 218, 220
Karl VIII. 192
Karl Theodor 222
Karl von Anjou 156
Karl von Mähren 174
Karlisten 288
Karlmann 96
Karlowitz (Friede) 216
Karner 52, 54
Karolingisches Reich 102
Károlyi, Mihály Graf 290
Käs, Ferdinand 316
Kastelic, Jacob 318
Katalaunische Felder (Schlacht) 77
Katharina (Tochter Karls von Mähren) 174
Katharina II., die Große 223, 224
Katharina von Sachsen 189
Katschberg 144

Kaunitz-Rietberg, Wenzel Anton Fürst von 219, 220, 228
Kautsky, Karl 263, 267
Kelchalpe (Fundort) 32
Keller, Ferdinand 31
Kelsen, Hans 282, 291
Kelten 46-57, 60, 65
Keltenschanzen 57
Keltoromanen 145
Kepler, Johannes 203
Kerenskij-Offensive 278
Ketteler, Wilhelm von 266
Ketzerverfolgungen 134, 182ff., 210
Kimmerier 46, 50, 54
King, William 16
Kirchschläger, Rudolf 282, 316
Kisch, Egon Erwin 284
Kissinger, Henry 326
Klaproth, J. 36
Klaus, Josef 327
Kleine Entente 300
Kleiner Freiheitsbrief 174
Kleist, Heinrich von 233
Klekner, Oskar 318
Klesl, Melchior 204
Klima, Viktor 329
König, Franz 327
Königgrätz (Schlacht) 258, 272
Königshöhle (Fundplatz) 28
Körner, Theodor 293, 303, 305
Kolb, Johann 235
Kolin (Schlacht) 219
Kollonitsch, Leopold 214f.
Kolonisation (Mittelalter) 142-145
Kolowrat-Liebsteinsky, Franz Anton Graf von 244
Kolping, Adolf 266
Kommunistische Partei Österreichs (KPÖ) 320, 324
Komnenos, Theodora 112, 125f.
Konrad (Erzbischof) 165
Konrad I. 128
Konrad II. 119
Konrad III. 124, 126
Konrad IV. 172
Konrad IV. von Fohnsdorf 164
Konrad der Rote 108, 146
Konrad von Lothringien 107
Konradin 158
Konradin schwaben 172
Konstanz (Konzil) 184f.
Koplenig, Johann 318, 324
Köprülü, Ahmed 213
Korneuburger Eid 296f., 395
Kossinna, Gustav 36
Kossuth, Lajos 245, 248, 250
Kottanerin, Helene 186
Krämer, Heinrich (Institoris) 210
Kranzmayer, E. 52
Krauß, Philipp Freiherr von 249
Kreisky, Bruno 276, 282, 305, 312, 322f., 325, 327ff.
Kreiswallanlagen 26
Kremser Pfennig 122
Kremsierer Verfassung 154, 249
Kremsmünster (Kloster) 84, 97, 101, 142, 150
Krickl, Julius 264
Kreuzzüge 124, 126, 130, 132ff., 150, 184

Kriegsende (Zweiter Weltkrieg) 316f.
Krim 224, 254, 269
Krings, Matthias 16
Kritasiros 54
Kromer, Karl 44
Kuckenburg, Martin 46
Kudrunlied 135
Kuenringer 134, 136, 142, 146f.
Kulturleben (Babenberger) 135
Kumanen 160
Kunersdorf (Schlacht) 219
Kunigunde 157
Kunschak, Leopold 267, 293, 318
Kupferbergbau 26f., 33, 44
Kupferförderung 32f.
Kupferzeit 25f.
Kurasow, Wladimir W. 321
Kurfürsten 164-167
Kurgan-Völker 38f.
Kuruczen 213
Kuttenberger Dekret 184
Kybele 69, 74
Kyrill s. Cyrill

Lacy, Franz Moritz Graf von 225
Ladislaus IV. 164
Ladislaus V. (Postumus) 186f.
Ladislaus von Neapel 184
Lammasch, Heinrich 275
Landau, Saul Raphael 267
Landbund 296, 298
Landshut (Schlacht) 219
Langobarden 58, 83f., 86 ff., 90-94, 96
Lanner, Joseph 240
Laskaris, Sophia 140
La-Tène-Kultur 48
Latour, Theodor Graf Baillet von 248, 250
Laudon s. Loudon 225
Lauriacum (Lorch) 58, 76, 80f., 98, 151
Lausitzer Kultur 35, 38
Lavant (Bistum) 133
Lazius, Wolfgang 21
Lebstück, Maria 250
Lechfeld (Schlacht) 9, 84f., 108ff., 117, 144, 146
Lederer, Karl 318
Lehár, Anton von 288
Lehár, Franz 289
Leibeigenschaft 154, 199, 222
Leiningen-Westerburg, Karl 250
Lél 107
Lenau, Nikolaus 240
Lengyelkultur 24f., 25
Lenin, Wladimir Iljitsch 284
Lentienser 82
Leo III. 102
Leo XIII. 266
Leoben (Präliminarfriede) 230
Leopold (Bruder Alberts IV.) 176
Leopold (Erzherzog) 212
Leopold (Sohn Albrechts I.) 168
Leopold (Sohn Adalberts) 118
Leopold I. 111f., 114, 117, 119
Leopold I. (Erzherzog, Kaiser) 212-216
Leopold II. 112, 120f.

Leopold II. (Großherzog) 226
Leopold II. (Kaiser) 228, 233
Leopold III. 111f., 115, 123f., 125, 186
Leopold III. (Bruder Albrechts III.) 178
Leopold IV. 112, 123, 124, 125
Leopold IV. (Habsburg) 178, 187
Leopold V. 130-133, 136
Leopold VI., der Glorreiche 127ff., 132-136, 146f., 182
Lhotsky, Alfons 102
Liberale (bis 1918) 264
Lieben (Vertrag) 203
Liebenberg, Andreas 214
Liga, katholische 203
Lilienfeld (Kloster) 134
Limes 67, 70f., 81f.
Linearbandkeramik 24f.
Linzer Programm 263, 294
Lissa (Seegefecht) 258
Liudewit 104
Liudolf 146
Liutpirc 97
Livius 54
Lloyd George, David 284
Londoner Abkommen 288
Longinus, C. Cassius 54
Los-von-Rom-Bewegung 264
Lothar III. 128
Lothar von Sachsen-Supplinburg 124
Loudon (Laudon), Ernst Gideon von 219
Lübeck (Friede) 206
Lucius Herennius 65
Ludwig (Erzherzog) 244
Ludwig (Pfalzgraf) 164
Ludwig (Sohn Wladislaws II.) 200
Ludwig I., der Fromme 84, 113
Ludwig II. 200
Ludwig IV. (Kaiser) 174
Ludwig XI. 190
Ludwig XIV. 208, 212f., 216f.
Ludwig XVI. 229
Ludwig der Deutsche 104
Ludwig von Bayern 169, 170
Ludwig von Brandenburg 174
Lueger, Karl 266f., 310
Luftkrieg 314f.
Luitpold 106, 111, 115
Lunéville (Friede) 230
Luther, Martin 154, 195, 196

Mack, Karl Freiherr von Leiberich 232
Macmillan, Harold 325
Madersbach, Karl 251
Magdalensberg (Fundplatz) 51, 55ff.
Magenta (Schlacht) 256
Magnatenverschwörung 213
Magyaren 84, 87, 104, 106ff., 110, 144, 146
Mailand (Friede) 246
Mailänder Edikt 58, 75
Mailberg (Schlacht) 112, 120
Majestätsbrief 203f.
Malplaquet (Schlacht) 217
Mammut 17, 20ff.
Manching (Kämpfe) 89

Manegold 133
Mann vom Hauslabjoch 8, 27
Manstein, Erich von 308
Manuel I. 125
Marbod 60
Marc Aurel 68, 70, 72
Marco d'Aviano 214
Marcus Aurelius Commodus Antonius 72
Marcus Aurelius Probus 68
Margarete (Tochter Maximilians I.) 192
Margarethe 126, 156
Margarethe (Tochter Gräfin Maultaschs) 170
Maria (Infantin von Spanien) 200
Maria (Tochter Karls des Kühnen) 190
Maria Christine 224
Maria Ludovica von Modena 234
Maria Ludovica von Spanien-Bourbon 233
Maria Theresia 154, 190, 199, 208, 211, 218-221
Maria von Burgund 192, 194
Marie Antoinette 226, 229
Marie Louise 236
Marken 111
- Awarische 102, 110f.
- Böhmische 119f., 144
- Friaul 102
- Karantanische 104, 114, 118f.
- Mark an der Donau (Ostarrîchi) 104, 106, 116, 118-122, 124
- Ungarische 119f., 144
- Windische 160, 162, 168, 179
Markomannen 60, 70ff., 74, 76
Markomannenkriege 58f., 70f.
Marlborough, John Churchill, Herzog von 216f.
Marshall, George 323
Marshallplan-Hilfe 282, 323f.
Martin V. 185
Martinitz 203
Marx, Karl 250
Masaryk, Tomás Garrigue 284, 288
Maschinenstürmer 244
Masud I. 124
Matthias 203, 204
Matthias I. Corvinus 154, 187f., 190f.
Mattsee (Kloster) 101, 142, 176
Maultasch, Margarethe 154, 170, 174, 176f.
Mauthausen (KZ) 313
Max, Kaiser von Mexiko 276
Maxen (Schlacht) 219
Maximianus Daia 73
Maximilian I. 109, 154, 189ff., 192ff., 200, 202
Maximilian II. 202
Maximilian III. 203
Maximilian II. Emanuel 216
Maximilian Ernst 203
Maximinus Thrax 67
Maximus 76
Mayer, F. J. C. 16
Mayr, Michael 292
Medilica (Melk) 114, 119

Meginfried 98
Mehrerau (Kloster) 142
Meinhard I. 156f., 172
Meinhard II. 160, 164, 168, 172
Meinhard III. 172
Meinhard IV. 172
Meinl-Gruppe 274f.
Meinwerk von Paderborn 120
Meissner-Blau, Freda 328
Meithner, Karl 318
Melk (Kloster) 113f, 116, 119ff., 126
Melker Reform 180
Messenhauser, Cäsar Wenzel 248
Method 84, 101, 104f.
Metternich-Winneburg, Clemens Wenzel, Nepomuk, Lothar Fürst von 230, 236, 238, 240-244, 246, 270
Metternich'sches System 240
Michael III. 104
Michael von Eitzing 200
Miegel, Agnes 79
Miklas, Wilhelm 284, 290, 296f., 304ff., 309
Minnesang 135
Mithraskult 69, 74
Mittelmeerabkommen 272
Mitterberg (Fundplatz) 32
Mogersdorf (Schlacht) 213, 215
Mohács (Schlacht) 191, 200
Mohammed IV. 213
Molden, Ernst 318
Molotow, Wjatscheslaw 325
Moltke, Helmuth von 258
Mommsen, Theodor 268
Mondsee (Kloster) 30, 84, 101, 142
Mondseekultur 25, 28-31
Mongolensturm 140
Montecuccoli, Raimund Graf 213
Montforter 178
Montgelas, Maximilian Joseph de Garnerin Graf von 234
Morgarten (Schlacht) 169
Morimond 115
Moritz von Sachsen 195
Morton, Friedrich 42
Moskauer Deklaration 313, 318
Motte Fouqués, Friedrich de la 79
Mozart, Wolfgang Amadeus 225, 240
Much, Matthäus 36, 45
Mühlbach am Hochkönig (Fundplatz) 32
Müller, Christoph Heinrich 78
Müller, F. 11
Münichreiter, Karl 305
Mürzsteg (Monarchentreffen) 272
Mussolini, Benito 287, 294, 296,301, 304f.

Nádasdy, Franz Graf 213
Napoleon III. 254, 256, 258
Napoleon Buonaparte (Napoleon I. Bonaparte) 230, 232, 234, 236, 238, 240

Narses 92
Nationalitätenproblem 268ff., 272
Nationalsozialismus, Nationalsozialisten 294, 296-301, 303, 306ff., 310
Neander, Joachim 16
Neandertal (Fundplatz) 16
Necker, Jacques 226
Nehring, Alfons 38
Neidhart von Reuental 135, 143
Nemanjiden-Reich 274
Nenning, Günther 328
Neoabsolutismus 252, 256, 262
Neolithikum 24, 26 ff., 31, 68
Neolithische Revolution 22
Nesselrode, Karl Wassiljewitsch Graf 239
Nestroy, Johann 240
Neuberg an der Mürz (Vertrag) 178
Neudörfl (SP-Kongress) 262
Neugebauer, Johannes-Wolfgang 28f., 38
Neugebauer-Maresch, Christine 20
Neumeister 183
Neurath, Konstantin von 307
Neustädter-Stürmer, Odo 310
Nibelungenlied 78f., 110, 135
Nikita 270
Nikolaus I. 250, 254
Nikolaus II. 272f., 274
Nikolaus V. 186
Nikolaus von Cues 188
Nikolsburg (Waffenstillstand) 258
Niuvanhova 114, 117
Noll, Rudolf 74
Nördlingen (Schlacht) 207
Noreia (Schlacht) 54, 58, 60
Noricum 52, 54f., 58, 60ff., 64-69, 74, 76f., 80ff., 85
Noriker (Volk) 52, 57, 65
Nürnberger Rassegesetz 310

Obereit, Jacob Hermann 78
Oberleiser Berg (Fundort) 46, 51
Obermayer, August 65
Ödenburg (Vertrag) 187, 192
Odilo 84, 96
Odoaker 58, 80f., 82
Österreichisch-italienischer Krieg 254, 254ff.
Österreichisch-Ostindische Kompanie 220
Österreichisch-preußisch-dänischer Krieg 154, 257
Österreichische Freiheitsbewegung 318
Österreichische Legion 301, 303, 306
Österreichische Volkspartei (ÖVP) 320, 325, 327ff.
Österreichischer Gewerkschaftsbund (ÖGB) 324, 327
Ötzi s. Mann vom Hauslabjoch
Ofen (Friede) 157
Ohaim, Waldemar Pabst von 296
Oktoberdiplom 256
Oktoberrevolution 278
Olah, Franz 324, 327
Oppidum 48, 51, 53
Ortstafelstreit 328

Osmanen s. Türken
Ostarrîchi 112, 114ff., 146
Ostfränkisches Reich 102f., 104ff.
Ostgoten 58, 70, 76, 80, 90
Ostgotisches Reich 86f., 92
Ostmark 102, 267, 294, 312, 314f.
Oströmisches Reich 80, 83, 86f., 188
Oswald von Wolkenstein 135
Otakar IV. 112, 130ff.
Otto (Bischof) 120, 124
Otto der Fröhliche 170f.
Otto I., der Große 84, 106-111, 146
Otto II. 110ff., 114, 159
Otto III. 114f.
Otto III. (Herzog) 164
Otto von Bayern 156
Otto II. von Andechs-Meranien 172
Otto von Eberstein 156
Otto von Freising 111, 115f., 122, 125, 141
Otto von Habsburg (Bruder Albrechts II.) 174
Otto von Habsburg (Thronprätendent) 308, 320
Otto von Perchtoldsdorf 156
Otto von Wittelsbach 124
Ottokar II. s. Přemysl
Oudenaarde (Schlacht) 217

Pakenham 322
Palacky, Franz 246, 248, 260
Paläoanthropologie 12
Paläolithikum 18, 20, 25
Pankraz von St. Miklos 186
Pannonien 58, 60, 62, 64f., 68, 74, 76, 82, 84ff., 100f., 106, 108
Papen, Franz von 307
Paperl, Jakob 133
Pappenheim, Gottfried Heinrich Graf zu 199
Paris (Friede) 219
Paritätische Kommission 327
Passau (Bistum) 100, 114, 116f., 133, 137, 139, 142, 144, 149f., 159, 188
Paßler, Peter 198
Patton, George S. 317, 322
Paul II. 188
Paul VI. 329
Pauli, Ludwig 51
Pernerstorfer, Engelbert 263, 264
Perthaler, Hans von 256
Petek, France 322
Peter, Friedrich 327
Peter der Große 21, 224, 253
Peter von Aspelt 161, 167, 168
Peter von Nerač 183
Peter II. von Holstein-Gottorp 219
Peutinger, Konrad 67
Pfahlbauforschung 31
Pfahlbauten 30f.
Pfinzing, Melchior 194
Pfrimer, Walter 296
Pfrimer-Putsch 298
Pfyner Kultur 29

Philipp (Herzog) 160
Philipp II. 133, 195
Philipp III. 156, 166
Philipp IV. 216
Philipp V. 216f.
Philipp VI. 168
Philipp der Schöne 194, 196
Philipp von Anjou 216
Piccolomini, Aeneas Sylvius 188
Pichler, Karoline 233
Pilgrim 150
Pilgrim von Passau 110
Pillnitzer Konvention 227 f.
Pilsener Reserve 207
Pinay, Antoine 325
Pippin der Kurze 96, 98
Pitten (Fundort) 34f.
Pittermann, Bruno 327
Pittioni, Richard 38
Pius II. 188
Pius VI. 222
Planetta, Otto 306
Plochl, Anna 244
Pölt von Pöltenberg 250
Pohl, Walter 99
Poincaré, Raymond 277
Polen, Teilungen 223, 229
Portisch, Hugo 284, 328
Potiorek, Oskar 274
Potsdam (Konferenz) 321
Prager Fenstersturz
- erster 185
- zweiter 154, 202f.
Prager Friede (1635) 207f.
Prager Friede (1866) 258
Prager Pfennig 168
Pragmatische Sanktion 218, 220
Preßburg (Friede) 232, 234
Preßburg (Schlacht) 84, 106
Preußisch-österreichischer Krieg 154, 258f.
Primogenitur 177
Princip, Gavrilo 274
Privilegium maius 154, 174 f., 177, 187f.
Privilegium minus 112, 126, 157, 174, 186
Proklamation der Republik Deutschösterreich 282, 284
Proklamation der Zweiten Republik 282, 318 f.
Prokopius 83
Protestantismus 196ff., 202f.
Protobulgaren 77
Protokolle von Venedig 288
Provisorische Nationalversammlung für Deutschösterreich 280, 282f., 286
Provisorische Regierung 318, 320
Přemysl Ottokar II. 112, 134, 139, 147, 156-162
Pyrenäenfriede 208

Quaden 60, 70, 76
Quadrupelallianz 238

Raab, Julius 282, 296, 325
Radetzky von Radetz, Josef Graf 237, 238, 246
Raeter 52

Personen- und Sachverzeichnis

Raetien 50, 58, 62, 76f., 82, 85
Raffelstetten (Zollordnung) 106
Raimund, Ferdinand 233, 240
Ramek, Rudolf 294
Ramesch-Bärenhöhle (Fundplatz) 17f.
Ramsauer, Johann Georg 44
Ranke, Leopold von 106
Raschke, Rudolf 316
Rastatt (Friede) 217
Rastatt (Konferenz) 230
Rastislav (mährischer Fürst) 157
Rastislaw (russischer Fürst) 104
Rath, Ernst vom 311
Rechberg und Rothenlöwen, Johann Bernhard Graf 256
Redl, Alfred 284
Redlich, Josef 275
Regensburg (Reichstag) 126
Regenwunder 70, 74
Reich des Mojmír 104
Reich des Samo 84, 90f., 94, 104
Reichenbacher Konvention 238
Reichsdeputationshauptschluss 230f.
Reichskristallnacht 311
Reif, Johann 316
Reil, K. 226
Rein (Kloster) 142
Reinisch, Franz 318
Reinmar der Alte 135
Reiser, Rudolf 57
Renfrew, Colin 38f.
Renner, Karl 263, 268, 279, 282, 284f., 288, 291f., 297, 300, 312, 316, 318, 320ff.
Repolusthöhle (Fundplatz) 18
Restitutionsedikt 206
Revolution (1848/49) 154, 240, 245-251, 262
Rheinbund 212, 233
Riade (Schlacht) 108
Richard I. Löwenherz 112, 130, 133
Richard von Cornwall 155, 156, 158
Richelieu, Armand Jean du Plessis 207
Richeza 114
Riess-Passer, Susanne 282, 313, 329
Robotleistung 221f.
Rodulf 86
Römer 51f., 54, 57-61, 66, 68, 70, 77
Römische Protokolle 305
Römisches Reich 52, 58, 60f., 64f., 67f., 70, 72ff., 76, 80, 83, 85
Roman von Halyč 157
Romanen 95f. 145
Romulus Augustulus 80
Rote Garde 284
Rotes Wien 302f.
Roth, Gerhard 215
Rückversicherungsvertrag 272
Rüdiger von Bechelaren 79, 110
Rüdiger von Hohenberg 144
Rudolf (Dompropst) 142
Rudolf (Erzbischof) 162, 164
Rudolf (Kronprinz) 276
Rudolf (Sohn Albrechts I.) 166f.
Rudolf (Sohn Rudolfs I.) 260

Rudolf I. 112, 146f., 154ff., 159f., 161f., 164, 167, 172
Rudolf II. 160, 162, 203
Rudolf III. 168
Rudolf IV., der Stifter 170, 173, 175f., 177f., 187
Rudolf von Konstanz 164
Rudolfinische Hausordnung 177f.
Rugier 80-83, 86
Rugi-Land 82
Rütlischwur 169

Saint-Germain-en-Laye (Friede) 282, 286, 291
Salm, Niklas Graf 201
Saltykov 219
Salzbergbau 40-44, 49
Salzofenhöhle (Fundplatz) 20
Sander, Franz 247
St. Peter (Kloster) 84, 100
St. Peter in Holz (Fundplatz) 100
St. Pölten (Kloster) 101
Sarajevo (Attentat) 271, 274
Sarmaten 70
Saurau, Franz Joseph Graf 233
Schärding (Friede) 178
Schärf, Adolf 318, 324f.
Schanzboden (Fundplatz) 26
Scharf, Erwin 317
Schattendorf (1927) 295
Schauberger, O. 42
Scheltov 316
Schilhawsky, Sigismund 309
Schillingwährung, Einführung der 292
Schindler, Karl 240
Schirach, Baldur von 316
Schlegel, Friedrich 78, 233
Schlenkenhöhle (Fundplatz) 20
Schlesische Kriege 218f.
Schlieffen, Alfred Graf von 275
Schliemann, Heinrich 44
Schlom 136
Schmerling, Anton Ritter von 256
Schmidt, Guido 307f.
Schmidt, Wilhelm 36f.
Schmitz, Richard 298
Schneider, Anton 235
Schober, Johannes 292
Scholz, Roman Karl 318
Schönborn, Franz 267
Schönbrunn (Friede) 234f.
Schönburg-Hartenstein, Alois Fürst von 305
Schönerer, Georg von 263, 264, 266, 268
Schuschenwald (Fundplatz) 51
Schuschnigg, Kurt von 293, 307ff.
Schüssel, Wolfgang 282, 313, 329
Schutzbund 293, 295, 304f.
Schützing, Hans 41
Schuwalow, Pjotr A. 271
Schwarze Hand 274
Schwarze Legion 191
Schwarzenberg, Felix Fürst 248f., 252f.
Schwarzenberg, Karl Philipp Fürst 236ff.

Schwarzer Freitag 265
Schwind, Moritz von 240
Seckau (Bistum) 190
Sedletz (Friede) 162
Sedlnitzky, Josef Graf von 246
Seilern, Johann Friedrich Graf 218
Seipel, Ignaz 292ff., 296ff., 300
Seitz, Karl 285, 312
Sekanina, Karl 328
Sekundogenitur 230
Selbstausschaltung des Parlaments 282, 300
Sempach (Schlacht) 178
Septimius Severus 67, 72
Seyß-Inquart, Arthur 307
Sforza, Bianca Maria 194
Siebenjähriger Krieg 219, 224
Siedlungs- und Flurformen im Mittelalter 151 f.
Sigibert I. 90
Sigismund 179, 184f.
Sigmund 186, 188f., 190, 192
Sinowatz, Fred 328
Sirmium (Sremska Mitrovica) 70f., 86, 100, 104
Sixtus von Bourbon-Parma 277
Sixtus-Affäre 277
Sizo 119
Skythen 46, 50
Slavata 203
Slavik, Felix 318
Slawen 58, 84-88, 91, 93, 96, 100, 105, 113
Slawenmission 100, 104
Sobieslaw I. 124
Sobieslaw II. 126
Solferino (Schlacht) 256
Sonderfall Otto 308
Sonnenfels, Josef Freiherr von 220
Sonnino, Giorgio S. 275
Sophie (Erzherzogin) 245
Sophie von Hohenberg 274, 276
Sorben 91
Sozialdemokraten (Erste Republik) 291-304, 308
Sozialdemokratie (bis 1918) 262f.
Sozialistische Partei Österreichs (SPÖ) 320, 327 ff.
Sozialpartnerschaft 327
Speer, Albert 314
Speratus, Paul 196
Spitz, H. 318
Spitzer, Daniel 265
Sprenger, Jakob 210
Staatsvertrag 282, 325
Stadion, Johann Philipp Graf von 231, 236, 248, 250
Stahlecker, Walther 313
Stalin, Josef 316, 321f.
Stams (Kloster) 172
Stangl, Franz 313
Starhemberg, Ernst Rüdiger Graf 296
Starhemberg, Rüdiger Graf 124
Stauffenberg, Claus Schenk von 318
Steed, Henry Wickham 273
Steger, Norbert 328
Steidle, Richard 293, 296
Steinhardt, Karl 285

Steinwender, Otto 264
Stephan der Heilige 110, 118, 186
Stephanskrone 186f., 222, 224, 260
Sterzinger, Martin 216
Stifter, Adalbert 97
Stillfried an der March (Fundplatz) 46
Stollhof (Fundplatz) 27
Strabon 54, 56
Strafella, Franz 297
Strafrecht, mittelalterliches 132
Strauchsiebsetzen 32
Streitaxtkultur 29
Sturmi 96
Sueben 70
Suleiman II. 200ff., 212
Sunthaym, Ladislaus 115, 119f., 124, 130, 132
Suttner, Bertha von 274
Suworow, Aleksandr Wassilijewitsch 230
Swatopluk 104
Swieten, Gerhard van 220
Swiridow, Wadim 324
Szokoll, Carl 316, 318

Taaffe, Eduard Graf 267, 272
Tabula Peutingeriana 67, 119
Talleyrand, Charles Maurice de 238
Tassilo I. 93
Tassilo III. 84, 96ff., 100, 145
Tauber, Kaspar 196
Taurisker 52
Tausend-Mark-Sperre 301f., 307
Tegetthoff, Wilhelm von 257f.
Teleki, Michael 213
Tetrarchie 73
Teurnia 67, 69, 100
Teutoburger Wald (Schlacht) 60
Teutonen 54
Theobert 94
Theodelinde 93
Theoderich 82f., 86, 194
Theodo (Herzog) 94, 100
Theodor 126
Theodor von Nicäa 140
Theodora 137
Theresianische Reformen 220f.
Theudebald 92
Theudebert 86, 92
Thietmar von Merseburg 116
Thomas von Aquin 210
Thomasin von Zerklaere 183
Thugut, Johann Freiherr von 228, 230
Thun, Leo Graf von Hohenstein 249
Thurn, Heinrich Matthias von Valsassina 204
Tilly, Josef Tserclaes Graf von 204, 206f.
Tilsit (Friede) 236
Tiroler Landesordnung 198
Tito, Josip Broz 322
Töpferofen 24
Töpferscheibe 24
Tolbuchin, Fjodor J. 316, 318
Toleranzedikt 222
Torstenson, Lennart 207
Transleithanien 260
Trautmansdorff, Max von 208

Treitzsaurwein, Max 194
Trenck, Franz Freiherr von der 218
Trepanation 29
Troppau (Kongress) 242
Trotzki, Leo 280
Truman, Harry S. 320
Tudun 102
Turin (Schlacht) 216
Türken (Osmanen) 186, 188, 190f., 194, 196, 200-203, 212-216, 224, 253
– Belagerung Wiens (1529) 154, 201
– Belagerung Wiens (1683) 154, 214 f.
– Russisch-türkisch-österreichischer Krieg 224 f.
Tuwangste 158
Tycho de Brahe 203

U-Boot-Krieg, totaler 276
Udalrich 106, 129
Uhland, Ludwig 79
Ulrich 108
Ulrich von Eytzing 187
Ulrich von Liechtenstein 135
Ulrich von Rosenberg 187
Ulrich von Wallsee 168
Ulrich II. von Cilli 186
Ulrich III. von Spanheim 158
Ultimatum (1914) 274
Ungarnaufstand (1956) 326
Union, protestantische 203
UNO-Beitritt 326
Unstrut (Schlacht) 108
Urban, Otto Hans 35, 51
Urnenfelderkultur 35, 40, 49
USIA-Konzern 321, 324
Ussher, James 11

Vaik 110
Valens 76
Valentinian I. 76
Valentinian III. 77
Valmy (Kanonade) 229
Vandalen 76
Vasallentum 146
Vaterländische Front (VF) 302f., 320
Vaugoin, Carl 297
Vécsey, Karl Graf 250
Veldidena (Wilten) 67
Venus von Willendorf 9, 20
Vereinigte Österreichische Eisen- und Stahlwerke VOEST (VÖEST) 312, 321
Verneuerte Landesordnung 204
Verona (Kongress) 242
Verona (Schlacht) 82
Vetsera, Mary (Baronesse) 276
Vierkaisertreffen 58
Vierzehn-Punkte-Programm 180, 286
Viktring, J. v. 180
Villafranca (Waffenstillstand) 254
Villa Giusti (Waffenstillstand) 281
Vindobona (Wien) 61, 67, 76
Virchow, Rudolf 16
Virunum (Zollfeld) 55, 100

Vischer, Peter 194
Visconti, Barnabò 176
Visconti, Viridis 176
Vita Severini 80
Vittorio Emanuele II. 254, 256, 270
Vittorio Emanuele III. 273
Völkerbundanleihe (1922) 292, 296
Völkerbundanleihe (1932) 299f.
Völkermanifest Karls I. 280f.
Völkerschlacht bei Leipzig 238
Völkerwanderung 59, 76, 83, 100
Vogelsang, Karl von 266
Volksabstimmung (1938) 312
Volksabstimmung in Kärnten (1920) 287
Vormärz 240f., 243, 252
Vranitzky, Franz 329

Wacho 86, 92
Wächter, Otto Gustav 306
Wagner, Richard 79
Wagram (Schlacht) 234, 236
Wahlverband der Unabhängigen (WdU) 324

Waldenser 183
Walderada 92
Waldheim, Kurt 328
Waldmüller, Ferdinand 240
Wallanlagen 26
Wallenstein, Albrecht Wenzeslaus Eusebius 199, 205ff.
Wallis, Georg Oliver Graf 236
Wallisch, Koloman 305
Walser 142
Walther von der Vogelweide 134
Waterloo (Schlacht) 240
Weberunruhen 244
Weißer Berg (Schlacht) 204
Welf von Bayern 124
Welfen gegen Staufer 124, 129f.
Wellington, Arthur Wellesley Herzog von 240
Wenzel I. 137, 156f.
Wenzel II. 162, 165ff.
Wenzel III. 167f.
Wenzel IV. 184
Werner, Walter 18
Werner der Gärtner 135
Werner von Eppstein 158
Westfälischer Friede 154, 207ff.

Westgoten 76f.
Weydenhammer, Rudolf 306
Wichard von Zöbing 136
Widerstand während der NS-Zeit 318
Wiedertäufer 196
Wien (Friede) 157, 160
Wien unter den Babenbergern 132f.
Wiener Abkommen 227
Wiener Kongress 238f., 252
Wiener Kongressakte 240
Wiener Pfennig 131f. 176
Wiener Programm 294
Wiener Synode 158
Wiener Neustadt (Vertrag) 187, 192
Wieselburger Kultur 33
Wiesenthal, Simon 313
Wilhelm I. (König) 258, 270
Wilhelm I. (Hessen-Kassel) 250
Wilhelm II. (Kaiser) 273
Wilhelm IX. von Aquitanien 124
Wilhelm von St. Gallen 164
Wilhelmsburg 214
Wilson, Edward O. 15

Wilson, Thomas Woodrow 276, 280, 284, 286
Windischgrätz, Alfred Fürst 250
Winkler, Franz 298
Wirtschaftslage nach 1918 290f., 297ff.
Wirtschaftswunder 323
Wisgarda 92
Wittelsbacher 129, 164, 170f., 174, 178, 190, 206
Wittenberg (Thesen) 195
Wladislaw I. 140, 156
Wladislaw II. 186f., 192, 200
Wlassow-Armee 322
Wogastisburc 90
Wojnimir 99
Wolf, Ferdinand 268
Wolfgang von Regensburg 148
Worms (Vertrag) 195
Wormser Konkordat 122
Wrangel, Carl Gustav 207
Wratislaw II. 112, 120f.
Würmla, Nikolaus 176
Wyclif, John 184
Wyschinski, Andrej 318

Xaver von Bourbon-Parma 277

Ybbsfeld (Kämpfe) 98
Young, Thomas 36

Zápolya, Johann 201
»Zauberer-Jackl«-Prozess 211
Zehner, Wihelm 310
Zenta (Schlacht) 216
Zigarrenrummel 246
Zillingtal (Fundort) 29
Zita von Bourbon-Parma 277, 289
Žižka, Jan 185
Zollfeld (historische Landschaft) 114, 144
Zrinyi, Nikolaus (Banus von Kroatien) 202
Zrinyi, Peter Graf von 213
Zürich (Friede) 164
Zweibund 272f., 281
Zwentendorf (Kernkraftwerk) 328
Zwetschkenrummel 222
Zwettl (Kloster) 112, 142, 147
Zwingli, Ulrich 196

335